U0112676

全本 全注 全译

[汉]司马迁 著 ● 杨燕起 译注

一

本纪

岳麓書社·长沙

前言

一

《史记》被鲁迅誉为“史家之绝唱,无韵之《离骚》”,它在史学和文学方面的重要价值,使之成为我国文化发展史上的一颗璀璨的明珠,而备受人们称赞。

《史记》的作者是西汉著名的史学家、文学家、思想家司马迁。司马迁,字子长,汉左冯翊夏阳(今陕西韩城)人,生于汉景帝中元五年(前145),约死于汉武帝征和三年(前90)或稍后,一生大致与汉武帝相始终。他的父亲司马谈也是一位史学家,生活在汉之文、景、武时期,卒于武帝元封元年(前110),享年五十余岁。实际上,司马谈在武帝任命他为太史令时就已开始写作《史记》,而最终由司马迁接续完成。这也开创了我国古代私家著史中父子共同完成一部史书写作的先例。

司马谈、司马迁父子对其先祖在远古掌管天文观测、从事星占术和在周代开始断断续续地担任史官的家世感到自豪和骄傲。司马谈在担任太史令以后,以继承和发扬先祖的光荣传统为己任,开始实施写史的计划。他在《史记》写作过程中的贡献,可以简略概述为三方面:一、撰著了《论六家之要指》,对春秋末叶孔子创设儒学以后所出现的学术界百家争鸣的局面做出了总结,第一次提出了“家”的概念,并将诸种学术论定为阴阳、儒、墨、名、法、道德六家,分别概括出各家的学术特征。这奠定了我国学术研究和学术分类的基础,同时也为《史记》写作提供了明确的学术方面的指导原则。二、奋然以当代周公、孔子自命,立志继《春秋》以兴盛"天下之史文",开始对历史进行了相关的考察研究,并收集了各方面的资料,还考虑了初步的体例设计,具体撰著了某些篇卷。三、有意识地对司马迁进行教育,将其培养成自己的接班人,关于这方面,司马迁后来有非常明晰的表述。元封元年(前110),汉武帝到泰山去举行封禅大典,朝廷大小官员以能随从皇帝参加这样的大典为无上光荣。行进到洛阳附近的时候,司马谈因病重无法随行,他感到特别悲伤。恰好这时,奉命出使西南的司马迁回来向皇帝报告任务完成的情况,见到了病危中的司马谈,司马谈于是叮嘱司马迁牢记"孝"德来完成自己未竟的写史事业。司马迁接受了遗命,表示坚决遵从,不敢疏忽。随即司马谈带着痛苦和遗憾离开了人世。

司马迁从小生活在民间,在龙山以南和黄河北岸的地区体验了耕种和放牧的农家风情。他十岁就开始学习《尚书》《左传》《国语》《世本》一类的古文典籍,随后跟着父亲到达长安,聆听过孔安国讲《古文尚书》,董仲舒讲《公羊春秋》,这为他后来在学术上的造诣打下了坚实的基础。自二十岁开始,在父亲的安排下,他可能以"宦学"的身份周游全国,"二十而南游江、淮,上会稽,探禹穴,窥九疑,浮于沅、湘,北涉汶、泗,讲业齐、鲁之都,观孔子之遗风,乡射邹、峄,厄困鄱、薛、彭城,过梁、楚以归"。司马迁三十岁前后,汉武帝任命他做郎中,"奉使西征巴、蜀以南,南略邛、笮、昆明,还报命"。他担任太史令和中书令后,又多次随从武帝出巡。他因此而游历了大半个汉朝。这使他接触并了解了各地的自然风光和物土人情,乃至下层民众的处境,也提高了他对世事的观察辨析能力。这都为他后来写史打下了基础。

司马迁的一生,有两件事对他影响最大。第一件是司马谈辞世时的遗嘱。司马谈临终时除了对儿子司马迁讲述家族的光荣历史以外,还表述了自己立志作史的决心。眼看他已无法完成,他于是嘱托儿子千万不能忘记自己"所欲论著"的宏伟事业,并教导儿子"孝始于事亲,中于事君，终于立身。扬名于后世，以显父母，此孝之大者”，要求儿子以周公、孔子为榜样，以其“论载”来歌颂“海内一统”的汉家天下。司马迁在父亲面前低下头流着眼泪表明了决心：“小子不敏，请悉论先人所次旧闻，弗敢阙。”这对他后来在异常困难的情况下完成《史记》的写作有着决定性的影响。第二件是李陵事件。天汉三年(前98)，司马迁因为替投降匈奴的李陵辩护触怒了汉武帝，又因为家境贫寒拿不出钱赎罪，而被判处了宫刑。这对司马迁来说是个莫大的打击。受宫刑就意味着与宦者为伍，这使他感到极度的羞耻，甚至产生过自杀的念头，但他最终还是坚毅地活了下来。“所以隐忍苟活，函粪土之中而不辞者，恨私心有所不尽，鄙没世而文采不表于后也”，可以看出，还是父亲的遗训帮助他在痛苦中作出了正确选择。不过，由于这一亲身遭遇，使他对汉朝政治的评述态度客观冷静了许多，不再完全如司马谈最初设计的那样一味歌颂，而是清醒地认清了社会现实，并站出来对某些黑暗现象进行了揭露和批判，从而使《史记》获得了更强的政治和学术生命力。

司马谈去世三年后，司马迁出任太史令，负责观察天象、记载史事和掌管皇家图书的事项，这期间他参加了《太初历》的制订。李陵事件后，他担任中书令，职事相当于皇帝的随从秘书。自此，直到离世前，他历尽艰辛，利用业余时间，全身心地完成了约五十二万六千五百字的《史记》的写作，给中国的文化发展史奉献出了一部光辉巨著，并为史学的建立树起了一座丰碑。

应该看到，《史记》的完成，自然是司马谈、司马迁父子主观上努力进取、顽强奋斗的结果；但《史记》的成书，却也是他们所处的时代所造就的。

促使《史记》在汉武帝末年完成的社会历史条件是：西周以来，中国出现了大一统局面，虽然其后有过春秋、战国时期的分裂，但经过秦的武力征伐，国家又重新归于统一；汉家接续这个态势，至武帝时已是空前的繁荣了，这就需要有一部史书来反映这一巨大的时代变化。在大一统的局面下，经过较长时期的社会发展，社会矛盾加剧，并不断显露出来，人们不得不开始探求国家社会长治久安的良策，也需要有一部全面总结成败兴坏的历史经验的著作来完成这样的任务。同时，儒学产生后出现的各种政治学术思潮，如《论六家之要指》所表明的，提供了非常丰富的可以借鉴的思想材料，以帮助人们进行深入思考，可以使人们从不同的角度观察分析社会现象，进而提出不同的治理社会的策略和主张。此外，较长时期较为稳定统一的局面及相关的政策环境使武帝时期的图书文献资料已经相当齐备，足够历史总结的需要。总之，历史发展到汉武帝时期，社会的方方面面都为一部全面的历史著述的产生准备了条件。加上司马谈、司马迁父子的个人天赋和努力，《史记》就应运而生了。因此，可以说，司马迁《史记》的博大精深，正是汉武帝的雄才大略在史学上的真实反映。

二

《史记》在史学上的重大成就，可以归结为如下四个方面。

第一，成为我国历史上第一部百科全书式的通史。

在《史记》出现以前，我国古代只有文告汇编、断代编年、地区国别、谱牒世本之类的史书，而《史记》是第一部通史。这部通史，在时间上跨度很长，记载了自远古经夏、商、周、春秋、战国、秦直至汉武时期长达三千年的史事；在内容上包罗万象，记载了各个历史时期的政治、经济、军事、文化、学术、天文、地理乃至医术、占卜等社会生活，所以说它具有百科全书的性质；在地域上范围广阔，除主要记述汉武时期国家版图中心地区的史事之外，还囊括了周边少数民族和域外国家，视野所及为当时已知"天下"的全部社会生活状况，所以它又同时具有某种世界史的性质。

值得注意的是，司马迁对这部通史的表述，有着非常明确的划分阶段的特点。依据历史事势的发展，司马迁是将三千年的通史划分为春秋以前、春秋、战国、秦楚之际、汉代五个阶段，并精辟地概述出各阶段的特征，而集中表现司马迁对这些特征认识的是“表”及其序文。代指春秋以前阶段的是《三代世表》，虽然其序文没有关于该阶段的论述文字，但它强调了中华原始国家构建的产生与延续，以及随后影响深远的极具国体性质变化的政治分封的形成。其他阶段的特征，如五霸争雄、七国扰攘、号令三禅、中央集权与地方分权的矛盾等，分别在《十二诸侯年表》《六国年表》《秦楚之际月表》《汉兴以来诸侯王年表》四篇序文中做了明确的论述说明。阶段的划分及其特征的说明，显示出司马迁具有极其高明的历史见解。

《史记》这部通史的出现，在中国文化发展史上具有极其重要的地位。司马迁第一次梳理出我国古代历史发展的脉络，并以文字形式固定下来，它所体现的追寻往古、尊崇先民、巩固统一、形成民族凝聚力的精神传播给后代，影响所及，使得历朝历代都不能不把这一通史的写作继续下去，虽然在形式上为了避免不必要的重复而断代为史，但将诸断代史连接起来，却正形成一部完整的通史。这种写史的制度与方法在诸世界文明古国中是独一无二的，从而强化了中国在世界民族之林中的光辉地位。而它的开创者和奠基人正是司马迁。所以说司马迁是有大功于中华民族的。

同时，在撰史所遵循的一些原则上，《史记》这部通史的出现，也影响了我国古代史学的发展。首先是通观原则，后代如直接标明有“通”史特点的《史通》《文史通义》《通典》《通志》《通考》《资治通鉴》等，自然有着《史记》通史影响的痕迹。而其他许多类别的史书，虽然没有直接标明“通”字，但也在不同性质不同程度上受到《史记》的影响。在中国历史上，是否具有“通识”，常常是评论史家史识高低的重要标志。其次是统系原则。《史记》是记述统一、强调统一、歌颂统一的，它首先在思想上确立了统一在中国历史上的地位和作用，表现在各朝各代的前后连接上。《史记》

第一次建立起了中国自黄帝以来朝廷的正宗统系，这反过来又有利于在政治上、思想上肯定统一，保证统一。后代史家在处理分裂与统一关系的时候，即使是天下处于分崩离析的状态，也都注意探寻能够代表着统系的实际主宰力量。尽管在认识上各家有分歧，但他们均关注统系的存在，而在这方面，正是《史记》为他们树立了榜样。再是实录原则，司马迁写通史不是凭空想象出来的，他是依据了当时所能见到的典籍文献、档案资料，且有他亲身的实地考察采访，并加以综合考证才写出来的。司马迁赞赏古代史家的"直书"精神，努力将它贯彻到通史中去。《史记》中尽管有些记事的材料有出入，或不一定准确，但总体来说，除传说时代以外，其他部分确是信史，这是毋庸置疑的。班固虽对司马迁的某些史学观点有所批评，但他也颂扬《史记》"善序事理，辨而不华，质而不俚，其文直，其事核，不虚美，不隐恶，故谓之实录"。自此，是否具有实录精神，成为历代评价史家著述价值的必备条件。最后是厚今原则。《史记》是通史，跨越时间很长，但它记述的重点是近现代，尤其是当代。十二本纪，秦汉占了七篇。十表，除前三表外，余七表全是秦汉。七十列传，自第二十四《屈原贾生列传》以后全是记秦汉的，只有极少数篇章内容涉及秦汉以前，而其中从第四十七《魏其武安侯列传》以后又基本上是记汉武时期事迹的，光汉武一代所记人物事迹就约有二十篇。《史记》薄古厚今，尤其重在写当代史，既说明当时写史所具有的较为宽松的进步的时代氛围，同时也表明司马迁敢于指陈现实的巨大勇气。后代写史的条件越来越严酷，但《史记》所确定的厚今原则，直到今天仍然具有重要意义。

司马迁写出的《史记》，开创了我国通史写作的传统，并确立了若干影响后代史学发展的原则思想，其价值是不可低估的。

第二，创设了纪传体史书体例。

在《史记》以前，有过《尚书》《春秋》《左传》《国语》《战国策》《禹本纪》《山海经》《穆天子传》《世本》《秦纪》《楚汉春秋》等多种史书，但从体例上来看，它们的体例都不完整、不规范。至《史记》才创制了包括本纪、表、书、世家、列传五种体裁综合为一体的“纪传体”史书体例。

本纪。刘知幾在《史通》中说“天子曰本纪，诸侯曰世家”，意思是说记载天子事迹的体裁称为“本纪”，记载诸侯事迹的体裁称为“世家”。这个说法只看到了《史记》运用本纪、世家体裁的表面，而没有深入了解司马迁创设的本意。就本纪而言，《史记》不只是记天子事迹，而是通过对历史上帝王世系及其传承的记述，来展现历史的时间性，还重在表现天下发展的大势。《史记》十二本纪中，《五帝本纪》《秦本纪》《项羽本纪》《吕太后本纪》是最有争议的，但它们正体现了司马迁的上述思想意图。《五帝本纪》记黄帝、颛顼、帝喾、尧、舜，将黄帝作为中国历史大势中原始国家的构建者和开创者，并以禅让制来体现一种德治模式。《夏本纪》《殷本纪》《周本纪》是一般形式的编年纪事，其中德盛德衰影响政治成败的记述非常明显。按正统的观点来说，周王朝以后就是秦王朝了，自然以《秦始皇本纪》来接续就可以了，但司马迁却在中间横插了一篇《秦本纪》。秦在春秋、战国时期虽只是一个诸侯国，但却是这一时期历史发展趋势中的主宰力量，它自身的社会变革及最终能以武力统一天下的过程，正是由儒家德治转入法家力治的关键步骤。而且，从记述的实际内容上看，《周本纪》只是一篇“西周本纪”，而《秦本纪》则可视为一篇“东周本纪”。所以，在司马迁看来，将秦写入本纪是非常合理的。秦代之后就是汉代，《秦始皇本纪》以后直接接续《高祖本纪》就可以了，但司马迁又列出一篇《项羽本纪》。项羽不入列传，不入世家，却列入本纪，是因为项羽以武力灭秦以后，自称西楚霸王，分封十八诸侯，直至楚汉相争失败，其事迹系于当时的天下大势，所以列他入本纪。项羽的最终失败，也说明残暴的武力统治不可久安，均会短命而亡，而刘邦是个宽大长者，最终取胜。古人说“牝鸡之晨，惟家之索”，是说妇人不可以主政，但司马迁的观点和这个看法相左，不立“惠帝本纪”，而立《吕太后本纪》。他从事实出发,认为当时真正掌握国家大权的是吕太后,于是就将她写入本纪,勇敢地撇去了在统治权上区别男女的偏见;而且吕后继刘邦之后,继续执行休养生息政策,无为而治,使生产发展了,民众逐渐富足起来。她之所行是以道家学术为主的德力结合、以德为主的统治方案,这又是天下大势发展的重要一环。经文帝、景帝,因无为而治的施政理念,社会矛盾尖锐起来。至武帝时,内法外儒的公羊学说占据了主导地位。司马迁写的《今上本纪》当是在这种思想影响下的天下大势的集中反映,然而这篇本纪亡佚了,我们已不可窥其原貌。本纪是《史记》全书的一个总纲,它给那些重要历史事件确定了相应的时间位置并介绍了其背景,尤其值得肯定的是,它实事求是地表现出了历史发展中的天下大势。

表。这种体裁具有纵横交错而简明扼要、众事纷繁而一目了然的特点,它辅助本纪,也起着"纲"的作用,而重要的是,十表的设置显示了历史发展的阶段性。在结构形式上,十表可以分为四种情况。《三代世表》以世系为主,重在帝王世次,并以此为经。全表又分为两截,前半截以不居帝王位的世次为纬,后半截以鲁至曹十国世次为纬,总的内容是"观百世之本支"。《十二诸侯年表》《六国年表》《秦楚之际月表》《汉兴以来诸侯王年表》以地为主,故年经(月表以月为经)而国纬,总的内容是"观天下之大势",因此这四表在年代显示上成为十表的骨干部分,贯穿着全史。《高祖功臣侯表》以下四年表以时为主,故国经而年纬,具见汉初百又余年侯家的盛衰始末,并见惠景间的四朝事势和建元以后诛伐四夷的情况,总的内容是"观一时之得失"。《汉兴以来将相名臣年表》以大事记为主,年经而职纬,也就是首列纪年为经,次四格分列大事记、相位、将位、御史大夫位,旁行为纬,观其事可察人君治忽之机,即可定人臣贤不肖之分,总的内容是"观君臣之职分"。其实"观百世之本支""观一时之得失""观君臣之职分",也是从不同侧面考察政治事势。所以,表体所包含的内容,就是以不同形式,结合具体的事态发展,来表现历史发展过程中的天下大势。

书。此种体裁，《汉书》改称为“志”，由于它是专记典章制度的，后世演变为书政体，而其创始之源当为《史记》。《史记》的八书，即《礼》《乐》《律》《历》《天官》《封禅》《河渠》《平准》。司马迁把《礼》《乐》摆在前面，可见他非常重视礼乐制度在统治中的作用，实是显示了先秦时期的社会政治特征。《律》，本应指音律，但《史记》依司马迁自己的说法主要是记军事制度。八书前三篇均已遗佚，今之所存，学者多论定为补篇，是以难见其原貌。《历》，是记历法的，历法在古代属于天文学的范畴；由于看法上的分歧，司马迁没有记述《太初历》的制订过程和具体内容，故人们至今不能通晓它的真貌，这也是一个缺憾。《天官》，是记天象与五行星占的，其中有些迷信思想，但主要是属于自然科学的内容。司马迁是当时有名的天文学家，本篇在科学史上有重要价值。《封禅》，是古代的政治大事，它可以神化皇权，不能不记，但此篇对汉武极具讽谏意味。《河渠》，记兴修水利，是农业社会发展的重要举措。《平准》，以汉武时期的均输平准取名，重点是讲当时的财政措施。八篇中《礼》《乐》《律》《封禅》属政治领域，《历》《天官》《河渠》属自然科学，《平准》属财政经济。由于是草创且有佚失，八书在内容上不如《汉书》的十志那么完备、全面。其中《天官》《河渠》《平准》是《史记》中的精彩篇章。

世家。这是一种较为独特的体裁，后来的正史中很少有这种体裁，它的产生确实与周初以来的诸侯分封有密切关系，但也绝非全然如刘知幾所说“诸侯曰世家”。司马迁自己说：“二十八宿环北辰，三十辐共一毂，运行无穷，辅拂股肱之臣配焉，忠信行道，以奉主上，作三十世家。”故创作世家的主旨是“拱辰共毂”，维护大一统。符合这个条件的人物可以入世家，如吴王刘濞、淮南衡山二王以及韩信等，则不能入世家，因为他们背叛了朝廷。这是世家体裁的主旨所在。三十世家大体上分为四类。一类是前十六篇春秋、战国时的列国诸侯；一类是孔子、陈涉两位历史上有特殊贡献的人物,孔子一生的学说是维护君权的,陈涉是刘氏王朝的开路人,都是名符其实的“拱辰共毂”者;一类是刘氏王朝皇家的宗亲后室;一类是汉家重臣萧何、曹参、张良、陈平、王陵和周勃、周亚夫父子,他们是绝对尊崇拥护汉室的。其写法上大体分为两种:列国世家形同本纪,写出了各重要诸侯国各自的发展形势;其他世家形同列传,其中孔子、陈涉及汉初重臣诸世家,是《史记》中的著名篇章。

列传。这是纪传体史书的重要组成部分,记述从远古传说时代到与司马迁同时期的人物,总共七十篇。其中第一篇写伯夷、叔齐,本篇相当于列传的总序,议论重于叙事,表明了司马迁评述人物史事的重要观点。从第二篇管仲、晏婴起,才是实际人物的传记。历史上人物这么多,司马迁选择立传人物的标准就是“扶义俶傥,不令已失时,立功名于天下”,义、时、功名、天下是基本要素。前二至七篇,除韩非、吴起外,其余皆属春秋时期人物;八至二十八篇,除邹阳、贾生属战国时期人物,其余大多与秦朝的兴亡关系密切;二十九至四十六篇,为秦亡汉兴至景帝时人物;从四十七篇起是汉武时期的人物,其中包括九篇类传,四篇周边少数民族传及二篇涉及域外国家的传。在形式上,列传又分为以下几类:专传,专为某一重要人物设传,此中包括少数民族传和域外国家传;合传,数人合为一传;附传,某一人物事迹附在他人传中;类传,将某一类人物汇在一起立传;自序,实为专传,因功能有别,有的学者将它单列为一类;还有一种叫附见,即在为他人写传时提及某人的事迹功德影响,如纪信、王蠋、毛遂等就是,有时附见人物的历史作用并非都不重要。司马迁记述人物,重在通过人物事迹来写历史,使史事具体化。列传是《史记》中的精华部分。

本纪、表、书、世家、列传五种体裁的设立,规模宏大,网罗丰富,使《史记》的记事可以达到无所不包的程度。五体结合形成的纪传体例,是历史发展所形成的大一统的体现,是祖国的壮丽山河所表现的恢宏气势的产物。而司马迁禀受了这样的气息，他仿佛站在高山之巅俯视大地，激情涌现于胸中，构思形成于笔端。他运用这种体例，实现了撰写百科全书式通史的目的。

第三，阐明了司马迁的作史思想，标志着中国史学自觉的开始。

司马迁阐明自己的写史目的是“究天人之际，通古今之变，成一家之言”，是“稽其成败兴坏之理”，由此可见司马迁深邃的作史思想。

究天人之际。中国古代传统文化思想的一个重要特征是倡导天地人的合一，说明人们需要认识天地自然的客观条件及其相应的规律，以规范自身的行为来适应并驾驭自然，使之为人类的利益服务；人们如果不能遵循这种规律，甚或违抗它，破坏了自然环境和条件，就会遭受报复而蒙受灾难。所以天人关系这一命题，本身就极具深刻的哲理价值。

司马迁关于“天”的认识，包含着三方面的概念。一是指自然的天，如日月五星以及风云雷雹等天文气候现象，《天官书》集中对此作了表述；一是指人格神的天命、天意以及善恶报应之类，《伯夷列传》在论述中的质询，较集中地表述了司马迁对这方面的怀疑态度；一是指历史事势发展中人为因素以外的各种客观条件相结合所组成的一种无形力量，而具体表现为历史发展的总趋势和作为某人成事的历史背景之类的“势”。从历史学的角度分析，这第三方面的认识，接近于形成一种对事势的规律性认识。司马迁讲人们可以顺势立功成名而不可违抗，反过来人们的作为又可以造势而为总的事势发展增加新因素、新力量。

汉武帝时代的主导思想是天人感应与阴阳五行学说相结合的公羊学。司马迁也是受着公羊学思想影响的，表现为他主张大一统、忠君、德治等。《史记》中也流露出某些迷信思想，但在总体上，司马迁对天人感应和阴阳五行相结合的学说，非但不感兴趣，反而是持批判态度的。所以他从哲学思想的高度来探究天和人之间的关系时，也就是在否定人格神的存在。

通古今之变。司马迁主张通观古今的变化，内容包含着多个方面。首先是原始察终，讲求研究清楚历史事件的来龙去脉以及其过程的变化。历史本身就是一个变化的过程，如果对过程的始终、本末都不清楚，又如何认识历史，找寻其中的法则呢？其次是事势之“渐”，注意到渐变。他认识到一个事件的巨变，并非一朝一夕突然产生的，而是有长久的渐变过程，《史记》中常说“所从来久矣”就是这个意思，这就是说事势的发展有一个形成积累的阶段。在这个阶段中，有很多条件变化在制约和影响历史的发展。分析掌握了其中的缘由，才有可能恰当地评价历史事件。第三是见盛观衰，这是司马迁的一个很高明的见解。他认识到历史事势发展到兴盛的时候，内中常常暗藏着衰败的迹象。人们要善于观察，找出衰败的迹象，采取措施进行调整，否则事势就会由盛转衰，从而出现另外的面貌，《平准书》中所言“物盛而衰，固其变也”，就非常明确地说明了这一点。第四是承敝通变。一个新的政权统治人物，当他接续的是前代的破败局面的时候，就要注意找出破败的原因，采取相应的措施加以改正，转危为安，以促进社会历史的发展，形成新的长久的稳定局面，从秦到汉的转变就是一个非常明显的例子。由于司马迁能够依据原始察终、事势之“渐”、见盛观衰、承敝通变的方法来通观历史的变化，所以他对许多重大的历史事件做出了较为合理的说明，比如他关于三千年通史天下大势的思想，关于由姜齐到田齐转变的认识，关于秦能统一六国的原因和六国必然灭亡的事理的解释，关于汉之文、景到武帝时政策转变的看法，关于社会生产和流通对政治风气影响的阐发等，无一不体现出他关于通观古今变化的思想。司马迁关于通观古今变化的思想继承了古代《易》学以及老子、荀子的变革思想，因而也是传统辩证法认识在历史学上的合理运用。

成一家之言。司马迁所说的“家”，指的就是史学家。“成一家”标志着汉武时期史学的崛起和史学家在思想政治学说上独树一帜的雄心和勇气。“成一家之言”的标志,是他恰当地处理了几个关系。一是继承与创新的关系。司马迁一再声明要继《春秋》作史,而且他也是尊崇至圣孔子和先代贤人的,但是他又并不全然以圣人的是非为是非,而是结合事势发展及具体史事,给出了自己的结论和评价,体现出他勇于在继承传统的基础上创新。所以,《史记》是一部极具首创精神的名著。二是学术与政治的关系。司马迁认识到各种学术流派归根到底都是服务于政治的,都要为解决现实政治生活的难题而提出自己的看法,只不过有自觉和不自觉的区别而已。正如其父司马谈所说“直所从言之异路,有省不省耳”。所以《史记》在记述学术人物时,着重指出他的政治主张并给予评价。他在写史的过程中勇于面对现实,指陈是非。当他的看法有时和当朝政治措施不一致的时候,他就称述直谏,并敢于对他认为失误的举措提出批评,这种事例在《史记》中是很多的,它也说明了政治家和史学家认识和处理问题时的矛盾和区别。三是宏观和微观的关系。司马迁考察天人关系,通观古今变化,追寻事势发展脉络,纵论汉家天下得失,其宏观识力高远,气势磅礴;然于项羽自刎乌江的悲壮、刘邦登皇帝位的得意、吕后待人之刻薄、文帝在位之仁德以及蔺相如之智、廉颇之诚、韩信之谋、萧何之忠、季布之刚、窦婴之贤、李广之勇、张汤之酷、游侠之义、佞幸之媚、李斯之患得患失、荆轲之悲歌慷慨、滑稽之谈笑解难、商贾之息财致富等,他则以其透彻的观察力,对相关的物情事理,人物品格,进行了极力的表露刻画,从而使《史记》的描述细致精微地深入到社会的每个角落,触及到人们的内心世界。《史记》之成就,正是宏观论述与微观描写的完美结合。四是个人与时代的关系。司马迁作为史家,他的成长、经历、学识以及业绩,包括他的遭遇,都由时代造就,并体现了时代的特色。反过来,他又以通观的历史记述最终表现了这个时代,而自身的处境又使他得以窥测出政治的弊端、社会的黑暗。对此,他愤然疾笔进行了揭露、谴责。《史记》就是这个伟大时代的一幅逼真的图画,其秀美,其缺憾，都是这个时代的社会现实的真实反映。这正是《史记》实录的真谛，也凸现了杰出史家的尽心尽责。司马迁的《史记》作为史家之言，是无愧于伟大时代的。

稽其成败兴衰之理，述往事，思来者。这是直截了当地提出了历史学的功能问题，即是在通观中找出社会历史变化的法则以及诸多的经验教训，以供未来的人思考、借鉴。《高祖功臣侯者年表》的序文中说："居今之世，志古之道，所以自镜也，未必尽同。帝王者各殊礼而异务，要以成功为统纪，岂可绲乎？观所以得尊宠及所以废辱，亦当世得失之林也，何必旧闻？"所谓"自镜""成功""得失"，就是指历史学要考察成败兴坏的事理。《史记索隐》云："言居今之代，志识古之道，得以自镜当代之存亡也。"又云："言观今人臣所以得尊宠者必由忠厚，被废辱者亦由骄淫，是言见在兴废亦当代得失之林也。"这个解释的意思非常明白，还增加了"兴废"的含义，强调从当代政治中汲取经验教训，这是《史记》为什么重视当代史的原因所在。这样一来，古今成败兴衰、荣辱得失的事理都说明了，可见司马迁毫不讳言历史学应起的作用，这对历史学的建立同样具有重要意义。书写出来是让人看的，人们读了历史书籍后可以获得思考、借鉴的资料，这就是司马迁关心"来者"的目的。

以上诸种思想，是时代特征的最高体现，表明司马迁作史达到了完全自觉的程度，从而也标志着中国史学自觉的开始，这对中国史学后来的发展产生了深刻影响。同时也表明，是否能为古代的文化宝库提供丰富的、可资借鉴的思想资料，也是判断历史著作是否成功及其成就高低和生命力强弱的重要依据。在这方面，《史记》不愧为典范之作。

第四，在诸多历史形成要素中，突显了人的社会主体作用。

历史上对人的自身有个认识的过程。据专家研究，从远古到殷商末年，神、天史观占统治地位。宗周以下，是神意史观。孔墨在继承神意史观的同时又有所否定，创设了先王史观。先王史观已是一种很明显的英雄史观。这以后的学者对古圣先王也已不是毫无保留的尊崇,他们开始注重历史的演进和社会发展的现实,重视人的主观能动性并考虑到了人民群众的作用,并提出了进化史观,这时已经步入战国末期了。到西汉中期,司马迁继承了远古到先秦的历史认识成果,结合了自己对现实的深入观察和思考,从而将神、人作用于历史的认识提高一步,确立起人在社会历史中的主体地位,姑且可以将它称为主体史观。

历史认识上人神关系的变化,春秋时期是一个转变的关键。而能够促使司马迁在对历史的观察中,建立起人在历史发展中的主体地位这一看法,还与以下情况有密切关系。一是社会政治变化带来的影响。早期是天子受天命而君临天下,天子的权威代表天意,礼乐征伐自天子出,不可侵犯。其后,礼乐征伐不是自天子出,而是自诸侯出了。再后来也不是自诸侯出,而是"陪臣执国命"了。到最后,又是家臣控制起大夫来了。政权下移的过程,权谋智略的作用非常明显,新兴势力已经知道争取人心的向背了。二是春秋至战国及其以后战事频繁,在成为社会生活重要内容的军事行动中,动用兵力的规模越来越大。城濮之战,对立双方参战人员加在一起不过几万人,而到战国末,仅秦坑杀赵之长平军就达四十五万。秦统一后,光防御北方匈奴就有蒙恬所率的三十万人。楚汉战起,刘邦率领五诸侯的军队,凡五十六万,往东去进攻项羽。汉景帝时,平定吴楚七国叛乱,周亚夫率三十六位将军,各方面的军队加在一起也有数十万,而吴王刘濞自称可具精兵五十万,还说可得南越王三十万兵力的支持,实际双方对峙所动员的兵力达一百多万。战争有物的因素,但打仗的是士兵的血肉之躯,故主要靠人力,这是非常明确的。三是秦末农民大起义,挣扎在死亡线上的普通农民揭竿而起,一举推翻了秦王朝,这使任何天命、神意的说教都软弱无力。四是司马迁强调国富民强与生产流通有非常密切的关系。广大的四民之业的发展与天时、地利、人和有关,却与天命、神意离得太远了,而农虞工商四业的兴旺与否,却是决定社会历史发展的重要一环。五是科学技术发展的影响，尤其是天文学、历学和医学的发展，对认识天人关系有着重要的思想解放作用，而在这方面，司马迁有着精深的观察和辨析能力。从先秦以来，人神观念的变化与人的作用的不断体现是相辅相成的。司马迁一方面继承了已有的人神观念，另一方面又以现实的变化作基础，以一种哲理的思考，利用人自身在时代大潮中显示的巨大力量，将已有的对人神关系的认识加以充实提高，促使自己在观念上前进到一个新的境界，从历史演进的角度，认识到人在历史发展中的主体地位。

《史记》所认识的人在历史发展中的主体地位，是看到了人的层次结构和群体的作用。《史记》的本纪、表、书、世家、列传五种体裁，综合来看，其实是一种社会结构的反映。《史记》是将整个社会划分为五个层次。第一层次是帝王、时势主宰者，他们处在社会的中心地位，这是“本纪”所记述的人物。第二层次是诸侯、贤圣、领袖人物与国家重臣，这是“世家”所包括的人物，他们起着“拱辰共毂”的作用。第三层次是谋臣将相，他们中有的人在中央朝廷，有的人在诸侯王国。他们是第一、二层次中帝王与国君的出谋划策者、政令执行人，在具体的政治、军事活动中作用很大。这三类人在《史记》的记载中非常突出。第四层次是士大夫，他们因为比较靠近社会的最底层，所以有时能反映出一些民众的痛苦呼声与愿望要求。第五层次是社会的直接生产者，如《货殖列传》中所说的农虞工商。这一层次中有些人被奴役，但他们中蕴藏着巨大的能量，是有可能促使国家出现“土崩”之势的潜在力量。他们的集体行动可以改变历史的某些进程，秦末农民起义就是这样。这部分人在全社会是最多的。司马迁能注意并深刻认识到他们的特殊作用，正是促使他认识到人在历史发展中的主体地位的重要因素。司马迁认为历史的形成，社会的运转，五个层次的人都在起作用。这五个层次的人所构成的社会，正反映了当时的基本社会状况，也是《史记》认识到人在历史发展中的主体地位的重要体现。从社会结构的角度整体地反映各阶层人群的历史活动,是纪传体史书的基本价值所在,亦是《史记》所要表现的人在历史发展中的主体地位的第一个重要特色。

《史记》全方位地叙述了社会历史中人的活动的创造性和主动性,体现了社会的发展和生活内容的丰富多彩。八书中《礼》《乐》之外,《律》《历》《天官》《河渠》《平准》的出现,显示出驾驭天地以与自然斗争、制约人的行为来为社会服务的企图。《史记》在延续过去史书记载内容注重军事、政治、外交、学术方面的同时,还第一次将经济活动写入史书,将其纳入社会历史讨论的范围。当社会发展滞后,外族入侵胁迫,国弱民困,国家处于一个关键时刻的情况下,司马迁注意到改革是社会前进的驱动力,而对其进行了恰当的记述与评论。德治、法治、儒法道的相互吸收与融合,有效地服务于中央集权,人的思想之适应于形势而不断求其统治法术完善的企图得到了充分的体现。人自身是个生物体,其生存活动具有规律。人在谋求维护健康和种族繁衍的过程中,医学的发展使其自身的活动能力得到了延续与保证。从远古到秦汉这一段漫长的历史时期中,人类社会生活的一些主要内容,《史记》都有记载和反映,这是它作为通史特点的一个方面,也正充分而全面地体现出人在历史发展中的主体功能。在强调人的自觉能动性的时候,司马迁注意到,人的自身欲望才是形成社会历史活动的真正源泉,形成历史的一切活动都是从欲望开始的。这是一个非常高明的见解。

《史记》所记述的作为形成社会历史主体的人,不仅是一种关于人的抽象意识,而是众多有血有肉的活生生的个人,故它塑造了许多人的活动的具体形象。因此,对人的完整而形象的塑造,同样是《史记》认识到人在历史发展中的主体地位的又一标志。人作为社会化群体的成员,在参与历史活动的过程中,自然表现出其自身的某些共同特性。《史记》对人的追求、人的品格、人的奉献、人的情感等诸多方面进行了描述,使得它所认识的作为社会历史发展中主体地位的人,是具有独立人格和风度的真实的人,他们都是经过历史的洗礼和锤炼,而又各自具有典型风貌和形象的人。因此,他们所参与的社会活动及所创造的历史业绩,就相应地具有代表性。司马迁通过《史记》写出了人的诸多作为,并由此综合地表现出社会历史的发展变化。他切实摆脱了神灵意识的羁绊,这是历史观念的一次飞跃性的进步。

三

《史记》同时是一部文学作品。毛泽东写《为人民服务》一文时,特称司马迁是中国古时候的一位文学家。西汉的士人没有谁不会写文章,但其中文章写得最好的是两个人,一个是司马相如,另一个就是司马迁。司马迁善于写作,文学修养极高,所以《史记》的文字写得很美,但他并不是刻意以文学作品的姿态来写《史记》的,故《史记》的文学成就属于历史文学范畴,一般称之为历史传记文学。《史记》的主要部分是传记,本纪、世家都有传记的性质,有的篇卷本身其实就是列传。历史传记文学的产生,正是史学在观念上确立了人在历史发展中的主体地位的结果,而这种传记所叙述以至塑造的人物形象,都以具体的历史背景、历史事实为根基。没有了这个根基,不能称之为历史文学或传记文学。但这不排除在基本符合历史真实的情况下,在某些具体的场景、情节、人物性格、心态等描写上有所夸张和虚构。

《史记》作为一部杰出的历史文学作品,其特点可以概述为:全书气势磅礴,气象万千,得益于英雄人物事迹及祖国壮丽山河的感染和薰陶;在忠于史实的前提下,进行艺术创造,以形象地再现历史;笔锋雄健简直,浑然一体,虽不无旧文之迹,却独具典雅风范;立于寓论,断于序事,亦不乏精湛之专评;表现手法奇特无穷,文如其人,人与人不同,篇与篇迥异,无一雷同面孔;情挚真切,言发心声,慷慨悲歌,催人泪下。

在文学成就上，《史记》立传人物及其事迹的选择，突出人物特性的叙事安排，全书诸篇间的互见，及见天下形胜与历史事势的整体构思，场景、性格、语言、心态的精练表述及气氛烘托，夹叙夹议及专门评论见解的准确深邃等，都包含着司马迁艺术创造的功力，对后世的文学发展产生了积极影响。

后代学者对《史记》的文章评价很高。宋洪迈从文势上称《史记》为"真天下之至文"；苏辙评《史记》之文具有奇气："太史公行天下，周览四海名山大川，与燕赵间豪俊交游，故其文疏荡，颇有奇气……岂尝执笔学为如此之文哉！其气充乎其中，而溢乎其貌，动乎其言，见乎其文，而不自知也。"这也说明了司马迁并不是为写文章而写文章。明叶盛则认为，司马迁"在汉为文中之雄"。吕祖谦特别注重《史记》的文章和指归的关系："太史公之书法，岂拘儒曲士所能通其说乎？其指意之深远，寄兴之悠长，微而显，绝而续，正而变，文见于此而起义于彼，有若鱼龙之变化，不可得其踪迹者矣。读是书者，可不参考互观，以究其大指之所归乎！"茅坤则着眼于《史记》叙事之情志及其由此而产生的巨大感染力，说："姑取司马子长之大者论之。今人读《游侠传》，即欲轻生；读《屈原贾生传》，即欲流涕；读《庄周》《鲁仲连传》，即欲遗世；读《李广传》，即欲立斗；读《石建传》，即欲俯躬；读《信陵》《平原君传》，即欲养士。若此者何哉？盖各得其物之情而肆于心故也，而固非区区句字之激射者。"他还高度评述了司马迁的气势："屈、宋以来，浑浑噩噩，如长川大谷，探之不穷，揽之不竭，蕴藉百家，包括万代者，司马子长之文也。"茅坤这个观点影响了他人，故李维桢在肯定司马迁的文字具有蕴藉深厚、激昂悲壮、穷尽极变的特点以后说："具此三者，是以驱驭百氏，卓绝千古。"至清，则有邱逢年作《史记阐要》，以刘知幾提出的史家才学识三长来评述司马迁，认为《史记》"诸法皆归于浑融"，很有见地。至近代，综合的专评日渐增多。曾毅在他的《中国文学史》中如此说："《史记》之文字——生动而疏宕有奇气。盖迁多爱之人也，故其文热血横迸；多恨之人也，故其议论悲愤郁遏。若以儒教之家法绳之，诚不免扬雄所谓不与圣人同是非之嫌。而以历史之眼孔观之，变易编年，创为纪传，冠冕群伦，师法百代，实有如刘子元所称才学识三长，而邀郑渔仲之钦赏。即以文学之价值论之，自来文人学士，孰不仰为空前之杰作，绝后之至文者乎。”此语已经接近鲁迅之赞誉了。

四

《史记》初名《太史公书》，一百三十篇，成书后“藏之名山，副在京师”，后于宣帝时，由司马迁的外孙杨恽传出，才流入民间。至班固作《汉书》，在其《艺文志》中就说它有“十篇有录无书”，同时也说有“冯商所续《太史公》七篇”，然未具体说明是哪七篇。

至魏晋时，张晏指出：“迁没之后，亡《景纪》《武纪》《礼书》《乐书》《兵书》《汉兴以来将相年表》《日者列传》《三王世家》《龟策列传》《傅靳列传》。元、成之间，褚先生补阙，作《武帝纪》《三王世家》《龟策》《日者列传》，言辞鄙陋，非迁本意也。”今《史记》所标出的褚少孙所补的篇章，实亦未可全视为褚之真迹。自宋代吕祖谦开始，关于《史记》缺篇的多少及其真伪，学者争论不休，难为定论。《史记》传世已超过两千年，有些篇卷如《景纪》《汉兴以来将相名臣年表》及《礼书》《乐书》二序之类，权且以司马迁之原作视之，也是一种处置方法。《史记》记事迄于武帝末年，其后不断有人续作，刘知幾《史通》把这件事表述得很明白。他说：“《史记》所书，年止汉武，太初已后，阙而不录。其后刘向、向子歆及诸好事者，若冯商、卫衡、扬雄、史岑、梁审、肆仁、晋冯、段肃、金丹、冯衍、韦融、萧奋、刘恂等，相次撰续，迄于哀、平间，犹名《史记》。至建武中，司徒掾班彪以为其言鄙俗，不足以踵前史；又雄、歆褒美伪新，误后惑众，不当垂之后代者也。于是采其旧事，旁贯异闻，作《后传》六十五篇。其子固以父所撰未尽一家，乃起元高皇，终乎王莽，十有二世，二百三十年，综其行事，上下通洽，为《汉书》纪、表、志、传百篇。”这里又说明了《史记》与《汉书》相连续的关系。

《史记》的注释，传统的有三家注，即南朝宋裴骃的《史记集解》、唐司马贞的《史记索隐》及张守节的《史记正义》。三家注原系独立成书，后于北宋刊刻时将其散列在正文之下，与《史记》原文合为一书。三家注为解释《史记》做出了历史性的贡献。至清，有梁玉绳用十九年工夫所作的《史记志疑》一书，详考《史记》记事，结论较为准确，故《史记》中一般的疑难问题，大多可以梁玉绳的解答作为结论，以至于钱大昕为之作跋时称它为可以同三家注相比拟的第四家注，对其评价甚高。清人的注释之作还有多种。到了现代，有陈直的《史记新证》别具特色，它虽不是专门的注释之作，但以考古资料来证实《史记》的撰述内容，对说明《史记》记事的真实性很有参考价值，为研究者所重视。此外，日本人泷川资言所撰《史记会注考证》，流传颇广，亦为人们所熟知。当代出版的有关全书或选本注释以及译文之书较多，读者可依情况选择阅读、参考。

《史记》的版本很多，仅择其要者言之。古本残卷现存最早的当数北宋刊本《史记集解》，现藏于国家图书馆。通行的旧本，现存最早的有南宋黄善夫刻本，经商务印书馆影印，收在《百衲本二十四史》中，另外，还有明嘉靖、万历间南北监刻的《二十一史》本和毛氏汲古阁刻的《十七史》本，以及清乾隆四年(1739)武英殿二十四史附考证本。其中，1986 年 12 月上海古籍出版社及上海书店将武英殿本编辑影印为《二十五史》(加上《清史稿》)全十二册本，多有流行。现今《史记》最常见的版本，是中华书局以清同治年间的金陵书局本作底本，由顾颉刚先生等分段标点，并经编辑整理加工，于 1959 年 9 月出版的点校本。此本已于 2014 年 8 月进行了修订。本书即以此修订本为底本。

《史记》这部皇皇巨著，历来是史学名著中最受关注的，国内研究人数众多，硕果累累，而且它还以多种文字翻译传播到其他国家，对《史记》

的研究和传播的积极势头也还在深入地发展。与此同时,希望能有更多的读者来诵习它。一般的读者,可在泛读的基础上选择其中的精彩篇卷熟读,积累时日,不仅会对《史记》与司马迁有更真切而深刻的了解,而且也能慢慢地发现自己在各方面都有所长进了。在此真诚地祝福本书的读者。

杨燕起

2018年9月2日于丽泽书屋

总目

目录

一

二

三

四

五

六

七

八

九

本 纪

《史记》有十二本纪、十表、八书、三十世家、七十列传，共一百三十篇。

《史记》有五帝(黄帝、颛顼、帝喾、尧、舜)、夏、殷、周、秦、秦始皇、项羽、高祖、吕太后、孝文、孝景、今上(武帝)十二篇本纪。司马迁在《太史公自序》中说:“罔罗天下放失旧闻，王迹所兴，原始察终，见盛观衰，论考之行事，略推三代，录秦汉，上记轩辕，下至于兹，著十二本纪，既科条之矣。”是说要略三代，详秦汉，就王迹所兴的问题，来通观古今的变化。所以，《史记》的本纪，实质上乃是要就历史的事势发展，来总览天下的大局，作为一种“科条”，它起到了全书纲领的作用，并不单纯地强调记帝王、天子。刘知幾沿用裴松之的说法，“天子称本纪，诸侯曰世家”，还说本纪是“唯叙天子一人”“系日月以成岁时，书君上以显国统”之类，这是以《汉书》之后的正统观念来范围《史记》，并不完全符合司马迁创设本纪这一体裁的原意。这是任何一个研读《史记》的人首先应该加以明确的。

史记卷一

五帝本纪第一

原文

黄帝者，少典之子，姓公孙，名曰轩辕。[1]生而神灵，弱而能言，幼而徇齐，长而敦敏，成而聪明。[2]

译文

黄帝，是少典族的子孙，姓公孙，名叫轩辕。他生下来就显出神灵，七十天内就能说话，幼小的时候就很机智，长大后敦厚机敏，成年后见闻广博能明辨事物。

注释 1 黄帝：我国古代传说时期的原始社会的帝王，为中原各民族的共同祖先。原为有熊氏部落之首领，故号有熊；因有土德之瑞，土色黄，故称黄帝。 少典：传说中的有熊氏部落，黄帝、炎帝均为该部落子孙。 公孙：据传黄帝原姓公孙，后因长于姬水，改姓姬。 轩辕：一说为古地名，在今河南新郑西北。另一说，梁玉绳《史记志疑》认为，轩辕之丘是因黄帝得名，不是黄帝从轩辕之丘得名。 2 神灵：据传黄帝母附宝二十四月而生黄帝于寿丘（今山东曲阜东北），头额如太阳，眉宇如龙骨。 弱：指初生不久的婴儿。又特指出生七十天以内的小孩。 徇齐：一说通“迅疾”，机敏之意；或说通“迅给”，指口才锋利。 敦：忠厚诚实。

轩辕之时，神农氏[1]世衰。诸侯相侵伐，暴虐百姓，而神农氏弗能征。于是轩辕乃习用干戈，以征不享，诸侯咸来宾从。[2]而蚩尤[3]最为暴，莫能伐。炎帝欲侵陵[4]诸侯，诸侯咸归轩辕。轩辕乃修德振兵，治五气，蓺五种，抚万民，度四方，教熊、罴、貔、貅、貙、虎，以与炎帝战于阪泉之野。[5]三战，然后得其志。

蚩尤作乱，不用帝命。于是黄帝乃征师诸侯，与蚩尤战于涿鹿之野，遂禽杀蚩尤。[6]而诸侯咸尊轩辕为天子，代神农氏，是为黄帝。天下有不顺者，黄帝从而征之，平者去[7]之，披[8]山通道，未尝宁居。

轩辕的时候，神农氏的后代道德衰薄。各地方的诸侯互相侵犯攻伐，残害百姓，但是神农氏没有能力征讨他们。在这种情况下轩辕就时常动用军事力量，去征讨诸侯中不来朝贡的人，四方诸侯因此都归服称臣。但是蚩尤最为残暴，还没有谁能去征讨他。炎帝也想侵犯、欺凌诸侯，于是四方诸侯都来归附轩辕。轩辕修治德政，整肃军旅，顺应四时五方的自然气象，种植黍、稷、菽、麦、稻等农作物，抚慰千千万万的民众，丈量四方的土地，教导以熊、罴、貔、貅、貙、虎为图腾的氏族习武，来和炎帝在阪泉的郊野作战。经过几番战斗，黄帝打败了炎帝。

蚩尤发动叛乱，不服从黄帝的命令。于是黄帝就向四方诸侯征集军队，和蚩尤在涿鹿的郊野进行战斗，擒获并杀死了蚩尤。这样四方诸侯都推崇轩辕为天子，代替神农氏，这就是黄帝。天下有不顺从的势力，黄帝就去征讨他们，平定了以后就离开这个地方，他披斩山林草木开通道路行进，从来都没有安居过。

注释 **1** 神农氏：传说中的古代帝王之一，因他教民耕种，故称。一说神农即炎帝。 2 干戈:泛指武器。干,盾牌。 不享:不朝贡的部族。享,进献。 宾从:服从,归顺。 3 蚩(chī)尤:传说中九黎部落首领。 4 陵:侵犯,欺侮。 5 五气:一说为金、木、水、火、土五行之气。一说指晴、雨、冷、热、风五种气候。 蓺:种植。 五种:即黍、稷、稻、麦、菽五种作物。 度(duó)四方:丈量四方的土地。 罴(pí):人熊、马熊。 貔(pí):似虎之猛兽。 貅(xiū):传说中的猛兽名。 貙(chū):虎属猛兽,似狸而大。此指以上述六种猛兽为图腾的部族。一说以此喻为勇猛的军队。 阪(bǎn)泉:古地名,在今河北涿鹿县东南。 6 涿鹿:古地名,在今河北涿鹿县东南。 禽:通“擒”。 7 去:离开。 8 披:劈开。

东至于海,登丸山,及岱宗。[1]西至于空桐,登鸡头。[2]南至于江,登熊、湘。[3]北逐荤粥,合符釜山,而邑于涿鹿之阿。[4]迁徙往来无常处,以师兵为营卫。官名皆以云命,为云师。[5]置左右大监[6],监于万国。万国和,而鬼神山川封禅与为多焉[7]。获宝鼎,迎日推策。[8]举风后、力牧、常先、大鸿以治民[9]。顺天地之纪,幽明之占,死生之说,存亡之难。[10]

黄帝往东到达了海滨,登过丸山,并到过泰山。往西到达了空桐山,登上了鸡头山。往南到达了江水流域,登上了熊山、湘山。往北驱逐过少数民族荤粥,和四方诸侯在釜山验合过符契圭瑞,然后把都邑建在涿鹿山下广阔的平地上。迁徙往来没有固定的住处,到了哪里就住在哪里,以军队为警卫。官职都用云来命名,设立用云命名的军队。置立左右大监,监察万国。万国和睦,而黄帝对鬼神山川封禅祭祀的活动,也非常繁多,规模很大。黄帝获得了宝鼎,运用蓍草来推算历数以预知未来的节气日辰。推举风后、力牧、常先、大鸿来管理民众。顺应天地四时的规律,预测阴阳五行的变化,创立生与死的仪制,考究国家安危存亡的道时播百谷草木，淳化鸟兽虫蛾，旁罗日月星辰，水波土石金玉，劳勤心力耳目，[11] 节用水火材物。有土德之瑞[12]，故号黄帝。

理。依照时节播种百谷草木，驯化各种鸟兽昆虫，观测日月星辰，利用水波、土石、金玉，烦劳勤苦自己的心力耳目，教导民众对水火材物的利用要节制。有"土德"的祥瑞，因此被称为"黄帝"。

注释 1 丸山：山名，在今山东临朐县东北。 岱宗：即泰山。人称泰山为五岳之首，四岳所宗，泰山又名"岱"，故称。 2 空桐：亦作"崆峒"，山名，在今甘肃平凉市西。 鸡头：空桐山主峰。一说为大陇山，在今甘肃平凉市西。 3 江：长江。 熊：即熊耳山，在今湖南益阳市西。 湘：湘山，又名君山、洞庭山，在今湖南洞庭湖中。 4 荤粥(xūn yù)：当时的匈奴名。合符：会诸侯以验证符节。釜山：山名，一说在今河北怀来县东，一说在今河北保定市徐水区西，又说在今河南偃师、灵宝等地。邑：都邑，作动词，建立都邑。 5 官名皆以云命，为云师：《史记集解》引应劭曰："黄帝受命，有云瑞，故以云记事也。春官为青云，夏官为缙云，秋官为白云，冬官为黑云，中官为黄云。"又引张晏曰："黄帝有景云之应，因以名师与官。" 6 大监：相传黄帝所置监察官，监察各地、各部落。 7 封禅(shàn)：古代帝王登名山，封地为坛曰封，扫地而祭曰禅，用以祭祀天地，庆祝成功和太平。 与：推许，认可。 多：指规模大。 8 宝鼎：古多以鼎为王朝相传之重器，故称为宝。 迎日推策：根据神策占卜之征兆结果来推算未来日、月、朔、望等情况。策，亦叫神策，卜筮所用之蓍草。 9 风后、力牧、常先、大鸿：四人均为传说中的黄帝之大臣，其中风后为相，力牧为将。 10 纪：规律。 难：不容易，意指道理。 11 淳化：驯化。 旁罗：广泛地罗列、观察。 水波：如水力一样摇动。波，通"播"，簸扬，摇动。 心力：心思与能力。 12 瑞：祥瑞，吉利的征兆。

黄帝二十五子，其得姓[1]者十四人。

黄帝有二十五个儿子，他们中得到姓氏的有十四人。

黄帝居轩辕之丘，而娶于西陵之女，是为嫘祖。[2]嫘祖为黄帝正妃，生二子，其后皆有天下：其一曰玄嚣，是为青阳，青阳降居[3]江水；其二曰昌意，降居若水[4]。昌意娶蜀山氏[5]女，曰昌仆，生高阳，高阳有圣德焉。黄帝崩，葬桥山，其孙昌意之子高阳立，是为帝颛顼也。[6]

黄帝居住在轩辕之丘，娶了西陵国的女子为妻，这就是嫘祖。嫘祖是黄帝的正妃，生了两个儿子，这两个人的后代都掌握过整个天下：其一为玄嚣，这就是青阳，青阳被封于长江一带；其二为昌意，被封于若水一带。昌意娶了蜀山氏的女子为妻，她叫昌仆，生了儿子高阳，高阳有圣德。黄帝逝世后，安葬在桥山，他的孙子、昌意的儿子高阳即位，这就是帝颛顼。

注释　1 姓：表明部落系统的称号，后发展成为独立的氏族。　2 西陵：当时传说中的部族名。　嫘(léi)祖：传说为黄帝的元妃。　3 降居：让帝子为诸侯。降，下也。　4 若水：古水名，即今四川境内的雅砻(lóng)江。　5 蜀山氏：传说中的部族名。　6 桥山：山名，又名子午山，在今陕西黄陵县北。　颛顼：音 zhuān xū。

帝颛顼高阳者，黄帝之孙而昌意之子也。静渊以有谋，疏通而知事；[1]养材以任地，载时以象天，依鬼神以制义，治气以教化，洁诚以祭

帝颛顼高阳，是黄帝的孙子，昌意的儿子。他沉静渊博而很有智谋，疏旷通达而知道各种事理；掌养财物以便发挥土地的作用，依照四时决定行动以便效法自然，根据对鬼神的尽心敬事来制订尊卑的义理，涵养四时五行之气来教化民众，洁心诚意来进行祭祀。权力所

祀。[2] 北至于幽陵，南至于交阯，西至于流沙，东至于蟠木。[3] 动静之物，大小之神，日月所照，莫不砥属。[4]

及，北边到了幽陵，南边到了交阯，西边到了流沙，东边到了蟠木。动如鸟兽静如草木等物类，大如五岳四渎小如丘陵坟衍等神灵，凡是日月的光芒所能照射到的地方，没有不是已经平服而来归附的。

帝颛顼生子曰穷蝉。颛顼崩，而玄嚣之孙高辛立，是为帝喾[5]。

帝颛顼生了个儿子叫穷蝉。颛顼逝世后，由玄嚣的孙子高辛即位，这就是帝喾。

注释　**1** 静渊:宁静深远。　疏通:疏旷通达。　**2** 养材:生产物质财富。材,《大戴礼记》作“财”。　任地:开发利用土地。　载时:按照天象变化规律行事。　制义:指制定各种尊卑的义理。　气:指四时五行之气。　洁诚:洁净诚心。　**3** 幽陵:即幽州,今河北省北部、辽宁省西南一带。　交阯:亦作“交趾”,古地名,泛指今五岭以南、越南北部一带。　流沙:指今内蒙古自治区阿盟腾格里沙漠一带。　蟠木:即扶桑,古指日出之处。　**4** 大小之神:国中的大小神祇。大神指五岳(泰山、华山、衡山、恒山、嵩山)和四渎(江、河、淮、济)之神,小神指小山小河之神。　砥属:平服归顺。砥,平定。　**5** 喾:音 kù。

帝喾高辛者，黄帝之曾孙也。高辛父曰蟜[1]极，蟜极父曰玄嚣，玄嚣父曰黄帝。自玄嚣与蟜极皆不得在位，至高辛即帝位。高辛于颛顼为

帝喾高辛，是黄帝的曾孙。高辛的父亲叫蟜极，蟜极的父亲叫玄嚣，玄嚣的父亲叫黄帝。玄嚣和蟜极都没有得到帝位，到了高辛才即帝位。高辛是颛顼的堂侄。

高辛生下来就非常神灵，能够说出自己的名字。他广施恩德，为他人

族子。

高辛生而神灵，自言其名。普施利物，不于其身。聪以知远，明以察微。顺天之义，知民之急。仁而威，惠而信，修身而天下服。取地之财而节用之，抚教万民而利诲之，历日月而迎送之，明鬼神而敬事之。[2]其色郁郁，其德嶷嶷。[3]其动也时，其服也士。[4]帝喾溉执中而遍天下[5]，日月所照，风雨所至，莫不从服。

帝喾娶陈锋氏[6]女，生放勋。娶娵訾氏[7]女，生挚。帝喾崩，而挚代立。帝挚立，不善，崩，而弟放勋立，是为帝尧。

谋求利益，却从不考虑自己。他极其聪明而能知悉遥远的事，明白事理而能深察隐微。顺从上天的义理，知晓民众的急难。仁爱又有威严，慈爱又很笃实，修养自身而使天下诚服。收取土地的财物又能依时节加以利用，抚慰教导万民又能以利训诲他们，观察日月修订历法而合理地迎送弦、望、晦、朔，明识鬼神并恭敬地侍奉他们。他的神态郁郁然非常庄重，他的道德嶷嶷然特别高尚。他的举动总是顺应天时，但他的衣着总是如同一般的士人。帝喾治理民众，像水灌溉农田一样，平等而公正地遍及天下，日月所能照射到的地方，风雨所能吹淋到的地方，没有不来顺服的。

帝喾娶了陈锋氏的女子，生了儿子放勋。又娶了娵訾氏的女子，生了儿子挚。帝喾逝世，由挚继承帝位。帝挚即位，政治衰微不善。他死后，由弟弟放勋继位，这就是帝尧。

注释　1 蟜：音 jiǎo 或 qiáo。　2 历日月：根据日月运行情况制订历法。　迎送：指推算弦、望、晦、朔。　事：侍奉。　3 色：仪表，神态。　郁郁：犹“穆穆”，端庄的样子。　嶷嶷(yí)：高尚、杰出。　4 时：合乎时宜。　士：一般士人。　5 溉：似水灌溉，公平如一。　执中：持平、公正。　6 陈锋氏：又作“陈丰氏”，传说中的部落名，此处所说的女子叫庆都。　7 娵訾(jū zī)氏:传说中的部落名,此处所说的女子叫常仪。

帝尧者,放勋。其仁如天,其知[1]如神。就之如日,望之如云。富而不骄,贵而不舒[2]。黄收纯衣,彤车乘白马,能明驯德,以亲九族。[3]九族既睦,便章百姓[4]。百姓昭明,合和万国[5]。

帝尧,就是放勋。他的仁爱如天之涵养,他的智慧如神之微妙。人们归附他就像葵藿倾心向日,人们盼望他就像百谷祈求泽云。他富有而不骄奢,高贵而不惰慢。头上戴着黄色的帽子,身穿黑色的衣服,坐上朱红色的车,驾乘白色的马,能够昌明恭顺高尚之德,因而能团结九族。九族既已和睦,就明确地划分百官的职责。百官政绩昭明卓著,万邦诸侯融洽和谐。

注释 1 知:通“智”。 2 舒:惰慢,松懈。 3 收:古帽名。 纯:通“缁”,黑色丝织物。又清王引之谓“纯”当读为“肫”,黄黑色。 能明驯德:能够昌明恭顺高尚之德。驯,顺。 九族:一说指同族九代人,从自身算起,上推至四世高祖,下推至四世玄孙。一说指父族四代,母族三代,妻族二代。 4 便章:辨别彰明。便,通“辨”。 百姓:指百官。 5 合和万国:指天下和谐一致。

乃命羲、和,敬顺昊天,数法日月星辰,敬授民时。[1]分命羲仲,居郁夷,曰旸谷。[2]敬道日出,便程东作。[3]日中,

于是命令羲氏、和氏,恭敬地顺应上天,推算日月星辰的运行来制订历法,慎重地将一岁的节令告诉民众。分别命令羲仲居住在东方郁夷,那个地方叫旸谷。恭敬地迎接日出,管理监督春耕事务。春分日,昼夜长短相等,黄昏时鸟星出现在正南方,用以正定仲春的气节。这时候春事既已开

星鸟，以殷中春。[4]其民析，鸟兽字微。[5]申命羲叔，居南交。[6]便程南为，敬致。[7]日永，星火，[8]以正中夏。其民因，鸟兽希革。[9]申命和仲，居西土，曰昧谷。[10]敬道日入，便程西成[11]。夜中，星虚，[12]以正中秋。其民夷易，鸟兽毛毨。[13]申命和叔，居北方，曰幽都[14]。便在伏物[15]。日短，星昴，[16]以正中冬。其民燠，鸟兽氄毛。[17]岁三百六十六日，以闰月正四时[18]。信饬百官，众功皆兴。[19]

始，民众就要分散劳作，鸟兽开始交尾生育。再命令羲叔居住在南交，管理督导夏季劝农的事务，敬行教化，致达事功。夏至日，白昼最长，苍龙七宿中的大火（心宿）黄昏时出现在正南方，用以正定仲夏的气节。这时候老幼都去耕作，鸟兽换上了稀疏的羽毛。再命令和仲居守在西方，那个地方名叫昧谷。恭敬地送太阳落山，管理监督秋收事务。秋分日，昼夜长短相等，玄武七宫中的虚宿黄昏时出现在正南方，用以正定仲秋的气节。这时候民众喜悦和乐，鸟兽换上新的羽毛。再命令和叔居住在北方，名叫幽都。管理督导冬藏物畜。冬至日，白昼最短，白虎七宿中的虚宿黄昏时出现在正南方，用以正定仲冬的气节。这时候民众进入室内居处，鸟兽都生出细软而茂密的毛来过冬。一岁三百六十六日，设置闰月来正定各年的四季。切实地整饬百官，各种事业都兴办起来了。

注释　**1** 羲、和：羲氏、和氏，均为重黎氏后代，执掌天文历法。　昊(hào)：深远广大。　数法日月星辰：观察日月星辰运行的规律。数，历数。法，准则、规律。　敬授民时：郑重传授给众民以四时节令。　**2** 羲仲：羲氏部族成员。　郁夷：亦作“嵎夷”，极东之地。　旸(yáng)谷：亦作“汤谷”，古称日出之处。　**3** 敬道日出：恭敬地迎接朝阳升起。道，通“导”。　便程：辨别日程、时令。便，通“辨”。　东作：春耕生产。

4 日中:春分这一天昼夜长短相等。中,正中,这里指昼、夜一样长。 星鸟:即鸟星,春分这天傍晚出现在正南。鸟星即朱鸟七宿中的第四宿。 殷:正,判定。 5 析:分散、分工。 字:生育,产子。 微:通"尾",雌雄交尾。 6 申:重、又。 羲叔:羲氏部族成员。 南交:南方交趾。或谓南方极远之地。 7 南为:夏季的劝农事务。 敬致:敬行教化以求得功效。 8 日永:夏至这一天白昼最长。永,长。 星火:即火星,又名"大火""商星",为苍龙七宿中的"心宿",不是今日之"火星"。夏至傍晚时刻,此星出现在正南方。 9 其民因:指老弱在丁壮帮助下在田里干活。 希革:鸟兽换毛蜕皮。 10 和仲:和氏部族成员,下文"和叔"同此。 昧谷:传说中太阳落下的地方。 11 西成:秋收之事务。 12 夜中:秋分时黑夜与白昼相等。 星虚:即虚星,是北方玄武七宿的第四宿,秋分这一天虚宿在傍晚的正南出现。 13 夷易:喜悦和乐。 毨(xiǎn):毛羽更生。 14 幽都:北方极远之地,旧称日没于此,万象阴暗,故称此。 15 伏物:积聚储藏物资。 16 日短:冬至这天白昼最短。 星昴(mǎo):昴宿,是白虎七宿中的第四宿,冬至傍晚时此星出现于正南。 17 燠(yù):暖。此指入室避寒取暖。 氄(rǒng)毛:鸟兽细软茂密的毛。 18 正四时:调正四季。 19 信:切实。 饬(chì):整治。 功:事业。

尧曰:"谁可顺此事[1]?"放齐曰:"嗣子丹朱开明。"[2]尧曰:"吁!顽凶[3],不用。"尧又曰:"谁可者?"谨兜曰:"共工旁聚布功,可用。"[4]尧曰:"共工善言,其用僻,似恭漫天,[5]不可。"尧又

尧说:"哪个人可以顺应天时来继承帝位?"放齐说:"嗣子丹朱开通明达。"尧说:"哼!丹朱愚顽好讼,不可用。"尧又说:"谁可以继承帝位?"谨兜说:"共工能广聚人力,颇见功效,可以用。"尧说:"共工善于言辞,但他用心邪僻,貌似恭敬,实则怠慢上天,不可以用。"尧又说:"啊!四方诸侯:荡荡的洪水浊浪接天,浩浩

曰:“嗟!四岳:汤汤洪水滔天,浩浩怀山襄陵,[6]下民其忧,有能使治者?”皆曰鲧[7]可。尧曰:“鲧负命[8]毁族,不可。”岳曰:“异哉,试不可用而已。[9]”尧于是听岳用鲧。九岁,功用[10]不成。

然包围了山岗,漫上了丘陵,下方的民众都非常忧愁,有谁能去治理洪水呢?”都说鲧可以。尧说:“鲧性情狠戾,违背命令,毁败善类,不可以。”诸侯们说:“不是这样吧,先试试看,不行就算了。”尧于是听从诸侯们的意见,任用鲧。经过九年,鲧治水没有成功。

注释 1 顺此事:指继承帝位。顺,继承。 2 放齐:尧之大臣。 嗣子:帝王或诸侯的承嗣子(多为嫡长子)。 丹朱:尧之嫡长子。 3 顽凶:愚顽无德,争讼好斗。凶,通“讻”,争讼,吵闹。 4 讙(huān)兜:尧之大臣。 共工:尧之水官。 旁聚:广泛安集民众。 5 用僻:用意邪僻。 漫:怠慢不恭。 6 四岳:分管四方之诸侯首领。 汤汤(shāng):水波奔腾的样子。 怀:裹藏,包围。 襄:上升,漫淹。 7 鲧(gǔn):夏禹之父亲。 8 负命:违背命令。 9 异:看法不同。 已:停止。 10 功用:指治水事业。

尧曰:“嗟!四岳,朕在位七十载,汝能庸命[1],践朕位?”岳应曰:“鄙德忝[2]帝位。”尧曰:“悉举贵戚[3]及疏远隐匿者。”众皆言于尧曰:“有矜在民间,曰虞舜。[4]”尧曰:“然,朕闻之。其何

尧说:“啊!四方诸侯,我在帝位七十年,你们中有谁能够顺应天命,来接替我的帝位呢?”诸侯们应答说:“我们德行鄙陋是会污辱帝位的。”尧说:“你们也可推举贵族亲戚中的和被疏远而隐藏起来的人。”大家都对尧说:“有个还没有妻子的人在民间,名叫虞舜。”尧说:“对,我也听说了,他怎么样?”诸侯们说:“他是一个盲人的

如？”岳曰：“盲者子。父顽，母嚚，弟傲，能和以孝，烝烝治，不至奸[5]。”尧曰：“吾其试哉。”于是尧妻之二女，观其德于二女。舜饬下二女于妫汭，如妇礼。[6]尧善之，乃使舜慎和五典，五典能从。[7]乃遍入[8]百官，百官时序。宾于四门，四门穆穆，[9]诸侯远方宾客皆敬。尧使舜入山林川泽，暴风雷雨，舜行不迷。尧以为圣，召舜曰：“女谋事至而言可绩[10]，三年矣。女登帝位。”舜让于德不怿[11]。正月上日，舜受终于文祖。[12]文祖者，尧大祖也。[13]

儿子。他父亲不效法德义，母亲不讲忠信，弟弟狂傲无理，舜都能用孝顺来亲和他们，感化他们，使他们不至于奸恶。”尧说：“我就来试试他吧！”于是尧把自己的两个女儿嫁给舜做妻，通过这两个女儿来观察他的德行。舜让尧的两个女儿迁居到妫水的河边，让她们在虞家行使妇人之礼。尧认为舜做得很好，就让舜慎重地制订并推行五常，五常之教能顺利地施行。又让舜普遍地参与百官事务，百官事务都被舜处理得适时而有序。又让舜在明堂四门迎接来朝的宾客，四门的接待庄重肃穆，诸侯及远方宾客都很恭敬。尧派遣舜进入山林川泽，遇到暴风雷雨，舜继续前行却未迷路。尧认为舜有圣智，召来舜说：“你谋事有成，有言必行，已经三年了。你可以登帝位了。”舜以自己德望不够，不堪胜任加以推辞。正月朔日，舜在文祖庙接受了尧禅让的帝位。文祖，就是尧的太祖。

注释　1 庸命：顺应天命。庸，用。　2 忝(tiǎn)：辱没，玷污。　3 贵戚：显贵的同姓人。　4 矜(guān)：通“鳏”，无妻的男子。　虞舜：即舜，出生于有虞氏。　5 嚚(yín):不讲忠信。　烝烝:上进。　6 妫(guī):古水名，源出山西省永济市境内之历山，西流至蒲州入黄河。　汭(ruì)：

河道弯曲处。传说蒲州的蒲坂域为舜的故都。 如妇礼:遵循妇人的礼节。**7** 慎和:谨慎地制订并推行。 五典:指父子、君臣、夫妇、兄弟、朋友间的五种道德关系,亦名五教。 从:顺利地实行。 **8** 入:参与,参加。**9** 宾:接迎诸侯和远方宾客。 四门:指明堂(天子朝会诸侯的地方)的四方之门。 穆穆:肃穆庄严的样子。 **10** 女:通"汝",指舜。 至:达到目的。 绩:成效,实绩。 **11** 让于德:以自己德行不够来推辞。让,推辞。 怿(yì):悦。 **12** 上日:朔日,初一。 受终:接受禅位。**13** 文祖:尧的祖庙。 大(tài)祖:太祖。大,通"太"。

于是帝尧老,命舜摄[1]行天子之政,以观天命。舜乃在璇玑玉衡,以齐七政。[2]遂类于上帝,禋于六宗,望于山川,辩于群神。[3]揖五瑞,择吉月日,见四岳诸牧,班瑞。[4]岁二月,东巡狩,至于岱宗,祡,望秩于山川。[5]遂见东方君长,合时月正日,同律度量衡,修五礼,五玉三帛二生一死为挚,如五器,卒乃

于是帝尧称老在家,命令舜代行天子的政事,来观察上天的意志。舜利用运转的璇玑和窥望的玉衡进行观测,来观察日月五星的实际位置及其运行。接着类祭上帝,禋祭天地四时,望祭名山大川,又普遍地祭祀各路神祇。收集五等圭璧,选择吉利的月日,接受四方诸侯、各个君长的朝见,把圭璧还给他们。每年的二月,到东方去巡视,一直到达了泰山,在那里进行了柴祭,又分等级望祭东方诸侯国境内的名山大川。借这个时机会见东方各地诸侯国的君长,协正四时气节和月份大小,校正日的甲乙,统一音律和度量衡,修正吉、凶、宾、军、嘉五种礼仪,规定初次进见时公、侯、伯、子、男五等诸侯应执瑞玉,三种用来垫玉的赤黑白缯物,卿应执活羔羊,大夫应执雁,士应执一只死野鸡作为礼物;如果是诸侯所执的五种瑞玉,礼仪

复。[6]五月,南巡狩;八月,西巡狩;十一月,北巡狩:皆如初。归,至于祖祢庙,用特牛礼。[7]五岁一巡狩,群后四朝。[8]遍告以言,明试以功,车服以庸[9]。肇十有二州,决川。[10]象以典刑,流宥五刑,鞭作官刑,扑作教刑,金作赎刑。[11]眚灾过[12],赦;怙终贼[13],刑。钦哉,钦哉,惟刑之静哉![14]

结束后会归还他们。五月,到南方去巡视;八月,到西方去巡视;十一月,到北方去巡视:所做的事情都和开始去东方视察的时候完全一样。巡视归来,先到祖庙和父庙去祭祀,用一头公牛做祭品。每五年进行一轮巡视。其他四年,四方诸侯分别到京师来朝见。舜向他们提出治理要求,并明确考察各地诸侯的业绩,对有功的赏赐车辆服饰来进行表彰。开始将全国划分成十二个州,疏浚各地的江河。把常用的刑律刻画在器物上,用流放的方法处置犯有墨、劓、剕、宫、大辟五种刑罚的人,官府处罚触犯法律的人运用鞭刑,在学校有犯法的生徒就用戒尺打,金钱可以用来赎减刑罚。因为过失造成祸害的可以赦免;怙恶不改的就严施刑罚。谨慎啊,谨慎啊,执行刑罚要特别慎重!

注释 1 摄:代理。 2 在璇(xuán)玑玉衡:观察天文器械。在,省视,观察。璇,美玉。玑,如浑天仪一样的旋转的天文仪器。玉衡,用玉装饰的观察天体的横箫。 七政:指日、月和金、木、水、火、土五星。 3 类:即类祭,因特别事故而祭天。 禋(yīn):祭祀。 六宗:指天、地和四时。一说为司中、司命、星、辰、风师、雨师六神;一说为四时寒暑、日、月、星、水旱。 望:遥望而祭。 辩:通“遍”。 4 揖(jí):同“辑”,会集,收取。 五瑞:公、侯、伯、子、男五等诸侯所执之瑞信,亦名圭璧。 牧:君长,首领。 班:颁发。 5 巡狩:帝王离开国都巡行境内。 柴(chái):烧柴祭天。 望秩:分别等级遥祭。 6 合时月:协调统一季节、月份。

正日:校正日之甲乙。 同:统一。 律:音律。 度:长度。 量:容量。 衡:重量。 五礼:五种礼仪,即吉礼、凶礼、宾礼、军礼、嘉礼。 五玉:即“五瑞”。 三帛:红、黑、白三种不同颜色的垫玉的丝织品。 二生:活的羔羊与雁。 一死:一只死雉。 挚:同“贽”,初次拜见所送的礼物。 如五器,卒乃复:至于上边所说五玉,祭祀结束后便交还本人。 **7** 祖祢(nǐ)庙:祖庙、父庙。祢,亡父的宗庙。 特牛礼:以一头公牛作为祭品的祭礼。特,公牛。 **8** 群后四朝:天子每五年一巡狩,之间的四年,四方诸侯首领分别来京城朝见。后,君长。 **9** 车服以庸:用车子、服饰作为赏赐。庸,功劳。 **10** 肇:开始。 决川:开通河道。 **11** 流宥五刑:以流放的办法宽宥当受五刑的人。五刑,墨(刺字)、劓(yì,割鼻)、剕(fèi,断足)、宫(阉割、毁坏男女生殖功能)、大辟(杀头)。 鞭作官刑:用鞭笞作为官府的刑罚。 扑作教刑:用扑(戒尺)惩罚犯错的学生。 金作赎刑:用金钱来赎减刑罚。 **12** 眚(shěng)灾过:好心办了坏事或因灾害造成的过失。眚,指无心犯罪。 **13** 怙(hù)终贼:坚持并始终作恶。怙,坚持。贼,危害。 **14** 钦:慎重。 静:静谧、审慎的意思。

谨兜进言共工,尧曰不可,而试之工师,共工果淫辟。[1] 四岳举鲧治鸿[2]水,尧以为不可,岳强请试之,试之而无功,故百姓不便[3]。三苗[4]在江淮、荆州数为乱。于是舜归而言于帝,请流共工于幽陵,以变北狄[5];放驩兜于崇山[6],以变南蛮;迁三苗于三危[7],

谨兜引荐共工,尧说不可以,让共工试着去做工师,结果他果然淫恶邪僻。四方诸侯推举鲧治理洪水,尧认为鲧不能胜任,四方诸侯勉强请求尧试用鲧,结果鲧治水没有功效,百姓深受其害。三苗氏族在江淮、荆州一带多次作乱。根据这些情况,舜回到京师向帝尧进言,请求把共工流放到幽陵,来改变北狄的习俗;把谨兜流放到崇山,来改变南蛮的习俗;把三苗迁徙到三危,来改以变西戎;殛鲧于羽山[8],以变东夷:四罪[9]而天下咸服。

变西戎的习俗;把鲧窜流到羽山,来改变东夷的习俗:结果这四个人都受到了处罚,天下人都心悦诚服。

注释 1 工师:古代主管百工之官。 淫辟:放纵为邪恶之事。 2 鸿:通“洪”。 3 便(pián):适宜。 4 三苗:南方的一个部族,活动于今长江中游。 5 狄:古对北方部族的泛称。 6 讙兜:即“谨兜”。 崇山:山名,在今湖南张家界市西南。 7 三危:山名,在今甘肃敦煌市东。 8 羽山:山名,在今山东蓬莱市东南。 9 四罪:按罪惩处上述四人。

尧立七十年得舜,二十年而老,令舜摄行天子之政,荐之于天。尧辟位[1]凡二十八年而崩。百姓悲哀,如丧父母。三年,四方莫举乐,以思尧。尧知子丹朱之不肖,不足授天下,于是乃权授舜。[2]授舜,则天下得其利而丹朱病[3];授丹朱,则天下病而丹朱得其利。尧曰“终不以天下之病而利一人”,而卒授舜以天下。

尧即帝位七十年才得到舜,又经过二十年就称老居家,命令舜代行天子的政事,这样也就把舜推荐给上天来进行考验。尧退位二十八年后去世。百姓非常悲哀,好像自己的父母丧亡一样。三年时间内,全国各地都没有演奏音乐,以此表示对尧的思念。尧知道儿子丹朱不贤能,不值得把管理天下的权力授给他,再三权衡后将帝位授给舜。授给舜,那么天下的人们可以得到好处而丹朱会受到损害;授给丹朱,那么天下的人们会受到损害而丹朱就得到了好处。尧说“终归不能拿损害天下的人们来使一人得利”,最后还是把管理天下的大权授给了舜。

尧崩,三年之丧毕,

尧逝世,三年的丧期结束,舜让

舜让辟丹朱于南河[4]之南。诸侯朝觐[5]者不之丹朱而之舜,狱讼者不之丹朱而之舜,讴歌者不讴歌丹朱而讴歌舜。舜曰"天也夫",而后之中国践天子位焉[6],是为帝舜。

位给丹朱,自己居住到南河的南边去。诸侯来朝觐,不去朝见丹朱而去朝见舜;有讼狱的人,不去找丹朱,而去找舜;歌颂政绩的人,不歌颂丹朱而歌颂舜。舜说:"这是上天的意思啊!"然后才回到都城登上了天子之位,这就是帝舜。

注释 1 辟位:退让帝位。辟,通"避"。 2 不肖:不才,不贤。 权:权宜,从权应变。 3 病:受害,困窘。 4 南河:黄河自潼关以下自西向东流的一段为南河。 5 朝觐(jìn):诸侯在春、秋两季拜见天子,春曰朝,秋曰觐。 6 中国:此指国中之都。 践:登。

虞舜者,名曰重华[1]。重华父曰瞽叟,瞽叟父曰桥牛,桥牛父曰句[2]望,句望父曰敬康,敬康父曰穷蝉,穷蝉父曰帝颛顼,颛顼父曰昌意:以至舜七世矣。自从穷蝉以至帝舜,皆微为庶人[3]。

舜父瞽叟盲,而舜母死,瞽叟更娶妻而生象,象傲。瞽叟爱后妻子,常欲杀舜,舜避逃;及有小

虞舜,名叫重华。重华的父亲叫瞽叟,瞽叟的父亲叫桥牛,桥牛的父亲叫句望,句望的父亲叫敬康,敬康的父亲叫穷蝉,穷蝉的父亲叫帝颛顼,颛顼的父亲叫昌意:从昌意到舜有七代了。从穷蝉开始一直到帝舜,都是地位低微的普通百姓。

舜的父亲瞽叟是个盲人,舜的生母去世后,瞽叟又娶了妻子生下了象,象很傲慢。瞽叟偏爱后妻所生的儿子,常常想杀掉舜,舜总是躲避逃过了;舜有一点儿小的过错,就要受到罪罚。舜孝顺地事养父亲、后母和

过，则受罪。顺事父及后母与弟，日以笃谨，匪有解。[4]

弟弟，一日比一日忠厚恭谨，没有一点懈怠。

舜，冀州[5]之人也。舜耕历山，渔雷泽，陶河滨，作什器于寿丘，就时于负夏。[6]舜父瞽叟顽，母嚚，弟象傲，皆欲杀舜。舜顺适[7]不失子道，兄弟孝慈。欲杀，不可得；即求，尝在侧。[8]

舜，是冀州地方的人。舜在历山耕种过，在雷泽捕过鱼，在黄河边上做过瓦器，在寿丘制作过各种家用器具，在负夏做过生意。舜的父亲瞽叟不讲德义，母亲不讲忠信，弟弟象狂傲，都想杀掉舜。舜孝顺父母而不失做儿子的道义，对弟弟也很友善。他们想杀掉他却没得到机会；如果有事要寻找舜，他又常在父母身边。

注释 1 重(chóng)华：舜名。据传舜生下时为重瞳子，故称。 2 句：音 gōu。 3 微：低微、卑贱。 庶人：一般人，平民百姓。 4 顺事：恭顺地侍奉。 笃谨：忠厚谨慎。 匪：非，没有。 解：通“懈”，懈怠。 5 冀州：古九州之一。相当于今河北、山西两省之地界。 6 雷泽：一名雷水，古泽名，在今山西永济市东南。一说即“雷夏泽”，在今山东菏泽市东北。 陶河滨：在河畔制陶器。 什器：日常生活用具。 寿丘：古地名，在今山东曲阜市东北。 就时：乘时射利，指做买卖。 7 顺适：孝顺适从。 8 即求：如果寻找。即，如果。 尝：通“常”，经常。

舜年二十以孝闻。三十而帝尧问可用者，四岳咸荐虞舜，曰可。于是尧乃以二女妻舜

舜年纪二十岁时就因为孝顺父母而出名。三十岁时就碰上尧帝询问有没有可以做天子的人，四方诸侯都推荐虞舜，说他可以。在这样的情况下尧就

以观其内；使九男与处以观其外。舜居妫汭，内行弥[1]谨。尧二女不敢以贵骄事舜亲戚，甚有妇道。尧九男皆益笃[2]。舜耕历山，历山之人皆让畔[3]；渔雷泽，雷泽上人皆让居；陶河滨，河滨器皆不苦窳[4]。一年而所居成聚，二年成邑，三年成都。[5]尧乃赐舜絺[6]衣与琴，为筑仓廪，予牛羊。瞽叟尚复欲杀之，使舜上涂[7]廪，瞽叟从下纵火焚廪。舜乃以两笠自捍而下[8]，去，得不死。后瞽叟又使舜穿井，舜穿井为匿空旁出[9]。舜既入深，瞽叟与象共下土实井，舜从匿空出，去。瞽叟、象喜，以舜为已死。象曰："本谋者象。"象与其父母分，于是曰："舜妻尧二女与琴，象取之：牛羊仓

把两个女儿嫁给舜来观察他内在的德行，并派九个男儿和他相处来观察他的外在表现。舜居住在妫河的水涯边，更加注重内在修养。尧的两个女儿从不敢拿高贵骄慢的态度来对待舜的亲人，特别讲究妇人之道。尧的九个男儿侍奉舜也都更加忠实谨敬。舜在历山耕种，历山的农人都互让田畔；在雷泽捕鱼，雷泽上的渔人都让出居所给他人住；在黄河水滨做瓦器，黄河水滨出产的瓦器都不粗制滥造。一年时间内舜所居处的地方成了村落，两年时间成了乡邑，三年时间成了都会。尧于是赐给舜细葛布衣和琴，替舜构筑仓廪，还给他一些牛、羊。瞽叟又想杀害他，让舜爬上去涂抹廪房，他从下面放火焚烧廪房。舜就用两顶斗笠护住身体跳下，逃离了火境，得以不死。后来瞽叟又让舜去挖井，舜挖井时设了一个暗道可以从旁边的井口出去。舜已挖到了深处，瞽叟和象共同往井下填土，舜就从暗道中逃出，脱离了险境。瞽叟、象非常高兴，认为舜在井中已被填死。象说："最先出这个主意的是我象。"象和父母分割舜的家室财物，于是说："舜的妻子，即尧的两个女儿和一把琴，由象获得；牛、羊、仓廪分

廪,予父母。”象乃止舜宫居,鼓其琴。舜往见之。象鄂[10]不怿,曰:“我思舜正郁陶[11]!”舜曰:“然,尔其庶[12]矣!”舜复事瞽叟爱弟弥谨。于是尧乃试舜五典百官,皆治。

给父母。”象就停留在舜原来的屋室居住,弹奏着分得的那把琴。舜回来见象。象惊愕不快,就假意说:“我思念哥哥舜,非常忧郁不乐!”舜说:“是,你对兄弟的情义可谓是很深厚的了!”舜侍奉瞽叟和爱护弟弟就更加恭谨。于是尧就用推行五种伦常和担任各种官职来考察舜,舜把各方面都治理得很好。

注释 1 弥:更加。 2 笃(dǔ):忠诚、谨敬。 3 畔:田界。 4 苦窳(yǔ):粗劣。 5 聚:村落。 邑:集镇。 都:都市。 6 絺(chī):用葛纤维制成的细布。 7 涂:涂抹、修理。 8 以两笠自捍而下:用两顶斗笠护住自己的身体,像鸟张开翅膀一样从屋顶跳下。 9 匿空(kǒng)旁出:在井旁打了一个藏身之洞并与邻井相通。空,孔,洞。 10 鄂:通“愕”,惊愕。 11 郁陶:愁闷痛苦。 12 庶:庶几,差不多。此处意指情义深厚。

昔高阳氏有才子八人,世得其利,谓之“八恺”。[1]高辛氏有才子八人,世谓之“八元”。[2]此十六族者,世济其美,不陨其名。[3]至于尧,尧未能举。舜举八恺,使

过去高阳氏有才子八个人,世人都因他们而得到好处,称他们叫“八恺”。高辛氏有才子八人,世人称他们叫“八元”。这十六个才子的后代,世世代代都继承了先人的美德,不使他们的名声陨落。到了尧的时代,尧没有任用他们的后代。舜举用八恺的后代,让他们主持有关土地方面的事务,结果他们把各项事务都管理得很有条理。举用八元的后代,让他们在四方布

主后土，以揆百事，莫不时序。[4] 举八元，使布五教于四方，父义，母慈，兄友，弟恭，子孝，内平外成[5]。

施教诲，使得父亲们都仁义，母亲们都慈爱，做兄的都友善，做弟的都恭谨，做儿子的都孝顺，中原的各个部族都很太平，边远地区的部族一心向往中原的教化。

注释 1 高阳氏：颛顼之后代。 八恺：指仓舒、隤敳、梼戭(yǎn)、大临、尨(máng)降、庭坚、仲容、叔达。恺，和乐，言能使人和乐。 2 高辛氏：帝喾之后代。 八元：指伯奋、仲堪、叔献、季仲、伯虎、仲熊、叔豹、季狸。元，善，谓能引人入善道。 3 济：成就，保全。 陨：丧失，毁坏。 4 后土：相传上古时代掌管土地事务的官。 揆(kuí)：管理，规划。 时序：按照时令、次序。 5 内平外成：诸夏安定，夷狄向化。

昔帝鸿氏有不才子，掩义隐贼，好行凶慝，天下谓之浑沌。[1] 少皞氏有不才子，毁信恶忠，崇饰恶言，天下谓之穷奇。[2] 颛顼氏有不才子，不可教训，不知话言，天下谓之梼杌。[3] 此三族世忧之。至于尧，尧未能去。缙云氏有不才子，贪于饮食，冒于货贿，天下谓之饕餮。[4] 天下恶之，比[5]之三凶。舜宾于四门，乃流四

过去帝鸿氏有个不才之子，掩盖仁义，阴为贼害，好行凶作恶，天下的人称呼他叫浑沌。少皞氏有个不才之子，毁败信义，憎恶忠直，粉饰恶言，天下的人称呼他叫穷奇。颛顼氏有个不才之子，凶顽不可教训，不知道话语好坏，天下的人称呼他叫梼杌。这三个家族世世代代人们都对他们感到忧惧。到了尧的时代，尧没有能除去这三个祸害。缙云氏有个不才之子，贪恋酒食，贪图财货，天下的人称呼他叫饕餮。天下的人们厌恶他，把他与前述“三凶”相比。舜掌管四方之门的迎宾事务，就流放了这四个有凶顽之人的家族，将他们迁

凶族，迁于四裔，以御螭魅，于是四门辟，言毋凶人也。[6]

移到四方边远地带，让他们来抗御各种鬼怪妖魔，于是四方之门通达，人们都说没有凶顽之人了。

注释 1 帝鸿氏：黄帝之后代。 掩义隐贼：一说此句即包庇奸邪。掩、隐同义。义，通“俄”，奸邪。 凶慝(tè)：凶狠、邪恶。慝，邪恶。 浑沌：意即野蛮无知，顽固不化。 2 少皞(hào)氏：黄帝以后的一部族首领名。 毁信恶忠：毁败信行，恶其忠直。 穷奇：意谓行终穷极而谄谀奇异。 3 话言：指言语好坏。 梼杌(táo wù)：本指一种难驯凶顽之兽，以此比喻其凶顽无比。 4 缙云氏：炎帝之后代。 冒于货贿：贪图钱财。冒，贪图。 饕餮(tāo tiè)：传说中的一种性恶、贪残而好抢人财谷的人兽。此喻其贪婪无厌。 5 比：排列，等同。 6 裔：本指衣边，此引申为边远荒僻之地。 螭魅(chī mèi)：传说中的山林精怪，意指更为邪谄之人。 辟：开，通达。 毋：通“无”。

舜入于大麓[1]，烈风雷雨不迷，尧乃知舜之足授天下。尧老，使舜摄行天子政，巡狩。舜得举用事二十年，而尧使摄政。摄政八年而尧崩。三年丧毕，让丹朱，天下归舜。而禹、皋陶、契、后稷、伯夷、夔、龙、倕、益、彭祖自尧时而

舜进入高大的山麓，遇到强烈的雷暴风雨也不迷失方向，尧就知道舜是值得自己把整个天下传授给他的。尧称老归家，让舜代行天子的政事，并到全国各地巡视。舜受到推举任用有二十年，然后尧才让他代行天子政事，八年后尧去世了。三年丧礼结束，舜让位给丹朱，但是天下的人归服于舜。禹、皋陶、契、后稷、伯夷、夔、龙、倕、益、彭祖等人从尧帝的时代开始就被推举任用，却没有分配给他们主管的

皆举用,未有分职。[2]于是舜乃至于文祖,谋于四岳,辟四门,明通四方耳目,命十二牧论帝德,行厚德,远佞人,则蛮夷率服。[3]舜谓四岳曰:"有能奋庸美尧之事者[4],使居官相事?"皆曰:"伯禹为司空[5],可美帝功。"舜曰:"嗟,然!禹,汝平水土,维是勉[6]哉。"禹拜稽首[7],让于稷、契与皋陶。舜曰:"然,往矣。"舜曰:"弃,黎民始饥,汝后稷,播时百谷[8]。"舜曰:"契,百姓不亲,五品不驯,汝为司徒,而敬敷五教,在宽。[9]"舜曰:"皋陶,蛮夷猾夏,寇贼奸轨,汝作士,五刑有服,五服三就;[10]五流有度,五度三居;[11]维明能信[12]。"舜曰:"谁能驯予工[13]?"皆曰垂可。于是以垂为共工[14]。

职务。于是舜就来到文祖庙,召集四方诸侯进行商议,开放四方门庭,广听四方意见,命令十二位地方长官讲论尧帝的功德,让他们推行仁道,使民众远离邪佞的人,这样做就会使蛮夷归服。舜对四方诸侯说:"有谁是能奋发建功光大尧帝事业的人,我将让他总领百官辅佐我处理政事?"都说:"伯禹做司空,可以发扬光大尧帝的功业。"舜说:"嗯,是!禹,你去治理水土。希望你努力完成这项任务啊。"禹跪拜叩头,推让给后稷、契和皋陶。舜说:"就这样,去吧。"舜说:"弃,民众中开始出现饥饿,你来负责农事,组织他们播种各类谷物。"舜说:"契,百官贵族不和睦,五伦关系不顺适,你去做司徒,去谨敬地实施五常的教导,其主旨在于宽厚。"舜说:"皋陶,蛮夷各族扰乱中原,贼寇犯法作乱,你去做狱官之长,五种刑罚量刑要轻重适中,执行五种刑罚要在郊野、市朝、甸师氏三个不同的地方;五种流放要有一定的尺度,要根据流放的远近建立三等居所;只有明察公允才能使人信服。"舜说:"谁能训治我的各种工匠?"都说垂可以。于是让垂做共工,统领工匠事务。

注释 1 大麓:此指山林。 2 禹:鲧之子,夏的创建者。 皋陶(yáo):传说中的少皞氏的支裔,东夷部族首领之一,尧之臣。 契(xiè):商之始祖,尧之臣。 后稷:姬姓,名弃,周之始祖。 伯夷:相传为齐太公之祖先,舜之臣。不同于商末之伯夷。 夔(kuí):古人名,尧舜时乐官。 龙:古人名,尧舜时为臣。 倕:亦作“垂”。古代巧匠名,尧、舜之臣。 益:古人名,尧、舜之臣。 彭祖:古陆终氏之子,尧、舜之臣。 分职:名分、职务。 3 十二牧:十二州之长官。相传禹治水后分天下为冀、兖、青、徐、荆、扬、豫、梁、雍九州,舜又从冀州分出幽州、并州,从青州分出营州,共十二州。 佞:谄媚。 率服:相率归服。 4 奋:奋发。 庸:建功。 美:发扬光大。 5 司空:掌管水利、土木工程之官。 6 维是勉:希望对此要努力。维,句首语气词,表示希望。 7 稽(qǐ)首:古时的一种礼节。拱手叩头至地,表示感谢或致敬。 8 播时百谷:播种百谷。时,通“莳”,种植。 9 驯:顺适。 司徒:掌教化之官。 敷:布施,传播。 在宽:注意宽厚。 10 猾夏:侵扰华夏。 奸轨:犯法作乱。 士:掌刑狱之官。 服:《史记正义》引孔安国云:“服,从也,言得轻重之中正也。” 三就:分别于三处就刑。《史记集解》引马融曰:“三就,谓大罪陈诸原野,次罪于市朝,同族适甸师氏。”甸师氏,处置公族罪犯的机构。 11 度:标准规定,此处引申为不同的处所。 三居:《史记集解》引马融曰:“五等之差亦有三等之居;大罪投四裔,次九州之外,次中国之外。” 12 维明能信:《史记集解》引马融曰:“当明其罪,能使信服之。” 13 予:我、我的。 工:百工。 14 共工:此为官名,管理百工之官。

舜曰:“谁能驯予上下[1]草木鸟兽?”皆曰益可。于是以益为朕虞[2]。益拜稽首,让

舜说:“谁能为我掌管山林水泽中的草木鸟兽?”都说益可以。于是就任命益做掌管山泽的虞官。益跪拜叩头,推让给朱虎、熊罴等大臣。舜说:“去吧,你们一同合作。”就让朱虎、熊罴做益的助

于诸臣朱虎、熊罴[3]。舜曰:“往矣,汝谐[4]。”遂以朱虎、熊罴为佐。舜曰:“嗟!四岳,有能典朕三礼[5]?”皆曰伯夷可。舜曰:“嗟!伯夷,以汝为秩宗,夙夜维敬,直哉维静洁。[6]”伯夷让夔、龙。舜曰:“然。以夔为典乐,教稚子,直而温,宽而栗,刚而毋虐,简而毋傲;[7]诗言意,歌长言,声依永,律和声,八音能谐,毋相夺伦,神人以和。[8]”夔曰:“於!予击石拊石,百兽率舞。”[9]舜曰:“龙,朕畏忌谗说殄伪,振惊朕众,命汝为纳言,夙夜出入朕命,惟信。[10]”舜曰:“嗟!女二十有二人,敬哉,惟时相天事[11]。”三岁一考功,三考绌陟,远近众功咸兴。[12]分北三苗[13]。

手。舜说:“唉!四方诸侯,有谁能协助我掌管天、地、人三事的礼仪?”都说伯夷可以。舜说:“喂,伯夷!任命你做秩宗,从早到晚一定要虔敬,掌礼施教都要正直而清明。”伯夷推让给夔、龙。舜说:“好。任命夔做乐官,用歌诗舞蹈教导国子,你要正直而且温和,宽厚而且庄敬,刚毅而又不暴虐,简廉而又不傲慢;诗的内容表现了人的情志,歌是拉长了音调咏唱诗,宫、商、角、徵、羽五声曲折要按照歌的需要,律吕音节要与五声配合,金、石、丝、竹、匏、土、革、木八音能和谐一致,不互相错夺侵扰,要让神与人都感到欢悦和乐。”夔说:“哦!我拊击石磬,百兽相率起舞。”舜说:“龙,我畏忌那些谗言和不讲德义的行为,恐怕他们蛊惑我的众多臣民,任命你做纳言官,早晚传递我的旨命,你一定要讲求诚信。”舜说:“喂!你们二十二人,各自要谨敬地行使你们的职责,希望你们顺应时势辅佐我完成上天交给的治国大事。”每过三年考察一次功绩,根据三次考察的情况来决定官员的升降,于是远近各项事业都兴盛起来。再次分别处理了流放在西部边境继续为恶的三苗氏部族。

注释 1 上下:《史记集解》引马融曰:“上谓原,下谓隰”。隰,低湿之处。2 虞:掌山林川泽之官。 3 朱虎、熊罴(pí):《史记索隐》:“即高辛氏之子伯虎、仲熊也。”伯虎、仲熊,为前述“八元”中的二位。 4 谐:共同合作。 5 典:主持、掌管。 三礼:《史记集解》引马融曰:“三礼,天神、地祇、人鬼之礼也。”又引郑玄曰:“天事、地事、人事之礼。” 6 秩宗:掌宗庙祭祀之礼官。 静洁:肃穆而清洁。 7 典乐:乐官。 稚子:幼子、后代。 直而温:正直而态度温和。 栗:庄敬。 刚:刚直。 简:简洁。 8 诗言意:诗表达思想感情。 歌长言:歌是用延长的音节来咏唱诗。声依永,律和声:《史记集解》引郑玄曰:“声之曲折又依长言,声中律乃为和也。”永,长。 八音:古代的八类乐器,金、石、丝、竹、匏(páo)、土、革、木。 夺伦:干扰各自的规律。 和:和乐。 9 於(wū):叹词,表示呼声或赞叹。 石:指磬。 拊(fǔ):拍,敲。 10 殄(tiǎn)伪:灭绝德义的行为。伪,通“为”,《尚书》作“行”。 纳言:掌管传令和搜集意见之官。 11 惟:希望。 相:辅佐。 12 考功:考评功绩。 绌陟:贬退和提拔。绌,通“黜”。陟,登、升。13 分北:分化,分开。北,通“背”,分别。

此二十二人咸成厥[1]功:皋陶为大理,平,民各伏得其实;[2]伯夷主礼,上下咸让;垂主工师[3],百工致功;益主虞,山泽辟;弃主稷,百谷时茂;契主司徒,百姓亲和;龙主宾客,远人至;十二牧行而九州莫敢辟违[4];唯

这二十二人都完成了他们的工作。皋陶做管刑狱的大理,执法公平,民众对他的判决很服气。伯夷主管礼仪,上上下下都相互谦让。垂主掌百工,各种制作都很好地完成。益主掌虞官,山林水泽都得到很好地开发。弃主掌农官,各种谷物都顺应天时长得非常茂盛。契主掌司徒,贵族百姓都亲近和睦。龙主掌接待宾客,远方的诸侯和外族都欣然来朝。十二个地方官的政令推行,那么九州范围内的民众没有谁敢逃避违背。只

禹之功为大,披九山,通九泽,决九河,定九州,各以其职来贡,不失厥宜。[5] 方五千里,至于荒服[6]。南抚交阯、北发,西戎、析枝、渠廋、氐、羌,北山戎、发、息慎,东长、鸟夷,四海之内咸戴帝舜之功。[7] 于是禹乃兴《九招》之乐,致异物,凤皇来翔。[8] 天下明德皆自虞帝始。

有禹的功劳最大,导通了许多座大山,整治了许多处湖泽,疏浚了许多条河流,划定了九州方界,九州的君长各按其职来朝贡,没有不合宜之处。国土纵横五千里,一直到达荒服的遥远地带。南边抚有交阯、北发,西边抚有戎、析枝、渠廋、氐、羌,北边抚有山戎、发、息慎,东边抚有长、鸟夷:四海之内,都感戴帝舜的功勋。在这样的背景下,禹创作了歌颂帝尧的乐曲《九招》,招来了各方的奇珍异物,凤凰也飞来献舞。普天之下清明的德政都是从虞帝时代开始的。

注释　**1** 厥:其。　**2** 大理:同前文之“士”,掌管刑狱之官。　伏:通“服”,敬佩、信服。　得其实:符合实际情况。　**3** 工师:即前文之“共工”官职。　**4** 十二牧行而九州莫敢辟违:《史记正义》:“禹九州之民无敢辟违舜十二牧也。”辟违,躲避、违背。　**5** 披:分开,凿通。　泽:湖泊。　决:疏通。以上之“九”,应是泛指。　职:管辖范围,职分。　**6** 荒服:古代王畿(京城周围)向外以五百里为一等级,依次分为五等,为甸服、侯服、绥服、要服,荒服。荒服为最边远之地。　**7** 北发:即“北向”“北向户”。极南之地,门户向北,故名。在今越南境内。　析枝、渠廋(sōu):皆当时西方部族名。　山戎、发:当时北方部族名。　息慎:或谓之肃慎,东北部族名。　长、鸟夷:即长夷、鸟夷(或岛夷),东方部族名。　**8**《九招》:乐曲名,或作“九韶”。　凤皇:即凤凰。皇,“凰”之古字。

舜年二十以孝闻，年三十尧举之，年五十摄行天子事，年五十八尧崩，年六十一代尧践帝位。践帝位三十九年，南巡狩，崩于苍梧[1]之野。葬于江南九疑，是为零陵。[2]舜之践帝位，载天子旗，往朝父瞽叟，夔夔[3]唯谨，如子道。封弟象为诸侯。舜子商均亦不肖，舜乃豫荐禹于天。十七年而崩。三年丧毕，禹亦乃让舜子，如舜让尧子。诸侯归之，然后禹践天子位。尧子丹朱，舜子商均，皆有疆土，以奉先祀[4]。服其服，礼乐如之。[5]以客见天子，天子弗臣，示不敢专也。[6]

舜二十岁的时候因为孝顺闻名，三十岁的时候尧拔举他，五十岁的时候代行天子的政事，五十八岁的时候尧去世，六十一岁的时候接替尧登上帝位。登上帝位三十九年，到南方去巡视时，在苍梧的郊野去世。安葬在长江南部的九嶷山，这个地方就是零陵。舜登上帝位以后，用车载着天子的旌旗，回去朝拜父亲瞽叟，恭恭敬敬不敢怠慢，仍是儿子对待父亲的态度。封弟弟象做有鼻地方的诸侯。舜的儿子商均也不贤能，舜因此豫先告上天要推荐禹代行政事。十七年以后舜就逝世了。三年的丧礼完毕，禹也让位给舜的儿子，和当初舜让位给尧的儿子一样。可是诸侯们都归附禹，然后他才登上了天子之位。尧的儿子丹朱，舜的儿子商均，都封有疆土，以供奉先祖的祭祀。他们仍然穿戴着祖传的服饰，所用礼乐也和原先的一样。用宾客的礼仪朝见天子，天子不把他们当臣下看待，表示不敢专有天子的神威。

注释　1 苍梧：地区名，指今湖南、广西、广东交界一带。　2 九疑：山名，又作“九嶷”，在今湖南宁远县南。　零陵：帝王陵墓名，即今湖南宁远县之舜陵。　3 夔夔：和顺恭敬的样子。　4 奉：供奉。　先祀：祖先之祭祀。　5 服其服，礼乐如之：穿尧舜时的服饰，礼乐也同尧舜时一样。

6 以客见天子:以宾客的礼节去见天子。 专:独享,专位。

自黄帝至舜、禹,皆同姓而异其国号,以章明德。[1]故黄帝为有熊,帝颛顼为高阳,帝喾为高辛,帝尧为陶唐,帝舜为有虞。帝禹为夏后而别氏[2],姓姒氏。契为商,姓子氏。弃为周,姓姬氏。

从黄帝至舜、禹,都出自同姓,但他们立国以后的称号却不相同,以便彰显各自的清明德行。所以黄帝的号是有熊,颛顼帝的号是高阳,喾帝的号是高辛,尧帝的号是陶唐,舜帝的号是有虞。禹帝的号是夏后,还另有氏,姓姒氏。契是商的始祖,姓子氏。弃是周的始祖,姓姬氏。

注释 1 国号:此指部族号。 章:同"彰"。彰明,彰显。 2 夏后:夏的君王。 别氏:另为一氏。氏,部族的分支。

太史公曰:学者多称五帝,尚[1]矣。然《尚书》独载尧以来[2];而百家言黄帝,其文不雅驯,荐绅先生难言之。[3]孔子所传《宰予问五帝德》及《帝系姓》[4],儒者或不传。余尝西至空桐,北过涿鹿,东渐于海,南浮江淮矣,至长老皆各往往称黄帝、尧、舜之处,风教固殊焉,

太史公说:有很多学者讲五帝之事,但五帝的时代距今已经很遥远了。然而《尚书》只记载了尧以来的事,而百家所叙说的黄帝之事,文字都不典雅,缙绅先生们很难据此讲清楚。孔子所撰述的《宰予问五帝德》和《帝系姓》二篇,儒生们认为不是圣人孔子的言论,所以大多都不传习。我曾经到过西边的空桐山,经过北边的涿鹿,亲临东边的大海,驾舟浮渡过南边的长江、淮河,到了那些长老们称有黄帝、尧、舜遗迹的地方,

总之不离古文者近是。[5]予观《春秋》《国语》，其发明《五帝德》《帝系姓》章矣，顾弟弗深考，其所表见皆不虚。[6]《书》缺有间矣，其轶乃时时见于他说。[7]非好学深思，心知其意，固难为浅见寡闻道[8]也。余并论次[9]，择其言尤雅者，故著为本纪书首。

感觉那些地方的风俗教化的确有所不同，总体上没有背离古书的记载。我研读《春秋》《国语》，其中对《五帝德》《帝系姓》的阐发是很明晰的，只是人们没有深入研究而已，其实，它们的记述都不虚妄。《尚书》残缺，有许多内容早已遗漏了，其散佚的内容往往在其他的记述中可以看到。若不是喜好学习，深加思考，心知其中的用意，那是很难将这些事对那些识见浅薄孤陋寡闻的人讲清楚的。我依据搜集的各种文献次序一并论说，选择其中记述得最为典雅的，写成《五帝本纪》作为全书的首篇。

注释 1 尚：通“上”，上古，久远。 2《尚书》独载尧以来：《尚书》只记载尧以后的事情，首篇即为《尧典》。 3 百家：诸子百家。 雅驯：典雅的训释。驯，通“训”。 荐绅：同“缙绅”，本指插笏于绅。缙，插；绅，束腰之大带。后指有文化的士大夫阶层。 4《宰予问五帝德》《帝系姓》：皆为《大戴礼记》和《孔子家语》中之篇名。《宰予问五帝德》以宰予问、孔子答的形式概述五帝事略，《帝系姓》是五帝的简要家谱。《史记》关于五帝的记载主要来自这两篇。后这两部书均未列入经书，故而儒者不传。宰予，又称“宰我”，字子我，春秋末鲁国人，曾被孔子斥为“不仁”。 5 渐：接近。 往往：常常。 古文：此指《五帝德》《帝系姓》二书。 近是：接近于正确。 6 发明：阐明。 顾弟：只是，不过。 表见：表述、记述。见，同“现”。 7 缺：缺失。 有间：早已遗漏。 轶(yì)：散失。 8 道：讲述。 9 论次：次序论说。

史记卷二

夏本纪第二

原文

夏禹[1],名曰文命。禹之父曰鲧[2],鲧之父曰帝颛顼,颛顼之父曰昌意,昌意之父曰黄帝。禹者,黄帝之玄孙而帝颛顼之孙也。禹之曾大父昌意及父鲧皆不得在帝位,为人臣。

当帝尧之时,鸿水滔天,浩浩怀山襄陵,下民其忧。[3]尧求能治水者,群臣四岳[4]皆曰鲧可。尧曰:“鲧为人负命毁族[5],不可。”四岳曰:“等之[6]未有贤于鲧者,愿帝试之。”于是尧听四岳,用鲧治水。

译文

夏禹,名叫文命。禹的父亲叫鲧,鲧的父亲是帝颛顼,颛顼的父亲叫昌意,昌意的父亲叫黄帝。禹,是黄帝的玄孙,也就是颛顼帝的孙子。禹的曾祖父昌意和父亲鲧都没有能够登临帝位,只做了天子的臣民。

帝尧的时候,大水成灾,浊浪滔天,浩浩荡荡包围了山岗,漫上了丘陵,天下的民众都在忧惧。尧寻求能够治理洪水的人,各大臣和四方诸侯都说鲧可以。尧说:“鲧是个违背教化命令、毁败同族的人,不可用。”四方诸侯说:“与同辈的人相比较,没有比鲧更贤能的了,希望您试用他。”于是尧听从四方诸侯的建议,任用鲧治理洪水。经过九年,洪水还是没有平息,治水事业没有九年而水不息,功用不成。于是帝尧乃求人,更得舜。舜登用,摄行天子之政,巡狩。[7]行视鲧之治水无状,乃殛鲧于羽山以死。[8]天下皆以舜之诛[9]为是。于是舜举鲧子禹,而使续鲧之业。

成功。这时尧帝便开始寻求继承帝位的人,得到了舜。舜受到任用,代行天子的政事,到全国各地去巡视。在巡视途中看到了鲧治理洪水没有收到功效,就把鲧流放到羽山,结果鲧就死在那里。天下的人都认为舜的惩罚是正确的。于是舜拔举鲧的儿子禹,让他继续鲧的治水事业。

注释 1 夏禹:夏朝的君主禹。夏原是禹的封地,在今河南禹州市。 2 鲧(gǔn):禹父。据《汉书·律历志》,鲧是颛顼的五代孙,似为近是。 3 鸿:通"洪",大。 怀:包围。 襄(xiāng)陵:漫上丘陵。 下民:人民。 4 四岳:分掌四方的诸侯领袖。 5 负命毁族:意为违背教化命令,败坏同族。 6 等之:与同辈的人相比较。 7 登用:提升,重用。 摄(shè):代理。 巡狩(shòu):同"巡守",天子巡察各地,检查诸侯政绩。 8 无状:无功状,没有功效。 殛(jí):杀戮。 9 诛:这里指惩罚。

尧崩,帝舜问四岳曰:"有能成美尧之事[1]者使居官?"皆曰:"伯禹为司空[2],可成美尧之功。"舜曰:"嗟,然!"命禹:"女平水土,维是勉之。"禹拜稽首,让于契、后稷、皋陶。[3]舜曰:"女其往视尔事矣。"

尧逝世,帝舜问四方诸侯说:"有谁能很好地完成尧的事业,可让他担任官职?"诸侯都说:"伯禹做司空,可以很好地完成尧的事业。"舜说:"嗯,对!"便命令禹:"你去治理水土,希望你勤勉地办好这件事。"禹跪拜叩头,推让给契、后稷、皋陶。舜说:"你还是快去办理你负责的事情吧。"

禹为人敏给克勤;其德不违,其仁可亲,其言可信;声为律,身为度,称以出;亹亹穆穆,为纲为纪。[4]

禹为人机敏勤奋;他从不违背社会道德,仁爱而亲和,言而有信;说话的声音合乎音律,行为举止可以作为法度,权衡后觉得适宜做才去做;勤勉不倦端庄恭敬,是百官的典范。

注释 1 成美尧之事:指很好地完成尧帝所要求的治水事业。 2 司空:掌平治水土的官。 3 稽(qǐ)首:叩头至地。拜礼中最恭敬的一种。 契(xiè):帝喾之子,舜任为司徒(掌管教化的官),封于商,是商朝的始祖。 后稷(jì):名弃,姬姓,是周朝的始祖。 皋陶(gāo yáo):也称咎繇,舜任为士(掌刑法的官)。 4 敏给(jǐ)克勤:机智敏捷,强干勤奋。 其德不违:不违背德。 称:权衡。 亹亹(wěi wěi):勤勉不倦。 穆穆(mù mù):端庄恭敬。 为纲为纪:是说禹的行动能成为人们的典范。

禹乃遂与益、后稷奉帝命,命诸侯百姓兴人徒以傅土,行山表木,定高山大川。[1]禹伤先人父鲧功之不成受诛,乃劳身焦思,居外十三年,过家门不敢入。薄衣食,致孝于鬼神。卑宫室,致费于沟減。[2]陆行乘车,水行乘船,泥行乘橇,山行

禹于是就和益、后稷承奉舜帝的旨命,命令诸侯和贵族百姓发动服徭役的民夫动土治水,他攀行山岭用木做出标记,确定治理高山大川的方式。禹伤感父亲鲧治水没有成功而受到惩处,就劳苦身躯焦心思虑,居住在外面十三年,经过家门也不敢进去休息。他减少自己的衣服饮食等用度,却致力用丰洁的祭品来孝敬鬼神。简化自己的居室器用,却致力将大量费用来修筑沟洫。他陆地行进的时候坐着车,水路行进的时候驾着船,泥滩上行进的时候乘着橇,山地里行

乘檋。[3]左准绳,右规矩,载四时,以开九州,通九道,陂九泽,度九山。[4]令益予众庶稻[5],可种卑湿。命后稷予众庶难得之食[6]。食少,调有余相给,以均诸侯。[7]禹乃行相地宜所有以贡,及山川之便利。[8]

进的时候穿着带锥齿的鞋。为了测量地形,他总是随身携带着准绳、规矩,充分利用春夏秋冬的时节,来开发九州土地,疏通多条河道,堵塞多处湖泽,测量了很多的大山系。命令益把稻种分发给民众,让他们可以在卑湿的低地耕种。命令后稷分发给民众五谷及新鲜的鸟兽肉。若某个地方的食物少,就从食物多的地方调剂来补给,以均衡各诸侯国的物资。禹在巡行中考察各地的特产来确定它们进贡的物产,以及把贡品运送到京都去所经山川的便利路线。

注释 1 兴人徒:发动大批服徭役的民夫劳作。 傅土:划分施工区域。傅,分。 行山表木:循山实地勘测,立木以为标记。 定:确定治理位置。一说是规定名称。 2 沟淢(xù):水道。深广四尺称沟,深广八尺称淢。淢,通“洫”。这两句说禹自己节缩衣食却致力孝敬鬼神,居处简陋而把财物尽量用于疏通水道的工程上。 3 橇(qiāo):泥上滑行的交通工具。 檋(jú):底下钉有锥齿的登山鞋。 4 左、右:是随身携带的意思,意思是说禹经常使用测量工具。 载:不违时宜。 道:河道。 陂(bēi):堵截。 度:测量。 5 益:帝舜时作虞(掌管山泽苑囿的官)。 稻:稻种。 6 难得之食:指五谷。 7 全句谓调有余地区的粮食去赈济不足的地区。给,供给。 8 相:考察。 贡:贡品。 山川之便利:指便利的交通运输。

禹行自冀州[1]始。冀州:既载壶口,治

禹最先从冀州开始治水。冀州:先治理完壶口山,又去治理梁及岐。[2]既修太原，至于岳阳。[3]覃怀致功，至于衡漳。[4]其土白壤[5]。赋上上错，田中中。[6]常、卫既从，大陆既为。[7]鸟夷皮服[8]。夹右碣石，入于海。[9]

梁山和岐山。已经修治了太原地区的大片高原，接着去修治太岳山的南面。治理覃怀收到了功效，又着手治理横流入黄河的漳水经过的地方。冀州的土壤色白而细柔。田赋属于上上等，还混杂有上中等，田地在全国算中中等。常水、卫水顺着好的河道流入大海，大陆水泽也被整治好了。冀州东北的鸟夷部族进贡皮服。他们运往京城的贡赋绕过碣石山西边，然后再从渤海进入黄河。

注释 1 冀州：尧都之地，所以治水从这里开始。管辖今辽宁西部、河北西北部、河南北部、山西全部及内蒙古自治区南部地区。 2 载：兴工。 壶口：山名，在今山西吉县西南。这里说已经完成了壶口的工程。 梁：梁山，在今陕西韩城东南。 岐：岐山，在今陕西岐山东北。二山均属雍州，因治水必须溯源治山，所以超越州界。 3 修太原：即治汾水。太原，即高而平的大原野，指今太原地区的大片高原。 岳阳：太岳山之南。岳，指今山西太岳山。阳，山南叫阳，山北叫阴。 4 覃(qín)怀致功：怀地平原的水利工程治理完毕。覃，平地。怀，地名，在今河南武陟西南。致功，收到功效。 衡漳：横流入黄河的漳水。衡，通“横”。 5 白壤：白色无块松软的土地。 6 赋上上错：田赋占全国第一等，杂出第二等。错，杂出。九州的田赋和土质均按上上、上中、上下、中上、中中、中下、下上、下中、下下九等订出差别。 田中中：田土质量为第五等。 7 常、卫既从：恒水、卫水顺着已经疏通好的河道流。常，恒水，汉人避文帝刘恒讳改为“常”。二水为河北滹沱河的两条支流。 大陆：泽名，包括今河北束鹿、钜鹿、尧隆、宁晋等县，后渐淤塞形成平原。 为：治理。这是说大陆泽经治理已经成为可耕种的大平原。 8 鸟夷：冀州东北部以狩猎为生的一个部落。 皮服：兽皮衣服，这是指贡品。 9 夹：通

"挟"。 右:山西为右。 碣石:山名,在今河北昌黎北。 入于海:是入于河的反方向说法。《史记志疑》附案:"海"字误,徐广曰"一作'河'",是也,《禹贡》及《汉书·地理志》是"河"。九州各段之末都是讲贡赋运往京城的路线。

济、河维沇州[1]:九河既道,雷夏既泽,雍、沮会同,桑土既蚕,于是民得下丘居土。[2]其土黑坟,草繇木条。[3]田中下,赋贞,作十有三年乃同。[4]其贡漆丝,其篚织文[5]。浮于济、漯[6],通于河。

济水和黄河之间是兖州:兖州境内黄河下游的九条河道已经疏通,雷夏已经修筑堤防形成湖泽,雍、沮两条河水汇合流入这个湖泽,种有桑树的土地上已经能够养蚕,于是民众就从山丘上搬下来居住在平地上。兖州的土壤色黑而肥厚,花草茂盛树木高大。田地属于中下等,田赋属中下等,兖州整治了十三年才和其他八州收到相同的功效。它的贡赋是漆、丝,以及用圆形竹器盛着的有花纹的丝织品。运往京城的贡赋乘船先经济水、漯水,然后进入黄河。

注释 1 维:语气词,帮助判断。 沇州:即兖州,辖地在今山东西北部,河南东南部及河南内黄、延津以东地区。此句说济水、黄河之间是兖州。 2 九河:徒骇、太史、马颊、覆釜、胡苏、简、絜、钩盘、鬲津等古黄河下游九条河道。 道:通"导",疏通。 雷夏:泽名,亦名雷泽,在今山东菏泽市东北,后淤塞移徙。 雍、沮(jū):二水名,都在今菏泽市境内,旧道已被淹没。 会同:指二水汇合注入雷泽。 得:能。 下丘居土:大水退去民众从丘陵下到平地居住。 3 黑坟:褐色沃土。坟,肥厚。 繇(yáo):茂盛。 条:修长。 4 贞:通"正",相当。即赋也是中下。 乃同:此句说兖州地势低下,治水后经营十三年纳贡才与其他各州相同。 5 篚

(fěi):圆形竹器。 织文:有文采的丝织品。 **6** 浮:乘船。 漯(tà):水名,古黄河下游主要支流之一。

海、岱维青州[1]:堣夷既略,潍、淄其道。[2]其土白坟,海滨广潟,厥田斥卤。[3]田上下,赋中上。厥贡盐絺,海物维错,岱畎丝、枲、铅、松、怪石,莱夷为牧,其篚酓丝。[4]浮于汶[5],通于济。

大海和泰山之间是青州:堣夷地区既已经治理好,潍水、淄水也已疏通。青州的土壤色白而肥厚,海滨一带广阔的土地含有盐分,这里的田土是盐碱地。田地属上下等,田赋属中上等。青州的贡赋是盐和细葛布,有时也进贡一些海产品,还有泰山深谷的丝、大麻、矿石、松木、怪石,莱夷地区的牧产品,和用圆形竹器盛着可用作琴弦的柞蚕丝。贡赋运往京城是乘船先入汶水,再通到济水。

注释 **1** 海、岱:大海和泰山。 青州:辖地在今山东北部、辽宁南部等地区。 **2** 堣(yú)夷:地名,在今辽宁境内。 略:平治。 潍、淄:二水名,分别由今山东潍坊市、淄博市入海。 道:通"导",疏通。 **3** 潟(xì):盐碱地。 厥:其。 斥卤(lǔ):含过多盐碱成分而不适宜耕种。 **4** 絺(chī):细葛布。 海物:海中水产品。 错:杂,是说种类繁多。 畎(quǎn):山谷。 枲(xǐ):麻。 铅:铅色矿石。 怪石:似玉的怪异好石。 莱夷:居于莱地的部族。莱,今山东蓬莱、龙口市一带。 牧:牧产品。 酓(yǎn)丝:柞蚕丝。 **5** 汶:汶水,济水的支流。

海、岱及淮维徐州[1]:淮、沂其治,蒙、羽其蓺。[2]大野既

大海、泰山和淮河之间是徐州:淮河、沂水得到了治理,蒙山、羽山可以种植庄稼。大野泽整治后已经能够蓄水,东原一

都,东原厎平。[3]其土赤埴坟,草木渐包。[4]其田上中,赋中中。贡维土五色,羽畎夏狄,峄阳孤桐,泗滨浮磬,淮夷蠙珠臮鱼,其篚玄纤缟。[5]浮于淮、泗,通于河。

带的水已退去,土地平复后就可以耕种。徐州的土壤色红而肥厚有黏性,草木也生长得密集茂盛。这里的田地属上中等,田赋属中中等。其贡品是供天子分封诸侯时赐茅土之用的青、赤、白、黑、黄五色土,羽山深谷的彩色野鸡,峄山南边做琴瑟用的独生桐,泗水边浮石制的磬,淮水边上夷族聚居地产的珠蚌和鱼,以及用圆形竹器盛着的黑细丝绸和白色的绢。贡赋运往京城是乘船经过淮水、泗水,再通到黄河。

注释 1 淮:淮河。 徐州:辖地包括今江苏、安徽两省北部和山东南部。 2 沂(yí):沂水,至今江苏邳州流入泗水。 蒙:山名,在今山东蒙阴县南。 羽:山名,在山东郯(tán)城县东北,即舜流放鲧之地。 蓺:种植。 3 大野:即巨野泽,在今山东巨野县北,已涸为平地。 都:通“潴(zhū)”,即水停蓄的地方。 东原:即今山东东平、泰安一带平原。 厎(zhǐ)平:达到了平复。厎,致。 4 埴(zhí):黏土。 包:通“苞”,茂密丛生。 5 土五色:即青、赤、白、黑、黄五色,供天子修筑祭祀大地之神的社坛用,亦于封诸侯时赐之。 夏狄:彩色的野鸡。 峄(yì):山名,又名邹山,在今山东邹城东南。 孤:独有。峄山南面独产的梧桐可以制琴,所以是贡品。 泗:水名,注入淮河。 磬(qìng):石制敲击乐器。产于泗水滨的岩石宜于制磬。 淮夷:淮水下游的土著部族。 蠙(bīn)珠:即蚌珠,珍珠。蠙是蚌的别称。 臮:同“暨”,及、与。 玄:黑色。 纤:细。 缟(gǎo):白缯,即细白的生绢。

淮、海维扬州[1]：彭蠡既都，阳鸟所居。[2]三江既入，震泽致定。[3]竹箭既布[4]。其草惟夭，其木惟乔，其土涂泥。[5]田下下，赋下上上杂[6]。贡金三品，瑶、琨、竹箭，齿、革、羽、旄，岛夷卉服，其篚织贝，其包橘、柚锡贡。[7]均[8]江海，通淮、泗。

淮河以南和大海以西的大片地区是扬州：彭蠡泽已经开始蓄水，大雁冬天就来这里栖息。岷江、汉水和彭蠡都已疏通入海，震泽地区获得了安定。箭竹已经遍地生长。这里长的草鲜美柔嫩，这里长的树木非常高大，这里的土地湿润。田地属下下等，田赋属下上等，还混杂有中下等。贡品有三种金属，美玉、似玉的宝石、箭竹，象牙、兽皮、鸟的彩色羽毛、旄牛尾，海岛上夷民用草织的衣服，用圆形竹器盛着的五色染丝织成的贝锦，有时还要进贡包着的橘子和柚子。贡赋运往京城是先沿江或沿海北上，再通到淮河、泗水。

注释 1 扬州：包括今浙江、江西、福建三省全境，以及江苏、安徽、河南南部、湖北东部、广东北部。 2 彭蠡(lǐ)：今江西鄱阳湖。 阳鸟：鸿雁等候鸟。冬季聚栖于鄱阳湖。 3 三江：依郑玄说，长江右合鄱阳湖水为南江，左合汉水为北江，自岷江而下为中江。其余还有多种说法。 入：入海。 震泽：即今太湖。 4 竹箭：可制箭矢的箭竹。 布：普遍生长。 5 夭：鲜嫩。 乔：高大。 涂泥：湿润。 6 上杂：往上一等。下上往上一等是中下。 7 金三品：依郑玄说是三种颜色的铜。 瑶、琨：都是美玉。 齿：象牙。 革：犀皮。 羽：孔雀、翡翠等鸟毛。 旄(máo)：旄牛尾，做旌旗的装饰。 岛夷：东南沿海及海岛部族。 卉(huì)服：麻织品衣服。 织贝：染丝后织成的贝锦。 锡：赐，颁令，是说有时根据命令进贡。 8 均：《史记集解》引郑玄曰：“均，读曰沿。”此处是说顺着水道运行。

荆及衡阳维荆州[1]:江、汉朝宗[2]于海。九江甚中,沱、涔已道,云土、梦为治。[3]其土涂泥。田下中,赋上下。贡羽、旄、齿、革,金三品,杶、榦、栝、柏,砺、砥、砮、丹,维箘簬、楛,三国致贡其名,包匦菁茅,其篚玄纁玑组,九江入赐大龟。[4]浮于江、沱、涔、汉,逾于雒,至于南河。[5]

北起荆山、南到衡山之南的地区是荆州:江水、汉水像要去朝见宗主似的奔流入海。九江都汇入长江,沱水、涔水已经疏通,云土泽、梦泽也已治理好了。荆州土壤湿润。田地属下中等,田赋是上下等。贡品是彩色羽毛、旄牛尾、象牙、兽皮,三种金属,椿木、柘木、桧木、柏木、质地粗糙或柔细的磨刀石、可作箭镞的石头、丹砂,可作箭杆的箘簬、楛木,是荆州地区三个诸侯国所进贡品中的著名特产,还有用绳缠绕包裹起来用于宗庙祭祀时滤酒的菁茅,用圆形竹器盛着的黑色或浅绛色的绸布以及用丝带串起来的珍珠,有时还要进贡九江中产的大龟。贡赋运往京城是先乘船经过长江、沱水、涔水、汉水,再经陆路输送到雒水,到达南河。

注释 1 荆:山名,在今湖北南漳县西。 衡:山名,在今湖南衡山县,五岳之一。 2 朝宗:朝见。春见曰朝,夏见曰宗,本指诸侯朝见天子,这里借喻百川归海。 3 九江:指汇入洞庭湖的九条江水,即沅江、元江、浙江、辰江、叙水、酉水、湘江、资江、澧水。 甚中:甚得全州地势之中。 沱(tuó):水名,即今湖北江陵县的夏水。 涔(cén):亦作潜,潜水是长江支流,源出今湖北潜江县。 云土、梦:即云梦泽,是江北云泽、江南梦泽的合称,土字无义。 4 杶(chūn):即櫄,木材可以制琴。 榦:柘木。 栝(guā):桧木。 砺(lì)、砥(dǐ):磨刀石,粗的称砺,细的称砥。 砮(nǔ):石制箭镞。 丹:朱砂。 箘簬(jùn lù):能制箭杆的两种竹。 楛(hù):一种可作箭杆的荆条。 三国:指产箘、簬、楛三地诸侯。 名:著名特产。 包匦(guǐ):包裹又缠结。匦,缠结。 菁(jīng)茅:一种供祭祀时滤酒的有刺茅草。 玄纁(xūn):黑和浅红两色染制祭服的染料。 玑(jī):珍珠。 组:拴玉和官印的丝质组绶。 入赐:根据命令才缴纳的贡品。龟不常用,所以没有命令就不进贡。 **5** 逾:由水运转为陆运,再由水运称“逾”。 雒:即今河南洛河。 南河:黄河自潼关以下西东流向的一段称南河。

荆、河惟豫州[1]:伊、雒、瀍、涧既入于河,荥播既都,道荷泽,被明都。[2]其土壤,下土坟垆。[3]田中上,赋杂上中。贡漆、丝、絺、纻,其篚纤絮,锡贡磬错。[4]浮于雒,达于河。

荆山以北、黄河以南的地区是豫州:伊水、瀍水、涧水汇入雒水,又一同流入黄河,荥播泽经过整治已经蓄水,疏导了荷泽,又为孟猪泽筑起了堤防。豫州的土质柔细松软,土的下层是肥厚的黑色硬土。田地属中上等,田赋属上中等,混杂有上上等。贡品是漆、丝、细葛布、苎麻,用圆形竹器盛着的细丝绵,有时还有磨磬的错石。贡赋运往京城是先乘船经过雒水,然后到达黄河。

注释 **1** 惟:助词,无实义,亦作“维”。 豫州:包括今河南全境、山东西部和湖北北部地区。 **2** 伊、瀍(chán)、涧:三水名,都注入雒水,一同流入黄河。 荥(xíng)播:泽名,在今河南荥阳市南。 荷泽:泽名,在今山东菏泽市定陶区东北,已淤塞。 被:当读为陂(bēi),筑堤。 明都:泽名,又名孟猪、孟诸、望诸,在今河南商丘市东北。 **3** 壤:指柔软的壤土。 垆(lú):黑色坚硬的底土。这里是说土的下层是肥厚的黑色硬土。 **4** 纤絮:细丝绵。 磬错:磨磬的砺石。错,磨石的石头。

华阳、黑水惟梁州[1]：汶、嶓既蓺，沱、涔既道，蔡、蒙旅平，和夷厎绩。[2]其土青骊[3]。田下上，赋下中三错[4]。贡璆、铁、银、镂、砮、磬，熊、罴、狐、狸、织皮。[5]西倾因桓是来，浮于潜，逾于沔，入于渭，乱于河。[6]

东到华山之南、西到黑水之滨的地区是梁州：岷山、嶓冢山经过整治可以种植庄稼，沱江、涔水已经疏通，蔡山、蒙山都已平治完毕，和夷地区的民众收到了治理的功效。梁州的土壤是青黑色。田地属下上等，田赋属下中等，还混杂有下上等或下下等级。贡品有璆玉、铁、银、钢铁、砮石、磬和熊、罴、狐、狸四种野兽及皮毛织品。西倾山的贡物沿着桓水运来，其他的贡赋运往京城是先乘船进入潜水，经过陆地转输再进入沔水，到达渭水，最后横渡黄河。

注释 1 华：华山，五岳之一，在今陕西华阴南。 黑水：水名，是哪条河说法不一，但应是长江上游的一条支流。 梁州：大致包括今四川全境，湖北西部，陕西、甘肃两省南部。 2 汶：即岷山，主峰在四川松潘县北，岷江从这里发源。 嶓(bō)：嶓冢山，在今甘肃天水市和礼县之间，西汉水在此发源。 蓺(yì)：同“艺”。 沱：沱江，岷江支流，至泸县入长江。 涔：涔水，一称龙门水，为嘉陵江(西汉水)支流。 蔡：山名，在今四川雅安市东。 蒙：山名，在今四川雅安市境内。 旅：治。 和夷：指大渡河一带聚居的土著部族。和，涐水，即大渡河。 3 青骊(lí)：青黑色。 4 三错：下中并间以下上、下下，三等相错。 5 璆(qiú)：美玉。 镂(lòu)：可供雕刻的钢铁。上古不能冶制，是以战国时的情况来理解而出现错误。 罴(pí)：一种熊，又名马熊。 狸：野猫。 织皮：鸟兽毛织成的毡毯。 6 西倾：山名，在今甘肃、青海交界处。 桓：桓水，今称白龙江。 潜：水名，此指嘉陵江。 沔(miǎn)：沔水，汉水上游。 渭：渭河，会洛水流入黄河。 乱：横渡。

黑水、西河惟雍州[1]：弱水既西，泾属渭汭。[2]漆、沮既从，沣水所同。[3]荆、岐已旅，终南、敦物至于鸟鼠。[4]原隰底绩，至于都野。[5]三危既度，三苗大序。[6]其土黄壤。田上上，赋中下。贡璆、琳、琅玕[7]。浮于积石，至于龙门西河，会于渭汭。[8]织皮昆仑、析支、渠搜，西戎即序。[9]

西到黑水、东到冀州西界的黄河是雍州：弱水经疏导后向西流去，泾水从北岸流入渭水。漆水、沮水已经疏浚通畅，沣水也流入渭水。荆山、岐山都已经平治，接着又平治了终南山、敦物山一直到鸟鼠山。原隰的治理取得了功效，一直延伸到了都野泽。三危山一带经过整治已经可以定居，三苗族获得了安定。雍州的土壤色黄而细柔松软。田地属上上等，田赋属中下等。贡品有璆玉、琳玉、宝石琅玕。贡赋运往京城是乘船经过积石山附近的黄河，到达龙门的西河，再运到渭水和黄河的汇合处。织皮族的民众居住在昆仑、析支、渠搜三座山下，西方各族也就安定顺从了。

注释　1 西河：指山西、陕西两省间的一段黄河。　雍州：包括今陕西、甘肃两省大部分和青海东部地区。　2 弱水既西：指弱水自西北流入居延泽。　泾属渭汭(ruì)：泾水自北岸进入渭水。属，入。汭，水北岸，泾水入渭处在今陕西西安市高陵区渭水北岸。　3 漆、沮(jū)：二水名，漆水注入沮水，沮水合漆水流入渭水。　沣(fēng)水：至今陕西咸阳东南入渭水，河道已被淹没。　同：汇合，指流入渭水。　4 荆：荆山，在今陕西富平县西南，为六盘山支脉。　终南：山名，在今陕西西安市南，现称秦岭。　敦物：山名，在今陕西武功县境，一称垂山，又称武功山。　鸟鼠：山名，在今甘肃渭源县西，是渭水发源地。　5 原隰(xí)：指豳(bīn)地，在今陕西旬邑县西。　都野：泽名，又称猪野泽，今称鱼海子，在今甘肃民勤县境。　6 三危：山名，在鸟鼠西，南当岷山。　度：丈量，这里是规划营造的意思。 三苗大序:三苗族部族已经获得了安定。 7 琳:美玉。 琅玕(láng gān):美石。 8 积石:山名,有大、小之别。大积石山,即今青海南部的大雪山,传说禹疏导黄河从这里开始;小积石山,在今甘肃临夏市西北。这里当是指小积石山。 龙门:山名,在今陕西韩城市东北黄河西岸。 会于渭汭:指从龙门沿河南下到达渭水入黄河处。9 昆仑:地在今甘肃敦煌市以西。 析支:地在今青海大积石山至贵德县、河曲一带。 渠搜:在今中亚乌兹别克斯坦境。三处都是西戎部族聚居地。 戎:对西方部族的总称。 序:安定顺从。

道[1]九山:汧及岐至于荆山,逾于河;[2]壶口、雷首至于太岳[3];砥柱、析城至于王屋[4];太行、常山至于碣石[5],入于海;西倾、朱圉、鸟鼠至于太华[6];熊耳、外方、桐柏至于负尾[7];道嶓冢,至于荆山;[8]内方至于大别[9];汶山之阳至衡山,过九江,至于敷浅原[10]。

通九条山脉的道路:汧山及岐山直到荆山,越过了黄河;壶口山、雷首山直到太岳山;砥柱山、析城山直到王屋山;太行山、常山直到碣石山,从这里可以进入大海;西倾山、朱圉山、鸟鼠山直到太华山;熊耳山、外方山、桐柏山直到负尾山;开通嶓冢山,直到荆山;内方山直到大别山;岷山的南面直到衡山,跨过九江,到达敷浅原。

注释 1 道:开通道路。 2 汧(qiān):山名,在今陕西陇县西南。 荆山:指今陕西富平县境内的荆山。 逾于河:指汧山、岐山、荆山都是由西向东,其余脉的道路也就要越过黄河。 3 壶口:山名,在今山西吉县西。 雷首:山名,在今山西永济市。 太岳:山名,即霍太山。 4 砥柱:即今黄河三门峡,在今河南三门峡市陕州区东北。 析城:山名,在今山西阳城县西南。 王屋:山名,在今山西垣曲县东。 5 太行:山名,在今山西、河南、河北三省交界处，主峰在山西晋城市境。 常山：即恒山，在今河北曲阳县西北。 6 朱圉(yǔ)：山名，在今甘肃甘谷县西南。 太华：即西岳华山。 7 熊耳：山名，在今河南卢氏县东。 外方：山名，又名嵩山，古称中岳，在今河南登封市北。 桐柏：山名，在今河南桐柏县北。 负尾：山名，又名横尾，在今湖北安陆市境。 8 道嶓冢，至于荆山：这句是说开通道路从嶓冢山一直到达荆山。 9 内方：山名，在今湖北钟祥市西南。 大别：山名，今称龟山，在今湖北武汉市汉阳区东北。 10 敷浅原：即今江西庐山。

道九川：弱水至于合黎，余波入于流沙。[1]道黑水，至于三危，入于南海[2]。道河积石，至于龙门，南至华阴，东至砥柱，又东至于盟津，东过雒汭，至于大邳，北过降水，至于大陆，北播为九河，同为逆河，入于海。[3]嶓冢道瀁，东流为汉，又东为苍浪之水，过三澨，入于大别，南入于江，东汇泽为彭蠡，东为北江，入于海。[4]汶山道江，东别为沱，又东至于醴，过九江，至于东陵，东迤北

疏导了九条河流：疏导弱水流过合黎山，使弱水的下游注入了居延泽附近的沙漠。疏导黑水，流过三危山，再进入南海。从积石山开始疏导黄河，一直流过龙门，往南流到华山北面，又向东流过砥柱山，再向东流过盟津，还向东经过雒水注入黄河的一段，直到大邳山，往北流过降水，进入大陆泽，再往北分散为九条河道，又汇合成为逆河，最后流入大海。从嶓冢山开始疏导瀁水，向东流而为汉水，又往东流而为苍浪水，经过三澨水，进入大别山，往南流入长江，再向东流汇合江水形成彭蠡泽，再向东而为北江，最后流入大海。从岷山开始疏导江水，往东流分出另外一条支流沱水，又往东到达澧水，经过九江，到达了东陵，向东偏北流去而与彭蠡泽水汇合，再往东流而为中江，最后流入

会于汇,[5]东为中江,入于海。道沇水,东为济,入于河,泆为荥,东出陶丘北,又东至于荷,[6]又东北会于汶,又东北入于海。道淮自桐柏,东会于泗、沂[7],东入于海。道渭自鸟鼠同穴[8],东会于沣,又东北至于泾,东过漆、沮,入于河。道雒自熊耳[9],东北会于涧、瀍,又东会于伊,东北入于河。

大海。疏导沇水,向东流而为济水,流入黄河,再向前潴留形成荥泽,然后向东流经陶丘的北部,又向东流到菏泽,又向东北流而与汶水汇合,又向北转向东流入大海。从桐柏山开始疏导淮河,向东流而与泗水、沂水汇合,再往东流入大海。从鸟鼠同穴山开始疏导渭水,往东流而与沣水汇合,又往东北流和泾水相汇,往东流过漆水、沮水,流入黄河。从熊耳山开始疏导雒水,向东北流而与涧水、瀍水汇合,又向东流与伊水汇合,最后向东北流入黄河。

注释 **1** 合黎:山名,在今甘肃张掖、山丹、高台、酒泉之北,山侧有合黎河,也就是弱水。 余波:河的下游水势减弱,故称余波。 流沙:此指居延泽附近的沙漠,在今内蒙古自治区额济纳旗一带。 **2** 南海:指今中国南海。这句是说疏导黑水,经过三危山,进入南方大海。 **3** 河:黄河。 积石:此指大积石山。 盟津:即孟津,在今河南孟津县东。 大邳(pī):山名,在今河南浚县东南。 降水:即绛水,下游为今漳水,在今河北南部。 大陆:泽名,在今河北平乡、钜鹿、任县三县之间。 播:分布。 九河:九条支流。 同:合流。 逆河:分流的黄河复合为一条大河,称逆河。 海:渤海。 **4** 漾(yàng):本作"瀁",汉水上源,在今陕西勉县西北。 苍浪:汉水流经今湖北均县的一段称苍浪水,因水中有苍浪沙洲而得名。 三澨(shì):水名,在今湖北,流经汉川市入汉水。 北江:汉水汇入长江为彭蠡后分三道进入震泽(太湖),因而有北江、中江、南江之称,古人以为汉水在长江中是一支独流,故认为北江之水来自汉水。 入于海:指汉水随长江流入东海。 5 东别为沱:指向东另外分出一条支流称为沱江。 醴:通“澧”,即今湖南澧水。 东陵:地名,今湖南岳阳市。 东迤(yǐ)北:向东去斜着往北。迤,斜行。 汇:动词转义为名词,即所汇成的泽,指今鄱阳湖。 6 沇(yǎn)水:济水上游称沇水。 泆(yì)为荥:河水漫溢出来成为荥泽。泆,通“溢”。 陶丘:在今山东菏泽市定陶区西南。 荷:荷泽,亦作“菏泽”。 7 东会于泗、沂(yí):沂水流入泗水,泗水流入淮河。沂水与泗水在今江苏邳州市汇合,泗水与淮河在今江苏淮阴汇合,淮河在江苏阜宁县东入海。 8 鸟鼠同穴:即鸟鼠山,是渭水发源处。 9 雒自熊耳:古人认为雒水发源于熊耳山。

于是九州攸同,四奥既居,九山刊旅,九川涤原,九泽既陂,四海会同。[1]六府甚修,众土交正,致慎财赋,咸则三壤成赋。[2]中国赐土、姓[3]:“祗台德先,不距朕行。[4]”

于是九州之内政令教化就统一了,四方边远地区已经可以安居,九条山脉都开出了道路,九条河流的水源也都疏通了,九片大泽各自已经筑起了堤防,四海之内进贡的道路都通畅无阻了。包括金、木、水、火、土、谷在内叫作六府的各种物资都得到了开发,各个区域的土地都确定了等级,赋税的征收非常慎重,都是按土地的等级来征收赋税。把土地和人民赐给诸侯,告诫他们说:“恭敬和悦,把德行摆在首位,不要抗拒我所推行的政令。”

注释 1 攸:语助词,无义。 同:同一。 奥:可以定居的地方。 九山:上文所指开通道路的九条山脉。 刊旅:开发治理。 九川:上文所指疏通的九条河流。 涤(dí)原:疏通水源。原,同“源”。 陂:堤防。 四海:代表全国。《尔雅·释地》:“九夷八狄七戎六蛮,谓之四海。” 会同:

诸侯集会。单独会见称会,多数人会见称同。亦指各地进贡的物品会同京师。 **2** 六府:指各种生产生活资料,包括金、木、水、火、土、谷。 修:治理、生产。 众土交正:各地的土壤等级都校正了。交,都。正,校正。 致慎:即慎致,慎重地奉送。 财赋:指法定应该上缴的财物之税。 咸:都。 则:标准。 三壤:指土地的上、中、下三等。 成赋:完成赋税。 **3** 中国:国中,指九州之中。 赐土、姓:赐给土地和姓氏,指分封诸侯。 **4** 祗(zhī):恭敬。 台(yí):通“怡”,和悦。 德先:把道德摆在首位。 距:通“拒”。 朕:我。这是告诫受封的诸侯,要把敬悦天子之德放在首位,又不要违背抗拒我天子所行的政治教化。

令天子之国以外五百里甸服[1]:百里赋纳总,二百里纳铚,三百里纳秸服,四百里粟,五百里米。[2]甸服外五百里侯服[3]:百里采,二百里任国,三百里诸侯。[4]侯服外五百里绥服[5]:三百里揆文教,二百里奋武卫。[6]绥服外五百里要服[7]:三百里夷,二百里蔡。[8]要服外五百里荒服[9]:三百

规定天子直接统辖的国都范围以外的五百里区域叫作甸服:靠近国都一百里地区的田赋中要缴纳用作马饲料的禾稿,一百里以外二百里以内地区要缴纳用镰刀割下的谷穗,二百里以外三百里以内地区要缴纳带稃的谷,三百里以外四百里以内地区交粗米,四百里以外五百里以内地区交精米。甸服往外的五百里区域叫作侯服:头一百里地区替天子服各种差役,往外二百里以内地区替国家服一定的差役,再往外三百里地区替天子侦察警戒,抵御外侮。侯服往外的五百里区域叫作绥服:头三百里地区可以根据实际情况推行中央的政令教化,后二百里地区要振奋武力保卫天子。绥服往外的五百里区域叫作要服:头三百里地区要遵守教化并且和平相处,后二百里地区要求能遵守王法。要服再往

里蛮，二百里流[10]。

东渐于海，西被于流沙，[11]朔、南暨[12]：声教讫[13]于四海。于是帝锡禹玄圭[14]，以告成功于天下。天下于是太平治。

外五百里区域就是荒服了：头三百里地区礼简怠慢，维持同那里居民的联系；后二百里地区随民众迁徙流动，进贡与否听其便。

东边濒临大海，西边及于沙漠，北方、南方都达到了最遥远的地方：天子的声威教化传播到了全国以至于四方荒远的边陲。于是舜帝赏赐给禹一块黑色圭玉，以宣告天下治水已经取得成功。天下因此非常安定并且得到了很好地治理。

注释　**1** 天子之国：指国都。　甸(diàn)服：国都外周围五百里的近郊地区的服役。甸，古时郭外称郊，郊外称甸。服，服役。古代按离国都距离远近，每五百里为一区域，分别称作甸服、侯服、绥服、要服、荒服，以表示对天子尽责的不同程度。　**2** 纳：缴纳。　总：繁体为"總"，禾稿，供饲马用。　铚(zhì)：短镰刀。这里指用镰刀割下的谷穗。　秸(jiē)：指带稃(fū)的谷。　粟：粗米。　米：精米。　**3** 侯服：为天子尽斥候警戒的职责。侯，通"候"，斥候，指为天子防范盗贼。　**4** 采：事。指替天子服各种差役。　任国：指替国家服一定的差役。任，担任。　三百里：此指二百里以外至五百里以内的地区。　诸侯：指一同替天子侦察警戒，抵御外侮。　**5** 绥服：安抚的区域。绥，安。　**6** 揆(kuí)：揣度。　文教：政治教化。指依据情况实行中央的政令教化。　奋武卫：奋扬武威为天子的藩卫。　**7** 要(yāo)服：需要约束羁縻的地区。要，约束。　**8** 夷：平。指要守教化和平相处。　蔡：法。指要遵守刑法。　**9** 荒服：替天子守边的荒远地区。荒，边远。　**10** 蛮：慢也，礼简怠慢。是指尊重当地风俗，维持联系。　流：流移，到处迁移无城郭可以常居。　**11** 渐：濒临。　被：覆及，达到。　流沙：指流沙泽。　**12** 朔、南暨：北方和南方都到达了最远的地方。暨，及，到。　**13** 讫：到达。　**14** 帝：指帝舜。　锡：颁赐。　玄：

天青色。 圭:瑞玉。从“禹行自冀州始”以下,是根据《尚书·禹贡》摘编。

皋陶作士以理民。帝舜朝,禹、伯夷、皋陶相与语帝前。[1]皋陶述其谋曰:“信其道德,谋明辅和。[2]”禹曰:“然,如何?”皋陶曰:“於!慎其身修,思长,敦序九族,众明高翼,近可远在已。[3]”禹拜美言,曰:“然。”皋陶曰:“於!在知人,在安民。[4]”禹曰:“吁[5]!皆若是,惟帝其难之。知人则智,能官人;能安民则惠,黎民怀之。[6]能知能惠,何忧乎驩兜,何迁乎有苗,何畏乎巧言善色佞人?[7]”皋陶曰:“然,於!亦行有九德,亦言其有德。[8]”乃言曰[9]:“始事事,宽而栗,柔而立,愿而共,治而敬,扰而毅,直而温,

皋陶通过制定刑罚来治理天下的民众。舜帝上朝,禹、伯夷和皋陶在舜帝面前交谈。皋陶申述他的谋略说:“果真能按照道德行事,谋划就会高明,辅佐的大臣就会和谐。”禹说:“好啊,怎样去做呢?”皋陶说:“哦!要谨慎地修养自身,要做长久的打算,要使九族亲厚顺从,使许多贤人努力辅佐,政令由近及远得到实施,完全在于自身的德行。”禹认为他的话很有道理,于是拜谢说:“对啊。”皋陶说:“哦!还在于知人善任,安定民心。”禹说:“哎呀!都要像这样去做,只怕尧帝也很难办到。理解臣下就会明智,能够任命适当的人做官;能够安定民心就对人有恩惠,民众都会怀念他。能够明智和对人有恩惠,还忧患什么驩兜,还迁徙什么有苗,还害怕什么花言巧语善于察言观色和谄佞不正的人呢?”皋陶说:“对,是这样!只是人的行为需要有九方面的品德,即使是言论也还是要有品德作为依据。”于是就接着说:“开始做事之前,要遵守以下九种品德,性格宽宏而能严谨,柔和而能独立行事,忠厚诚实而且恭敬,办事有条理而且认真,性情

简而廉，刚而实，强而义，章其有常，吉哉。[10]日宣三德，蚤夜翊明有家。[11]日严振敬六德，亮采有国[12]。翕受普施，九德咸事，俊乂在官，百吏肃谨。[13]毋教邪淫奇谋。[14]非其人居其官，是谓乱天事[15]。天讨有罪，五刑五用哉。[16]吾言厎[17]可行乎？”禹曰：“女言致可绩行[18]。”皋陶曰：“余未有知，思赞道哉。[19]”

柔顺而且刚毅，正直而且温和，简约而不草率，坚强果决而作风踏实，任事勇敢而合乎义啊，持之以恒地修明这九种品德，那就很好啊。大夫们能每天修明其中的三方面品德，早晚庄敬努力，就会保有他们的统治领地。诸侯们能每天庄严振奋恭敬修明其中的六方面品德，并认真辅助天子处理事务，就会保有他们的封国。天子可以集中起来普遍实施，把九方面的品德都付诸行动，有才德的人处在官位，各种官吏都会严肃谨慎。不要教人们去做一些邪恶淫乱的事和设想一些不正当的计谋。不合适的人占住重要官位，这就叫扰乱天下大事。上天要惩罚有罪的人，设立五种刑罚用来惩处五种罪人。我的言论可以得到实行吗？”禹说：“你的言论加以施行就能够取得成绩。”皋陶说：“我没有什么才智，只是想帮着实施治理天下的大道呀。”

注释　**1** 朝：上朝。　相与语帝前：在帝舜面前相互进行交谈。相与，相互之间。**2** 信：果真。　辅：辅佐，这里指大臣。**3** 於(wū)：叹词。　长：长久，坚持不懈。　敦(dūn)：敦厚。　序：顺从。　明：指贤明的人。　翼：辅佐。　近可远在已：由近及远，完全在于从这里做起。已，兹，此。
4 知人：了解臣下。　安民：安定民众。**5** 吁：哎，叹词。**6** 智：明智。　官人：任人为官。　惠：仁爱。　黎民：百姓。　怀：怀念。
7 驩兜(huān dōu)：尧的大臣，违背尧的旨意擅自使用骄纵邪恶的共工而被流放。这里是说何必担心驩兜。　有苗：即三苗。尧时三苗在江淮、荆州多次作乱，后将他们迁往三危山地区。这里是说何必放逐有苗。 畏：害怕。 巧言：花言巧语。 善色：察言观色。 佞(nìng)人：即用巧言善色献媚的人。 **8** 亦：语气词，无义。 行有九德：行为中有九种品德。“宽而栗”以下就是这九种品德。 言其有德：言论要有品德依据。 **9** 乃言曰：指皋陶继续说。 **10** 始事事：始，开始。前一个“事”字，动词，从事；后一个“事”字，名词，事情。 栗：缜密，严谨。 柔：和。 立：有主见。 愿：诚实。 共：通“恭”，端庄恭敬。 治：有办事才干。 敬：认真。 扰：和顺。 毅：刚毅，坚定。 直：待人正直。 温：和气。 简：宽大率略。 廉：廉隅，行为不苟。 刚：刚正。 实：求实。 强：坚强不屈。 义：符合道义。 章：修明。 常：经常，持之以恒。 **11** 宣：修明。 翊(yì)：恭谨。 明：通“勉”，努力。 家：指卿大夫。此指卿大夫就可以保有他的封地。 **12** 亮：辅助。 采：事务。 国：指诸侯。此谓诸侯就可以保有封国。 **13** 翕(xī)：聚合。 施：施行。 事：从事，实践。 俊乂(yì)：有才德的人。 在官：指担任官职。 百吏肃谨：一切官吏都会肃穆谨慎。 **14** 毋：不要。 邪淫：指干邪恶淫乱的事。 奇谋：指出怪异的主意。 **15** 天事：上天安排的大事，即天下大事。 **16** 五刑：墨(在脸上刺字后涂上墨，又称黥 qíng)，劓(yì，割掉鼻子)，剕(fèi，砍断脚，又称刖 yuè)，宫(阉割男性的生殖器)，大辟(死刑)五种酷刑。 五用：施行在五种罪人身上。 **17** 底(zhǐ)：必，一定。 **18** 致：得到。 绩行：实行后可以做出成绩。 **19** 知：才智。 赞：襄助。 道：指治理天下之道。这一段是根据《尚书·皋陶谟》。谟(mó)，计谋。

帝舜谓禹曰：“女亦昌言[1]。”禹拜曰：“於，予何言！予思日孳孳[2]。”皋陶难[3]禹曰：“何谓孳孳？”禹

舜帝对禹说：“你也发表一下高明的言论。”禹拜谢说：“哦，我有什么可说的！我只想整天努力不懈的办事。”皋陶诘难禹说：“怎么才叫努力不懈？”禹说：“洪水浊浪滔天，浩浩荡荡包围了山

曰："鸿水滔天，浩浩怀山襄陵，下民皆服[4]于水。予陆行乘车，水行乘舟，泥行乘橇，山行乘檋，行山刊木。[5]与益予众庶稻鲜[6]食。以决九川致四海，浚畎浍致之川[7]。与稷予众庶难得之食[8]。食少，调有余补不足，徙居[9]。众民乃定，万国[10]为治。"皋陶曰："然，此而[11]美也。"

岗漫上了丘陵，下面的民众都被洪水包围。我在陆地上行进的时候坐着车，水道上行进的时候驾着船，泥滩上行进的时候乘着橇，山路上行进的时候穿着檋，攀行山岭用木刊出标记。同益一起送给民众稻米和新鲜的肉食。来引导九条河道流通到四海，疏浚田间大小沟渠流通到江河。同稷一起发给民众欠缺的口粮。粮食少了，从有剩余的地方调节出来补充不足的地方，或者把民众从粮食不足的地方迁徙出去。万千的民众这样才安定，各诸侯国也都得到了治理。"皋陶说："是啊，这就是你的美德。"

注释　1 昌言：发表精当的言论。　2 孳孳(zī)：即孜孜，努力不懈怠。　3 难(nàn)：诘问。　4 服：陷落，被包围。　5 檋(jú)：山行用具。　刊木：指立表为记。　6 鲜：新杀的鸟兽。　7 畎(quǎn)：田间水沟。　浍(kuài)：田间大渠。　8 难得之食：难得的五谷新种。　9 徙居：谓因食物缺少而叫民众迁居。　10 万国：各个地区。　11 而：尔，你。

禹曰："於，帝！慎乃在位，安尔止。[1]辅德，天下大应。[2]清意以昭待上帝命，天其重命用休。[3]"帝曰："吁，

禹说："哦，帝舜！谨慎对待你的在位大臣，冷静地规范你的举止。用有德行的大臣辅佐你，天下就会非常顺应你。清心正意，用光明的德行来等待上帝的命令，上天将会再三地赐福给你。"帝说："啊，臣子呀，臣子呀！臣子像我的大腿

臣哉,臣哉[4]！臣作朕股肱耳目[5]。予欲左右有民[6],女辅之。余欲观古人之象,日月星辰,作文绣服色,女明之。[7]予欲闻六律五声八音,来始滑,以出入五言,女听。[8]予即辟,女匡拂予。[9]女无面谀,退而谤予。[10]敬四辅臣。[11]诸众谗嬖臣,君德诚施皆清矣。[12]"禹曰:"然。帝即不时,布同善恶则毋功。[13]"

手臂和耳朵眼睛一样帮助我。我想帮助民众,你们来辅佐我。我想仿效古人衣服上的图案,按照日月星辰等天象来制作绣上花纹色彩的服装,你们应该明确服装的等级。我想听六种乐律、五种声音、八类乐器的演奏,观察诸侯中勤于或荒怠政事的情况,以便取舍来自东西南北中五方的言论,你们要认真听取并帮忙做出判断。我如果有邪僻行为,你们要匡正并辅助我。你们不要当面阿谀逢迎,退到背后反而诽谤我。我敬重身边的四位大臣。各种各样谗害宠嬖的小臣,只要君主的德行真正贯彻实施了就都会被清除的。"禹说:"对。帝如果不这样实施德行,好人坏人一起任用就会没有功绩。"

注释　1 在位:指在位的大臣。　安:冷静。　止:职责,举止。　2 辅德:即辅以有德。　大应:非常顺应。　3 清意:清心正意。　昭:光明。此指光明的德行。　其:将。　重:再三。　4 臣哉:好臣子啊！重复说是特别鼓励称赞的意思。　5 股肱(gōng)耳目:意谓得力助手。股,大腿。肱,肩至肘的手臂部分。　6 左右:同"佐佑",辅佐,帮助。　有民:民众。有,是名词词头。　7 观:显示,仿效。　象:绘制在衣服上表示身份等级的图饰,如日月星辰五彩等。　文绣服色:绣上花纹彩色的服装。　8 六律:定音的乐律,包括六律、六吕。六律指黄钟、太簇、姑洗(xiǎn)、蕤(ruí)宾、夷则、无射(yì);六吕指林钟、南吕、应钟、大吕、夹钟、中(zhòng)吕。　五声:古乐的五声音阶,宫、商、角、徵(zhǐ)、羽。　八音:八种乐器声,即金、石、丝、竹、匏(páo)、土、革、木八类乐器发出的声音。 来始滑:《尚书·益稷》作“在治忽”。在,考察。忽,荒怠。指通过音乐来考察政治上的得失。 出入:进退,听取。 五言:东西南北中五方的言论。 女听:谓你们要负责使我听到并帮助我判断处理。女,通“汝”,你,你们。听,使动用法。
9 即:若。 辟:邪僻,过失。 匡:纠正。 拂(bì):通“弼”,辅佐。
10 面谀:当面阿谀奉承。 退:指在背后。 **11** 四辅臣:身旁的四位辅臣。古代天子近身有四臣,前曰疑,后曰丞,左曰辅,右曰弼。 **12** 谗(chán):说别人的坏话。 嬖(bì):宠爱、宠幸。 清:清除。 **13** 时:通“是”,代词,这样。 布:布列。 善恶:忠奸之臣。

帝曰:“毋若丹朱傲,维慢游是好,毋水行舟,朋淫于家,用绝其世。[1]予不能顺是[2]。”禹曰:“予娶涂山,辛壬癸甲,生启,予不子,[3]以故能成水土功。辅成五服,至于五千里,州十二师,外薄四海,咸建五长,各道有功。[4]苗顽不即功,帝其念哉。[5]”帝曰:“道吾德,乃女功序[6]之也。”

皋陶于是敬禹之

帝说:“你们不要像丹朱一样懈怠傲慢,只是喜好懒惰游玩,在没有水的陆地上行船,一群人在家中干淫乱的事,因此要禁止他通过父子相继来登帝位。我不能容忍丹朱这种情况。”禹说:“我娶涂山国女子为妻,辛日娶妻壬癸二日在家甲日就离家去治水,生下儿子启我不去抚养他,所以能够完成平治水土的事功。我辅佐帝舜制定甸、侯、绥、要、荒五服制度,国土的宽广达到了五千里,每州动用了十二个师的人力,一直开辟到了四方最为荒远的地方,建立了五个诸侯国选一方伯的五长制度,各自的首领遵循职守建有事功。三苗部族凶顽不能成就事功,帝舜您恐怕要为这件事忧虑呀。”帝舜说:“用我的德教去开导他们,靠你的工作来使他们归顺。”

皋陶于是敬重禹的功德,下令让民

德,令民皆则[7]禹。不如言,刑从之[8]。舜德大明[9]。

众都效法禹。如果不按照命令中的话来做,就用刑加以处罚。舜帝的德教因此而发扬光大。

注释 1 丹朱:尧的儿子。 傲:怠。 维慢游是好:倒装句。是说只喜欢懒惰贪玩。 毋水行舟:在无水的陆地上行船。是说丹朱很任性。 朋淫于家:成群结伙在家中淫乱。 用:因而。 绝其世:指丹朱不能继承尧的帝位。 2 顺是:顺从、容忍这样的情况。 3 涂山:古部族名。 辛壬癸甲:古以干支记日,这里表示前后的四天。禹辛日娶妻,甲日就离家去治水。 不子:没有回家抚育。子,抚育。 4 十二师:即三万人。师,二千五百人。 薄(bó):迫近。 五长:每五个诸侯国设置一个统领,称为方伯。 道:导。引导,领导。 功:事情。这里指治水工作。 5 苗:三苗。 顽:顽抗。 不即功:不肯接受分派的工作。 念:忧虑。 6 序:归顺。 7 则:效法。 8 刑从之:就施加刑罚。 9 大明:发扬光大。

于是夔行乐,祖考至,群后相让,鸟兽翔舞,《箫韶》九成,凤皇来仪,百兽率舞,百官信谐。[1]帝用此作歌曰:“陟天之命,维时维幾。[2]”乃歌曰:“股肱喜哉,元首起哉,百工熙哉![3]”皋陶拜手稽首扬言

于是夔奏起乐曲,祖先的神灵因此降临,各方的诸侯相互揖让,鸟飞翔兽跳舞,《箫韶》演奏九遍,凤凰被召唤来了,百兽也都跳起舞来,百官也都忠诚和谐。舜帝因为看到这样的热烈场面就作歌说:“遵奉上天的命令来治理民众,要顺应时势,要谨微慎行。”于是就歌唱说:“辅助的大臣喜乐尽忠呀,君王的功业于是兴起呀,百官的事业都会发达呀!”皋陶跪拜伸手叩头继续宣布说:“大家要记住天子的教诫呀,统率臣下兴盛起事业,谨慎地

曰[4]:"念哉,率为兴事,慎乃宪,[5]敬哉!"乃更为歌曰:"元首明哉,股肱良哉,庶事康[6]哉!"又歌曰:"元首丛脞哉,股肱惰哉,万事堕哉![7]"帝拜曰:"然,往钦[8]哉!"于是天下皆宗禹之明度数声乐,为山川神主。[9]

遵守法度,敬行自己的职责呀!"于是进一步歌唱说:"君王英明呀,辅助之臣都贤良呀,各种事业都会兴旺呀!"又歌唱说:"君王如果细碎无大略呀,辅助之臣就会怠惰呀,各项事业就会毁败呀!"舜帝拜答说:"对,以后大家都认真地干吧!"于是天下的人都尊奉禹能够宣明法度历数声音乐律,推崇他做山川神灵的主宰。

注释 1 夔(kuí):人名,舜时的乐官。 祖考至:祖先和亡父的灵魂降临。 群后:各个诸侯国君。后,国君。 相让:彼此揖让,即宾主行相见礼。《箫韶》:舜时乐曲名。 九成:变更九次才算结束。成,终,每曲一终,必更奏另一曲。 凤皇来仪:凤凰成双成对地跳舞。 率:都。以上鸟兽、凤凰、百兽应均指扮演的舞队。 信谐:真诚和谐。 2 陟(zhì):奉。 时:顺时。 幾:隐微。 3 喜:乐于尽忠。 元首:指天子。 起:兴起,奋发。 熙(xī):兴盛。 4 拜手稽首:行跪拜礼。 扬言:继续说。 5 念:牢记教导。 率:统率。 宪:法。 6 康:安。 7 丛脞(cuǒ):细碎,烦琐。 惰:懒惰,懈怠。 堕(huī):毁坏,荒废。 8 钦:敬。 9 宗:尊奉,推崇。 山川神主:山川神灵的主宰。此段文字是根据《尚书·益稷》。

帝舜荐禹于天,为嗣[1]。十七年而帝舜崩。三年丧毕,禹辞辟舜之子商均于阳城[2]。天下诸侯皆去商均而

舜帝向上天举荐禹,让他做天子的继承人。十七年后舜帝逝世。三年的丧礼结束,禹辞让帝位,回避舜的儿子商均而居处在阳城。天下的诸侯都离开商均而去朝见

朝禹。禹于是遂即天子位，南面[3]朝天下。国号曰夏后，姓姒[4]氏。

帝禹立而举皋陶荐之，且授政焉，而皋陶卒。[5]封皋陶之后于英、六，或在许。[6]而后举益，任之政。

十年，帝禹东巡狩，至于会稽[7]而崩。以天下授益。三年之丧毕，益让帝禹之子启，而辟居箕山[8]之阳。禹子启贤，天下属意[9]焉。及禹崩，虽授益，益之佐禹日浅，天下未洽[10]。故诸侯皆去益而朝启，曰"吾君帝禹之子也"。于是启遂即天子之位，是为夏后帝启。

夏后帝启，禹之子，其母涂山氏之女也。

禹。禹于是就登上天子之位，坐北向南接受诸侯的朝拜。国号叫夏后，姓姒。

禹帝登上天子之位后，就提拔皋陶并推荐他做继承人，将要授给他处理大政的权力，但是皋陶却去世了。分封皋陶的后代在英、六地方，有的封在许地。之后又拔举益，任用他管理政事。

过了十年，禹帝到东部地区去巡视，到达会稽时逝世了。他把天下传授给益。三年的丧礼结束，益把帝位让给禹帝的儿子启，自己避居于箕山的南面。禹的儿子启贤能，天下属意于他。禹逝世后，虽然把权力授给益，但是益辅佐禹的时间很短，天下的人还不能信任他。所以诸侯都离开益而去朝拜启，说"他是我们君主禹帝的儿子啊"。于是启就登上了天子之位，这就是夏后国的启帝。

夏后国的启帝，是禹的儿子，他的母亲是涂山国的女子。

注释　1 嗣：继承人。　2 辞：辞让。　辟：避。　阳城：古邑名，在今河南登封东南告成镇。　3 南面：天子坐北向南接受臣下朝拜。　4 姒(sì)：夏后氏以姒为姓。传说禹的祖先是因吞食了薏苡才出生的。姒、苡，古音同。 5 且:将要。 卒:去世。传说皋陶生于今山东曲阜,死后葬于今安徽寿县。 6 英:地名,在今安徽金寨县东南。 六:地名,在今安徽六安市东北。 许:地名,在今河南许昌市东。 7 会稽:地名,在今浙江绍兴东南。 8 箕山:山名,在今河南登封市东南。 9 属(zhǔ)意:归心,归向。 10 洽:融洽。这里意为人心归顺。

有扈氏不服,启伐之,大战于甘。[1]将战,作《甘誓》,乃召六卿申之。[2]启曰:"嗟!六事之人,予誓告女:有扈氏威侮五行,怠弃三正,天用剿绝其命。[3]今予维共行天之罚[4]。左不攻于左,右不攻于右,女不共命。[5]御非其马之政[6],女不共命。用命,赏于祖;不用命,僇于社,予则帑僇女。[7]"遂灭有扈氏。天下咸朝。

有扈这个国家不顺服,启去讨伐它,在甘地进行大战。将要开战,启作了一篇誓词叫《甘誓》,召来六军的将领加以申诫。启说:"喂!六军的将士们,我发布誓词告诫你们:有扈氏轻慢金、木、水、火、土五行的运行秩序,懈怠废弃天、地、人的正道,上天因此要断绝它的国运。现在我只是来恭敬地执行上天的惩罚。车左的兵士不努力用箭射击敌人,车右的兵士不努力用戈矛刺杀敌人,你们就是不服从命令。驾车的兵士不能正确指挥他的马进退,你们也是不服从命令。服从命令,就在祖先的牌位面前赏赐你们;不服从命令,就在社神的牌位面前将你们斩杀,我还会将你们的妻儿罚为奴隶。"于是兴兵灭掉了有扈这个国家。天下诸侯都来朝拜。

注释 1 有扈氏:姒姓部族中的一个氏族,在今陕西西安鄠邑区一带。 甘:地名,在有扈国的南郊。 2《甘誓》:甘地战前誓词的记录,今《尚书》中存此篇。 六卿:天子六军的长官。 申:申饬,告诫。

3 六事之人:六卿所统属的军吏及士卒,即全体将士。六事,六卿各自掌管之事。 威侮:暴逆。即想用暴力手段改变。 五行:金、木、水、火、土,五德终始的运行法则。 三正:天、地、人的正道。 用:因此。 剿:断。**4** 共:通"恭"。 **5** 左:车左。左方负责射箭。 右:车右。右方勇力之士手执戈矛来打退敌人。 共命:恭敬地执行命令。共,通"恭"。**6** 御:驾车的人。 非其马之政:不能正确地驾驭车马自如作战。 **7** 祖:指祖庙的神主。天子亲征,必携带同行。 僇(lù):通"戮"。 社:社中神主。天子亲征,也携带同行。 帑(nú)僇女:杀了你们,还要将你们的妻儿罚为奴婢。帑,通"孥"。

夏后帝启崩,子帝太康立。帝太康失国,昆弟五人,须于洛汭,作《五子之歌》。[1]

太康崩,弟中康[2]立,是为帝中康。帝中康时,羲、和湎淫,废时乱日。[3]胤往征之,作《胤征》。[4]

中康崩,子帝相立。帝相崩,子帝少康立。帝少康崩,子帝予立。帝予崩,子帝槐立。帝槐崩,子帝芒立。帝芒崩,子帝泄立。帝泄崩,子帝不降立。帝不降崩,弟帝扃[5]

夏后国的启帝逝世,儿子太康帝即位。太康帝因为沉湎于游猎而不理国政,被羿驱逐失去国位,他的五个弟弟,在洛水北岸等待他回国却没有等到,就写了《五子之歌》。

太康逝世,他的弟弟仲康登位,这就是仲康帝。仲康帝在位时,负责制订历法的羲氏、和氏过度好酒贪杯,扰乱了四时节令。仲康的大臣胤奉命前去征伐,写了《胤征》来记载此事。

仲康逝世,儿子相帝登位。相帝逝世,儿子少康帝登位。少康帝逝世,儿子予帝登位。予帝逝世,儿子槐帝登位。槐帝逝世,儿子芒帝登位。芒帝逝世,儿子泄帝登位。泄帝逝世,儿子不降帝登位。不降帝逝世,弟弟立。帝扃崩,子帝廑[6]立。帝廑崩,立帝不降之子孔甲,是为帝孔甲。

扃帝登位。扃帝逝世,儿子廑帝登位。廑帝逝世,让不降帝的儿子孔甲登位,这就是孔甲帝。

注释　1 失国:太康嗜田猎,不理国政,被有穷国君后羿驱逐不得返国,失去帝位。　须:等待。　洛汭:洛水北岸。《五子之歌》:古文《尚书》篇名。太康五个弟弟在洛水北岸等待时,所作的对太康的指责和怨恨之词。　2 中康:即仲康。　3 羲、和:羲氏、和氏,主管天地四时历数的官。　湎(miǎn):沉迷于饮酒。　淫:过度。　废时乱日:扰乱了四时节令。　4 胤(yìn):国名。这里指胤的国君。他受王命去征讨羲、和。《胤征》:古文《尚书》中篇名。　5 扃:音 jiōng。　6 廑:音 jǐn 或 qín。

帝孔甲立,好方鬼神,事淫乱。[1]夏后氏德衰,诸侯畔之。天降龙二,有雌雄,孔甲不能食,未得豢龙氏。[2]陶唐既衰,其后有刘累,学扰龙于豢龙氏,[3]以事孔甲。孔甲赐之姓曰御龙氏,受豕韦之后。[4]龙一雌死,以食[5]夏后。夏后使求[6],惧而迁去。

孔甲崩,子帝皋立。帝皋崩,子帝发立。帝发

孔甲帝登位,喜好祭祀鬼神,从事淫乱的活动。夏后氏的威德衰薄,诸侯都背叛了它。从天上降下两条龙,一雌一雄,孔甲不能饲养它们,也没有找到具备养龙技术的人。陶唐氏已经衰落,它们的后代有个刘累,从豢龙氏部落那里学到了饲养龙的技术,来侍奉孔甲。孔甲赐他姓御龙氏,并让他来接受豕韦氏后代的封地。一条雌龙死去,刘累暗中做成肉酱献给孔甲吃了。孔甲吃了以后,还想再吃,就派人要刘累再拿肉酱来,刘累很害怕,就迁徙到鲁县去了。

孔甲逝世,儿子皋帝登位。皋帝逝世,儿子发帝登位。发帝逝世,儿

原文	译文
崩,子帝履癸立,是为桀。	子履癸帝登位,这就是桀。

注释 1 好方鬼神:喜欢迷信鬼神。 事淫乱:做淫乱的事情。 2 食(sì):饲养。 豢(huàn)龙氏:有养龙技术的氏族。豢,喂养。 3 陶唐:古邑名,在今山东菏泽市定陶区西北。相传尧最初居住在这里,故称。 刘累:诸侯名,唐尧的后代,故城在今河南偃师市南。 扰:驯养。 4 御:养。 豕(shǐ)韦:祝融氏的后代,彭姓氏族。殷代武丁灭亡豕韦,以刘累的后裔代之。 5 食(sì):给人吃。 6 求:指再次寻找刘累给的肉酱。

原文	译文
帝桀之时,自孔甲以来而诸侯多畔夏,桀不务德而武伤百姓[1],百姓弗堪。乃召汤而囚之夏台[2],已而释之。汤修德,诸侯皆归汤,汤遂率兵以伐夏桀。桀走鸣条[3],遂放而死。桀谓人曰:"吾悔不遂杀汤于夏台,使至此。"汤乃践天子位,代夏朝天下。汤封夏之后,至周封于杞[4]也。	桀帝的时候,自从孔甲在位以来诸侯大多都背叛了夏朝,桀不致力于建立德政,却用暴力伤害百官贵族,贵族们都受不了他的暴虐。桀又召来汤,并把他囚禁在夏台的监狱中,不久又释放了汤。汤修治德政,诸侯都归附于他,他就领兵来讨伐夏桀。桀奔逃到鸣条,被放逐而后死去。桀曾对人说:"我后悔当初没有在夏台把汤杀死,致使我落到这种地步。"汤于是登临天子之位,取代夏朝而君临天下。汤封土地给夏的后代,到了周朝,夏的后代被封在杞地。

注释 1 武伤:用暴力伤害。 百姓:指诸侯、百官。 2 夏台:监狱名。在今河南禹州市。 3 鸣条:地名,在今山西运城安邑北。 4 杞(qǐ):地名,今河南杞县,周武王封禹后东楼公于杞。

太史公曰：禹为姒姓，其后分封，用国为姓[1]，故有夏后氏、有扈氏、有男氏、斟寻氏、彤城氏、褒氏、费氏、杞氏、缯氏、辛氏、冥氏、斟戈氏。孔子正夏时，学者多传《夏小正》云。[2]自虞、夏时，贡赋备矣。[3]或言禹会诸侯江南，计功而崩，因葬焉，命曰会稽。[4]会稽者，会计[5]也。

太史公说：禹是姒姓，它的后代分别受封，就各自用国名为姓，所以有夏后氏、有扈氏、有男氏、斟寻氏、彤城氏、褒氏、费氏、杞氏、缯氏、辛氏、冥氏、斟戈氏等。孔子曾校正过夏代的历书，学者中就有很多人传授《夏小正》。从虞、夏时起，贡赋制度就已经完备了。有人说禹是在江南会聚诸侯、考核他们功劳期间逝世的，因此就安葬在那里，把安葬的地方命名为会稽。会稽，是会集诸侯首领考核其功劳的意思。

注释　**1** 用国为姓：禹的后代相继受封为诸侯，所以各自以国名为姓。**2** 正：校正。　夏时：指记载夏代四时节令的文献。《夏小正》：关于夏时的一种文献，收在《大戴礼记》中。夏以建寅之月为正，可见当时历法水平很高。**3** 虞：舜时。　夏：禹时。　贡赋：指贡赋的制度。　备：完备。**4** 计功：计议各个诸侯的功绩。　崩：天子死亡称“崩”。　会稽：山名，本名苗山，因葬禹而被命名为会稽。**5** 会计：会集诸侯计功封爵之意。

史记卷三

殷本纪第三

原文

殷契,母曰简狄,有娀氏之女,为帝喾次妃。[1]三人行浴,见玄鸟堕其卵[2],简狄取吞之,因孕生契。契长而佐禹治水有功。帝舜乃命契曰:"百姓不亲,五品不训,汝为司徒而敬敷五教,五教在宽。[3]"封于商,赐姓子氏。[4]契兴于唐、虞、大禹之际,功业著于百姓,百姓以平。[5]

译文

殷家的始祖契,母亲名叫简狄,是有娀氏部落的女子,是喾帝的第二个妃子。简狄等三个人有一次到河川中去洗浴,看见燕子掉下一个蛋,简狄捡起来吞食了,结果她怀了孕而生下契。契长大以后辅佐夏禹治水立下了功劳。舜帝就命令契说:"百官贵族不和睦,五伦关系不顺适,你去做司徒,要恭敬地实施五伦的教导,其主旨在于宽厚。"把契封在商这个地方,赐给契子姓。契在唐尧、虞舜、大禹当政期间兴起,他的功业在教导百官贵族方面显现出来,百官贵族由此而安定。

注释 1 殷:地名,在今河南安阳小屯村,商曾在此建都,所以商朝又称"殷朝"。 契(xiè):商朝的始祖,所以又称"殷契"。 有娀(sōng)氏:

部族名。 帝喾(kù):见《五帝本纪》。 2 玄鸟:燕子。 堕:落下。 3 五品:即父义、母慈、兄友、弟恭、子孝五种伦常关系。 不训:不和顺。 司徒:管教化的官。 敷:传布,施行。 五教:关于五伦的教导。 宽:宽厚。 4 商:地名,在今河南商丘市东南。 子氏:因玄鸟所生子,故赐子氏。《史记志疑》:"禹、契、稷之封国赐姓,皆出于尧,注疏言之甚明,它若《白虎通》《潜夫论》诸书亦然。《史》俱以为舜,非也。" 5 著:著名,著称。 平:安定。

契卒,子昭明立。昭明卒,子相土[1]立。相土卒,子昌若立。昌若卒,子曹圉[2]立。曹圉卒,子冥[3]立。冥卒,子振[4]立。振卒,子微[5]立。微卒,子报丁[6]立。报丁卒,子报乙立。报乙卒,子报丙立。报丙卒,子主壬立。主壬卒,子主癸立。[7]主癸卒,子天乙立,是为成汤[8]。

契去世,儿子昭明继位。昭明去世,儿子相土继位。相土去世,儿子昌若继位。昌若去世,儿子曹圉继位。曹圉去世,儿子冥即位。冥去世,儿子振继位。振去世,儿子微继位。微去世,儿子报丁继位。报丁去世,儿子报乙继位。报乙去世,儿子报丙继位。报丙去世,儿子主壬继位。主壬去世,儿子主癸继位。主癸去世,儿子天乙继位,这就是成汤。

注释 1 相土:商代有名先公,《诗经·商颂·长发》曾称赞他。 2 曹圉(yǔ):《世本》称作粮圉。 3 冥:曾担任司空,勤于官事,死于水中。 4 振:《世本》作核,《人表》作垓,甲骨文中称王亥。 5 微:字上甲,是因为他生于甲日,所以又称"上甲微"。商王以日为名自此始。 6 报丁:王国维研究后认为次序应在报丙之后。 7 主壬、主癸:应为示壬、示癸。 8 汤:名履。殷王死后都以帝名配之,天也就是帝的意思,所以这里又称"天乙"。从契至汤共十四代。

成汤,自契至汤八迁[1]。汤始居亳,从先王居,作《帝诰》。[2]

成汤,从契到汤经过十四代,曾八次迁徙国都。汤建都于亳,先王喾帝曾建都于此,为向帝喾报告建都于亳之事,成汤写了《帝诰》。

汤征诸侯[3]。葛伯[4]不祀,汤始伐之。汤曰:“予有言:人视水见形,视民知治不[5]。”伊尹曰:“明哉!言能听,道乃进。[6]君国子民,为善者皆在王官。[7]勉哉,勉哉!”汤曰:“汝不能敬命,予大罚殛之,无有攸赦。[8]”作《汤征》[9]。

汤是夏代的方伯,可以征伐诸侯。葛伯不奉行祭祀,汤就去征伐葛伯。汤说:“我说过:人照水面会看见自己的形貌,观察民众的状况会知道治理得好不好。”伊尹说:“英明呀!能够听从进谏的言语,治国的道术才能进步。君主能爱护百姓,那么凡是有善良品行的人都会在王府任官。努力吧,努力吧!”汤对葛伯说:“如果你不能恭敬地顺从天命,我就会重重惩罚你们,绝不会有半点宽赦。”于是写了《汤征》来记载这次征伐。

注释 1 八迁:八次迁徙国都。据《史记志疑》,契封于商,昭明居砥石,一迁;迁于商,二迁;相土居商邱,三迁;夏帝芒之三十三年振迁于殷,四迁;夏帝孔甲九年,复归商邱,五迁;上甲微居邺,六迁;契居蕃,七迁;汤居南亳,八迁。 2 亳(bó):指南亳,在今河南商丘市东南。 先王:指帝喾。《帝诰》:已亡佚,内容是向帝喾报告迁居的情况。 3 汤征诸侯:汤在夏代是一位方伯,有专征的权力。《史记志疑》:“《汤征》亡矣,而《纪》有其词,岂非史公所见壁中真古文乎?” 4 葛伯:葛国诸侯。葛,汤的邻国,其地在今河南睢县东北。 5 不:同“否”。 6 言能听,道乃进:能够听取意见,政治才能进步。 7 君国:做国家的君主,治理国家。 子民:以民为子,爱护民众。 为善者皆在王官:要把为善的人都安排在朝廷做官。 8 汝:指葛伯。 敬命:敬慎天命。实指对待祭祀这类的国家大事。 殛:惩治。 攸:所。 9《汤征》:已佚,记述汤征葛伯之事。

伊尹名阿衡[1]。阿衡欲奸汤而无由,乃为有莘氏媵臣,负鼎俎,以滋味说汤,致于王道。[2]或曰,伊尹处士,汤使人聘迎之,五反,然后肯往从汤,言素王及九主之事。[3]汤举任以国政。伊尹去汤适夏。既丑有夏,复归于亳。入自北门,遇女鸠、女房,作《女鸠》《女房》。[4]

伊尹名叫阿衡。阿衡想求见汤而没有合适的途径,就去做有莘氏部落女子的陪嫁男仆,背着鼎俎陪嫁到商,借着上菜的机会,他由烹饪而谈及治国,让汤致力于实施王道政治。又有人说伊尹是个隐居的处士,汤派人去请他,请了五次他才肯出来任职向汤讲述远古素王和九类国君的事。汤拔举任用伊尹负责管理国家政务。伊尹曾离开汤去了夏。他厌恶夏桀的暴政,又重新回到了南亳。他从北门进入亳都,遇见了汤的贤臣女鸠、女房,为了说明他归来的原因,就写了《女鸠》《女房》。

注释 1 阿衡:官名,相当于后世的宰相。伊尹做了汤的阿衡,就以阿衡作为他的名号。 2 奸:通“干”,求。 由:途径。 有莘(shēn)氏:部族名,在今山东曹县北。 媵(yìng)臣:古代陪嫁的奴仆。 负鼎俎(zǔ):背着烹调和切割等炊事器具。鼎,古代炊器。俎,古代割肉用的砧板。 以滋味说汤:趁进上饭菜的机会向汤献言。滋味,指做好的饭菜。 王道:儒家以仁义治理天下之道。 3 或曰:另外有一种意见说。 处士:有德才而隐居不做官的人。 五反:往返五次。反,同“返”。 素王:没有名号而有王、皇之实的人。 九主:指三皇、五帝及大禹。 4 女鸠、女房:汤的两位贤臣。 《女鸠》《女房》:《尚书》中篇名,原文已亡佚,记载了伊尹厌恶夏又重新回到亳的情况。

汤出，见野张网四面，祝[1]曰："自天下四方皆入吾网。"汤曰："嘻，尽之矣！"乃去其三面，祝曰："欲左，左[2]；欲右，右[3]。不用命[4]，乃入吾网。"诸侯闻之，曰："汤德至矣，及禽兽。"

汤出门，看见野外捕猎的人张开四面大网，捕猎人祝祷说："从天上地下四方来的都进入我的网中。"汤说："唉，会捕尽了呀！"就让撤掉网的三面，并让捕猎人祝祷说："想从左面逃去的，就从左边逃去；想从右面逃去的，就从右边逃去。不听从命令的，就进入我的网中。"四方诸侯们听到这件事，说："汤的仁德达到了极点，连禽兽也顾及了。"

注释 1 祝：指猎人祈祷。 2 左：向左逃。 3 右：向右逃。 4 不用命：不听从命令。

当是时，夏桀为虐政淫荒，而诸侯昆吾氏[1]为乱。汤乃兴师率诸侯，伊尹从汤，汤自把钺[2]以伐昆吾，遂伐桀。汤曰："格女众庶[3]，来，女悉听朕言。匪台小子敢行举乱，有夏多罪，予维闻女众言，[4]夏氏有罪。予畏上帝，不敢不正[5]。今夏多罪，天命殛[6]之。今女有众，女曰'我君不恤我

正当这个时候，夏桀施行虐政，荒淫无道，诸侯国昆吾氏也发动叛乱。汤就发兵并率领四方诸侯，伊尹跟从汤，汤亲自把着大钺指挥，先讨伐昆吾，打败昆吾后就去讨伐桀。汤说："告诉大家都到我这里来，仔细听我说话。不是我敢于发动叛乱，而是因为夏桀罪恶多端，我听到了你们的话，夏氏有罪，我畏惧上帝，不敢不进行征伐。现在夏桀罪恶多端，上天有命令说要惩罚他。现在你们大家都在，你们会说：'我们的君主不怜恤我们，使我们舍弃了农事而去征伐。'你们还会问：'夏桀有罪，究竟该怎

众，舍我啬事而割政’。[7] 女其曰‘有罪，其柰何？’[8] 夏王率止众力，率夺夏国。[9] 有众率怠不和，曰‘是日何时丧？予与女皆亡！’[10] 夏德若兹[11]，今朕必往。尔尚及予一人致天之罚，予其大理女。[12] 女毋不信，朕不食言。[13] 女不从誓言，予则帑僇女[14]，无有攸赦。”以告令师，作《汤誓》。[15] 于是汤曰“吾甚武”，号曰武王[16]。

么办？’夏王耗尽了民众的力量，掠夺光了夏国的资财。民众都懈怠而不与他合作，说：‘这个太阳什么时候丧败？我宁愿跟他一起灭亡！’夏桀的德行已经坏到这种程度，现在我一定要前去讨伐。你们如果和我一起去执行上天的惩罚，我将大力赏赐你们。你们不要不相信，我不会说话不守信用。你们如果不听从我的誓言，我就要惩罚你们，绝不会宽赦。”商汤就这样号令全军，作了《汤誓》。汤说“我特别勇武”，所以称自己为武王。

注释　**1** 昆吾氏：夏的同盟部族，在今河南濮阳市西南。　**2** 钺(yuè)：斧类兵器。　**3** 格女众庶：告诉你们大家。格，告。女，通“汝”。　**4** 匪：非，不是。　台(yí)：我。　小子：谦称。　维：助词，无实义。　言：指下文所说民众不愿舍弃农事而去从军征讨夏桀的怨言。　**5** 正：通“征”。　**6** 殛：诛杀。　**7** 恤：怜悯，爱护。　啬(sè)事：农事。啬，通“穑”，稼穑。　割：通“曷”，为什么的意思。　政：通“征”。　**8** 其：恐怕，大概。　其柰何：究竟是什么样的呢？柰，同“奈”。　**9** 率：语助词，无义。　止：竭，尽。　夺：剥夺，掠夺。　**10** 怠：怠惰。　是：这个。　日：太阳，喻夏王。　与女皆亡：愿意与你同归于尽。　**11** 兹：这样。　**12** 尚：表示希望的语气。　及：跟从。　予一人：古代天子的独称。　致：努力执行。　其：将。　理：赉(lài)，赏赐。　**13** 毋：不要。　食言：不守信用。　**14** 帑(nú)：通“孥”，把妻儿变为奴隶。　僇：通“戮”，杀。　**15** 告令师：

号令全军。《汤誓》:《尚书》篇名。以上文字就是采自此篇。 **16** 武王:汤号为“殷武王”。武,勇武。指能平定祸乱。

桀败于有娀之虚,桀奔于鸣条,夏师败绩。[1] 汤遂伐三嵏,俘厥宝玉,义伯、仲伯作《典宝》。[2] 汤既胜夏,欲迁其社,不可,作《夏社》。[3] 伊尹报[4]。于是诸侯毕服,汤乃践天子位,平定海内。

桀在有娀部族的旧墟被打败,逃奔鸣条,夏桀的军队溃败。汤就去讨伐忠于桀的诸侯国三嵏,缴获了这个国家的宝玉,于是汤的大臣义伯、仲伯就写了《典宝》来记载这件事。汤已经战胜夏桀,想变更它的社神,但又认为社神后土平水土之功谁也不可替代就停止了,于是写了《夏社》。伊尹向诸侯通报了政治发展情况。于是四方诸侯全都归服,汤便登上天子之位,平定天下。

注释 **1** 虚:同“墟”,旧址。 鸣条:在今山西夏县(古安邑)西北。 败绩:大败。 **2** 三嵏(zōng):夏的同盟部族,在今山东菏泽市定陶区北。 俘:取,缴获。 义伯、仲伯:汤的两个臣子。《典宝》:《尚书》中篇名,原文已亡佚。 **3** 迁其社:变更夏国的社神。相传共工氏有子叫作句龙,能平水土,死后被尊为社神。因为后世治水土之臣的功劳没有能比得上句龙的,所以不可替代。《夏社》:《尚书》中篇名,原文已亡佚。 **4** 报:将汤大败夏桀的功绩通报给各诸侯国。

汤归至于泰卷陶,中䴙作诰。[1] 既绌[2] 夏命,还亳,作《汤诰》[3]:“维[4] 三月,王自至于东郊。告诸侯群后[5]:‘毋不有功于民,勤力

汤返回途中到达了泰卷,中䴙制作了诰命。既已灭掉了夏朝,回到亳,写了《汤诰》:“三月,王征伐夏桀归来到达了京都的东郊。告示四方诸侯和各地方的首领:‘你们要

乃事。予乃大罚殛女，毋予怨[6]。’曰：‘古禹、皋陶久劳于外，其有功乎民，民乃有安。东为江，北为济，西为河，南为淮，四渎已修，万民乃有居。[7]后稷降播，农殖百谷。[8]三公咸有功于民，故后有立。[9]昔蚩尤与其大夫作乱百姓，帝乃弗予，有状。[10]先王言不可不勉[11]。’曰[12]：‘不道，毋之在国，[13]女毋我怨。’”以令诸侯。伊尹作《咸有一德》，咎单作《明居》。[14]

汤乃改正朔，易服色，上白，朝会以昼。[15]

去建立对民众有益的功业，勤勉努力地对待你们的工作。否则我就要重重惩罚你们，谁也不要埋怨我。’又说：‘古代的禹、皋陶长年在外面辛苦劳作，他们有功于民，民众因此有了平安。东边修治了长江，北边修治了济水，西边修治了黄河，南边修治了淮河，四条大河都已得到治理，千百万民众才有了安定的居处。后稷降生，教人们播种的方法，农地里因此种植了百谷。禹、皋陶、后稷这三公都有功于民，所以他们的后代能够建国立业。从前蚩尤和他的大夫们作乱，殃及百姓，上帝就不护佑他们，有这样的先例在。先王的言论不可以不用来自勉。’又说：‘如果干了违背道义的事，就不能再做诸侯，你们谁也不要怨恨我。’”用这样的言辞来告诫诸侯。伊尹也写了《咸有一德》，咎单写了《明居》。

汤于是改变了岁首月份，更换了服饰等器物所崇尚的颜色，崇尚白色，规定在白天举行朝会。

注释　1 泰卷陶：即定陶。或说“陶”字为衍文，泰卷，即大垌(jiōng)，在今山东菏泽市定陶区。　中䨓(lěi)：《尚书》作仲虺(huǐ)。汤的左相，奚仲的后代。　诰：即《仲虺之诰》，古文《尚书》中的一篇，是仲虺诫汤之词。　2 绌(chù)：通“黜”，废除。　3《汤诰》：古文《尚书》篇名。今本内容与这里的引文不一致。 4 维:有加强语气、引出时间的作用。 5 诸侯群后:四方诸侯和九州牧伯。后,国君。 6 毋予怨:不要怨恨我。 7 为:治理、疏导。 四渎(dú):四条大河。 乃有居:才能安居。 8 降播:降生后教人们播种。 农殖:农地就能种植。 9 三公:指禹、皋陶、后稷。 立:被封立国。 10 帝乃弗予:天帝于是不保佑他们。予,与,保佑,赞助。 有状:有历史为证。 11 勉:勉励。 12 曰:谓接着警告说。 13 不道:行事无道。 在国:继续当国。 14《咸有一德》:古文《尚书》篇名。 咎单(gāo shàn):汤的司空,主管土木工程。咎,通"皋"。 《明居》:《尚书》篇名,原文已亡佚,说明让百姓安居之法。 15 改正朔:改变历法。夏历本是建寅,殷历改为建丑。 易服色:改变器物服饰等所崇尚的颜色。 上白:崇尚白色。夏代尚黑,殷改为尚白。 朝会以昼:朝会定在白天。

汤崩,太子太丁未立而卒,于是乃立太丁之弟外丙,是为帝外丙。帝外丙即位三年,崩,立外丙之弟中壬,是为帝中壬[1]。帝中壬即位四年,崩,伊尹乃立太丁之子太甲。

太甲,成汤適[2]长孙也,是为帝太甲。帝太甲元年,伊尹作《伊训》,作《肆命》,作《徂后》。[3]

帝太甲既立三年,不

汤逝世,太子太丁没有来得及继位就去世了,于是就让太丁的弟弟外丙继位,这就是外丙帝。外丙帝继位三年后逝世,外丙的弟弟中壬继位,这就是中壬帝。中壬帝继位四年后逝世,伊尹就让太丁的儿子太甲继位。

太甲,是成汤的嫡长孙,这就是太甲帝。太甲帝元年,伊尹写了《伊训》《肆命》《徂后》。

太甲帝继位已经三年,政治昏暗不明,暴虐地对待人民,不遵守汤的法度,背乱德义,于是伊尹把他流明，暴虐，不遵汤法，乱德，于是伊尹放之于桐宫[4]。三年，伊尹摄行政当国，以朝诸侯。[5]

放到汤的葬地桐宫。三年时间内，伊尹代理行使君主权力主持国家事务，接受诸侯国的朝拜。

帝太甲居桐宫三年，悔过自责，反善，于是伊尹乃迎帝太甲而授之政。帝太甲修德，诸侯咸归殷，百姓以宁[6]。伊尹嘉之，乃作《太甲训》[7]三篇，褒[8]帝太甲，称太宗。

太甲帝在桐宫居住了三年，悔悟罪过，自我谴责，反归到了善道，于是伊尹就迎回太甲帝并重新把政权交还给他。太甲帝修治德政，四方诸侯又都归顺于殷，百姓因此获得安宁。伊尹嘉美他，就写了《太甲训》三篇来称赞太甲帝，称他为太宗。

注释　1 外丙、中壬：孔颖达等认为并不存在此二帝。　2 適：通"嫡"。　3《伊训》：古文《尚书》篇名，是一篇伊尹教导太甲的训辞。　《肆命》《徂后》：都已亡佚。　4 放：流放。　桐宫：离宫名，在汤墓附近，在今河南偃师市西南。　5 摄：暂时代理。　朝诸侯：接受诸侯国君朝拜。　6 宁：安宁。　7《太甲训》：古文《尚书》篇名，分上、中、下三篇，也是伊尹教导太甲的训辞。　8 褒：嘉奖，称赞。

太宗崩，子沃丁立。帝沃丁之时，伊尹卒。既葬伊尹于亳，咎单遂训伊尹事，作《沃丁》。[1]

太宗逝世，儿子沃丁继位。沃丁帝的时候，伊尹去世。把伊尹安葬到亳地以后，咎单为了用伊尹的事迹训诲后人，就写了《沃丁》。

沃丁崩，弟太庚立，是为帝太庚。帝太庚崩，子帝小甲立。帝小甲崩，

沃丁逝世，弟弟太庚继位，这就是太庚帝。太庚帝逝世，儿子小甲帝继位。小甲帝逝世，弟弟雍己继位，这就是雍己帝。殷朝权势衰微，有的

弟雍己立，是为帝雍己。殷道衰，诸侯或不至。

诸侯国就不来朝拜。

帝雍已崩，弟太戊立，是为帝太戊。帝太戊立伊陟[2]为相。亳有祥桑榖共生于朝，一暮大拱。[3]帝太戊惧，问伊陟。伊陟曰："臣闻妖不胜德，帝之政其有阙[4]与？帝其修德。"太戊从之，而祥桑枯死而去[5]。伊陟赞言于巫咸[6]。巫咸治王家有成，作《咸艾》，作《太戊》。[7]帝太戊赞伊陟于庙，言弗臣，伊陟让，作《原命》。[8]殷复兴，诸侯归之，故称中宗。

雍己帝逝世，弟弟太戊继位，这就是太戊帝。太戊帝任命伊陟作辅相。亳有一棵显示吉凶征兆的桑树和楮树共生在朝廷院子里，一夜时间就长成有两手相合那么大。太戊帝恐惧，就问伊陟。伊陟说："臣听说妖异不能战胜德行，帝，您的政治难道有缺失吗？帝还是应该修明德政。"太戊听从伊陟的话，那棵预示吉凶的桑树枯死了，怪异也就消失。伊陟把这件事告诉了巫咸。巫咸治理王家的政事有成效，就写了《咸艾》记载这件事，又写了《太戊》。太戊帝在太庙中称赞了伊陟，说不把伊陟当臣下看待，伊陟辞让，就写了《原命》。殷家重新兴盛，四方诸侯又来归顺，所以称太戊帝为中宗。

注释　1 亳：这是西亳，在今河南偃师西北，当地仍有伊尹墓。　训：训导。　《沃丁》：已佚。　2 伊陟：伊尹的儿子。　3 祥：妖怪。　榖：楮(chǔ)树。　共生：合抱而生。　朝：朝堂。　一暮大拱：一夜之间，其大如拱。拱，两手相合。出现这种怪异现象，被认为是不吉利的征兆，所以太戊感到恐惧。　4 阙(quē)：缺失，过错。古人由于迷信天人感应，就认为出现怪异的自然现象是和政治的好坏有关。　5 去：指妖怪离去，就是怪异的自然现象消失。　6 赞言：告诉，告知。赞，告。　巫咸：大臣名，神巫。　7 《咸艾》《太戊》：都已亡佚。　8 赞：赞美。　弗臣：

不以伊陟为臣。 让:辞让不肯接受。 《原命》:《尚书》篇名,已佚。

中宗崩,子帝中丁立。帝中丁迁于隞[1]。河亶甲居相[2]。祖乙迁于邢[3]。帝中丁崩,弟外壬立,是为帝外壬。《仲丁》[4]书阙不具。帝外壬崩,弟河亶甲立,是为帝河亶甲。河亶甲时,殷复衰。

河亶甲崩,子帝祖乙立。帝祖乙立,殷复兴。巫贤[5]任职。

祖乙崩,子帝祖辛立。帝祖辛崩,弟沃甲立,是为帝沃甲。帝沃甲崩,立沃甲兄祖辛之子祖丁,是为帝祖丁。帝祖丁崩,立弟沃甲之子南庚,是为帝南庚。帝南庚崩,立帝祖丁之子阳甲,是为帝阳甲。帝阳甲之时,殷衰。

自中丁以来,废適而更立诸弟子,弟子或争相代

中宗逝世,儿子中丁帝继位。中丁帝把京都迁徙到隞地。河亶甲的时候京都设在相。祖乙又把京都迁徙到了邢。中丁帝逝世,弟弟外壬继位,这就是外壬帝。记载这些事的《仲丁》已经亡佚不存了。外壬帝逝世,弟弟河亶甲继位,这就是河亶甲帝。河亶甲在位的时候,殷朝再次衰败。

河亶甲逝世,儿子祖乙帝继位。祖乙帝继位,殷朝重新兴盛。巫贤在朝廷担任重要职务。

祖乙逝世,儿子祖辛帝继位。祖辛帝逝世,弟弟沃甲继位,这就是沃甲帝。沃甲帝逝世,由沃甲的哥哥祖辛的儿子祖丁继位,这就是祖丁帝。祖丁帝逝世,由弟弟南庚继位,这就是南庚帝。南庚帝逝世,由祖丁帝的儿子阳甲继位,这就是阳甲帝。阳甲帝在位的时候,殷朝衰败。

中丁在位以来,废立嫡子,更替让其他弟弟或弟兄的儿子继位,他们为了能继位而互相争斗,连续九代朝廷混乱,于是四方诸

立，比九世乱，于是诸侯莫朝。[6]

侯没有谁来朝拜。

注释 1 隞(áo)：地名，在今河南荥阳市境。 2 相：地名，在今河南内黄县东南。 3 邢：亦作“耿”。其地在今山西河津市东南。 4《仲丁》：《尚书》篇名，记载仲丁把都城迁到邢的事。汉代时就已残缺不全，今已亡佚。 5 巫贤：巫咸的儿子。 6 更：交替，连续。 诸弟子：各个弟弟和他们的儿子。 比：连续。 九世：自中丁至阳甲，共五代九主，一主在位即为一世。 乱：政治混乱。 朝：前来朝拜。

帝阳甲崩，弟盘庚立，是为帝盘庚。

帝盘庚之时，殷已都河北，盘庚渡河南，复居成汤之故居，乃五迁，无定处。[1]殷民咨胥皆怨[2]，不欲徙。盘庚乃告谕[3]诸侯大臣曰：“昔高后成汤与尔之先祖俱定天下，法则可修。[4]舍而弗勉，何以成德！”乃遂涉河南，治亳，行汤之政。然后百姓由宁[5]，殷道复兴。诸侯来朝，以其遵成汤之德也。

帝盘庚崩，弟小辛

阳甲帝逝世，弟弟盘庚继位，这就是盘庚帝。

盘庚帝在位的时候，殷朝在此之前已经建都于黄河以北，盘庚渡过黄河往南，重新定居于成汤时的都城西亳，从汤到盘庚经过五次迁都，没有一个长期安居的地方。殷朝的百姓相互忧叹都有怨言，不想再迁徙了。盘庚因此谕告四方诸侯和大臣说：“从前贤明的君王成汤和你们的祖先共同平定了天下，这种合作成事的先例可以很好地借鉴。舍弃这样的先例而不勤勉地去实施，怎么可以成全德业！”于是就渡过黄河往南，营建亳都，施行成汤时代的政治规范。百官贵族因此而安宁了，殷朝重新兴盛起来。四方诸侯也都来朝拜，因为盘庚遵循了成汤的德政。

立，是为帝小辛。帝小辛立，殷复衰。百姓思盘庚，乃作《盘庚》三篇[6]。帝小辛崩，弟小乙立，是为帝小乙。

盘庚帝逝世，弟弟小辛继位，这就是小辛帝。小辛帝继位，殷家再次衰败。百官贵族们想念盘庚，就写下了《盘庚》上、中、下三篇。小辛帝逝世，弟弟小乙继位，这就是小乙帝。

注释 1 渡河南：渡过黄河南迁。 乃五迁：已经是五次迁都。五迁，汤自南亳迁西亳，仲丁迁隞，河亶(dǎn)甲居相，祖乙迁耿，盘庚再迁回西亳这个成汤所居的故地。实际上盘庚是自奄(今山东曲阜市)迁于北蒙(今河南安阳市)，改国号为殷。 无定处：没有固定的居处。 2 咨：嗟叹。 胥：互相。 皆：都。 3 告谕(yù)：晓谕，向大家宣布说明。谕，上告下的通称。 4 高后：贤君，是对成汤的敬称。 法则：法度原则。此实指迁都的合作惯例。 修：遵循。 5 由宁：因此安宁。 6《盘庚》三篇：《盘庚》分上、中、下三篇。司马迁认为是事后追记盘庚迁殷时的告谕之作。

帝小乙崩，子帝武丁立。帝武丁即位，思复兴殷，而未得其佐[1]。三年不言，政事决定于冢宰，以观国风。[2]武丁夜梦得圣人，名曰说[3]。以梦所见视[4]群臣百吏，皆非也。于是乃使百工营求之野，得说于

小乙帝逝世，儿子武丁继位。武丁帝登上王位，想要再次振兴殷朝，但是没有得到恰当的辅佐人物。即位三年武丁未发表任何意见，一切的政治大事都由冢宰大臣来决定，自己从旁观察国家的政治风尚。武丁夜里梦见一位圣人，名字叫说。他按梦中所见到的说的相貌来查看群臣百官中是不是有这个人，结果全都不是。于是他就派百官到民间去寻找，在傅险找到了说。当时说

傅险中。[5]是时说为胥靡,筑于傅险。[6]见[7]于武丁,武丁曰是也。得而与之语,果圣人,举以为相,殷国大治。故遂以傅险姓之,号曰傅说。

作为一个犯法服役的人,在傅险建筑和养护道路。官员引来说和武丁相见,武丁说正是这个人。武丁通过和说的交谈,发现说果然是个圣人,就拔举他做朝廷的辅相,殷朝的国政因此而大治。于是就拿傅险这个地名作他的姓,叫他为傅说。

注释 1 佐:辅佐。此句谓武丁即位后,想着要复兴殷朝政绩,但是没有得到一个恰当的辅佐之臣。 2 冢(zhǒng)宰:官名,辅佐天子治国的大臣。冢,百官总领的意思。冢宰相当于后世的丞相。 国风:民情风俗。 3 说(yuè):人名。 4 视:审视。 5 百工:百官。 营求:设法寻找。 野:郊野。 傅险:地名,一作傅岩,在今山西平陆县东。 6 胥靡:古代对一种奴隶的称谓,即用绳索牵连着强迫劳动。汉代用作一种刑徒的名称。这里指犯法服劳役的人。 筑:指筑墙与护路。 7 见:引见。

帝武丁祭成汤,明日,有飞雉登鼎耳而呴,武丁惧。[1]祖己[2]曰:"王勿忧,先修政事。"祖己乃训王曰:"唯天监下典厥义,降年有永有不永,非天夭民,中绝其命。[3]民有不若德,不听罪,天既附命正厥德,[4]乃曰其柰何。呜呼!王嗣敬民,

武丁帝祭祀成汤,第二天,有一只飞来的野鸡降落到大鼎的耳上鸣叫,武丁恐惧。贤臣祖己说:"君王请勿忧虑,先着手修明政治事务。"祖己就开导武丁说:"上天监视下民是否遵守上天的义理标准,降给人的年岁有长有短,上天不是刻意要使人夭折,让人中途丢了性命。百姓中有些人有不好的品德,有不顺从天意的罪过,上天已经发出命令警告他要纠正不好的德行,他们却说要怎么样呢?哎呀!您继承

罔非天继,常祀毋礼于弃道。[5]”武丁修政行德,天下咸欢,殷道复兴。

帝位,尽力办好民众的事,每个人都是上天的后代,常规祭祀依礼进行,不要过于丰厚而背弃正道。”武丁修明政治励行德义,天下都欢欣不已,殷朝再次兴盛起来。

注释 1 雉:野鸡。 鼎耳:鼎的两耳。 呴(gòu):野鸡叫。古人认为野鸟入室是不祥之兆。 惧:恐惧。 2 祖己:殷贤臣名。 3 监:监视。 下:下民。 典:常则,标准。 降年:指上天给予人的年寿。 永:长。 夭:夭折。 中绝:中途断绝。 4 若:善,好。 听:顺从。 附:交付,给予。 5 嗣:继承。 罔(wǎng):莫,代词。 天继:上天的后代。 常祀:常规祭祀。 弃道:背弃正道。

帝武丁崩,子帝祖庚立。祖己嘉武丁之以祥雉为德,立其庙为高宗,遂作《高宗肜日》及《训》[1]。

帝祖庚崩,弟祖甲立,是为帝甲。帝甲淫乱,殷复衰。

帝甲崩,子帝廪辛[2]立。帝廪辛崩,弟庚丁[3]立,是为帝庚丁。帝庚丁崩,子帝武乙立。殷复去亳,徙河北。

武丁帝逝世,儿子祖庚帝继位。祖己嘉美武丁因为预示吉凶的野鸡出现而修明德行,于是为武丁建庙,称他为高宗,并写了《高宗肜日》和《高宗之训》。

祖庚帝逝世,弟弟祖甲继位,这就是甲帝。甲帝淫逸放纵,殷朝再次衰败。

甲帝逝世,儿子廪辛帝继位。廪辛帝逝世,弟弟庚丁继位,这就是庚丁帝。庚丁帝逝世,儿子武乙帝继位。殷朝再次离开亳都,迁徙到了黄河以北。

注释 1《高宗肜(róng)日》及《训》:《尚书》二篇名。《训》,即《高宗之训》,已亡佚。《史记》的记载与它们有出入。肜,祭名,祭之明日又祭,殷曰肜,周曰绎。 2 廪(lǐn)辛:一作"冯辛"。 3 庚丁:甲骨文作"康且(祖)丁"或"康丁","庚"是"康"之误。

帝武乙无道,为偶人[1],谓之天神。与之博,令人为行。[2]天神不胜,乃僇辱之[3]。为革囊,盛血,卬[4]而射之,命曰"射天"。武乙猎于河、渭之间,暴雷,武乙震死。子帝太丁立。帝太丁崩,子帝乙立。帝乙立,殷益[5]衰。

帝乙长子曰微子启,启母贱,不得嗣。[6]少子辛,辛母正后,辛为嗣。帝乙崩,子辛立,是为帝辛,天下谓之纣[7]。

武乙帝无道,做了一个木偶人,把它叫作天神。他和木偶人博戏,让人做评判。天神没有取胜,他就砍杀羞辱它。武乙还用皮革做了一个囊,里面盛上血,仰头用箭射皮囊,取个名称叫作"射天"。武乙在黄河和渭水之间打猎,出现暴雷,武乙被雷震死了。儿子太丁帝继位。太丁帝逝世,儿子乙帝继位。乙帝继位,殷朝更加衰败。

乙帝的长子名叫微子启,启的生母卑贱,因此启不能继承帝位。小儿子是辛,辛的生母是乙帝的正后,辛成为了帝位继承人。乙帝逝世,儿子辛继位,这就是辛帝,天下人称之为纣。

注释 1 偶人:以土木制成的人形。 2 博:赌博。 行:通"衡",作评判。 3 僇(lù):通"戮",斫杀。 辱:羞辱。 4 卬:通"仰",仰首。 5 益:更加。 6 微:启的封地名。 子:爵位。 启:人名,即纣兄。 贱:启母不是正妻,所以地位低贱。 嗣:继位。启年长而庶,纣年小而嫡。 7 纣:《谥法》曰:"残义损善曰纣。"

帝纣资辨捷疾，闻见甚敏；[1] 材力过人，手格猛兽；[2] 知足以距谏，言足以饰非；[3] 矜人臣以能，高天下以声，[4] 以为皆出己之下。好酒淫乐，嬖[5] 于妇人。爱妲己[6]，妲己之言是从。于是使师涓作新淫声，北里之舞，靡靡之乐。[7] 厚赋税以实鹿台之钱，而盈钜桥之粟。[8] 益收狗马奇物，充仞宫室。[9] 益广沙丘苑台，多取野兽蜚鸟置其中。[10] 慢[11] 于鬼神。大冣乐戏于沙丘，以酒为池，县肉为林，使男女倮相逐其间，为长夜之饮。[12]

纣帝天资聪慧，耳聪目明，反应灵敏；力量超过常人，空手能够格杀猛兽；智慧能够拒绝纳谏，言语能够粉饰过错；在臣子面前炫耀才能，在整个天下吹嘘声名，认为所有人都比不上他。喜好饮酒逸乐，宠幸女人。喜爱妲己，只要是妲己的话就完全依从。纣让师延创作新的淫乱乐曲，还有北里的放荡舞曲和颓废淫荡的靡靡乐歌。加重赋税来充实鹿台的钱财，并使钜桥仓堆满谷粟。大量搜求狗马等奇兽异物，充满了整个宫廷。大肆扩建沙丘这个养禽种花的游乐场所，大量捕捉野兽飞鸟放置其中。纣不敬重鬼神。将各种乐舞杂戏大规模聚集到沙丘，拿酒当作池水，悬挂肉形成树林，让男男女女都裸体在酒池肉林中嬉戏追逐，通宵宴饮。

注释　**1** 资：天资。　辨：通“辩”，聪慧。　捷疾：敏捷，指天资。　闻见甚敏：耳目聪明。　**2** 材力：气力。　格：格斗。　**3** 知：通“智”。　距：通“拒”。　饰非：文饰过错。　**4** 矜（jīn）：矜夸，夸耀。　声：声威。　**5** 嬖（bì）：宠幸。　**6** 妲（dá）己：有苏氏献给纣的美女。　**7** 师涓：应作“师延”，纣时乐师。师涓为晋平公时乐师。　作新淫声：谱写新的淫荡乐曲。　北里之舞：一种放荡的舞蹈。　靡靡（mǐ）：颓废萎靡。　**8** 鹿台：台名，在朝歌城中的大型建筑，相传广三里，高千尺。　钜桥：仓库名。

9 益收：大量地收集。益，增多。　充仞(rèn)：充满。　10 益广：大肆扩建。　沙丘：地名，在今河北广宗县西北太平台。　苑(yuàn)：养禽兽、植花木以供帝王游乐的场所。　台：指供游乐的馆阁楼台。　蜚：通“飞”。　11 慢：怠慢，不敬重。　12 冣(jù)：同“聚”。　乐戏：各种乐舞杂戏。　县(xuán)：同“悬”。　倮(luǒ)：同“裸”。　长夜：通宵。

百姓怨望而诸侯有畔者，于是纣乃重刑辟，有炮格之法。[1] 以西伯昌、九侯、鄂侯为三公。[2] 九侯有好女，入[3]之纣。九侯女不憙淫，纣怒，杀之，而醢九侯。[4] 鄂侯争之强，辨之疾，并脯鄂侯。[5] 西伯昌闻之，窃叹[6]。崇侯虎知之，以告纣，纣囚西伯羑里。[7] 西伯之臣闳夭之徒[8]，求美女奇物善马以献纣，纣乃赦西伯。

百官贵族怨恨而四方诸侯中已经有背叛纣的国家了，于是纣就加重刑罚，还创作了炮格的残酷刑法。纣任用西伯昌、九侯、鄂侯做辅助天子掌握军政大权的三公。九侯有个美丽的女儿，把她献纳给了纣。九侯的女儿不喜欢淫乱，纣发怒，把她杀了，还把九侯剁成肉酱。鄂侯极力进谏，坚决抗争，言辞激烈，纣把鄂侯也斩杀，还把他熏成了干肉。西伯昌听说了，暗中悲叹。崇侯虎知道了，把这件事报告给纣，纣就把西伯囚禁在羑里。西伯的臣僚闳夭等一些人，搜求了美丽的女子、奇异的物品、精良的马匹来献给纣，纣赦免了西伯。

注释　1 怨望：怨恨。　畔：通“叛”。　刑辟：刑罚。　炮格：也叫炮烙，一种酷刑。在铜柱上涂上油膏，下加炭火烧烫，令有罪的人在上行走。　2 西伯昌：即周文王姬昌。　三公：辅助天子掌管朝廷大权的最高官员。　3 入：献纳。　4 憙(xǐ)：同“喜”。　醢(hǎi)：肉酱。这里作动词用，指把人剁成肉酱。　5 争之强：据理力争。　辨之疾：辩论激烈。　脯(fǔ)：

肉干。这里作动词用，指将人杀死后晒成肉干。 6 窃叹：私下叹息。 7 崇侯虎：纣时诸侯。 羑(yǒu)里：一作牖里，地名，在今河南汤阴县北。 8 闳(hóng)夭：人名，西伯姬昌之臣。 徒：即这一类的人。

西伯出而献洛西之地[1]，以请除炮格之刑。纣乃许之，赐弓矢斧钺，使得征伐，为西伯[2]。而用费中为政[3]。费中善谀，好利，殷人弗亲。[4]纣又用恶来[5]。恶来善毁谗，诸侯以此益疏。[6]

西伯从狱中释放出来后把洛水西岸的大片土地献给纣，请求废除炮格的残酷刑罚。纣答应了他，赐给他弓矢斧钺，授权他对其他诸侯进行征伐，他就成了西部诸侯的首领西伯。纣还任用费中主持政事。费中善于阿谀逢迎，贪图货利，殷人都不亲近他。纣又用了恶来。恶来善于进谗言毁谤他人，四方诸侯因此日益和纣疏远了。

注释 1 洛西之地：洛水以西的一片土地。 2 西伯：管理西部各诸侯国的方伯。姬昌以此而称西伯昌。 3 费中：即费仲，纣佞臣。 为政：主管国政。 4 善谀：善于阿谀逢迎。 好利：贪图财利。 亲：亲近。 5 恶来：人名，秦人祖先蜚廉之子。 6 善毁谗：善于进谗言毁谤他人。 疏：疏远。

西伯归，乃阴[1]修德行善，诸侯多叛纣而往归西伯。西伯滋大，纣由是稍失权重。[2]王子比干[3]谏，弗听。商容[4]贤者，百姓爱之，纣废之。及西

西伯回来，就暗中修养德行遍做好事，四方诸侯大多都背叛纣而去归顺西伯。西伯势力不断发展，纣因此逐渐失掉了威严权势。王子比干进谏，纣不听从。商容是位贤能的人，百官贵族都喜爱他，纣却废弃了他。等到西伯去讨伐饥国，灭

伯伐饥国，灭之，纣之臣祖伊闻之而咎周，[5]恐，奔告纣曰："天既讫我殷命，假人元龟，无敢知吉，非先王不相我后人，维王淫虐用自绝，故天弃我，不有安食，不虞知天性，不迪率典。[6]今我民罔不欲丧，曰'天曷不降威，大命胡不至'？[7]今王其柰何？"纣曰："我生不有命在天乎！"祖伊反，曰："纣不可谏矣。"

西伯既卒，周武王之东伐，至盟津[8]，诸侯叛殷会周者八百。诸侯皆曰："纣可伐矣。"武王曰："尔未知天命。"乃复归。

掉了这个忠于纣的小诸侯国，纣的大臣祖伊听到这件事而责怪周，担心周会不断发展壮大，急忙跑去报告纣说："上天已经要终结我们殷代的国运，贤人神龟都未觉察出一点儿吉兆，不是先王不帮助我们这些后人，只是大王您淫乱暴虐而自取灭亡，所以上天要抛弃我们，使我们不能有安居疏食，您既不揣度了解上天的用意，又不遵守国家的常法。现在人民没有不盼着殷朝灭亡的，他们说'上天为什么还不降下威严，已经接受天命的人为什么还不到达'？现在大王您将要怎么办呢？"纣说："我生为天子，不是有福命而得到上天的保护吗！"祖伊回去后，说："纣已经不可劝谏了。"

西伯已经去世，周武王向东征伐，军队抵达盟津，四方诸侯背叛殷朝而来会合的有八百多个。四方诸侯都说："是讨伐纣的时候了。"武王说："你们还不知晓上天的用意。"就统军返回周。

注释　**1** 阴：暗中。　**2** 滋：更加。　稍：逐渐。　权重：权力威势。**3** 比干：纣的叔父，出任少师。他与微子、箕子合称"殷之三仁"。　**4** 商容：人名，因为贤能就被纣废免。　**5** 饥国：《尚书》作"黎"，是纣王畿内的封国。在今山西黎城县东北。　祖伊：祖己的后代。　咎：责备，憎恨。

6 讫:终止。 假人:《尚书》作“格人”,能知天地吉凶的至人、贤人。 元龟:占卜用的大龟壳。 无敢:不能。 知:察觉。 相:辅助。 自绝:自绝于先王,亦即自绝于天。 安食:安居疏食。因为纣暴虐,使得民众连安定而低劣的生活也不能有。 虞:揣测。纣逆乱阴阳,不能揣度天性。 迪:遵循。 率典:常法。纣违背明德,不修法教。 7 罔不欲丧:没有谁不希望纣灭亡。 曷:何,为什么。 降威:降下威严,给予惩罚。 大命:指受天命的人。 胡:为什么。 8 盟津:又称“孟津”。黄河的重要渡口,在今河南孟津县东。

纣愈淫乱不止。微子数[1]谏不听,乃与大师、少师[2]谋,遂去。比干曰:“为人臣者,不得不以死争[3]。”乃强谏纣。纣怒曰:“吾闻圣人心有七窍。”剖比干,观其心。箕子惧,乃详[4]狂为奴,纣又囚之。殷之大师、少师乃持其祭乐器奔周。周武王于是遂率诸侯伐纣。纣亦发兵距之牧野[5]。甲子日[6],纣兵败。纣走,入登鹿台,衣[7]其宝玉衣,赴火而死。周武王遂斩纣头,县之大白旗[8]。杀妲己。释

纣更加淫虐暴乱。微子多次进谏纣都不听,于是微子和太师、少师一起商议,决定离开殷。比干说:“做一个国王的臣子,不能不用死来谏诤。”就极力去向纣进谏。纣发怒说:“我听说圣贤的人心脏有七个孔窍。”就剖开比干的胸部,挖出心脏来观看。箕子恐惧,于是假装癫狂去做奴仆,纣又把他囚禁起来。殷朝的太师、少师就抱着他们所用的祭器和乐器逃奔到了周。周武王在这种情势下便率领四方诸侯来讨伐纣。纣也发动军队在牧野进行抵抗。甲子这一天,纣的军队失败。纣逃走,进入王宫登上鹿台,穿上用宝玉装饰缝制的衣服,跳到火中自焚而死。周武王于是斩下纣王的头,把它悬挂在大白旗杆上。杀死妲己。把箕子从囚牢中

箕子之囚,封比干之墓,表商容之间。[9] 封纣子武庚[10] 禄父,以续殷祀,令修行盘庚之政。殷民大说[11]。于是周武王为天子。其后世贬帝号,号为王。[12] 而封殷后为诸侯,属周。[13]

周武王崩,武庚与管叔、蔡叔作乱,成王命周公诛之,而立微子于宋,以续殷后焉。

释放出来,聚土重筑比干的坟墓,在商容居住过的里巷对他进行表彰。分封纣的儿子武庚禄父,来延续殷朝的祭祀,命令他们执行盘庚时代的政令规范。殷地的百姓非常喜悦。于是周武王就做了天子。因为后世认为三代之德不及五帝,故不称其君主为"帝",而称为"王"。封殷的后代为诸侯国,隶属于周。

周武王逝世,武庚和武王的弟弟管叔、蔡叔一起发动叛乱,成王命令周公把他们诛杀,改封微子于宋,来延续殷朝的祭祀。

注释 1 数(shuò):屡次,多次。 2 大师、少师:官名。大,通"太"。 3 争:通"诤",诤谏,劝谏。 4 详:通"佯",假装。 5 牧野:朝歌南郊,在今河南淇县西南。古称邑外为郊,郊外为牧,牧外为野。 6 甲子日:即周武王十一年二月五日。 7 衣:穿上。 8 县(xuán):同"悬"。 大白旗:古时行军指挥用的大旗。 9 释:放。 封:聚土筑坟。 表:表彰。 间:里巷。 10 武庚:字禄父,纣的儿子。 11 说(yuè):通"悦"。 12 贬:降低。 号为王:夏、殷天子本称帝,后世认为他们之德赶不上五帝,所以降低称号为王,总称夏(禹)、商(汤),周(文王、武王)三代为三王。 13 殷后:指武庚。 属周:从属于周朝。

太史公曰:余以《颂》次契之事,自成汤以来,采于《书》《诗》。[1]契为子姓,其后分封,以国为姓,有殷氏、来氏、宋氏、空桐氏、稚氏、北殷氏、目夷氏[2]。孔子曰,殷路车为善[3],而色尚白。

太史公说:"我根据《诗经》中《颂》部分的文献依次记叙契的事情,从成汤以后,材料采自《尚书》《诗经》。契是子姓,他的后代被分封,用封地的国名作姓,这就有殷氏、来氏、宋氏、空桐氏、稚氏、北殷氏、目夷氏。孔子说过,殷朝的路车非常好,殷朝崇尚白色。

注释 1《颂》:指《诗·商颂》中的《玄鸟》等篇。 次:编次。《书》:《尚书》。《诗》:《诗经》。 2 稚氏:《世本》子姓无稚氏。 北殷氏:《史记索隐》云:"《系本》作'髦氏',又有时氏、萧氏、黎氏。然北殷氏盖秦宁公所伐亳王,汤之后也。" 3 路:车名,即辂(lù)。殷代天子所乘车称大辂,一种木辂,因为俭素质朴,所以孔子认为比周代华丽的要好。 善:好。

史记卷四

周本纪第四

原文

周[1]后稷，名弃。其母有邰氏[2]女，曰姜原。姜原为帝喾元妃。姜原出野，见巨人迹[3]，心忻然说[4]，欲践之，践之而身动如孕者。居期而生子，以为不祥，弃之隘巷，马牛过者皆辟不践；徙置之林中，适会山林多人，迁之；而弃渠中冰上，飞鸟以其翼覆荐之。[5]姜原以为神，遂收养长之。初欲弃之，因名曰弃。

译文

周的始祖后稷，名叫弃。他的母亲是有邰氏的女儿，叫姜原。姜原是喾帝的元配夫人。姜原出门去了野外，看见地上有巨人的足迹，心里欣欣然特别喜悦，想用脚践踏巨人足迹，一踏上巨人足迹就感觉身体内有动静，就像怀孕了一样。怀孕期满后生下了个儿子，姜原认为不吉利，把儿子抛弃在狭小的巷子里，所有路过的马、牛都避开不践踏他；又把他移置于树林中，正好碰上山林里有很多人，就又移走；又把他弃置在水渠中所积的冰上，飞翔的鸟群用它们的羽翼给他盖着垫着。姜原因此认为他很神异，就留下来抚养他长大。因为姜原最初想抛弃他，因此给他取名叫作弃。

注释 1 周：太王古公亶(dǎn)父曾居于周原，故以为国号。在今陕西岐山南部。 2 有邰(tái)氏：姜姓部族，传说为炎帝之后。有，名词词头。邰，是其居地，在今陕西武功县西南。 3 迹：脚印。 4 忻然：喜欢的样子。忻，同“欣”。 说：通“悦”。 5 居期：指怀胎满十月。 隘(ài)：狭小。 皆辟不践：都避开他不去践踏。辟，通“避”。 适会：恰好遇上。 覆：覆盖。 荐：垫上。此指鸟用羽翼上盖下垫，使弃得到温暖。

弃为儿时，屹如巨人之志[1]。其游戏，好种树麻、菽[2]，麻、菽美。及为成人，遂好耕农，相地之宜，宜谷者稼穑焉，民皆法则之。[3]帝尧闻之，举弃为农师，天下得其利，有功。帝舜曰：“弃，黎民始饥，尔后稷播时[4]百谷。”封弃于邰，号曰后稷，别姓姬氏。后稷之兴，在陶唐、虞、夏之际，皆有令德[5]。

弃在儿童时代，立志高远坚定就像大人物一样。他做游戏，喜欢种植苎麻、豆类，苎麻、豆类长得都很好。等他到了成年，就喜好耕种农作物，观察土地适宜的用处，宜于种植五谷的就种植五谷，人民都效法他。尧帝听说了，推举弃做负责农业生产的农师，整个天下都因此而获利，他有功于民。舜帝说：“弃，广大民众当初闹饥荒的时候，你作为农师，带领他们播种了百谷。”把弃封在邰这个地方，称号为后稷，姓姬。后稷兴起于陶唐、虞、夏时期，这一族都有美好的德行。

注释 1 屹(yì)：高耸直立貌。此处意为立志高远。 巨人：大人，成人。 2 种树：栽培。 菽：豆类。 3 相：观察。 谷：黍、稷作物的总称。 稼：种植。 穑：收割。 法：效法。 4 时：通“莳”，栽种。 5 令德：美德。

后稷卒，子不窋立。不窋末年，夏后氏政衰，去稷不务，不窋以失其官而奔戎狄之间。[1]不窋卒，子鞠立。鞠卒，子公刘立。

公刘虽在戎狄之间，复修后稷之业，务耕种，行地宜，自漆、沮度渭，取材用，行者有资，居者有畜积，民赖其庆。[2]百姓怀之，多徙而保归[3]焉。周道之兴自此始，故诗人歌乐[4]思其德。公刘卒，子庆节立，国于豳[5]。

庆节卒，子皇仆立。皇仆卒，子差弗立。差弗卒，子毁隃立。毁隃卒，子公非立。公非卒，子高圉立。高圉卒，子亚圉立。亚圉卒，子公叔祖类立。公叔祖类卒，子古公亶父立。

后稷去世，儿子不窋继位。不窋末年，夏后氏政治衰败，废掉了农官不重视农业，不窋失去了官职而奔逃到西方戎狄部族中去了。不窋去世，儿子鞠继位。鞠去世，儿子公刘继位。

公刘虽然生活在西方戎狄部族中间，但他重新修治后稷的事业，致力于耕种，根据土地的实际状况来种植，从漆水、沮水下流再通过渭水，到终南山采取木材加以利用，出行在外的人有资财，居守在家的人有蓄积，民众都依赖他的善政。各族的人都感念他的恩惠，很多人迁徙过来归附于他。周朝政治德业的兴隆从此开始，所以诗人作歌配上乐曲思念他的德行。公刘去世，儿子庆节继位，在豳邑建立国都。

庆节去世，儿子皇仆继位。皇仆去世，儿子差弗继位。差弗去世，儿子毁隃继位。毁隃去世，儿子公非继位。公非去世，儿子高圉继位。高圉去世，儿子亚圉继位。亚圉去世，儿子公叔祖类继位。公叔祖类去世，儿子古公亶父继位。

注释　1 去稷不务：指革除农事官职不再致力于农事。　戎狄：指西北地区的部族。 2 漆、沮(jū):二得皆水名,源于杜林流入渭水。 取材用:指公刘渡过渭水,到终南山地区取木材为用。 资:资财。 畜积:即蓄积。 庆:指善政。 3 保归:拥护归顺。 4 歌乐:指《诗·大雅·公刘》。 5 豳(bīn):同“邠”,古邑名,在今陕西旬邑县一带。

古公亶父复修后稷、公刘之业,积德行义,国人皆戴之。薰育[1]戎狄攻之,欲得财物,予之。已复攻,欲得地与民。民皆怒,欲战。古公曰:“有民立君,将以利之。今戎狄所为攻战,以吾地与民。民之在我,与其在彼,何异。民欲以我故战,杀人父子而君之,予不忍为。”乃与私属遂去豳,度漆、沮,逾梁山,止于岐下。[2]豳人举国扶老携弱[3],尽复归古公于岐下。及他旁国[4]闻古公仁,亦多归之。于是古公乃贬戎狄之俗,而营筑城郭室屋,而邑别居之。[5]作五官有司[6]。民

古公亶父重新修治后稷、公刘的事业,积聚德政推行仁义,国内的人民都拥护他。薰育来进攻,想得到财产,古公亶父就把财物给他们。过了不久薰育又再来进攻,想得到土地和民众。民众都很愤怒,想和薰育开战。古公说:“民众拥护建立君主,是因为会对他们有利。现在戎狄部族之所以来进攻我们,是想得到我们的土地和民众。民众在我这里,和在他们那里,没什么区别。民众为了我而想与戎狄开战,杀死人家的父亲、儿子而让我来做君主,我不忍心这样做。”于是带着私家的徒属离开豳,渡过漆水、沮水,越过梁山,在岐山脚下定居下来。豳地的人们全部都搀扶老人携带幼小,来到岐山脚下归附古公。临近的国家听说古公仁爱,也大都来归附他。于是古公废除戎狄部族的习俗,开始营建城郭宫室房屋,并分别组成邑落安排居住。建立了司徒、司马、司空、司士、司寇五种官府机构并设置了负责官员。

皆歌乐之,颂其德[7]。

民众都作歌制乐,颂扬他的德行。

注释 1 薰育:古代北方部族名。 2 私属:私家下属人员。 逾:越过。 梁山:在今陕西乾县北。 岐下:岐山脚下。 3 举国:指全境民众。 弱:指幼小。 4 他旁国:近旁其他国家。 5 贬:贬弃,改去。 邑别居之:按照邑落分别定居下来。 6 作:设立。 五官:司徒、司马、司空、司士、司寇。 有司:官员。 7 颂其德:歌颂古公亶父的功德。文字收在《诗》的《鲁颂》《周颂》和《大雅》中。

古公有长子曰太伯,次曰虞仲。太姜生少子季历,季历娶太任,[1]皆贤妇人。生昌,有圣瑞[2]。古公曰:"我世当有兴者,其在昌乎?"长子太伯、虞仲知古公欲立季历以传昌,乃二人亡如荆蛮,文身断发,以让季历。[3]

古公卒,季历立,是为公季。公季修古公遗道,笃于行义,诸侯顺之。

公季卒,子昌立,是为西伯。西伯曰文王,遵后稷、公刘之业,则古公、公季之法,笃仁[4],敬老,

古公有个长子名叫太伯,有个次子名叫虞仲。古公的妃子太姜生了他的小儿子季历,季历娶了太任做妻,太姜、太任都是有贤德的妇女。太任生下昌,有圣贤的祥瑞。古公说:"我们家会出现一位使家族兴盛的人,大概是昌吧?"长子太伯、次子虞仲知道古公想让季历即位以便传给昌,二人于是逃到了当时称作荆蛮的吴越地区,在身上刻画花纹并断截头发,用这种方法把王位让给季历。

古公去世,季历继位,这就是公季。公季修治古公遗留的治国方法,笃诚地施行仁义,四方诸侯都来归顺他。

公季去世,儿子昌继位,这就是西伯。西伯就是后来的文王。他遵循后稷、公刘的事业,仿效古公、公

慈少。礼下贤者[5],日中不暇食[6]以待士,士以此多归之。伯夷、叔齐在孤竹,闻西伯善养老,盍往归之。[7]太颠、闳夭、散宜生、鬻子、辛甲大夫之徒皆往归之。

季的办法,笃行仁义,尊敬老人,慈爱少辈。恭谦对下,尊重贤才,正午了仍不敢抽出时间去进食,还是要接待士人,因此士人大都归顺他。伯夷、叔齐隐居在孤竹,听说西伯善于奉养老人,一同前往归附他。太颠、闳夭、散宜生、鬻子、辛甲大夫这些贤人都前往归附他。

注释 1 太姜:古公的妃子,有邰氏之女。 太任:季历的妃子,挚任氏的中女,文王之母。 2 圣瑞:圣人出生的祥瑞。传说姬昌出生时,有朱雀衔丹书止于其家房户。 3 乃:于是。 亡:逃走。 荆蛮:指吴越一带地方。荆,楚灭越,秦又灭楚后改楚称荆,以避秦庄襄王子楚之讳。蛮,当时北方视南人为蛮夷,故称。 文身断发:在身上刻画花纹,把头发截短,这是适应当地的风俗。 让:让予,让给。 4 笃仁:忠诚地实行仁义。 5 礼下贤者:谦恭对下,尊重贤才。 6 不暇食:吃饭都没有空暇。 7 伯夷、叔齐事详见《伯夷列传》。 孤竹:古国名,在今河北卢龙县至辽宁朝阳市一带地方。 盍:通“合”,一同,一起。

崇侯虎谮西伯于殷纣曰[1]:“西伯积善累德,诸侯皆向之,将不利于帝。”帝纣乃囚西伯于羑里[2]。闳夭之徒患之,乃求有莘氏美女,骊戎之文马,有熊九驷,他奇怪物,因殷

崇侯虎在殷纣面前诋毁西伯说:“西伯积累善德,四方诸侯都归向他,这对您将会很不利。”纣帝于是把西伯囚禁在羑里。闳夭等人很担忧,于是搜求到有莘氏部族的美女,骊戎国赤鬣缟身的骏马,有熊部族九辆驷车共三十六匹马,以及其他稀奇古怪的物品,通过殷朝的受宠

嬖臣费仲而献之纣。[3]纣大说，曰：“此一物[4]足以释西伯，况其多乎！”乃赦西伯，赐之弓矢斧钺，使西伯得征伐。曰：“谮西伯者，崇侯虎也。”西伯乃献洛西之地[5]，以请纣去炮格之刑。纣许之。

的近臣费仲献给纣。纣非常高兴，说：“这一个美女就足以释放西伯，何况还有这么多东西呢！”于是赦免西伯，赐给他弓箭斧钺，让西伯能够有权征伐。纣说：“谗毁西伯的，是崇侯虎。”西伯于是献出洛水西岸的大片土地，请求纣废除炮格的残酷刑罚。纣答应了他。

注释　1 崇侯虎：崇国诸侯名虎。崇国，在今陕西西安市鄠邑区东。　谮(zèn)：说人坏话。　2 羑(yǒu)里：一作牖里，地名，在今河南汤阴县北。　3 有莘(shēn)氏：部族名，姒姓，在今陕西合阳县东南。　骊戎：部族名，姬姓，在今陕西西安市临潼区。　文马：身上有花纹的骏马。　有熊：部族名，在今河南新郑市。　驷：一车套四马。九驷是三十六匹马。　嬖(bì)臣：受宠幸的近臣。　4 一物：指有莘氏的美女。殷纣淫昏好色，所以这样说。　5 洛西之地：洛水以西的地区。

西伯阴行善，诸侯皆来决平[1]。于是虞、芮[2]之人有狱不能决，乃如周。入界，耕者皆让畔，民俗皆让长。[3]虞、芮之人未见西伯，皆惭，相谓曰：“吾所争，周人所耻，何往为，

西伯暗中推行善德，四方诸侯都来请他对有争执的事作出公平裁断。当时虞、芮两地的人之间有件争讼的事不能裁决，于是来到周地。进入周的地界，看见耕作的人都互让田畔，民间的习俗都尊重长者。虞、芮两地的人还没有见到西伯，就都感到惭愧，彼此相对说：“我们所争执的，正是周人所感到羞耻的，还去找西伯做什么，那只会自取

只取辱耳！”遂还，俱让而去。诸侯闻之，曰“西伯盖受命之君”。

其辱呀！”于是二人便返回，相互退让而离去。四方诸侯听说这件事，说“西伯应是一位禀受天命的君主”。

注释 1 决平：请求对争端加以公正裁决。 2 虞：在今山西平陆县北。 芮(ruì)：在今陕西大荔县东南洛水和渭水汇合处。 3 畔：田界。 让长：尊重年长的人。

明年，伐犬戎。[1]明年，伐密须[2]。明年，败耆国[3]。殷之祖伊闻之，惧，以告帝纣。纣曰：“不有天命乎？是何能为！”明年，伐邘[4]。明年，伐崇侯虎，而作丰邑，自岐下而徙都丰[5]。明年，西伯崩，太子发立，是为武王。

第二年，西伯征伐犬戎部族。下一年，征伐密须部族。又下年，打败耆国。殷朝的祖伊听说这些情况，很担心，因此去报告纣帝。纣说：“我不是有天命吗？他又能有什么作为？”次年，西伯征伐邘国。下一年，讨伐崇侯虎，并营造了丰邑，从岐山脚下把国都迁徙到丰。又过了一年，西伯逝世，太子发即位，这就是武王。

注释 1 明年：第二年，下一年。 犬戎：部族名，在今洛水上游一带。 2 密须：部族名，姞(jí)姓，在今甘肃灵台县西南。 3 耆(qí)国：即黎国，《殷本纪》作“饥国”，在今山西长治市南。 4 邘(yú)：诸侯国名，在今河南焦作市西。 5 丰：邑名，在今陕西西安市鄠邑区东。

西伯盖即位五十年。其囚羑里，盖益《易》之八卦为六十四卦[1]。诗

西伯在位约有五十年。大概被囚禁在羑里的时候，他把《易》的八卦增衍成了六十四卦。诗人们称道西伯，

人道西伯[2],盖受命之年称王而断虞、芮之讼。后十年而崩,谥为文王。[3]改法度,制正朔矣。追尊[4]古公为太王,公季为王季:盖王瑞自太王兴。

说他约在承受天命的那年裁断了虞、芮间的争讼,所以被诸侯们拥护而称王。西伯称王以后十年就逝世了,谥号为文王。但是他已经改变了殷的法令制度,制定了周朝的历法正朔。他追尊古公为太王,公季为王季:大概因为称王的祥瑞是自太王时兴起的。

注释 **1** 八卦:古代由阴(--)阳(—)二爻组成象征自然和社会现象的八种符号,即乾、坤、震、巽、坎、离、艮、兑。 六十四卦:八卦两两相重而成,相传这是文王所增益。 **2** 诗人:指《诗》中赞扬文王篇章的作者。 道:称颂。 **3** 十:或当为"九",后文有所说明。 文:《谥法》:"经纬天地曰文。" **4** 追尊:追记尊称。古公称太王,公季称王季,都是死后追尊的。追尊的原因是周代能称王的祥瑞是从太王时兴起的,王季时有了发展。

武王即位,太公望为师,周公旦为辅,召公、毕公之徒左右王,师修文王绪业。[1]

九年,武王上祭于毕。[2]东观兵[3],至于盟津。为文王木主,载以车,中军。[4]武王自称太子发,言奉文王以伐,不敢自专。

武王即王位后,以太公望为太师,周公旦为宰辅,召公、毕公一班人为辅佐,师法修治文王开创的业绩。

九年,武王在墓地毕给文王进献祭礼。然后往东方去检阅军队,到达了盟津。做了一副文王的牌位,用车载着,行进时供在中军帐内。武王称自己为太子发,说是奉行文王的旨意来讨伐,不敢自行专断。于是告令司马、司徒、司空以及接受了符节的官员们:"要庄敬戒惧,严肃认真呀!我本是无知的,因为我的先乃告司马、司徒、司空、诸节[5]:"齐栗,信哉![6]予无知,以先祖有德,臣小子受先功,毕立赏罚,以定其功。"遂兴师。师尚父号[7]曰:"总[8]尔众庶,与尔舟楫[9],后至者斩。"武王渡河,中流,白鱼[10]跃入王舟中,武王俯取以祭。既渡,有火自上复于下,至于王屋,流为乌,其色赤,其声魄云。[11]是时,诸侯不期而会盟津者八百诸侯。诸侯皆曰:"纣可伐矣。"武王曰:"女未知天命,未可也。"乃还师归。

代祖宗是有功德行的藩臣,我因此继承了先祖的功业,现在各方面都建立了赏罚制度,以确保完成祖先的功业。"于是起兵。师尚父发布号令说:"集合你们的兵众,把好你们的船只桨楫,迟到的要斩首。"武王渡黄河,到达河流中间,有条白色的鱼跳进了武王所坐的船舱内,武王弯下腰拾起来用以祭祀上天。已经渡过黄河,有一团天火从上而下,一直到达武王所住的屋顶上,然后变成乌鸟,它的颜色是赤色,它的叫声魄魄然象征着安定。这个时候,四方诸侯没有经过约定而自然相会来到盟津的有八百多个。诸侯们都说:"是讨伐纣的时候了。"武王说:"你们不知道上天的旨意,还不可讨伐。"于是领军返回周。

注释 1 太公望:姜姓,名吕尚。 周公旦:姬旦,武王之弟。 召(shào)公:一作邵公,姬姓,名奭(shì)。 毕公:名高,文王之子。 左右:辅佐。 绪:开头,开创。 2 九年:文王九年,武王继续采用文王年号。 毕:文王墓地毕原,在今陕西西安市东南渭水南岸。 3 东观兵:东巡检阅军队。 4 木主:死者的木牌神位。 中军:指供在中军帐内。 5 诸节:各种受有符节的官员。 6 齐栗:即斋栗,庄敬戒惧。 信:严肃认真。 7 号:发出军令。 8 总:统领。 9 舟楫:泛指船队。 10 白鱼:殷代尚白,鱼为介鳞之物,是战争的象征。这里白鱼跃入王舟中,意味着殷纣当为武王所擒，是一种祥瑞，所以取鱼祭祀。 **11** 乌：乌鸟，有孝名，象征武王能完成文王灭殷的大业。 赤：周代正色。 声魄：发出魄魄的声音。《史记集解》引马融曰："魄然，安定意也。"这句说明又是一种祥瑞。

居二年[1]，闻纣昏乱暴虐滋甚，杀王子比干，囚箕子。太师疵、少师强抱其乐器而奔周。于是武王遍告诸侯曰："殷有重罪，不可以不毕伐[2]。"乃遵文王，遂率戎车三百乘，虎贲三千人，[3]甲士四万五千人，以东伐纣。十一年十二月戊午，师毕渡盟津，诸侯咸会。曰："孳孳[4]无怠！"武王乃作《太誓》[5]，告于众庶："今殷王纣乃用其妇人之言，自绝于天，毁坏其三正[6]，离逷其王父母弟[7]，乃断弃其先祖之乐，乃为淫声，用变乱正声，怡说妇人。故今予发维共行天罚。勉哉夫子，不可再，不可三！[8]"

过了两年，听说纣愈加昏乱暴虐，杀死了王子比干，囚禁了箕子。太师疵、少师强抱着他们的乐器奔逃到了周。于是武王遍告四方诸侯说："殷朝罪恶深重，不能不去全力讨伐。"于是遵从文王的旨意，率领兵车三百乘，勇武的军士三千人，穿戴盔甲的军士四万五千人，往东去讨伐纣。十一年十二月戊午这一天，军队全都渡过盟津，四方诸侯都会合了。武王说："要勤勉不止，不要懈怠！"武王于是就写了《太誓》，训告大家："现在殷王纣听用他宠妇的言论，自绝于上天，毁坏天、地、人三方面的正道，疏远他祖父母以下的亲族，断绝抛弃他先祖创制的乐曲，谱写一些淫乱的声调，用这种变乱雅声的办法，来取悦他的宠妇。所以现在我姬发要恭敬地执行上天对他的惩罚。努力呀各位，这样的讨伐不可以再次举行，不可以有第三次！"

注释 1 居二年：指文王十一年。居，过了。《尚书》所载，武王观兵孟津是文王十一年，伐纣是文王十三年。 2 毕伐：全力讨伐。 3 戎车：兵车。 虎贲(bēn)：勇士。贲，同“奔”。 4 孳孳：同“孜孜”，勤勉。 5《太誓》：即《泰誓》。古文《尚书》有《泰誓》上、中、下三篇。 6 三正：指天、地、人三者之间的关系。 7 离逷(tì)：抛弃疏远。 王父母弟：祖父母辈的亲族。 8 夫子：古代对男子的敬称。 不可再，不可三：此谓要一举成功。再，第二次。

二月甲子昧爽，武王朝至于商郊牧野，乃誓。[1]武王左杖黄钺，右秉白旄以麾，[2]曰：“远矣西土之人[3]！”武王曰：“嗟！我有国冢君，司徒、司马、司空，亚旅、师氏，千夫长、百夫长，及庸、蜀、羌、髳、微、纑、彭、濮人，称尔戈，比尔干，立尔矛，予其誓。[4]”王曰：“古人有言‘牝鸡无晨[5]。牝鸡之晨，惟家之索[6]’。今殷王纣维妇人言是用，自弃其先祖肆祀不答，昏弃其家国，遗其王父母弟不

二月甲子日天刚亮，武王清早来到商都郊外的牧野，进行誓师。武王左手把着黄钺，右手秉执白色的饰有旄牛尾的大旗用来指挥，说：“从远方辛勤来到的西部地区的人们！”表示慰问后，武王接着说：“我的诸侯国大君，司徒、司马、司空，亚旅、师氏，千夫长、百夫长，以及庸、蜀、羌、髳、微、纑、彭、濮各部族的人们，举起你们的戈，排列好你们的盾牌，立好你们的矛，我将要宣誓了。”武王说：“古人说过：‘母鸡不打啼报晓。谁家的母鸡打啼报晓，谁家就要彻底毁亡。’现在殷王纣只采用妇人的意见，废弃对他先祖的祭祀而不闻不问，完全毁弃国家大政，遗弃他祖父母以下的亲族不加任用，反而只推崇、尊重、信任、任用那些从四面八方逃亡到商地来的有重大罪恶的人，让他们对百官贵族施加暴虐，让他们在商的国土犯法作乱。

用,乃维四方之多罪逋逃是崇是长,是信是使,俾暴虐于百姓,以奸轨于商国。[7]今予发维共行天之罚。今日之事,不过六步七步,乃止齐焉,夫子勉哉!不过于四伐[8]五伐六伐七伐,乃止齐焉,勉哉夫子!尚桓桓,如虎如罴,如豺如离,于商郊,不御克奔,以役西土,[9]勉哉夫子!尔所[10]不勉,其于尔身有戮!"誓已,诸侯兵会者车四千乘,陈师牧野。

现在我姬发只好恭敬地执行上天的惩罚。今日进行的征讨战事中,向前不超过六步、七步,大家都要停下来整顿一下队伍再继续前进,大家努力呀!刺击不超过四五次、六七次,大家都要停下来整顿一下队伍再继续前进,大家努力呀!希望大家勇猛地战斗,要像虎像罴,像豺狼像螭龙,在商都郊外,不能残暴地杀害来投降的殷朝士兵,以便让他们到我们西部土地上去服役,大家努力呀!如有不加奋勉的,将会被惩处甚至被处死。"宣誓完毕,四方诸侯的军队会集在一起,有车四千乘,在牧野摆开了阵势。

注释 1 甲子:古代以干支记日,这个甲子日,按周历推算,是武王即位后第四年(即前1046年)的二月五日。 昧爽:黎明、拂晓。昧,暗。爽,明。 朝:早晨。 誓:誓师。以下引文即《牧誓》。 2 杖:执持,拿着。 黄钺:铜制大斧。 秉:与"杖"同义。 白旄(máo):装饰有旄牛尾的白色军旗。 麾(huī):通"挥",指挥。 3 西土之人:指从西方来的部族成员。此句表示慰问。 4 冢君:大君,对诸侯国首领的尊称。冢,大。 司徒:掌管民政。 司马:掌管兵事。 司空:掌管土地。 亚旅:次于卿的众大夫。亚,次。旅,众。 师氏:随王出征的守卫官。 千夫长:千人之长。 百夫长:百人之长。 庸……濮人:当时从征的部族。庸,在今湖北竹山县西南。蜀,今四川成都市一带。羌,在今青海东部。髳(máo),

在今山西平陆县南黄河北岸。微,即郿,今陕西渭水南眉县境。纑(lú),今湖北襄阳市西南。彭,在今湖北房县一带。濮,约在今重庆市东部、湖北西南部、湖南西部一带。 称:举起。 比:排齐。 干:盾牌。 立:竖立。 其:将。 5 牝(pìn)鸡:母鸡。 无:不。 晨:司晨,报晓。 6 索:尽。是说要败尽。 7 肆祀:杀牲享祭宗庙祖先。 答:报答神恩。 昏(mǐn):通"泯",尽,完全。 遗:抛弃。 逋(bū):逃亡。 崇:崇敬。 长(zhǎng):尊重。 信:信任。 使:使用。 俾:使。 奸轨:犯法作乱。轨,通"宄"。 8 伐:刺杀。一击一刺,称为一伐。 9 尚:表示希望和命令。 桓桓:威武,勇猛。 离:通"螭(chī)",传说中的一种蛟龙。 不御克奔:不要强暴地杀戮来奔的人。御,强暴。克,杀戮。 以役西土:来为我们西方服役。 10 所:若,如果。

帝纣闻武王来,亦发兵七十万人距武王。武王使师尚父与百夫致师,以大卒驰帝纣师。[1]纣师虽众,皆无战之心,心欲武王亟[2]入。纣师皆倒兵以战,以开武王。[3]武王驰之,纣兵皆崩畔纣。纣走,反,入登于鹿台之上,蒙衣其殊玉,自燔于火而死。[4]武王持大白旗以麾诸侯,诸侯毕拜武王,武王乃

纣帝听说武王来了,也发兵七十万人抵御武王。武王派师尚父和少数勇士先冲入敌阵挑战,再用大部队奔驰向前攻击纣帝的军队。纣的军队人数虽然众多,但是都没有参战的心意,心中只希望武王赶快进来。纣的军队都倒戈而战,来为武王开路。武王奔驰进攻,纣兵都溃散而背叛了纣王。纣逃跑,返回城内,进入王宫登上鹿台,用特别珍贵的美玉所镶制的衣服包裹起全身,跳到火中自焚而死。武王手持大白旗来指挥四方诸侯,诸侯们都拜贺武王,武王于是拱手作揖回谢诸侯,诸侯们全都服从。武

揖[5]诸侯,诸侯毕从。武王至商国[6],商国百姓咸待于郊。于是武王使群臣告语商百姓曰:“上天降休[7]!”商人皆再拜稽首,武王亦答拜。遂入,至纣死所。武王自射之,三发而后下车,以轻剑[8]击之,以黄钺斩纣头,县大白之旗。已而至纣之嬖妾二女,二女皆经[9]自杀。武王又射三发,击以剑,斩以玄钺[10],县其头小白之旗。武王已乃出复军[11]。

王来到商的国都,那里的百官贵族都迎候于郊外。于是武王让群臣告诉商朝的百官贵族说:“上天降下了福禄。”商朝的人们都再拜叩头,武王也答谢回拜。而后就进入都城,到达纣死亡的地方。武王亲自用箭射纣,射了三发箭以后下车,再拿轻吕宝剑击打纣的尸体,然后拿黄钺斩下纣的头颅,悬挂在大白旗的旗杆上。接着来到纣宠幸的两个嬖妾的住所,两个嬖妾都已经上吊自杀。武王又对她们射了三发箭,用剑击打她们的尸体,拿铁制的黑色大斧斩下她们的头,将它们悬挂在小白旗的旗杆上。武王做完这些事以后就走出城去返回军中。

注释　1 致师:勇士挑战,诱出敌人。　大卒:大部队。有戎车三百五十乘,士卒二万六千二百五十人,虎贲三千人。　2 亟:急。　3 倒兵:倒戈。　开:开路。指倒戈的纣兵为武王开路。　4 蒙衣其殊玉:自身环裹着他所存的珍贵美玉。　燔(fán):焚烧。　5 揖:拱手为礼以回拜。　6 商国:商的国都朝歌。　7 休:福禄。　8 轻剑:剑名,一名轻吕。　9 经:上吊。　10 玄钺:黑色的铁制大斧。　11 复军:返回军中。

其明日,除道,修社及商纣宫。[1]及期,百夫荷罕旗以先驱[2]。武王弟叔

第二天,清除道路,修缮社庙和商纣的王宫。到了规定的日期,一百名兵士扛着罕旗作为仪仗队

振铎奉陈常车，周公旦把大钺，毕公把小钺，以夹武王。[3] 散宜生、太颠、闳夭皆执剑以卫武王。既入，立于社南，大卒之左右毕从。毛叔郑奉明水，卫康叔封布兹，召公奭赞采，师尚父牵牲。[4] 尹佚策祝曰："殷之末孙季纣，殄废先王明德，侮蔑神祇不祀，昏暴商邑百姓，其章显闻于天皇上帝。"[5] 于是武王再拜稽首，曰："膺更大命[6]，革殷，受天明命。"武王又再拜稽首，乃出。

走在前面。武王的弟弟叔振铎护着仪仗车，周公旦拿着大斧，毕公拿着小斧，左右夹辅着武王。散宜生、太颠、闳夭都执着剑护卫着武王。进了城，武王站立在社坛南面，士卒在左右辅卫的人全都跟从。毛叔郑捧着明水，卫康叔铺草席于地，召公奭进献彩帛，师尚父牵着祭祀用的牲畜。尹佚宣读策书祝文说："殷朝的末代孙季纣，废弃先王的英明德政，侮辱蔑视天祇不予祭祀，暴虐商朝都邑的百官贵族，其罪恶昭彰显著，已经被天皇上帝知晓。"于是武王再拜叩头，说："我禀受天命，革除殷朝政权，接受上天圣明的命令。"武王又再拜叩头，而后离开。

注释　**1** 除道：清理道路。　修社：整治土地神的祭坛。　**2** 百夫：百夫长。　荷：扛。　罕旗：有九条飘带的云罕旗。古代作为仪仗的前驱。**3** 奉：奉上。　陈：陈列。　常车：仪仗车。因车上插着画有日月的太常旗而得名。　夹：立于左右。　**4** 毛叔郑：文王子伯明名叔郑，封于毛，即今河南宜阳县。　奉：用手捧着。　明水：月夜取得的露水，以其洁净而用于祭祀。　卫康叔封：武王弟，名封。　布：铺。　兹：用公明草编成的席。　赞采：进献丝织品。采，币帛，即各色丝织品。　牵牲：牵着用于祭祀的牛羊。　**5** 尹佚：人名，武王相。　策祝：读祭神的策书祝文。　季纣：即商纣王。季纣与末孙同义。　殄(tiǎn)废：毁弃。　神祇(qí)：

天地神。 其章:指纣的残酷罪恶。 6 膺(yīng)更:承受。 大命:天命。

封商纣子禄父殷之余民[1]。武王为殷初定未集,乃使其弟管叔鲜、蔡叔度相禄父治殷。[2]已而[3]命召公释箕子之囚。命毕公释百姓之囚,表商容之闾。命南宫括散鹿台之财,发钜桥之粟,以振贫弱萌隶[4]。命南宫括、史佚展九鼎保玉[5]。命闳夭封比干之墓。命宗祝享祠于军[6]。乃罢兵西归。行狩,记政事,作《武成》[7]。封诸侯,班赐宗彝,作《分殷之器物》。[8]武王追思先圣王,乃褒封神农之后于焦,黄帝之后于祝,帝尧之后于蓟,帝舜之后于陈,大禹之后于杞。[9]于是封功臣谋士,而师尚父为首封。封尚父于营丘[10],曰齐。封弟周公旦于曲阜[11],曰鲁。封召公奭于燕[12]。封弟叔鲜

武王把殷朝的余留民众封给商纣的儿子禄父管辖。由于殷地刚刚平定还没有安集,于是武王派他的弟弟管叔鲜、蔡叔度辅助禄父治理殷。接着命令召公去释放被囚禁的箕子。又命令毕公去释放被囚禁的百官贵族,到商容居住过的里巷去表彰他。命令南宫括去散发鹿台的钱财,分发钜桥的积粟,来赈济贫弱的普通民众。命令南宫括、史佚展示九鼎和宝玉。命令闳夭增修比干的坟地。命令宗祝官员负责在军中举行祭祀凭吊阵亡将士。于是罢兵回到西部去。途中巡视各地,记叙政事,写了《武成》。分封诸侯,颁赐用于宗庙祭祀的宝器,写了《分殷之器物》。武王追思先代的圣王,于是褒奖并封神农的后代于焦,黄帝的后代于祝,尧帝的后代于蓟,舜帝的后代于陈,大禹的后代于杞。于是又分封功臣谋士,把师尚父作为第一个受封的人。封尚父于营丘,国号叫齐。封弟弟周公旦于曲阜,国号叫鲁。封召公奭于燕国。封弟弟叔

于管，弟叔度于蔡。余各以次受封。

鲜于管国，弟弟叔度于蔡国。其余的人按照次序也受了封。

注释 1 余民：指殷国余留的民众。 2 定：平定。 集：安辑，安定。 管叔鲜：文王第三子，封于管，在今河南郑州市。 蔡叔度：文王第五子，封于蔡，在今河南上蔡县西。 相：协理，实际上是监视。 3 已而：接着。 4 振：同"赈"，救济。 萌隶：百姓。萌，通"氓"。 5 展：展示。 保玉：即宝玉。 6 宗祝：主祭之官。 享祠：祭祀，此当指祭奠阵亡将士。 7《武成》：古文《尚书》篇名。 8 班：分。 宗彝：宗庙祭祀用的宝器。 《分殷之器物》：即《分器》。古文《尚书》此篇已亡佚，《逸周书》中有《分器篇》。 9 焦：地名，在今河南三门峡市陕州区南。 祝：即祝其，一名夹谷，在今山东莱芜市东南。 蓟(jì)：在今北京市大兴区西南。 陈：在今河南周口市淮阳区。 杞：在今河南杞县。 10 营丘：今山东淄博市西北。 11 曲阜：即今山东曲阜市。 12 燕：在今天津市蓟州区。

武王征九牧之君[1]，登豳之阜，以望商邑。武王至于周，自夜不寐。[2]周公旦即王所，曰："曷为不寐？"王曰："告女：维天不飨殷，自发未生于今六十年，麋鹿在牧，蜚鸿满野。[3]天不享殷，乃今有成[4]。维天建殷，其登名民

武王征召负责管理九州的各州君长，登上豳地的山丘，来遥望商邑。武王回到周都镐京，入夜睡不着觉。周公旦来到武王的处所，问："您为什么睡不着？"武王说："我告诉你：因为上天不肯享用殷朝的祭祀，从姬发我还未出生到现在这六十年，奇异的野兽进到郊牧，有害的蝗虫漫山遍野。上天不保佑殷朝，于是我们周朝现在才能成就王业。上天建立殷朝的时候，殷朝任用名贤三百六十人，他们虽未被重用，但也未

三百六十夫，不显亦不宾灭，以至今。[5]我未定天保，何暇寐！”王曰：“定天保，依天室，悉求夫恶，贬从殷王受。[6]日夜劳来[7]定我西土。我维显服[8]，及德方明。自洛汭延于伊汭，居易毋固[9]，其有夏之居。我南望三涂，北望岳鄙，顾詹有河，粤詹雒、伊，[10]毋远天室。”营周居于雒邑[11]而后去。纵马于华山之阳，放牛于桃林之虚；偃干戈，振兵释旅：示天下不复用也。[12]

被摈弃不用，所以殷朝才会维持到现在才灭亡。我们周朝还不确定能否获得上天的保佑，哪里还有闲工夫睡觉！”武王接着说：“一定要得到上天的保佑，让民众依从周王室，将那些不顺从天命的恶人全都找出来，使他们受到与殷王一样的惩罚。我将日日夜夜辛苦操劳，以便安定我们西部地区。我只有办理好各种事情，德教才能施于四方并放射出光明。从洛水河湾一直延伸到伊水河湾，地势平坦而没有险阻，那是夏代旧的居住地。我南边望到三涂，北边望到太行山、恒山的边鄙都邑，回过头瞻望到黄河，仔细观察雒水、伊水两岸，觉得它离天子的居室并不远，是建都的好地方。”武王在雒邑规划了营建周家的陪都然后离去。把马匹纵放在华山的南面，把牛放牧在桃林塞的旧墟一带；让军队放下干戈等兵器，经过整顿后解散：以此向天下显示不再用武了。

注释　**1** 征：召集。　九牧之君：九州的君长。　**2** 周：即镐(hào)京。　自：到。　寐(mèi)：睡眠。　**3** 天不飨殷：上天不享用殷商的祭祀，意思就是上天抛弃了殷。　麋鹿在牧：是说野兽跑到了郊野，形容农业荒芜。　蜚鸿满野：是说蝗虫遍野，灾害严重。蜚鸿，蝗虫。　**4** 乃：才。　成：成功。指成就王业，统一天下。　**5** 登：任用。　名民：贤人。　显：显用。　宾：通“摈”，遗弃，排斥。　灭：灭除。　以至今：维持殷朝到今天。

6 天室:指京都。即天子居处之所在。 受:又作“纣”,即帝辛。 7 劳来:劝勉。二字同义。来,同“徕”。 8 显:明显,清楚。 服:事。 9 易:平坦。 固:险固。 10 三涂:山名,在今河南嵩县西南伊水之北。 岳:指太行山、恒山。 鄙:边地。 顾詹:观察。顾,回顾。詹,通“瞻”。 粤:语气词,无义。 雒、伊:指雒水、伊水两岸。 11 雒邑:即今之洛阳,是西周的陪都。 12 华山:在陕西华阴市南。 桃林:塞名,在今河南灵宝市以西至陕西潼关县以东一带。 虚:同“墟”,原野。 偃:停息、收藏。 振兵释旅:整军回国,解散军队。 示:表示。

武王已克殷,后二年,问箕子殷所以亡[1]。箕子不忍言殷恶,以存亡国宜[2]告。武王亦丑[3],故问以天道。

武王病。天下未集,群公惧,穆卜,周公乃祓斋,自为质,欲代武王,武王有瘳。[4]后而崩,太子诵代立[5],是为成王。

武王已经战胜殷朝,两年后,他问箕子殷朝灭亡的原因何在。箕子不忍叙说殷朝的罪恶,就拿存亡之理和国之所宜应答。武王也感到难为情,因而就询问了一些有关天道的事。

武王病重。天下还没有完全安定,辅佐的诸公感到恐惧,就恭敬虔诚地进行占卜,周公斋戒沐浴举行消灾除邪的仪式,愿意以自身作抵押,去代替武王,武王的病情好转。后来还是逝世了,太子诵继承了王位,这就是成王。

注释 1 殷所以亡:殷亡国的原因。 2 宜:适宜。此处谓保存或灭亡国家适宜做和不适宜做的事情。 3 丑:感到难堪,尴尬。相传《尚书·洪范》就是箕子回答武王所问天道的内容。 4 穆卜:恭敬虔诚地占卜。 祓(fú)斋:斋戒沐浴,举行仪式求神除灾去邪。 质:抵押。此处谓周公求神时说想以自己为抵押,代替武王生病或死去。 瘳(chōu):病愈。 5 代立:继位,登位。

成王少，周初定天下，周公恐诸侯畔周，公乃摄行政当国[1]。管叔、蔡叔群弟疑周公，与武庚作乱，畔周。周公奉成王命，伐诛武庚、管叔，放蔡叔。以微子开代殷后，国于宋[2]。颇收殷余民，以封武王少弟封为卫康叔。[3]晋唐叔得嘉谷，献之成王，成王以归周公于兵所。[4]周公受禾东土，鲁天子之命[5]。

成王年少，周朝刚刚安定天下，周公恐怕四方诸侯背叛周朝，于是代行政治权力主持国事。管叔、蔡叔等弟弟怀疑周公有野心，就和武庚一起作乱，背叛周朝。周公奉成王的命令，进行讨伐，诛杀了武庚、管叔，流放了蔡叔。用微子开接续殷朝后代，封国于宋。尽量收集殷朝余留的民众，把他们封给武王的小弟弟封，封他为卫康叔。晋唐叔得到两株苗合长一穗的嘉祥谷物，把它献给成王，成王把它运到出兵征伐地转送给周公。周公在东部土地上接受嘉祥禾苗，宣布了天子的圣命。

注释 1 摄行政当国：暂时代理政务，主持国家大事。 2 宋：在今河南商丘市南。 3 颇收：尽量收集。 卫康叔：文王第九子姬封。 4 晋唐叔：武王子姬虞，成王弟，封于唐，在今山西翼城县一带。唐后改称为晋。 嘉谷：二苗同为一穗，被看作祥瑞。 归：通“馈”，赠送。 兵所：周公东征的地方。 5 鲁：同“旅”，宣布。 天子之命：即成王赐禾的诰命。

初，管、蔡畔周，周公讨之，三年而毕定，故初作《大诰》，次作《微子之命》，次《归禾》，次《嘉禾》，次《康诰》《酒诰》《梓材》，其事在周公之篇。[1]

当初，管叔、蔡叔背叛周朝，周公去讨伐他们，经过三年终于全部平定，所以最初写了《大诰》，其次写了《微子之命》，其次是《归禾》，其次是《嘉禾》，其次是《康诰》《酒诰》《梓材》，说明写作的事情经过记述在有关周公的篇章内。

周公行政七年，成王长，周公反政成王，北面就群臣之位。[2]

周公行使政治权力七年，成王长大了，周公把行政权力交回给成王，面朝北站在群臣的位置上。

成王在丰[3]，使召公复营洛邑，如武王之意。周公复卜申视，卒营筑，居九鼎焉。[4]曰："此天下之中，四方入贡道里均。"作《召诰》《洛诰》[5]。成王既迁殷遗民，周公以王命告，作《多士》《无佚》。[6]

成王住在丰邑，派遣召公再次营建洛邑，按照武王的遗旨。周公经过多次占卜并反复进行了视察，最终完成了营建工程，便在这里安放下传国大宝九鼎。说："这里处在天下的正中，从四面八方输送贡品来的道路里数都是一样长。"就写了《召诰》《洛诰》。成王又把殷朝遗民迁徙到洛邑附近的成周，周公拿成王的命令告诫他们，因而就写了《多士》《无逸》。

注释 1 畔：通"叛"，背叛。《大诰》《康诰》《酒诰》《梓材》：都是《尚书》篇名。《微子之命》：见于古文《尚书》。《归禾》《嘉禾》：已亡佚。周公之篇：指《史记·鲁周公世家》。该篇详述以上事情。 2 反政：就是交回代理政务的权力。 北面：指面向北朝拜成王。 3 丰：地名，即丰邑，武王在沣水东岸设国都，称镐京。 4 复卜申视：重新占卜一再视察。复，与"申"同义，均是重复之意。 卒营筑：终于建成洛邑城。 居九鼎焉：把九鼎安放在这里。九鼎，传国大宝，相传夏禹时铸成。 5《召诰》《洛诰》：《尚书》篇名。 6 迁殷遗民：周公平定武庚叛乱以后，把殷族留存的民众迁往成周。 《多士》《无佚》：《尚书》篇名，《无佚》即《无逸》。

召公为保，周公为师，东伐淮夷，残奄，迁其君薄

召公担任太保，周公担任太师，向东去征伐淮夷民族，灭亡了

姑。[1]成王自奄归，在宗周，作《多方》。[2]既绌殷命，袭淮夷，归在丰，作《周官》。[3]兴正礼乐，度制于是改，而民和睦，颂声兴。[4]成王既伐东夷，息慎来贺，王赐荣伯，作《贿息慎之命》。[5]

成王将崩，惧太子钊之不任[6]，乃命召公、毕公率诸侯以相太子而立之。成王既崩，二公率诸侯，以太子钊见于先王庙，申告以文王、武王之所以为王业之不易，务在节俭，毋多欲，以笃信临之，作《顾命》。[7]太子钊遂立，是为康王。

奄国，把它的封君迁徙到薄姑。成王从奄国归来，住在宗周，写了《多方》。废黜了殷朝的天命，袭击了淮夷，回到王都丰，写了《周官》。重新订正了礼乐，改定各种制度，因而百姓们和睦相处，颂扬太平的歌声兴起。成王讨伐了东部的夷族后，息慎部族前来祝贺，成王命令荣伯写了《贿息慎之命》。

成王将要逝世，担心太子钊不能胜任，于是命令召公、毕公率领诸侯来辅助太子，才让他继位。成王逝世后，召公、毕公率领诸侯，带着太子钊去瞻仰先王祖庙，拿文王、武王成就王业的不容易来申诫训告太子钊要力行节俭，不要有太多的欲望，要用笃厚诚信的态度处理国政，这样就写了《顾命》。太子钊于是继位，这就是康王。

注释　1 保：太保。太师、太傅、太保为古代三公。　淮夷：居于今安徽蚌埠市以北以东一带的古代民族。　残奄：灭掉奄国。奄，居于今山东曲阜市附近。　薄姑：地名，在当时营丘的东北，今山东博兴县东南。　2 宗周：周王京都所在，指镐京。　《多方》：《尚书》篇名。　3 既绌殷命：此指成王已消灭了殷的残余势力。绌，通“黜”。　《周官》：古文《尚书》篇名。　4 兴正：创制订正。　度制：法令制度。　颂声：颂扬的歌声。　5 息慎：即肃慎，部族名，在今东北地区。　荣伯：周同姓诸侯。　《贿息慎之命》:《尚书》篇名。贿,赐。 6 不任:不能胜任。 7 申告:反复告诫。 笃信:诚实守信用。 临:居临在帝王位。还有居高临下之意。 《顾命》:《尚书》篇名。

康王即位,遍告诸侯,宣告以文武之业以申[1]之,作《康诰》。故成康之际,天下安宁,刑错四十余年不用。[2]康王命作策毕公分居里,成周郊,作《毕命》。[3]

康王卒,子昭王瑕立。昭王之时,王道微缺。昭王南巡狩不返,卒于江上。其卒不赴告,讳之也。[4]立昭王子满,是为穆王。穆王即位,春秋[5]已五十矣。王道衰微,穆王闵文武之道缺,乃命伯臩申诫太仆国之政,作《臩命》。[6]复宁。

康王登上王位,遍告四方诸侯,向他们宣告文王、武王的业绩来劝勉他们,写了《康诰》。所以成王、康王的时代,天下非常安宁,刑罚弃置了四十多年都没有使用。康王下令写策书告诉毕公根据殷民的善恶分别安排他们居住的里社,形成可以安定下来的成周郊区,写作了《毕命》。

康王去世,儿子昭王瑕继位。昭王的时候,王道已经衰微残缺了。昭王到南方去视察,没能返回,死在长江中。他死亡后周朝没有向四方诸侯发出讣告,是为了隐讳此事。而后昭王的儿子满继位,这就是穆王。穆王登上王位的时候,年龄已经五十岁了。那时王道衰微,穆王闵惜文王、武王的治国方略已经残缺,于是命令伯臩担任太仆正,告诫他要管理好国家的政事,这样就写下了《臩命》。国家重新获得了安宁。

注释 1 申:申饬,告诫。 2 此处谓民不犯法,所以刑法可以长期搁置不用。错,通“措”,搁置。 3 分居里:指按善恶贵贱将民众分别安置地方居处。 成周郊:成定郊区作为京师屏藩。《毕命》:古文《尚书》篇名。 4 其卒不赴告,讳之也:昭王德衰,民众不满,他渡汉水时,南人让他乘坐胶粘连的船,到河中船分解开而把他溺死。因为此事不光彩,所以昭王死后没有向诸侯报丧。赴告,报丧。 5 春秋:年龄。 6 闵:悲叹。 伯臩(jiǒng):臣名。 太仆:甘尔,负责周王生活和传达命令。《臩命》:古文《尚书》篇名。

穆王将征犬戎[1],祭公谋父[2]谏曰:"不可。先王耀德不观兵[3]。夫兵戢而时动,动则威,观则玩,玩则无震。[4]是故周文公[5]之颂曰:'载戢干戈,载櫜弓矢,我求懿德,肆于时夏,允王保之。[6]'先王之于民也,茂正其德而厚其性,阜其财求而利其器用,明利害之乡,以文修之,使之务利而辟害,怀德而畏威,故能保世以滋大。[7]昔我先王世后稷[8]以服事虞、夏。及夏之衰也,弃稷不务,我先王不窋用失其官,而自窜于戎狄之间。[9]不敢怠

穆王将要征伐犬戎,大臣祭公谋父进谏说:"不可以去征伐。先王们只显示德行却不炫耀武力。兵器平常是收藏着的,只有适宜的时候才会动用,因此一动用就会显示出威力,有意地加以炫耀就会轻率用兵,轻率用兵就会失去威严。所以歌颂周文公的诗说:'收好你的干戈,藏好你的弓箭,我所求的是美德,推广它到全中国,定用王道保天下。'先王对于民众,努力端正他们的品德,纯厚他们的性情,丰富他们的财富,充实他们的器用,让他们明白利害的方向,用礼法来教育他们,让他们致力于兴利而避害,心怀德政而畏惧刑罚,所以先王才能保有世代业绩并不断发展壮大。从前我家先王世代担任农官,在虞、夏两朝奔走效劳。等到夏代衰败,废弃农官不致力于农事,我家先王不窋因此失掉了管理农事的

业，时序其德，遵修其绪，修其训典，朝夕恪勤，守以敦笃，奉以忠信。[10]奕世载德，不忝前人。[11]至于文王、武王，昭前之光明而加之以慈和，事神保民，无不欣喜。商王帝辛大恶于民，庶民不忍，欣载武王，以致戎于商牧。[12]

官职，就逃奔到了戎狄地区。在那里，他不敢荒怠先王的事业，经常维护先王的德行，遵循先王的遗绪，研习先王的训示典章，每天早晚都恭谨勤勉，用敦笃的态度严格遵守，时刻奉行忠信的精神。此后历代都继承德政，不辱没前代先王。到了文王、武王的时期，发扬前代的光明美德，再加上慈爱和祥，敬事鬼神，安定百姓，人神无不欣喜。商王帝辛对百姓犯有重大罪恶，普通百姓不能忍受，都欣然拥戴武王，武王于是对帝辛用兵于商郊牧野。

注释　1 犬戎：戎族的一支，在今甘肃东部陕西西北部一带。　2 祭(zhài)公谋父：穆王大臣，字谋父，封于祭，在今河南郑州市西北。　3 耀德不观兵：显示德政不炫耀武力。观，炫耀。　4 戢(jí)：收藏。　时动：适时而动。　威：威势。　玩：《国语》韦昭注云："玩，黩也。"这里是说用兵轻率。　震：恐惧。　5 周文公：周公旦之谥。　6 载：语首助词，无义。　櫜(gāo)：收藏。本为藏弓箭的袋子。　懿德：美德。　肆：推广。　时：是，这个。　夏：华夏，指中国。　允：信，一定。　保：保有天下。　7 茂正：勉励端正。茂，通"懋"，勉力。　阜：丰富，扩大。　利：充实。　乡：趋向。　文：礼法。　怀：感戴。　威：刑罚。　滋：更加。　8 世后稷：世代做农官。　9 用：因此。　窜：奔逃。　10 时序：经常继承。　绪：开始的事业。　训典：教化法度。　恪(kè)勤：恭谨努力。　敦笃：敦厚笃敬。　奉：奉行。　11 奕(yì)世：累世。　忝(tiǎn)：辱没。　12 欣载：拥护。　致戎：施行了讨伐。　商牧：商郊牧野。

是故先王非务武也，勤恤民隐而除其害也。[1] 夫先王之制，邦内甸服，邦外侯服，侯卫宾服，夷蛮要服，戎翟荒服。[2] 甸服者祭，侯服者祀，宾服者享，要服者贡，荒服者王。日祭，月祀，时享，岁贡，终王。[3] 先王之顺祀也，有不祭则修意，有不祀则修言，有不享则修文，有不贡则修名，有不王则修德，序成而有不至则修刑。[4] 于是有刑不祭，伐不祀，征不享，让不贡，告不王。[5] 于是有刑罚之辟，有攻伐之兵，有征讨之备，有威让之命，有文告之辞。[6] 布令陈辞而有不至，则增修于德，无勤民于远[7]。是以

所以先王不是想要专意用武，而是恭勤地怜恤百姓遭受的痛苦而为他们除去祸害。先王的制度，天子邦畿中的内五百里实行甸服，邦畿外的五百里实行侯服，侯服以外的地区实行宾服，夷蛮民族地区实行要服，戎翟民族地区实行荒服。甸服区的诸侯参与祭奠天子的父亲和祖父，侯服区的诸侯参与祭奠天子的曾祖和高祖，宾服区的诸侯献上祭品，要服区的诸侯负责纳贡，荒服区的少数民族首领要臣服于周。甸服是每日参与祭祀，侯服是每月参与祭祀，宾服是每季贡献祭品，要服是每年进行纳贡，荒服是终身尊奉周王。先王推行这样的祭祀制度，有诸侯不来参与日祭的，天子就要反省自己修正诚意；有不来参与月祀的，天子就要反省自己修正言论号令；有不来奉送享献的，天子就要反省自己修正法典；有不来进贡的，天子就要反省自己修正尊卑贵贱的名分；有不来表示臣服的，天子就要反省自己修正文德，依次做到了以上五个方面还有不来的就要施以刑罚。于是就惩治不来参与日祭的，攻伐不来参与月祀的，亲自出兵征讨不来进献时享的，责备不来按年纳贡的，晓谕不来表示臣服的。于是就有刑罚的法规，有攻伐的兵员，有征讨的武备，有用警告责备的命令，有晓谕通告

近无不听，远无不服。今自大毕、伯士之终也，犬戎氏以其职来王，天子曰‘予必以不享征之，且观之兵’，无乃废先王之训，而王几顿乎？[8]吾闻犬戎树敦，率旧德而守终纯固，其有以御我矣。[9]”王遂征之，得四白狼四白鹿以归。[10]自是荒服者不至。

的文辞。发布命令陈说言辞后还有不来的，那天子还是应该在德行方面增强修养，不要劳苦百姓去远方征伐。所以近地的诸侯没有不听从的，远方的民族没有不臣服的。现在自从犬戎氏的两位君主大毕、伯士终亡以后，犬戎氏的君主还是按照荒服的职分来表示臣服，天子您却说‘我一定要以它不来依季进献祭品而去征讨它，并且要向它炫耀武力’，这岂不是废弃了先王的遗训，而使自己陷入困顿吗？我听说犬戎民族树立了敦厚的风尚，遵循祖先遗留下的传统道德，信守原则而纯真坚定，他们已经有了抗御我们的条件和基础了。”穆王还是出兵去征伐犬戎，得到犬戎本应进贡的四只白狼、四只白鹿回来。从此以后，荒服地区的民族再也不来朝见天子了。

注释　**1** 非务武：不是一意专心武力。　勤：殷切盼望。　恤(xù)：体恤。　隐：痛苦。　**2** 邦内：国都郊外五百里之内。　侯卫：侯服的外卫。甸服、侯服、宾服、要服、荒服等已见《夏本纪》注。　**3** 日祭：每日祭祀天子的父祖。甸服者参与此祭。　月祀：按月祭祀天子的高、曾祖。侯服者参与。　时享：按四时贡献祭品。宾服者上贡。　岁贡：每年纳贡。要服者尽此责。　终王：终身尊奉周王朝的正统，荒服者应表示臣服。**4** 顺祀：指推行以上祭祀制度。　修意：自我反省以修诚意。谓如有甸服者不来参与日祭，天子就要自我反省先示诚意。　修言：检点语言号令。　修文：修明政治教化。　修名：注意尊卑职责的名分。　修德：加强仁义礼乐等道德。　序成：上述五方面都依次实施了。　修刑：动用刑诛,以处罚那些仍然不来的。 5 刑:惩罚。 伐、征:均为动用武力。 让:谴责。 告:用文辞告谕。 6 辟:法律。 兵:军队。 备:武备。 威让:威严谴责。 命:命令。 辞:文辞。 7 勤民:劳苦民众。 远:远征不贡不王者。 8 大毕、伯士:犬戎部族的两个君主。 终:即终王,归顺周王朝。 以其职来王:按照他们的职责尊奉周王。 享:时享。 无乃:不是,莫非。 训:教诲。 王几顿:王业陷于危困败坏。 9 树敦:树立了敦厚的风俗。 率:遵循。 守终纯固:奉守终王的制度很专一。 其:必定。 御:抗拒。 10 遂:终于。 白狼、白鹿:本为犬戎当贡的物品。

诸侯有不睦者,甫侯言于王,作修刑辟。[1] 王曰:"吁,来!有国有土,告汝祥刑。[2] 在今尔安百姓,何择非其人,何敬非其刑,何居非其宜与?[3] 两造具备,师听五辞。[4] 五辞简信,正于五刑。[5] 五刑不简,正于五罚[6]。五罚不服,正于五过[7]。五过之疵,官狱内狱,阅实其罪,惟钧其过。[8] 五刑之

诸侯中有不亲睦的,辅相甫侯将此告诉穆王,于是制订刑法。穆王说:"嗯,来!有封国有采地的臣民,告诉你们好的刑罚。如今你们要安定百姓,选择什么呢?不就是道德高尚的贤人吗?严肃对待什么呢?不就是五刑吗?平居时考虑什么呢?不就是量刑轻重要适宜吗?原告被告都到齐了,狱官就要通过观察辞、色、气、耳、目五方面审理案件。这五方面都审理核查后,证实有罪,就要按照墨、劓、膑、宫、大辟五种刑律进行判决。检查核实后不当用五种刑律,就要根据罪行的轻重处以五等罚金。处以罚金不能使人心服,就要按照五类过失来判决。处理五类过失会产生各种弊病,如倚仗官势,图报恩怨,通过女人说情,索贿受贿、徇私枉法等,因而要考察核实法官若犯了以上过错,与犯人同罪。判处五刑

疑有赦，五罚之疑有赦，其审克之。[9]简信有众，惟讯有稽[10]。无简不疑，共严[11]天威。黥辟疑赦，其罚百率，[12]阅实其罪。劓辟疑赦，其罚倍洒，[13]阅实其罪。膑辟疑赦，其罚倍差，[14]阅实其罪。宫辟[15]疑赦，其罚五百率，阅实其罪。大辟[16]疑赦，其罚千率，阅实其罪。墨罚之属[17]千，劓罚之属千，膑罚之属五百，宫罚之属三百，大辟之罚其属二百：五刑之属三千。”命曰《甫刑》[18]。

如果有可疑之处可按五罚处治，判处五罚如果有可疑之处可按五过处治，务要审慎核查。检查核实取证一定要有众多的途径，审理案件的时候一定要有共同办案的人。没有核实取证不要按疑问定案，严敬天威不要轻易判决。判处黥刑有可疑的地方就从轻处治，处以百锾的罚金，一定要检查核实这个人所犯的罪才收取罚金。判处劓刑有可疑的地方就从轻处治，处以一百锾的罚金，一定要检查核实这个人所犯的罪行。判处膑刑有可疑的地方就从轻处治，处以五百锾的罚金，一定要检查核实这个人所犯的罪行。判处宫刑有可疑的地方就从轻处治，处以五百锾的罚金，一定要检查核实这个人所犯的罪行。判处死刑有可疑的地方就从轻处治，处以一千缓的罚金，一定要检查核实这个人所犯的罪行。处以墨刑这一类的犯罪条目是一千条，处以劓刑这一类的犯罪条目是一千条，处以膑刑这一类的犯罪条目是五百条，处以宫刑这一类的犯罪条目是三百条，判处死刑这一类的犯罪条目是二百条：判处五种刑罚的条目总共是三千条。”命名为《甫刑》。

注释 1 甫侯：周穆王的相。 作修刑辟：制定刑法。 2 有国：指诸侯。 有土：指王畿内有采地的大臣。 祥刑：善刑。 3 择：选择。 敬：

谨慎,严肃。 居:自处。 宜:指量刑要适宜。 **4** 两造:指原告和被告双方。 师:士师,法官。 五辞:听取诉讼的五种方法,即五听:辞听、色听、气听、耳听、目听。 **5** 简:核实。 信:验证。 正:判决。 **6** 五罚:五等罪行轻重不同的罚金。 **7** 五过:即畏官势、报恩怨、接受说情、索贿受贿、徇私枉法五种过失。 **8** 疵(cī):弊病。 官狱:利用做官的权势假公济私的罪行。 内狱:求情行贿的罪行。 阅实:审查核实。 惟钧其过:法官如果犯了这五种过错,就与犯人同罪。钧,同等,相当。 **9** 疑:怀疑。 赦:从轻处治。 审克:审查核实。 **10** 讯:讯治。 稽:共同。 **11** 严:严敬。 **12** 黥(qíng)辟:用刀刺刻面额染以黑色,又称墨刑。 率(lǜ):即锾,古代重量单位,六两。引申为罚金的代称。 **13** 劓(yì)辟:割掉鼻子的刑罚。 倍洒(xǐ):比墨刑加倍。洒,通"蓰",五倍。与倍连用,只有加倍的意义。 **14** 膑(bìn)辟:砍去膝盖骨的刑罚。 倍差:倍中之差。比劓刑加倍去三分之一,为三百三十三锾二两。 **15** 宫辟:阉割生殖器官的刑罚。 **16** 大辟:死刑。 **17** 属:指处罪条文。五刑总共三千条。 **18**《甫刑》:《尚书》作《吕刑》,甫侯原为吕侯。

穆王立五十五年,崩,子共王繄扈[1]立。

共王游于泾上,密康公从,有三女奔之。[2]其母[3]曰:"必致[4]之王。夫兽三为群,人三为众,女三为粲。[5]王田不取群,公行不下众,王御不参一族。[6]夫粲,美之物也。众以美物归女,而

穆王在位五十五年逝世,他的儿子共王繄扈继位。

共王在泾水上游玩,密国诸侯康公跟从他,有三个女子投奔密康公。密康公的母亲说:"一定要把她们献给共王。三只兽就成群,三个人就成众,三个女子就成粲。国王打猎不获取全群的野兽,诸侯行进不使众人下车致敬,国王娶嫔妃不取同一家的三名女子。粲,就是美丽的女子。大家把美丽的女子送给你,你有什么样的德

何德以堪之？[7]王犹不堪，况尔之小丑[8]乎！小丑备物[9]，终必亡。”康公不献。一年，共王灭密。

行能够承受？国王还不能承受，更何况你这样的小人物呢！小人物拥有这些美物，国家最终一定会灭亡。”康公不献出三名美女。过了一年，共王灭掉了密国。

共王崩，子懿王囏[10]立。懿王之时，王室遂衰，诗人作刺[11]。

共王逝世，他的儿子懿王囏继位。懿王的时候，周王室就开始衰败，诗人作诗进行讥刺。

懿王崩，共王弟辟方立，是为孝王。孝王崩，诸侯复立懿王太子燮[12]，是为夷王。

懿王逝世，共王的弟弟辟方继位，这就是孝王。孝王逝世，四方诸侯重新扶立懿王的太子燮，这就是夷王。

注释 **1** 繄(yī)扈：一作伊扈，共(gōng)王的名字。 **2** 泾(jīng)：水名，渭水支流。 密康公：密国诸侯，姬姓。密国又称密须，在今甘肃灵台县西南。 奔：投奔。 **3** 其母：指密康公母。 **4** 致：送给。 **5** 群、众、粲(càn)：都是称多数。 **6** 田：打猎。 群：全群之兽。 下众：使众人下车致敬。 御：娶嫔妃。 参一族：使三女出自一个家族。 **7** 美物：美女为粲，故称。 而：你。 堪：胜任，承受。 之：这，这个。指代这三名美丽的女子。 **8** 丑：类，辈。 **9** 备物：具有美物。 **10** 囏：同“艰”。 **11** 作刺：作诗进行讽刺。 **12** 燮(xiè)：夷王名。

夷王崩，子厉王胡立。厉王即位三十年，好利，近荣夷公[1]。大夫芮良夫[2]谏厉王曰：“王

夷王逝世，儿子厉王胡继位。厉王登上王位三十年，贪好财利，亲近荣夷公。大夫芮良夫向厉王进谏说：“王室难道将要衰弱了吗？那个荣公只喜

室其将卑乎[3]？夫荣公好专利而不知大难[4]。夫利，百物之所生也，天地之所载也，而有专之，其害多矣。天地百物皆将取焉，何可专也？所怒甚多，而不备大难。以是教王，王其能久乎[5]？夫王人者，将导利而布之上下者也[6]。使神人百物无不得极，犹日怵惕惧怨之来也。[7]故《颂》曰：'思文后稷，克配彼天，立我蒸民，莫匪尔极。'[8]《大雅》曰：'陈锡载周'。[9]是不布利而惧难乎，故能载周以至于今。今王学专利，其可乎？匹夫专利，犹谓之盗，王而行之，其归鲜矣。[10]荣公若用，周必败也。"厉王不听，卒以荣公为卿士，用事。

好独占财利却不知大难将至。财利，是各种各样的事物所产生出来的，是天地间自然生成的，而想一个人独占，其祸害就无穷了。天地间各种各样的财物人人都可得到它，怎么可以独占呢？独占会招来众怒，却不能防备大祸。荣公拿这种独占财利的思想教导您，您在位还能长久吗？当天下人的君王，是要能够引导人们获得财利并把它均匀地分给全国上下所有的人。让神、人以及百物无不得到最恰当的处置，就这样还每日都胆战心惊，害怕怨恨会到来。所以《颂》诗说：'具有文德的后稷，能够配享天老爷，种粮养育我众人，莫不以您做准则。'《大雅》上说：'普遍赐福创周业。'这不是让人人得到财利而害怕大难来临吗？所以先王能够创建周家的天下并一直延续到现在。如今您去学独占财利，这怎么可以呢？普通民众独占财利，人们还把他叫作强盗，您也照着去做，来归服您的人就会很少了。荣公假使被任用，周家一定会败亡。"厉王不听从芮良夫的劝谏，结果还是任命荣公做卿士，让他掌权。

注释 1 好利:贪图财利。 荣夷公:人名,封于荣,在河南巩义市西。 2 芮(ruì)良夫:人名,封于芮,在今陕西大荔县东南。 3 其:副词。表推测。大概。 卑:衰微。 4 专利:独占财利。 难:祸患。 5 教:开导,引导。 其:副词。表诘问。难道。 6 王人:作天下人的王。 导利:指倡导生产,开发货利。 布之上下:公平地分配给全国上下。 7 极:最适宜地利用。 犹:还是。 怵(chù)惕:戒惧。 8《颂》:指《诗·周颂·思文》。 思:发语词。 文:文德。 克:能。 立:当作"粒",指种粮食养育人。 蒸:众。 极:德高至极。 9《大雅》:指《诗·大雅·文王》。 陈:普遍,广泛。 锡:赠,赐。 载:成就,开创。 10 而:如果。 归:指归顺的人。 鲜(xiǎn):少。

王行暴虐侈傲,国人谤[1]王。召公谏曰:"民不堪命矣。"[2]王怒,得卫巫,使监谤者,[3]以告,则杀之。其谤鲜矣,诸侯不朝。

三十四年,王益严,国人莫敢言,道路以目[4]。厉王喜,告召公曰:"吾能弭[5]谤矣,乃不敢言。"召公曰:"是鄣[6]之也。防民之口,甚于防水。水壅而溃[7],伤人必多,民亦

厉王行为暴虐,极其傲慢,国内的百姓到处议论厉王。卿士召公进谏说:"百姓忍受不了您的暴政了。"厉王恼怒,找来卫国的一名巫士,让他去监察那些议论的人,只要发现了便来报告,厉公就杀掉他们。这样议论的人是少了,但四方诸侯也都不来朝拜了。

三十四年,厉王更加严苛了,国内的百姓没有谁敢发表意见,道路上相见也只用目光示意。厉王很高兴,告诉召公说:"我消除议论了,人们终于不敢说三道四了。"召公说:"这是堵塞了言路。防范百姓的言论,比防范水患还难。水流被堵塞而致崩溃,伤害的人一定会更多,堵塞百姓的言论也会如此。所以治理水害的人采取的措施是疏通水道让

如之。是故为水者决之使导，为民者宣之使言。[8]故天子听政，使公卿至于列士献诗，瞽献曲，史献书，师箴，瞍赋，蒙诵，百工谏，庶人传语，近臣尽规，亲戚补察，瞽史教诲，耆艾修之，而后王斟酌焉，是以事行而不悖。[9]民之有口也，犹土之有山川也，财用于是乎出；犹其有原隰衍沃也[10]，衣食于是乎生。口之宣言也，善败于是乎兴[11]。行善而备败，所以产财用衣食者也。夫民虑之于心而宣之于口，成而行之[12]。若壅其口，其与能几何[13]？"王不听。于是国莫敢出言，三年，乃相与畔，袭厉王。厉王出奔于彘[14]。

水流通畅，治理百姓的人应采取的办法是让百姓宣泄使言路畅通。所以天子处理政事，让三公九卿和一般官员都献上诗篇讽刺政治，盲人乐官献上乐曲，史官献上史书，乐师进献规诫的文辞，没有眸子的盲人朗诵三公九卿和一般官员献上的诗篇，有眸子而失明的人诵读规诫劝导的文辞，百官进谏，低贱的民众向上间接传达他们的意见，近侍之臣尽规劝的职责，内外亲属大臣补救王的过失监察王的行动是非，太师太史施加教诲，朝中的耆艾老臣帮助归纳总结这些意见，而后再由王自己斟酌决定，所以各项政事都能顺利施行而不悖乱。百姓能有口说话，就好比大地有山川，财货从那里出产；又好比大地有高原、低湿地、平原、灌溉地，衣食从那里出产。人们能畅所欲言，政治上的得失成败就能显示出来。施行善政并防备败坏，就是产生财货衣食的重要途径。百姓在心中思虑又从口中说出来，考虑成熟了以后就可以施行。假若堵住他们的嘴，拥护您的人还能有几个？"厉王不听进谏。于是国内谁也不敢发表议论，经过三年，国人联合发动叛乱，袭击厉王。厉王出亡逃奔到彘地。

注释 1 谤:公开指责别人的过失。 2 召(shào)公:召穆公,名虎,召公奭的后代,周厉王的大臣。 堪:忍受。 命:命令,政令。 3 卫巫:卫国的巫者。巫,古代以祈神为职业的人。 监:察看。 4 道路以目:指人们不敢随便说话,在路上相遇只得交换眼色来示意。 5 弭(mǐ):阻止,消除。 6 鄣:同“障”,阻塞。 7 壅(yōng):堵塞。 溃:决堤。
8 为:治。 导:疏导。 宣:开放,开导。 9 听政:处理国家大事。 公卿:指朝廷大臣。 列士:一般官员。 诗:指议论政治的诗篇。 瞽(gǔ):盲人乐师。 曲:乐曲。 史:史官。 书:史事的记载。 师:少师,乐官。 箴(zhēn):规诫的文辞。 瞍(sǒu):没有眸子的盲人。 赋:朗诵公卿列士所献上的诗。 蒙(méng):眼睛失明,盲人。 诵:诵读规谏的文辞。 百工:百工技艺之人。 谏:谏诤。 庶人:平民。 传语:把意见间接传给国王。 近臣:左右侍从。 尽规:尽规谏的责任。 亲戚:宗族大臣。 补察:弥补和监察国王的过失。 瞽:乐太师。 史:掌阴阳、天时、礼法的太史。 耆(qí)艾:国王的师傅老臣。耆,六十岁的人。艾,五十岁的人。 修之:归纳总结以上众人的意见。 斟酌:考虑取舍。斟,取。酌,行。 悖(bèi):逆,违背事理。 10 原:高爽而平坦的土地。 隰(xí):低下而潮湿的土地。 衍:低下而平坦的土地。 沃:有灌溉之利的土地。
11 善败:政治上的成败得失。 兴:表现出来。 12 成:指在心里考虑成熟了。 行:指在实际上就会加以推行。 13 与:赞同,支持。 几何:多少。 14 彘(zhì):在今山西霍州市。

厉王太子静匿[1]召公之家,国人闻之,乃围之。召公曰:“昔吾骤[2]谏王,王不从,以及此难也。今杀王太子,王其以

厉王的太子静藏匿在召公的家中,国中的百姓听说了,就包围了召公的家。召公说:“过去我曾经多次劝谏大王,大王不依从,以致有了这次祸难。现在杀了大王的太子,大王将会认为我把他当作仇敌而发泄怨

我为仇而怼[3]怒乎？夫事君者，险[4]而不仇怼，怨[5]而不怒，况事王乎！”乃以其子代王太子，太子竟得脱。

恨愤怒吧？一个侍奉君主的人，即使是处在危险之中也不仇视怨恨君主，受到责备也不发怒，更何况是侍奉天子呢！”于是用他自己的儿子来顶替厉王的太子，太子终于免遭祸难。

注释　1 匿(nì)：隐藏。　2 骤：多次。　3 怼(duì)：怨恨。　4 险：处于危险之中。　5 怨：责备。

召公、周公二相行政，号曰“共和”。[1]共和十四年，厉王死于彘。太子静长于召公家，二相乃共立之为王，是为宣王[2]。宣王即位，二相辅之，修政，法文、武、成、康之遗风，诸侯复宗周[3]。十二年，鲁武公来朝。

召公、周公两位辅相负责处理政事，这一时期称为“共和”。共和十四年，厉王死在彘地。太子静在召公的家中成长起来，二位辅相于是共同决定扶立他为王，这就是宣王。宣王登临王位，二相辅佐他，修治政事，效法文王、武王、成王、康王的优良作风，四方诸侯重新宗崇周王室。十二年，鲁国武公前来朝拜。

宣王不修籍于千亩[4]，虢文公[5]谏曰不可，王弗听。三十九年，战于千亩[6]，王师败绩于姜氏之戎。

宣王忽视农事，不到千亩去耕种籍田，虢文公进谏说不可以不去耕种籍田，宣王不听。三十九年，在千亩地方交战，宣王的军队被姜氏的一支戎族打败了。

宣王既亡南国之师，乃料民于太原。[7]仲山甫[8]

宣王丧失了被姜戎打败的从江、汉之间征集来的军队之后，便在太原地区调查人口准备征兵。大臣谏曰："民不可料也。"宣王不听，卒料民。

仲山甫进谏说："民众是不可以查点而征兵的。"宣王不听劝谏，最终还是调查了人口以备征兵。

注释 1 召公：即周召康公的后代，名穆公虎。 周公：即周公旦次子的后代。 共和：指召公、周公共同和衷管理国家。共和行政，公元前841—前828年。共和元年，我国历史上有确切纪年的开始。 2 宣王：公元前827—前782年在位。 3 复宗周：重新尊崇周王室，以周王室为宗。 4 修籍：耕种籍田。古代天子劝农的一种方式。 千亩：依句法当为地名。《史记正义》："应劭云：'古者天子耕籍田千亩，为天下先。'瓒曰：'籍，蹈籍也。'按：宣王不修亲耕之礼也。" 5 虢(guó)文公：文王母弟虢仲的后代。虢，国名，在今陕西宝鸡市西。 6 千亩：地名，在今山西介休市境。 7 既亡南国之师：与姜戎作战失败时已经损失从南方江、汉间征集来的部队。 料民：调查登记人口以便征民。料，计数。 8 仲山甫：人名，食采于樊，在今河南济源市西南。

四十六年，宣王崩，子幽王宫湦立[1]。

幽王二年，西周三川皆震[2]。伯阳甫[3]曰："周将亡矣。夫天地之气，不失其序；若过其序，民乱之也。[4]阳伏而不能出，阴迫而不能蒸，[5]于是有地震。今三川实震，是阳失

四十六年，宣王逝世，儿子幽王宫湦继位。

幽王二年，西周都城附近的渭水、泾水、洛水一带都发生了地震。大夫伯阳甫说："周朝将要灭亡了。天地的自然之气，不会失掉它的运行秩序；假若失掉了它的运行秩序，那是有人扰乱了它。阳气伏在下面不能排出，受到阴气的压迫不能上升，在这样的情况下就会有地震发

其所而填阴也。[6]阳失而在阴,原必塞;原塞,国必亡。[7]夫水土演[8]而民用也。土无所演,民乏财用,不亡何待!昔伊、洛竭而夏亡,河竭而商亡。[9]今周德若二代之季[10]矣,其川原又塞,塞必竭。夫国必依山川,山崩川竭,亡国之征也。川竭必山崩。若国亡不过十年,数之纪[11]也。天之所弃,不过其纪。”是岁也,三川竭,岐山崩。

生。现在三条河流一带确实发生了地震,这是因为阳气失掉了它在上的位置而被阴气所镇压。阳气失掉了它的位置而处在阴气的下面,河流的源泉一定会被堵塞;河流的源泉堵塞,国家必定灭亡。水土气息通畅而湿润可以生长作物来供民众取用。土气不能通畅湿润,民众就会缺乏财货物用,不灭亡还等待什么!从前伊水、洛水枯竭,而夏代就灭亡了,黄河枯竭,商代就灭亡了。现在周朝的德运就像夏、商二代的末年,河流的源头又被堵塞。源头堵塞,水流一定会枯竭。一个国家的兴衰必定依靠山川,山陵崩塌河流枯竭,这就是亡国的征兆。河流枯竭一定会引起山陵崩塌。像这样国家灭亡不会超过十年,十是数字的一个周期。上天要抛弃哪个国家,它的灭亡就不会超过十年。”正是这一年,渭水、泾水、洛水三条河流枯竭,岐山崩塌。

注释 1 幽王:公元前781—前771年在位。 宫湦(shēng):周幽王之名。湦,一作生。 2 三川:泾水、渭水、洛水。 震:地震。 3 伯阳甫:人名,周大夫。 4 序:次序,指自然常态或规律。 民乱之也:是幽王的政治行为扰乱了它。民,不敢直接指斥幽王而托言民。 5 阳伏:阳气压伏在下。 阴迫:阴气逼迫阳气。 蒸:上升。 6 实震:发生了地震。 所:指应有位置。 填(zhèn)阴:被阴气镇伏。填,通“镇”。 7 阳失而在阴:阳气失掉原来的位置处在阴气的下面。 原:指河流源泉。 塞:阻塞。 国必亡:古人认为国家依靠山河的气运而存在,所以河流源塞国家就会灭亡。 **8** 演:水土气通为演,土润湿可生长作物以供民用。 **9** 伊:伊水。 洛:即今河南洛水。禹都阳城,迫近伊洛,所以伊洛枯竭就预示夏亡。 河竭而商亡:商都于卫,河水流过,所以黄河因改道而原河道枯竭,也表示商代要亡。 **10** 二代之季:指夏桀和商纣。季,末世,末代。 **11** 数之纪:数起于一,终于十,至十就变更,所以称纪。纪,表示单元。

三年,幽王嬖爱褒姒[1]。褒姒生子伯服,幽王欲废太子。太子母,申[2]侯女,而为后。后幽王得褒姒,爱之,欲废申后,并去太子宜臼,以褒姒为后,以伯服为太子。周太史伯阳读史记曰[3]:"周亡矣。"昔自夏后氏之衰也,有二神龙止于夏帝庭而言曰:"余,褒之二君。"夏帝卜杀之与去之与止之[4],莫吉。卜请其漦[5]而藏之,乃吉。于是布币而策告之,龙亡而漦在,椟而去之。[6]夏亡,传此器殷。

三年,幽王宠爱褒姒。褒姒生了儿子伯服,幽王就想废掉太子。太子的母亲,是申国诸侯的女儿,是幽王的王后。后来幽王得到了褒姒,非常喜欢她,就想废掉申后,同时废除太子宜臼,再立褒姒做王后,让伯服做太子。周朝的太史伯阳甫读了有关史书以后说:"周朝要亡国了。"从前在夏后氏衰微的时候,有两条神龙降落在夏帝宫廷内说:"我们,是褒国的两位先君。"夏帝占卜:杀掉它们或赶走它们或把它们留在宫廷内,三种情况都不吉利。再占卜,请求将它们的唾液留下收藏起来,才显示吉利。于是陈列祭品并宣读策文告诉神龙,神龙飞去而它们的唾液留下来了,人们用匣子藏起唾液并擦去它的痕迹。夏朝灭亡,藏唾液的匣子传给了殷家。殷朝灭亡,又把这只匣子传给了周朝。连续三代,谁殷亡,又传此器周。比[7]三代,莫敢发之。至厉王之末,发而观之。漦流于庭,不可除。厉王使妇人裸而噪之[8]。漦化为玄鼋[9],以入王后宫。后宫之童妾既龀而遭之[10],既笄[11]而孕,无夫而生子,惧而弃之。宣王之时童女谣曰:“檿弧箕服[12],实亡周国。”于是宣王闻之,有夫妇卖是器[13]者,宣王使执而戮之。逃于道,而见乡者[14]后宫童妾所弃妖子出于路者,闻其夜啼,哀而收之,夫妇遂亡,奔于褒。褒人有罪,请入[15]童妾所弃女子者于王以赎罪。弃女子出于褒,是为褒姒。当幽王三年,王之[16]后宫,见而爱之,生子伯服,竟废申后及太子,以褒姒为后,伯服为太子。太史伯阳

也不敢打开这只匣子。到了厉王的末年,厉王打开匣子来观看。唾液流到宫廷的地面上,不能除掉。厉王让妇人们光着身子大声吵嚷。流在地上的唾液就变化成了一只黑色的类似蜥蜴的动物,进入了厉王的后宫。后宫一个已满七岁的童妾遇到这只动物,结果等这个小女婢到了及笄之年,没有丈夫就生下了小孩,她害怕,就把小孩抛弃了。宣王的时期,小女孩们唱歌谣说:“山桑做的箭弓,箕木做的箭袋,就是它们会使周朝灭亡。”当时宣王听说有一对夫妇正是卖这种箭弓箭袋的,他就派人要把他们抓起来杀掉。这对夫妇就逃于路上,途中正好遇见了从前后宫那个小女婢所抛弃的妖孽孩子,听到这个妖子夜晚啼哭,因为哀怜就把她收养下来,这对夫妇就跑掉了,奔逃到了褒国。褒国人有罪过,请求献上这个小女婢所生下又抛弃了的女子给国王以赎免罪过。这个被抛弃的女子来自褒国,这就是褒姒。当幽王三年的时候,幽王去到后宫,看见了褒姒而爱幸她,她生下了儿子伯服,幽王最终废除了申后和太子,让褒姒做皇后,伯服做太子。太史伯阳甫就说:“祸患形成了,

曰:“祸成矣,无可奈何!”

已经是无可奈何了!”

注释 1 褒姒:褒国进献的女子。褒,诸侯国名,在今陕西汉中市西北,姒姓。 2 申:诸侯国名,姜姓,在今河南南阳市北。 3 伯阳:即伯阳甫。 史记:史官所记,泛指史书。 4 卜:占卜。 去:赶走。 止:留住。 5 漦(lí):唾液。 6 布币:陈列祭物丝织品。 策告:宣读册文向龙神祷告。 椟(dú):木匣。椟用为动词,指收藏在匣内。 去之:除掉漦的痕迹。 7 比:接连。 8 裸:裸体。 噪(zào):大声吵闹。 9 玄鼋(yuán):《史记索隐》:“蜥蜴也。” 10 童妾:小女婢。 龀(chèn):女孩七岁换牙。 遭:遇上。 11 既笄(jī):已经成年。笄,指可插簪子的年龄。 12 檿(yǎn)弧:山桑木所制的弓。 箕服:箕木所制的箭袋。 13 卖是器:指卖桑木弓箕木箭袋。 14 乡者:从前。乡,通“向”。 15 请入:请求进献。 16 之:到。

褒姒不好笑,幽王欲其笑万方[1],故不笑。幽王为熢燧[2]大鼓,有寇至则举熢火。诸侯悉至,至而无寇,褒姒乃大笑。幽王说之,为数举熢火。其后不信,诸侯益亦不至。

褒姒不喜欢笑,幽王想尽了各种办法想让她笑,但不管他怎么做,她还是不笑。幽王在边境上高筑了烽火台和大的鼓风箱,如有敌寇到达就点燃烽火。四方诸侯们见到烽火都带兵赶来,到了一看并没有敌寇,褒姒于是大笑。幽王非常高兴,就多次点燃烽火。这使幽王失掉了信用,四方诸侯到后来也就更不愿应召带兵而来了。

幽王以虢石父为卿,用事[3],国人皆怨。石父为人佞巧[4]善谀好利,王用之。又废申后,去太子

幽王任命虢石父做卿士,执掌政治权力,国内的百姓都很怨恨。虢石父为人谄佞巧诈而善于奉承且贪好财

也。申侯怒,与缯[5]、西夷犬戎攻幽王。幽王举燧火征兵,兵莫至。遂杀幽王骊山下,虏褒姒,尽取周赂而去。[6]于是诸侯乃即申侯[7]而共立故幽王太子宜臼,是为平王[8],以奉周祀。

利,幽王却信任他。他又参与废掉了申后,废除了太子。申侯愤怒,联合缯国、西方夷族犬戎来进攻幽王。幽王点燃烽火征求诸侯发救兵,诸侯救兵没有哪个发来救兵的。于是就把幽王杀死在骊山脚下,俘虏了褒姒,将周朝的财物全部抢走回到西方去了。于是四方诸侯就与申侯商议共同扶立原来幽王的太子宜臼,这就是平王,来供奉周朝的祭祀。

注释 1 万方:指千方百计。 2 燧燧(fēng suì):即"烽燧",古代边疆的报警系统,在高土台上燃薪柴,昼见烟,夜见光,以传递信息。 3 用事:主持政事。 4 佞巧:善花言巧语而且奸诈。 5 缯:国名,姒姓,在今山东枣庄市东。 6 骊(lí)山:山名,在今陕西西安市临潼区东南。 周赂(lù):周王室所藏财物。 7 乃即申侯:就与申侯商议。 8 平王:公元前770—前720年在位。其元年,为春秋时期之始。《竹书纪年》说:"自武王灭殷以至幽王,凡二百五十七年,西周尽。"

平王立,东迁于雒邑,辟戎寇。平王之时,周室衰微,诸侯强并弱,齐、楚、秦、晋始大,政由方伯[1]。

四十九年,鲁隐公即位[2]。

五十一年,平王崩,太子泄父蚤死,立其子林,是

平王继位,把京城往东迁徙到雒邑,避免西方戎族的寇害。平王的时候,周朝王室衰败微弱,诸侯互相之间强国兼并弱国,齐国、楚国、秦国、晋国开始强大,政治形势被四方诸侯中的首领所左右。

四十九年,鲁国的隐公就君主之位。

五十一年,平王逝世,太子泄父

为桓王[3]。桓王,平王孙也。

桓王三年,郑庄公朝,桓王不礼[4]。五年,郑怨,与鲁易许田[5]。许田,天子之用事太山田也。[6]八年,鲁杀隐公,立桓公。十三年,伐郑,郑射伤桓王[7],桓王去归。

二十三年,桓王崩,子庄王[8]佗立。庄王四年,周公黑肩欲杀庄王而立王子克[9]。辛伯告王[10],王杀周公。王子克奔燕。

早已死亡,于是让太子的儿子林继位,这就是桓王。桓王,是平王的孙子。

桓王三年,郑国的庄公来朝拜,桓王不以应有的礼仪相待。五年,郑国怨恨,不经过周天子许可就直接用祊田调换鲁国的许田。许田(应为"祊田"),是周王赐给郑国的在天子去祭祀太山的时候用作郑国协助天子祭祀的邑田。八年,鲁国人杀了隐公,立了桓公。十三年,鲁国讨伐郑国,郑国将领用箭射伤桓王,桓王离开郑国回来。

二十三年,桓王逝世,儿子庄王佗继位。庄王四年,周公黑肩想杀死庄王让王子克继位。大夫辛伯报告给庄王,庄王杀了周公。王子克逃奔到了燕国。

注释 **1** 方伯:诸侯中的首领。 **2** 鲁隐公即位:鲁隐公元年是公元前722年,《左传》记事之始。 **3** 桓王:公元前719—前697年在位。 **4** 不礼:不以礼相待。 **5** 与鲁易许田:郑有周王朝赐给的助祭邑祊(bēng)田,在今山东费县,近鲁;鲁有周成王赐给的朝见时住宿的邑田在许,故称许田,在今河南许昌,近郑。郑蔑视周王而与鲁交换邑田,是一种报复行为。 **6** 许田:当为祊田。 用事太山:即祭祀太山。 **7** 郑射伤桓王:繻(xū)葛之战,郑国祝聃(dān)射中桓王的肩膀。 **8** 庄王:公元前696—前682年在位。 **9** 王子克:庄王弟,名子仪。桓王宠爱子仪,让周公黑肩辅佐他。 **10** 辛伯:周大夫。 告王:报告庄王。

十五年，庄王崩，子釐王[1]胡齐立。釐王三年，齐桓公始霸。[2]

五年，釐王崩，子惠王阆立[3]。惠王二年，初，庄王嬖姬姚，生子颓，颓有宠。[4]及惠王即位，夺其大臣园以为囿[5]，故大夫边伯等五人作乱，谋召燕、卫师，伐惠王。惠王奔温，已居郑之栎。[6]立釐王弟颓为王。乐及遍舞，郑、虢君怒。[7]四年，郑与虢君伐杀王颓，复入惠王。惠王十年，赐齐桓公为伯[8]。

二十五年，惠王崩，子襄王[9]郑立。

十五年，庄王逝世，儿子釐王胡齐继位。釐王三年，齐桓公开始称霸。

五年，釐王逝世，儿子惠王阆继位。惠王二年，当初，庄王的宠姬姚姓女子，生了儿子名叫颓，颓受到宠爱。等到惠王就位，强夺了其大臣苏国的园地用作自己饲养动物的苑囿，所以大夫边伯等五个人一起作乱，计划召来燕国、卫国的军队，攻伐惠王。惠王逃奔到温地，不久又移居于郑国的栎地。边伯等扶立釐王的弟弟颓做国王。他们歌舞娱乐时竟用上了六代之乐舞，郑国、虢国的国君知道了都很愤怒。四年，郑国和虢国的国君攻伐杀死了周王颓，重新送回惠王。惠王十年，颁布策令赐齐桓公做诸侯的首领。

二十五年，惠王逝世，儿子襄王名叫郑的继位。

注释　1 釐王：公元前 681—前 677 年在位。　2 齐桓公始霸，会诸侯于鄄(juàn)，事在公元前 679 年。　3 惠王：公元前 676—前 652 年在位。　阆(làng)：《世本》名毋凉。　4 姚：姓。　颓：公子颓，庄王子，釐王弟，惠王之叔。　5 囿(yòu)：动物饲养园地。《左传》记载的五人是苏国、边伯、詹父、子禽、祝跪。　6 温：邑名，在今河南温县。　已：不久。　栎(lì)：郑大邑，在今河南禹州市。　7 遍舞：一一演奏六代之乐。即四支文舞：黄帝时的《云门》，尧时的《咸池》，舜时的《大磬》，禹时的《大夏》。两支武舞：殷时的《大濩》，周时的《大武》。 郑、虢君：即郑厉公突与虢公林父。 **8** 伯：即方伯。 **9** 襄王：公元前651—前619年在位。

襄王母蚤死，后母曰惠后[1]。惠后生叔带，有宠于惠王，襄王畏之。三年，叔带与戎、翟谋伐襄王，襄王欲诛叔带，叔带奔齐。齐桓公使管仲平戎[2]于周，使隰朋平戎于晋。王以上卿礼管仲。管仲辞曰："臣贱有司也，有天子之二守国、高在。[3]若节春秋[4]来承王命，何以礼焉？陪臣敢辞[5]。"王曰："舅氏[6]，余嘉乃勋，毋逆朕命。"管仲卒受下卿之礼而还。九年，齐桓公卒。十二年，叔带复归于周。

襄王的母亲早已死去，后母叫惠后。惠后生了叔带，受到惠王的宠爱，襄王害怕他。三年，叔带和戎族、翟族谋划进攻襄王，襄王就想诛杀叔带，叔带逃奔到了齐国。齐桓公派管仲到周去让周与戎族讲和，派隰朋到晋国让晋国与戎族讲和。襄王用对待上卿的礼节款待管仲。管仲推辞说："臣下是个低贱的小官，还有天子任命的齐国守臣国氏、高氏两位上卿存在。如果他们按照春秋朝聘的时节来承奉您的命令，您还能用什么礼节接待他们呢？我作为您臣子齐侯的臣下冒昧地辞却。"襄王说："你是我舅父家的使者，我嘉奖你的勋劳，不要违背我的命令。"管仲最终受到下卿的礼仪款待回国了。九年，齐桓公去世。十二年，叔带重新回到周朝。

注释 **1** 惠后：惠王之后，《左传》说即陈妫(guī)。 **2** 平戎：与戎族讲和。平，和。戎伐周，晋伐戎救周，所以让戎族与晋讲和。 **3** 贱有司：地位低下的小臣。有司，官员。 国、高：天子任命的齐国守臣国氏与高氏，地位都居上卿。 **4** 节春秋：按春秋聘享的时节。 **5** 陪臣：重臣，天子的臣子（诸侯）的臣子。 敢：斗胆，冒昧。 **6** 舅氏：齐太公（姜尚）女为周武王的王后，所以齐为周的舅家。这里视管仲为齐的使臣。

十三年，郑伐滑，王使游孙、伯服请滑，[1] 郑人囚之。郑文公怨惠王之入不与厉公爵，又怨襄王之与卫滑，[2] 故囚伯服。王怒，将以翟伐郑。富辰[3]谏曰："凡我周之东徙，晋、郑焉依。[4] 子颓之乱，又郑之由定[5]，今以小怨弃之！"王不听。十五年，王降[6]翟师以伐郑。王德[7]翟人，将以其女为后。富辰谏曰："平、桓、庄、惠皆受郑劳[8]，王弃亲亲翟，不可从。"王不听。十六年，王绌翟后，翟人来诛，杀谭伯[9]。富辰曰："吾数谏不从，如是不出[10]，王以我为怼乎？"乃以其属死之[11]。

十三年，郑国攻伐小国滑国，襄王派大夫游孙、伯服去替滑国讲情，郑国人把他俩囚禁起来。郑文公怨恨周惠王被送回京都后没有把玉制酒杯送给郑厉公，又怨恨周襄王偏向卫国和滑国，所以把伯服囚禁了起来。襄王发怒，将要利用翟族讨伐郑国。大夫富辰进谏说："大凡我们周朝向东迁都，依靠的是晋国、郑国。子颓作乱，又是由郑国平定的，现在能因为一点小怨就抛弃它吗？"襄王不听从。十五年，惠王派翟族军队来讨伐郑国。襄王感激翟族人，将要娶翟族女子做王后。富辰进谏说："平王、桓王、庄王、惠王都受过郑国的扶持援助，王抛弃亲族，亲近翟族，不可这么做。"襄王不听从。十六年，襄王贬黜了翟族王后，翟族人前来诛讨，杀了大夫谭伯。富辰说："我多次劝谏不听从，如果这个时候不挺身而出，襄王会认为我在怨恨他吧？"于是就和他的私家部属与翟族人作战而死。

注释 **1** 滑：姬姓之国，在今河南偃师市南。 游孙、伯服：二人都是周大夫。 请滑：为滑讲情。 2 入：指惠王被郑、虢送回京都。 不与厉公爵：惠王把玉爵送给了虢公，而没有送给郑厉公。爵，酒杯。 与：褊袒。 卫滑：卫、滑二国。滑从郑而违叛，郑伐滑，滑诉于襄王，襄王以滑与卫，所以郑怨襄王。 3 富辰：周大夫。 4 东徙：指平王东迁。 依：依靠。 5 由定：由……所平定。 6 降：派遣。 7 德：感激。 8 劳：勋劳、好处。 9 谭伯：周大夫。 10 不出：不挺身而出。 11 属：私人部属。 死之：与狄人作战而死。

初，惠后欲立王子带，故以党开翟人[1]，翟人遂入周。襄王出奔郑，郑居王于氾[2]。子带立为王，取[3]襄王所绌翟后与居温。十七年，襄王告急于晋，晋文公纳王而诛叔带。襄王乃赐晋文公珪鬯弓矢，为伯，以河内地与晋。[4]二十年，晋文公召襄王，襄王会之河阳、践土，诸侯毕朝，书讳曰“天王狩于河阳”。[5]

当初，惠王王后想让王子叔带继位，所以用她的亲信去为翟族人开路，翟族人就进入了周都。襄王出逃奔走到郑国，郑国安置襄王居住在氾地。王子叔带被立为国王，把襄王所贬黜的翟族王后娶过来和她一起居住在温地。十七年，襄王向晋国报告情况紧急请求援救，晋文公出兵送襄王回周并诛杀了叔带。襄王于是给晋文公颁赐了用作凭信的玉器圭、祭祀用的香酒鬯、射箭用的弓矢，策命他为四方诸侯的首领，把河内地区让给晋国。二十年，晋文公召去襄王，襄王和晋文公在河阳、践土相会，四方诸侯都来朝拜，因为避忌以臣召君这样的事实，所以《左传》只是说“周天子在河阳巡视”。

注释 1 党：党徒，亲信。 开：开路。 2 氾(fàn)：郑地，在今河南襄城县境。 3 取：通“娶”。 4 珪(guī)：用作凭信的玉器。 鬯(chàng)：

祭祀降神用的香酒。　河内地：黄河北岸的土地，指杨樊、温、原、攒茅的田地。　**5** 河阳：晋地，在今河南孟州市西。　践土：郑地，在今河南原阳县西南。　狩：巡视。晋文公以臣召天子，违礼，忌讳直书，故委婉地说是天子巡狩。

二十四年，晋文公卒。

三十一年，秦穆公卒。

三十二年，襄王崩，子顷王[1]壬臣立。

顷王六年，崩，子匡王[2]班立。

匡王六年，崩，弟瑜立，是为定王[3]。

定王元年，楚庄王伐陆浑之戎，次洛，使人问九鼎。[4]王使王孙满应设以辞[5]，楚兵乃去。十年，楚庄王围郑，郑伯降，已而复之。十六年，楚庄王卒。

二十四年，晋文公去世。

三十一年，秦穆公去世。

三十二年，襄王逝世，他的儿子顷王壬臣继位。

顷王六年，逝世，他的儿子匡王班继位。

匡王六年，逝世，他的弟弟瑜继位，这就是定王。

定王元年，楚庄王讨伐陆浑地区的戎族，路过的时候驻扎在洛水边上，他有取代周王朝的野心，就派人询问传国宝九鼎的情况。定王派大夫王孙满设法用言辞去应对，楚国的军队于是就离去了。十年，楚庄王围攻郑国，郑国国君投降，不久又恢复了郑国。十六年，楚庄王去世。

注释　**1** 顷王：公元前618—前613年在位。　**2** 匡王：公元前612—前607年在位。　**3** 定王：公元前606—前586年在位。　**4** 陆浑之戎：当在今河南伊川和嵩县境。　次洛：停驻在洛水边上。　问九鼎：表现出要取代周王朝的野心。　**5** 王孙满：周大夫。　应设以辞：设辞以随机应对。

二十一年，定王崩，子简王[1]夷立。简王十三年，晋杀其君厉公，迎子周于周，立为悼公。

十四年，简王崩，子灵王[2]泄心立。灵王二十四年，齐崔杼弑其君庄公。

二十七年，灵王崩，子景王[3]贵立。

景王十八年，后、太子圣而蚤卒。二十年，景王爱子朝，欲立之，会崩，子丐之党与争立，国人立长子猛为王，子朝攻杀猛。[4]猛为悼王[5]。晋人攻子朝而立丐，是为敬王[6]。

二十一年，定王逝世，他的儿子简王夷继位。简王十三年，晋国杀死了他们的国君厉公，从周迎回了子周，立他为国君，就是悼公。

十四年，简王逝世，他的儿子灵王泄心继位。灵王二十四年，齐国的崔杼弑杀了其国君庄公。

二十七年，灵王逝世，他的儿子景王贵继位。

景王十八年，王后所生的太子圣明而过早去世。二十年，景王喜爱子朝，想立他做国君，结果景王这时驾崩了，子丐和他的亲信同子朝争着要做国君，国内的百姓扶立长子猛做国君，子朝就进攻杀死了猛。猛继位不久又被杀，所以称作悼王。晋国人又攻打子朝而扶立丐继位，这就是敬王。

注释　1 简王：公元前 585—前 572 年在位。　2 灵王：公元前 571—前 545 年在位。　3 景王：公元前 544—前 520 年在位。　4 子朝、子丐、子猛：都是景王的儿子，子猛和子丐是同母兄弟，子朝是庶长子。　5 悼王：公元前 520 年在位。　6 敬王：公元前 519—前 477 年在位。从王城东徙成周。

敬王元年，晋人入敬王，子朝自立，敬王不得入，居泽[1]。四年，晋率诸侯入敬王于周，子朝为臣。十年，诸侯城周[2]。十六年，子朝之徒复作乱，敬王奔于晋。十七年，晋定公遂入敬王于周。

三十九年，齐田常杀其君简公。

四十一年，楚灭陈。孔子卒[3]。

四十二年，敬王崩，子元王[4]仁立。元王八年，崩，子定王[5]介立。

定王十六年，三晋[6]灭智伯，分有其地。

二十八年，定王崩，长子去疾立，是为哀王[7]。哀王立三月，弟叔袭杀哀王而自立，是为思王[8]。思王立五月，少弟嵬攻杀思王而自立，是为考王[9]。此三王皆定王之子。

敬王元年，晋国人要把敬王送进周都，子朝已经自立为王，敬王不能进入，居住在泽地。四年，晋国带领诸侯国送敬王回到周，子朝被降为臣子。十年，诸侯国替周修筑都城。十六年，子朝和他的亲信们再次作乱，敬王逃奔晋国。十七年，晋定公又把敬王送回周。

三十九年，齐国田常杀死他的国君简公。

四十一年，楚国灭掉陈国。孔子去世。

四十二年，敬王逝世，儿子元王仁继位。元王八年，逝世，儿子定王介继位。

定王十六年，晋国韩、赵、魏三家灭掉了智伯，各自分有智伯的土地。

二十八年，定王逝世，长子去疾继位，这就是哀王。哀王即位三个月，弟弟叔攻袭杀哀王而自立为王，这就是思王。思王继位五个月，少弟嵬进攻并杀死思王而自立为王，这就是考王。哀王、思王、考王这三个王都是定王的儿子。

注释 1 泽:晋地,在今山西晋城市境。 2 诸侯城周:诸侯给周天子修筑都城。 3 孔子卒:孔子卒于周敬王四十一年,即公元前479年。 4 元王:《世本》名赤。公元前476年—前469年在位。其元年是战国时期的开始。 5 定王:《世本》作贞王。公元前468—前441年在位。 6 三晋:指韩、赵、魏。 7 哀王:公元前441年在位。 8 思王:公元前441年在位。 9 考王:公元前440—前426年在位。

考王十五年,崩,子威烈王[1]午立。

考王封其弟于河南,是为桓公,以续周公之官职。[2]桓公卒,子威公代立。威公卒,子惠公代立,乃封其少子于巩以奉王,号东周惠公。[3]

威烈王二十三年,九鼎震。命韩、魏、赵为诸侯。

二十四年,崩,子安王[4]骄立。是岁盗杀楚声王。

安王立二十六年,崩,子烈王[5]喜立。烈王二年,周太史儋见秦献公曰:"始周与秦国合而别,

考王十五年,逝世,儿子威烈王午继位。

考王分封他的弟弟于河南成周,这就是西周桓公,用他来接续黑肩被杀以后便空缺了的周公的官职。桓公去世,儿子威公继位。威公去世,儿子惠公继位,又把他的少子封在巩地以侍奉周王室,称号为东周惠公。

威烈王二十三年,九鼎受到震动。策命韩、魏、赵做独立的诸侯国。

二十四年,威烈王逝世,他的儿子安王骄即位。这一年,强盗杀死了楚声王。

安王继位二十六年,逝世,他的儿子烈王喜继位。烈王二年,周的太史儋见到秦献公说:"从前周和秦国合在一起,而后来秦国被周平王封为诸侯,就与周分开了,分开以后五百年要重新合在一起,合在一起以

别五百载复合，合十七岁而霸王者出焉。”6

后十七年成为霸王的人要出现了。”

注释 1 威烈王：公元前425—前402年在位。 2 河南：即成周，今洛阳市。 桓公：西周桓公，名揭，都王城，在今洛阳市王城公园一带，西濒涧水。 周公：周庄王杀周公黑肩之后，世袭辅佐周王的周公之职便空缺，西周桓公加以接续。 3 巩：今河南巩义市。 奉王：拱卫周王。 东周惠公：巩县(今巩义市)在洛阳之东，又承袭父号，所以称东周惠公。 4 安王：公元前401—前376年在位。 5 烈王：公元前375—前369年在位。 6 儋(dān)：周太史之名。 始周与秦国合：指秦的祖先侍奉周，未另为分封。 而别：指秦襄公在公元前771年被周平王封为诸侯。 复合：指秦于公元前256年灭周。 霸王者：指秦始皇统一天下。太史儋的说法是一种神秘附会。

十年，烈王崩，弟扁立，是为显王[1]。显王五年，贺秦献公，献公称伯。九年，致文武胙[2]于秦孝公。二十五年，秦会诸侯于周。二十六年，周致伯[3]于秦孝公。三十三年，贺秦惠王。三十五年，致文武胙于秦惠王。四十四年，秦惠王称王。其后诸侯皆为王。

四十八年，显王崩，子

十年，烈王逝世，弟弟扁继位，这就是显王。显王五年，向秦献公表示道贺，献公在诸侯中称作方伯。九年，把祭祀周文王、周武王的祭肉致送给秦孝公。二十五年，秦在周的中心地带会见四方诸侯。二十六年，周把霸主的称号正式赐给秦孝公。三十三年，向秦惠王表示道贺。三十五年，把祭祀周文王、周武王的祭肉致送给秦惠王。四十四年，秦惠王称王。从此以后诸侯都称王。

慎靓王[4]定立。

慎靓王立六年，崩，子赧王[5]延立。

王赧时，东西周分治[6]。王赧徙都西周[7]。

四十八年，显王逝世，儿子慎靓王定继位。

慎靓王继位六年，逝世，儿子赧王延继位。

周王赧的时候，东周公、西周公各自为政。周王赧把都城从成周迁到西周的王城。

注释 1 显王：公元前368—前321年在位。 2 文武胙：祭祀文王、武王以后的祭肉。致胙是周王对诸侯的特殊礼遇。 3 致伯：送给方伯的称号。 4 慎靓(jìng)王：名定，公元前320—前315年在位。 5 赧(nǎn)王：名延。公元前314—前256年在位。周代最末一位君王。 6 分治：完全各自为政。 7 徙都西周：周赧王由成周西迁于王城。

西周武公之共太子死，有五庶子，毋適立。[1]司马翦[2]谓楚王曰："不如以地资[3]公子咎，为请太子。"左成[4]曰："不可。周不听，是公之知困而交疏于周也[5]。不如请周君孰欲立，以微告翦，[6]翦请令楚资之以地。"果立公子咎为太子。

西周武公名共的太子死去，有五个庶子，没有嫡子可立。司马翦对楚王说："不如用土地资助公子咎，请求武公立他为太子。"左成说："不可以这样做。周如果不听从，这就使您的智谋受到困迫而和周的交情也会疏远了。不如探问周君想立哪个儿子做太子，用暗示的方式告诉司马翦，司马翦再请求让楚国用土地来资助他。"果然立了公子咎做太子。

注释 1 西周武公：《战国策》作东周武公。 適：通"嫡"，嫡子。

2 司马翦:楚臣。 3 资:资助,帮助。 4 左成:楚臣。 5 公之知困:你的智谋困迫,即计划落空。 交疏:交往疏远。 6 孰:谁。 微告:暗示。

八年,秦攻宜阳[1],楚救之。而楚以周为秦故[2],将伐之。苏代[3]为周说楚王曰:“何以周为秦之祸也?言周之为秦甚于楚者,欲令周入秦也,故谓‘周秦’也。[4]周知其不可解,必入于秦,此为秦取周之精者也。为王计者,周于秦因善之,不于秦亦言善之,以疏之于秦。周绝于秦,必入于郢[5]矣。”

八年,秦国进攻韩国宜阳,楚国救援宜阳。楚又因为周也出兵而怀疑周是帮助秦国,将要攻伐周。著名策士苏代为周游说楚王说:“为什么要促成让周帮助秦国这种祸患呢?说周帮助秦国超过了帮助楚国的人,是想让周纳入秦国的势力,所以现在‘周秦’并称。周若是知道自己免不了被楚进攻,一定会投向秦国,这是帮助秦国取得周的最精妙的计策。替王您谋划的话,周帮助秦国也要善待它,不帮助秦国也要善待它,从此来让它和秦国疏远。周和秦国断绝交往,一定会投向楚国的。”

注释 1 宜阳:韩地,在今河南宜阳县。 2 以周为秦:楚出兵救,周也为韩出兵,楚怀疑周是出兵帮助秦。 故:缘故。 3 苏代:苏秦之弟,战国时著名策士。 4 甚于楚:超过了周之为楚。 周秦:周、秦相近,秦内心想并吞而外表上显示对周和睦,所以当时诸侯都称之为周秦。 5 郢(yǐng):楚都,此指鄢郢,在今湖北宜城市南。

秦借道两周之间,将以伐韩,周恐:借之,畏于韩;不借,畏于秦。史

秦国借用西周与东周之间的道路,将要去攻伐韩国,周感到恐惧:借道给秦国,又害怕韩国;不借道,又害怕秦国。谋士史厌对周君说:“何不

厌[1]谓周君[2]曰:“何不令人谓韩公叔[3]曰:‘秦之敢绝周而伐韩者,信东周也。[4]公何不与周地,发质使之楚?[5]’秦必疑楚不信周,是韩不伐也。又谓秦曰:‘韩强与周地,将以疑周于秦也,周不敢不受。’秦必无辞而令周不受,是受地于韩而听于秦。[6]”

派人去对韩公叔说:‘秦国之所以敢于穿过周来攻伐韩国,是相信东周的缘故。您何不给予周一些土地,派公子或大臣去楚国做人质呢?’,这样秦国一定会怀疑楚国,不相信周,这样韩国就不会受到攻伐了。又对秦国说:‘韩国勉强给予周一些土地,是为了让秦国怀疑周,而周又不敢不接受。’秦国一定没有什么托辞而让周不接受,这样就可以从韩国接受土地而又听从秦国。”

秦召西周君,西周君恶往,故令人谓韩王曰:“秦召西周君,将以使攻王之南阳也,[7]王何不出兵于南阳?周君将以为辞于秦。周君不入秦,秦必不敢逾河而攻南阳矣。”

秦国召唤西周君,西周君害怕前往,特地派人对韩王说:“秦国召唤西周君,将要让他派兵攻打您的南阳,您何不出兵到南阳?西周君将可以用您的出兵作为托辞对付秦国。西周君不进入秦国,秦国也一定不敢越过黄河来攻打南阳了。”

东周与西周战,韩救西周。或为东周说韩王曰:“西周故天子之国,多名器重宝。王案兵毋出,可以德东周,而西周之宝必可以尽矣。[8]”

东周和西周之间开战,韩国救援西周。有人替东周游说韩王说:“西周是过去的天子的国家,有很多名贵的器物珍宝。您按兵不动,可以使东周感激您,而西周的宝物一定可以尽归韩国了。”

注释 1史厌:谋士。 2周君:西周武公。 3韩公叔:一作何公叔,韩国当权的臣子。 4绝:穿越。 信:相信。 5与:送给。 质:人质。 之:往,到。 6辞:言辞,理由。 听于秦:取得秦国的理解。 7恶:厌恶,不愿意。 故:故意,特地。 南阳:在今河南济源市至获嘉县一带。 8德:感激。使动用法。 尽:意谓全都交给韩国。

王赧谓成君[1]。楚围雍氏[2],韩征甲与粟于东周,东周君恐,召苏代而告之。代曰:"君何患于是。臣能使韩毋征甲与粟于周,又能为君得高都[3]。"周君曰:"子苟能,请以国听子。"代见韩相国曰:"楚围雍氏,期三月也,今五月不能拔,是楚病也。[4]今相国乃征甲与粟于周,是告楚病[5]也。"韩相国曰:"善。使者已行矣。"[6]代曰:"何不与周高都?"韩相国大怒曰:"吾毋征甲与粟于周亦已多[7]矣,何故与周高都也?"代曰:"与周高都,是周折而入于韩也,秦闻

王赧称作名义上的周王。楚国包围韩国的雍氏,韩国向东周征取甲兵和粟粮,东周君恐惧,召来苏代告诉他这些情况。苏代说:"这件事有什么可忧虑的。臣下能够让韩国不来征取周的甲兵和粟粮,又能够替您得到韩国的高都。"周君说:"您假若能做到,我将让整个国家都听您的。"苏代去见韩国的相国说:"楚国包围雍氏,预期三个月攻下来,现在五个月了还攻不下来,这说明楚国已经疲敝了。现在相国还去东周征取甲兵和粟粮,这是告诉楚国韩国感到疲敝了。"韩相国说:"很好。但是派去的使者已经出发了。"苏代说:"何不把高都给周?"韩相国非常恼怒地说:"我们不去东周征取甲兵和粟粮,他们已经够幸运的了,为什么还要把高都给周?"苏代说:"把高都给周,这是周反过来又投靠到韩国来了,秦国听说了一定会对周特别愤怒,就不会

之必大怒忿周，即不通周使，是以弊高都得完周也。[8]曷为不与？”相国曰：“善。”果与周高都。

和周通使往来，这是拿损失高都来换取一个完整的周国。为什么不给？”相国说：“很好。”果真把高都给了周。

注释 1 成君：意即名义上的周王。按：此句下疑文有脱漏。 2 雍氏：韩地，在今河南禹州市东北。 3 高都：韩地，今河南洛阳市南。 4 期：预期。 楚病：楚兵弊弱。 5 告楚病：告诉楚国说韩国已经疲敝。 6 此处《战国策》作：“公中曰：‘善。然吾使者已行矣。’”依上下文意，“已行”，当不得为“停止出发”，似应为“已经出发”。 7 多：幸甚，足够。 8 折：转。 弊：破败。 完：完整。

三十四年，苏厉谓周君曰：“秦破韩、魏，扑师武，北取赵蔺、离石者，皆白起也。[1]是善用兵，又有天命。今又将兵出塞攻梁[2]，梁破则周危矣。君何不令人说白起乎？曰‘楚有养由基者，善射者也。去柳叶百步而射之，百发而百中之。左右观者数千人，皆曰善射。有一夫立其旁，曰：“善，可教射矣。”养由基怒，释弓扼剑[3]，曰：“客安能教我射

三十四年，苏厉对周君说：“秦国攻破了韩国、魏国，打败了魏国将领师武，北边取得了赵国的蔺邑、离石的，都是白起。他善于用兵，又有天命的帮助。现在他又带着兵出了伊阙塞攻打梁国，梁国被攻破则周就危险了。您何不派人游说白起呢？说‘楚国有个养由基，是善于射箭的人。距离杨柳叶一百步来箭射，能够百发百中。左右两边观看的有数千人，都说他善于射箭。有一人出现在他身边，说：“很好，可以教你射箭的技术了。”养由基发怒，放开弓握住箭，说：“客人怎么能够教我射箭呢？”客

乎？”客曰：“非吾能教子支左诎右[4]也。夫去柳叶百步而射之，百发而百中之，不以善息，少焉气衰力倦，弓拨矢钩，[5]一发不中者，百发尽息。”今破韩、魏，扑师武，北取赵蔺、离石者，公之功多矣。今又将兵出塞，过两周，倍[6]韩，攻梁，一举不得，前功尽弃。公不如称病而无出’。”

人说：“不是我能够教您支撑左手弯曲右手这样的射箭姿势。你距离杨柳叶百步远而来射它，百发百中，不趁着射得最好的时候赶快停手，过一阵子气息衰弱力量疲倦，弓不正而箭不直了，射出一箭如果不中的话，百发百中的前功就尽弃了。”现在攻破韩国、魏国，打败魏国将领师武，北边取得赵国的蔺邑、离石，您的功劳已经很多了。现在您又带着兵出伊阙塞，越过东周西周，背对着韩国，攻打梁国，这一战不能成功，就前功尽弃了。您不如声称有病不带兵出征’。”

注释　1 苏厉：苏秦、苏代之弟，亦战国时著名策士。　扑：打败。　师武：一作犀武，魏将。　蔺：赵地，在今山西吕梁市离石区西。　离石：赵地，在今山西吕梁市离石区。　白起：秦国名将。　2 塞：指伊阙塞，在今洛阳市南。　梁：即魏国。　3 释：放开。　扼(è)：握住。　4 支左诎右：支撑左手，弯曲右手，指拉弓射箭的姿势。　5 善息：射得最好的时候停下来。息，停手。　少焉：过了不多久。　拨：拉歪。　钩：不直。　6 倍：通“背”，背对。

四十二年，秦破华阳约[1]。马犯[2]谓周君曰：“请令梁城周。”乃谓梁王曰：“周王病[3]若

四十二年，秦国破坏了和魏国订立的条约，在华阳袭击了魏国将领芒卯。马犯对周君说：“请让我去叫梁国来周的国都筑城。”于是对梁王说：“周王忧惧秦国进攻而身犯重病，假若死去，我

死，则犯必死矣。犯请以九鼎自入于王，王受九鼎而图犯[4]。”梁王曰：“善。”遂与之卒，言戍周[5]。因谓秦王曰：“梁非戍周也，将伐周也。王试出兵境以观之。”秦果出兵。又谓梁王曰：“周王病甚矣，犯请后可而复[6]之。今王使卒之周，诸侯皆生心，后举事且不信。[7]不若令卒为周城，以匿事端。”梁王曰：“善。”遂使城周。

马犯作为周王的臣子一定也会死的。马犯请把九鼎宝器献给您，您接受了九鼎就应当想办法救马犯。”梁王说：“很好。”就给了马犯士卒，声称去戍守西周都城。马犯又去对秦王说：“梁国并不是要戍守西周都城，是将要攻伐周室而取九鼎宝器的。您如果不信就试着出兵到边境去察看吧。”秦国果然出兵。马犯又去对梁王说：“周王病得更严重了，马犯请求以后有机会再向他说把九鼎献给您的事。现在您让士卒到了周国，诸侯各国都生了疑心，以后您要办什么事将不能使人相信。不如让这些士卒替周筑城，来隐瞒平息事端。”梁王说：“很好。”就让这些梁国士兵在周的国都筑城。

注释　1 秦破华阳约：秦破坏条约在华阳袭击魏将芒卯。华阳，亭名，在今河南新郑北。　2 马犯：周臣。　3 病：因害怕秦兵到来而害重病。　4 图犯：图谋救援马犯。　5 戍周：戍守西周都城。　6 复：指答复献九鼎的事。　7 心：指疑心。　且：将。

四十五年，周君之秦客谓周冣[1]曰：“公不若誉秦王之孝，因以应为太后养地，[2]秦王必喜，是公有秦交。交善，周君必以为

四十五年，周君的秦国客人对周的公子周冣说：“您不如称誉秦王的孝心，因而用周的应地作为秦王母亲宣太后的保养地，秦王一定会高兴，这样您就与秦国有了交情。交情好了，周君一定认为是您的功劳。交情

公功。交恶，劝周君入秦者必有罪矣。”秦攻周，而周冣谓秦王曰：“为王计者不攻周。攻周，实不足以利，声[3]畏天下。天下以声畏秦，必东合于齐，兵弊[4]于周，合天下于齐，则秦不王矣。天下欲弊秦，劝王攻周。秦与天下弊，则令不行矣。”

坏了，劝导周君进入秦国的人一定会有罪过了。”秦国进攻周，而周冣对秦王说：“替大王您打算的话最好是不进攻周。进攻周，周的地方狭小实在是不能得到利益，在声威上因为是进攻天子之国却让天下害怕。天下因为在声威上害怕秦国，一定向东去和齐国联合，军队因为进攻周而疲惫，又让天下和齐国联合，那么秦国就不能称王天下了。天下的人想使秦国疲惫，就劝您进攻周。如果秦国和诸侯都疲惫了，那么您的教令就不能在诸侯之间施行了。”

五十八年，三晋距秦。周令其相国之秦，以秦之轻也，还其行[5]。客谓相国曰：“秦之轻重未可知也。秦欲知三国[6]之情。公不如急见秦王曰‘请为王听[7]东方之变’，秦王必重公。重公，是秦重周，周以取秦也；齐重，则固有周聚以收齐：是周常不失重国之交也。”秦信周，发兵攻三晋。

五十八年，韩国、赵国、魏国抗拒秦国。周让它的相国到秦国去，因为秦国轻视周的相国，他半路上又返回了。客人对相国说：“秦国是轻视是重视相国还不能知道。秦国想了解韩、赵、魏三国的情势。您不如赶紧去见秦王说‘请让我来给您探听东方三国的变化’，秦王一定会重视您。重视您，这就是秦国重视周，周因为您取得了秦国的重视；齐国重视周，那本来就有周聚在交好齐国：这样周就可以经常不失掉与强国的交情。”秦国相信周，发兵进攻韩国、赵国、魏国。

注释 1 周冣(jù):人名,周的公子。冣,同“聚”。 2 誉:称赞。 应:西周地名,在今河南宝丰县南。 太后:秦昭王母宣太后芈氏。 养地:私邑,汤沐邑。 3 声:声威。 4 弊:疲敝。 5 还其行:走到半道返回。 6 三国:即韩、赵、魏。 7 听:探听。

五十九年,秦取韩阳城负黍,西周恐,倍秦,与诸侯约从,[1]将天下锐师出伊阙攻秦,令秦无得通阳城。秦昭王怒,使将军摎[2]攻西周。西周君奔秦,顿首受罪,尽献其邑三十六,口三万。[3]秦受其献,归其君于周。

周君[4]、王赧卒,周民遂东亡。秦取九鼎宝器,而迁西周公于惮狐[5]。后七岁,秦庄襄王灭东西周。东西周皆入于秦,周既不祀[6]。

五十九年,秦国攻取韩国的阳城负黍,西周恐惧,背离秦国,和东方诸侯国相约合纵,率领天下的精锐士卒出伊阙塞攻打秦国,让秦国不能够通往阳城。秦昭王愤怒,派遣姓摎的将军攻打西周。西周君奔走到秦国,叩头接受罪罚,将西周的三十六邑、人口三万全部献给秦国。秦国接受它的献地和人口,将它的国君送还回西周。

周君、王赧去世,周家百姓就向东逃亡。秦国收取九鼎宝器,把西周公迁徙到惮狐地区。这以后的七年,秦国的庄襄王灭亡了东、西周。东、西周的土地都并入秦国,周朝的国运已尽,完全无人主持祭祀了。

注释 1 阳城:地名,在今河南登封市告城镇。 负黍:亭名,在河南登封市西南。 约从:相约合纵。从,通“纵”。 2 摎(liú):姓。 3 西周武公降秦事在公元前256年。 4 周君:西周武公。 5 惮(dàn)狐:地名,在今河南洛阳市南。 6 既:尽。 不祀:无人主持祭祀,即亡国。周代凡三十七王,享国八百余年。

太史公曰：学者皆称周伐纣，居洛邑。综[1]其实不然。武王营之，成王使召公卜居，居九鼎焉，而周复都丰、镐。至犬戎败幽王，周乃东徙于洛邑。所谓“周公葬于毕”，毕在镐东南杜[2]中。秦灭周。汉兴九十有余载[3]，天子将封泰山，东巡狩至河南，求周苗裔，封其后嘉三十里地，号曰周子南君，[4]比列侯，以奉其先祭祀。

太史公说：“学者们都说周讨伐纣以后，就把京城设置在洛邑。综合考察实际情况来看不是这样。武王营建洛邑，成王让召公占卜是否可以设置京城，结果只把九鼎安放在这里，而周王室重新设都城在丰、镐。到了犬戎族打败了幽王，周王室于是迁徙到洛邑。所说的周公“安葬在我们京都的毕地”，毕地就在镐都东南的杜地当中。秦国灭亡了周。汉朝建立九十多年以后，天子将要到泰山封禅，往东方去视察到了河南，搜求周家的后裔，封给它的后代姬嘉三十里地，称号叫周子南君，地位等同列侯，以便供奉他先祖的祭祀。

注释　1 综：谓综合考察。　2 杜：地名，在今陕西西安市长安区东北杜曲附近。　3 汉兴九十有余载：汉武帝封周子南君是在元鼎四年，即公元前113年，上距汉建国之公元前206年是九十三年。故称汉兴九十有余载。　4 嘉：人名。　子南：封邑名，在今河南汝州市东。

史记卷五

秦本纪第五

原文

秦之先，帝颛顼之苗裔孙[1]，曰女修。女修织，玄鸟陨卵，女修吞之，生子大业。[2]大业取少典之子[3]，曰女华。女华生大费，与禹平水土。已成，帝锡玄圭[4]。禹受曰："非予能成，亦大费为辅。"帝舜曰："咨尔费，赞禹功，其赐尔皂游。[5]尔后嗣将大出[6]。"乃妻之姚姓之玉女[7]。大费拜受，佐舜调驯鸟兽，鸟兽多驯服，是为柏翳[8]。舜赐姓嬴氏。

译文

秦的祖先，是颛顼帝的孙女，名叫女修。女修织布的时候，有一只燕子掉落下一颗蛋，女修把蛋吞吃了，生下了儿子大业。大业娶了少典部族的女子，名叫女华。女华生下大费，大费和大禹一起治理过水土。治水成功以后，舜帝赐大禹黑色的玉圭。大禹在接受赏赐的时候说："这件事不是我一个人能够做完的，还多亏了有大费做助手。"舜帝说："大费啊，你帮助禹治水成功，因此赐你黑色的旌旗飘带。你的后代子孙将会兴旺繁盛。"于是舜把一个姚姓的好女子嫁给他做妻。大费行拜礼接受，从此辅佐舜调理驯服鸟兽，鸟兽大多被驯服，这就是柏翳。舜帝赐他姓嬴。

注释 1 颛顼:黄帝之孙,号高阳氏。 苗裔:后代子孙。 2 玄鸟:燕子。此传说与商代一致,是母系氏族社会的反映。 3 取:通“娶”。 少典:部族名。 子:此指女儿。 4 锡:通“赐”,赐予。 玄圭:黑色的玉圭。 5 咨:叹词。 赞:助。 皂游(liú):黑色的旌旗飘带。游,同“旒”。 6 后嗣:后代。 大出:兴旺繁盛。《史记索隐》:“出犹生也。言尔后嗣繁昌,将大生出子孙也。” 7 玉女:好女子。梁玉绳《史记志疑》:“玉女者,珍之也。” 8 柏翳(yì):即伯益。

大费生子二人:一曰大廉,实鸟俗氏;二曰若木,实费氏。其玄孙曰费昌,子孙或在中国,[1]或在夷狄。费昌当夏桀之时,去夏归商,为汤御[2],以败桀于鸣条。大廉玄孙曰孟戏、中衍,中衍鸟身人言。帝太戊[3]闻而卜之使御,吉,遂致使御而妻之。自太戊以下,中衍之后,遂世有功,以佐殷国,故嬴姓多显,遂为诸侯。

大费生了两个儿子:一个名叫大廉,就是鸟俗氏;另一个名叫若木,就是费氏。若木的玄孙名叫费昌,子孙中有些人居住在中原各国,有些人居住在夷狄地区。费昌正生活在夏桀在位的时候,他离开夏去归顺商族,做了替商汤驾车的御者,帮助商汤在鸣条打败了夏桀。大廉的玄孙名叫孟戏、中衍,中衍的身体像鸟而能说人的语言。太戊帝听说后进行占卜看任用他做御者是否吉祥,卦象吉利,就招他来驾车并且给他娶了妻子。自太戊以后,中衍的后代子孙,每世辅佐殷国都有功劳,因此嬴姓在商朝大多显贵,最终成为了诸侯。

注释 1 其:指若木。 或:有的。 中国:指黄河流域的中原各国。 2 御:驾车。 3 太戊:商朝的第十位君主(据《辞海》后附《中国历史纪年表》〔附一〕),其时复兴,称中宗。

其玄孙曰中潏，在西戎，保西垂。[1]生蜚廉。蜚廉生恶来。恶来有力，蜚廉善走，父子俱以材力事殷纣。周武王之伐纣，并杀恶来。是时蜚廉为纣石北方，还，无所报，为坛霍太山而报，[2]得石棺，铭曰："帝令处父不与殷乱，赐尔石棺以华氏。"[3]死，遂葬于霍太山。蜚廉复有子曰季胜。季胜生孟增。孟增幸于周成王，是为宅皋狼。[4]皋狼生衡父，衡父生造父。造父以善御幸于周缪王，得骥、温骊、骅駵、騄耳之驷，[5]西巡狩，乐而忘归。徐偃王[6]作乱，造父为缪王御，长驱归周，一日千里以救乱。缪王以赵城[7]封造父，造父族由此为赵氏。自蜚廉生季胜已下五世至造父，别居赵。赵衰[8]其后也。

中衍的玄孙名叫中潏，居住在西戎，占有西垂一带。他生了儿子蜚廉。蜚廉生子恶来。恶来有力气，蜚廉善奔跑，父子都凭借才能力气侍奉殷纣王。周武王讨伐纣王，一并杀了恶来。这时候蜚廉正在北方替纣王制作石椁，他回来以后，因为纣王已死而无处回禀，就在霍太山筑坛向纣王报祭，在筑坛的时候得到一具石棺，上面有刻凿的文字说："上帝诏令你不要参与殷人的叛乱，赐给你石棺来显耀你的氏族。"蜚廉死后，就葬在霍太山。蜚廉还有一个儿子名叫季胜。季胜生了孟增。孟增被周成王宠幸，这就是宅皋狼。皋狼生了衡父，衡父生了造父。造父因为善于驾车被周穆王宠幸，穆王得到赤骥、温骊、骅駵、騄耳四匹良马，便驾着到西方去巡视，欢乐地忘记了及时返回。徐偃王乘机作乱，造父替穆王驾车，急速返回周国，一日奔驰千里回到东方来平息叛乱。穆王把赵城封给造父，造父一族因此就姓赵。从蜚廉生了季胜以后，经过五代到造父，才另外分开居住在赵城。赵衰就是他们的后代。恶来革，也是蜚廉的儿子，早死。他恶来革者，蜚廉子也，蚤[9]死。有子曰女防。女防生旁皋，旁皋生太几，太几生大骆，大骆生非子。以造父之宠，皆蒙[10]赵城，姓赵氏。

有一个儿子名叫女防。女防生了旁皋，旁皋生了太几，太几生了大骆，大骆生了非子。他们因为造父受到周朝的宠信，都蒙恩居住在赵城，姓赵。

注释 1 中潏(jué)：一作“仲滑”。 保：占有。 西垂：古地区名。殷、周时对约今甘肃省东南部一带的泛称，故亦可谓为当时的西部边境。 2 石：意为求石。 坛：祭坛。 霍太山：即霍山，也称太岳山，在今山西霍州市东南。 报：报祭。 3 铭：石棺上之刻字。 处父：蜚廉字。 华：光华，显耀。 4 幸：宠幸。 宅皋狼：名号。孟增曾居皋狼而生衡父，故称。皋狼，县名，在今山西吕梁市离石区西北。 5 缪：通“穆”。 骥、温骊、骅骝(liú)、騄耳：均良马名。 驷：一车四马。 6 徐偃王：徐国国君。徐，徐戎，亦称徐夷或徐方，本古族名，东夷之一。周初，以今江苏泗洪一带为中心建立徐国，后为楚所败，并于吴。 7 赵城：古地名，在今山西洪洞县北。 8 赵衰：晋国大夫，其势力发展后建赵国。 9 蚤：通“早”。 10 蒙：受，承接。

非子居犬丘，好马及畜，善养息之。[1]犬丘人言之周孝王，孝王召使主马于汧、渭之间，马大蕃息。[2]孝王欲以为大骆適嗣[3]。申侯之女为大骆妻，生子成为適。

非子居住在犬丘，喜好马匹和其他牲畜，并善于畜养繁殖。犬丘的人把这件事告知周孝王，孝王召见他，派他到汧水、渭水之间的地区去负责养马，马匹得到了大量繁殖。孝王想要让非子做大骆的嫡传继承人。申侯的女儿是大骆的妻子，生下了儿子成，是大骆的嫡子。因此申侯对孝王说：“以申侯乃言孝王曰:“昔我先郦山之女,为戎胥轩妻,[4]生中潏,以亲故归周,保西垂,西垂以其故和睦。今我复与大骆妻,生適子成。申骆重婚,西戎皆服,所以为王。王其图之。”于是孝王曰:“昔伯翳为舜主畜,畜多息,故有土,赐姓嬴。今其后世亦为朕息马,朕其分土为附庸[5]。”邑之秦[6],使复续嬴氏祀,号曰秦嬴。亦不废申侯之女子为骆適者,以和西戎。

前我的祖先娶郦山氏妇人所生的一女,嫁给中衍的曾孙戎胥轩做妻室,生下了中潏,因为和周相亲的缘故而归附于周,占有周的西方边境,西方边境因此而与西戎和睦相处。如今我又将女儿嫁给大骆为妻,生有嫡子成。申侯、大骆两次联姻,西戎都来归服,因此大王才得称王。大王还是慎重考虑这件事吧。”于是孝王说:“从前伯翳替舜帝主管畜牧,牲畜繁殖得很盛,因此被赐封土地,并被赏赐姓嬴。如今他的后代也替我牧养马匹,我将给他分封土地作为我的附庸之国。”于是便让非子在秦地建立城邑,接续嬴氏的庙祀,称号叫秦嬴。也不废除申侯女儿为大骆所生的那个嫡子的地位,以此来安抚西戎。

注释 1 犬丘:古邑名,在今陕西兴平市东南。 息:繁殖。 2 汧(qiān):渭水支流,源于陕西陇县西北。 蕃:繁殖。与“息”同义。 3 適嗣:继承人。適,通“嫡”。非子非正妻所生,本不可为继承人。 4 郦山:氏族名。 戎胥轩:人名,仲衍之曾孙。 5 附庸:此指次于诸侯的小国封君。 6 邑之秦:即赐以秦地为封邑。秦,即秦亭、秦谷,在今甘肃张家川回族自治县东。

秦嬴生秦侯。秦侯立十年,卒。生公伯。公伯

秦嬴生了秦侯。秦侯在位十年去世。秦侯生了公伯。公伯在位三

立三年,卒。生秦仲[1]。

秦仲立三年,周厉王无道,诸侯或叛之。西戎反王室,灭犬丘、大骆之族。周宣王即位,乃以秦仲为大夫,诛西戎。西戎杀秦仲。秦仲立二十三年,死于戎。有子五人,其长者曰庄公[2]。周宣王乃召庄公昆弟五人,与兵七千人,使伐西戎,破之。于是复予[3]秦仲后,及其先大骆地犬丘并有之,为西垂大夫。

年去世。公伯生了秦仲。

秦仲即位三年,周厉王暴虐无道,有些诸侯反叛他。西戎也反叛周王室,灭掉了犬丘、大骆的家族。周宣王登上王位,就任用秦仲做大夫,讨伐西戎。西戎杀死了秦仲。秦仲在位二十三年,死在了西戎。秦仲有五个儿子,其中最年长的名叫庄公。周宣王就召来庄公和他的兄弟五人,给他们七千士兵,让他们去讨伐西戎,最终打败了西戎。于是周宣王再次赏赐秦仲的后代,将他们的先人大骆受封的犬丘之地也一并划归他们所有,并任命他们做西垂大夫。

注释　1 秦仲:公元前 844—前 822 年在位。《史记集解》引《毛诗序》曰:"秦仲始大,有车马礼乐侍御之好也。"　2 庄公:公元前 821—前 778 年在位。　3 予:赐予。

庄公居其故西犬丘[1],生子三人,其长男世父。世父曰:"戎杀我大父[2]仲,我非杀戎王则不敢入邑。"遂将击戎,让其弟襄公,襄公为太子。庄公立

庄公居住在他们的故地西犬丘,生了三个儿子,长子名世父。世父说:"西戎杀害了我的祖父仲,我不杀死戎王就不敢再进城来居住。"于是带领士兵去攻打西戎,把继承王位的权利让给他的弟弟襄公,襄公成了太子。庄公在位四十四年后,去世,太子襄公继承了王位。襄公元年,把他的妹妹缪嬴嫁给西

四十四年,卒,太子襄公代立[3]。襄公元年,以女弟缪嬴为丰王[4]妻。襄公二年,戎围犬丘,世父击之,为戎人所虏。岁余,复归世父。七年春,周幽王用褒姒废太子,立褒姒子为適,数欺[5]诸侯,诸侯叛之。西戎犬戎与申侯伐周,杀幽王郦山下。而秦襄公将兵救周,战甚力,有功。周避犬戎难,东徙雒邑,襄公以兵送周平王。平王封襄公为诸侯,赐之岐以西之地。曰:"戎无道,侵夺我岐、丰之地,秦能攻逐戎,即有其地。"与誓,封爵之[6]。襄公于是始国,与诸侯通使聘享之礼,乃用駵驹、黄牛、羝羊各三祠上帝西畤。[7]十二年,伐戎而至岐,卒。生文公[8]。

戎丰王做妻子。襄公二年,西戎兵围犬丘,世父领兵反击敌人,被西戎俘虏。过了一年多,西戎又把世父放了回来。七年春天,周幽王宠幸褒姒而废除太子,立褒姒的儿子做嫡子,屡次欺辱诸侯,致使诸侯反叛。西戎部族的犬戎和申侯联合侵伐周室,在郦山下杀死了周幽王。而秦襄公统率军队援救周室,作战非常努力,立有战功。周室为了避开犬戎的战难,把京都向东迁至雒邑,襄公派兵护送周平王。平王封襄公做诸侯,把岐山以西的土地赏赐给他。平王对襄公说:"西戎无道,侵夺了我岐山、丰水的土地,秦国如果能攻打并驱逐戎人,就可以拥有这片土地。"平王和襄公盟誓,赐给他封地和爵位。从这时起襄公才使秦国成为了诸侯国,和其他诸侯国互通使者,行用聘享的礼节,又用駵驹、黄牛、羝羊各三只在西畤祭祀上帝。十二年,襄公讨伐戎族到达了岐山,去世。他生了文公。

注释 **1** 西犬丘:又称"西垂",古邑名,在今甘肃天水市西南。 **2** 大父:祖父。 **3** 襄公:公元前777—前766年在位。 代:依次更替,继任。

4 丰王:疑是居于岐、丰的西戎之王。 **5** 数欺:指幽王为取悦褒姒,多次举烽火以戏诸侯事。 **6** 封爵之:赐给封地和爵位。 **7** 国:指成为诸侯国。 聘享:诸侯国间互相访问,以礼相待。 駵(liú)驹:赤身黑鬃的小马。 羝(dī)羊:公羊。 各三:《史记志疑》以为当作"各一"。 祠:祭祀。 上帝:《史记志疑》以为当作"白帝"。 西畤(zhì):在西县(今甘肃天水西南)所筑祭祀上帝的祭坛。 **8** 文公:公元前765—前716年在位。

文公元年,居西垂宫[1]。三年,文公以兵七百人东猎。四年,至汧渭之会[2],曰:"昔周邑我先秦嬴于此,后卒获为诸侯。"乃卜居之,占曰吉,即营邑[3]之。十年,初为鄜畤,用三牢。[4]十三年,初有史[5]以纪事,民多化者。十六年,文公以兵伐戎,戎败走。于是文公遂收周余民有之,地至岐,岐以东献之周。十九年,得陈宝[6]。二十年,法初有三族之罪[7]。二十七年,伐南山大梓,丰大特[8]。四十八年,文

文公元年,居住在西垂宫。三年,文公领兵七百人向东狩猎。四年,来到了汧水和渭水的交汇处,文公说:"过去周王曾经把这里赐给我们的祖先秦嬴做封邑,后来终于获得封赏成了诸侯。"于是占卜这里是否宜于居住,占卜的结果说是吉利,就在这里营建城邑。十年,首次在鄜县建立畤坛,用牛、羊、猪各三头祭祀天地。十三年,开始设置史官,按时序记载史事,民众大多接受了教化。十六年,文公兴兵讨伐西戎,西戎战败逃走。于是文公就收聚周族的遗民归自己所有,将国土扩展到了岐山,又把岐山以东的地方献给周王。十九年,获得了陈仓的宝石。二十年,开始设立诛灭三族之罪的法律。二十七年,砍伐南山的大梓树,从树内走出一条青色的大公牛投入丰水中。四十八年,

公太子卒,赐谥为竫公。竫公之长子为太子,是文公孙也。五十年,文公卒,葬西山[9]。竫公子立,是为宁公[10]。

文公的太子去世,赐给谥号叫竫公。竫公的长子被立为太子,这是文公的孙子。五十年,文公去世,安葬在西山。竫公的儿子继位,这就是宁公。

注释 1 西垂宫:宫殿名,在今甘肃天水市。 2 会:二水汇合处,在今陕西省宝鸡市。 3 营邑:营建城邑。 4 鄜(fū)畤:在鄜(在今陕西富县)所筑的祭天地之坛。 三牢:指牛、羊、猪。牢,祭祀用的牲畜。 5 史:史官。秦有史官记事始于此。 6 陈宝:约为一块异石,后传为神话。 7 三族之罪:诛灭父族、母族、妻族。 8 丰大特:丰,丰水。特,公牛。 9 西山:在今陕西宝鸡市西北。 10 宁公:公元前715—前704年在位。

宁公二年,公徙居平阳[1]。遣兵伐荡社[2]。三年,与亳[3]战,亳王奔戎,遂灭荡社。四年,鲁公子翚弑其君隐公[4]。十二年,伐荡氏,取之。宁公生十岁立,立十二年卒,葬西山。生子三人,长男武公为太子。武公弟德公同母,鲁姬子生出子。[5]宁公卒,大庶长[6]弗忌、威垒、三父废太子而立出子为君。出子六年,三父等复共令人贼杀[7]出子。

宁公二年,宁公迁居到平阳。派遣军队攻伐西戎之君亳王的城邑荡社。三年,和亳王的军队交战,亳王逃奔到戎地,于是灭掉了荡社。四年,鲁国的公子翚弑杀他的国君鲁隐公。十二年,宁公攻伐荡氏,夺取了它。宁公十岁时被立为国君,在位十二年去世,安葬在西山。他有三个儿子,长子武公被立为太子。武公和弟弟德公是同母兄弟,宁公另妾鲁姬子生有一个儿子名出子。宁公去世,大庶长弗忌、威垒、三父共同废掉太子而立出子为国君。出子六年,三父等人又使人暗杀了出子。出子五岁被立为国出子生五岁立，立六年卒。三父等乃复立故太子武公。

君，在位六年后去世。三父等人于是又拥立原来的太子武公做国君。

注释 1 平阳：古地名，在今陕西宝鸡市。 2 荡社：城邑名，在今西安市东南。 3 亳(bó)：西戎中的一支，大约是成汤的后裔，邑于荡社。4 翚(huī)：即羽父，鲁国大夫，他杀隐公而立桓公。 隐公：鲁国国君，名息姑，公元前722年—前712年在位，为孔子所作《春秋》记事的第一位国君，故《史记》诸国记事多及之。 5 武公：公元前697—前678年在位。 德公：公元前677—前676年在位。 鲁姬子：非武公与德公之生母，乃宁公之另妾。 出子：即出公，公元前703—前698年在位。 6 大庶长：秦爵名。秦二十级爵中之第十八级。 7 贼杀：这里指刺杀、暗杀。贼，伤害、杀害。

武公元年，伐彭戏氏，至于华山下，居平阳封宫。[1]三年，诛三父等而夷三族，以其杀出子也。郑高渠眯杀其君昭公[2]。十年，伐邽、冀戎，初县之。[3]十一年，初县杜、郑[4]。灭小虢[5]。

武公元年，攻打彭戏氏，到达了华山脚下，住在平阳城内的封宫。三年，诛杀三父等人，夷灭了他们的三族，这是因为他们暗杀了出子。郑国的高渠眯杀死了他的国君昭公。十年，攻伐邽、冀戎，初次在这些地方设立县。十一年，初次在杜、郑地区设县。灭亡了小虢。

注释 1 彭戏氏：戎族的一支，其地在华山之北。 封宫：宫殿名。2 高渠眯杀昭公事，见《郑世家》及《左传·桓公十七年》。 3 邽：戎地，在今甘肃天水市。 冀：戎地，在今甘肃甘谷县东南。 县：置县，设县。4 杜：古国名，在今陕西西安市长安区东南。 郑：在今陕西渭南市华州区。 5 小虢：羌之别种，在今陕西宝鸡市。

十三年，齐人管至父、连称等杀其君襄公而立公孙无知。晋灭霍、魏、耿。[1]齐雍廪杀无知、管至父等而立齐桓公。齐、晋为强国。

十九年，晋曲沃始为晋侯。[2]齐桓公伯于鄄[3]。

二十年，武公卒，葬雍平阳[4]。初以人从死[5]，从死者六十六人。有子一人，名曰白。白不立，封平阳。立其弟德公。

十三年，齐国人管至父、连称等人杀害他们的国君襄公而拥立公孙无知做国君。晋国灭亡了霍、魏、耿三国。齐国人雍廪杀死无知、管至父等人而拥立齐桓公。齐国、晋国成了强国。

十九年，晋国的曲沃武公成为晋侯。齐桓公在鄄地称霸。

二十年，武公去世，葬在雍邑的平阳。开始用活人殉葬，这次用来殉葬的有六十六人。武公有一个儿子，名叫白。白没有被立为国君，被封在平阳。武公的弟弟德公被立为国君。

注释　1 事见《晋世家》及《左传·闵公元年》，其时当在秦成公三年，此误。　2 曲沃武公伐晋侯缗，灭之，列为诸侯事，见《晋世家》及《左传·庄公十六年》。　3 伯(bà)：通"霸"。　鄄(juàn)：在今山东鄄城县北。　4 雍平阳：平阳属雍。雍，今陕西凤翔县东南。即后文之雍城。　5 以人从死：用活人殉葬。

德公元年，初居雍城大郑宫。以牺三百牢祠鄜畤。卜居雍，后子孙饮马于河。[1]梁伯、芮伯来朝[2]。二年，初伏，以狗御

德公元年，开始居住在雍城的大郑宫。用牛、羊、猪各三百头在鄜畤祭祀天地。通过占卜认定吉利后就居住在雍城，后世子孙因此向东发展到达黄河边上去饮马。梁伯、芮伯前来朝见。二年，开始确定有三伏的

蛊。[3] 德公生三十三岁而立,立二年卒。生子三人:长子宣公,中子成公,少子穆公。[4] 长子宣公立。

宣公元年,卫、燕伐周,出惠王,立王子颓。三年,郑伯、虢叔杀子颓而入惠王。四年,作密畤[5]。与晋战河阳[6],胜之。十二年,宣公卒。生子九人,莫立,立其弟成公。

节气,杀狗来祛除热毒邪气。德公三十三岁才被立为国君,在位两年后去世。他生有三个儿子:长子宣公、中子成公、少子穆公。长子宣公继位。

宣公元年,卫国、燕国攻伐周王室,赶走周惠王,拥立了王子颓。三年,郑伯、虢叔杀死了颓而迎请惠王回朝。四年,秦建造了密畤。秦与晋国在河阳交战,战胜了晋国。十二年,宣公去世。宣公生有九个儿子,没有一人被立为国君,却立了他的弟弟成公。

注释 **1** 此句言秦居雍以后,势力会扩展到黄河边。河,黄河。 **2** 梁:嬴姓国,在今陕西韩城市。 芮:姬姓国,在今陕西大荔县东南。 **3** 初伏:开始定出日历上的六月三伏之节。伏,隐伏避盛暑之意。 以狗御蛊(gǔ):杀狗以祛除热毒邪气。蛊,本指陈谷所生的飞虫,此指伤害人的热毒邪气。 **4** 宣公:公元前675—前664年在位。 成公:公元前663—前660年在位。 穆公:公元前659—前621年在位。 **5** 密畤:位于渭南。 **6** 河阳:晋地,在今河南孟州市西。

成公元年,梁伯、芮伯来朝。齐桓公伐山戎,次于孤竹。[1]

成公立四年卒。子七人,莫立,立其弟缪公[2]。

成公元年,梁伯、芮伯前来朝贺。齐桓公讨伐山戎,临时驻军在孤竹。

成公在位四年去世。他有儿子七人,没有一人被立为国君,而是立了他的弟弟穆公。

缪公任好元年,自将伐茅津,胜之。[3] 四年,迎妇于晋,晋太子申生姊也。其岁,齐桓公伐楚,至邵陵[4]。

穆公任好元年,亲自率领军队攻伐茅津,取得了胜利。四年,到晋国迎娶夫人,夫人是晋国太子申生的姐姐。这一年,齐桓公攻伐楚国,到了邵陵。

注释 1 山戎:古族名,又称无终、北戎,居住在今河北东北部及辽宁西南部。 孤竹:在今河北卢龙县东南。殷时为诸侯竹国。 2 缪公:即穆公。缪,通"穆",下同。译文径作"穆公"。 3 任好:穆公名。 茅津:黄河渡口,在今山西平陆县黄河北岸。当时是戎族居住地,称为茅戎。 4 邵陵:楚地,在今河南漯河市东北。

五年,晋献公灭虞、虢[1],虏虞君与其大夫百里傒,以璧马赂于虞故也。既虏百里傒,以为秦缪公夫人媵[2]于秦。百里傒亡秦走宛,楚鄙人执之。[3] 缪公闻百里傒贤,欲重赎之,恐楚人不与,乃使人谓楚曰:"吾媵臣百里傒在焉,请以五羖羊皮赎之。[4]" 楚人遂许与之。当是时,百里傒年已七十余。缪公释其囚,与语国事。谢曰:"臣亡国

五年,晋献公灭亡了虞国、虢国,俘虏了虞国国君和他的大夫百里傒,这是用璧玉、宝马贿赂虞国而取得的结果。晋国俘虏了百里傒以后,把他作为秦穆公夫人陪嫁的仆役送到秦国。百里傒从秦国逃走跑到宛地,楚国边境的人捉到了他。穆公听说百里傒贤能,想要拿重金赎回他,又担心楚国人反而不答应,就派人对楚国说:"我国的陪嫁奴仆百里傒现今已在楚国,我们请求用五张黑色公羊皮赎回他。"楚国人就答应了这一要求而把百里傒交回秦国。那时,百里傒已经有七十多岁了。穆公亲自把他释放,和他讨论治国的事。百里傒辞谢说:"我是亡国之臣,哪里还值得询问!"

之臣,何足问!”缪公曰:“虞君不用子,故亡,非子罪也。”固问,语三日,缪公大说,授之国政,号曰五羖大夫。百里傒让曰:“臣不及臣友蹇叔,蹇叔贤而世莫知。臣常游困于齐而乞食銍人[5],蹇叔收臣。臣因而欲事齐君无知,蹇叔止臣,臣得脱齐难[6],遂之周。周王子颓好牛,臣以养牛干[7]之。及颓欲用臣,蹇叔止臣,臣去,得不诛[8]。事虞君,蹇叔止臣。臣知虞君不用臣,臣诚私利禄爵,且留。再[9]用其言,得脱;一不用,及虞君难。是以知其贤。”于是缪公使人厚币迎蹇叔,以为上大夫。[10]

穆公说:“虞国国君不能重用你,因而亡国,这不是你的罪过。”穆公坚决地向他请教,两人谈论了三天,穆公非常高兴,授给他掌管国家大政的权力,称号叫五羖大夫。百里傒推辞说:“我的才能不及我的朋友蹇叔,蹇叔贤能而世上没有人知道。我曾经在游历齐国的时候困窘得向銍地人讨饭吃,是蹇叔收留了我。我因此就想去投奔齐君无知,是蹇叔制止了我,使我能够避免卷入齐国内乱的灾难,于是我就到了周朝。周王子颓喜好牛,我就借养牛来求取接近他。等到颓想要任用我,是蹇叔劝阻了我,我离开了,这才免于被诛杀。我又投奔虞君,蹇叔又劝止我。我虽然知道虞君不能重用我,但我贪图财利和爵禄,就暂且留下来。我两次采纳他的意见,都免于灾难;一旦不听从他的意见,就遭遇了虞君亡国的祸难。由此我知道蹇叔贤能。”于是穆公派人用贵重的礼物迎请蹇叔,任用他为上大夫。

注释　1 晋灭虞、虢:事见《晋世家》及《左传·僖公五年》。 2 媵(yìng):古时指随嫁或随嫁的人。 3 亡:逃亡。 宛(yuān):地名,在今河南南阳市境。 鄙:边境。 4 媵臣:古时陪嫁的奴仆。臣,奴隶。 羖(gǔ)

羊:黑色的公羊。 5 常:通“尝”,曾经。 铚(zhì):同“铚”,地名,在今安徽宿州市西南。《史记正义》以为“在沛县”(今江苏沛县)。 6 齐难:指齐大夫雍廪杀无知而立齐桓公,事见《齐太公世家》。 7 干:求取。 8 得不诛:能不被杀掉。指郑伯、虢叔杀王子颓复入周惠王时幸免于难。 9 再:两次。 10 厚币:重币,厚礼。币,古人用为礼物的通称,玉、帛、马、禽等均是。 上大夫:仅次于卿的官职。

秋,缪公自将伐晋,战于河曲[1]。晋骊姬作乱[2],太子申生死新城[3],重耳、夷吾出奔。

九年,齐桓公会诸侯于葵丘[4]。

秋天,穆公亲自率领军队攻打晋国,在河曲展开激战。晋国的骊姬在国内作乱,太子申生死在新城,公子重耳、夷吾从晋国出逃。

九年,齐桓公召集诸侯在葵丘会盟。

注释 1 河曲:晋地,在今山西永济市。 2 骊姬之乱事见《晋世家》及《左传》僖公四年、五年。 3 新城:在曲沃(今山西闻喜县东北)为太子新筑的城。 4 葵丘:宋地名,在今河南兰考县东北。是年夏、秋,齐桓公在此地两会诸侯。

晋献公卒。立骊姬子奚齐,其臣里克杀奚齐。荀息立卓子,克又杀卓子及荀息。夷吾使人请秦,求入晋[1]。于是缪公许之,使百里傒将兵送夷吾。夷吾谓

晋献公去世。立骊姬的儿子奚齐做国君,献公的臣子里克杀死了奚齐。荀息拥立卓子做国君,里克又杀死了卓子和荀息。夷吾派人到秦国请求援助,要求秦国帮助他回到晋国。于是穆公答应了他的请求,派百里傒带着军队护送夷

曰:“诚得立,请割晋之河西八城与秦。[2]”及至,已立,而使丕郑谢[3]秦,背约不与河西城,而杀里克。丕郑闻之,恐,因与缪公谋曰:“晋人不欲夷吾,实欲重耳。今背秦约而杀里克,皆吕甥、郤芮之计也[4]。愿君以利急召吕、郤,吕、郤至,则更入重耳,便。”缪公许之,使人与丕郑归,召吕、郤。吕、郤等疑丕郑有间[5],乃言夷吾杀丕郑。丕郑子丕豹奔秦,说缪公曰:“晋君无道,百姓不亲,可伐也。”缪公曰:“百姓苟不便,何故能诛其大臣?能诛其大臣,此其调[6]也。”不听,而阴用[7]豹。

吾回晋国。夷吾对秦国人说:“假如我真的能够被立为晋国国君,就割让晋国河西的八座城邑奉献给秦国。”等到他到达晋国,被拥立为晋君以后,却派丕郑到秦国去道歉,违背前约而不给秦国河西的城邑,并杀了里克。丕郑听说这件事,感到害怕,因而和秦穆公一起谋划说:“晋国人不愿夷吾做国君,而是希望重耳回国做国君。如今夷吾违背了和秦国订立的盟约并杀了里克,都是吕甥、郤芮的计策。希望您用重利把吕甥、郤芮迅速召来,吕甥、郤芮一旦来到秦国,再护送重耳回晋国就方便了。”穆公答应了他的请求,派人和丕郑一起回晋国,召唤吕甥、郤芮。吕甥、郤芮等人怀疑丕郑有诈谋,于是告诉夷吾让他杀了丕郑。丕郑的儿子丕豹逃到秦国,劝导穆公说:“晋国国君无道,百姓不亲附他,可以乘机去攻伐晋国。”穆公说:“假如晋国百姓真是认为晋君不适宜做国君,那么他为什么还能诛杀他的大臣呢?能够诛杀他的大臣,这正说明他能够协调晋国上下。”秦穆公没有听从他的建议,而暗地里却重用丕豹。

注释　**1** 求入晋:请求秦国派兵送他回晋国即位。夷吾入晋后为惠公。**2** 诚:如果,果真。　河西八城:《史记正义》:“谓同、华等州地。”同州,今陕西大荔县;华州,今陕西渭南市华州区。 3 谢:道歉。 4 吕甥:晋大夫,姓瑕吕,名饴甥。 郤(xì)芮:晋大夫,又称冀芮。 5 间(jiàn):离间,诈谋。 6 调:协调。 7 阴用:暗中重用。

十二年,齐管仲、隰朋死。

晋旱,来请粟。丕豹说缪公勿与,因其饥而伐之[1]。缪公问公孙支,支曰:"饥穰更事耳,不可不与。"[2]问百里傒,傒曰:"夷吾得罪于君,其百姓何罪?"于是用百里傒、公孙支言,卒与之粟。以船漕车转,自雍相望至绛。[3]

十二年,齐国的管仲、隰朋去世。

晋国遭遇旱灾,到秦国来请求借粮度灾。丕豹对穆公说不要给晋国粮食,趁着它发生饥荒去攻伐晋国。穆公问大夫公孙支,公孙支说:"饥灾和丰收是更替出现的事,不能不借给它。"问百里傒,百里傒说:"夷吾得罪了您,晋国的百姓又有什么罪?"于是穆公采用百里傒、公孙支的建议,最终把粮食借给了晋国。用船漕运,用车陆运,从雍城到绛城运粮的车船相望不绝。

注释 1 因:乘,趁。 饥:荒歉,年成不好。晋来请粟事在秦穆公十三年。 2 公孙支:秦大夫名。 穰(ráng):丰收。 更事:会更替发生的事。 3 漕(cáo):水道运粮。 转:陆道转运。 绛:晋都城,在今山西侯马市北。

十四年,秦饥,请粟于晋。晋君谋之群臣。虢射[1]曰:"因其饥伐之,可有大功。"晋君从之。十五年,兴兵将

十四年,秦国发生饥荒,到晋国去请求借粮。晋国国君和群臣商量这件事。虢射说:"趁着秦国正闹饥荒去攻打它,可以取得很大的成功。"晋君听从了他的建

攻秦。缪公发兵，使丕豹将，自往击之。九月壬戌，与晋惠公夷吾合战于韩地[2]。晋君弃其军，与秦争利，还而马鸷。[3]缪公与麾下[4]驰追之，不能得晋君，反为晋军所围。晋击缪公，缪公伤。于是岐下食善马者三百人驰冒晋军，晋军解围，遂脱缪公，而反生得晋君。[5]初，缪公亡善马，岐下野人共得而食之者三百余人，吏逐得，欲法之。[6]缪公曰："君子不以畜产[7]害人。吾闻食善马肉不饮酒，伤人。"乃皆赐酒而赦之。三百人者闻秦击晋，皆求从，从而见缪公窘，亦皆推锋争死，以报食马之德。[8]于是缪公虏晋君以归，令于国："齐宿[9]，吾将以晋君祠上帝"。周天子闻之，曰"晋我同姓"，

议。十五年，晋国发动军队将要攻打秦国。穆公也发动军队，委派丕豹做将军，亲自统兵前往反击晋军。九月壬戌日，和晋惠公夷吾在韩原交战。晋君脱离主力部队，和秦军争夺战利，返回时马陷入深泥中盘旋不得出。秦穆公率领麾下军士急追晋惠公，非但没有能捉住晋君，反而被晋军所围困。晋军攻打穆公，穆公受伤。就在这个时候，曾经偷吃过秦穆公善马的三百多名岐下人冒死驰入晋军，晋军撤除了包围，结果使穆公得以解脱，晋君反被活捉了。当初，穆公丢失了匹好马，住在岐下的三百多名野人共同捕得并把它杀死吃了，官吏捕得他们，要依法惩治。穆公说："君子不会因为牲畜的事而伤害人。我听说吃了好马的肉而不饮酒，会伤人身体。"于是赏赐酒给他们喝，并赦免了他们。这三百人听说秦军攻打晋军，都要求从军，在军中看见穆公处境危难，也都不避刀枪，争相死战，以报答食马不被惩罚的恩德。于是穆公俘获了晋君回到秦国，在国中发布命令："大家都斋戒独宿，我将要用晋君祭祀上帝。"周天子听说这件事，说"晋侯是我的同姓"，替晋君说情。夷吾的姐姐也是穆公的

为请晋君。夷吾姊亦为缪公夫人,夫人闻之,乃衰绖[10]跣,曰:“妾兄弟不能相救,以辱君命[11]。”缪公曰:“我得晋君以为功,今天子为请,夫人是忧。”乃与晋君盟,许归之,更舍上舍,而馈之七牢。[12]十一月,归晋君夷吾,夷吾献其河西地,使太子圉为质[13]于秦。秦妻子圉以宗女[14]。是时秦地东至河[15]。

夫人,夫人听说这件事,就身穿丧服光着脚对穆公说:“我连自己的兄弟也救不了,还得委屈您下命令来杀死他。”穆公说:“我捉得晋君认为是一件大功,如今天子为他来求情,夫人因为这件事而忧苦。”就和晋君订立盟约,答应放他回晋国,又把晋君的住所另行安排到上等房舍,并馈赠他牛、羊、猪各七头作为食品。十一月,放回晋君夷吾,夷吾把晋国河西的土地献给秦军,让太子圉到秦国去做质子。秦把宗室中的女子嫁给太子圉做妻。这个时候,秦国的国土向东扩展到了黄河。

注释 1 虢射(shí):晋国大夫,晋惠公之舅。《史记正义》:“射音石也。” 2 韩地:韩原,时为晋地。在今陕西韩城市西南。 3 弃:把……抛开、离开。 还(xuán):通“旋”。 鸷(zhì):陷于深泥中。 4 麾下:部下。 5 岐下:岐山之下。 食善马:事在此前一年。 冒:不顾危险冲击。 生得:活捉。 6 野人:乡下人。 法之:惩之以法。 7 畜产:牲畜。 8 窘:困迫,危难。 推锋:挺举兵刃。 争死:冒死战斗。 德:恩惠。 9 齐(zhāi)宿:斋戒独宿,表示对祭祀的虔敬。齐,通“斋”。 10 衰绖(cuī dié):丧服。衰,缀在胸前的长六寸、宽四寸的麻布。绖,围在头上,缠在腰的散麻绳。衰绖为丧服的主要部分,故以此为称。 11 辱:委屈,屈尊。 命:指要杀夷吾的命令。 12 更舍:改住。 上舍:上等房舍。 馈(kuì):赠送食物。 七牢:诸侯间赠食之礼。牢,一牛一羊一猪为一牢。

13 质:抵押。 14 宗女:同宗族的女儿。《国语·晋语》以为此女是穆公之女怀嬴。 15 河:黄河。

十八年,齐桓公卒。二十年,秦灭梁、芮。

二十二年,晋公子圉闻晋君病,曰:"梁,我母家[1]也,而秦灭之。我兄弟多,即君百岁后[2],秦必留我,而晋轻[3],亦更立他子。"子圉乃亡归晋。二十三年,晋惠公卒,子圉立为君。秦怨圉亡去,乃迎晋公子重耳于楚,而妻以故子圉妻。重耳初谢[4],后乃受。缪公益礼厚遇[5]之。二十四年春,秦使人告晋大臣,欲入重耳。晋许之,于是使人送重耳。二月,重耳立为晋君,是为文公。文公使人杀子圉。子圉是为怀公。

十八年,齐桓公去世。二十年,秦国吞灭梁国、芮国。

二十二年,晋国的公子圉听说晋君生病,说:"梁国是我母亲的家乡,而它被秦国吞灭了。我的兄弟很多,如果国君去世,秦国必然要留住我,那么晋国会轻视我,也就会另立君王的其他儿子。"子圉于是逃回晋国。二十三年,晋惠公去世,子圉被立为国君。秦国怨恨子圉从秦国逃亡而去,就从楚国迎请晋国的公子重耳,而把过去子圉的妻子再嫁给重耳做妻。重耳起初谢绝,后来才接受。穆公用厚礼款待他。二十四年春天,秦国派人告诉晋国的大臣,想要让重耳入主晋国。晋国答应了秦国的请求,于是秦国派人送重耳回国。二月,重耳被拥立为晋国国君,这就是晋文公。文公派人杀死了子圉。子圉就是晋怀公。

注释 1 母家:《史记正义》:"子圉母,梁伯之女也。" 2 即:如果。 百岁后:即死。 3 轻:看轻,轻视。 4 初谢:开始时谢绝。 5 遇:款待。

其秋，周襄王弟带以翟伐王，王出居郑。二十五年，周王使人告难于晋、秦。秦缪公将兵助晋文公入襄王，杀王弟带。二十八年，晋文公败楚于城濮[1]。三十年，缪公助晋文公围郑。郑使人[2]言缪公曰："亡郑厚晋[3]，于晋而得矣，而秦未有利。晋之强，秦之忧也。"缪公乃罢兵归。晋亦罢。三十二年冬，晋文公卒。

这一年秋天，周襄王的弟弟带凭借翟国的武力攻伐周王，周王被迫出居郑国。二十五年，周王派人到晋国、秦国通报祸患情况。秦穆公率领军队协助晋文公用武力护送襄王回国，诛杀了周王的弟弟带。二十八年，晋文公在城濮打败了楚军。三十年，穆公协助晋文公围困郑国。郑国派人对穆公说："灭亡郑国则加强了晋国，对晋国有好处，而秦国不能得到什么利益。晋国的强盛，就是秦国的忧患啊。"穆公于是罢兵回国。晋国也罢兵了。三十二年冬天，晋文公去世。

注释　1 城濮：卫地名，在今山东鄄城县西南，其地北有濮水。　2 人：指郑大夫烛之武。　3 厚晋：意为加强了晋国的实力。

郑人[1]有卖郑于秦曰："我主其城门，郑可袭也。"缪公问蹇叔、百里傒，对曰："径[2]数国千里而袭人，希有得利者。且人卖郑，庸[3]知我国人不有以我情告郑者乎？不

郑国有人向秦国出卖郑国说："我掌管着郑国的城门，可以来袭击郑国啊。"穆公就这件事询问蹇叔、百里傒，他们回答说："途经好几个国家奔行千里去袭击别人，很少有能得到好处的。既然有人出卖郑国，怎么知道我国没有人会把我们的举动告知郑国呢？这件事不可以做。"穆公说：

可。”缪公曰:“子不知也,吾已决矣。”遂发兵,使百里傒子孟明视、蹇叔子西乞术及白乙丙将兵。行日,百里傒、蹇叔二人哭之。缪公闻,怒曰:“孤发兵而子沮[4]哭吾军,何也?”二老曰:“臣非敢沮君军。军行,臣子与[5]往;臣老,迟还恐不相见,故哭耳。”二老退,谓其子曰:“汝军即败,必于殽阨[6]矣。”三十三年春,秦兵遂东,更[7]晋地,过周北门。周王孙满[8]曰:“秦师无礼[9],不败何待!”兵至滑[10],郑贩卖贾人弦高,持十二牛将卖之周,见秦兵,恐死虏,因献其牛,曰:“闻大国将诛郑,郑君谨修守御备,使臣以牛十二劳[11]军士。”秦三将军相谓曰:“将袭郑,郑今已觉之,往无及已。”

“你们不知道中间的奥妙,我已经决定了。”于是发兵,派百里傒的儿子孟明视、蹇叔的儿子西乞术及白乙丙率领秦军。启程这一天,百里傒、蹇叔二人对着他们痛哭。穆公听说这件事,发怒说:“我出兵而你们却哭着阻止我的军队,这是什么用意?”二位老人说:“臣子不敢阻止您的军队。军队出发,臣下的儿子一同前往;臣下年老,恐怕他们回来迟了而无法相见,所以才哭。”两位老人退下,对他们的儿子说:“你们的军队如果战败,必然是败在崤山的险要地区。”三十三年春,秦国的军队就向东行进,越过晋国领土,经过周室北门。周国的王孙满说:“秦国军队的行动不合礼法,不失败还能等来什么别的结果!”军队行进到滑地,郑国从事贩卖的商人弦高,带着十二头牛正准备到周国去出卖,见到了秦国军队,恐怕被捉去杀掉,便趁机把牛献给秦国,说:“听说大国将要诛伐郑国,郑国国君正认真谨慎地准备防御,派臣子送十二头牛来慰劳您的军士。”秦国的三位将军相互商量说:“我们准备奇袭郑国,郑国如今已经发觉了我们的行动,赶到郑国估计也是错过了袭击的时机。”于是秦军灭掉灭滑。滑,晋之边邑也。

了滑邑。滑邑,是晋国边疆上的城邑。

注释 1 郑人:《郑世家》认为是郑司城缯贺,《左传·僖公三十二年》认为是驻守郑国之秦大夫杞子。 2 径:路过,穿行。 3 庸:怎么,哪里。 4 沮(jǔ):败坏,沮丧。 5 与:参加。 6 殽阸:殽山的险要处。殽山,在今河南三门峡市东南。殽,同“崤”。此山为秦晋间关隘,山路奇险,上有陡坡,下临绝涧,两车不得并行,故极险要。 7 更:经过。 8 王孙满:周共王之玄孙,时年尚幼。 9 无礼:指秦军轻率,经过周都王城北门时不卷甲束兵以显示勇力的举动。 10 滑:姬姓国,伯爵,据《左传》,秦灭前尚为晋之同姓与国。地在今河南偃师市东南。 11 劳:犒劳。

当是时,晋文公丧尚未葬。太子襄公怒曰:“秦侮我孤,因丧破我滑。”遂墨衰绖[1],发兵遮秦兵于殽,击之,大破秦军,无一人得脱者。虏秦三将以归。文公夫人[2],秦女也,为秦三囚将请曰:“缪公之怨此三人入于骨髓,愿令此三人归,令我君得自快烹之。”晋君许之,归秦三将。三将至,缪公素服郊迎[3],向三人哭曰:“孤以不用百里傒、蹇

在这个时候,晋文公死了还没有安葬。太子襄公愤怒地说:“秦国欺侮我丧父,趁着我办理丧事的时候攻取了我国的滑邑。”于是他身披黑色孝服,出动军队在崤山截住秦军,进行攻击,把秦军打得大败,没有一个能够逃脱的。晋军俘虏了秦国三位将军后回师。晋文公的夫人,是秦穆公的女儿,为被俘虏的秦国三位将军讲情说:“穆公对这三个人恨之入骨,希望你能让这三个人回国,好让秦国国君亲自烹杀他们。”晋国国君答应了她的请求,放回了秦国的三位将军。三位将军回到国中,秦穆公身着素服在郊外迎接他们,对着三位将军哭着说:“因为我没有采用百里傒、蹇叔的

叔言以辱三子，三子何罪乎？子其悉心[4]雪耻，毋怠。”遂复三人官秩[5]如故，愈益厚之。

建议而使三位将军受到侮辱，你们三位又有什么罪呢？你们还是要用心准备洗刷耻辱，不要懈怠。”于是恢复这三人以前的官职和俸禄，更加厚待他们。

三十四年，楚太子商臣弑其父成王代立。

三十四年，楚国太子商臣杀害了他的父亲成王而自立为王。

缪公于是复使孟明视等将兵伐晋，战于彭衙[6]。秦不利，引兵归。

穆公在这时候又派孟明视等人率军攻打晋国，在彭衙地区交战。秦国军队不能取胜，退兵回国。

注释 **1** 墨衰绖：染黑丧服。因穿白色丧服于行军不吉利。 **2** 文公夫人：《左传》作“文嬴”。《史记集解》引服虔曰：“穆公女。”依此当为《国语》所说之“怀嬴”。 **3** 素服：白色丧服。 郊迎：在郊外迎接，以示敬重。 **4** 悉心：全心，尽心。 **5** 官秩：官爵与俸禄。 **6** 彭衙：古邑名，今陕西省澄城县东北。

戎王使由余于秦。由余，其先晋人也，亡入戎，能晋言。闻缪公贤，故使由余观[1]秦。秦缪公示以宫室、积聚。由余曰：“使鬼为之，则劳神[2]矣。使人为之，亦苦民矣。”缪公怪之，问曰：“中国以诗书礼乐法

戎王派遣由余出使秦国。由余，他的祖先是晋国人，逃亡到戎地，他仍能说晋国话。戎王听说秦穆公贤能，所以派遣由余前往秦国考察。秦穆公向他展示了宫室的豪华和积聚的富足。由余看后说：“这些若使鬼神去做，鬼神也会感到劳累。若使人力去做，那就太劳苦民众了。”穆公对他的说法感到奇怪，问道：“中原各国用诗书礼乐法度作为行政的原则，像这样有时还出现变

度为政，然尚时乱；[3]今戎夷无此，何以为治，不亦难乎？”由余笑曰：“此乃中国所以乱也。夫自上圣黄帝作为[4]礼乐法度，身以先之，仅以小治。及其后世，日以骄淫。阻法度之威，以责督于下，下罢极则以仁义怨望于上，[5]上下交争怨而相篡弑，至于灭宗，皆以此类也。夫戎夷不然。上含淳德以遇其下，下怀忠信以事其上，一国之政犹一身之治，不知所以治[6]，此真圣人之治也。”于是缪公退而问内史廖[7]曰：“孤闻邻国有圣人，敌国之忧也。今由余贤，寡人之害，将柰之何？”内史廖曰：“戎王处辟匿，未闻中国之声。[8]君试遗其女乐，以夺其志；为

乱；如今戎夷没有中原国家的诗书礼乐法度，治理国家，岂不是会很困难吗？”由余笑着说：“这些正是中原国家发生变乱的原因。自从上古圣人黄帝制作礼乐法度，他就以身作则率先奉行，这样也仅仅能达到小治。到了后世，居上位者日益骄淫。依恃着法度的威严，来责罚督察下民，下民疲惫了就怨恨居上位者不行仁义，上下相争积怨加深就会相互篡杀，以致诛灭宗族，所有的变异都是因为这一类缘故。而戎夷则不是这样。在上位的人对待在下者饱含着淳朴的德性，在下位的人忠诚地侍奉居上位者，治理一国的政事如同治理自己的一身，他们其实并不知道什么治理国家的理论、主张，这才是真正圣人的治国方法。”于是穆公退朝后询问内史廖：“我听说邻国有圣人，这是对立国家的忧患。如今由余是一位贤才，是寡人的祸害，我们该如何对待他呢？”内史廖说：“戎王居处在偏僻闭塞的地区，还没有听到过中原国家的音乐之美。您试着送给他歌舞伎女，来改变他的心志；替由余向戎王请求延期返戎，借以疏远他们之间的关系；留住由余而不遣送他回国，借此耽误他的归期。戎王对此感到奇怪，必然会怀疑由余。君臣

由余请,以疏其间;[9]留而莫遣,以失其期。戎王怪之,必疑由余。君臣有间,乃可虏也。且戎王好乐,必怠于政。”缪公曰:“善。”因与由余曲席而坐,传器而食,问其地形与其兵势尽察,而后令内史廖以女乐二八遗戎王。[10]戎王受而说[11]之,终年不还。于是秦乃归由余。由余数谏不听,缪公又数使人间要由余[12],由余遂去,降秦。缪公以客礼礼之,问伐戎之形。

之间有嫌隙,就可以把他俘获。而且戎王嗜好音乐,必然会懈怠国政。”穆公说:“很好。”因而和由余接席而坐,互递杯盏一同进食,询问他戎国的地形和兵势,了解得非常详细,而后命令内史廖把十六名歌舞伎女赠送给戎王。戎王接受后非常喜欢,迷恋一整年而不休止。到这时秦国才放回由余。由余屡次劝谏而戎王不听从,穆公又多次派人暗中约降由余,由余就离开戎国,去投降秦国。穆公用对待客人的礼节对待他,询问他采用什么方式攻伐戎国。

注释 1 观:观察,考察。 2 劳神:劳累鬼神。 3 中国:指以黄河流域为主,四方戎夷之内的诸侯各国。 时:时常,常常。 4 作为:创制,建立。 5 阻:依恃,凭仗。 责督:责罚督察。 罢极:疲惫。罢,通“疲”。极,困惫。 怨望:怨恨。望,埋怨责备。 6 所以治:治国的理论、主张。 7 内史廖:即王廖。内史,《汉书·百官公卿表》:“内史。周官,秦因之,掌治京师。”故内吏为重要执政官。 8 辟匿:偏僻的地方。 声:指音乐。 9 遗(wèi):赠送。 女乐:歌舞伎女。 疏其间:加宽距离,加深嫌隙。间,距离,嫌隙。 10 曲席:当时未设床,席地而坐;席一纵一横,相连像矩尺,谓之曲席。这是要让对方在左右靠近自己。 尽察:非常详细、明确。二八:十六人,古乐舞八人为一列,称佾(yì)。 11 说:通“悦”。 12 数(shuò):屡次,多次。 间要:暗中邀请。要,通“邀”。

三十六年，缪公复益厚孟明等，使将兵伐晋，渡河焚船[1]，大败晋人，取王官及鄗[2]，以报殽之役。晋人皆城守[3]不敢出。于是缪公乃自茅津渡河，封[4]殽中尸，为发丧，哭之三日。乃誓于军曰："嗟士卒！听无哗，余誓告汝。古之人谋黄发番番[5]，则无所过。以申思[6]不用蹇叔、百里傒之谋，故作此誓，令后世以记余过。"君子闻之，皆为垂涕，曰："嗟乎！秦缪公之与人周也，卒得孟明之庆。[7]"

三十六年，穆公又更加厚待孟明视等人，派他们率领秦军攻打晋国，渡过黄河以后把船焚烧了，打得晋军大败，攻取了王官城和鄗地，以此报了殽山之役被打败的仇恨。晋国人都在城中困守不敢出战。在这种情况下穆公才从茅津渡过黄河，为在殽山战役中牺牲的军士筑坟表识，为他们发丧，致哀三日。于是对军队发表誓戒说："啊，士卒们！听我说，不要喧哗，我有誓言要告诉你们。古时候人们有事要向白发老人请教商讨，这样就不会有什么过失。我当初不用蹇叔、百里傒的谋略以致战败，所以我发这番誓言，使后世能够记住我的过错。"君子们听说了这件事，都为此而落泪，他们说："唉！秦穆公在任用人才上非常周全，最终能够获得孟明视等贤士拥护的福庆。"

注释　**1** 焚船：表示决心死战。　**2** 王官：晋地，在今山西闻喜县东南。　鄗(hào)：《左传·文公三年》作"郊"。晋地，在今山西永济市东虞乡境。　**3** 城守：在城墙上守卫。　**4** 封：堆土。此指筑坟表识。《史记集解》引贾逵曰："封识之。"　**5** 黄发番番：指老年人。《史记正义》："言发白而更黄，故云'黄发番番'，谓蹇叔、百里奚也。"番番，通"皤皤(pó)"，白发苍苍的样子。　**6** 申思：反复思考。申，重复。　**7** 与：通"举"，《左传》正作"举"。选拔，任用。　周：全面，完备。　庆：福。

三十七年，秦用由余谋伐戎王，益国十二，开地千里，遂霸西戎。[1]天子使召公过贺缪公以金鼓[2]。

三十九年，缪公卒，葬雍[3]。从死者百七十七人，秦之良臣子舆氏三人名曰奄息、仲行、鍼虎，亦在从死之中。秦人哀之，为作歌《黄鸟》[4]之诗。君子曰："秦缪公广地益国，东服强晋，西霸戎夷，然不为诸侯盟主，亦宜哉。死而弃民，收其良臣而从死。且先王崩，尚犹遗德垂法，[5]况夺之善人良臣百姓所哀者乎？是以知秦不能复东征也。"缪公子四十人，其太子罃代立，是为康公[6]。

三十七年，秦国采用由余的谋略而攻伐戎王，增加了十二个属国，拓展了千里领土，最终在西戎称霸。天子派召公过带着金鼓去向秦穆公祝贺。

三十九年，秦穆公去世，葬在雍地。陪葬的有一百七十七人，秦国的良臣子舆氏三人，他们名叫奄息、仲行、鍼虎，也都在陪葬之列。秦国人为他们感到悲哀，为他们作了一首名叫《黄鸟》的诗歌。君子评论说："秦穆公扩展了疆土，增加了属国，在东方征服了强大的晋国，在西方称霸戎夷地区，然而最终没有成为诸侯国的盟主，也是应该的呀。他死后弃民不顾，而让他的良臣跟随殉葬。先代有德的帝王崩逝，尚且能给后人遗留下德惠和仪法，更何况是夺去那些百姓所敬爱哀怜的善人、良臣的性命呢？由这件事可以知道秦国不能再度东征。"穆公有四十个儿子，他的太子罃继立为君，这就是秦康公。

注释　1《史记正义》引韩安国云："秦穆公都地方三百里，并国十四，辟地千里，陇西、北地郡是也。"二郡在今甘肃东南部及宁夏南部。

2 金鼓：古代军队作战时使用的信号器具。金，指金属制成的钲，鸣金表示止兵。鼓,战鼓,擂鼓表示进击。 3 雍:当时秦都,今陕西凤翔县东南。《史记正义》引《括地志》云:"秦穆公冢在岐州雍县东南二里。" 4《黄鸟》:《诗经·秦风》中篇名,为讽刺秦穆公用活人殉葬而哀痛三良之诗。诗中"子舆氏"作"子车氏",与《左传》同。 5 先王:先代有德帝王。 垂:流传。 6 康公:公元前620—609年在位。

康公元年。往岁缪公之卒,晋襄公亦卒;襄公之弟名雍,秦出[1]也,在秦。晋赵盾欲立之,使随会来迎雍,秦以兵送至令狐。[2]晋立襄公子而反击秦师,秦师败,随会来奔。二年,秦伐晋,取武城[3],报令狐之役。四年,晋伐秦,取少梁[4]。六年,秦伐晋,取羁马[5]。战于河曲,大败晋军。晋人患随会在秦为乱,乃使魏雠余详反,合谋会,诈而得会,会遂归晋。[6]康公立十二年卒,子共公[7]立。

秦康公元年。前一年秦穆公去世时,晋襄公也去世;襄公的弟弟名叫雍,是秦国宗室之女所生,住在秦国。晋国的赵盾想要立他为国君,派随会前来迎请公子雍,秦派兵护送他到令狐城。晋国扶立襄公的儿子为国君后反过来攻击秦军,秦军战败,随会前来投奔秦国。二年,秦国攻伐晋国,夺取了武城,报了秦军在令狐战役失败的仇恨。四年,晋军攻伐秦国,攻取了少梁城。六年,秦军攻打晋国,取得了羁马城。秦国与晋国在河曲地区交战,大败晋国的军队。晋国人担心随会在秦国会给晋国带来祸乱,就派魏雠余假装反叛,来和随会合谋,蒙骗并得到了随会,随会因此返回了晋国。康公在位十二年去世,儿子共公继位。

注释 1 秦出:为秦女所生。 2 赵盾:晋卿,当时晋国的执政之臣。 随会:即士会、士季、季武子,晋国大夫。因食采于随、范,又称随季,随武子、范会、范武子。 令(líng)狐：晋地名，在今山西临猗县西南。 3 武城：一名武平城，晋邑名，在今陕西渭南市华州区东北。 4 少梁：古梁国地，在今陕西韩城市南。《史记正义》："前入秦，后归晋，今秦又取之。" 5 羁马：晋邑名，在今山西永济市南。 6 患：忧虑，担心。 魏雠(shuò)余：时为晋之魏邑大夫，《晋世家》及《左传》均作"魏寿余"，雠，通"寿"。《史记正义》："雠音受。又作'犨'，音同。" 详：通"佯"。 合谋会：与随会合谋归晋。事见《左传·文公十三年》。 7 共公：公元前608—前604年在位。《史记索隐》："名貑。十代至灵公，又并失名。"

共公二年，晋赵穿弑其君灵公。三年，楚庄王强，北兵至雒，问周鼎。共公立五年卒，子桓公[1]立。

桓公三年，晋败我一将[2]。十年，楚庄王服郑，北败晋兵于河上。当是之时，楚霸，为会盟合诸侯。二十四年，晋厉公初立，与秦桓公夹河而盟。归而秦倍[3]盟，与翟合谋击晋。二十六年，晋率诸侯伐秦，秦军败走，追至泾[4]而还。桓公立二十七年卒，子景公[5]立。

共公二年，晋国人赵穿弑杀了他的国君灵公。三年，楚庄王势力强大，率军向北到达雒京，询问周朝传国之宝九鼎的大小轻重。共公在位五年而去世，儿子桓公继位。

桓公三年，晋军打败了我秦国的一位将军。十年，楚庄王征服郑国，向北在黄河岸边打败了晋国的军队。在这个时候，楚国称霸，集合诸侯举行会盟。二十四年，晋厉公刚刚继位为晋君，和秦桓公订立了以黄河为界的盟约。桓公回国后就背弃盟约，和翟人合谋进攻晋国。二十六年，晋国率领诸侯讨伐秦国，秦国军队战败逃走，诸侯国军队追至泾水才收兵回师。桓公在位二十七年去世，儿子景公继位。

注释 1 桓公：公元前603—前577年在位。 2 一将：《晋世家》："伐秦，虏秦将赤。"赤，即此将名。 3 倍：通"背"，背弃。 4 泾：泾水，渭水支流，源出今宁夏回族自治区大盘山区之泾源县南，至陕西西安市高陵区之西南入渭水。 5 景公：公元前576—前537年在位。

景公四年，晋栾书弑其君厉公。十五年，救郑，败晋兵于栎[1]。是时晋悼公为盟主。十八年，晋悼公强，数会诸侯，率以伐秦，败秦军。秦军走，晋兵追之，遂渡泾，至棫林[2]而还。二十七年，景公如晋，与平公盟，已而背之。三十六年，楚公子围弑其君而自立，是为灵王。景公母弟后子鍼有宠，景公母弟富，或谮之，恐诛，乃奔晋，车重千乘。[3]晋平公曰："后子富如此，何以自亡？"对曰："秦公无道，畏诛，欲待其后世乃归。"三十九年，楚灵王强，会诸侯于申，为盟

景公四年，晋国的栾书弑杀了他的国君厉公。十五年，秦国的军队救援郑国，在栎城打败了晋国的军队。这个时候晋悼公成为了各诸侯的盟主。十八年，晋悼公势力强大，屡次会聚诸侯，率领他们去攻伐秦国，打败了秦国的军队。秦国的军队逃走，晋国的军队追击他们，晋国的军队渡过了泾水，直到棫林城才返回。二十七年，景公到了晋国，和晋平公订立了盟约，不久又背弃盟约。三十六年，楚国的公子围弑杀了他的国君而自立为王，这就是楚灵王。景公的同母弟后子鍼很得景公宠幸，拥有很多财富，有人在景公面前说他的坏话，他害怕被诛杀，就逃亡到晋国，随身带着一千辆车的资财。晋平公说："你这样富足，为什么还要逃亡？"后子鍼回答说："秦君无道，我害怕被诛杀，想等到他去世以后再回秦国。"三十九年，楚灵王势力强盛，在申城地区会聚诸侯，成为盟主，杀死了齐国的大臣庆封。景公在

主，杀齐庆封。[4]景公立四十年卒，子哀公[5]立。后子复来归秦。

位四十年去世，儿子哀公继位。后子鍼又重新回到秦国。

注释 1 栎(yuè)：古都邑名，郑国别都，在今河南禹州市。此役晋因轻视秦军而败。 2 棫(yù)林：秦地，在今陕西泾阳县西南。 3 后子鍼(qián)：景公母弟名。 景公母弟富：《史记会注考证》："枫、三、南本，无'景公母弟'四字，盖上文复衍。" 谮(zèn)：进谗言，说坏话。 车重：装载收藏有财物的包裹箱笼车。重，辎重。 4 申：地名，在今河南南阳市北。 庆封：崔杼之党，因乱齐，被楚灵王杀于吴。事见《齐太公世家》及《左传·昭公四年》。 5 哀公：《秦始皇本纪》作"毕公"。哀公，公元前536—前501年在位。

哀公八年，楚公子弃疾弑灵王而自立，是为平王。十年，楚平王来求秦女为太子建妻。至国，女好而自娶之。十五年，楚平王欲诛建，建亡；伍子胥[1]奔吴。晋公室卑而六卿[2]强，欲内相攻，是以久秦晋不相攻。三十一年，吴王阖闾与伍子胥伐楚，楚王亡奔随，吴遂入郢。[3]楚大夫申包胥来告急，七日不食，日夜哭泣。[4]于

哀公八年，楚国的公子弃疾弑杀了灵王而自立为王，这就是楚平王。十年，楚平王来向秦国请求娶宗室女做太子建的妻子。秦女来到楚国，平王见秦女容貌美好就自己娶了她。十五年，楚平王想要诛杀太子建，太子建逃亡；伍子胥投奔吴国。晋国公室卑弱而六卿之臣势力强大，他们准备相互攻击，因此秦国和晋国很久没有相互攻伐。三十一年，吴王阖闾和伍子胥攻伐楚国，楚王逃亡到随国，吴国的军队于是进入了郢都。楚国大夫申包胥来到秦国告急求援，他七天不吃饭，日夜哭泣。由此秦国才发动五百乘军车的

是秦乃发五百乘救楚，败吴师。吴师归，楚昭王乃得复入郢。哀公立三十六年卒。太子夷公，夷公蚤死，不得立，立夷公子，是为惠公[5]。

队伍去解救楚国的危难，打败了吴国的军队。吴国的军队撤回后，楚昭王才得以重新回到郢都。哀公在位三十六年去世。太子是夷公，但夷公早就死了，不可能被立为秦君，就立了夷公的儿子做国君，这就是惠公。

注释　1 伍子胥：伍员(yún)，字子胥，楚大夫伍奢次子，其兄伍尚。楚平王杀奢、尚，子胥经宋、郑等国入吴。后为吴国大夫，设谋伐楚。
2 六卿：晋国六大家族范氏、中行氏、智氏、赵氏、魏氏、韩氏，世代为卿，故称。　3 随：地名，在今湖北随县。　郢：楚国都城，在今湖北江陵县西北，遗址称为"纪南城"。　4 事见《伍子胥列传》及《左传·定公四年》。
5 惠公：公元前500—前491年在位。其子悼公，公元前490—前477年在位。

惠公元年，孔子行鲁相事。五年，晋卿中行、范氏反晋，晋使智氏、赵简子攻之，范、中行氏亡奔齐。惠公立十年卒，子悼公立。

悼公二年，齐臣田乞弑其君孺子，立其兄阳生，是为悼公。六年，吴败齐师。齐人弑悼公，立

惠公元年，孔子代理鲁国国相的职务。五年，晋国六卿中的中行氏、范氏反叛晋国宗室，晋宗室派智氏、赵简子攻打他们，范氏、中行氏逃奔到齐国。惠公在位十年去世，儿子悼公继位。

悼公二年，齐国的大臣田乞杀害了他的国君孺子，扶立了孺子的哥哥阳生做齐君，这就是齐悼公。六年，吴国的军队打败了齐国军队。齐国人杀死了齐悼公，扶立了他的儿子简

其子简公。九年，晋定公与吴王夫差盟，争长于黄池，卒先吴。[1]吴强，陵[2]中国。十二年，齐田常弑简公，立其弟平公，常相之。十三年，楚灭陈。秦悼公立十四年卒，子厉共公立。孔子以悼公十二年卒[3]。

公做国君。九年，晋定公和吴王夫差会盟，在黄池城争夺谁先歃血，最终吴王先歃血。吴国强盛，欺凌中原各国。十二年，齐国人田常杀害了齐简公，扶立简公的弟弟平公做国君，田常作为国相辅佐他。十三年，楚国灭掉了陈国。秦悼公在位十四年去世，儿子厉共公继位。孔子在秦悼公十二年去世。

注释　**1** 争长：即争先，争夺谁先歃(shà)血。吴认为其祖先太伯是周室长房，应为长；晋认为自己在姬姓诸侯中是领袖，应为长，故争。　先吴：让吴王先歃血。古代会盟时先歃血的即是盟主。《国语》记"吴王先歃"。**2** 陵：欺压。　**3** 是年为公元前479年，即周敬王四十一年。以，于，在。

厉共公二年，蜀人来赂。[1]十六年，壍[2]河旁。以兵二万伐大荔，取其王城[3]。二十一年，初县频阳[4]。晋取武成[5]。二十四年，晋乱，杀智伯，分其国与赵、韩、魏。[6]二十五年，智开[7]与邑人来奔。三十三年，伐义渠[8]，虏其王。三十四年，日食。厉共公卒，子躁公立。

厉共公二年，蜀人前来进贡财物。十六年，在黄河旁挖掘壕沟。派遣二万军卒征伐大荔国，夺取了大荔国的国都王城。二十一年，开始设置频阳县。晋国攻克了武成。二十四年，晋国发生内乱，智伯被杀，他的国土被赵氏、韩氏、魏氏瓜分。二十五年，智开和他的邑人逃奔到了秦国。三十三年，秦征伐义渠国，俘虏了义渠国国王。三十四年，有日食发生。厉共公去世，儿子躁公继位。

注释　1 厉共公：公元前476—前443年在位。其元年，即公元前476年，为周元王元年，是今称战国时期之始年。　赂：进贡财物。　2 壍(qiàn)：同“堑”，意为挖壕沟。　3 王城：西戎一支的大荔的都城，在今陕西大荔县东。　4 频阳：在今陕西富平县东北。　5 武成：原为晋邑，秦康公二年取之，今晋又取归之。　6 杀智伯：其后晋六卿唯有韩、赵、魏。　分其国：《史记志疑》：“智伯不可言国，当改曰‘分其邑’。”　7 智开：《史记正义》：“开，智伯子。伯被赵襄子等灭其国，其子与从属来奔秦。”　8 义渠：西戎的一支，其地在今甘肃宁县、庆阳一带。

躁公二年，南郑反。[1]十三年，义渠来伐，至渭南[2]。十四年，躁公卒，立其弟怀公。

怀公四年，庶长鼂与大臣围怀公，[3]怀公自杀。怀公太子曰昭子，蚤死，大臣乃立太子昭子之子，是为灵公[4]。灵公，怀公孙也。

灵公六年，晋城少梁，秦击之。十三年，城籍姑[5]。灵公卒，子献公不得立，立灵公季父悼子，是为简公[6]。简公，昭子之弟而怀公子也。

躁公二年，南郑城造反。十三年，义渠国前来侵伐秦国，到达渭南。十四年，躁公去世，扶立他的弟弟怀公为国君。

怀公四年，庶长鼂和大臣们围攻怀公，怀公自杀。怀公的太子名叫昭子，早已死去，大臣们就扶立太子昭子的儿子做国君，这就是灵公。灵公，是怀公的孙子。

灵公六年，晋国在少梁建城池，秦国的军队袭击了他们。十三年，建筑籍姑城。灵公去世，他的儿子献公没有能够被立为国君，而是灵公的叔父悼子被立为国君，他就是简公。简公，是昭子的弟弟，怀公的儿子。

注释　1 躁公：公元前442—前429年在位。　南郑：秦邑名，在今陕西汉中市。 2 渭南:《六国年表》为“渭阳”。水北为阳,当非渭南。 3 怀公:公元前 428—前 425 年在位。 庶长:秦爵名。二十级爵中有十左庶长、十一右庶长、十七驷车庶长、十八大庶长。颜师古曰:“庶长,言为众列之长。” 鼂(cháo):人名。 4 灵公:公元前 424—前 415 年在位。 5 籍姑:秦邑名,在今陕西韩城市北。 6 简公:怀公之子,灵父之季父。非如《秦始皇本纪》所说为灵公子。公元前 414—前 400 年在位。

简公六年,令吏初带剑[1]。堑洛。城重泉[2]。十六年卒,子惠公立。[3]

简公六年,开始颁布法令规定官吏可以带剑。在洛水挖掘壕沟。建筑重泉城。十六年,简公去世,儿子惠公继位。

惠公十二年,子出子生。十三年,伐蜀,取南郑[4]。惠公卒,出子[5]立。

惠公十二年,他的儿子出子降生。十三年,征伐蜀地,攻取了南郑城。惠公去世,出子继位。

出子二年,庶长改迎灵公之子献公于西而立之[6]。杀出子及其母,沈之渊旁。

出子二年,庶长改从西县迎回灵公的儿子献公并扶立他做秦国国君。献公杀死出子和他的母亲,把他们的尸体沉入深渊。

秦以往者数易君,君臣乖乱,故晋复强,夺秦河西地。[7]

秦国由于以往屡次更换国君,君臣秩序混乱,因此晋国又重新强盛起来,夺取了秦国的河西地区。

注释 1 带剑:《史记正义》云:“春秋官吏各得带剑。”据此知秦始设此威仪。 2 重泉:地名,在陕西蒲城县东南。 3 十六年:《六国年表》作“十五年”。 惠公:公元前 399—前 387 年在位。 4 南郑:《六国年表》作“蜀取我南郑”。依上文南郑非蜀地,今其取之,当是。 5 出子:公元前386—前385年在位。 6 改:人名。 西:《史记正义》:"西者,秦州西县,秦之旧地,时献公在西县,故迎立之。"西县,在今甘肃天水西南。 7 乖乱:反常,混乱。 河西地:夷吾所献黄河西岸的土地。《史记正义》:"夺前所上八城也。"

献公元年,止从死。[1]二年,城栎阳[2]。四年正月庚寅,孝公生。十一年,周太史儋见献公曰:"周故与秦国合而别,别五百岁复合,合十七岁而霸王出。"[3]十六年,桃冬花[4]。十八年,雨金[5]栎阳。二十一年,与晋战于石门,斩首六万,天子贺以黼黻。[6]二十三年,与魏晋战少梁,虏其将公孙痤。[7]二十四年[8],献公卒,子孝公[9]立,年已二十一岁矣。

献公元年,废止用活人为君主殉葬的制度。二年,建筑栎阳城。四年正月庚寅日,孝公降生。十一年,周朝太史儋拜见献公说:"周以前和秦国合在一起又分别为二,分别了五百年后又要重新会合,重新会合十七年后会有霸王出世。"十六年,桃树冬季开花。十八年,栎阳降下金雨。二十一年,秦军和魏军在石门山地区交战,斩魏军首级六万,天子赠送了绣有花纹的礼服来表示祝贺。二十三年,秦军与魏军在少梁交战,俘虏了敌将公孙痤。二十四年,献公去世,儿子孝公继位,孝公当时已经二十一岁了。

注释 1 献公:名师隰(xí)。公元前384—前362年在位。 从死:指以活人为君主殉葬的制度。 2 栎(yuè)阳:地名,在今陕西临潼北渭水北岸。秦献公自雍徙都至此。 3 详见《周本纪》烈王二年注。 4 冬花:冬天开花。 5 金:天上落下黄金。时人视为吉象。 6 石门:在今陕西旬邑县东南。 黼黻(fǔ fú):又作"黼黻",绣有花纹的礼服。《史记集解》引《周礼》曰:“白与黑谓之黼,黑与青谓之黻。” **7** 魏晋:即魏,时亦称晋。秦献公九年(公元前376年)韩、赵、魏三家分晋后,魏占有原晋的中心地带,故称。 公孙痤(cuó):魏将。《六国年表》作“虏其太子”。《史记会注考证》以为“是役所虏太子与公孙痤也”。此又一说。 **8** 二十四年:《六国年表》作“二十三年”,与《秦纪》合,当是。 孝公:名渠梁。公元前361—前338年在位。

孝公元年,河山以东强国六,与齐威、楚宣、魏惠、燕悼、韩哀、赵成侯并。[1]淮泗之间小国[2]十余。楚、魏与秦接界。魏筑长城,自郑滨洛以北,有上郡。[3]楚自汉中,南有巴、黔中。[4]周室微,诸侯力政[5],争相并。秦僻在雍州,不与中国诸侯之会盟,夷翟遇[6]之。孝公于是布惠,振[7]孤寡,招战士,明功赏。下令国中曰:“昔我缪公自岐雍之间,修德行武,东平晋乱,以河为界,西霸戎翟,广地千里,天子致伯,诸侯毕贺,为后世开业,甚光美。

孝公元年,在黄河和崤山以东有六个强国,秦孝公和齐威王、楚宣王、魏惠王、燕悼公、韩哀侯、赵成侯并立。在淮水和泗水一带,有十多个小国。楚国、魏国和秦国地界相连接。魏国修筑长城,从郑县沿洛水向北,拥有上郡。楚国从汉中向南拥有巴、黔中地区。周室势力微弱,诸侯凭借各自实力进行征伐,争相兼并。秦国处在偏僻的雍州,不能参与中原诸侯国的会盟,诸侯们把秦国当作夷翟看待。孝公根据这种形势而广泛施行恩惠,赈救孤寡,招抚战士,明定立功奖赏。他在国中下令说:“以前我的祖先穆公从在岐山和雍邑地区的时候起,修治德政,推行武力,向东平定了晋国的内乱,使国土扩展到以黄河为界,在西方称霸于戎翟地区,扩展了千里疆土,天子致赠封号为伯,诸侯们都来会往者厉、躁、简公、出子之不宁，国家内忧，未遑外事，三晋攻夺我先君河西地，诸侯卑秦，丑莫大焉。[8]献公即位，镇抚边境，徙治栎阳，且欲东伐，复缪公之故地，修缪公之政令。寡人思念先君之意，常痛于心。宾客群臣有能出奇计强秦者，吾且尊官，与之分土。[9]”于是乃出兵东围陕城，西斩戎之獂王。[10]

表示祝贺，为后世开创了基业，非常光辉荣耀。后来遭遇到厉公、躁公、简公、出子时期的动乱不宁，国家出现内忧，无暇顾及国外事务，使三晋攻夺了先君开拓的河西地区，诸侯们卑视秦国，再没有什么比这更加耻辱了。献公即位后，镇抚了边境，迁都到栎阳，并且准备向东征伐，恢复穆公时候秦国故有的疆域，重整穆公时的政治法令。寡人缅怀先君的遗志，内心常常感到悲痛。宾客群臣中若有能够出奇计使秦国强盛的人，我将尊崇他而给予高官，赐封给他土地。”于是就出兵向东围困陕城，进兵西方斩杀了戎人的獂王。

注释　**1** 河：黄河。　山：崤山。　并：并立。指同时期先后在位。实为齐威王、楚宣王、魏惠王、燕文公、韩昭侯、赵成侯，燕无悼公，韩非哀侯。**2** 小国：《史记会注考证》引胡三省曰：“小国，谓鲁、宋、邾、滕、薛等国。”**3** 郑：郑县，今陕西渭南市华州区。　滨：水边。此指沿着河岸。　上郡：郡名，魏文侯置，地在今陕西延安、榆林一带。　**4** 汉中：郡名。秦惠王置，地在今陕西秦岭以南之东部和湖北西北部一带。秦楚在此交界。　巴：地区名，在今四川东部一带。　黔中：郡名。楚置，地在今湖南西部、贵州东部及川鄂南角。　**5** 力政：武力征伐。政，通“征”。　**6** 遇：对待，看待。**7** 振：通“赈”。　**8** 遑：闲暇，空暇。　卑：轻视。　丑：耻。　**9** 且：将。　分土：赐给土地。分，通“颁”。　**10** 陕城：今河南三门峡市陕州区。　獂(huán)：地名。在今甘肃陇西县东南，戎族一支的獂居地，故称。

卫鞅闻是令下，西入秦，因景监求见孝公。[1]

二年，天子致胙[2]。

三年，卫鞅说孝公变法修刑，内务耕稼，外劝战死之赏罚，[3]孝公善之。甘龙、杜挚等弗然[4]，相与争之。卒用鞅法，百姓苦之；居三年，百姓便之。乃拜鞅为左庶长[5]。其事在《商君》语中。

卫鞅听到秦孝公发布的这一命令，便向西进入秦国，借助景监的引见而求见孝公。

二年，周天子赐赠祭肉。

三年，卫鞅劝说孝公变更法制、整饬刑法，在内致力农耕，对外推行鼓励力战效死的赏罚，孝公很欣赏他的建议。甘龙、杜挚等人却不同意，和卫鞅互相争论。孝公最终采用了卫鞅的新法，一开始百姓对新法感到痛苦；过了三年，百姓觉得新法便利。孝公于是任命卫鞅为左庶长。他的事迹记载在《商君列传》中。

注释　1 卫鞅：即商鞅。　因：通过。　景：姓。　监：宦官。　2 胙(zuò)：祭肉。凡天子送来祭肉，是对诸侯政绩的肯定。　3 务：致力于。　劝：勉励。　4 弗然：不以为然，不认为好。　5 左庶长：二十级秦爵中之第十级。

七年，与魏惠王会杜平[1]。八年，与魏战元里[2]，有功。十年，卫鞅为大良造，将兵围魏安邑，降之。[3]十二年，作为咸阳，筑冀阙，[4]秦徙都之。并诸小乡、聚、集为大县[5]，县一令[6]，四十一县。为田开阡陌[7]。

七年，孝公和魏惠王在杜平城会盟。八年，和魏国军队在元里城交战，有功绩。十年，卫鞅任大良造，率领军队围困魏国的安邑城，迫使安邑投降。十二年，建造咸阳城，修筑了宫廷高大的门阙，秦国就把国都迁到这里。又把各个较小的乡村、聚落、集镇等合并成大县，每县设置一名县令，共有东地渡洛[8]。十四年，初为赋[9]。十九年，天子致伯。二十年，诸侯毕贺。秦使公子少官率师会诸侯逢泽[10]，朝天子。

四十一个县。扩展耕地，重划原来的田塍界线。秦国东面的领土跨过了洛水。十四年，开始施行军赋制度。十九年，天子封孝公为诸侯伯长。二十年，诸侯都表示祝贺。秦国派公子少官率领着军队在逢泽地区会集诸侯，朝见周天子。

注释 1 杜平：邑名。在今陕西澄城县东。 2 元里：邑名。在今陕西澄城县南。 3 大良造：即大上造，秦爵第十六级。 安邑：地名，战国初期魏之国都。在今山西夏县西北。 降：降服，使……投降。 4 作为：营造。 咸阳：在今陕西咸阳市东北。 冀阙：古代宫廷外的门阙。《史记正义》引刘伯庄云："冀犹记事，阙即象魏也。"按，记事即为公布教令；象魏即为宫门外的一对高建筑物。 5 乡、聚：乡村和聚落。《史记正义》："万二千五百家为乡。聚犹村落之类也。" 集：市镇。古代北方亦名村落为集。 6 令：县令。《史记集解》引《汉书·百官公卿表》曰："县令、长皆秦官。万户以上为令，秩千石至六百石；减万户为长，秩五百石至三百石。皆有丞、尉。" 7 开阡陌：铲除田埂。《史记索隐》引《风俗通》曰："南北曰阡，东西曰陌。河东以东西为阡，南北为陌。" 8 洛：洛水。洛水东岸原为魏之西界，今秦已越此界。 9 赋：按田亩面积征收赋税。 10 逢泽：地名。在今河南开封市南。

二十一年，齐败魏马陵[1]。

二十二年，卫鞅击魏，虏魏公子卬。封鞅为列侯，号商君。

二十一年，齐国军队在马陵地区打败了魏国的军队。

二十二年，卫鞅进击魏国，俘虏了魏国公子卬。孝公封卫鞅为列侯，赐给名号为商君。

二十四年,与晋战雁门[2],虏其将魏错。

孝公卒,子惠文君[3]立。是岁,诛卫鞅。鞅之初为秦施法,法不行,太子犯禁。鞅曰:“法之不行,自于贵戚[4]。君必欲行法,先于太子。太子不可黥,黥其傅师[5]。”于是法大用,秦人治。及孝公卒,太子立,宗室多怨鞅,鞅亡,因以为反,而卒车裂以徇秦国[6]。

惠文君元年,楚、韩、赵、蜀人来朝。二年,天子贺。三年,王冠[7]。四年,天子致文武胙[8]。齐、魏为王[9]。

二十四年,和魏国在岸门地区作战,俘虏了魏国的将军魏错。

孝公去世,儿子惠文君继位。这一年,诛杀了卫鞅。卫鞅在秦国施行新法之初,法令得不到推行,太子触犯了法禁。卫鞅说:“法令之所以不能推行,是因为贵戚们的抵制。国君若一定要推行新法,应当先从太子开始施行。太子不能受黥刑,应黥太子的傅和师。”因此新法得到广泛推行,秦国得到了治理。等到孝公去世,太子被立为国君,秦国宗室中有许多人怨恨卫鞅,卫鞅逃亡,因此被认定是谋反,最终遭受车裂的刑罚而在秦国被当众处死。

惠文君元年,楚、韩、赵、蜀人前来朝见。二年,周天子给予祝贺。三年,秦王举行冠礼。四年,周天子赐赠祭祀文王、武王的祭肉。齐国和魏国的君主称王。

注释 1 马陵:地名。在今河南范县西南。此战详见《孙子吴起列传》。2 晋:指魏。 雁门:《史记索隐》以为当作“岸门”,此乃声误而成。《六国年表》正作“岸门”。地在今山西河津市南岸头亭。 3 惠文君:名驷,公元前337—前311年在位。 4 贵戚:与国君同姓的亲属。 5 黥(qíng):墨刑,刺刻面额,染以黑色。 傅:公子虔。 师:公孙贾。 6 车裂:亦称“镮”或“镮裂”，古代酷刑，即俗称之“五马分尸”。 徇：示众。
7 冠：年二十行冠礼。 8 致：送来。 文武胙：祭祀文王、武王的祭肉。
9 齐、魏为王：指齐威王、魏惠王。前此魏称侯。齐威王自称王在秦孝公九年，已在此前二十年，连言而及之。

五年，阴晋人犀首为大良造[1]。六年，魏纳阴晋，阴晋更名宁秦。七年，公子卬[2]与魏战，虏其将龙贾，斩首八万。八年，魏纳河西地。九年，渡河，取汾阴、皮氏[3]。与魏王会应[4]。围焦[5]，降之。十年，张仪相秦。魏纳上郡十五县。十一年，县义渠[6]。归[7]魏焦、曲沃。义渠君为臣。更名少梁曰夏阳。十二年，初腊[8]。十三年四月戊午，魏君为王，韩亦为王。[9]使张仪伐取陕[10]，出其人与魏。

五年，阴晋人犀首被任命为大良造。六年，魏国把阴晋地区献给了秦国，阴晋被改名为宁秦。七年，公子卬和魏国作战，俘获了敌将龙贾，斩杀了首级八万。八年，魏国奉献河西地区。九年，渡过了黄河，攻取了汾阴城、皮氏城。和魏王在应城会盟。围困焦城，降服了它。十年，张仪被任为秦相。魏国奉献了上郡十五县给秦国。十一年，在义渠地区设置县。归还了魏国的焦城和曲沃。义渠国君成为秦国的臣子。把少梁改名叫夏阳。十二年，开始施行腊月祭祀。十三年四月戊午日，魏国国君称王，韩国国君也称王。秦国派张仪攻取了陕州，把陕州地区的民众驱逐到魏国。

注释 1 阴晋：魏地，在今陕西华阴市东。 犀首：武官名。此指公孙衍。
2 公子卬：《史记会注考证》云：“秦无公子卬，当‘公孙衍’之讹。” 3 汾阴：邑名。在今山西万荣县西。 皮氏：邑名。在今山西河津市。
4 应：邑名。在今河南鲁山县东。 5 焦：邑名。在今河南三门峡市西。

6 县义渠：梁玉绳《史记志疑》案："'县义渠'三字乃羡文，是年义渠为臣，非为县也。"义渠，在今甘肃宁县西北。 7 归：归还。 8 初腊：《史记正义》："腊，卢盍反，十二月腊日也。秦惠文王始效中国为之，故云初腊。猎禽兽以岁终祭先祖，因立此日也。《风俗通》云：'《礼传》云"夏曰嘉平，殷曰清祀，周曰蜡，汉改曰腊"。'" 9 魏君为王："魏"字似为衍文。《六国年表》作"四月戊午，君为土"。《史记志疑》以为"盖是年秦惠称王，故书月书日以别之，'魏'字乃'秦'字之误，《燕世家》书'燕君为王'是其例也"。 韩亦为王：指韩宣惠王。前此韩称侯。《六国年表》韩宣惠为王在秦惠更元之二年，误书于是年。 10 陕：地名，属魏。在今河南三门峡市陕州区境内。

十四年，更为元年[1]。二年，张仪与齐、楚大臣会齧桑[2]。三年，韩、魏太子来朝。张仪相魏。五年，王游至北河[3]。七年，乐池[4]相秦。韩、赵、魏、燕、齐帅匈奴共攻秦。秦使庶长疾与战修鱼，虏其将申差，[5]败赵公子渴、韩太子奂，斩首八万二千。八年，张仪复相秦。九年，司马错[6]伐蜀，灭之。伐取赵中都、西阳[7]。十年，韩太子苍来质。伐取韩

十四年，又更改为元年。二年，张仪和齐国、楚国的大臣在齧桑地区会盟。三年，韩国、魏国的太子来朝见。张仪担任魏国国相。五年，惠文王巡游到达北河地区。七年，乐池担任秦国国相。韩国、赵国、魏国、燕国、齐国率领着匈奴的军队共同攻打秦国。秦国派庶长樗里疾在修鱼城和各国联军作战，俘获了他们的将领申差，打败了赵公子渴、韩太子奂，斩杀了敌军首级八万二千。八年，张仪再度担任秦国国相。九年，司马错征伐蜀国，灭掉了蜀国。攻取了赵国的中都城和西阳。十年，韩国太子苍作为质子来到秦国。攻占了韩国的石章。打败了赵国的将军泥。讨伐并占领

石章[8]。伐败赵将泥[9]。伐取义渠二十五城。十一年，樗里疾攻魏焦，降之。败韩岸门，斩首万，其将犀首走。[10]公子通封于蜀。燕君让[11]其臣子之。十二年，王与梁王会临晋[12]。庶长疾攻赵，虏赵将庄[13]。张仪相楚。十三年，庶长章击楚于丹阳，虏其将屈匄，[14]斩首八万；又攻楚汉中，取地六百里，置汉中郡。楚围雍氏，秦使庶长疾助韩而东攻齐，到满助魏攻燕[15]。十四年，伐楚，取召陵[16]。丹、犁臣，蜀相壮杀蜀侯来降。[17]

了义渠国的二十五座城邑。十一年，樗里疾攻打魏国的焦城，降服了它。又在岸门城打败了韩国的军队，斩杀了一万名韩国士兵，韩国的将军犀首逃跑。公子通被封为蜀侯。燕国国君哙把君位让给了他的大臣子之。十二年，惠文王和梁王在临晋城会盟。庶长樗里疾攻打赵国，俘获了赵国的将军庄。张仪担任楚国的国相。十三年，庶长魏章在丹阳地区袭击楚军，俘获了楚国将军屈匄，斩杀了敌军八万；又在汉中攻打楚军，占领了六百里地，设置汉中郡。楚国围攻雍氏城，秦国派庶长樗里疾援助韩国并向东攻打齐国，又派到满帮助魏国攻打燕国。十四年，征伐楚国，占领了召陵。丹、犁二国向秦国称臣，蜀相陈壮杀死了蜀侯前来投降。

注释　1 元年：指更元元年（前 324）。　2 与齐、楚大臣会：《楚世家》作“与楚、齐、魏相盟”，与会者有魏。　齧（niè）桑：地名，属魏。在今江苏沛县西南。　3 游：游观，巡游。　北河：指今内蒙古自治区西南之黄河支流乌力口河，当时为黄河主流。河南为戎族所居。　4 乐池：人名。池，一作“陀”。　5 疾：即樗（chū）里疾，秦惠文王异母弟。　修鱼：韩邑名。在今河南原阳县西南。　申差：韩将军名。　6 司马错：秦将。因伐蜀与张仪争论事，见《张仪列传》。　7 中都、西阳：《史记志疑》以为当依《赵世家》作“西都、中阳”,考《汉志》二邑地属西河郡;且说“《正义》谓中都即西都、西阳即中阳,谬甚”。中阳,在今山西中阳县。西都,不详所在。**8** 石章:韩地名。不详今所在。 **9** 泥:赵将名。 **10** 岸门:韩地名。在今河南许昌市北,非指河东岸门。 犀首:即魏将公孙衍,与韩无涉,此语当在“降之”二字下,句倒。《六国年表》及《魏世家》作“走犀首岸门”。**11** 让:让位。事详见《燕召公世家》。 **12** 梁王:即魏王。魏惠王三十一年(前339)将国都由安邑徙治大梁,故又称梁。 临晋:地名,在今陕西大荔县东,处洛水下游北岸。 **13** 庄:赵将名。《樗里子甘茂列传》作“庄豹”。 **14** 丹阳:丹水北岸。 屈匄:楚将名。 **15** 雍氏:韩地。在今河南禹州市东北。 到满:秦将姓名。《史记志疑》:“乃助魏攻齐耳,是时无韩伐齐事。” **16** 取召陵:《史记志疑》以为“此役无考,当属误文”。召陵,地名。在今河南漯河市郾城区东。 **17** 丹、犁:戎族的两支,属西南夷而臣伏于蜀。 壮:陈壮。司马错伐蜀后,陈壮相蜀侯。据《华阳国志》,陈壮反,杀蜀侯通国,秦遣将伐蜀,诛壮。《史记志疑》:“是壮未尝来降。”

惠王卒,子武王[1]立。韩、魏、齐、楚、越皆宾从[2]。

武王元年,与魏惠王[3]会临晋。诛蜀相壮。张仪、魏章皆东出之魏。伐义渠、丹、犁。二年,初置丞相,樗里疾、甘茂为左右丞相[4]。张仪死于魏。三年,与韩襄王会临晋外。南公揭卒,樗里疾相韩。武王谓甘茂曰:“寡人欲容车通三川,窥

惠王去世,儿子武王继位。韩国、魏国、齐国、楚国、越国都归顺秦国。

武王元年,和魏惠王在临晋会盟。诛杀了蜀相壮。张仪、魏章都向东离开秦国到达魏国。征伐义渠、丹、犁各国。二年,开始设置丞相的职位,樗里疾、甘茂担任左右丞相。张仪死在了魏国。三年,和韩襄王在临晋城外会盟。南公揭去世,樗里疾担任韩国的国相。武王对甘茂说:“寡人想要乘着车经

周室，[5]死不恨矣。”其秋，使甘茂、庶长封伐宜阳[6]。四年，拔宜阳，斩首六万。涉河，城武遂[7]。魏太子来朝。武王有力好戏，力士任鄙、乌获、孟说皆至大官。王与孟说举鼎，绝膑[8]。八月，武王死。族孟说。武王取魏女为后，无子。立异母弟，是为昭襄王[9]。昭襄母楚人，姓芈氏，号宣太后。武王死时，昭襄王为质于燕，燕人送归，得立。

过三川地区去看一眼周室，如果能够实现，那我就是死去也没有什么可遗憾的了。”这一年秋天，派甘茂和庶长封征伐宜阳。四年，攻克了宜阳，斩杀敌人六万。渡过黄河，在武遂筑城。魏国太子前来朝见。武王有气力，喜好游戏，所以力士任鄙、乌获、孟说都做到了高官。武王和孟说举鼎较力，结果折断了膝盖骨。八月，武王去世。孟说的全族被杀。武王娶魏国宗室女为王后，没有儿子。扶立武王的异母弟为秦王，这就是昭襄王。昭襄王的母亲是楚国人，姓芈，尊号为宣太后。武王去世时，昭襄王正在燕国做人质，燕国人把他送回秦国，他才能够被立为王。

注释　**1** 武王：名荡。公元前 310—前 307 年在位。　**2** 越：一作“赵”，是。　宾从：服从，归顺。　**3** 魏惠王：是时魏襄王在位，非惠王，《六国年表》作“哀王”。　**4** 丞相：秦官名，掌承天子助理万机。《史记集解》引应劭曰：“丞者，承也。相者，助也。”秦有左右丞相，无三公官。
5 容车通三川：《史记会注考证》引安井衡曰：“车通三川者，欲容车之广，通三川之路也，不必须广。又，此语《战国策·秦策》无“容”字。三川，地区名，时尚未设郡。因有黄河、洛水、伊水而得名，此实指周王都洛阳。一说容车为“有威仪之貌的游车”。　窥：探测。此有觊觎之意。　**6** 宜阳：韩邑名。在今河南宜阳县西。《史记正义》：“此韩之大郡，伐取之，三川路乃通也。”　**7** 武遂：韩邑名。在今山西垣曲县东南，地处黄河北岸，故须“涉河”。 8膑:膝盖骨。 9昭襄王:亦称昭王,公元前306—前251年在位。

昭襄王元年,严君疾为相。甘茂出之魏。二年,彗星见。庶长壮与大臣、诸侯、公子为逆,皆诛,及惠文后皆不得良死。[1]悼[2]武王后出归魏。三年,王冠。与楚王会黄棘,与楚上庸。[3]四年,取蒲阪。彗星见。五年,魏王来朝应亭[4],复与魏蒲阪。六年,蜀侯辉[5]反,司马错定蜀。庶长奂伐楚,斩首二万。泾阳君[6]质于齐。日食,昼晦。七年,拔新城[7]。樗里子卒。八年,使将军芈戎攻楚,取新市[8]。齐使章子,魏使公孙喜,韩使暴鸢共攻楚方城,取唐昧。[9]赵破中山[10],其君亡,竟死齐。魏公子劲、韩公子长为诸侯[11]。九年,孟尝君薛文来相秦。奂攻楚,

昭襄王元年,严君疾任丞相。甘茂离开秦国到魏国。二年,有彗星出现。庶长公子壮和大臣、诸侯、公子谋反作乱,都被诛杀,连惠文后也未能善终。悼武王后离开秦国回到了魏国。三年,昭襄王举行冠礼。和楚王在黄棘城会盟,把上庸县还给了楚国。四年,秦国占领了蒲阪城。有彗星出现。五年,魏王来到应亭朝见昭襄王,秦国又把蒲阪还给了魏国。六年,蜀侯辉造反,司马错平定了蜀地。庶长奂征伐楚国,斩杀了敌军二万。泾阳君到齐国去做人质。有日食发生,以致白天昏暗。七年,攻克新城。樗里子去世。八年,派遣将军芈戎攻打楚国,占领了新市。齐国派遣章子,魏国派遣公孙喜,韩国派遣暴鸢,共同攻打楚国的方城,俘获了唐昧。赵国攻破中山国,中山国君逃亡,最终死在齐国。魏公子劲、韩公子长被封为诸侯。九年,孟尝君薛文来到秦国担任丞相。庶长奂攻打楚国,夺取了八座城邑,杀死了楚国将军

取八城，杀其将景快[12]。十年，楚怀王入朝秦，秦留之。薛文以金受免[13]。楼缓为丞相。十一年，齐、韩、魏、赵、宋、中山五国共攻秦，至盐氏[14]而还。秦与韩、魏河北及封陵以和[15]。彗星见。楚怀王走之赵，赵不受，还之秦，即死，归葬。十二年，楼缓免，穰侯魏冉为相。予楚粟五万石。

景快。十年，楚怀王来到秦国朝见秦王，秦国扣留了他。薛文因为金受的诋毁而被免去了丞相的官职。楼缓担任了丞相。十一年，齐、韩、魏、赵、宋、中山(此时属赵)五国共同攻打秦国，他们的军队到达盐氏县后，就撤回了。秦国把黄河以北及封陵城割给韩国、魏国来请求和解。有彗星出现。楚怀王逃亡到了赵国，赵国不敢收留他，他又回到了秦国，不久死去，归葬楚国。十二年，楼缓被罢免，穰侯魏冉被任命为丞相。秦国送给楚国五万石粟。

注释 1 及：涉及，牵连。 惠文后：昭王嫡母。《史记集解》引徐广曰："迎妇于楚者。" 良死：死于正常寿命。 2 悼：此指武王死后不久，故在其王后上加"悼"字。 3 黄棘：地名。在今河南南阳市南。 上庸：邑名，本为楚地。在今湖北竹溪县东南。 4 应亭：《六国年表》作"临晋"。
5 蜀侯辉："辉"应作"恽"，即公子恽，惠文王之子，武王的同母弟。
6 泾阳君：名市，昭襄王同母弟。泾阳，市的封地，在今甘肃平凉市。
7 新城：韩地。在今河南伊川县西南。 8 新市：在今湖北京山市东北。
9 方城：在今河南方城县东北。 取唐昧：《楚世家》怀王二十八年："秦乃与齐、韩、魏共攻楚，杀楚将唐昧，取我重丘击去。"事即指此。依《六国年表》当在秦昭襄王六年。 10 中山：国名。在今河北定州市、灵寿至宁晋一带。 11 为诸侯：《史记索隐》："别封之邑，比之诸侯，犹商君、赵长安君然。" 12 景快：《楚世家》作"景缺"。 13 此语解释有三：一、

《史记正义》:"金受,秦丞相姓名。免,夺其丞相。"二、方苞《史记注补正》:"薛文相秦,中间无金受相秦事。金受名别无所见,恐传写之误。盖薛文以受金免耳。"三、梁玉绳《史记志疑》:"余考《孟尝传》,秦昭王以为相,人或说昭王曰:'孟尝君相秦,必先齐而后秦,秦其危矣。'于是昭王乃止,囚孟尝君。疑金受即说昭王之人,未知是否?"译文取方苞说。 **14** 盐氏:地名。在今山西运城市境。 **15**《六国年表》作秦"复与魏封陵","秦与我(赵)武遂和"。封陵,地名,在今山西风陵渡东。

十三年,向寿伐韩,取武始[1]。左更白起攻新城[2]。五大夫礼出亡奔魏[3]。任鄙为汉中守[4]。十四年,左更白起攻韩、魏于伊阙[5],斩首二十四万,虏公孙喜,拔五城。十五年,大良造白起攻魏,取垣,复予之;攻楚,取宛。[6]十六年,左更错取轵及邓[7]。冉免[8]。封公子市宛、公子悝邓、魏冉陶[9],为诸侯。

十三年,向寿征伐韩国,占领了武始。左更白起攻打新城。五大夫吕礼逃出秦国投奔了魏国。任鄙担任了汉中郡守。十四年,左更白起在伊阙地区攻打韩国和魏国,斩杀了敌军二十四万,俘获了公孙喜,攻克了五座城邑。十五年,大良造白起进攻魏国,攻克了垣城,又还给了魏国;进攻楚国,攻克了宛城。十六年,左更司马错攻取了轵城和邓邑。魏冉被罢免。把宛城封给了公子市,把邓邑封给了公子悝,把陶城封给了魏冉,他们成为了诸侯。

注释 **1** 武始:地名。在今河北邯郸市西南。 **2** 左更:秦爵第十二级。 新城:韩地。在今河南伊川县西南。 **3** 五大夫:秦爵第九级。 礼:人名,即吕礼。 **4** 任鄙:秦将名。 守:郡守。 **5** 伊阙:洛阳南的要塞,在今河南洛阳市东南。 **6** 垣:地名,在今山西垣曲县东南。 宛(yuān):在今河南南阳市。 **7** 轵(zhǐ):魏地。在今河南济源市南。 邓:位于轵地之南,黄河北岸。在今河南孟州市西。 8冉免:此指魏冉第一次免相,当在昭襄王十五年,见《六国年表》。 9市(fú):即泾阳君。 悝(kuī):即高陵君,秦昭襄王同母弟,增封于邓(在今湖北襄阳市)。 陶:邑名。在今山东菏泽市定陶区北。

十七年,城阳君入朝,及东周君来朝。[1]秦以垣为蒲阪、皮氏[2]。王之宜阳。十八年,错攻垣、河雍,决桥取之。[3]十九年,王为西帝,齐为东帝,皆复去之。吕礼来自归。齐破宋,宋王在魏,死温[4]。任鄙卒。二十年,王之汉中,又之上郡、北河。二十一年,错攻魏河内[5]。魏献安邑,秦出其人,募徙河东赐爵,赦罪人迁之。[6]泾阳君封宛。二十二年,蒙武伐齐。河东为九县。与楚王会宛。与赵王会中阳。二十三年,尉斯离与三晋、燕伐齐,破之济西。[7]王与魏王会宜阳,与韩王会新城。

十七年,城阳君来到秦国朝见,以及东周君也前来朝见。秦国把垣改为蒲阪和皮氏。昭襄王前往宜阳。十八年,司马错攻打垣、河雍,拆断了桥梁才攻克了它们。十九年,昭襄王称为西帝,齐王称为东帝,又都削去帝号而称王。吕礼自愿前来归顺。齐国攻破了宋国,宋王逃到魏国,死在温地。任鄙去世。二十年,昭襄王到汉中,又到上郡、北河。二十一年,司马错进攻魏国的河内郡。魏国奉献安邑,秦国把安邑的民众驱逐出去,以赏赐爵位为条件招募河东地区的民众迁往安邑,又赦免罪人迁往此处。泾阳君被封在宛城。二十二年,蒙武征伐齐国。河东郡分为九个县。和楚王在宛地会盟。和赵王在中阳城会盟。二十三年,尉斯离和三晋及燕国的军队征伐齐国,在济水西岸打败了齐国的军队。昭襄王和魏王在宜阳会盟,和韩王在新城会盟。

注释 1 城阳君:一作“成阳君”,韩国人。 东周君:东周国国君。惠公封其少子班于巩(今河南巩义市),号东周惠公。 2 为:意为划归。 皮氏:今山西河津市。 3 攻垣:《史记正义》:“盖蒲阪、皮氏又归魏,魏复以为垣,今重攻取之也。” 河雍:即河阳,在今河南孟州市西。 决:拆断。 4 温:魏地。在今河南温县西南。 5 河内:魏地,治所怀县,在今河南武陟县西南。 6 安邑:魏旧都。地在今山西夏县西北。 出:迁出。 募:招募。 河东:此指安邑。 之:指安邑。 7 尉:秦官名。颜师古《汉书注》引应劭曰:“自卜安下曰尉,武官悉以为称。” 斯离:人名。 三晋:指韩、赵、魏。 济西:济水以西。

二十四年,与楚王会鄢[1],又会穰。秦取魏安城,至大梁,[2]燕、赵救之,秦军去。魏冉免相[3]。二十五年,拔赵二城。与韩王会新城,与魏王会新明邑[4]。二十六年,赦罪人迁之穰。侯冉复相。二十七年,错攻楚。赦罪人迁之南阳。白起攻赵,取代光狼城[5]。又使司马错发陇西,因蜀攻楚黔中,拔之。二十八年,大良造白起攻楚,取鄢、邓[6],赦罪人迁之。二十九年,

二十四年,秦王和楚王在鄢城会盟,又在穰城会盟。秦国占领了魏国的安城,到达了大梁城下,燕国和赵国前来救援魏国,秦国的军队退去。魏冉被免去相职。二十五年,秦军攻克了赵国的两座城邑。和韩王在新城会盟,和魏王在新明邑会盟。二十六年,赦免了一批罪人而把他们迁往穰地。穰侯魏冉又担任丞相。二十七年,司马错进攻楚国。赦免了一批罪人而把他们迁往南阳。白起进攻赵国,攻取了代郡的光狼城。又派司马错从陇西郡出发,经由蜀郡而攻打楚国的黔中,攻克了黔中。二十八年,大良造白起进攻楚国,夺取了鄢城、邓城,赦免了一批罪人而把他们迁到这里。二十九年,大良造白起进攻楚国,攻

大良造白起攻楚，取郢为南郡[7]，楚王走。周君来。王与楚王会襄陵[8]。白起为武安君[9]。三十年，蜀守若伐楚，取巫郡及江南为黔中郡。[10]三十一年，白起伐魏，取两城。楚人反我江南。三十二年，相穰侯攻魏，至大梁，破暴鸢[11]，斩首四万，鸢走，魏入三县请和。三十三年，客卿胡伤攻魏卷、蔡阳、长社[12]，取之。击芒卯华阳[13]，破之，斩首十五万。魏入南阳[14]以和。

克了郢都并在此设立南郡，楚王逃跑。周君来到秦国。昭襄王和楚王在襄陵城会盟。白起被封为武安君。三十年，蜀郡守张若征伐楚国，夺取了巫郡以及长江以南的地区，设立为黔中郡。三十一年，白起进攻魏国，夺取两座城邑。楚国人在江南地区反叛秦国。三十二年，丞相穰侯进攻魏国，到达大梁，打败了暴鸢，斩杀敌军首级四万，暴鸢逃跑，魏国割让三个县来请求和解。三十三年，客卿胡伤攻打魏国的卷城、蔡阳城、长社城，夺取了这些城邑。在华阳袭击了芒卯，打败了他，斩杀敌军十五万。魏国割让南阳请求和解。

注释　1 鄢：楚之别都。在今湖北宜城市东南。　2 安城：在今河南原阳县西。　大梁：魏之国都。在今河南开封市。　3 魏冉免相：此为魏冉第四次免相。　4 新明邑：梁玉绳《史记志疑》："新明邑独无考，《年表》《世家》俱不及。"　5 代：在今河北蔚县东北。　光狼城：故址在今山西高平市西。　6 邓：楚地。在今湖北襄阳市北。　7 郢：在今湖北江陵县东北。　南郡：秦设郡名，以楚平王所筑之郢都为郡治。　8 襄陵：在今河南睢县。《史记志疑》："是年秦攻楚取郢，烧其先王墓夷陵，楚襄王兵散遁保于陈，安得楚与秦为好会乎？必非二十九年事也。"　9 武安君：《史记正义》："言能抚养军士，战必克，得百姓安集，故号武安。"此为历史上有名号而无封邑之开始。　10 若：人名。《华阳国志》作"张若"。　巫郡：

楚地。治所在今四川巫山县北。 江南:楚。指包括巫郡南部的长江以南地区。 黔中郡:原为楚所置郡,今并入秦。治所在今湖南常德市。《括地志》以为在湖南沅陵县西。 **11** 暴鸢:韩将名,时来救魏。 **12** 卷:城邑名。故址在今河南原阳县西。 蔡阳:邑名。在今河南汝南县北。 长社:邑名。在今河南许昌市西。 **13** 芒卯:魏将名。 华阳:亭名。在今河南郑州市南。 **14** 南阳:《史记集解》引徐广曰:"河内修武,古曰南阳,秦始皇更名河内,属魏地。荆州之南阳郡,本属韩地。"故南阳故址在今河南获嘉县。

三十四年,秦与魏、韩、上庸地为一郡,南阳免臣迁居之。[1]三十五年,佐韩、魏、楚伐燕[2]。初置南阳郡。三十六年,客卿灶攻齐,取刚、寿,予穰侯。[3]三十八年,中更胡伤攻赵阏与[4],不能取。四十年,悼太子死魏,归葬芷阳。[5]四十一年夏,攻魏,取邢丘、怀[6]。四十二年,安国君为太子。十月,宣太后薨,葬芷阳郦山[7]。九月,穰侯出之陶。四十三年,武安君白起攻韩,拔九城,斩首五万。四十四年,攻韩南阳[8],取之。四十五年,五

三十四年,秦国将夺取的魏国、韩国土地和上庸地区设为一个郡,把魏国割让的南阳地区的被免职的臣民迁居到这里。三十五年,帮助韩国、魏国、楚国征伐燕国。首次设置南阳郡。三十六年,客卿灶攻打齐国,夺取了刚城、寿城,把这些地区赐给了穰侯。三十八年,中更胡伤进攻赵国的阏与城,没有能攻克。四十年,悼太子死在魏国,归葬在芷阳。四十一年夏天,进攻魏国,夺取了邢丘和怀地。四十二年,安国君被立为太子。十月,宣太后去世,葬在芷阳的郦山。九月,穰侯离开都城回到了封地陶。四十三年,武安君白起进攻韩国,攻克了九座城邑,斩杀敌军五万。

大夫贲[9]攻韩,取十城。叶阳君悝出之国[10],未至而死。四十七年,秦攻韩上党,上党降赵,秦因攻赵,赵发兵击秦,相距[11]。秦使武安君白起击,大破赵于长平[12],四十余万尽杀之。

四十四年,进攻韩国的南郡,夺取了它。四十五年,五大夫贲进攻韩国,夺取了十座城邑。叶阳君悝离开都城前往他的封国,还没有到达就死了。四十七年,秦国攻打韩国的上党郡,上党郡投降赵国,秦国因此攻打赵国,赵国发动军队攻击秦军,双方相持不下。秦国派武安君白起攻击赵军,白起在长平彻底打败了赵国的军队,四十多万赵军全部被杀死。

注释　**1** 上庸:原为楚地。在今湖北竹山县。此句语意不顺,疑有脱误。　免臣:指被赦免罪过的臣民。　**2** 佐韩、魏、楚伐燕:《史记志疑》:"秦无佐伐燕之事,而伐燕是齐、韩、魏,非韩、魏、楚,此与《燕世家》同误。"　**3** 灶:人名。《战国策·秦策》作"造"。灶,通"造"。　刚:在今山东宁阳县东北。　寿:在今山东东平县西南。　予:赐予。　**4** 中更:秦爵第十三级。　阏(yù)与:在今山西和顺县。　**5** 悼太子:昭襄王太子,为质于魏。　芷阳:在今陕西西安市东北。　**6** 邢丘:邑名。在今河南温县境。　怀:邑名。在今河南武陟县西南。　**7** 郦山:在今陕西省西安市临潼区东南。　**8** 南阳:地区名。相当于今河南西南部一带,因地处古代中原的南方,位于伏牛山、汉水之阳,故名。　**9** 贲(bēn):秦将名。**10** 叶阳:《史记集解》一云"华阳"。华阳君,即昭王舅芈戎。　悝:即昭王同母弟高陵君。《史记志疑》疑此处文有脱误。　**11** 距:通"拒",对抗,抗拒。　**12** 长平:在今山西高平市西北。

四十八年十月，韩献垣雍。[1]秦军分为三军[2]。武安君归。王龁将伐赵武安、皮牢[3]，拔之。司马梗北定太原，尽有韩上党。正月，兵罢，复守上党。其十月，五大夫陵攻赵邯郸[4]。四十九年正月，益发卒佐陵。陵战不善，免，王龁代将。其十月，将军张唐攻魏，为蔡尉捐弗守[5]，还斩之。五十年十月，武安君白起有罪，为士伍，迁阴密。[6]张唐攻郑[7]，拔之。十二月，益发卒军汾城[8]旁。武安君白起有罪，死。龁攻邯郸，不拔，去，还奔汾，军二月余，攻晋军，斩首六千，晋楚流死河二万人[9]。攻汾城，即从唐拔宁新中，宁新中更名安阳。[10]初作河桥[11]。

四十八年十月，韩国进献垣雍城。秦军分成三支军队。武安君回国。王龁率领秦军征伐赵国的武安城、皮牢城，攻克了它们。司马梗在北方作战平定了太原，占领了韩国上党郡的全境。正月，停止用兵，又据守上党郡。这一年的十月，五大夫王陵进攻赵国的邯郸。四十九年正月，秦增派军卒援助王陵。王陵战绩不佳，被免去官职，由王龁代替他统率这支军队。这一年的十月，将军张唐进攻魏国，因为蔡尉放弃职责而不据守阵地，张唐回军斩杀了他。五十年十月，武安君白起犯有罪过，被贬为士伍，迁往阴密。张唐进攻郑城，郑城被攻克。十二月，增加士兵屯驻在汾城旁。武安君白起有罪，自杀而死。王龁进攻邯郸，没有攻克，退兵，回头投奔汾城，驻扎两个多月后，进攻晋军，斩杀敌人六千，晋兵和楚兵的尸体漂流在黄河水中的大约有两万人。又攻打汾城，接着随从张唐攻克了宁新中城，把宁新中改名为安阳。首次建造黄河大桥。

注释　1 十月：张文虎《校刊史记集解索隐正义札记》以为《大事记》

《古文尚书疏证》谓秦先世已尝改十月为岁首,是也。自此年以后,复用夏正,故下文书"其十月"云云,遂不以为岁首。而四十九年先书正月,后书其十月,文甚明白。 垣雍:在今河南原阳县西。 2 三军:《白起王翦列传》:"秦分军为二:王龁攻皮牢,拔之;司马梗定太原。"疑"三"当为"二"之误。 3 皮牢:在今山西翼城县东。 4 陵:王陵。 邯郸:赵国都城。在今河北邯郸市。 5 蔡尉:人名。 捐:放弃,丢失。 6 士伍:《史记集解》引如淳曰:"尝有爵而以罪夺爵,皆称士伍。"士伍,即士兵。 阴密:在今甘肃灵台县西。古在此有密须国。 7 郑:《史记志疑》疑是"鄚"字之讹,赵地也。郑,在今河北任丘县镇。 8 汾城:在今山西临汾市。 9 晋:指魏。时楚、赵救魏。 死:通"尸"。 10 唐:张唐。 宁新中:魏邑。在今河南安阳市。 11 河桥:即蒲津桥。在今陕西大荔县东。

五十一年,将军摎攻韩,取阳城、负黍,[1]斩首四万。攻赵,取二十余县,首虏[2]九万。西周君[3]背秦,与诸侯约从,将天下锐兵出伊阙攻秦,令秦毋得通阳城。于是秦使将军摎攻西周。西周君走来自归,顿首受罪,尽献其邑三十六城,口三万。秦王受献,归其君于周。五十二年,周民东亡,其器[4]九鼎入秦。周初亡[5]。

五十一年,将军摎攻打韩国,夺取了阳城、负黍,斩杀了四万敌军。进攻赵国,夺取了二十多个县,斩首及俘获敌军九万人。西周君周武公背叛秦国,和诸侯相约合纵,率领天下的精锐军兵出伊阙攻打秦国,使秦国不能够和阳城互通往来。因此秦国派遣将军摎进攻西周。西周君败逃而又亲自到秦归降,顿首承认罪责,把他所有的三十六座城邑、三万人口,全部进献给秦国。秦王接受了西周君的献礼,把西周君送还西周。五十二年,西周人向东逃亡,西周的宝器九鼎归属秦国。周朝第一次灭亡。

注释 1 摎(liú):人名。 阳城:在今河南登封市东南告城镇。 负黍:亭名。在今河南阳城县西南。 2 首虏:斩首及俘虏。 3 西周君:指西周武公。 4 器:指九鼎宝器。 5 周初亡:西周君被灭为周的第一次灭亡。后七岁东周君被灭。初,开始,第一次。

五十三年,天下来宾[1]。魏后,秦使摎伐魏,取吴城[2]。韩王入朝,魏委国[3]听令。五十四年,王郊见[4]上帝于雍。五十六年秋,昭襄王卒,子孝文王[5]立。尊唐八子[6]为唐太后,而合其葬于先王。韩王衰绖入吊祠[7],诸侯皆使其将相来吊祠,视丧事。

五十三年,天下诸侯都来归顺秦国。魏国来得最晚,秦王派摎攻伐魏国,夺取了吴城。韩王入秦朝见秦王,魏国把国政委属给秦国并完全听从秦国的命令。五十四年,秦王在雍城郊祭光明的天神上帝。五十六年秋天,昭襄王去世,儿子孝文王继位。尊奉他的母亲唐八子为唐太后,而将她和昭襄王合葬。韩王身着孝服来悼念祭奠昭襄王,诸侯都派遣他们的将相来秦国悼念祭奠,料理丧事。

注释 1 宾:归服,服从。 2 吴城:在今山西平陆县北。吴,通“虞”,故一名虞城。 3 委国:交出国家政权。委,托付。 4 郊见:指在国都南郊见日而祭天。见,郑玄注《礼记·祭义》“郊之祭,大报天而主日”云:“主日者,以其光明天之神可见者莫著焉。” 5 孝文王:名柱。五十三岁即位,公元前250年在位一年去世,后葬寿陵。 6 唐八子:孝文王之母。《史记集解》引徐广曰:“八子者,妾媵之号,姓唐。”追赠为太后,与昭襄王合葬。 7 吊祠:悼念祭奠。

孝文王元年，赦罪人，修先王功臣，褒厚亲戚，驰苑囿。[1]孝文王除丧，十月己亥即位，三日辛丑卒，子庄襄王立。[2]

庄襄王元年，大赦罪人，修先王功臣，施德厚骨肉[3]而布惠于民。东周君与诸侯谋秦，秦使相国吕不韦诛之，尽入其国。秦不绝其祀，以阳人[4]地赐周君，奉其祭祀。使蒙骜伐韩，韩献成皋、巩[5]。秦界至大梁，初置三川郡[6]。二年，使蒙骜攻赵，定太原。三年，蒙骜攻魏高都、汲[7]，拔之。攻赵榆次、新城、狼孟[8]，取三十七城。四月日食。四年，王龁攻上党。初置太原郡。魏将无忌率五国兵击秦，秦却于河外[9]。蒙骜败，解而去。五月丙午，庄襄王卒，子政立，是为秦始皇帝[10]。

孝文王元年，赦免罪人，表彰先王的功臣，优待家族亲属，开放王家的园林苑囿。孝文王丧服期满，十月己亥日即位，三天后辛丑日去世，儿子庄襄王继位。

庄襄王元年，大赦罪人，表彰先王的功臣，施加恩德来加深骨肉情谊，并且对平民百姓施加恩惠。东周君和诸侯图谋祸害秦国，秦国派相国吕不韦诛杀了东周君，把他的国土全部纳入秦国的版图。秦国没有灭绝周朝的祠祀，把阳人地区赐给继位的周君，使他能够奉祭周朝的先君。派遣蒙骜征伐韩国，韩国贡献成皋、巩地。秦国的疆界到达了大梁城，初次设置三川郡。二年，派遣蒙骜攻打赵国，平定了太原。三年，蒙骜进攻魏国的高都、汲城，攻克了这些地方。攻打赵国的榆次、新城、狼孟，夺取了三十七座城邑。四月，发生日食。四年，王龁攻打上党。初次设置了太原郡。魏国将军无忌率领五国联军攻打秦国，秦国退到黄河以南一带。蒙骜战败，联合解兵而去。五月丙午日，庄襄王去世，儿子政即位，这就是秦始皇帝。

注释 1 修:善待,表彰。 褒厚:优待。 驰:开放。 苑囿:帝王畜禽兽种林木以供游猎的园林。 2 十月:岁首(建亥)。 己亥:初一日。 辛丑:初三日。 庄襄王:名子楚。三十二岁时即位,公元前249—前246年在位三年去世,后葬阳陵。 3 骨肉:指至亲。 4 阳人:即阳人聚。在今河南汝州市西北。 5 成皋:在今河南荥阳市西北汜水镇。 巩:在今河南巩义市。 6 三川郡:境内在黄河、洛水、伊水,故名。郡治在洛阳。 7 高都:在今山西晋城市。 汲:在今河南卫辉市西。 8 榆次:在今山西晋中市榆次区。 新城:在今山西朔州市南。 狼孟:在今山西阳曲县西北。 9 无忌:魏公子信陵君之名。 五国:燕、赵、韩、楚、魏。 河外:《史记正义》:"河外,陕、华二州也。"即今自河南硖石驿以西,三门峡市、灵宝至陕西潼关、华阴、渭南市华州区一带。 10 秦始皇帝:公元前246—前210年在位。

秦王政立二十六年[1],初并天下为三十六郡[2],号为始皇帝。始皇帝立十一年而崩[3],子胡亥立,是为二世皇帝[4]。三年,诸侯并起叛秦,赵高杀二世,立子婴[5]。子婴立月余,诸侯诛之,遂灭秦。其语在《始皇本纪》中。[6]

秦王政即位二十六年,首次统一了天下,把天下分为三十六个郡,号称为始皇帝。始皇帝在位十一年逝世,儿子胡亥即位,这就是秦二世皇帝。三年,诸侯一同起来反抗秦国,赵高杀害了二世皇帝,扶立子婴为秦王。子婴继立一个多月,诸侯杀了他,于是秦朝灭亡。这些事的详情记载在《始皇本纪》中。

注释 1 立二十六年:即位的第二十六年,即公元前221年。 2 三十六郡:《史记志疑》考为河东、太原、上党、三川、东郡、颍川、南阳、南郡、九江、泗水、钜鹿、齐郡、琅邪、会稽、汉中、蜀郡、巴郡、陇西、北地、上郡、九原、云中、雁门、代郡、上谷、渔阳、右北平、辽西、辽东、邯郸、砀郡、薛郡、长沙、黔中、内史、广阳。 3 始皇帝立十一年而崩:"立"原作"五",据高本改。钱大昕《三史拾遗》卷一:"'五'当为'立'。秦王政二十六年始称皇帝,至三十七年而崩,计为帝十一年耳。" 4 二世皇帝:公元前210—前207年在位。 5 子婴:八月即位,十月即降于刘邦,秦以十月为岁首,当称公元前206年在位。 6《史记索隐》:"秦自襄公至二世,凡六百一十七岁。"《秦始皇本纪》:"襄公至二世,六百一十岁。"张文虎《札记》案:"秦襄元年甲子,至二世三年甲午,凡五百七十一年,此'六'当作'五','一''七'二字当互易。"

太史公曰:秦之先为嬴姓[1]。其后分封,以国为姓,有徐氏、郯氏、莒氏、终黎氏、运奄氏、菟裘氏、将梁氏、黄氏、江氏、脩鱼氏、白冥氏、蜚廉氏、秦氏[2]。然秦以其先造父封赵城,为赵氏[3]。

太史公说:秦的祖先是姓嬴。后来被分封到各地,便各自以封国为姓,有徐氏、郯氏、莒氏、终黎氏、运奄氏、菟裘氏、将梁氏、黄氏、江氏、脩鱼氏、白冥氏、蜚廉氏、秦氏。但秦国宗族因为他们的祖先造父被封在赵城,称为赵氏。

注释 1 嬴姓:秦国女子嫁给诸侯称嬴姓,如晋之穆嬴是其例。姓,上古时,部落(后演变为族)为姓,部落(族)的分支为氏,姓氏有别。 2 以国为姓:战国以后,姓、氏逐渐混合为一,至汉,故《史记》有"姓某氏"的表述。《史记志疑》云:"史公混姓氏为一,故凡氏皆谓之姓;以国为姓,其实氏也。" 郯:音 tán。 莒:音 jǔ。 终黎:《史记集解》引徐广曰:"《世本》引作'钟离'。" 菟:音 tú。 3 赵氏:秦以嬴为姓,其先曾以赵为氏。故《秦始皇本纪》载,嬴政"姓赵氏"。

史记卷六

秦始皇本纪第六

原文

秦始皇帝者，秦庄襄王[1]子也。庄襄王为秦质子于赵，见吕不韦姬，悦而取之，[2]生始皇。以秦昭王四十八年正月生于邯郸[3]。及生，名为政，姓赵氏。年十三岁，庄襄王死，政代立为秦王。[4]当是之时，秦地已并巴、蜀、汉中，越宛有郢，置南郡矣；[5]北收上郡以东，有河东、太原、上党郡；[6]东至荥阳，灭二周，置三川郡。[7]吕不韦为相，封十万户，号曰文信侯。招致宾客游士，欲以

译文

秦始皇帝，是秦国庄襄王的儿子。当庄襄王在赵国做人质的时候，曾见到了吕不韦的一个姬妾，非常喜欢，便娶了她，生下了始皇帝。始皇帝是在秦昭王四十八年正月在邯郸出生的。待到降生以后，他被取名叫政，姓赵。政十三岁的时候，庄襄王去世，政继位做秦王。在这个时候，秦国已经兼并了巴、蜀、汉中，并且越过了宛而占有了郢都，在那里设置了南郡；在北方已收取了上郡以东地区，占有河东、太原、上党郡；东面扩展到荥阳，灭亡了东西二周，在这里设置了三川郡。吕不韦担任丞相，被封给食邑十万户，封号叫文信侯。他招揽宾客游士，想依靠他们吞并天下。李斯担任舍人。蒙骜、王齮、

并天下。李斯为舍人[8]。蒙骜、王齮、麃公等为将军[9]。王年少，初即位，委国事大臣。

麃公等人担任将军。秦王年纪小，又刚刚即位，国家大事便委托给大臣们处理。

注释 1 庄襄王：《史记索隐》："庄襄王者，孝文王之中子，昭襄王之孙也，名子楚。" 2 质子：派往别国去做抵押的人质。 吕不韦：原为阳翟(今河南禹州市)大商人，后成为秦国重要政治家。事详《吕不韦列传》。 取：通"娶"。 3 以：在，于。 秦昭王四十八年：即公元前259年。 邯郸：赵国国都。在今河北邯郸市。 4 年十三岁：是年为公元前246年。 代立：继续即位。代，替代，继承。 5 巴：地区名。在以今重庆市为中心的四川东北部。秦置郡。 蜀：地区名。在以今成都市为中心的四川中部偏西地带。秦置郡。 汉中：郡名。治所南郑在今陕西汉中市。辖今陕西汉中市东至湖北十堰市、房县一带地区。 宛(yuān)：县名。在今河南南阳市。 郢：原为楚国国都。在今湖北江陵县东北，为南郡治所。 南郡：郡名，辖今湖北襄阳市以南，武汉市以西，沿长江两岸西至四川巫山地区。 6 上郡：郡名。治所肤施在今陕西榆林东南。辖今内蒙古自治区东胜以南直至陕西黄陵县，靖边以东的黄河西部地区。 河东：郡名。治所安邑在今山西夏县西北。辖今山西石楼县以南，安泽县以西的黄河东北岸地区。 太原：郡名。治所晋阳在今山西太原市西南。辖今山西繁峙县以南，阳泉市以西，灵石县以北的黄河东岸地区。 上党：郡名。治所长子在今山西长子县西南。辖今山西东南部的和顺以南，沁水县以东地区。 7 荥(xíng)阳：县名。在今河南郑州市西北之荥阳市。 二周：指西周君、东周君。 三川郡：郡名。治所洛阳在今河南洛阳市。 8 李斯：辅佐秦始皇建立秦朝的重要政治家。事详见《李斯列传》。 舍人：官名。战国至汉初王公贵族的亲近左右之人的通称。 9 蒙骜(ào)：齐国人。蒙武之父，蒙恬之祖。 王齮(yǐ)：即王龁(hé)。 麃(biāo)公：秦国大夫，史失其姓名。麃，秦邑名。

晋阳[1]反，元年，将军蒙骜击定之。二年，麃公将卒攻卷[2]，斩首三万。三年，蒙骜攻韩，取十三城。王齮死。十月，将军蒙骜攻魏氏畼、有诡[3]。岁大饥。四年，拔畼、有诡。三月，军罢。秦质子归自赵，赵太子出归国。十月庚寅，蝗虫从东方来，蔽天。天下疫。百姓内[4]粟千石，拜爵一级。五年，将军骜攻魏，定酸枣、燕、虚、长平、雍丘、山阳城[5]，皆拔之，取二十城。初置东郡[6]。冬雷。六年，韩、魏、赵、卫、楚共击秦，取寿陵。[7]秦出兵，五国兵罢。拔卫，迫东郡，其君角率其支属徙居野王，阻其山以保魏之河内。[8]七年，彗星先出东方，见北方，五月见[9]西方。将军骜死。以攻龙、孤、庆都，

晋阳县发生了反叛，元年，将军蒙骜进攻叛军并平定了叛乱。二年，麃公率领军队攻打魏国的卷城，斩杀敌军三万。三年，蒙骜进攻韩国，攻取了十三座城邑。这一年王齮去世了。十月，将军蒙骜进攻魏国的畼、有诡。这一年发生了严重的饥荒。四年，攻克了畼、有诡。三月，停止进军。秦国的质子从赵国回来，赵国的太子离开秦国回归本国。十月庚寅日，蝗虫灾害从东方袭来，遮天蔽日。天下瘟疫流行。平民百姓只要能够向政府捐纳一千石粟，就可以封拜一级爵位。五年，将军蒙骜进攻魏国，平定酸枣、燕、虚、长平、雍丘、山阳城等地，都攻占了，共取得了二十座城邑。秦国初次设置东郡。冬天出现打雷的异常现象。六年，韩、魏、赵、卫、楚五国联合攻击秦国，夺取了寿陵。秦国出兵反击，五国联军解散。秦军攻克了卫国，进逼东郡，卫国国君角率领着他的宗族迁居野王，凭借着山势险阻而保住了魏国的河内地区。七年，有彗星先出现在东方，后出现在北方，五月又出现在西方。将军蒙骜去世。继而就出动军队去攻打龙、孤、庆都等城，回兵时又去攻打

还兵攻汲。[10]彗星复见西方十六日。夏太后[11]死。八年，王弟长安君成蟜将军击赵，反，死屯留，军吏皆斩死，迁其民于临洮。[12]将军壁死，卒屯留蒲鶮反，戮其尸。[13]河鱼大上[14]，轻车重马东就食。

汲地。这时候彗星再度出现在西方长达十六日。夏太后去世。八年，秦王的弟弟长安君成蟜率领军队攻打赵国，他谋反叛秦，死在了屯留城，随从反叛的军吏都被斩杀处死，该地的百姓被迁到临洮安置。讨伐成蟜的将军壁死了，屯留的蒲鶮又率领士卒造反，鞭戮了他的尸首。黄河泛滥使河里的鱼大量流上了岸，许多人轻车重马向东逃荒另寻生计。

注释 1 晋阳：邑名。原属赵，公元前247年被秦攻取。太原郡郡治所在地。 2 卷(quān)：邑名。原属魏，在今河南原阳县西南。 3 畼(chàng)、有诡：均魏邑名。今地不详。 4 内：通“纳”，缴纳。 5 酸枣：邑名。在今河南延津县西南。 燕：邑名。在今河南延津县东北。 虚：即姚虚。在燕邑之东三十里。 长平：魏地，在今河南西华县东北。 雍丘：在今河南杞县。 山阳城：邑名。在今河南焦作市东。 6 东郡：治所濮阳在今河南濮阳市南。辖古黄河故道东岸，今河南延津、封丘县以北，山东成武、梁山至东阿、茌平诸县以西地区。 7 卫：或谓为“燕”。 寿陵：原为赵邑，赵肃侯十五年（前335）起寿陵，盖因以陵名地。不知何时属秦。公元前250年秦孝文王死后葬此邑。《史记正义》引徐广云：“在常山。” 8 迫：逼近。 角：卫君名。是时卫元君在位，非角，此误。 野王：邑名。原属韩，时已降秦，故秦徙之。在今河南沁阳市。 阻：依恃。 河内：地区名。指黄河以北地区。 9 见(xiàn)：出现。 10 龙：地名。在今河北行唐县东。 孤：地名。在今河北行唐县西。 庆都：地名。在今河北望都县南。其地相传为尧母庆都所居，有尧山在北。龙、孤、庆都，三地相近。 汲：地名。在今河南卫辉市西。 11 夏太后：庄襄王生母。 12 成蟜(jiǎo):长安君名。 将(jiàng):率领。 屯留:地名。在今山西长治市屯留区南。 临洮:地名。在今甘肃岷县。 13 壁:壁垒,营垒。《史记正义》:“言成蟜自杀壁垒之内。” 蒲鶮(hú):地名。今地不详。一说以为是屯留地方与众复反人的姓名。 14 河鱼大上:《史记索隐》:“谓河水溢,鱼大上平地,亦言遭水害也。”

嫪毐[1]封为长信侯。予之山阳地,令毐居之。宫室车马衣服苑囿驰猎恣毐[2]。事无小大皆决于毐。又以河西[3]太原郡更为毐国。

嫪毐被封为长信侯。秦始皇把山阳地区赐给他,让他居住在这里。所有宫室、车马、衣服、苑圃、田猎场等,全都任由嫪毐随心所欲使用。凡事无论大小,都由嫪毐来决定。还把河西太原郡改为毐国。

注释 1 嫪毐(lào ǎi):吕不韦送入宫中的假宦官,因受宠于秦王政之母而窃得大权势,终被诛。事亦见《吕不韦列传》。 2 苑囿:畜禽兽种林木以供帝王和贵族游猎的场所。大曰苑,小曰囿。 恣:任凭,放纵。 3 河西:时将今山西和陕西界间之黄河西部称为河西。

九年,彗星见,或竟天。攻魏垣、蒲阳[1]。四月,上宿雍。己酉,王冠,带剑。[2]长信侯毐作乱而觉,矫王御玺及太后玺以发县卒及卫卒、官骑、戎翟君公、舍人,将欲攻蕲年宫为乱。[3]王知之,令相

九年,彗星出现,有时光芒横贯长空。秦军进攻魏国的垣城和蒲阳。四月,秦王留宿在雍城。己酉日,秦王举行成年加冠的典礼,佩带刀剑。长信侯嫪毐阴谋叛乱而被察觉,他假造秦王的御玺及太后玺印,调动县里的军队及侍卫兵卒、官骑、戎翟族首领、舍人,将要进攻蕲年宫,发动叛乱。秦王得知消息,命令相国昌平君、

国昌平君、昌文君发卒攻毐[4]。战咸阳[5],斩首数百,皆拜爵,及宦者皆在战中,亦拜爵一级。毐等败走。即令国中:有生得毐,赐钱百万;杀之,五十万。尽得毐等。卫尉竭、内史肆、佐弋竭、中大夫令齐等二十人皆枭首,车裂以徇,灭其宗。[6]及其舍人,轻者为鬼薪[7]。及夺爵迁蜀四千余家,家房陵[8]。四月寒冻,有死者。杨端和攻衍氏[9]。彗星见西方,又见北方,从斗[10]以南八十日。

昌文君调集军队攻打嫪毐。双方在咸阳开战,斩杀叛军好几百,平叛的功臣都升了爵位,那些参加作战的宦者,也升一级官爵。嫪毐等人战败逃走。于是下令在全国悬赏通缉:有人能够生擒嫪毐的,赏钱一百万;有人能够杀死他的,赏钱五十万。结果嫪毐等人全部被捕获。卫尉竭、内史肆、佐弋竭、中大夫令齐等二十人全被斩后悬首,车裂以示众,并且杀尽了他们的家族。他们的那些门客,罪轻的罚劳役三年。至于那些被剥夺爵位而流放到蜀地的四千多家,都被安置在房陵县居住。四月天寒地冻,有被冻死的人。秦将杨端和攻打衍氏邑。有彗星出现在西方,又出现在北方,再从北斗附近转向南方,共持续了八十天。

注释 1 垣(yuán):邑名。在今山西垣曲县东南之古城。 蒲阳:即蒲邑,曾为晋公子重耳所居地。在今河南长垣市。 2 冠(guàn):二十二岁时行加冠的礼节,表示成年。时嬴政二十一岁。 带剑:以示威仪。
3 矫:假称,盗用。 御玺:皇帝的印信。御,敬称帝王的行为及用物。 县:古称帝王所居之地的王畿为县。 蕲年宫:在雍地,即今陕西凤翔县南。时秦王居于此宫。 4 昌平君、昌文君:《史记索隐》:“昌平君,楚之公子,立以为相,后徙于郢,项燕立为荆王,史失其名。昌文君,名亦不知也。”
5 咸阳:秦自孝公以来都以此为都城。故址在今陕西咸阳市东北。

6 卫尉:秦官名。掌宫门卫屯兵,即宫廷卫队长官。 内史:原周官名,秦因之,掌治京师,即管理京城政事的长官。 佐弋(yì):秦时少府(掌山海池泽之税,以给供养)的属官有佐弋,掌弋射。即掌管皇帝射猎的副长官。 中大夫令:秦郎中令(掌宫殿掖门户)属官大夫下有中大夫。其主管官称中大夫令。 枭(xiāo)首:即斩首高悬于木上以示众,古代一种酷刑。 车裂:俗称"五马分尸",古代的一种酷刑。 徇:示众。 宗:同族。
7 鬼薪:较轻的罪罚,刑期三年。服劳役,拾柴以供王家宗庙之用。
8 房陵:县名。在今湖北房县。 9 衍氏:魏邑。在今河南郑州市北。
10 斗:指北斗星。

十年,相国吕不韦坐嫪毐免[1]。桓齮为将军。齐、赵来置酒。齐人茅焦说[2]秦王曰:"秦方以天下为事,而大王有迁母太后之名,恐诸侯闻之,由此倍[3]秦也。"秦王乃迎太后于雍而入咸阳,复居甘泉宫[4]。

十年,相国吕不韦因受嫪毐案件的牵连而被免除相职。桓齮被委任为将军。齐、赵二国有使臣前来,秦王酒宴款待。齐国人茅焦游说秦王说:"秦国正处在以经略天下为大业的时候,而大王却有了流放母太后的恶名,恐怕各国诸侯听到这样的事,会因此而背叛秦国。"于是秦王就把太后从雍城迎回咸阳,仍然让她居住在甘泉宫中。

注释 1 坐:因……而定罪。 免:免官。 2 说(shuì):游说,劝说。
3 倍:通"背"。背弃,反叛。 4 甘泉宫:秦之咸阳南宫。

大索,逐客。[1]李斯上书说,乃止逐客令。[2]李斯因说秦王,请先取韩以恐

全国进行广泛地搜查,驱逐从各国来任职的宾客。李斯上书陈说利弊,才使逐客的命令废止。李

他国，于是使斯下[3]韩。韩王患之，与韩非谋弱秦。大梁[4]人尉缭来，说秦王曰："以秦之强，诸侯譬如郡县之君，臣但恐诸侯合从，翕而出不意，此乃智伯、夫差、湣王之所以亡也。[5]愿大王毋爱财物，赂其豪臣，[6]以乱其谋，不过亡三十万金，则诸侯可尽。"秦王从其计，见尉缭亢礼[7]，衣服食饮与缭同。缭曰："秦王为人，蜂准，长目，挚鸟膺，豺声，少恩而虎狼心，居约易出人下，得志亦轻食人。[8]我布衣，然见我常身自下我。诚使秦王得志于天下，天下皆为虏矣。不可与久游。"乃亡去。秦王觉，固止，以为秦国尉[9]，卒用其计策。而李斯用事[10]。

斯乘机游说秦王，请求先攻取韩国，用这样的办法来震慑其他的诸侯国，因此秦王派李斯攻取韩国。韩王对此非常忧虑，和韩非商量削弱秦国的计策。大梁人尉缭来到秦国，向秦王提出建议说："以秦国的强盛，其他诸侯犹如郡县的首长一般，臣担心诸侯们联合起来，集聚力量并出其不意地一起来进攻，这也就是智伯、夫差、湣王所以败亡的原因。希望大王不要吝惜财物，拿去贿赂各国有权势的大臣，以此打乱他们的合谋计划，这样不过损失三十万金，却可使各国诸侯全部被吞并。"秦王听从了他的计策，用相互平等的礼节召见他，自己的衣服、饮食也和尉缭同等。尉缭说："秦王这个人，高高的鼻子，细长的眼睛，鸷鸟般的胸脯，豺狼般的声音，缺少恩义而有虎狼心肠，处在不得志的时候很容易对人表示谦卑，得志的时候也就会很轻易地吞食别人。我只是个平民百姓，可是他见到我时常显出谦卑的样子。如果真使秦王实现得到天下的志向，天下人都将成为他的俘虏了。这种人是不能和他长久共事的。"于是他就准备逃走。秦王发觉了，执意劝止，任命他为秦国尉，最终采用了他的计策。这时李斯主持秦国的政事。

注释 1 索:搜索。 客:各诸侯国来游秦的客卿。 2 李斯上《谏逐客书》,文见《李斯列传》。 3 下:攻取,攻下。 4 大梁:魏国都城。在今河南开封市。 5 合从(zòng):指诸侯国南北联合以抗秦。从,通“纵”。 翕(xī):聚集,协调。 智伯:知瑶,又叫荀瑶,晋权臣六卿之一,势大骄横,为韩、赵、魏所灭。事详见《晋世家》。 夫差:春秋末吴国君主。在与晋争霸中原之时,为仇敌越王句践乘虚伐灭吴国而自杀。事详见《越王句践世家》。 湣王:战国时齐国国君。曾与秦昭王争强为帝,后败于燕将乐毅所率之诸侯兵,被相国淖齿所杀。事详见《齐太公世家》。
6 爱:吝啬。 赂:贿赂。 豪臣:豪奢之显贵大臣。 7 亢礼:平等相待之礼。亢,通“抗”“伉”,相当。 8 蜂准:高鼻子。准,鼻。 挚鸟膺:胸突向前,其性悍勇。俗称“鸡胸”。挚,通“鸷”,如鹰、雕等猛禽。膺,胸。 约:穷困。 9 秦国尉:《史记正义》:“若汉太尉、大将军之比也。”
10 用事:掌权。时李斯官至廷尉以辅秦王。

十一年,王翦、桓齮、杨端和攻邺[1],取九城。王翦攻阏与、橑杨[2],皆并为一军。翦将十八日,军归斗食[3]以下,什推二人从军。取邺、安阳[4],桓齮将。十二年,文信侯不韦死,窃葬[5]。其舍人临[6]者,晋人也逐出之;秦人六百石以上夺爵,迁;[7]五百石[8]以下不临,迁,勿夺爵。

十一年,王翦、桓齮、杨端和攻打邺城,夺取了九座城邑。王翦进攻阏与、橑杨,秦军数路合成一军。由王翦统一指挥了十八天,王翦让军中俸禄在斗食以下的小官回家,十人中推选二人留在军队。攻下邺、安阳,由桓齮担任主将。十二年,文信侯吕不韦死去,他的门客私下把他埋葬了。门客中那些临丧哀哭的,如果是三晋地区的人,就被驱逐出境;如果是秦国人而爵秩在六百石以上的,就削夺官爵并迁徙;爵秩在五百石以下而没有临丧哭吊的,也要迁徙,但不削夺官爵。“从今往后,执掌国家

"自今以来,操国事不道如嫪毐、不韦者,籍其门,视此。[9]"秋,复嫪毐舍人迁蜀者。当是之时,天下大旱六月,至八月乃雨。

大政而行事像嫪毐、吕不韦那样不遵循正道的人,就要取消他全家人的户籍而充作奴隶,都要参照这种办法论处。"秋天,赦免了被迁徙到蜀地去的嫪毐的门客。在这一时期,天下遭遇大旱六个月,一直到八月份才降雨。

注释 1 邺(yè):魏邑名。在今河北临漳县西南。 2 橑(liáo 或 lǎo)杨:一作"轑杨",赵邑名。在今山西左权县。 3 斗食:《汉书·百官公卿表》载,秦县于令长外,"皆有丞、尉,秩四百石至二百石,是为长吏。百石以下有斗食、佐史之秩,是为少吏"。故秦军斗食为位低俸薄之小官。 4 安阳:邑名。在今河南安阳市西南。 5 窃葬:私葬,偷葬。《史记索隐》按:"不韦饮鸩死,其宾客数千人窃共葬于洛阳北芒山。" 6 临(lìn):哭吊死者。 7 六百石:秦官,郡丞、郡尉丞,秩皆六百石;县万户以上为令,秩千石至六百石。此指爵秩,非俸禄数。 迁:迁移于房陵。 8 五百石:秦官,县减万户为长,秩五百石至三百石。亦指爵秩。 9 自今以来:从今以后。 不道:违背政令法制。 籍:登记编册。《史记索隐》:"谓籍没其一门皆为徒隶。"《史记正义》:"籍录其子孙,禁不得仕宦。" 视:比照,按照,即以此例为常法。

十三年,桓齮攻赵平阳[1],杀赵将扈辄,斩首十万。王之河南[2]。正月,彗星见东方。十月,桓齮攻赵。十四年,攻赵军于平阳,取宜安[3],破之,杀其将军。

十三年,桓齮攻打赵国平阳,杀死赵国将军扈辄,斩杀敌军十万。秦王亲赴河南。正月,彗星出现在东方。十月,桓齮进攻赵国。十四年,在平阳攻打赵国军队,占领了宜安,打败了赵军,杀死了他们的将军。桓齮平定了平阳、武桓齮定平阳、武城[4]。韩非使秦，秦用李斯谋，留非，非死云阳[5]。韩王请为臣。

城。韩非出使秦国，秦国采用李斯的计谋，扣留了韩非，韩非死在云阳。韩王请求臣服于秦国。

注释 1 平阳：邑名。先属韩，后属赵。在今河北临漳县西南。 2 之：往。 河南：古县名，即周王城。在今河南洛阳市西郊。 3 宜安：邑名。在今河北石家庄市东南。 4 武城：赵邑名。在今山东武城县西北。 5 云阳：县名。治所在今陕西淳化县西北，秦始皇甘泉宫在此地。

十五年，大兴兵，一军至邺，一军至太原，取狼孟[1]。地动。十六年九月，发卒受地韩南阳假守腾[2]。初令男子书年[3]。魏献地于秦。秦置丽邑[4]。十七年，内史腾攻韩，得韩王安[5]，尽纳其地，以其地为郡，命曰颍川[6]。地动。华阳太后卒[7]。民大饥。

十五年，秦国大举出兵，一路军队攻至邺县，一路军队攻至太原，夺取了狼孟。这一年发生地震。十六年九月，派遣军队接收韩国所献的南阳地区，任命腾代理南阳郡守。首次下令男子要登记年龄。魏国向秦国奉献土地。秦国设置了丽邑。十七年，内史腾攻打韩国，俘获韩王安，取得了韩国的全部土地，在这个地区设置了郡，命名为颍川郡。这一年发生地震。华阳太后去世。百姓遭受严重的饥荒。

注释 1 狼孟：县名。在今山西阳曲县。 2 南阳：地区名。在今河南西南部一带之伏牛山，汉水之阳，时分属楚、韩。 假：代理。方苞《史记注补正》以为此句之意当作“发卒受韩南阳地，而使内史腾为假守也”。 3 书年：登记年龄。 4 丽邑：在今陕西西安市临潼区东。丽，通“骊”。

5 韩王安:韩国最后一位君王(公元前238年—前230年在位)。秦灭韩。 6 颍川:秦置郡。治所阳翟,在今河南禹州市。辖今河南登封、宝丰以东,新密市以南,尉氏县、漯河市以西,舞阳、叶县以北地区。 7 华阳太后:庄襄王之继母。 卒:《六国年表》当书为“薨”,是。

十八年,大兴兵攻赵,王翦将上地,下井陉,[1]端和将河内,羌瘣[2]伐赵,端和围邯郸城。十九年,王翦、羌瘣尽定取赵地,东阳得赵王[3]。引兵欲攻燕,屯中山[4]。秦王之邯郸,诸尝与王生赵时母家有仇怨,皆坑[5]之。秦王还,从太原、上郡归。始皇帝母太后崩。赵公子嘉率其宗数百人之代,自立为代王,东与燕合兵,军上谷。[6]大饥。

十八年,大举兴兵进攻赵国,王翦统率上地军队攻下井陉,杨端和率领河内的军队,羌瘣攻打赵国,杨端和包围邯郸城。十九年,王翦、羌瘣完全平定和夺取赵国的土地,在东阳俘虏了赵王。他们又率兵准备攻打燕国,在中山地区屯驻。秦王来到了邯郸,那些曾经和秦王出生在赵国时的母家有仇怨的人,都被活埋了。秦王返还,经由太原、上郡回国。始皇帝的母亲皇太后逝世。赵国的公子嘉率领着他的宗族几百人逃到代地,自立为代王,向东和燕国会兵,驻扎在上谷郡。这一年又发生了严重的饥荒。

注释 1 将上地:统率上地的兵卒。上地,地名。在今陕西绥德县一带。 井陉(xíng):秦置县,治所在今河北井陉县西北。 2 羌瘣(huì):秦将名。 3 东阳:地区名。相当于今河北太行山以东地区。 赵王:即赵王迁。《史记正义》:“赵幽缪王迁八年,秦取赵地至平阳……迁王于房陵。” 4 屯:驻屯,结聚。 中山:古国名,公元前295年为赵所灭。地在今河北定州市、灵寿县至宁晋县一带,接近燕境。 5 坑:活埋。

6 赵公子嘉:赵国最后一位君王(公元前227—前222年在位)。 代:古国名。公元前475年为赵襄子所灭。治所在今河北蔚县东北。 上谷:燕置郡名。在今河北张家口市至北京市昌平区一带地区。

二十年,燕太子丹患秦兵至国,恐,使荆轲刺秦王。[1]秦王觉之,体解[2]轲以徇,而使王翦、辛胜攻燕。燕、代发兵击秦军,秦军破燕易水[3]之西。二十一年,王贲攻荆[4]。乃益发卒诣王翦军,遂破燕太子军[5],取燕蓟城[6],得太子丹之首。燕王东收辽东而王之[7]。王翦谢[8]病老归。新郑[9]反。昌平君徙于郢[10]。大雨[11]雪,深二尺五寸。

二十年,燕国的太子丹担心秦国军队进逼国境,非常恐惧,派遣荆轲去行刺秦王。秦王发觉了荆轲的阴谋,肢解了荆轲的身体示众,然后就派王翦、辛胜进攻燕国。燕国、代国出兵迎击秦军,秦军在易水的西边击溃了燕军。二十一年,王贲攻打荆地。秦国增调了更多的士卒前往王翦的军中,于是打垮了燕国太子的军队,攻克了燕都蓟城,获得了燕国太子丹的首级。燕王向东占据了辽东地区,并在这里称王。王翦借口年老多病辞官回乡。新郑反叛。昌平君迁居郢地。天降大雪,积雪深二尺五寸。

注释 1 燕太子丹:燕王喜的太子名丹。 荆轲刺秦王:事见《刺客列传》中的《荆轲传》。 2 体解:肢解。古代分解肢体的酷刑。 3 易水:今河北大清河上游的两条支流,位于易县与保定市徐水区之间。 4 荆:楚原建国于今湖北襄阳市西南之荆山地区,故别称为荆。《史记正义》《史记索隐》均以为秦亦因避庄襄王之讳子楚而称楚为荆。 5 益:增加。 诣:到,往。 6 蓟(jì)城:燕之国都。在今北京城西南角。 7 辽东:燕置郡。治所襄平在今辽宁辽阳市,包括今辽宁大凌河以东之燕长城内地区。王(wàng):称王。 8 谢:辞却。 9 新郑:原属韩。在今河南新郑。 10 昌平君:即前久居秦,为秦相国,定嫪毐之乱的楚国公子。郢:《楚世家》考烈王二十二年:"楚东徙都寿春,命曰郢。"寿春,在今安徽寿县。 11 雨:用为动词,下。

二十二年,王贲攻魏,引河沟灌大梁,大梁城坏,其王请降,尽取其地。[1]

二十三年,秦王复召王翦,强起之,使将击荆。取陈以南至平舆,虏荆王。[2]秦王游,至郢陈[3]。荆将项燕立昌平君为荆王,反秦于淮南。[4]二十四年,王翦、蒙武攻荆,破荆军,昌平君死,项燕遂自杀。[5]

二十二年,王贲攻打魏国,挖沟引黄河水灌淹大梁城,大梁的城墙被水冲坏,魏王请求投降,秦国完全占领了魏国的土地。

二十三年,秦王再度征召王翦,强行起用他出任官职,派他带兵进攻楚国。王翦占领了陈县以南一直到平舆的地区,俘获了楚王。秦王巡游,来到了楚的故都陈县。楚国的将军项燕扶立昌平君为楚王,在淮南地区起兵反秦。二十四年,王翦、蒙武攻伐楚国,大败楚军,昌平君战死,项燕也因此自杀。

注释 1 河沟:即古运河鸿沟。大梁以东直接汴水。 其王:魏王假。魏国最后一位君王(公元前227年—前225年在位)。秦灭魏。 2 陈:古国名,公元前479年楚惠王灭之为县。治所在今河南周口市淮阳区。 平舆:县名。治所在今河南平舆县北。 荆王:楚王负刍,楚国最后一位君王(公元前227年—前223年在位)。秦灭楚。 3 郢陈:楚国都原名郢,后迁于陈,故名郢陈。 4 项燕:项羽之祖父。 淮南:指淮河以南。《史记集解》引徐广曰:"淮,一作'江'。" 5 此段《史记志疑》以为"虏荆王"三字应作"杀项燕","荆将"下无"项燕"二字,"淮南"当作"江南","破荆军”以下当作“虏荆王,昌平君遂自杀”。

二十五年,大兴兵,使王贲将,攻燕辽东,得燕王喜[1]。还攻代,虏代王嘉。王翦遂定荆江南地[2];降越君,置会稽郡。[3]五月,天下大酺[4]。

二十五年,秦国大规模地发动军队,派王贲统率,在辽东地区攻打燕国,俘获了燕王喜。回军攻打代国,俘获了代王嘉。王翦也最终平定了楚国的江南地区;降服了越君,在那里设置了会稽郡。五月,下令允许天下举行宴饮庆贺的大聚会。

二十六年,齐王建与其相后胜发兵守其西界[5],不通秦。秦使将军王贲从燕南攻齐,得齐王建。

二十六年,齐王建和他的丞相后胜发动军队守防齐国的西界,不和秦国交往。秦国派将军王贲从燕地向南攻打齐国,俘获了齐王建。

注释 **1** 燕王喜:燕国最后一位君王(公元前 254 年—前 222 年在位)。秦灭燕。 **2** 江南地:地区名,泛指长江以南,其时包括今湖北江南部分及湖南、江西一带。 **3** 降越君:《史记正义》:“楚威王已灭越,其余自称君长,今降秦。” 会稽郡:秦置。郡治吴县在今江苏苏州市。辖今江苏南京市至安徽芜湖市、宁国、黟县以东,浙江衢州市衢江区、金华、宁波市奉化区以北,长江以南包括上海市在内的地区。 **4** 酺(pú):聚饮。秦时禁三人以上聚饮,今特许之。《史记正义》:“天下欢乐大饮酒也。秦既平韩、赵、魏、燕、楚五国,故天下大酺也。” **5** 齐王建:齐国最后一位君王(公元前 264 年—前 221 年在位)。秦得建则灭齐。 后胜:齐相姓名。胜,《史记正义》:“音升。”

秦初并天下，令丞相、御史曰[1]：“异日韩王纳地效玺，请为藩臣，已而倍约，与赵、魏合从畔秦，故兴兵诛之，虏其王。[2]寡人以为善，庶几息兵革[3]。赵王使其相李牧[4]来约盟，故归其质子。已而倍盟，反我太原，故兴兵诛之，得其王。赵公子嘉乃自立为代王，故举兵击灭之。魏王始约服[5]入秦，已而与韩、赵谋袭秦，秦兵吏诛，遂破之。荆王献青阳以西，已而畔约，击我南郡，故发兵诛，得其王，遂定其荆地。[6]燕王昏乱，其太子丹乃阴令荆轲为贼[7]，兵吏诛，灭其国。齐王用后胜计，绝秦使[8]，欲为乱，兵吏诛，虏其王，平齐地。寡人以眇眇之身，兴兵诛暴乱，赖宗庙之灵，六王咸伏其辜，天

秦国刚刚统一天下，秦王对丞相、御史下令说：“前些日子韩王奉纳土地和进献国玺，请求做藩臣，不久就违背了盟约，和赵国、魏国联合反叛秦国，所以我们兴兵讨伐韩国，俘获了它的国王。寡人认为这样做很圆满，或许可以停止战争了。赵王派他的丞相李牧前来订立盟约，因此我们归还了他们的质子。不久他们就背弃了盟约，在太原反叛我国，所以我们兴兵诛伐他们，俘获赵国国王。赵国公子嘉又自立为代王，所以我们又举兵出击消灭了他。魏王起初订立盟约表示臣服归入秦国，不久就和韩国、赵国合谋袭击秦国，秦军官兵进行诛伐，于是打垮了他们。楚王奉献青阳以西的土地，不久就违背盟约，袭击我国的南郡，因此我们发兵进行诛伐，俘获它的国王，于是就平定了楚地。燕王昏庸乱政，他的太子丹才能够暗地里命令荆轲到秦国来行刺，秦国的官兵们进行诛伐，灭亡了他的国家。齐王采用后胜的计策，断绝了和秦国的通使往来，想要作乱，官兵们前去进行诛伐，俘获了齐王，平定了齐地。寡人以渺小的身躯，兴兵诛伐暴乱，仰赖宗庙祖先的

下大定。[9]今名号不更，无以称[10]成功，传后世。其[11]议帝号。”	威灵，六国的国王全都称臣认罪，天下彻底得到安定。如今若不更改名号，就无法同我所取得的功业相称，无法使它流传于后世。你们讨论一下帝王的称号。”

注释 1 令：《史记正义》：“乃今之赦令、赦书。” 丞相：《汉书·百官公卿表》：“相国、丞相，皆秦官，金印紫绶，掌丞天子助理万机。”丞相又称相。上文“吕不韦为相”，“相国吕不韦”，则相、相国、丞相职掌相同。 御史：此当指御史大夫。《汉书·百官公卿表》：“御史大夫，秦官，位上卿，银印青绶，掌副丞相。” 2 异日：昔日，从前。 效：呈，献。 藩臣：顺服与捍卫天子疆土之臣。 倍：通“背”。 畔：通“叛”。 诛：讨伐。 3 庶几(jī)：也许可以。表示希望。 息兵革：停止战争。兵，武器。革，甲胄。 4 李牧：赵之良将，赐封武安君，后秦用反间计，李牧为赵王宠臣郭开谋害，被斩。事见《廉颇蔺相如列传》之《李牧传》。 5 约服：结约归服。 6 青阳：《史记集解》引苏林曰：“青阳，长沙县是也。”在今湖南长沙市境内。 遂定其荆地：王念孙《读书杂志》定下“其”字，涉上文而衍。 7 阴：暗中，秘密。 贼：杀人。此指刺客。 8 绝秦使：即上文之“不通秦”事。 9 寡人：古代君王之谦称。意为寡德之人。 眇眇：渺小，微小。表示自谦。 宗庙：祖庙。此指祖宗。 灵：《史记会注考证》枫、三、南本“灵”上有“神”字。 六王：指韩、赵、魏、楚、燕、齐之君主。 辜：罪。 10 称(chèn)：相副，相配。 11 其：表示祈使，命令。

丞相绾、御史大夫劫、廷尉斯等皆曰[1]：“昔者五帝[2]地方千里，其外侯服夷服[3]，诸侯或朝或	丞相王绾、御史大夫冯劫、廷尉李斯等人都说：“以前五帝的疆土纵横千里，在这以外的侯服、夷服地区的诸侯们，有的朝贡天子，有的不朝贡，天子

否,天子不能制。今陛下[4]兴义兵,诛残贼,平定天下,海内为郡县[5],法令由一统,自上古以来未尝有,五帝所不及。臣等谨与博士议曰[6]:'古有天皇,有地皇,有泰皇,泰皇最贵。[7]'臣等昧死上尊号,王为'泰皇'。命为'制',令为'诏',天子自称曰'朕'。[8]"王曰:"去'泰',著[9]'皇',采上古'帝'位号,号曰'皇帝'。他如议。"制曰:"可。"追尊庄襄王为太上皇。制曰:"朕闻太古有号毋谥,中古有号,死而以行为谥[10]。如此,则子议父,臣议君也,甚无谓[11],朕弗取焉。自今已来,除谥法。朕为始皇帝。后世以计数[12],二世三世至于万世,传之无穷。"

不能加以控制。如今陛下发动正义的军队,消灭了残暴的贼子,平定了天下,海内设立郡县,法令因此统一,这是自上古以来不曾有过的功业,是五帝所不能达到的。臣等谨慎地和博士们讨论的结果是:'古代有天皇,有地皇,有泰皇,泰皇最为尊贵。'臣等冒死呈上尊号,王应称为'泰皇'。天子之命称为'制',天子之令称为'诏',天子自称为'朕'。"秦王说:"去掉'泰'字,留用'皇'字,再采用上古'帝'位的称号,尊号叫作'皇帝'。其他就依照你们的建议。"于是天子立命说:"可以。"追加尊号称庄襄王为太上皇。又下达制书说:"朕听说在上古时候有号而没有谥,中古时有号,死后又按照他的行为定立谥的称谓。这样的话,就是儿子评论父亲,臣子评论君主了,很没有讲究,朕不能采取这种做法。从今以后,废除谥法。朕就叫作始皇帝,后世以数字标识,从二世、三世直到万世,让它的传递无穷无尽。"

注释 **1** 绾:王绾。 劫:冯劫。 廷尉:《汉书·百官公卿表》:"廷尉,秦官,掌刑辟。"颜师古曰:"廷,平也。治狱贵平,故以为号。" 斯:李斯。

2 五帝:《史记》中五帝指黄帝、颛顼、帝喾、尧、舜。 3 侯服夷服:《夏本纪》所载五服(甸、侯、绥、要、荒)中无夷服。则此似应指《周礼》之九服(侯、甸、男、采、卫、蛮、夷、镇、藩)。然均泛指京畿以外的藩属地区。4 陛(bì)下:对帝王的尊称。陛,帝王宫殿的台阶。《史记集解》引蔡邕曰:"陛,阶也,所由升堂也。天子必有近臣立于陛侧,以戒不虞。谓之'陛下'者,群臣与天子言,不敢指斥,故呼在陛下者与之言,因卑达尊之意也,上书亦如之。" 5 郡县:秦的两级行政区划,郡下设县。 6 谨:表示郑重与恭敬。 博士:《汉书·百官公卿表》:"博士,秦官,掌通古今。" 7 天皇、地皇、泰皇:传说中五帝以前三皇中之一说。 8 制:帝王的命令。《史记集解》引蔡邕曰:"制书,帝者制度之命也,其文曰'制'。" 诏:诏书,即皇帝颁发的命令文告。 朕:我。古代无论贵贱都可以自称为朕,自此规定以后,只有天子和听政的太后才可用为专称。 9 著:这里指保留。10 谥:人死后根据其生前事迹追加的一种称号,有褒有贬,一般适用于天子和达官贵族。相传西周周公曾作《谥法》。 11 无谓:没有道理,没有讲究。 12 以计数(shǔ):按算法列举世次。

始皇推终始五德之传,以为周得火德,秦代周德,从所不胜。[1]方今水德之始,改年始,朝贺皆自十月朔。[2]衣服旄旌节旗皆上黑[3]。数以六为纪,符、法冠皆六寸,而舆六尺,六尺为步,乘六马。[4]更名

始皇帝推算金、木、水、火、土五德终始循环相生相克的原理,认为周朝得到火德,秦代替周的火德而兴盛,就必须推崇周德所不能胜过的水德。现在应该是水德的开始,于是更改每年的起始月,朝臣们元旦入朝庆贺都从十月初一日开始。衣服、旌旗、符节的色彩都崇尚黑色。数目以六为基数,符信、法冠都是六寸,而车舆的宽度为六尺,六尺作为一步,拉乘车的马定为六匹。把黄河改名叫德水,因为水德运行开始。以刚毅狠戾刻薄为施政

河曰德水，以为水德之始。刚毅戾深，事皆决于法，刻削毋仁恩和义，然后合五德之数。[5]于是急法，久者不赦。

的手段，凡事都取决于法律，苛刻而没有仁慈恩惠和善情义，以为这样才符合五德运行的原则。于是施行残酷的刑法，犯罪的人很长时间得不到赦免。

注释 1 推：推求。 终始五德之传：战国末阴阳学家邹衍所创的一种学说，以金、木、水、火、土五行的依次相传来说明朝廷的更替和政治变化，是一种历史循环论思想。 不胜：不克。这里指五行相克说。水胜火，从德属上说，所以秦就胜周，取代周有天下。 2 水德：凡德必体现于祥瑞，秦文公曾获黑龙，就认为是水德之瑞，秦始皇帝因而自认为是水德。 年始：以何月为一年之始月，即谓"正"。 朔：初一。这句是说"改正朔"。《史记正义》："周以建子之月为正，秦以建亥之月为正，故其年始用十月而朝贺。"这是秦朝正式规定以十月为岁首，此一制度，至汉武帝创《太初历》才改变。 3 这句是说"易服色"。 旄旌：用旄牛尾或五色羽毛装饰的旗。 节：符节。使者所持的凭证。 上黑：崇尚黑色，上，通"尚"，崇尚。《史记正义》："以水德属北方，故上黑。" 4 纪：极，终。《史记集解》引张晏曰："水，北方，黑，终数六，故以六寸为符，六尺为步。"这是说数字的成数不是终于"十"，而是终于"六"。又，水主阴，而《易》卦中阴爻的符号"— —"称为"六"，所以秦尊尚"六"。《史记集解》引瓒曰："水数六，故以六为名。"这是按五行相生相克的序数为说，水克火序数为六。又一说。 法冠：御史所戴之冠。 舆：车。 六尺：车子两轮之间的距离。 步：左右举足为步。 乘：一辆车。 5 戾(lì)深：暴烈，严苛。 刻削：刻薄。 合五德之数：此实指符合水德之气运。 数：属性，气运。《史记索隐》："水主阴，阴刑杀，故急法刻削，以合五德之数。"

丞相绾等言："诸侯初破，燕、齐、荆地远，不为置王，毋以填[1]之。请立诸子，唯上幸许[2]。"始皇下其议于群臣，群臣皆以为便。廷尉李斯议曰："周文武所封子弟同姓甚众，然后属疏远，相攻击如仇雠，[3]诸侯更相诛伐，周天子弗能禁止。今海内赖陛下神灵一统，皆为郡县，诸子功臣以公赋税重赏赐之，甚足易制。[4]天下无异意，则安宁之术也。[5]置诸侯不便。"始皇曰："天下共苦战斗不休，以有侯王。赖宗庙，天下初定，又复立国，是树兵[6]也，而求其宁息，岂不难哉！廷尉议是。"

丞相王绾等人上奏说："诸侯刚刚被消灭，燕、齐、楚地区偏远，若不设置王国，就无法镇守这些地区。请求封立各位皇子为王，希望皇上能够允许。"始皇帝把这个提议交给群臣们讨论，群臣们都认为这样做更便于治理。廷尉李斯建议说："周朝文王、武王所分封的子弟及同姓诸侯非常多，但是后来宗属关系疏远，他们相互攻击如同仇敌一般，诸侯们接连不断地相互诛杀征伐，周天子不能制止。如今海内仰赖陛下的神灵而成为统一的天下，各地都设立了郡县，各个子弟和功臣用国家的赋税收入重赏他们，这样做就很容易控制。使天下没有二心，这样才是安定国家的方法。设置诸侯不便于治理国家。"始皇帝说："天下的人都饱受了无休无止的战争苦难，就是因为有诸侯王的存在。仰赖宗庙先祖的神威，天下刚刚平定，又要重新设立王国，这是在种下战争的祸根，而想求得天下安宁发展，岂不是非常困难吗！廷尉的意见是正确的。"

注释　1 填：通"镇"。安定。　2 唯：表示希望，敬辞。　幸：意为给予宠幸。　3 后属：后裔，后代。　雠：仇敌。　4 公：公家的，国家的。　足：

能够,可以。 5 异意:不同或反对的势力与意图。 术:方法,手段。 6 树兵:创设引起战争的条件。

分天下以为三十六郡,郡置守、尉、监。[1]更名民曰“黔首[2]”。大酺。收天下兵,聚之咸阳,销以为钟鐻,金人十二,重各千石,置廷宫中。[3]一法度衡石丈尺[4]。车同轨[5]。书[6]同文字。地东至海暨朝鲜,西至临洮、羌中,南至北向户,北据河为塞,並阴山至辽东。[7]徙天下豪富于咸阳十二万户。诸庙及章台、上林皆在渭南[8]。秦每破诸侯,写放其宫室,作之咸阳北阪上,南临渭,自雍门以东至泾、渭,殿屋复道周阁相属。[9]所得诸侯美人钟鼓,以充入[10]之。

全国分成三十六郡,郡中设置郡守、郡尉、监御史等官职。把民众改称为“黔首”。赏赐天下的人宴饮,共同庆贺统一。收缴天下的兵器,聚集到咸阳,熔化以后铸成大钟,又铸造了十二个铜人,各重千石,放置在宫廷中。统一法律和度量衡。统一车辆的规格。统一书写的文字。秦朝的版图东边到达大海及朝鲜,西边到达临洮、羌中,南边到达北向户,北方据守黄河作为关塞,依傍着阴山直至辽东。把天下十二万户豪富迁徙到咸阳。各代先祖的陵庙以及章台宫和上林苑都设置在渭水南岸地区。秦每灭亡一个诸侯国,都描绘出这个诸侯国宫室的图形,在咸阳北阪地区仿建,南面濒临渭水,从雍门向东直到泾水、渭水的汇合处,殿屋之间有天桥和环行的长廊相互连接。把从诸侯国所得到的美人、钟鼓,都安置在这些宫殿中。

注释 1 三十六郡:见《秦本纪》注。有广阳郡,无《史记集解》所列之漳郡。《中国历史地图集·秦时期》:“有郡四十七,及白马、邛都夜郎昆明二地区,亦无漳郡。” 守、尉、监:《史记集解》引《汉书·百官公卿表》曰:“秦郡守掌治其郡,有丞;尉掌佐守典武职甲卒;监御史掌监郡。” **2** 黔首:也称“黎首”,指普通民众。黔,黑色。 **3** 销:此指熔化铜制兵器。 鐻(jù):如钟一类的乐器。 石(shí,又读 dàn):一百二十斤为一石。 **4** 衡:秤。 石:重量单位。此代指“量”。 丈尺:此代指“度”。 **5** 轨:指车两轮之间的距离。 **6** 书:书写。 **7** 暨:及。 朝鲜:秦之辽东郡地跨马訾水(即鸭绿江)达今朝鲜民主主义人民共和国平壤市之西北。 羌中:指羌族聚居地。在今甘肃岷县以西、以南地区。 北向户:指五岭山脉以南地区。其地居民喜向北开门。《史记集解》引《吴都赋》曰:“开北户以向日。” 並:通“傍”。 阴山:山名。阴山山脉在今内蒙古自治区中南部。 **8** 章台:秦故宫名,以宫内有章台而名。 上林:苑名。 渭:渭水。 **9** 写:描摹。 放:通“仿”。 阪(bǎn):山坡。 雍门:地名。在今陕西西安市高陵区境。 复道:阁道,天桥。 周阁:四周可供远眺的楼阁。 相属(zhǔ):相连。 **10** 充入:放进,置入。

二十七年,始皇巡陇西、北地,出鸡头山,过回中。[1]焉作信宫渭南[2],已更命信宫为极庙,象天极[3]。自极庙道通郦山。作甘泉前殿,筑甬道[4],自咸阳属之。是岁,赐爵一级。治驰道[5]。

二十七年,始皇帝巡视陇西郡、北地郡,越过鸡头山,经过回中宫。便在渭水的南面建造信宫,不久又改信宫为极庙,象征天极。从极庙修筑道路直通郦山。建造甘泉宫前殿,又在驰道两旁筑造垣墙,从咸阳贯通到这里。这一年,普遍赏赐天下民众一级爵位。又增修供皇帝巡行各地的大道。

注释 **1** 陇西:郡名。郡治狄道在今甘肃临洮县。辖今甘肃东南部天水市至兰州市一带地区。 北地:郡名。郡治义渠在今甘肃镇原县东北。辖今甘肃东北部,内蒙古自治区西南部,陕西西北部,包括宁夏回族自治区在内的地区。 鸡头山:在今宁夏回族自治区固原市原州区与隆德县之间。 回中:地名。在今陕西陇县西北。 2 焉:于是,便。 信宫:宫名,即长信宫。 3 天极:又称"极",北极星。 4 甬道:通道两旁筑有垣墙。 5 驰道:供天子巡行用的驰马之道。

二十八年,始皇东行郡县,上邹峄山[1]。立石,与鲁诸儒生议刻石颂秦德,议封禅望祭山川之事。[2]乃遂上泰山[3],立石[4],封,祠祀。下,风雨暴至,休于树下,因封其树为五大夫[5]。禅梁父。刻所立石,其辞曰:

二十八年,始皇帝向东巡视郡县,登上邹地的峄山。竖起了石碑,和鲁地的各位儒生商讨刻石歌颂秦朝的功德,并且讨论了封禅、望祭名山大川的事宜。于是就登上泰山,竖石碑,筑土坛,举行祭祀天神的大典。下山时,狂风暴雨骤至,在树下避雨休息,因此封这棵大树为五大夫。在梁父山扫除出整洁地面而举行祭地典礼。立石刻碑,碑文内容是:

注释 1 邹峄(yì)山:又名邹山,邾峄山。在今山东邹城东南。 2 鲁:指原属鲁国的地区。 封:在泰山上积土筑高三尺,有三级台阶之坛而祭天。 禅:在泰山南之梁父山清理出宽长均为十二丈的墠(shàn)面而祭地。 望祭:祭祀山川之专名,意为望而祭之。 3 泰山:一名岱宗,为五岳之首,又称东岳。在今山东泰安市北。 4 立石:刻石。泰山之刻石,高三丈一尺,宽三尺。 5 五大夫:秦二十级爵中的第九级。

皇帝临位,作制明法,臣下修饬[1]。二十有六年,初

皇帝登临大位,制订昌明法规,臣下克谨遵行。时在二十六

并天下,罔不宾服[2]。亲巡远方黎民,登兹泰山,周览东极[3]。从臣思迹,本原事业,祗诵功德。[4]治道运行,诸产得宜,皆有法式。[5]大义休明,垂于后世,顺承勿革。[6]皇帝躬圣[7],既平天下,不懈于治。夙兴夜寐[8],建设长利,专隆教诲。训经宣达,远近毕理,咸承圣志。[9]贵贱分明,男女礼顺,慎遵职事。昭隔内外,靡不清净,施于后嗣。[10]化及无穷,遵奉遗诏,永承重戒[11]。

年,首次统一天下,无不降服称臣。亲自巡视远方,登上这座泰山,遍览东土边极。随臣追思业绩,推究创业本源,恭敬歌颂功德。治国主张畅行,各种产业适宜,一切都有法规。大义美好昌明,足以垂教后世,顺承而不变更。皇帝圣明躬亲,已经平定天下,治国仍不懈怠。每日早起晚睡,建设长久福利,专意推重教诲。训解经义通达,远近都加治理,全遵圣人意志。贵贱等级分明,男女依礼顺从,人人慎遵职守。光明通照内外,莫不安泰清净,功效流传后世。教化及于无穷,遵奉先皇遗诏,永受重大告诫。

于是乃并勃海以东,过黄、腄,穷成山,登之罘,立石颂秦德焉而去。[12]

于是就沿着渤海向东行进,经过黄县、腄县,越过成山峰顶,登上之罘山,竖起石碑歌颂秦的功德,然后离去。

注释 1 修饬(chì):行为端正谨慎。 2 罔(wǎng):无。 宾服:归顺,臣服。 3 黎民:同“黔首”。 4 迹:事迹,功业。 本原:追本溯源。 祗(zhī):恭敬。 5 治道:指治国的理论、主张。 诸产:各种产业。 法式:制度,规范。 6 休明:善美英明。 革:变革,改易。 7 躬圣:亲自圣明地处理政事。 8 夙兴夜寐:早起晚睡。夙,早。兴,起。 9 训经:训导的经典。 咸:皆,都。 10 昭:即昭昭,指明辨的事理。 隔:《史记集解》引徐广曰:“隔,一作‘融’。”当是。融,融会,贯通。 靡:

无。 施(yì):延续,流传。 **11** 重:深。 戒:命令,告诫。 **12** 勃海:即渤海。 黄:黄县。在今山东龙口市东。 腄(chuí):腄县。在今山东烟台市福山区。 穷:指到达陆地的尽头。 成山:即今山东半岛之成山角。 之罘(fú):之罘山。在今山东烟台市海岸北面之芝罘岛上。

南登琅邪[1],大乐之,留三月。乃徙黔首三万户琅邪台下,复十二岁。[2]作琅邪台,立石刻,颂秦德,明得意。曰:

维二十六年,皇帝作始。[3]端平法度,万物之纪[4]。以明人事,合同父子。[5]圣智仁义,显白道理。东抚东土,以省[6]卒士。事已大毕,乃临于海。皇帝之功,勤劳本事[7]。上农除末[8],黔首是富。普天之下,抟心揖志[9]。器械一量,同书文字。日月所照,舟舆所载,皆终其命,莫不得意。应时动事,是维皇帝。匡饬异俗,陵水经地。[10]忧恤[11]黔首,朝夕不懈。除疑定法,咸

向南登临琅邪山,举行大型娱乐活动,在这里逗留了三个月。于是迁徙三万户百姓居住在琅邪台下,免除了他们十二年的赋税徭役。建造琅邪台,竖起石碑,刻写碑文颂扬秦朝的功德,表明他的踌躇满志。碑文写道:

时在二十六年,始皇开始称帝。法度端正公平,万物有了纲纪。用来彰明人事,促使父子亲和。皇帝仁义圣智,宣明各种道理。亲至东方安抚,同时慰劳兵士。大业已经完成,于是亲临海滨。皇帝功勋所在,操劳强国大事。重农抑制工商,百姓因此富足。普天之下团结,专心实现帝志。器械统一度量,书写文字相同。日月所照之处,舟车行驶之地,彻底执行王命,无不称心如意。顺应四时兴事,决策全由皇帝。匡正不良习俗,跋涉山川大地。忧恤民众疾苦,日夜从不懈怠。除疑难定法律,都知遵守法纪。地方官

知所辟[12]。方伯分职,诸治经易。[13]举错必当,莫不如画。[14]皇帝之明,临察四方。尊卑贵贱,不逾次行[15]。奸邪不容,皆务贞良[16]。细大尽力,莫敢怠荒。远迩辟[17]隐,专务肃庄。端直敦[18]忠,事业有常。皇帝之德,存定四极[19]。诛乱除害,兴利致福。节事以时,诸产繁殖。黔首安宁,不用兵革。六亲相保,终无寇贼。欢欣奉教,尽知法式。六合[20]之内,皇帝之土。西涉流沙,南尽北户。[21]东有东海,北过大夏。[22]人迹所至,无不臣者。功盖五帝,泽及牛马。莫不受德,各安其宇[23]。

长分职,治理规范平易。措施必定恰当,无不明确整齐。皇帝如此圣明,亲临视察四方。无论尊卑贵贱,不越等级列行。奸邪无处容身,致力纯贞善良。大小事务尽力,无人敢于怠荒。无论远近偏僻,专求肃敬端庄。正直敦厚忠实,事业才能久长。皇帝浩大功德,存恤安定四方。诛乱除去祸害,兴利致福无疆。按照时节兴事,百业繁荣增殖。民众因此安宁,不需动用兵革。六亲相互连保,终无寇乱盗贼。欢欣遵奉教化,全都知晓法式。普天之下,都是皇帝疆土。西方跨过流沙,南方到达北户。东方拥有东海,北方超过大夏。人迹所到之处,无不归服称臣。功业盖过五帝,泽惠施及牛马。莫不受其恩德,人人安居乐业。

注释　1 南:往南。　琅邪:山名。在今山东青岛市黄岛区之西南。2 琅邪台:此指秦始皇起层台于琅邪山上,故称。　复:免除赋税或徭役。3 维:用于句首,加强语气。　作始:指创设新局面。　4 纪:纲纪,规范。5 人事:人情事理。　合同:和睦,团结。　6 省(xǐng):察看,问候。7 本事:强固国家的大事。　8 上:通“尚”。强调,重视。　末:指工商业。9 抟:同“专”。　揖:通“辑”。集中。　10 匡饬:扶正与整顿。　陵:经过、超越。与“经”同义。 11 恤:忧虑。与“忧”同义。 12 辟:同“避”。 13 方伯:古代诸侯中的一方之长,此指地方长官。 经易:《史记正义》:“言方伯分职治,所理常在平易。” 14 错:通“措”。 画:整齐,明白。 15 次行(háng):等级。 16 务:致力于。 贞良:正直善良。 17 辟:同“僻”。 18 敦:厚重。 19 四极:四方边远之地。 20 六合:天、地、东、西、南、北。这里指普天之下。 21 流沙:指今内蒙古自治区西部腾格里沙漠至巴丹吉林沙漠一带地区。 北户:即北向户。 22 东海:当时所指包括今之黄海与东海。 大夏:《史记正义》引杜预云:“大夏,太原晋阳县。”在今山西太原市西南一带。 23 宇:房屋。此指居处。

维秦王兼有天下,立名为皇帝,乃抚东土,至于琅邪。列侯武城侯王离、列侯通武侯王贲、伦侯建成侯赵亥、伦侯昌武侯成、伦侯武信侯冯毋择、丞相隗状、丞相王绾、卿李斯、卿王戊、五大夫赵婴、五大夫杨樛从,与议于海上。[1]曰:“古之帝者,地不过千里,诸侯各守其封域[2],或朝或否,相侵暴乱,残伐不止,犹刻金石,以自为纪。古之五帝、三王[3],知教不同,法度不明,假威鬼神,以欺远方,实不称[4]名,故不久长。

秦王兼并诸侯而拥有天下,建立名号称为皇帝,于是来抚慰东方地区,到达了琅邪。列侯武城侯王离、列侯通武侯王贲、伦侯建成侯赵亥、伦侯昌武侯成、伦侯武信侯冯毋择、丞相隗状、丞相王绾、卿李斯、卿王戊、五大夫赵婴、五大夫杨樛随从巡视,皇帝和他们在海上共同商议。说:“古代的帝王们,拥有的国土不过方圆千里,诸侯们各自固守所受封土,或来朝或不来,相互侵暴作乱,残杀征伐不止,他们还刻金石,来记自己功业。古时候的五帝、三王,知识教化不同,法令制度不明,借助鬼神威力,欺骗远方民众,实质和名号不相配,其身未殁[5],诸侯倍叛,法令不行。今皇帝并一海内,以为郡县,天下和平。昭明宗庙,体道[6]行德,尊号大成。群臣相与诵皇帝功德,刻于金石,以为表经[7]。"

所以不能长久。自身还没亡殁,诸侯已经背叛,法令不能施行。如今皇帝统一海内,设置郡县,天下和睦清平。显扬祖先宗庙,行大道施德政,尊号大称成功。群臣们共同称颂皇帝的功德,刻在金石上面,作为永久典范。

既已,齐人徐市等上书,言海中有三神山,名曰蓬莱、方丈、瀛洲,仙人居之。[8]请得斋戒,与童男女求之。[9]于是遣徐市发童男女数千人,入海求仙人。

这件事完成以后,齐地人徐市等呈上奏书,说海中有三座神山,名叫蓬莱、方丈、瀛洲,有仙人居住在那里。请求能够斋戒沐浴,率领童男童女前往寻觅仙人。因此派遣徐市率领几千名童男童女,进入海中去寻求仙人。

注释 1 列侯:秦爵二十级的最高一级。本称彻侯,颜师古解释:"言其爵位上通于天子。"汉代避武帝讳,改曰通侯。 伦侯:爵位低于列侯,没有封邑。伦,类。意即也属列侯一类。 樛:音 jiū。 与(yù):参与。 2 封域:疆界,领地。 3 三王:指夏禹、商汤、周文王、武王。 4 称(chèn):相副,相配。 5 殁(mò):死亡。 6 体道:实施大道。 7 表经:表率,典范。 8 三神山之事,亦见《封禅书》。市,音 fú。 9 斋戒:祭祀祈祷前表示虔诚的行为要求,如洁身更衣,忌酒吃素,不与妻妾同寝等。 童男女:少男少女。

始皇还,过彭城,斋戒祷祠,欲出周鼎泗水。[1]使千人没水求之,弗得。乃

始皇帝从东方返回,经过彭城,亲自斋戒祈祷祭祀,想要把当年掉落在泗水中的周鼎打捞上来。派遣

西南渡淮水，之衡山[2]、南郡。浮江，至湘山[3]祠。逢大风，几不得渡。上问博士曰："湘君何神？"博士对曰："闻之，尧女，舜之妻，而葬此。[4]"于是始皇大怒，使刑徒三千人皆伐湘山树，赭其山。[5]上自南郡由武关归[6]。

一千人潜入水中搜寻它，没有得到。于是向西南渡过淮水，前往衡山、南郡。坐船在湘江中行进，到达湘山举行祭祀。遭遇大风，几乎不能渡江。皇上问博士说："湘君是什么神？"博士回答说："据传说，尧的女儿，舜的妻子，葬在这里。"因此始皇帝大怒，派遣三千名服刑的罪犯把湘山的树木全部砍掉，使这座山现出红土成了光秃秃的。皇上从南郡经由武关回到都城。

二十九年，始皇东游。至阳武博狼沙中，为盗所惊[7]。求弗得，乃令天下大索十日。

二十九年，始皇帝到东方去出游。到达阳武县博狼沙地方，被刺客所惊扰。没有捕到这个刺客，于是命令全国进行十天的大搜捕。

注释　1 彭城：地名。今江苏徐州市。　周鼎：宝器九鼎之一。相传夏禹铸九鼎，历殷传至周赧王十九年，秦昭襄王取得时，一鼎飞入泗水，《封禅书》"鼎没于泗水彭城下"，即此鼎。　2 衡山：山名，在今安徽六安市西南。　3 湘山：一名"君山"，在今湖南岳阳市西之洞庭湖中。

4 相传舜出外巡视死于苍梧，尧嫁给舜的两个女儿娥皇、女英也死于江湘之间，而葬于君山。二女泪水所染使其地产斑竹，因命曰湘妃竹。

5 刑徒：被判刑而服劳役的人。　赭(zhě)：树砍光后现出的红色山面。

6 武关：关隘名。在今陕西商南县东南之丹水上。　7 阳武：县名，在今河南原阳县东南。　博狼沙：一作"博浪沙"，地名。在今河南中牟县西北。张良曾与力士在此椎击始皇，误中副车。事见《留侯世家》。

登之罘，刻石。其辞曰：

维二十九年，时在中春，阳和方起。[1]皇帝东游，巡登之罘，临照于海。从臣嘉观，原念休烈[2]，追诵本始。大圣作治，建定法度，显箸[3]纲纪。外教诸侯，光施文惠[4]，明以义理。六国回辟[5]，贪戾无厌，虐杀不已。皇帝哀众[6]，遂发讨师，奋扬武德。义诛信行，威燀[7]旁达，莫不宾服。烹灭强暴，振救黔首，周定四极。[8]普施明法，经纬天下，永为仪则。[9]大矣哉！宇县[10]之中，承顺圣意。群臣诵功，请刻于石，表垂于常式。

登上之罘山，立碑刻石，碑文内容是：

时在二十九年，正当仲春季节，阳和气息刚起。皇帝东行游览，巡视登上之罘，亲临观赏大海。随臣称赞美景，想起伟业根源，追诵建功之本。大圣始创治道，建立确定法度，彰明大纲大纪。对外教化诸侯，布施文治恩德，晓明大义之理。六国举动邪僻，贪婪狠戾无已，暴虐杀伐不止。皇帝哀怜众生，于是出军讨伐，奋扬武威功德。仗义诛信誉行，神威慑服远方，无人敢不臣服。消灭强暴势力，救济无辜民众，平定远近四方。广施英明法度，主宰天下治理，成为永世典范。多么伟大啊！宇宙神州之中，承奉遵循圣意。群臣称颂功德，请求刻之于石，永为后世典范。

注释 1 中春：即仲春。古代帝王巡视，常在夏历二月。 阳和：阳春温和之气。 2 原念：推原思念。 休烈：善美功业。 3 箸(zhù)：同“著”。显明。 4 文：与“武”相对，指礼乐制度。 惠：恩德。 5 回辟：二字同义，邪僻。辟，同“僻”。 6 哀众：众，《史记志疑》以为当是“鳏”之讹，“鳏”与“矜”古通用，哀众亦即哀矜(意为怜悯)。 7 燀(chǎn)：光烈。 8 振救：二字同义。振，“赈”之本字，救济。 周：周到，遍及。 9 经纬：治理。 仪则：仪范，准则。 10 宇县：指整个天下。宇，宇宙。县，赤县，即赤县神州，指中国。

其东观曰：

维二十九年，皇帝春游，览省远方。逮于海隅，遂登之罘，昭临朝阳。[1]观望广丽，从臣咸念，原道至明。圣法初兴，清理疆内，外诛暴强。武威旁畅，振动四极，禽灭六王。阐并天下，甾害绝息，永偃戎兵。[2]皇帝明德，经理宇内，视听不怠。作立大义，昭设备器，咸有章旗[3]。职臣遵分[4]，各知所行，事无嫌疑。黔首改化，远迩同度，临古绝尤[5]。常职既定，后嗣循业，长承圣治。群臣嘉德，祗诵圣烈，请刻之罘。

旋，遂之琅邪，道上党入。[6]

在东观刻石的颂辞是：

时在二十九年，皇帝春天巡游，观览视察远方。一直来到海边，于是登临之罘，欣赏初升朝阳。遥望广丽山川，随臣全都追念，立道极为英明。圣人法令初创，清理疆内异端，对外诛伐暴强。武威弘扬畅达，振动远近四方，擒灭六国之王。开拓一统天下，根除灾难祸害，永远停息战乱。皇帝英明圣德，经略治理天下，视听处事不怠。谋划树立大义，设置各种器械，都有等级标志。臣子尽职守分，各自明确权限，政事都无嫌疑。民众移风易俗，远近同一法度，终身绝无过错。常职已经确定，后代遵循先业，永远继承圣治。群臣赞美功德，称颂圣人伟绩，请求刻石之罘。

事后不久，就前往琅邪，经过上党回到京城。

注释 1 逮(dài)：到，达。 昭临：光临。昭，光。 2 阐：开拓。 偃：停息。 3 章旗：标记，表识。指贵贱等级标识明确。 4 分：职分。 5 临古：到老。古，古稀，指老年人。 尤：罪过。 6 旋：随即。 道：取道，从。

三十年，无事。

三十一年十二月，更名腊曰“嘉平”[1]。赐黔首里[2]六石米，二羊。始皇为微行咸阳，与武士四人俱，夜出，逢盗兰池，见窘，武士击杀盗，关中大索二十日[3]。米石千六百[4]。

三十二年，始皇之碣石，使燕人卢生求羡门、高誓。[5]刻碣石门。坏城郭，决通堤防。[6]其辞曰：

三十年，没有特殊的事情。

三十一年十二月，把腊月的名称改为“嘉平”。赏赐给民众每二十五户六石米，两只羊。始皇帝身着便装在咸阳暗中巡视，和四名武士一起，夜里出来，在兰池宫遇到盗贼行刺，处于危险的窘迫境地，武士击杀了盗贼，在关中地区进行了二十天的大搜捕。米价涨到一千六百钱一石。

三十二年，始皇帝前往碣石，派遣燕人卢生寻求仙人羡门、高誓。在碣石城门刻立碑石。拆毁了内外城墙，挖通了堤防。刻石的碑文是：

注释　1 更名腊曰“嘉平”：殷代本称腊月为“嘉平”，秦始皇适应仙人歌谣中“帝若学之腊嘉平”句而改从殷号。　2 里：古代居民聚居的地方。《汉书·食货志上》：“五家为邻，五邻为里。”则里为二十五户。里之户数另有他说。　3 微行：微服而行。微服，为隐瞒身份而穿平民服装。　兰池：《史记正义》引《括地志》云：“兰池陂即古之兰池，在咸阳县界。《秦记》云‘始皇都长安，引渭水为池，筑为蓬、瀛，刻石为鲸，长二百丈’。逢盗之处也。”见：遭，被。　窘：窘迫。　关中：因处四关之中，故名，四关，东函谷关，南武关，西散关（今陕西宝鸡市西南），北萧关（今宁夏回族自治区固原市原州区东南）。　4 米石千六百：是说米价每石一千六百钱。　5 碣石：山名。在今河北昌黎县北。　羡门、高誓：古代二仙人名。高誓，陈直《史记新证》以为即宋玉《高唐赋》中“有方之士，羡门高谿”之高谿。　6 坏城郭，决通堤防：此七字《史记会注考证》以为是“铭辞误入《史》文也”，为衍文。

遂兴师旅，诛戮无道，为逆[1]灭息。武殄暴逆，文复无罪，庶心咸服。[2]惠论功劳，赏及牛马，恩肥土域。[3]皇帝奋威，德并诸侯，初一泰平[4]。堕坏城郭，决通川防，夷去险阻。[5]地势既定，黎庶无繇[6]，天下咸抚。男乐其畴[7]，女修其业，事各有序。惠被诸产，久并来田[8]，莫不安所。群臣诵烈，请刻此石，垂著仪矩[9]。

皇帝发动军队，诛戮无道君王，叛逆由此平息。武功灭绝暴逆，文治平复无罪，民心全都顺服。按功颁行赏赐，德泽遍及牛马，皇恩肥育国土。皇帝奋起神威，以德兼并诸侯，开始一统太平。拆除关东城郭，挖通河川堤防，铲平四方险阻。地势既已荡定，百姓再无徭役，天下全都安抚。男子乐于田作，妇人修治女红，事事各有秩序。恩泽广覆各业，众力勤勉耕田，无不安居乐业。群臣颂扬功烈，请求刻立此石，永为后世楷模。

注释　1 为逆：背叛，作乱。 2 殄(tiǎn)：灭绝。 文：指法令条文。 复：免除。此处意为平反。 庶：众庶，民众。 3 惠：恩泽。 肥：肥及。 4 泰平：太平。 5 堕：通"隳"，毁坏。 夷：铲除。 6 繇：通"徭"。徭役。 7 畴(chóu)：田亩，已耕作的田地。 8 久：一作"分"，单人耕作。 并：双人耕作。 来：勤。 9 仪矩：仪范，准则。

因使韩终、侯公、石生求仙人不死之药。始皇巡北边，从上郡入。燕人卢生使入海还，以鬼神事，因奏录图书[1]，曰："亡秦者胡也[2]。"始皇乃使将军蒙

因而派遣韩终、侯公、石生去觅求仙人不死的奇药。始皇帝巡视北方边地，从上郡进入都城。派遣到海中寻求仙人的燕人卢生返回，为了鬼神的事，因而呈奏他所抄录的图谶书籍，书上说："灭亡秦的是胡。"始皇帝于是派遣将军蒙恬出

恬发兵三十万人北击胡，略取河南地[3]。

动三十万军队向北进击胡人，攻取了河南地区。

注释 1 奏：献上。 录图书：胡三省以为即如后世宣传符命占验的谶纬之书。 2 亡秦者胡也：此句系双关语。既指胡人，又暗指胡亥。 3 略取：侵占夺取。 河南地：《史记正义》以为指“灵、夏、胜等州”。即今自宁夏回族自治区中卫市以下至陕西窟野河与黄河交汇处以上的黄河以南地区。

三十三年，发诸尝逋亡人、赘婿、贾人略取陆梁地，为桂林、象郡、南海，以適遣戍。[1]西北斥逐匈奴[2]。自榆中並河以东，属之阴山，以为三十四县，城河上为塞。[3]又使蒙恬渡河取高阙、陶山、北假中，筑亭障以逐戎人。[4]徙谪，实之初县[5]。禁不得祠明星[6]出西方。三十四年，適治狱吏不直者，筑长城及南越地。[7]

三十三年，征发那些曾经逃亡的罪犯、典押给别人家做奴隶的人、商贩，去攻取陆梁地区，设置了桂林、象郡、南海三个郡，派遣受贬谪的人去防守。在西北地区驱逐了匈奴。自榆中沿黄河向东，一直连接到阴山，设立了三十四个县，在黄河岸边筑城作为关塞。又派遣蒙恬渡过黄河攻取高阙、陶山、北假一带地方，修筑亭台屏障等来防御戎狄。迁徙被贬谪的人，充实到新设置的县。发布禁令，要求在这些地区，民间不得祭祀出现在西方的彗星。三十四年，贬谪那些不秉直办理讼狱的人，派他们去修筑长城及戍守南越地区。

注释 1 逋(bū)亡人：逃亡的人。 赘(zhuì)婿：穷人子典身为奴，立有年限而不赎，主家为之娶妻，谓为赘婿，故社会地位很低。与后世为接续宗裔,补充劳力的招婿入门不同。 贾(gǔ)人:此指商贾,买卖人。 陆梁地:泛指五岭以南的地区。《史记正义》:"岭南之人多处山陆,其性强梁,故曰陆梁。" 桂林:郡名。郡治在今广西壮族自治区桂平市西。辖今广东肇庆市至茂名市,广西容县、贵港市至东兰县以东的地区。 象郡:郡名。郡治临尘在今广西壮族自治区崇左市。辖今广东湛江市,广西玉林市、南宁市、平果市以南,越南海防市至越南、云南、广西交界处以北,贵州望谟、贵定以东,三穗以南,包括湖南会同、绥宁、靖州的地区。 南海:郡名。郡治番禺即今广州市。辖今福建厦门市、云霄县,东北沿广东与福建、江西、湖南交界,西至广东阳山、怀集、四会至江门市的地区。 適:通"谪(zhé)"。指因罪降职或流放的人。 戍:防守。 2 斥逐:驱逐。 匈奴:即胡。战国、秦、汉时期威胁中原的主要北方民族。详见《匈奴列传》。3 榆中:地区名,时属上郡。在今内蒙古自治区伊金霍洛旗至陕西北部神木市一带。 三十四县:《匈奴列传》作"四十四县"。 城:筑城。 塞:要塞。 4 高阙:关塞名,在今内蒙古自治区杭锦后旗北河北岸。 陶山:疑为"阴山"之误。 北假:地区名。九原(今内蒙古自治区包头市西)北阴山之西至阳山一带地区。 亭障:在边境险要处修建的防御堡垒。 戎:或称西戎。古代对西北各族的泛称。 5 实:充实。 初县:即上述初设之县。 6 明星:彗星。 7 不直:不正直、公正。 南越:此指戍守南越,即桂林、象郡、南海越族人多聚居之诸郡。

始皇置酒咸阳宫,博士七十人前为寿[1]。仆射[2]周青臣进颂曰:"他时[3]秦地不过千里,赖陛下神灵明圣,平定海内,放逐蛮夷[4],日月

始皇帝在咸阳宫设置酒宴,有七十位博士上前祝酒。仆射周青臣上前颂扬说:"从前秦国的土地不超过千里,仰赖陛下的神灵圣明,平定了海内,驱逐了蛮夷部族,使日月所能照到的地方,没有人不称臣顺服。把诸侯封国改成了郡县,使每个人都各自安居乐业,没

所照,莫不宾服。以诸侯为郡县,人人自安乐,无战争之患,传之万世。自上古不及陛下威德。"始皇悦。博士齐人淳于越进曰:"臣闻殷周之王千余岁,封子弟功臣,自为枝辅[5]。今陛下有海内,而子弟为匹夫,卒有田常、六卿之臣,无辅拂,何以相救哉?[6]事不师古[7]而能长久者,非所闻也。今青臣又面谀以重陛下之过,非忠臣。"

有战争的祸患,这个伟大的功业流传万世。从上古以来没有人能赶得上陛下的神威和功德。"始皇帝非常高兴。博士齐地人淳于越进言说:"我听说殷、周统治天下一千多年,分封子弟和功臣,来作为自己的枝叶和辅佐。如今陛下拥有海内,而您的子弟却是匹夫平民,一旦突然出现了像田常、六卿一样的乱臣,没有藩辅,将用什么来相互救助呢?凡事不师法古制而能长久的,我从来没有听说过。如今周青臣又当面奉承而使陛下加重过失,他不是忠臣。"

注释 1 为寿:敬酒献辞祝贺。 2 仆射(yè):官名。所领职事的首长,如侍中仆射、尚书仆射等。 3 他时:往日,从前。下文"异时"同。 4 蛮夷:古代对四境各族泛称为东夷、南蛮、西戎、北狄。 5 枝辅:辅佐,辅助。 6 匹夫:平民,一般人。此指没有授予封土和爵位的人。 卒:通"猝",突然。 田常:春秋时齐国的新兴贵族。此人杀简公而掌握齐国大权,其后代终灭姜齐而成田齐。事详见《田敬仲完世家》。 六卿:春秋时晋国的知、范、中行、韩、赵、魏六家贵族,对国君权势构成威胁。后六家相争,而韩、赵、魏终分晋。事详见《晋世家》。 辅拂:辅佐。拂,通"弼"。 何以:即"以何",用什么。 7 师古:以古为师,效法古代。

始皇下其议。丞相李斯曰:"五帝不相复,三代不

始皇帝把这件事交给群臣讨论。丞相李斯说:"五帝的政治措

相袭，[1]各以治，非其相反，时变异也。今陛下创大业，建万世之功，固非愚儒所知。且越[2]言乃三代之事，何足法也？异时诸侯并争，厚招游学。今天下已定，法令出一，百姓当家则力农工，士则学习法令辟禁。[3]今诸生不师今而学古，以非[4]当世，惑乱黔首。丞相臣斯昧死言：古者天下散乱，莫之能一，是以诸侯并作，语皆道古以害今，饰虚言以乱实，人善其所私学[5]，以非上之所建立。今皇帝并有天下，别黑白而定一尊[6]。私学而相与非法教，人闻令下，则各以其学议之，入则心非，出则巷议，夸主以为名，异取以为高，[7]率群下以造谤。如此弗

施不相重复，三代的国家制度不相因袭，各自根据当时的需要来进行治理，他们不是有意相反，而是时变势异的结果。如今陛下创建了伟大的功业，建立了流传万世的功勋，根本就不是愚儒所能理解的。而且淳于越所说的是三代时候的事，又有什么值得效法的？从前是因为诸侯并立而互争短长，所以才用优厚待遇招揽游学之士。如今天下已经平定，法令出于一统，百姓居家就应该努力从事农工生产，士人就应该学习法令刑禁。如今那些儒生不效法当今而要学习古代，用来诽议当世，搞乱百姓的思想。丞相李斯冒死进言：古时候天下分散混乱，没有人能够统一，所以使得诸侯并立兴起，所言都是称引古代而损害当今，用虚言加以粉饰来搅乱事实，人们只认为他们自己私下所学是正确的，而指责皇上所建立的制度。如今皇帝拥有一统的天下，辨别了是非黑白并规定了一切决策于至尊。而那些私家之学相互勾结，非议法令教化，这些人一听到政令发布，就各自用他们所学的主张加以评论，在朝中就在内心指责，出来后就在街巷议论，在君主面前他们夸耀自己所主张的学说来博取名声，用有不同于当今的观念来显示高

禁，则主势降乎上，党与成乎下。[8]禁之便[9]。臣请史官非秦记皆烧之[10]。非博士官所职，天下敢有藏《诗》《书》、百家语者，悉诣守、尉杂烧之。有敢偶语《诗》《书》者弃市，以古非今者族。[11]吏见知[12]不举者与同罪。令下三十日不烧，黥为城旦[13]。所不去者，医药卜筮种树之书[14]。若欲有学法令，以吏为师[15]。”制曰：“可。”

明，率领着一群追逐者对政府造谣诽谤。这样的情况不加以禁止，就会使在上的君主威势下降，在下的臣子结成朋党。我认为禁止这种行为是有利的。我请求命令史官把除秦国史书以外的史书都焚毁。除了博士官所掌管的，天下若有敢于隐藏《诗》《书》、诸子百家典籍的，都应该将这些典籍交到守、尉等地方官府一同焚烧。若有人敢相聚论说《诗》《书》就要被当众处死，用古事来非议当今的人要被诛灭全族。官吏中若有知道和看见而不检举的就和他们同罪。命令下达后三十天内仍不烧书的，要被处以黥刑后发配到边疆去修筑长城。不用烧的书籍，是有关医药、卜筮和种植一类的书籍。如果想要学习法令，就应拜官吏为师。”皇帝下达制书说：“可以。”

注释 1 复：重复。 三代：指夏、商、周。 袭：因袭。 2 越：指上文淳于越。 3 当家：理家，掌家。 力：致力于。 辟禁：指法令之所禁。辟，法，刑。 4 非：非难，指责，毁谤。 5 善：称许，赞誉。 私学：私家学说。此指与官府对立的学说主张。 6 别：《李斯列传》作“辨”。黑白：此指政治主张之是非。 一尊：法教一统之尊严。 7 相与：共同。此有相互结合之意。 入、出：在朝、出朝。一以为入居室、走出家。 夸主：浮言欺主。夸，指浮夸、空诞的言语。 异取：标新立异。取，通“趣”，即“趋”，《册府元龟》正作“趋”，即趋向，意旨。 8 主势：君子的威权。 党与：互相勾结的朋党。 9 便：适宜，有利。 10 史官：秦自文公十三年（公元前753年)即“初有史以纪事”,故秦朝有史官。 秦记:秦国的历史记载。 **11** 偶语:相对私语。偶,对。《史记集解》引应劭曰:“禁民聚语,畏其谤己。” 弃市:死刑。杀于闹市后曝尸街头。 族:灭族。 **12** 见知:意为知情。 **13** 黥(qíng):即墨刑。在犯人面额上刺字后涂墨。 城旦:刑名。 **14** 卜筮(shì):古代占卦,用龟甲称卜,用蓍(shī)草称筮。 种树:农林种植。 **15** 以吏为师:可知秦学法令,不从一般师教,而从官吏以实为习。

三十五年,除道,道九原抵云阳,堑山堙谷,直通之。[1] 于是始皇以为咸阳人多,先王之宫廷小,吾闻周文王都丰,武王都镐,丰镐之间,帝王之都也。乃营作[2]朝宫渭南上林苑中。先作前殿阿房[3],东西五百步,南北五十丈,上可以坐万人,下可以建五丈旗。周驰为阁道[4],自殿下直抵南山。表南山之颠以为阙[5]。为复道,自阿房渡渭,属之咸阳,以象天极阁道绝汉抵营室也[6]。阿房宫未成;成,欲更择令名名之。作宫阿房,故天下谓之阿房

三十五年,修筑大道,经过九原郡抵达云阳,挖山填谷,径直相通。这时候始皇帝认为咸阳人口太多,先王的宫廷又太小,又听说周文王定都在丰,武王定都在镐,丰、镐两城一带,才是帝王定都的地方。于是在渭水南面的上林苑中营建朝会的宫殿。首先建筑了前殿阿房宫,这座宫殿东西宽五百步,南北长五十丈,宫内可以坐下万人,下面可以竖立五丈高的大旗。周围环绕着回廊通道,从殿下一直通到南山。在南山的峰顶建造宫阙。又修造天桥,从阿房宫跨过渭水,连接到咸阳,来象征天空中的阁道星横跨银河抵达营室星。阿房宫还没有建成,建成以后,将要另外选择一个美好的名字来称呼它。因为这座宫建筑在阿房,所以天下的人把它叫作阿

宫。隐宫徒刑者七十余万人,乃分作阿房宫,或作丽山。[7] 发北山石椁,乃写蜀、荆地材皆至。[8] 关中计宫三百,关外[9] 四百余。于是立石东海上朐[10] 界中,以为秦东门。因徙三万家丽邑,五万家云阳,皆复不事[11] 十岁。

房宫。受过宫刑和被判徒刑的七十多万人,被分别派去建造阿房宫,或是修筑骊山墓。在北山开采石料制作石椁,把蜀地、楚地的木材都伐取运来。关中地区的宫殿总计建有三百座,关外建有四百多座。这时候在东海边上的朐县界内竖起石碑,用它作为秦国的东大门。因而迁徙民众三万户到骊邑,五万家到云阳,都免除他们十年的赋税和徭役。

注释 1 除道:修筑道路。 抵云阳:《六国年表》作"通甘泉"。 堑(qiàn):开挖。 堙(yīn):填塞。 直通:故《六国年表》以此作"为直道"。 2 营作:建造。 3 阿房(ē páng):意为将宫殿修建在首都咸阳的近旁。阿,近。房,通"旁"。其故址在今陕西西安市西。 4 驰:所修阁道能通行车马。 阁道:即复道。在高楼间空中架设的通道。 5 表:标志。 颠:顶端。 阙:宫殿前两旁所筑高台观。 6 阁道:古星名。属奎宿。 绝:横渡,越过。 汉:银河。 营室:古星名。即室宿。 7 隐宫:即宫刑,古代酷刑之一。《史记正义》:"宫刑,一百日隐于荫室养之乃可,故曰隐宫,下蚕室是。"一说,据《云梦秦简》当为"隐官",即收容受肉刑后立功被赦免的罪人的机关。 丽(lí)山:即骊山,一称郦山。在今陕西西安市东北。 8 发:开。 石椁:作椁的石材。椁,外棺。一说,"椁"字疑衍。 写:输送。一说,同"泻",倾泻,指水路运输。 9 关外:指函谷关以东。 10 朐(qú):县名,其地有东门阙。在今江苏连云港市西南。 11 事:侍奉,服侍。

卢生说始皇曰:“臣等求芝奇药仙者常弗遇,类物有害之者。[1]方中,人主时为微行以辟恶鬼,恶鬼辟,真人至。[2]人主所居而人臣知之,则害于神。真人者,入水不濡,入火不爇,陵云气,[3]与天地久长。今上治天下,未能恬倓[4]。愿上所居宫毋令人知,然后不死之药殆[5]可得也。”于是始皇曰:“吾慕真人,自谓‘真人’,不称‘朕’。”乃令咸阳之旁二百里内宫观二百七十复道甬道相连,帷帐钟鼓美人充之,各案署[6]不移徙。行所幸[7],有言其处者,罪死。始皇帝幸梁山宫[8],从山上见丞相车骑众,弗善也。中人或告丞相,丞相后损车骑。[9]始皇怒曰:“此中人泄吾语。”案问[10]莫

卢生劝导始皇帝说:“我们这些臣子去寻求灵芝奇药和仙人,一直找不到,好像有什么东西伤害了他们。仙方中的说法,人主应该隐瞒行踪来远离恶鬼,远离了恶鬼,真人才能来临。人主所在的地方让臣子们知道了,就会妨碍神灵到来。所谓真人,进入水中不会被沾湿,闯入火中不会被烧伤,凌驾在云气之上,和天地共长久。如今陛下治理天下,还不能做到清静安宁。希望皇上所居处的宫殿不要让别人知晓,然后才或许可能求得不死之药。”于是始皇帝说:“我仰慕真人。就称自己叫‘真人’,不再称作‘朕’。”于是下令将咸阳周围二百里以内的二百七十座宫观,用空中的复道和有围墙的甬道互相连接起来,把帷帐、钟鼓、美女安置在里边,并分别登记了位置而不准许移动。皇帝有所临幸,假若有人透露他所在地方,就要被判罪处死。始皇帝幸临梁山宫,从山上看到丞相拥有庞大的车骑卫队,很不满意。宫中有人将这件事告知丞相,丞相以后就减省了随从车骑。始皇帝知道后大怒道:“这一定是宫中有人将我的话泄露出去了。”立案审问而没有人肯招供认罪。在这个时候,始皇帝

服。当是时，诏捕诸时在旁者，皆杀之。自是后莫知行之所在。听事[11]，群臣受决事，悉于咸阳宫。

就下诏逮捕当时在他身旁侍从的所有宫人，把他们全部杀死。从此以后再没有人知道始皇帝的行踪所在。始皇帝听取群臣们上奏国事，以及群臣接受始皇帝的命令，都在咸阳宫中举行。

注释 1 常：一直。 类：好像。 2 方：方术。一说，方寸之中，指自己的想法。 辟：通“避”。 真人：即仙人。 3 濡(rú)：沾湿。 爇(ruò)：燃烧。 陵：凌驾。 4 恬倓：同“恬淡”，指清净无为。 5 殆：大概，或许。 6 案署：案置部署。一说，按所登记的位置。 7 行：特指皇帝巡行。 幸：指皇帝亲临。 8 梁山宫：秦宫名。在今陕西乾县东。 9 中人：皇宫中的宦官、近臣等。 损：减少。 10 案问：审问。 11 听事：处理政事。

侯生、卢生相与谋曰：“始皇为人，天性刚戾自用，起诸侯，并天下，意得欲从，[1]以为自古莫及己。专任狱吏，狱吏得亲幸。博士虽七十人，特备员弗用[2]。丞相诸大臣皆受成事，倚辨于上。[3]上乐以刑杀为威，天下畏罪持禄[4]，莫敢尽忠。上不闻过而日骄，下慑伏谩欺以取容[5]。秦法，不得兼方[6]，

侯生和卢生相互谋划说：“始皇帝的为人，是天性刚烈狠毒而且自以为是，从一个诸侯起家，兼并了天下，他的心志得到了满足，行动也为所欲为，认为自古以来的帝王没有能够胜过他自己的。他专门任用治狱的官吏，治狱的官吏因此得到皇帝的亲近和宠幸。博士官虽有七十人，但只是备员充数而得不到任用。丞相和各位大臣都只是领受皇帝的成命，一切政务都要依靠皇上来决策办理。皇上喜欢用刑法杀戮的方法来建立他的帝王权威，天下之人都害怕获罪而只想保持住自己的俸禄，没有谁敢于竭尽忠诚。皇上不能听到自己的过失而日益骄横

不验，辄死。然候星气者至三百人，皆良士，畏忌讳谀，不敢端言其过。[7]天下之事无小大皆决于上，上至以衡石量书，日夜有呈，不中呈不得休息。[8]贪于权势至如此，未可为求仙药。”于是乃亡去。始皇闻亡，乃大怒曰：“吾前收天下书不中用者尽去之，悉召文学方术士甚众，欲以兴太平，方士欲练以求奇药。[9]今闻韩众去不报，徐市等费以巨万计，终不得药，徒奸利相告日闻。[10]卢生等吾尊赐之甚厚，今乃诽谤我，以重吾不德也。诸生在咸阳者，吾使人廉问，或为訞言以乱黔首。[11]”于是使御史悉案问诸生，诸生传相告

放纵，臣下被皇上的威严所慑服而用说谎、欺瞒的方法来取得皇上对自己的宽容。秦法中规定，个人不能兼有两种方技，方术如果没有应验，就要被处死。然而占候星象云气的虽多到三百人，他们都是良士，却因为畏惧忌讳而阿谀皇帝，不敢直言始皇帝的过失。天下的事无论大小都由皇上决定，以至于皇上每天批阅的上奏文书要用秤量，白天黑夜都有奏呈，不批阅完规定数量的奏呈就不能休息。贪恋权势到了这样的地步，我们不应该替他寻求仙药。”因此他们二人就逃跑了。始皇帝听说他们逃走的事，非常愤怒地说：“前些时候我收集天下不合实用的书籍全都销毁了，广泛地召求了许多文学、方术人士，希望通过他们谋求太平，方士想要通过炼丹来求得奇药。如今听说韩众离去而不再还报，徐市等人花费的钱要用亿来计算，最终没有能得到仙药，每日只是相继听到报告他们为奸求利的消息。卢生等人，我对他们既很尊重，又给予了很多的赏赐，如今他们却诽谤我，夸大我的失德。那些在咸阳的方士儒生，我派人去察问了，有的人竟然制造妖言来惑乱民众。”因此派御史全面查究审问那些方士儒生，那些方士儒生相互牵扯

引,乃自除。[12]犯禁者四百六十余人,皆坑之咸阳,使天下知之,以惩后。益发谪徙边。始皇长子扶苏谏曰:“天下初定,远方黔首未集[13],诸生皆诵法孔子,今上皆重法绳[14]之,臣恐天下不安。唯上察之。”始皇怒,使扶苏北监[15]蒙恬于上郡。

告发,以便使自己被豁免。结果查出触犯禁令的有四百六十多人,始皇帝把他们全部活埋在咸阳,使天下的人知晓这件事,借以警示后人。又将更多的流放人员迁往边境戍守。始皇帝的长子扶苏劝谏说:“天下刚刚平定,远方的民众还没有归附,那些儒生都诵读诗书效法孔子,如今皇上一律运用重刑制裁他们,臣担心天下不会太平安宁。希望皇上明察这件事。”始皇听后大怒,派遣扶苏到北方的上郡去监督蒙恬的军队。

注释 1 刚戾:刚愎暴虐。 自用:不请教别人,只相信自己的主观意愿。 从:通“纵”,放纵。 2 特:只。 备员:虚备官员名数。 3 成事:已经形成决定之事。此指丞相等无处事的决定权。 辨:通“办”。 4 持禄:只图保有爵禄。 5 慑伏:亦作“慑服”,因畏惧而屈服。 取容:求得个人容身,不遭祸害。 6 兼方:兼有两种以上方技。 7 候星气者:指占星望气的方士。候,占验,察望。 讳谀:讳饰过失,进献谀言。 端言:正言。 8 衡石量书:称量一定数量的公文(竹简)进行批阅。衡,指秤。石,一百二十斤。 呈:通“程”。标准,定额。 中(zhòng):达到。 9 文学:指文章博学之士。 方术士:指从事天文、医学、神仙术、占卜、相术等职业与活动的人。 练:熔炼。 10 韩众:即韩终,曾与侯公、石生受使为始皇求仙人不死之药。 奸利:以非法手段牟利。奸,通“干”,求。 11 廉问:察访。 訞:同“妖”。 12 传:通“转”。 告引:告发牵连。 自除:亲自判决。 13 集:安集,安定。 14 绳:整治,制裁。 15 监:临军。古代皇帝派出自己的儿子或亲信随军监视领兵在外的将军称监军。时蒙恬统军三十万在北边修筑长城以备匈奴,故始皇帝派扶苏去做监军,实亦为对扶苏的惩处。

三十六年,荧惑守心[1]。有坠星下东郡,至地为石,[2]黔首或刻其石曰“始皇帝死而地分”。始皇闻之,遣御史逐问,莫服,尽取石旁居人诛之,因燔销其石。[3]始皇不乐,使博士为《仙真人诗》,及行所游天下,传令乐人歌弦[4]之。秋,使者从关东夜过华阴平舒道[5],有人持璧遮使者曰:“为吾遗滈池君[6]。”因言曰:“今年祖龙[7]死。”使者问其故,因忽不见,置其璧去。使者奉[8]璧具以闻。始皇默然良久,曰:“山鬼固不过知一岁事也[9]。”退言曰:“祖龙者,人之先[10]也。”使御府视璧,乃二十八年行渡江

三十六年,火星扰乱了应有的行次,侵入了心宿三星。有一颗流星坠落在东郡,落到地面成了一块陨石,民众中有人在这块石上刻下文字说“始皇帝死后国土就要分裂”。始皇帝听说这件事,派遣御史逐一查问,没有人招供认罪,就把在这块陨石旁居住的民众全部捉来诛杀掉,接着又把这块陨石焚烧销毁。始皇帝闷闷不乐,命令博士写作《仙真人诗》,等到他出游天下的时候,就传令乐工演奏歌唱。秋天,使者在晚间从关东路过华阴平舒的道路,有一个人手里拿着一块玉璧拦住使者说:“替我把这块璧送给滈池君。”接着又说:“今年祖龙将会死去。”使者询问其中的缘由,接着那个人忽然不见,把他的那块玉璧放下后就离去了。使者将玉璧献给皇帝并详细报告了此事。始皇帝听后沉默了好久,说:“山鬼本来只不过知道一年以内的事。”退朝以后又说:“祖龙,是人类的祖先。”命令御府察检这块璧,原来是二十八年出外巡行渡过长江时所沉下的那块玉璧。因此始皇帝占卜这

所沈璧也。于是始皇卜之，卦得游徙吉[11]。迁北河[12]、榆中三万家。拜爵一级。

件事，卦辞显示的是让民众巡游迁徙才会吉祥。迁徙三万家民户到北河和榆中定居。赏赐每户一级爵位。

注释 1 荧惑：即火星。 守：居。 心：心宿。有星三颗，即天蝎座 σ、α、γ 三星。荧惑守心是说火星运行侵入了心宿。古人认为这种天象预示着将有大灾祸。 2 坠星：陨星。 石：陨石。 3 逐问：依次考问。 燔(fán)：焚烧。 4 歌弦：配曲奏琴瑟歌唱。 5 华阴：县名。在今陕西华阴市。 平舒：地名。在今陕西华阴市西北。 6 遗(wèi)：赠，送。 滈(hào)池君：水神名。秦始皇自以水德代周，故用水神称秦始皇。 7 祖龙：借指秦始皇。祖，始。龙，黄帝的象征。 8 奉：捧着。 9 山鬼：指赠璧之神。 固：原本。 10 先：对已去世者的尊称。 11 游徙吉：让民众游动迁徙就会吉利。 12 北河：今内蒙古自治区境内之乌加河，当时为黄河的主道。

三十七年十月癸丑，始皇出游。左丞相斯从，右丞相去疾守[1]。少子胡亥爱慕请从，上许之。十一月，行至云梦，望祀虞舜于九疑山。[2]浮江下，观籍柯，渡海渚，过丹阳，至钱唐。[3]临浙江，水波恶，乃西百二十里从狭中渡。[4]上会稽，祭大禹，望

三十七年十月癸丑日，始皇帝出游。左丞相李斯随行，右丞相冯去疾留守都城。幼子胡亥因为羡慕出游而请求跟从，皇上准许了他的请求。十一月，巡行到云梦，在九疑山望祭虞舜。坐船顺江漂浮而下，观览籍柯，渡过海渚，经过丹阳县，到达钱唐县。来到浙江边上时，因水波汹涌，就向西行进了一百二十里，从江水最狭窄的地区渡江。登上会稽山，祭祀大禹，遥望南海，立石碑刻字而歌颂

于南海，而立石刻颂秦德。其文曰：

秦德。石刻的碑文是：

注释 1 去疾：冯去疾。 守：留守都城。 2 云梦：云梦泽，春秋战国时楚王的游猎区。在今湖北江陵、武汉至湖南岳阳、益阳、常德之间一带地区。 九疑山：一作“九嶷山”，在今湖南宁远县南。 3 海渚(zhǔ)：《史记志疑》：“《正义》以‘海’字为‘江’之误。《史诠》谓：‘江渚一名牛渚，即采石矶也，秦时地属丹阳。’” 丹阳：县名。在今安徽马鞍山市东。 钱唐：县名。在今浙江杭州市西南。 4 浙江：今富春江。 西：往西，到上游。 狭中：江面较狭窄处。

皇帝休烈，平一宇内，德惠修长。三十有七年，亲巡天下，周览远方。遂登会稽，宣省习俗，黔首斋庄。[1] 群臣诵功，本原事迹，追首[2] 高明。秦圣临国，始定刑名，显陈旧章。初平法式，审别职任，以立恒常[3]。六王专倍，贪戾慠猛，率众自强。[4] 暴虐恣行，负力而骄，数动甲兵。阴通间使，以事合从，行为辟方。[5] 内饰诈谋，外来侵边，遂起祸殃。义威诛之，殄熄暴悖，乱贼灭亡。圣德广密，六合之中，被泽

皇帝功业伟大，平定统一天下，德泽恩惠悠长。时在三十七年，亲自巡视天下，周游观览远方。于是登临会稽，宣旨省察风俗，民众恭敬端庄。群臣称颂功德，寻求事迹本源，追叙道术高明。秦圣君临天下，创制刑名法度，光扬旧有规章。初定法规程式，审辨百官职任，建立永久纪纲。六王专横背叛，贪婪狂傲凶猛，挟众自行逞强。恣意施行暴虐，依恃武力骄纵，屡次挑起战端。暗地派遣间谍，继而奉行合纵，行为卑鄙猖獗。内心修饰诈谋，对外派兵侵边，于是兴起祸殃。扶义振威诛伐，铲除强暴悖逆，乱臣贼子灭亡。圣德广布深密，天地四方之中，所受恩泽无疆。皇帝统

无疆。皇帝并宇，兼听万事，远近毕清。运理群物，考验事实，各载其名。贵贱并通，善否[6]陈前，靡有隐情。饰省宣义，有子而嫁，倍死不贞。[7]防隔内外，禁止淫泆，男女洁诚。夫为寄豭，杀之无罪，男秉义程。[8]妻为逃嫁，子不得母[9]，咸化廉清。大治濯俗，天下承风，蒙被休经。[10]皆遵度轨，和安敦勉，莫不顺令。黔首修洁，人乐同则，嘉保太平。后敬奉法，常治无极，舆舟不倾。从臣诵烈，请刻此石，光垂休铭。

一宇内，同时治理万事，远近尽都清明。统筹协理国务，考察核验事实，各使名分相符。贵贱并行通达，善恶陈说在前，没有分毫隐情。改过宣达大义，有子而又改嫁，视为叛夫不贞。内外分隔防范，禁止放荡淫乱，男女贞洁诚信。丈夫淫于他室，杀他没有罪过，男子应守规程。妻子逃走另嫁，子不认她为母，都受教化廉清。盛世洁澄风俗，天下承受新风，广沐美好常经。都能遵循法度，和睦安泰敦勉，无不顺从命令。民众美善清洁，人们乐于守法，天下永保太平。后世敬业奉法，永保盛世无穷，国家不会覆倾。随臣称颂伟业，请求刻立此石，永远垂示美铭。

注释　1 宣省(xǐng):宣布意旨，进行考察。　斋庄:恭谨端重。　2 追首:追寻。《史记索隐》:“今检《会稽刻石》文‘首’字作‘道’，雅符人情也。”　3 恒常:常规。　4 专倍:专横悖理。　懒:同“傲”。倨傲。　自强:自己逞强。　5 间使:从事反间活动的使者。　辟方:邪僻违逆。　6 否(pǐ):恶。　7 饰省:整治过失。饰，整治。省，通“眚”，过失。　倍死:背叛亡夫。　8 寄豭(jiā):《史记索隐》:“豭，牡猪也。言夫淫他室，若寄豭之猪也。”　秉:持，指遵守。　义程:合乎义理的规程。　9 子不得母:子女不得认她为母。　10 濯:洗濯，引申为整治。　休经:善美而为常经。

还过吴,从江乘渡。[1]并海上,北至琅邪。方士徐市等入海求神药,数岁不得,费多,恐谴,乃诈曰:“蓬莱药可得,然常为大鲛鱼[2]所苦,故不得至。愿请善射与俱,见则以连弩射之。[3]”始皇梦与海神战,如人状。问占梦,博士曰:“水神不可见,以大鱼蛟龙为候[4]。今上祷祠备谨[5],而有此恶神,当除去,而善神可致。”乃令入海者赍[6]捕巨鱼具,而自以连弩候大鱼出,射之。自琅邪北至荣成山[7],弗见。至之罘,见巨鱼,射杀一鱼。遂并海西。

回程经过吴县,从江乘县渡过长江。沿着海岸北上,到达琅邪。方士徐市等人入海寻求神药,好几年还没得到,花费繁多,害怕受到谴责,于是他诈称:“蓬莱仙药可以得到,但是因为经常被大鲛鱼所袭击,所以不能到达。我希望皇帝派遣善射的人和我们一同去寻取,如果见到大鲛鱼就用连发的弓弩射杀它。”始皇帝梦见和海神交战,海神的形状如同人一般。询问圆梦的博士,博士说:“水神不能看见,是因为有大鱼蛟龙在它的周围守候。如今皇上祈祷祭祀都非常严谨,还出现这类恶神,应当把它除掉,这样善神就可以来临。”就命令入海求仙的人携带捕捉大鱼的用具,而始皇帝自己出海也装备了连弩等候见到大鱼出现的时候,将它射杀。从琅邪向北航行到荣成山,没有见到大鱼。再航行到之罘山,其间见到了巨大的鱼,射杀了一条鱼。就沿着海岸向西行进。

注释　1 吴:县名。会稽郡治所在地,今江苏苏州市。　江乘:县名。今江苏南京市东北。　2 鲛(jiāo)鱼:即鲨鱼。　3 俱:一起,一同。　连弩:装有连发机关的强弓。　4 候:征候,迹象。　5 备谨:完备恭谨。　6 赍(jī):携带。　7 荣成山:在今山东荣成市境内。

至平原津[1]而病。始皇恶言死,群臣莫敢言死事。上病益甚,乃为玺书[2]赐公子扶苏曰:“与丧会咸阳而葬。”书已封,在中车府令赵高行符玺事所[3],未授使者。七月丙寅,始皇崩于沙丘平台[4]。丞相斯为上崩在外,恐诸公子及天下有变,乃秘之,不发丧。棺载辒凉车[5]中,故幸宦者参乘[6],所至上食,百官奏事如故,宦者辄从辒凉车中可其奏事。独子胡亥、赵高及所幸宦者五六人知上死。赵高故尝教胡亥书[7]及狱律令法事,胡亥私幸之。高乃与公子胡亥、丞相斯阴谋破[8]去始皇所封书赐公子扶苏者,而更诈为丞相斯受始皇遗诏沙丘,立子胡亥为太子。更为书赐公子扶苏、

始皇帝到达平原津染上了疾病。始皇帝讨厌提到死,群臣没有人敢说死的事。皇上的病情日益严重,才写了一封加盖御印的书信赐给公子扶苏说:“到咸阳来参加治办我的丧事而把我安葬。”书信已经封好,存放在中车府令兼掌诏书发放事宜的赵高手中,还没有授给使者传送。七月丙寅日,始皇帝在沙丘平台崩逝。丞相李斯因为皇上在都城外崩逝,恐怕各个公子及天下人会搞政变,所以隐瞒这件事,不发布丧事。始皇帝的尸体装进棺材而用既密闭又通风的辒凉车运载,由以前皇帝宠幸的宦官们陪乘驾车,所到之处如同以往一样进献食物,百官们也如同以往一样奏事,宦官就在辒凉车中批准他们所奏的事务。只有始皇帝的儿子胡亥、赵高及平时所宠信的宦官总共五六个人知道皇帝已经死去。赵高以前曾教授胡亥读书和学习刑法律令等事,胡亥私下很宠幸他。赵高就和公子胡亥、丞相李斯阴谋打开始皇帝所签封的赐给公子扶苏的书信,而诈称李斯在沙丘亲自接受始皇帝的遗诏,立儿子胡亥为太子。又另外写了一封赐给公子扶苏和蒙恬的书信,其中列举了

蒙恬，数[9]以罪，其赐死。语具在《李斯传》中。行，遂从井陉抵九原。会[10]暑，上辒车臭，乃诏从官令车载一石鲍鱼[11]，以乱其臭。

他们的“罪状”，赐他们自杀。这些事的详细内容写在《李斯列传》中。他们启程回咸阳，就从井陉抵达九原。恰逢暑热时期，皇上所居的辒凉车散发出臭气，于是诏令随从的官吏在车中载上一石鲍鱼，用这个办法掩饰始皇帝尸体的臭气。

注释 1 平原津：黄河渡口名。在今山东平原县南。 2 玺书：盖有皇帝印玺的诏书。 3 中车府令：官名，掌管皇帝的车辆。秦九卿之一太仆的属官。 行符玺事：执行诏书的发放事宜。 4 沙丘平台：地名。在今河北广宗县西北。 5 辒凉车：一种密闭而可通风的丧车。 6 参乘：即“骖乘”，亦称陪乘，在车右侧担任警卫的甲士。 7 书：文字书写。 8 破：拆开撤除。 9 数：列举。 10 会：恰逢。 11 鲍鱼：有腥臭气味的腌鱼。

行从直道至咸阳，发丧。太子胡亥袭位[1]，为二世皇帝。九月，葬始皇郦山。始皇初即位，穿治[2]郦山。及并天下，天下徒送诣七十余万人，穿三泉，下铜而致椁，宫观百官奇器珍怪徙臧满之。[3]令匠作机弩矢[4]，有所穿近

一行人从直道赶回咸阳，发布治丧的公告。太子胡亥承袭皇位，成为了二世皇帝。九月，把始皇帝安葬在郦山。始皇帝刚开始即位的时候，就开凿了郦山建造坟墓。等到统一了天下以后，又从全国各地送来七十多万徒隶，开挖三重泉水的深度，用铜水浇铸堵塞空隙后再把外棺放进去，又在坟墓中修建宫殿和百官位次，藏满奇珍异宝。命令工匠制作带有机关的弩箭，假若有盗墓的一接近，就会被射杀。用水银模拟

者，辄射之。以水银为百川江河大海，机相灌输[5]，上具天文，下具地理。以人鱼膏为烛，度不灭者久之。[6]二世曰："先帝后宫非有子者，出焉[7]不宜。"皆令从死，死者甚众。葬既已下，或言工匠为机，臧皆知之，臧重即泄。大事毕，已臧，闭中羡，下外羡[8]门，尽闭工匠臧者，无复出者。树[9]草木以象山。

成百川江河大海，利用机关使它相互灌输流动，冢的顶壁上依据天文图案进行装饰，冢的下部依据地理图形加以布置。用娃娃鱼的脂肪做蜡烛，估计它能燃烧很久而不熄灭。二世皇帝说："先帝的后宫中那些没有生子的妃嫔不宜出宫。"都命令她们陪从皇帝而死，被赐死的人很多。灵柩下葬以后，有人说工匠们制造机关，对所藏宝物都非常了解，如此贵重的宝藏旦夕间就会被他们泄露。所以安葬大事完结，珍贵宝物已经埋藏，就封闭了墓道中心，又把墓道的外门放下来，把工匠和负责填放宝物的人全部封闭在里边，没有再能出来的人。在墓冢上种植草木而使它成为一座山的形状。

注释　1 袭位：继承皇位。　2 穿治：指穿凿建造坟墓。　3 三泉：《史记正义》引颜师古云："三重之泉，言至水也。"　下铜：注下铜熔液以填塞空隙。　臧：通"藏"。　4 机弩矢：由机关控制能自动发射的强弩弓箭。　5 机相灌输：《太平御览》引此句作"机转相输，终而复始"。　6 人鱼：大鲵，俗称"娃娃鱼"。一说为儒艮。　度(duó)：估计。　7 焉：便，就。连词。　8 羡(yán)：通"埏"，墓道，在内、中、外三道门。　9 树：种植。

二世皇帝元年[1]，年二十一。赵高为郎中令[2]，任用事。二世下诏，增始

二世皇帝元年，胡亥二十一岁。赵高担任郎中令，他受到二世皇帝的信任而专权用事。二世皇

皇寝庙牺牲及山川百祀之礼[3]。令群臣议尊始皇庙。群臣皆顿首言曰:"古者天子七庙,诸侯五,大夫三,虽万世世不轶毁[4]。今始皇为极庙[5],四海之内皆献贡职[6],增牺牲,礼咸备,毋以加。先王庙或在西雍[7],或在咸阳。天子仪当独奉酌[8]祠始皇庙。自襄公已下轶毁。所置凡七庙。群臣以礼进祠,以尊始皇庙为帝者祖庙。皇帝复自称'朕'。"

帝下诏,增加始皇帝寝庙祭祀时候的牺牲等贡品及祭祀山川百祀典礼的贡物。又命令群臣们讨论推尊始皇帝庙的事。群臣们都跪在地上叩头说:"古时候天子的祖庙是七庙,诸侯五庙,大夫三庙,虽经万世,这个礼制仍然没有被废毁。如今始皇帝庙是极度尊贵而无以复加的,四海之内都要按职阶贡献祭品,又增加了牛、羊、猪等祭牲数量,祭祀的礼仪都已完备,其他庙祭的各项标准不要有比这个还高的。先王的庙宇有的在西雍,有的在咸阳。天子所遵行的礼仪应当是只到始皇帝庙去亲自奉醇酒祭祀。从襄公以下的庙加以废毁。建造了祭祀先王的庙共七座。由群臣按照礼法前去祭祀,把始皇帝庙尊奉为秦皇帝的祖庙。皇帝仍旧自称为'朕'。"

注释 1 二世皇帝元年:即公元前209年。 2 郎中令:《汉书·百官公卿表》:"郎中令,秦官,掌宫殿掖门户。" 3 寝庙:古代宗庙的两部分有庙和寝。庙在前,为帝王的祭祀之所;寝在后,为藏先人衣冠之处。两者合称寝庙。 牺牲:古代祭祀用牲畜的通称。色纯为牺,体全为牲。

4 轶(dié)毁:更迭毁除。轶,通"迭"。依次将超过制度规定的神祖移入太庙即为毁庙。 5 极庙:极为尊贵的庙。 6 贡职:贡品,赋税。

7 西雍:咸阳西面的雍县。在今陕西凤翔县南。 8 酌:《史记会注考证》引王念孙曰:"'酌'当作'酎'。汉制以八月尝酎,盖本于秦。"酎(zhòu),经多次酿制而成的醇酒。

二世与赵高谋曰:"朕年少,初即位,黔首未集附[1]。先帝巡行郡县,以示强,威服海内。今晏然不巡行,即见弱,毋以臣畜天下。[2]"春,二世东行郡县,李斯从。到碣石,並海,南至会稽,而尽刻始皇所立刻石,石旁著[3]大臣从者名,以章[4]先帝成功盛德焉:

皇帝曰:"金石刻尽始皇帝所为也。今袭号而金石刻辞不称始皇帝,其于久远也如后嗣为之者,不称成功盛德。"丞相臣斯、臣去疾、御史大夫臣德昧死言:"臣请具刻诏书刻石,因明白矣。臣昧死请。"制曰:"可。"

遂至辽东而还。

秦二世和赵高谋划说:"朕年纪轻,又刚刚登位,民众还没有归附。先帝到各郡县去巡视,来显示强大,以便用威权震服海内。我如今静享安逸而不去巡视,就会被人看成懦弱无能,这样就无法统治天下。"春天,二世到东方巡视郡县,李斯随从。到达碣石山,又沿海南下,到达会稽,并且在始皇帝以前所竖立的刻石上都又刻上文字,石碑旁边又刻上从行大臣的姓名,借以彰扬先帝的伟大功业和盛德:

皇帝说:"金石碑刻全是始皇帝所竖立的。如今我袭号称皇帝,而金石刻辞中不称始皇帝,这样时代久远了以后,就好像是后世皇帝所竖立的,以致不能称扬始皇帝的功业和盛德。"丞相臣李斯、臣冯去疾、御史大夫臣德冒死上奏说:"臣等请求把这份诏书全部刻在石碑上,这样就变得明白了。臣子冒死请求。"二世皇帝下达制书说:"可以。"

于是巡行到辽东然后返回。

注释 1 集附:归顺,服从。 2 晏然:平静,安逸。 臣畜:统治,奴役。臣,奴隶。 3 著:增刻。 4 章:彰明。

于是二世乃遵用赵高，申法令。[1]乃阴与赵高谋曰："大臣不服，官吏尚强，及诸公子必与我争，为之奈何？"高曰："臣固愿言而未敢也。先帝之大臣，皆天下累世[2]名贵人也，积功劳世以相传久矣。今高素小贱，陛下幸称举，令在上位，管中事。[3]大臣鞅鞅[4]，特以貌从臣，其心实不服。今上出，不因此时案[5]郡县守尉有罪者诛之，上以振威天下，下以除去上生平所不可者。今时不师文而决于武力，愿陛下遂从时毋疑，即群臣不及谋。[6]明主收举余民，贱者贵之，贫者富之，远者近之，则上下集而国安矣。[7]"二世曰：

这时候二世皇帝就采用赵高的谋划，申明法令。他暗中和赵高商议说："大臣们不顺服，官吏的势力还很强大，还有各位公子必然要和我争夺帝位，对这些又该如何处理呢？"赵高说："我本来就想说，只是不敢说而已。先皇帝的大臣，都是在天下人中具有累世功名的贵人，积累功业世代劳苦已经相传很久了。如今我赵高平素就是一位无功无勋的贱人，幸而得到陛下的抬举，让我官居高位，掌握宫禁中的事务。大臣们对这个安排都怏怏不乐，只是表面上顺从我，其实他们心里不服气。如今皇上出巡，还不赶紧借这个时机清查出那些有罪的郡县守尉而把他们诛杀掉，这样在上可以振威天下，在下可以除去那些皇上平时所不满的人。如今这个时候不提倡效法文治而应取武力，希望陛下依据时势当机立断不要迟疑，在群臣还来不及合谋反叛的时候采取行动。圣明的君主收揽重用前朝遗留下来的民众，使地位卑贱的人，变得高贵，使贫困的人，变得富足，使前朝被疏远的人得到亲近宠信，这样就能实现上下团结而使国家安定。"二世皇帝说："这个办法很好。"于是对大臣和各个公子进行诛杀，又捏造罪名牵连逮捕了一些职位较低的近侍官中郎、

"善。"乃行诛大臣及诸公子，以罪过连逮少近官三郎，无得立者，而六公子戮死于杜。[8]公子将闾昆弟[9]三人囚于内宫，议其罪独后。二世使使令将闾曰："公子不臣，罪当死，吏致法焉。[10]"将闾曰："阙廷之礼，吾未尝敢不从宾赞也；[11]廊庙之位，吾未尝敢失节也；[12]受命应对，吾未尝敢失辞也。[13]何谓不臣？愿闻罪而死。"使者曰："臣不得与谋，奉书从事。"将闾乃仰天大呼天者三，曰："天乎！吾无罪！"昆弟三人皆流涕拔剑自杀。宗室振恐。群臣谏者以为诽谤，大吏持禄取容，黔首振恐。

外郎和散郎，没有一个人能够免除罪责，还把始皇帝的六个皇子杀死在杜县。公子将闾等兄弟三人被囚禁在内宫中，等待议定他们的罪名而未被杀死。二世皇帝派使者传令将闾说："公子不臣服君上，你的罪过应当被处死，官吏将要执行法令了。"将闾说："宫廷的礼法，我从来不敢不顺从礼宾官员的引导；朝廷上的位次，我从来不敢失节错乱；领受皇帝的命令回答提问，我从来不敢失言错答。凭什么说我不臣服？我希望能够明白地知道我犯的罪过以后再接受死刑。"使者说："我不可能参加谋议，只是奉诏书行事。"将闾于是仰天大呼上天三声，他叫道："天啊！我没有罪！"兄弟三人都流着眼泪拔剑自杀。宗室的人震惊恐慌。群臣当中有人进谏的就认定是诽谤朝政，大官吏们为保住他们的禄位而阿谀取容，民众震惊恐惧。

注释 1 遵用：沿用。 申：表述，申明。 2 累世：接连几代。 3 称举：举用。二字同义。 中事：指宫中之事。 4 鞅鞅：同"怏怏"，不满的样子。 5 案：查究，查办。 6 师文：指重视文治。师，效法，重视。 遂：干脆。 即：则。 7 收举：收罗，举用。 余民：余留的人，被遗弃的人。 贵之：使之贵，让他们尊贵。以下"富之"、"近之"句型，仿此。

8 连逮:受牵连俱被捕。逮,及。 少近官:官职小的近侍之臣。 三郎:中郎、外郎、散郎。 杜:县名。在今陕西西安市长安区西。 9 昆弟:兄弟。昆,字亦作“翼”,兄。 10 不臣:不尽臣道。 致法:施加刑罚。 11 阙廷:宫廷。阙,宫阙,帝王所居之宫。 宾赞:礼宾官。 12 廊庙:庙堂,指朝廷。 节:礼节。 13 应对:语言对答。 失辞:失言,说错了话。

四月,二世还至咸阳,曰:“先帝为咸阳朝廷小,故营阿房宫。为室堂[1]未就,会上崩,罢其作者,复土[2]郦山。郦山事大毕,今释阿房宫弗就,则是章先帝举事过也。”复作阿房宫。外抚四夷,如始皇计。尽征其材士[3]五万人为屯卫咸阳,令教射,狗马禽兽。当食者多,度不足,下调郡县转输菽粟刍藁,[4]皆令自赍粮食,咸阳三百里内不得食其谷。用法益刻深。

四月,二世皇帝回到咸阳,说:“先皇帝因为咸阳朝廷太狭小,所以才营造了阿房宫。室堂还没有建成,正遇到皇上驾崩,就命令那些营造的人停止建筑,去郦山陵上增培坟土。郦山的事彻底结束了,如今若放下营造阿房宫的事不去完成,那就是有意显示先帝兴办此事的过错。”便又重新修建阿房宫。同时派兵安抚四夷,一切遵行始皇帝时的方针。又广泛征集了五万精壮兵丁守卫咸阳,让他们学习射箭,饲养供宫中玩赏的狗马禽兽。咸阳附近应当消费粮食的人很多,估算粮食不足,所以向下调集各郡县的粮食和草料,并且命令运粮草的人都要自带干粮,在咸阳三百里以内的地区不允许取用这些粮食。法令的施行更加严苛。

注释 1 室堂:宫室,宫殿。古代宫室,前为堂,后为室。 2 复土:《史记正义》:“谓出土为陵,既成,还复其土,故言复土。” 3 材士:指身体强壮之人。 **4** 当食者:《史记正义》:"谓材士及狗马。" 下调:从下征调。 菽(shū):豆类。 刍:喂牲口的草料。 藁(gǎo):同"稿",作物收获后剩下的茎叶,如稻草、麦秆等。

七月,戍卒陈胜等反故荆地,为"张楚"[1]。胜自立为楚王,居陈,遣诸将徇[2]地。山东郡县少年苦秦吏[3],皆杀其守尉令丞反,以应陈涉,相立为侯王,合从西乡[4],名为伐秦,不可胜数也。谒者使东方来,以反者闻二世。[5]二世怒,下吏。后使者至,上问,对曰:"群盗,郡守尉方逐捕,今尽得,不足忧。"上悦。武臣自立为赵王,魏咎为魏王,田儋为齐王。[6]沛公[7]起沛。项梁[8]举兵会稽郡。

七月,戍卒陈胜等人在以前的楚地造反,国号为"张楚"。陈胜自立为楚王,据守在陈县,派遣各路将领去攻占土地。崤山以东各郡县中的青年人因受秦朝官吏迫害的痛苦,都把郡守郡尉县丞县令等官吏杀死后起来造反,以响应陈涉,他们相互推立为诸侯王,联合起来向西进军,打着讨伐秦朝的旗号,造反的人数多得数也数不清。谒者出使东方归来,把各地造反的情况报告给二世皇帝。二世皇帝听后暴怒,把他关进了监狱。后来又有使者到来,皇上询问东方的形势,使者回答说:"是一群土匪强盗,郡中的守、尉正在追捕他们,如今已经全部抓到,不值得担忧。"皇上听后非常高兴。武臣自立为赵王,魏咎自立为魏王,田儋自立为齐王。沛公在沛县起义。项梁在会稽郡起兵反秦。

注释 **1** 张楚:取张大楚国之意。 **2** 徇:率军巡行攻取。 **3** 山东:指崤山、函谷关以东。 少年:青年人。少,古人对凡未满三十岁者的称呼。 **4** 合从:即合纵。从,通"纵"。 乡:同"向"。 **5** 谒者:《汉书·百官公卿表》:“谒者,秦官,掌宾赞受事。” 闻:秉知,报知。 6 武臣、魏咎:均陈胜部将。见《陈涉世家》。 田儋:事详见《田儋列传》。 7 沛公:刘邦。 8 项梁:项羽叔父。事见《项羽本纪》。

二年冬,陈涉所遣周章等将西至戏[1],兵数十万。二世大惊,与群臣谋曰:“柰何?”少府[2]章邯曰:“盗已至,众强,今发近县不及矣。郦山徒多,请赦之,授兵以击之。”二世乃大赦天下,使章邯将,击破周章军而走,遂杀章曹阳[3]。二世益遣长史司马欣、董翳佐章邯击盗,杀陈胜城父,破项梁定陶,灭魏咎临济。[4]楚地盗名将已死,章邯乃北渡河,击赵王歇等于钜鹿[5]。

二年冬天,陈涉所派遣的周章等人率领的军队向西攻到戏水,拥有兵卒几十万人。二世皇帝非常惊恐,和群臣商量说:“这该怎么办?”少府章邯说:“盗贼已经兵临城下,而且人多势强,如今就是调发附近郡县的军队都已来不及了。郦山的徒隶人数众多,请皇上赦免他们的罪过,发给他们武器来攻打盗贼。”于是二世皇帝大赦天下,委派章邯统率他们,打败周章的军队而迫使他们溃逃,结果在曹阳杀死了周章。二世皇帝增派长史司马欣、董翳领兵协助章邯攻打盗贼,在城父县杀死了陈胜,在定陶打垮了项梁的军队,在临济城消灭了魏咎。原楚国地区有名的贼盗将领都被杀死以后,章邯于是向北渡过黄河,在钜鹿攻打赵王歇等人。

注释 1 戏(xì):亭名,因近戏水,故名。在今陕西西安市临潼区东北。戏水,源出骊山,北流经古戏亭东,又北入渭。 2 少府:九卿之一。《汉书·百官公卿表》:“少府,秦官,掌山海地泽之税,以给供养。”颜师古曰:“大司农供军国之用,少府以养天子也。” 3 章:指陈胜之将周章。 曹阳:亭名。在今河南灵宝市东南。 4 长史:秦官名,其职任不详。 城父(fǔ):县名。在今安徽涡阳县西北。 临济:地名,在今河南封丘县东。 5 钜鹿:钜鹿郡郡治所在地。在今河北鸡泽县东北,

赵高说二世曰:“先帝临制[1]天下久,故群臣不敢为非,进邪说。今陛下富于春秋[2],初即位,奈何与公卿廷决事?事即有误,示群臣短也。天子称朕,固不闻声。”于是二世常居禁中[3],与高决诸事。其后公卿希[4]得朝见,盗贼益多,而关中卒发东击盗者毋已。右丞相去疾、左丞相斯、将军冯劫进谏曰:“关东群盗并起,秦发兵诛击,所杀亡甚众,然犹不止。盗多,皆以戍漕转作事苦,赋税大也。[5]请且止阿房宫作者,减省四边戍转。”二世曰:“吾闻之韩子[6]曰:‘尧舜采椽不刮,茅茨不翦,饭土塯,啜土

赵高劝谏二世皇帝说:“先皇帝君临天下统治了很长时间,所以群臣们不敢为非作歹,进上奸邪的言论。如今陛下青春年少,又是刚刚即位,怎么可以在朝廷上和公卿们决策国事呢?如果所决策的事一旦出现差错,就是在群臣面前暴露自己的短处。天子处在至尊地位而称朕,本来就不应让他们直接听见皇帝的声音。”因此二世皇帝经常住在宫禁中,和赵高决策各项政事。这以后公卿们很少能够朝见皇帝,盗贼越来越多,于是不停地调派关中地区的军卒到东方去征伐盗贼。右丞相冯去疾、左丞相李斯、将军冯劫进言劝谏说:“关东地区成群的盗贼同时兴起,秦朝派军队去诛伐他们,杀死的盗贼非常多,但是这样仍然不能制止他们。盗贼众多的原因,都是因为戍守、漕陆运输和各种差役大多太苦,以及赋税太重。请求暂且停止修建阿房宫,减省四边的屯戍和物资转运。”二世皇帝说:“我听韩非子说过:‘尧、舜建

形，虽监门之养，不觳于此。[7] 禹凿龙门，通大夏，决河亭水，放之海，身自持筑臿，胫毋毛，臣虏之劳不烈于此矣。[8]' 凡所为贵有天下者，得肆意极欲，主重明法，下不敢为非，以制御海[9]内矣。夫虞、夏之主，贵为天子，亲处穷苦之实，以徇[10]百姓，尚何于法？朕尊万乘，毋其实，吾欲造千乘之驾，万乘之属，[11] 充吾号名。且先帝起诸侯，兼天下，天下已定，外攘四夷以安边竟，作宫室以章得意，而君观先帝功业有绪。[12] 今朕即位二年之间，群盗并起，君不能禁，又欲罢先帝之所为，是上毋以报先帝，次不为朕尽忠力，何以

居室采用原木作椽子而不加刮削，用茅草盖铺屋顶而不加剪裁，用土簋煮饭，用土瓯喝水，即便是今日看门士卒的待遇，也不能疏陋到这种程度。大禹凿通龙门，通达大夏，决通黄河壅塞的洪水，让它导入大海，亲自手持挖土的杵和铁锹，泥水泡得小腿都没有汗毛了，即使是臣仆奴隶的劳苦也不比这更剧烈。' 人们之所以看重拥有天下这种地位，就是因为可以随心所欲而任意作为，君主威重而明布法令，在下的臣民们就不敢胡作非为，这样就能统治海内了。至于说虞、夏的君主，贵为天子，还亲身参与穷苦的劳作，为百姓牺牲，那样做还怎么可以效法呢？朕贵为万乘君王，却没能享有万乘君王的实质。我想要建造千乘的车驾，组建万乘的徒属，以此来使我的名号得到切实的体现。而且先帝从诸侯起家，兼并了天下，天下已经安定，又对外抵御四方的夷狄而使边境得到安宁，建筑宫室来显示他已完成丰功伟绩的得意，你们都看到了先帝的功业有了好的开头。如今在朕即位的二年间，成群的盗贼同时兴起作乱，你们不能禁止他们，又想要废止先帝所要做的事业，这样做首先是不能报答先帝，其次是不能为朕尽忠竭力，你们有什么

在位?”下去疾、斯、劫吏,案责他罪。去疾、劫曰:“将相不辱。”自杀。斯卒囚,就五刑[13]。

资格居处高位?”便把冯去疾、李斯、冯劫交给狱吏,立案责问他们的罪过。冯去疾、冯劫说:“将相不能受侮辱。”于是他们自杀了。而李斯被囚禁,遭受五刑。

注释 1 临制:临朝称制。即登位治理。 2 富于春秋:指年轻。春秋,年龄。意为在位时间还非常久长。 3 禁中:宫禁之中。《史记集解》引蔡邕曰:“禁中者,门户有禁,非侍御者不得入,故曰禁中。” 4 希:同“稀”。 5 戍:戍边。 漕:水运。 转:陆运。 作:劳作。 大:重。 6 韩子:指韩非。文见《韩非子·五蠹》。 7 采:采取。《史记索隐》认为是一木名。 椽:椽子。 茅茨(cí):由茅草之类盖的屋顶。 翦:同“剪”。 饭:吃饭。 增:盛饭的瓦器。 啜(chuò):喝。 形:通“型”,盛汤的瓦器。 监门:守门人。 养:供养。 觳(què):节俭,疏陋。 8 龙门:在今山西河津市与陕西韩城市之间有龙门山,相传大禹治水,凿通龙门山使黄河水畅流。水经龙门山,两岸陡峭,有如阙门。 大夏:据《括地志》为今山西太原市以南沿汾水流域西近黄河的一带地区。 亭:平治。一说指停滞壅塞。 筑:捣土的杵。 臿(chā):掘土的工具,如锹。 胫:小腿。 臣虏:奴隶。 烈:酷烈,厉害。 9 制御:控制,统治。 10 徇:通“殉”,献出生命。 11 万乘:指天子。乘,一车四马。 千乘:指诸侯大国。 驾:车乘。 属:徒属,军卒。 12 攘:排除,排斥。 竟:通“境”。 绪:端绪。 13 五刑:古指墨、劓、刵、宫、大辟五种刑罚。

三年,章邯等将其卒围钜鹿,楚上将军项羽将楚卒往救钜鹿。冬,赵高为丞相,竟[1]案李斯杀之。

三年,章邯等人率领他们的军队包围了钜鹿,楚国上将军项羽率领楚军前往救援钜鹿。冬天,赵高担任丞相,终于判决了李斯的罪案而把他杀了。夏天,章邯等人作战夏，章邯等战数却，二世使人让邯，邯恐，使长史欣请事。[2] 赵高弗见，又弗信。欣恐，亡去，高使人捕追不及。欣见邯曰：“赵高用事于中，将军有功亦诛，无功亦诛。”项羽急击秦军，虏王离，邯等遂以兵降诸侯。八月己亥，赵高欲为乱，恐群臣不听，乃先设验[3]，持鹿献于二世，曰：“马也。”二世笑曰：“丞相误邪？谓鹿为马。”问左右，左右或默，或言马以阿顺[4]赵高。或言鹿，高因阴中[5]诸言鹿者以法。后群臣皆畏高。

屡次失利，二世皇帝派人责问章邯，章邯恐惧，就派长史司马欣到朝中请求指示。赵高不肯接见他，又对他不信任。司马欣恐惧，逃出了咸阳，赵高派人捕捉他而没有追到。司马欣见到章邯说：“赵高在朝中总揽大权，将军有功也要被诛杀，无功也要被诛杀。”项羽加紧攻打秦军，俘获了王离，章邯等人就率领军队投降了诸侯。八月己亥日，赵高想要作乱，恐怕群臣不听从他的命令，就预先设法进行测验，他牵着一只鹿献给二世皇帝，说：“这是一匹马。”二世皇帝笑着说：“丞相看错了吧？把鹿称作马。”又询问左右大臣，左右大臣有的人默不作声，有的人说是马而阿谀顺从赵高，也有人说是鹿。赵高因此暗地将说是鹿的人借用法律加以陷害。此后群臣都很畏惧赵高。

注释　1 竟：终于。　2 却：退却。　让：责备。　请事：报告请示。　3 设验：设谋探验。　4 阿顺：迎合顺从。　5 中：中伤，陷害。

高前数言“关东盗毋能为也”，及项羽虏秦将王离等钜鹿下而前，章邯等军数却，

赵高以前曾屡次说“关东地区的盗贼是不会有什么作为的”，等到项羽在钜鹿城下俘获了秦将王离等人而继续前进，章邯等人的军队屡次败退，上书请求

上书请益助，燕、赵、齐、楚、韩、魏皆立为王，自关以东，大氐尽畔秦吏应诸侯[1]，诸侯咸率其众西乡。沛公将数万人已屠武关，使人私于高，高恐二世怒，诛及其身，乃谢病不朝见。[2]二世梦白虎啮其左骖马[3]，杀之，心不乐，怪问占梦。卜曰："泾水为祟[4]。"二世乃斋于望夷宫[5]，欲祠泾，沈四白马。使使责让高以盗贼事。高惧，乃阴与其婿咸阳令阎乐、其弟赵成谋曰："上不听谏，今事急，欲归祸于吾宗。吾欲易置上[6]，更立公子婴。子婴仁俭，百姓皆载其言。[7]"使郎中令为内应，诈为有大贼，令乐召吏发卒，追劫乐母置高舍。遣乐将吏卒千余人至望夷宫殿门，缚卫令仆射，曰："贼

增援，燕、赵、齐、楚、韩、魏都拥立了自己的君王，自函谷关以东的地区，大体上都已反叛了秦朝官吏的统治而响应诸侯，诸侯们都率领着他们各自的兵众向西进攻。沛公率领几万人已经攻克了武关，派人暗地里和赵高联络，赵高恐怕二世皇帝发怒，诛杀他，就以生病为由推辞而不朝见。二世皇帝梦见一只白虎咬了他车驾的左骖马，他杀死了这只白虎，可是心中不快，感到很奇怪而去询问占梦的人。占梦的人卜卦说："泾水的水神在作怪。"二世皇帝就在望夷宫斋戒，准备祭祀泾水神，把四匹白马沉入水中。派遣使者去责问赵高关于关东盗贼的事。赵高恐惧，就私下和他的女婿咸阳令阎乐、他的弟弟赵成商议说："皇上不听劝谏，如今事态紧急，就想把罪祸推给我们赵家。我想另换一个皇帝，改立公子婴。子婴为人仁厚谦卑，百姓们都尊奉他的话。"于是派郎中令充作内应，谎称有大盗，命令阎乐召集官吏出动军队，追击并劫持阎乐的母亲安置在赵高府中作为人质。赵高派遣阎乐率领官兵一千多人来到望夷宫殿门，绑捕了卫令仆射，说："盗贼从这里进去了，

入此，何不止？”卫令曰：“周庐[8]设卒甚谨，安得贼敢入宫？”乐遂斩卫令，直将吏入，行射，郎宦者大惊，或走或格[9]，格者辄死，死者数十人。郎中令与乐俱入，射上幄坐帏[10]。二世怒，召左右，左右皆惶扰[11]不斗。旁有宦者一人，侍不敢去。二世入内，谓曰：“公何不蚤[12]告我？乃至于此！”宦者曰：“臣不敢言，故得全。使臣蚤言，皆已诛，安得至今？”阎乐前即[13]二世数曰：“足下骄恣，诛杀无道，天下共畔足下，足下其自为计。[14]”二世曰：“丞相可得见否？”乐曰：“不可。”二世曰：“吾愿得一郡为王。”弗许。又曰：“愿为万户侯。”弗许。曰：“愿与妻子为黔首，比[15]诸

为什么不加制止？”卫令说：“宫殿四周设有士卒守卫，非常严谨，怎么会有盗贼敢进入宫殿？”阎乐就斩杀了卫令，率领官兵径直进入宫殿，边走边射箭，郎官宦者非常惊骇，有人逃跑有人格斗，格斗的人就被杀死，被杀的有几十个人。郎中令和阎乐一同进入宫殿，箭射到了皇上落座的帷幄上。二世皇帝愤怒，召令左右的侍者，左右侍臣都惶恐混乱不敢挺身格斗。二世身旁有一个宦官，伺候他而不敢离去。二世进入内宫，对他说：“你为什么不早告诉我？以至于落到这个地步！”宦官说：“我不敢说，所以才能保全自身。假如我早就说了，那我已经被诛杀了，怎么还能活到今日？”阎乐上前指着二世历数他的罪恶说：“足下生性骄横恣肆，任意杀人不遵天道，天下的人全都背叛足下，足下还是自己考虑该怎么办吧！”二世说：“我是否能见丞相？”阎乐说：“不可以。”二世说：“我愿意得到一郡，只做一个王。”没有得到允许。二世又说：“我情愿做一个万户侯。”仍没有得到允许。二世又说：“我情愿和妻儿在一起做平民百姓，如同各个公子一样。”阎乐说：“我受丞相之命，

公子。”阎乐曰:“臣受命于丞相,为天下诛足下,足下虽多言,臣不敢报。”麾[16]其兵进。二世自杀。

为了天下的人诛杀足下,足下虽然说了许多话,我却不敢回报给丞相。”于是指挥他的士卒拥上前来。二世自杀。

注释 1 大氐:大抵,大略。 畔:通“叛”。 2 屠:杨倞注《荀子》:“屠谓毁其城,杀其民,若屠者然也。”此处当为攻占。 私:秘密联系。 谢病:托辞有病。 3 啮(niè):咬。 骖(cān):一车驾四马,中间二匹为服,外边二匹为骖。 4 为祟(suì):作怪。 5 望夷宫:秦宫名。故址在今陕西泾阳县东南。 6 易置上:改立皇帝。 7 俭:卑谦。 载:通“戴”,尊奉,拥护。 8 周庐:皇宫四周所设的警卫庐舍。 9 走:跑掉。 格:格斗。 10 幄:帷幄。在旁称帷,四面相合称幄。 帏(wéi):义同“帷”,帐幕。 11 惶扰:慌乱。 12 蚤:通“早”。 13 即:就,走近。 14 足下:敬辞。《史记集解》引蔡邕曰:“群臣士庶相与言,曰殿下、阁下、足下、侍者、执事,皆谦类。” 无道:指二世暴虐,不具德义。 计:打算。 15 比:跟……同样。 16 麾:通“挥”,指挥。

阎乐归报赵高,赵高乃悉召诸大臣公子,告以诛二世之状。曰:“秦故王国[1],始皇君[2]天下,故称帝。今六国复自立,秦地益小,乃以空名为帝,不可。宜为王如故,便。”立二世之兄子公子婴[3]

阎乐回去向赵高报告,赵高就召集所有的大臣和公子,给他们通报了诛杀二世的情况。他说:“秦过去是一个王国,始皇帝能够君临天下,所以才称帝。如今六国自己又重新拥立了国王,秦所控制的地区变得更小了,仍然沿用空名而称帝,是不可以的。应该像以前那样称王,这样更为便利。”于是拥立二世兄长的儿子公为秦王。以黔首葬二世杜南宜春苑[4]中。令子婴斋，当庙见[5]，受王玺。斋五日，子婴与其子二人谋曰："丞相高杀二世望夷宫，恐群臣诛之，乃详[6]以义立我。我闻赵高乃与楚[7]约，灭秦宗室而王关中。今使我斋见庙，此欲因庙中杀我。我称病不行，丞相必自来，来则杀之。"高使人请子婴数辈[8]，子婴不行，高果自往，曰："宗庙重事，王柰何不行？"子婴遂刺杀高于斋宫，三族高家以徇咸阳。

子婴为秦王。按照平民百姓的礼仪在杜南宜春苑中埋葬了二世皇帝。又让子婴斋戒，到宗庙中去拜见祖先，接受国王的印玺。斋戒了五日，子婴和他的两个儿子商议说："丞相赵高在望夷宫杀害了二世皇帝，害怕群臣诛杀他，才假装伸张大义来扶立我。我听说赵高已和楚国订立盟约，灭亡了秦的宗室后要在关中称王。如今让我斋戒后去朝见宗庙，这是想要借朝见宗庙来杀害我。我假若宣称有病而不去，丞相一定亲自前来，来了我们就杀死他。"赵高多次派人来请子婴，子婴都不去，赵高果真亲自前来，他说："宗庙朝见这样重大的事，王怎么不去呢？"子婴就在斋宫中刺杀了赵高，并在咸阳当众诛杀了赵高家的三族。

注释　1 王国：秦自襄公始立为诸侯，春秋时穆公称霸，战国时孝公变法，强大起来。孝公之后，自惠文王起国君始称王，至秦始皇称帝。始皇以前，与东方六国一样为王国。　2 君：主宰。　3 子婴：秦二世兄子。《李斯列传》以为始皇之弟。亦有以为始皇之弟子，二世之兄者。　4 宜春苑：秦朝离宫有宜春宫，宫东为宜春苑。在今陕西西安市长安区西南。
5 庙见：到宗庙中去拜祖先，会群臣的典礼。　6 详：通"佯"，假装。
7 楚：此指刘邦。见上文"使人私于高"，并详见《高祖本纪》。　8 数辈：好几批。

子婴为秦王四十六日，楚将沛公破秦军入武关，遂至霸上[1]，使人约降子婴。子婴即系颈以组，白马素车，奉天子玺符，降轵道旁。[2]沛公遂入咸阳，封宫室府库，还军霸上。居月余，诸侯兵至，项籍为从长[3]，杀子婴及秦诸公子宗族。遂屠咸阳，烧其宫室，虏其子女，收其珍宝货财，诸侯共分之。灭秦之后，各分其地为三，名曰雍王、塞王、翟王[4]，号曰三秦。项羽为西楚霸王，主命[5]分天下王诸侯，秦竟灭矣。后五年，天下定于汉。

子婴做了四十六天秦王，楚国将领沛公攻破秦军进入武关，就来到了霸上，派人去相约招降子婴。子婴自己用绳子拴着脖颈，坐着白马素车，捧着天子的印玺信符，在轵道亭旁请降。沛公就进入咸阳，封藏了宫室府库，退兵到霸上。过了一个多月，诸侯的军队赶到，项羽是各路诸侯的盟主，诛杀了子婴和秦王室的各个公子以及宗室所有的人。随后在咸阳大肆屠杀，烧毁秦国的宫室，俘获其中的宫女，没收秦国的珍宝和钱财，由诸侯们共同分享。灭亡了秦国以后，就把它的领土分割成三个王国，封给秦朝的三个降将，称他们为雍王、塞王、翟王，号称三秦。项羽为西楚霸王，主持国命分割天下分封诸侯，秦朝最终被灭亡了。五年以后，天下由汉朝统一了。

注释　1 霸上：地名。在今陕西西安市东南。　2 组：用丝织成用以佩玉或佩印的宽绶带。　白马素车：丧服。以此表示有罪。　轵道：一作“枳道”，亭名。在今陕西西安市东北。　3 项籍：即项羽。　从长：诸侯合纵的首领。　4 雍王：秦降将章邯，领有关中咸阳以西地区。　塞王：秦降将司马欣，领有关中咸阳以东至黄河地区。　翟王：秦降将董翳，领有上郡地区。　5 主命：主持国运，掌握大势。

太史公曰:秦之先伯翳,尝有勋于唐虞之际,受土赐姓。[1]及殷夏之间微散[2]。至周之衰,秦兴,邑于西垂[3]。自缪公以来,稍[4]蚕食诸侯,竟成始皇。始皇自以为功过五帝,地广三王,而羞与之侔[5]。善哉乎贾生[6]推言之也!曰:

太史公说:"秦国的祖先伯翳,曾在唐尧、舜虞的时代建立了功勋,获得了封土并被赐予姓氏。等到了夏朝和商朝的时候他们就略微分散了。又到周朝衰落以后,秦国兴起,在西垂建立城邑。自穆公以来,逐渐像蚕吃桑叶般侵食诸侯,最终成就了始皇帝。始皇帝自认为他的功德超过了五帝,他拥有的国土比夏、商、周三朝之王更为广大,而羞于和他们处在同等行列。贾谊对于秦代兴衰的评论说得非常好啊!他说:

注释 1 伯翳:一作"伯益"。古代赢姓各族的祖先,曾佐舜调驯鸟兽,与禹平水土。《五帝本纪》《夏本纪》《秦本纪》均记载其事。 唐虞:唐,即远古部落陶唐氏,其帝为尧。虞,即远古部落有虞氏,其帝为舜。详见《五帝本纪》。 赐姓:舜赐伯翳姓赢氏, 2 微散:略微分散。 3 邑:建立城邑。 西垂:西部边陲。垂,通"陲"。 4 稍:逐渐,慢慢。 5 羞:羞耻。 侔(móu):齐,等。 6 贾生:贾谊,西汉有名的政论家、文学家。事见《屈原贾生列传》。下文引自《新书·过秦论》,原分上、中、下三篇。今此所见下篇在上、中篇之前。

秦并兼诸侯山东三十余郡,缮津关,据险塞,修甲兵而守之。[1]然陈涉以戍卒散乱之众数百,奋臂大呼,不

秦兼并了崤山以东地区诸侯的三十多郡,修整河津关塞,据守险要,整顿军队把守这些重地。但是陈涉率领着由戍卒组成的几百名散乱之众,徒手挥臂大呼,不用弓箭戈戟等锋利的兵器,只是拿着锄柄和木棍,看到有人居

用弓戟之兵，锄櫌白梃，望屋而食，横行天下。[2]秦人阻险不守，关梁不阖[3]，长戟不刺，强弩不射。楚师深入，战于鸿门，曾无藩篱之艰。[4]于是山东大扰[5]，诸侯并起，豪俊相立。秦使章邯将而东征，章邯因以三军之众要市[6]于外，以谋其上。群臣之不信，可见于此矣。子婴立，遂不寤[7]。藉使子婴有庸主之材，仅得中佐，山东虽乱，秦之地可全而有，宗庙之祀未当绝也。

住的房屋才能吃上饭，却横行于天下。秦国占据着险要地势而不能守御，占据着关隘而不能封锁阻挡，拥有长戟而不能攻刺，拥有强弩而不能射杀敌人。楚国的军队曾经孤军深入，在鸿门交战，而没有遇到防范和阻挡的艰险。因此崤山以东地区大乱，诸侯们纷纷兴兵反叛，豪杰人士彼此推立为王。秦派章邯率兵向东征讨，章邯借机凭着他所统率的庞大的三军在外订立契约和诸侯进行交易，来图谋他的君上。群臣们不能执守信义，在这里可以看出来了。子婴继立，仍然不知省悟。假如子婴具有一般君主的才能，仅仅得到中等才能的大臣辅佐，崤山以东地区虽然混乱，秦国原有的疆土仍然可以保全占有，宗庙的祭祀也不会断绝。

注释　1 缮：修理。　津：渡口。　甲兵：铠甲和兵器，泛指武器。
2 戟(jǐ)：戈属兵器。　櫌(yōu)：同“耰”，平土的农具。　梃(tǐng)：棍棒。　望屋而食：不需裹粮而行，随地得到人民给养。　横(héng)行：遍行，周行。
3 阖(hé)：关闭。　4 楚师：指陈涉部将周章，时已进军至戏。　鸿门：地名。在今陕西西安市临潼区东北，地近戏。　藩篱：篱笆，意为屏障。　艰：指险阻。　5 扰：乱。　6 要(yāo)市：密谈条件互订契约。　7 寤：通“悟”。

秦地被山带河以为固，四塞之国也。[1]自缪公以来，至于秦王，二十余君，常为诸侯雄[2]。岂世世贤哉？其势居[3]然也。且天下尝同心并力而攻秦矣。当此之世，贤智并列，良将行其师，贤相通其谋，然困于阻险而不能进，秦乃延入战而为之开关，百万之徒逃北而遂坏。[4]岂勇力智慧不足哉？形不利，势不便也。秦小邑并大城，守险塞而军，高垒毋战，关闭据阨，荷戟而守之。[5]诸侯起于匹夫，以利合，非有素王[6]之行也。其交未亲，其下未附，名为亡秦，其实利之[7]也。彼见秦阻之难犯也，必退师。安

秦国的疆土环绕着山水而非常险固，是一个四面都有天然屏障的国家。从穆公以来，直到秦王，有二十多位君主，常常成为诸侯中有实力的伯长。难道他们个个都是贤圣吗？是因为有利的地形时势使他们能够这样呀。而且天下诸侯曾经同心合力攻打过秦国。在那个时代，贤智的人都聚在一起，有良将统帅他们的军队，有贤相磋商他们的计谋，但是因为地势险阻的困扰而不能前进，于是秦国为了能够把他们引进来在秦地交战而开放关隘，使六国的百万兵众被打败后逃走，他们的联合也就瓦解了。这难道是因为他们的勇力和智慧不足吗？是因为地形不利，时势不便啊。秦国由一个小邑兼并成一个大城市，在险要关塞屯聚守军，建筑高大的堡垒而不肯出战，关闭起关隘而占据险阨，肩扛着长戟进行把守。诸侯们出身于匹夫之辈，是为了利益联合起来，不具备有德无位而实际可以为王的人的美德和操守。他们的交往还不亲密，他们的部下还没有亲附，名义上是要灭亡秦国，其实是为了图谋各自的利益。他们见到秦国防守险阻而难于进犯，必然会退兵。秦王如果是安定本土而休养人民，以此等待他们疲敝衰落，收恤残弱，扶助疲困，以此来对

土息民，以待其敝，收弱扶罢，以令大国之君，不患不得意于海内。[8] 贵为天子，富有天下，而身为禽者，其救败非也。[9]

大国的君王发号施令，不必担心不能在海内称心如意。子婴身为高贵的天子，拥有天下的人力物力，而自身终竟被人所擒获，那是因为他在挽救危局方面的措施是不正确的啊。

注释 1 被:覆盖。 带:环绕。 四塞:四周都有关塞。 2 雄:雄强，雄长。 3 势居:指所处的历史形势，不仅指地理位置。 4 延入:引进来。 逃北:败逃。北，败北，北，通“背”，败者背身而逃。 5 小邑并大城:抵抗起义军的“望屋而食”。 阨(ài):通“隘”，险塞。 荷:扛。 6 素王:有德无位之人。 7 利之:为一己之私利。 8 安土:《新书》“土”作“士”，而《史记索隐》引《贾谊书》“安”作“案”，则当为“案士”，犹言“案兵”。《史记志疑》以为“安”乃“案”之讹脱，若土、士二字，古人通写。 息:养息。 敝:困败。 罢:通“疲”。 令:号令。 患:忧虑，担心。 9 禽:通“擒”。 救败:挽救危亡的策略。

秦王足己不问，遂[1]过而不变。二世受之，因而不改，暴虐以重祸。[2] 子婴孤立无亲，危弱无辅。三主[3]惑而终身不悟，亡，不亦宜乎？当此时也，世非无深虑知化[4]之士也，然所以不敢尽忠拂[5]过者，秦俗多忌讳之

秦王自我陶醉而不审察政治得失，一错到底而不加变通。二世皇帝接续这种政治，因袭而不予改正，残暴苛虐加重了祸患。子婴势力孤单而没有亲附的大臣，在危弱处境中得不到辅佐。秦国的三位君主迷惑而终身不觉悟，秦国的灭亡，不也是应该的吗？正当这个时候，世间不是没有深谋远虑而知道应该怎么改革的士人，但是他们不敢竭尽忠诚来纠正主上

禁，忠言未卒于口而身为戮没矣。故使天下之士，倾耳而听，重足而立，钳口而不言。[6]是以三主失道，忠臣不敢谏，智士不敢谋，天下已乱，奸不上闻，岂不哀哉！先王知雍蔽[7]之伤国也，故置公卿大夫士，以饰[8]法设刑，而天下治。其强也，禁暴诛乱而天下服。其弱也，五伯征而诸侯从。其削也，内守外附而社稷存。故秦之盛也，繁法严刑而天下振[9]；及其衰也，百姓怨望[10]而海内畔矣。故周五序[11]得其道，而千余岁不绝。秦本末[12]并失，故不长久。由此观之，安危之统[13]相去远矣。野谚曰："前事之不忘，后事之师也。"是以君子

的错误，是由于秦国的政俗中有太多忌讳的禁令，忠谏的言语还没有说完而进言人自身就已被杀戮了。这使天下的士人，只能侧着耳朵细听，双脚并拢站立，闭上嘴巴而不敢说话。因此三位君主背离了大道，忠臣不敢劝谏，智士不敢出谋划策，天下已经大乱，奸贼背叛的实情皇上还不知道，这难道不是太悲哀了么！先王们知道阻塞视听会受到蒙蔽而对治理国家有严重的损害，所以才设置了公卿大夫士等职，来整饬法规设立刑律，于是天下就会得到大治。国势强盛的时候，可以禁止残暴诛伐乱贼而使天下威服。当国势微弱的时候，也会出现五伯之长尊奉天子征伐不道而使诸侯顺从。当国势削减的时候，可以自守内政外附强宗而使社稷保存。因此在秦国兴盛的时候，施用繁多的法律和严厉的刑罚而使天下震服；等到它衰弱的时候，就使得百姓们愤怨而海内民众起来反叛了。所以周朝设有公、侯、伯、子、男五个等次的爵位而得到了治国的大道，国家延续一千多年没有绝灭。秦国的施政方针和救危措施都有失误，所以才不会长久。由此看来，安定和危乱的政治纲纪彼此相差太远了。俗语说："不忘记从前的经验教训，就会对以后

为国，观之上古，验之当世，参以人事，察盛衰之理，审权势之宜，去就有序，变化有时，故旷日长久而社稷安矣。[14]

办事具有借鉴的作用。”因此君子治理国家，要观察上古的得失，考察当今的形势，参考人情世态，观察盛衰的规律，审定出权谋形势是否适宜，一切行为的取舍具有章法，举措变化讲求必要的时机，这样才能使统治旷日持久而让国家安定。

注释 1 遂：贯彻到底。 2 因：因袭。 重祸：祸上加祸。 3 三主：指秦之始皇、二世、子婴。 4 知化：察知形势变化。 5 拂：辅导而加纠正。拂，通“弼”。 6 倾：侧。 重足：两脚相叠。表示因恐惧而不敢行动。 钳口：闭口。 7 雍蔽：壅塞，蒙蔽。雍，通“壅”。 8 饰：通“饬”，整治。 9 振：通“震”，震恐。 10 怨望：怨恨。二字同义。 11 五序：即天子、公、卿、大夫、士。《史记索隐》引《贾谊书》“五”作“王”。 12 本末：本指政治方针如五序，末指正倾扶危之措施。 13 统：统纪，纲领。 14 人事：人情事理。 权势：权谋形势。 旷日：指发展时限。 以上为《过秦论》下篇。

秦孝公据殽函之固，拥雍州之地，君臣固守而窥周室，有席卷天下，包举宇内，囊括四海之意，并吞八荒之心。[1] 当是时，商君佐之，内立法度，务耕织，修守战之备，外连衡而斗诸侯，于是秦人拱手而取

秦孝公占据殽山和函谷关的坚固地势，拥有雍州的土地，君臣们固守疆土而企图伺机夺取周室，有席卷天下，包揽宇内，囊括四海的志向，并吞八荒的雄心。在这个时候，商鞅辅佐他，在国中建立法度，致力于农桑耕织，整修防御和进攻的武备，在外交上采用连横的方法激起诸侯之间的争斗，因此秦国人轻而

西河之外。[2]

易举地就夺取了西河以外的一片土地。

注释 1 雍州:古九州之一,指黑水至陕西、山西交界处的黄河之间地带,然黑水所指非一。大约包括今陕西、甘肃两省及青海省和宁夏回族自治区的部分地区。 窥(kuī):探视,偷看。此指伺机而取的意思。 席卷、包举、囊括、并吞:均是吞并的意思。 八荒:八方荒远之地。此处与“宇内”“四海”同义,均指天下。 2 商君:即商鞅。 务:致力于。 连衡:也作“连横”。 斗诸侯:使诸侯彼此相斗。 拱手:两手合抱。此指轻而易举。 西河:黄河西部的今陕西省境,当时属魏。

孝公既没,惠王、武王蒙故业,因遗册,南兼汉中,西举巴、蜀,东割膏腴之地,收要害之郡。[1]诸侯恐惧,会盟而谋弱秦,不爱珍器重宝肥美之地,以致天下之士,合从缔交,相与为一。[2]当是时,齐有孟尝,赵有平原,楚有春申,魏有信陵,此四君者,皆明知而忠信,宽厚而爱人,尊贤重士,约从离衡,并韩、魏、燕、楚、齐、赵、宋、卫、中山之众。[3]于是六国之士有宁越、徐尚、苏秦、杜赫之

孝公去世以后,惠文王、武王继承故祖的基业,按照先王遗留下的计划,向南兼并了汉中,向西攻取了巴、蜀,向东割取了肥沃的土地,占据了险要的郡县。诸侯们恐惧,会约结盟共同谋划削弱秦国,他们不吝惜珍器重宝和肥美的土地,用来招纳天下的谋士,联合起来缔结邦交,相互联合为一体。在这个时候,齐国有孟尝君,赵国有平原君,楚国有春申君,魏国有信陵君,这四位君子,都明达事理富有才智而且忠信,为人宽厚而且爱惜民力,尊重贤士,使六国相约合纵而瓦解了秦国的连横之策,集合韩、魏、燕、楚、齐、赵、宋、卫、中山等国的人众。在这时,六国士人中有宁越、徐尚、苏

属为之谋，齐明、周最、陈轸、昭滑、楼缓、翟景、苏厉、乐毅之徒通其意，吴起、孙膑、带佗、兒良、王廖、田忌、廉颇、赵奢之朋制其兵。[4]常以十倍之地，百万之众，叩关[5]而攻秦。秦人开关延敌，九国之师逡巡遁逃而不敢进[6]。秦无亡矢遗镞[7]之费，而天下诸侯已困矣。于是从散约解，争割地而奉秦。秦有余力而制其敝，追亡逐北，伏尸百万，流血漂卤。[8]因利乘便，宰割天下，分裂河山，强国请服，弱国入朝。[9]延及孝文王、庄襄王，享国日浅[10]，国家无事。

秦、杜赫等人为他们出谋划策，有齐明、周最、陈轸、昭滑、楼缓、翟景、苏厉、乐毅等人贯彻他们的意图，有吴起、孙膑、带佗、兒良、王廖、田忌、廉颇、赵奢等人统率他们的军队。他们曾经依靠比秦国多十倍的土地，统领百万大军，去攻打函谷关进击秦国。秦人开放关隘诱敌深入，使得九国联军犹豫、畏惧而最终瓦解逃散而不敢前进。秦国没有耗费一箭一镞，而天下诸侯却已经疲困不堪了。因此联合散亡而盟约解除，争着割让自己的土地奉献给秦国。秦国有充足的力量利用各国的疲惫制服它们，追击败逃的联军，杀死敌军上百万，使尸体遍地，血流成河而可把盾牌漂起。趁着便利的形势，任意宰割天下，强行分裂诸侯国的山河，迫使强国请求臣服，弱国入朝进贡。到了孝文王、庄襄王，因为他们在位的时间很短，国家没有什么大事。

注释 **1** 蒙：承受。 册：同“策”，策谋。 汉中：原属楚。 膏腴之地：指韩、赵、魏。 收：攻取，占据。 **2** 爱：吝惜。 致：招引，招来。 相与：相互结合。 **3** 四君：战国四公子孟尝君、平原君、春申君、魏公子（信陵君），《史记》分别有列传。 约从：相约合纵。 离衡：离散连横。 并：联合。 **4** 宁越：赵国人。 徐尚：宋国人。 苏秦：东周洛阳人，曾任“纵约长”,《史记》有列传。 杜赫:周人。 齐明:东周臣。 周最:东周君的儿子。最,一作“冣(jù)。” 陈轸(zhěn):楚国人。 昭滑:楚国臣。 楼缓:赵国人,曾任魏相。 翟景:魏国人。 苏厉:苏秦之弟。 乐毅:中山国人,《史记》有列传。 吴起:卫国人,战国前期军事家,《史记》有列传。 孙膑(bìn):齐国人,战国中期军事家,《史记》有列传。 带佗(tuó):楚将。 兒(ní)良、王廖:二人都是兵家。 田忌:齐国大将,事亦见孙膑之列传。 廉颇、赵奢:二人都是赵国名将,事见《廉颇蔺相如列传》。 属、徒、朋:都是一类人、一辈人的意思。 **5** 叩关:直攻函谷关。 **6** 九国:指上文韩至中山诸国。 逡(qūn)巡:退却。 遁:逃。 **7** 镞(zú):箭头。 **8** 敝:衰败。 卤:通“橹”,大盾。 **9** 请服:请求臣服。 朝:朝拜。 **10** 享国:指帝王在位。 日浅:指时间短。孝文王在位只一年,庄襄王在位只三年。

及至秦王,续六世之余烈,振长策而御宇内,吞二周而亡诸侯,履至尊而制六合,执棰拊以鞭笞天下,[1]威振四海。南取百越之地,以为桂林、象郡,百越之君俯首系颈,委命下吏。[2]乃使蒙恬北筑长城而守藩篱,却匈奴七百余里,胡人不敢南下而牧马,士[3]不敢弯弓而报怨。于是废先王之道,焚百家之言,

等到秦王嬴政的时候,他继承和发扬了六世先王遗留下的功业,挥动着长鞭驾驭宇内,吞并了东西二周,也灭亡了诸侯,登上至尊地位控制天地四方,执行刑罚来统治天下,声威震动四海。南方攻取了百越之地,设立了桂林、象郡二郡,百越的君长低着头,脖子上系着绳子,把自己的命运交给了秦国的官吏。又派蒙恬在北方修筑长城作为守卫疆土的屏障,把匈奴人赶出七百多里以外,使胡人不敢南下来放牧牛马,匈奴的军士不敢弯弓来报复怨仇。因此废除先王的治国法规,焚烧百家的书籍,来愚弄百姓。拆毁

以愚黔首。堕[4]名城，杀豪俊，收天下之兵聚之咸阳，销锋[5]铸鐻，以为金人十二，以弱黔首之民。然后斩华为城[6]，因河为津[7]，据亿丈之城，临不测之溪以为固。良将劲弩守要害之处，信臣精卒陈利兵而谁何[8]，天下以定。秦王之心，自以为关中之固，金城[9]千里，子孙帝王万世之业也。

了有名的大城，屠杀豪俊，收缴天下的兵器聚集到咸阳，把锋利的武器熔铸成大钟，以及十二尊铜人，来削弱百姓的反抗力量。然后依恃华山的阻险作为城墙，借着黄河环绕而作为护城的河津，据守着亿丈的高城，临靠着深不可测的溪水，以此作为非常坚固的屏障。在要害处又派遣良将装备了劲弩来把守，有忠信的佐臣和精锐的士兵，拿着锋利的武器，盘问过往行人，天下因此而安定。秦王心里自认为关中地区的稳固，方圆千里的铜城，可以形成他后代子孙作为帝王的万世基业。

注释　1 六世:指孝公、惠文王、武王、昭王、孝文王、庄襄王。　余烈:遗留的辉煌功业。　振:挥动。　策:鞭。　御:驾驭。　履至尊:登上帝位。　棰:杖，棍。　拊(fǔ):刀柄。　2 百越:居住在我国东南地区各个越族部落的总称。　委命:交出性命，任凭处置。　3 士:六国之士。　4 堕:通“隳”，毁坏。　5 锋:指兵刃。　6 斩:断。《新书》作“践”，登。　华:华山。　7 津:渡口。这里指护城河，壕沟。　8 谁何:呵问是谁，即盘问。何，通“呵”。　9 金城:坚固的城池。

秦王既没，余威振于殊俗[1]。陈涉，瓮牖绳枢之子，氓隶之人，而迁徙之徒，才能不及中人，非

秦王嬴政去世以后，他留在人世间的威慑力量仍然远震四方不同习俗的夷人。陈涉，一个破瓮做窗户、用绳索拴门轴的贫困家庭的孩子，一

有仲尼、墨翟之贤，陶朱、猗顿之富，蹑足行伍之间，而倔起什伯之中，率罢散之卒，将数百之众，而转攻秦。[2]斩木为兵，揭[3]竿为旗，天下云集响应，赢粮而景从[4]，山东豪俊遂并起而亡秦族矣。

个被人雇佣地位低下的粗人，而作为一个被迁徙的徒隶，他的才能赶不上一个中等人，没有仲尼、墨翟的贤明，陶朱、猗顿的富足，活动在行伍中间，由十夫之长或百夫之长而崛起，带领疲惫涣散的士卒，统率着几百人的徒众，转过身来攻打秦国。削尖了木头做兵器，举起竹竿挂战旗，天下之人迅速聚集起来响应他，自带着粮食如影子一般地追随他，山东地区的豪俊就一同兴起而灭亡了秦族。

注释　1 殊俗：不同的风俗。此指边远的地区。　2 瓮牖(yǒu)：用破瓮做窗户。牖，窗户。　绳枢：用绳子拴门轴。枢，门的转轴。　氓(méng)隶：即雇农。氓，古指农民。　迁徙：此指征发守边。　中人：中等才能之人。　仲尼：孔丘的字。事详《孔子世家》。　墨翟(dí)：墨子，春秋时后期思想家，墨家学派创始人。　陶朱：即范蠡(lǐ)。事见《赵王句践世家》和《货殖列传》。　猗(yī)顿：春秋时鲁国富商，事见《货殖列传》。　蹑(niè)足：用脚踏地、踩地。此指出身。　行伍：军队的行列，军队。　倔起：指首倡起义。　什伯：泛指军队。古代军队十人为“什”，百人为“伯”。此句《陈涉世家》作“俛仰仟佰之中”，《汉书》《新书》《文选》并作“俛起阡陌”。《史记志疑》以为此“什”乃“仟”之讹。阡、仟，陌、伯、佰，古通。而此应作田道解。　转：掉转，反转。　3 揭：举起。　4 赢：担负。　景：“影”的本字。像影子一样追随着。

且夫天下非小弱也，雍州之地，殽函之固自若[1]也。陈涉之位，非尊于齐、

再说秦朝的国土威势并非是削减衰弱了，雍州的地势，殽山、函谷关的险固还像以前一样。陈涉的

楚、燕、赵、韩、魏、宋、卫、中山之君；锄櫌棘矜，非铦于句戟长铩也；[2]適戍之众，非抗于九国之师；[3]深谋远虑，行军用兵之道，非及乡时[4]之士也。然而成败异变，功业相反也。试使山东之国与陈涉度长絜[5]大，比权量力，则不可同年而语矣。然秦以区区之地，千乘之权，招八州而朝同列[6]，百有余年矣。然后以六合为家，殽函为宫，一夫作难而七庙堕[7]，身死人手[8]，为天下笑者，何也？仁义不施而攻守之势异也[9]。

地位，不比齐、楚、燕、赵、韩、魏、宋、卫、中山等国的君主高贵；他们所用的锄柄和尖木棍等武器，也不如钩戟长矛锋利；一群被罚迁徙守边的士卒，战斗力不能和九国联合的军队相抗衡；深谋远虑和行军用兵的策略，也赶不上以前六国合纵时候的谋士。然而他们各自的成败结果却有不同的变化，功业成就也是完全相反的。假若将山东地区的诸国和陈涉等人比一比大小长短，权衡他们各自的力量，那是实在不能相提并论了。然而秦国凭借区区一国的地盘，战车千乘的诸侯权力，招来了八州的诸侯，而让这些原来和自己处在同等地位上的君王在秦廷朝拜称臣，经历一百多年了。然后以天地四方为家，以殽山、函谷关作为宫殿，却因一个匹夫起兵发难就使得秦国的七世宗庙被毁坏，君王自身也死在他人手中，被天下人所耻笑，这是为什么呢？是因为秦王不施行仁义而致使攻取天下和守住天下的形势完全不同了。

注释 1 自若：自如，依然如故。 2 棘矜(qín)：戟柄。棘，通“戟”。矜，同“獾”，矛柄。 铦(xiān)：通“铦”，锋利。 句戟：有钩的戟。 长铩(shā)：大矛。 3 適戍：同“谪戍”。 抗：高出，强出。 4 乡时：从前。指六国合纵时。 5 絜(xié)：比较，衡量。 6 招(qiáo)：举起。此指攻取。 八州：

秦据雍州之外，古九州中的冀、兖、青、徐、扬、荆、豫、梁八州。 7 一夫：指陈胜。 作难：起义。 七庙：天子宗庙。周制，天子宗庙奉祀七代祖先。 8 身死人手：指秦王子婴为项羽所杀。 9 攻：指秦军攻取统一天下。 守：指秦称帝后之巩固政权护守阵地。 势：历史形成的天下发展大势。此以上为《过秦论》上篇。

秦并海内，兼诸侯，南面称帝，以养四海，天下之士斐然乡风，[1]若是者何也？曰：近古之无王者久矣。周室卑微，五霸既殁，令不行于天下，是以诸侯力政[2]，强侵弱，众暴[3]寡，兵革不休，士民罢敝。今秦南面而王天下，是上有天子也。既元元之民冀得安其性命[4]，莫不虚心而仰上。当此之时，守威定功，安危之本在于此矣。

秦国统一海内，兼并了诸侯，面南而称帝，以供养四海，天下的士人欣然慕风而向，这种局面是什么原因造成的？这可说是：近古以来已经很久没有统一天下的帝王了。周朝王室卑弱衰微，五霸死了以后，天子的法令不能在整个天下执行，因此诸侯们各自凭武力相互征伐，强大的侵凌弱小的，人多的欺凌人少的，战争无止无休，士民们被摧残得很疲惫。如今秦君南面称帝统治了天下，这就是在上有了天子啊。即使是普通的百姓也希望依靠他能够保全性命安居太平，没有人不虚心诚服而恭仰皇上。在这个时候，守持住天子的神威，稳定住既有的功业，安定危亡的根本就在这里了。

注释 1 南面：古代以面向南为尊位，帝王之位南向，故称居帝位为“南面”。 养：调养。 斐(fěi)然：诚心顺服。 乡风：闻风向往。乡，通“向”，趋向。 2 力政：武力征伐。政，通“征”。 3 暴：凌辱，侵害。 4 既：即。 元元：黎元，众多而善良之意。 冀：希望。

秦王怀贪鄙之心,行自奋之智,不信功臣,不亲士民,废王道,立私权,禁文书而酷刑法,先诈力而后仁义,以暴虐为天下始。[1]夫并兼者高诈力,安定者贵顺权[2],此言取与守不同术也。秦离[3]战国而王天下,其道不易,其政不改,是其所以取之守之者无异也。孤独而有之,故其亡可立而待。借使秦王计上世之事,并殷周之迹,以制御其政,后虽有淫骄之主而未有倾危之患也。[4]故三王之建天下,名号显美,功业长久。

秦王怀抱着贪婪卑劣的心志,执行他自我奋发的才智,不信任功臣,不亲爱士民,废弃施仁政的王道,树立起私人的权威,禁止读书习文而主张实行酷烈的刑法,凡事崇尚诡诈暴力而轻视仁爱德义,以施行暴力作为治理天下的基础。兼并天下的时候需要崇尚诡诈的谋略和强大的武力,安定天下的时候就需要顺应时势而权衡变化,这就是说夺取天下和守卫江山的方法是不同的。秦国已结束了战国时期的纷争而统治了全天下,但它的建国方略不加变更,它的政治措施没有改革,这就是它夺取天下和守卫天下在方法上没有什么不同的原因。只有皇帝独自一人绝无辅佐而拥有天下,所以秦的灭亡就很快来到了。假使秦王考虑前代的史事,依据殷周二朝治国的经验,来制定治国的政策,后代尽管会出现骄淫的君王,也不会有倾覆灭亡的危患。所以夏禹、商汤、周文王和周武王建立了良好的国家制度,他们拥有卓显美好的名号,他们开创的功业也就能够长久。

注释 1 王道:推行仁义的治国主张。 文书:诗书典籍。 先:上,崇尚。 后:下,轻视。 始:施政的前提。 2 顺权:顺时权变。 3 离:经历。 4 借使:假使。 并:通“傍”,依傍,顺从。 倾危:倾覆危亡。

今秦二世立，天下莫不引领[1]而观其政。夫寒者利裋褐而饥者甘糟糠，天下之嗷嗷，新主之资也。[2]此言劳民之易为仁也。乡使二世有庸主之行，而任忠贤，臣主一心而忧海内之患，缟素而正先帝之过，裂地分民以封功臣之后，建国立君以礼天下，虚囹圄而免刑戮，除去收帑污秽之罪，使各反其乡里，发仓廪，散财币，以振孤独穷困之士，轻赋少事，以佐百姓之急，约法省刑以持其后，使天下之人皆得自新，更节修行，各慎其身，塞万民之望，而以威德与天下，天下集矣。[3]即四海之内，皆欢然各自安乐其处，唯恐有变，虽有狡猾之民，无离上之

如今秦二世继位，天下的人没有不伸长脖子在观看他的新政的。要知道寒冷的人能够穿上一件狭小粗衣就会感到很满意，而饥饿的人能吃上一顿糟糠食物就会觉得很香甜了，天下的人嗷嗷地叫苦，正是新继位君主建立功业的好条件。这就是说对劳苦的人民是很容易给予仁爱的。那时候假如二世皇帝具有一般君主的德行，并且任用忠实贤能的人，君臣团结一心而为海内的祸患忧劳，早在身着孝服的时候就立即纠正先帝的过失，将土地和人民封给功臣的后代，建立各个王国、扶立王国的君主来礼遇天下，使监狱空虚而免除暴刑杀戮，废除没收罪人的妻子儿女为官家奴婢之类的杂乱刑罚，使这些人各自返回他们的乡里，打开仓库，散发钱财，用来赈济孤独穷困的士人，减轻赋税和差役，借以救助百姓的危急，简省法律减少刑罚来使他们事后有悔改的机会，使天下的人都能够重新做人，改变立身的准则修正品行，各自谨慎地对待自身，满足万民的期望，而以权威和恩德对待天下的人，天下人就会全都归附了。这样四海之内的人们，都非常快乐地各自安居其处，唯恐发生变乱，尽

心,则不轨[4]之臣无以饰其智,而暴乱之奸止矣。二世不行此术,而重之以无道,坏宗庙与民,更始作阿房宫,繁刑严诛,吏治刻深,赏罚不当,赋敛无度,天下多事,吏弗能纪,百姓困穷而主弗收恤。[5]然后奸伪并起,而上下相遁[6],蒙罪者众,刑戮相望于道[7],而天下苦之。自君卿以下至于众庶,人怀自危之心,亲处穷苦之实,咸不安其位,故易动也。是以陈涉不用汤武[8]之贤,不藉公侯之尊,奋臂于大泽[9]而天下响应者,其民危也。故先王见始终之变,知存亡之机[10],是以牧民[11]之道,务在安之而已。天下虽有逆行之臣,必无响应之

管会出现狡猾的臣民,但没有背离君上的民意,那些图谋不轨的人就不能伪饰他们的诡诈,而暴乱的奸邪就会被消除了。二世皇帝不施行这种办法,比始皇帝时更加暴虐无道,毁坏宗庙残害民众,重新开始建筑阿房宫,施行繁重的刑法,肆意杀戮,以吏治民苛刻狠毒,赏罚不恰当,赋税搜括没有限度,天下事务繁多,官吏们不能有效治理,百姓们穷困而君主不加收容抚恤。这才使奸伪群起,而上下相互欺骗,蒙受罪责的人众多,服刑受戮的人在道路上前后相望,而天下的人都被这状况所苦。从君卿以下直至平民百姓,人人都怀着自危的心理,亲身处在穷苦的现实中,全都不安于他们所处的地位,所以才容易造成动荡。因此陈涉不需具有像商汤和周武王那样的贤才,不必凭借着公侯般尊贵的地位,只在大泽乡奋臂一呼而能使天下人响应,是因为人民处在危难的处境中啊。所以先王们洞察事物由开始到结束的变化,知道生存和灭亡的关键,因此治理人民的方法,就在于致力使人民获得安定罢了。这样天下就算有反逆的臣子,也一定不会有人响应助他作乱了。所以说"处在安定中的民众可以同他们一道施行仁义,而处在危乱

助矣。故曰“安民可与行义，而危民易与为非”，此之谓也。贵为天子，富有天下，身不免于戮杀者，正倾[12]非也。是二世之过也。[13]

中的民众容易同他们一起为非作歹”，就是说的这种情况。贵为天子，富有天下，自身不免于被杀戮，是因为扶正倾危局势的政策措施错误。这就是二世皇帝的过失。

注释 1 引领：拉长脖子。比喻殷切盼望。 2 裋(shù)褐：贫苦人所穿的粗陋之衣。 糟糠：酒渣糠皮，指穷人用以充饥的粗劣食物。 嗷嗷：哀号声。 资：取资，凭借。 3 缟(gǎo)素：白色的衣服，丧服。此指服丧期间。 囹圉(líng yǔ)：亦作“囹圄”，牢狱。 帑：通“孥(nú)”，使妻儿为奴。 振：“赈”的本字，救济。 塞：充塞，满足。 集：归附。 4 不轨：不遵守法度。 5 坏宗庙与民：《史记集解》引徐广曰：“一无此上五字”。《史记志疑》附案：“二世无坏宗庙之事。” 纪：统纪，治理。 收恤：收容抚恤。 6 遁：回避。 7 相望于道：在道路上一个可以望见一个。形容其多。 8 汤武：灭夏之商汤，灭殷之周武王。 9 大泽：乡名。在今安徽宿州市东南刘村集。 10 机：枢要，关键。 11 牧民：治民。这是以牧养牲畜来看待官吏治理民众。 12 正倾：扶正已被倾覆的局面。 13 以上是《过秦论》的中篇。次序之错乱，疑乃后世增续者之所为。

襄公立，享国十二年。[1]初为西畤[2]。葬西垂[3]。生文公。

秦襄公即位，在位十二年。开始建造西畤。葬在西垂。生了文公。

文公立，居西垂宫。五十年死，葬西垂。生静公。

文公即位，居住在西垂宫。在位五十年去世，葬在西垂。生了静公。

静公不享国而死。生

静公没有即位就去世了。生

宪公。

宪公享国十二年，居西新邑。[4]死，葬衙[5]。生武公、德公、出子。

出子享国六年，居西陵[6]。庶长弗忌、威累、参父三人，率贼贼出子鄙衍，[7]葬衙。武公立。

武公享国二十年，居平阳封宫[8]。葬宣阳聚[9]东南。三庶长伏其罪。德公立。

德公享国二年，居雍大郑宫[10]。生宣公、成公、缪公。葬阳[11]。初伏，以御蛊。[12]

宣公享国十二年，居阳宫。葬阳。初志[13]闰月。

成公享国四年，居雍之宫。葬阳。齐伐山戎、孤竹[14]。

了宪公。

宪公在位十二年，居住在西新邑。死后葬在衙县。生了武公、德公、出子。

出子在位六年，居住在西陵。庶长弗忌、威累、参父三个人，率领贼人在鄙衍暗杀了出子，葬在衙县。武公即位。

武公在位二十年，居住在平阳封宫。葬在宣阳聚的东南。这期间三庶长因罪伏法被诛。德公即位。

德公在位二年。住在雍地大郑宫。生了宣公、成公、穆公。葬在阳地。开始颁定伏日节气，以防御热毒邪气。

宣公在位十二年，住在阳宫。葬在阳地。开始记载闰月。

成公在位四年，居住在雍地的宫中。葬在阳地。齐国攻伐山戎和孤竹。

注释　1《史记索隐》："此已(以)下重序列秦之先君立年及葬处，皆当据《秦纪》为说，与正史小有不同，今取异说重列于后。襄公，秦仲孙，庄公子，救周，周始命为诸侯。初为西畤，祠白帝。立十三年，葬西土。"享国十二年：襄公公元前777年—前766年在位。　2 西畤(zhì)：在西县

(今甘肃天水西南)所筑祭祀白帝的祭坛。 3 西垂:地名。在今甘肃天水西南。 4 宪公:《秦本纪》作“宁公”。 西新邑:依《秦本纪》宁公徙居平阳,葬西山。则平阳即为西新邑,在今陕西宝鸡市。 5 衙:不详所指。宁公所葬之西山,号秦陵山,在古陈仓(今陕西宝鸡市东南)之西北三十七里。 6 西陵:一作“西陂”。今地不详。 7 庶长:秦爵二十级中,有第十级左庶长,十一级右庶长,十七级大庶长,皆武官。 贼贼:前“贼”字为名词,指杀手,后“贼”字为动词,即杀害。 鄙衍:地名。 8 平阳:即上所云“西新邑”。 封宫:秦宫名。 9 宣阳聚:地名。在平阳。 10 大郑宫:秦宫名。 11 阳:邑聚名,在雍。 12 初伏:德公二年日历上开始定出六月三伏之节。伏,隐伏避盛暑之意。 御蛊(gǔ):祛除热毒邪气。《史记索隐》:“本纪此已(以)下居葬绝不言也。” 13 志:记载。 14 山戎:古族名,又称无终,北戎,居住在今河北东北部及辽宁西南部。 孤竹:在今河北卢龙县东南。殷时为诸侯竹国。

缪公享国三十九年。天子致霸[1]。葬雍。缪公学著人[2]。生康公。

康公享国十二年,居雍高寝。葬竘社[3]。生共公。

共公享国五年,居雍高寝。葬康公南。生桓公。

桓公享国二十七年,居雍太寝。葬义里丘[4]北。生景公。

景公享国四十年,居雍高寝。葬丘里南。生毕公[5]。

穆公在位三十九年。周天子封他为诸侯之长。葬在雍邑。穆公曾向宫殿的侍卫学习。生了康公。

康公在位十二年,居住在雍邑高寝。葬在竘社。生了共公。

共公在位五年,居住在雍地高寝。葬在康公墓南。生了桓公。

桓公在位二十七年,居住在雍地的太寝。葬在义里丘的北面。生了景公。

景公在位四十年,居住在雍邑的高寝。葬在丘里的南面。生毕公享国三十六年。葬车里[6]北。生夷公。

夷公不享国。死，葬左宫[7]。生惠公。

惠公享国十年。葬车里康景。生悼公。

悼公享国十五年[8]。葬僖公[9]西。城雍[10]。生刺龚公[11]。

刺龚公享国三十四年。葬入里[12]。生躁公、怀公。其十年，彗星见。

躁公享国十四年。居受寝。葬悼公南。其元年，彗星见。

怀公从晋来。享国四年。葬栎圉氏[13]。生灵公[14]。诸臣围怀公，怀公自杀。

肃灵公，昭子子也，居泾阳[15]。享国十年。葬悼公西。生简公。

简公从晋来。享国十五年。葬僖公西。生惠公。其七年，百姓[16]初带剑。

了毕公。

毕公在位三十六年。葬在车里的北面。生了夷公。

夷公没有继位为君。死后葬在左宫。生了惠公。

惠公在位十年。葬在车里康景。生了悼公。

悼公在位十五年。葬在僖公墓的西边。在雍邑修筑城墙。生了刺龚公。

刺龚公在位三十四年。葬在入里。生了躁公和怀公。他在位的第十年，有彗星出现。

躁公在位十四年。居住在受寝。葬在悼公墓的南面。他在位的第一年，有彗星出现。

怀公是从晋国回来继位的。他在位四年。葬在栎圉氏。生了灵公（灵公应是怀公的孙子）。各个大臣围攻怀公，怀公被迫自杀。

肃灵公，是昭子的儿子。居住在泾阳。他在位十年。葬在悼公墓的西边。生了简公。

简公是从晋国回来继位的。他在位十五年。葬在僖公墓的西边。生了惠公。他在位的第七年，开始允许百官佩带刀剑。

惠公享国十三年。葬陵圉。生出公。

出公享国二年。出公自杀,葬雍。

惠公在位十三年。葬在陵圉。生了出公。

出公在位二年。出公自杀,葬在雍邑。

注释 1 致霸:秦穆公称霸西戎后,周天子派召公祝贺。 2 著人:宫殿门屏之间的侍卫人。著,通“宁(zhù)”,古代宫殿的门屏之间。《史记索隐》:“著即宁也。门屏之间曰宁,谓学于宁门之人。” 3 竘(qǔ)社:地名,在雍。 4 义里丘:地名,在雍。 5 毕公:《秦本纪》作“哀公”。《谥法》无“毕”。 6 车里:地名,在雍。 7 左宫:地名,在雍。 8 十五年:《秦本纪》作“十四年”。 9 僖公:《史记志疑》以为秦之诸君无谥“僖”者。《史记索隐》注“景公”云一作“僖公”,此处当是“景公”之误。 10 城雍:在雍邑筑城。 11 剌龚公:《秦本纪)作“厉共公”。 12 入里:地名,在雍。入,《史记集解》徐广曰:“一作‘人’。” 13 栎圉(yǔ)氏:《史记志疑》:“以下文‘陵圉’‘嚣圉’‘弟圉’例之,则此‘氏’字疑衍。” 14 灵公:据《秦本纪》,灵公为怀公太子名昭子者之子,乃怀公之孙。下文同,应无“肃”字。 15 泾(jīng)阳:邑名。在今陕西泾阳县西北。 16 百姓:指百官。

献公[1]享国二十三年。葬嚣圉。生孝公。

孝公享国二十四年。葬弟圉。生惠文王。其十三年,始都咸阳。[2]

惠文王享国二十七年。葬公陵[3]。生悼武王。

献公在位二十三年。葬在嚣圉。生了孝公。

孝公在位二十四年。葬在弟圉。生了惠文王。他在位的第十三年,开始建都咸阳。

惠文王在位二十七年。葬在公陵。生了悼武王。

悼武王在位四年,葬在永

悼武王享国四年,葬永陵[4]。

昭襄王享国五十六年。葬茝阳[5]。生孝文王。

孝文王享国一年。葬寿陵。生庄襄王。

庄襄王享国三年。葬茝阳。生始皇帝。吕不韦相。

陵。

昭襄王在位五十六年。葬在茝阳。生了孝文王。

孝文王在位一年。葬在寿陵。生了庄襄王。

庄襄王在位三年。葬在茝阳。生了始皇帝。吕不韦做丞相。

注释　1 献公:《史记集解》引徐广曰:"灵公子"。献公二年筑栎阳城,徙都于此。　2 孝公十二年,营造咸阳,故十三年徙都于此。　3 公陵:在今咸阳市北。　4 永陵:在今咸阳市北。　5 茝(zhǐ)阳:也作"芷阳",在今陕西西安市临潼区西南。

献公立七年,初行为市[1]。十年,为户籍相伍[2]。

孝公立十六年。时桃李冬华[3]。

惠文王生十九年而立。立二年,初行钱。有新生婴儿曰"秦且[4]王"。

悼武王生十九年而立。立三年,渭水赤三日。

昭襄王生十九年而立。立四年,初为田开阡陌。

献公在位的第七年,秦国开始设置集市。第十年,编制户籍及实行五家为邻的连坐制度。

孝公在位的第十六年。冬季时桃树、李树开花。

惠文王十九岁时即位为君。在位的第二年,开始使用钱币。有一个刚刚降生的婴儿居然能说"秦国将要称王"。

悼武王十九岁时即位为国君。在位的第三年,渭河水红赤三日。

昭襄王十九岁而即位为国君。在位的第四年,开始开辟田间的阡陌。

孝文王生五十三年而立。

庄襄王生三十二年而立。立二年,取太原地。庄襄王元年,大赦,修[5]先王功臣,施德厚骨肉[6],布惠于民。东周与诸侯谋秦,秦使相国不韦诛之,尽入其国。秦不绝其祀,以阳人[7]地赐周君,奉其祭祀。

始皇享国三十七年。葬郦邑。生二世皇帝。始皇生十三年而立。

二世皇帝享国三年。葬宜春。赵高为丞相安武侯。二世生十二[8]年而立。

右秦襄公至二世,六百一十岁[9]。

孝文王五十三岁时即位为国君。

庄襄王三十二岁时即位为国君。在位的第二年,攻取了太原地区。庄襄王元年,大赦天下,表彰先王的功臣,对于骨肉至亲厚施恩德,对人民布施恩惠。东周和诸侯国谋划攻伐秦国,秦国派遣相国吕不韦诛伐东周,占领了东周全部的国土。秦国没有灭绝它的祭祀,把阳人地方赐给周君,让他能够举行对周朝先王的祭祀。

始皇帝在位三十七年。葬在郦邑。生了二世皇帝。始皇帝十三岁时即位为秦王。

二世皇帝在位三年。葬在宜春。赵高被任命为丞相并封为安武侯。二世皇帝十二岁时即位为帝。

以上所列从秦襄公至二世皇帝,共计六百一十年。

注释 1 市:集市。 2 伍:古代五家为伍。 3 冬华:冬天开花。华,同“花”。 4 且:将。 5 修:推举,表彰。 6 骨肉:指至亲。 7 阳人:即阳人聚。在今河南汝州市西北。 8 十二:应为“二十”。二世于始皇崩年即位,时二十岁,以下年改元计,则为二十一岁。 9 六百一十岁:依《辞海》附录之《中国历史纪年表》,秦襄公元年为公元前777年,至二世三年之公元前207年,秦总计当为571岁。《史记正义》云:“《秦本纪》自襄公至二世,五百七十六年矣。《年表》自襄公至二世,五百六十一年。三说并不同,未知孰是。”实际上《十二诸侯年表》《六国年表》所列秦襄公至二世之总计年数不误,为571年。当是。

孝明皇帝十七年十月十五日乙丑,曰[1]:

周历已移,仁不代母。[2]秦直其位,吕政残虐。[3]然以诸侯十三,并兼天下,极情纵欲,养育宗亲。[4]三十七年,兵无所不加,制作政令,施于后王。[5]盖得圣人之威,河神授图,据狼、狐,蹈参、伐,佐政驱除,距之称始皇。[6]

始皇既殁,胡亥极愚,郦山未毕,复作阿房,以遂[7]前策。云:“凡所为贵有天下者,肆意极欲,大臣至欲罢先君所为。”诛斯、去疾,任用赵高。痛

孝明皇帝十七年十月十五日乙丑,班固说:

周朝历数已经过去了,按照仁恩的情义来说子不能代替母。秦当非正统之位,吕政残暴凶虐。然而他以一个十三岁的诸侯,而兼并天下,极其情志放纵私欲,却又养育着宗室亲族。在位三十七年间,军队无处不征伐,制定法律政令,传留给后代帝王。这或许是他得到了圣人的神威,和河神授予的具备帝王象征的图录,依据着主弓矢的狼、狐星的气魄,蹈践着主斩杀的参、伐星的威严,帮助秦王政驱除天下诸侯,一直到使他能够自称始皇帝。

始皇帝死后,胡亥非常愚蠢,郦山大墓尚未完工,又重新开始建筑阿房宫,以便实现从前的计划。还说:“人们之所以看重拥有天下的君王的地位,就是因为君王可以放纵意志极情享乐,大臣们竟然想要废弃先王所想干的事情。”诛杀了李斯、冯去疾,任用赵高。二世的这番话听起来让人多么痛心啊!如同长着人头

哉言乎！人头畜鸣[8]。不威不伐恶，不笃不虚亡，距之不得留，残虐以促期，[9]虽居形便之国，犹不得存。

而发出禽兽的声音。假若不是帝王逞威，人们就不会讨伐他的罪恶，假若不是罪恶深重，他就不会无缘无故地身败灭亡，等到大好的河山保留不住，他的残暴凶虐又加速了他的灭亡，尽管他所据守的是易守难攻山川形势便利的王国，仍然不能长存。

注释　1 东汉明帝永平十七年为公元74年。是年十月十五日干支记日为乙丑。当时明帝诏问班固："太史迁赞语中宁有非邪？"班固上表陈述秦朝过失及贾谊的言论以为应答。后人因取其说附于此篇之末。《史记志疑》以为此篇"非永平时所撰甚审"，"则非对君之言可知"。 2 周历：周朝的历运。 仁：仁恩之情。据古代五行之运的说法，是水生木，木生火，火生土，土生金，金生水。所生者为母，出者为子。汉初儒生认为，周是木德，汉继周统是火德。而秦自以为水德，水生木，水为木母，以母代子不仁，所以秦是闰位，不在帝王正统之列。 3 直：通"值"，当。 位：闰位，即非正统之位。 吕政：始皇帝名政，是吕不韦幸姬怀孕后，献给庄襄王而生始皇，所以称"吕政"。 4 十三：指嬴政为秦王时年刚十三岁。 宗亲：指同一祖先所出的男系血统。 5 制作政令：《史记正义》："谓置郡县，坏井田，开阡陌，不立侯王，始为伏腊；又置丞相、太尉、御史大夫、奉常、郎中令、仆射、廷尉、典客、宗正、少府、中尉、将作、詹事、水衡都尉、监、守、县令、丞等，皆施于后王，至于隋、唐矣。" 施(yì)：延续，蔓延。 6 河神授图：相传伏羲时有龙马从黄河出现，背负"河图"，伏羲据以画成八卦。 狼、狐：均星名。古人认为它们象征弓矢兵器。 蹈：践，踏。 参(shēn)：星名。二十八宿之一。 伐：星名。即参宿的中央三小星(猎户座)。古人认为参、伐象征斩杀。 距：至，到。 之：于。 7 遂：成就，实现。 8 人头畜鸣：《史记正义》："言胡亥人身有头面，目能言语，不辨好恶，若六畜之鸣。" 9 不威：指不逞帝王之淫威。 不笃：指残酷暴虐之恶不深重。笃,深重。 促期:缩短在位日期,指加速灭亡。

子婴度次得嗣,冠玉冠,佩华绂,车黄屋,从百司,谒七庙。[1]小人乘非位[2],莫不怳忽[3]失守,偷安日日,独能长念却虑,父子作权[4],近取于户牖之间,竟诛猾臣,为君讨贼。高死之后,宾婚未得尽相劳,餐未及下咽,酒未及濡唇,楚兵已屠关中,真人翔霸上,素车婴组,奉其符玺,以归帝者。[5]郑伯茅旌鸾刀,严王退舍。[6]河决不可复壅,鱼烂不可复全[7]。贾谊、司马迁曰:"向使婴有庸主之才,仅得中佐,山东虽乱,秦之地可全而有,宗庙之祀未当绝也。"秦之积衰,天下土崩瓦解,虽有周旦之

子婴越分得到了王位,戴着玉饰的王冠,佩着系有华美丝带的御玺,乘坐着黄色的帝王车驾,由百司官吏扈从着,拜谒先代七世祖庙。若是小人登临不合他身份的地位,没有不是神思不定心中无主,整天苟且偷安,而子婴能够图谋长远排除顾虑,父子一起计议策划,就近在屋室中捕获赵高,终竟诛杀了奸臣,为被害死的二世皇帝讨伐了贼逆。赵高被杀死以后,亲戚宾客还没有来得及慰劳完,饭食还没有来得及下咽,酒还没有来得及沾唇,楚国的军队已经屠戮了关中,上天的真命天子已经飞临霸上,于是子婴只得坐着素车和脖颈上系着绳子,捧着皇帝的符信御玺,向高祖投降。如同当年郑伯手持茅旌和鸾刀投降一样,结果楚庄王撤退一舍。河堤溃绝不可能依原样重新堵上,鱼已烂了不可能再度复原。贾谊、司马迁说:"如果当时子婴有一般君主的才干,仅仅得到中等才能臣子的辅佐,尽管山东地区大乱,秦国原有的土地也可以保全,宗庙的祭祀也不应该断绝。"秦国的衰败是一代代积累形成的,天下如同土崩瓦解一般,即使有周

材，无所复陈其巧，而以责一日之孤，[8]误哉！俗传秦始皇起罪恶，胡亥极[9]，得其理矣。复责小子[10]，云秦地可全，所谓不通时变者也。纪季以酅，《春秋》不名。[11]吾读《秦纪》[12]，至于子婴车裂赵高，未尝不健其决[13]，怜其志。婴死生之义备矣。

公旦那样的才能，也还是没有机会再次施展他的才干，因为秦国投降灭亡而责怪即位才几天的子婴，这是一个错误啊！世俗的人说是秦始皇兴起的罪恶，胡亥将这种罪恶发展到顶点，这话说得很合乎道理的。贾谊、司马迁又责怪子婴无能，说秦国原有的土地可以保全，这就是所谓不通时变的看法了。纪季把纪国的酅邑送给齐国为附庸以保存宗庙社稷，《春秋》赞美他而不直书其名。我读《秦本纪》，读至子婴车裂赵高的时候，没有一次不佩服他的果断，怜惜他的心志。可以说子婴是具备了讨逆报仇、死而殉国的死生大义呀。

注释　1 度次：超越次序。　华绂(fú)：华美的系印丝带。绂，亦作"韨"，系印的丝带。　黄屋：帝王乘坐的车用黄缯做里子。　谒：拜谒，进见。　2 乘：登。　非位：指不该得到的位置。　3 怳忽：亦作"恍惚"，心神不宁。　4 作权：权衡轻重。　5 劳：慰劳。　濡(rú)：沾湿。　真人：帝王。此指刘邦。　翔：飞临，到达。　婴：缠绕。指系在颈上。　归：归附。　6 宣公十二年《公羊传》记载，楚庄王攻伐郑国。郑伯袒露上身，左手执茅旌，右手执鸾刀，迎接庄王，请求不要灭绝郑国。楚庄王退舍七里。茅旌、鸾刀，都是宗庙祭祀用的礼器。因避汉明帝刘庄名讳，"庄"即称"严"。　7 鱼烂不可复全：《史记索隐》引宋均曰："言如鱼之烂，从内而出。"　8 瓦解：《史记正义》："言秦国败坏，若屋宇崩颓，众瓦解散也。"　周旦：周公旦。　陈：显示，施展。　一日之孤：指子婴。　9 极：极点。　10 小子：亦指子婴。　11 纪季：纪侯少弟。季，其人之字。　酅

(xī):古邑名。春秋时纪国地,在今山东青州市西北。 不名:不直书纪季的名。事载庄公三年《公羊传》。齐国想灭掉纪国,纪季看见是关系国家的存亡,就把酅邑地献给齐为附庸,以保存宗庙社稷。孔子所作的编年史书《春秋》,认为此举表明纪季贤智,记载时不直书其名。《史记正义》按:"秦始皇起罪恶,胡亥极,得其理。国既崩绝,箕子、比干尚不能存殷,庸主子婴焉能救秦之败?"这里是说贾谊、史迁不通时变,不如纪季之有深识。 **12**《秦纪》:指《秦始皇本纪》。 **13** 决:果断。

史记卷七

项羽本纪第七

原文

项籍者,下相[1]人也,字羽。初起时,年二十四。其季父项梁,梁父即楚将项燕,为秦将王翦所戮者也。[2]项氏世世为楚将,封于项[3],故姓项氏。

译文

项籍是下相人,字羽。开始起事的时候,才二十四岁。他的叔父名叫项梁,项梁的父亲是楚国的将军项燕,就是被秦国将领王翦所杀害的那位楚国大将。项氏世世代代任楚国的将军,被封在项地,因此姓项。

注释 **1** 下相:古地名,在今江苏省宿迁市西南。 **2** 季父:小叔父。项燕:战国末楚名将。 王翦:战国末秦大将。 **3** 项:古地名,县治在今河南沈丘县。

项籍少时,学书[1]不成,去;学剑,又不成。项梁怒之。籍曰:“书足以记名姓而已。剑一人敌,不足学,学万人敌。”

项籍少年时代,学习认字写字没有什么成就,于是放弃;去学习剑术,又没有学成。项梁对他发怒。项籍说:“认字写字能够用来书写姓名就行了。学好剑术也只能抵抗得住一个人,所于是项梁乃教籍兵法，籍大喜，略知其意，又不肯竟[2]学。项梁尝有栎阳逮，乃请蕲狱掾曹咎书抵栎阳狱掾司马欣，以故事得已。[3]项梁杀人，与籍避仇于吴中[4]。吴中贤士大夫皆出项梁下。每吴中有大繇[5]役及丧，项梁常为主办，阴以兵法部勒[6]宾客及子弟，以是知其能。秦始皇帝游会稽，渡浙江，[7]梁与籍俱观。籍曰："彼可取而代也。"梁掩其口，曰："毋妄言，族[8]矣！"梁以此奇籍。籍长八尺余，力能扛鼎，才气过人，虽吴中子弟皆已惮[9]籍矣。

以不值得学，我要学能够打败万人的本领。"因此项梁就教授项籍学习用兵打仗的方法，项籍非常喜欢，大略懂得其中的大意以后，又不肯完成学业。项梁曾经因犯罪受牵连而在栎阳被捕入狱，于是就请蕲县狱掾曹咎写一封讲情的信给栎阳狱掾司马欣，因此事情才得以了结。项梁又杀了人，就和项籍逃到吴中地区躲避仇人。吴中地区贤士大夫的才能都在项梁之下。吴中地区每遇有大的徭役和丧葬事宜，项梁经常做主办人，他暗地里用兵法部署组织宾客和青年，因此吴中地区的人知道他的才能。秦始皇帝到会稽去巡视，在渡过浙江的时候，项梁和项籍一起去观看。项籍说："那个人我可以取而代之。"项梁掩住了他的嘴，说："不要胡说，会被灭族的！"项梁因此认为项籍是一个奇才。项籍身高八尺有余，力气大到能够举起鼎，才气过人，尽管吴中青年刚烈好斗，但都很畏惧项籍。

注释　1 学书：学习认字、写字。　2 竟：终了，完毕。　3 栎(yuè)阳逮：《史记索隐》："谓有罪相连及，为栎阳县所逮录也。"栎阳，古地名，在今陕西西安市临潼区东北。逮，受牵连而被逮捕。　蕲(qí)：古地名，在今安徽宿州市南。　狱掾(yuàn)：典狱长之属吏。　已：了结。　4 吴中：即吴县,古地名,在今江苏苏州市。 5 繇:通“徭”,徭役。 6 部勒:部署,组织。 7 会稽(kuài jī):山名,在今浙江绍兴市东南。 浙江:水名,即今浙江省钱塘江。 7 族:灭族。 8 惮(dàn):畏惧,害怕。

秦二世元年七月,陈涉等起大泽中。[1]其九月,会稽守通[2]谓梁曰:“江西[3]皆反,此亦天亡秦之时也。吾闻先即制人,后则为人所制。吾欲发兵,使公及桓楚[4]将。”是时桓楚亡在泽中。梁曰:“桓楚亡,人莫知其处,独籍知之耳。”梁乃出,诫籍持剑居外待。梁复入,与守坐,曰:“请召籍,使受命召桓楚。”守曰:“诺。”梁召籍入。须臾[5],梁眴[6]籍曰:“可行矣!”于是籍遂拔剑斩守头。项梁持守头,佩其印绶[7]。门下大惊,扰乱,籍所击杀数十百人。一府中皆慑伏[8],莫敢起。梁乃召故所知豪吏,谕以所为起大事,

秦二世元年七月,陈涉等人在大泽乡起义。这一年九月,会稽郡守殷通对项梁说:“长江以西地区都造反了,这也就是上天要灭亡秦国的时机。我听人说先行动就可以控制别人,后行动就要被别人控制。我想要发兵抗秦,派您和桓楚作为将军。”这时桓楚逃亡在草泽中。项梁说:“桓楚现在逃亡在外,没有人知道他在何处,只有项籍知道他所隐藏的地方。”于是项梁出来,命令项籍随身带着宝剑在屋外等候。项梁再次进入屋内,和郡守同坐,说:‘请您召见项籍,使他接受您的命令去招来桓楚。”郡守说:“好吧。”项梁把项籍叫了进来。过了一会儿,项梁示意项籍说:“可以动手了!”因此项籍就拔出宝剑斩下了郡守的头。项梁手持着郡守的头,佩带着郡守的印符。郡守的部下见状大惊,一时大乱,被项籍所杀伤的有几十近百人。府中所有的人都惊恐地拜伏在地上,没有一个人敢站起来。于是项梁召集以前他熟悉的豪

遂举吴中兵。使人收下县,得精兵八千人。梁部署吴中豪杰为校尉、候、司马[9]。有一人不得用,自言于梁。梁曰:“前时某丧,使公主某事,不能办,以此不任用公。”众乃皆伏。于是梁为会稽守,籍为裨将,徇下县。[10]

吏,告诉他们为什么要起义反秦的道理,就发动吴中地区的军队起事了。项梁派人去收取郡内的属县,共得精兵八千人。项梁任命吴中地区的豪杰们为这支军队的校尉、候、司马等。其中有一个人没有被任用,他自己到项梁跟前去问。项梁说:“前些日子,某家有丧事,我派你去主办一件事,你没有能力完成,因此我不能任用你。”众人听了都很佩服。在这种情况下,项梁就做了会稽郡守,项籍被任用为裨将,率军攻取所辖各县。

注释 1 秦二世元年:公元前 209 年。 陈涉:即陈胜,字涉。秦末农民起义军首领。 2 会稽守通:会稽郡郡守殷通。会稽,此为郡名,治所在今江苏苏州市。 3 江西:长江自九江到南京一段,流向转而为东北,故古人称今皖北一带为江西,而称皖南、苏南为江东。 4 桓楚:吴中奇士。 5 须臾:一会儿。 6 眴(shùn):使眼色。 7 印绶:官印。绶,系印纽的丝带。 8 慑伏:因畏惧而屈服。伏,通“服”。 9 校尉:低于将军的武官。 候:中下级武官。 司马:下级军官或参谋人员。 10 裨(pí)将:副将。 徇(xùn):带兵巡行占领。

广陵人召平于是为陈王徇广陵,未能下。[1]闻陈王败走,秦兵又且至,乃渡江矫陈王命,拜梁为楚王上柱国。[2]曰:“江东已定,

广陵人召平这时候正为陈王攻打广陵,还没有能攻下。听说陈王战败逃走,秦国的军队又将要到来,就渡过长江,假托奉陈王的命令,任命项梁为楚王的上柱国。他说:“江东地区已经平定,赶快率军

急引兵西击秦。”项梁乃以八千人渡江而西。闻陈婴已下东阳[3],使使欲与连和俱西。陈婴者,故东阳令史,居县中,素信谨,称为长者。[4]东阳少年杀其令,相聚数千人,欲置长,无适用,乃请陈婴。婴谢不能,遂强立婴为长,县中从者得二万人。少年欲立婴便为王,异军苍头特起。[5]陈婴母谓婴曰:“自我为汝家妇,未尝闻汝先古之有贵者。今暴[6]得大名,不祥。不如有所属[7],事成犹得封侯,事败易以亡,非世所指名[8]也。”婴乃不敢为王。谓其军吏曰:“项氏世世将家,有名于楚。今欲举大事,将非其人不可。我倚名族,亡秦必矣。”于是众从其言,以兵属

向西去攻打秦。”项梁就率领着八千军队渡过长江向西进发。听说陈婴已经用兵力威服了东阳,就派去使臣想要和他联合一同向西进攻。陈婴,原任东阳令史,住在县城中,平素诚信恭谨,被尊称为长者。东阳县的年轻人杀死了他们的县令,聚集起数千人,想要推举一位首领,但没有合适的人选,就请陈婴担任这个职务。陈婴推辞说自己没有这个能力,结果被强行拥立为首领,县中依从他的有两万人。少年们想要拥立陈婴就便为王,并用青头巾包头来和其他军队相区别,以表示是新突起的一支义军。陈婴的母亲对陈婴说:“自从我成为你们陈家的媳妇以来,从没有听说过你的先辈中有过贵人。如今你突然得到如此大的名声,不祥。不如有所依附,事业成功仍然能够封侯,事业失败也易于逃亡,因为你不是被世人注目的人。”因此陈婴不敢称王。陈婴对他的军官们说:“项氏家族世世代代担任将军,在楚国是名门。如今要举大事,将帅若非项家的人,不可能成功。我们依靠着名门望族,灭亡秦朝就确定无疑了。”于是众人听从了他的意见,把军队附从于项梁。项梁渡过淮河,黥布、蒲将军

项梁。项梁渡淮，黥布[9]、蒲将军亦以兵属焉。凡六七万人，军下邳[10]。

也率领着各自的军队前来归附于他。项梁所统领的军队共有六七万人，驻扎在下邳。

注释 1 广陵：古地名，在今江苏扬州市西北。 召(shào)平：陈胜部将。 下：以兵力威服。 2 矫：假托，盗用。 拜：封授，任命。 上柱国：战国时楚国官名，位同相国。 3 东阳：古地名，在今江苏盱眙县东南。 4 令史：县令属下的书吏。 素：平素，向来。 长者：品德好、为众所尊敬的人。 5 少：凡未满三十岁，古人都叫"少"。 便：就，即。 异军苍头特起：新兴起一支为区别于其他军队而用青巾裹头的军队。苍头，用青巾裹头。特起，新起，崛起。 6 暴：突然。 7 属：归属，意指依附。 8 指名：指名道姓，注目。 9 黥布：即英布，因受过黥刑后为王，故名。 10 军：驻扎。 下邳(pī)：古地名，在今江苏邳州市西南。

当是时，秦嘉已立景驹为楚王，军彭城东，欲距项梁。[1]项梁谓军吏曰："陈王先首事，战不利，未闻所在。今秦嘉倍[2]陈王而立景驹，逆无道。"乃进兵击秦嘉。秦嘉军败走，追之至胡陵。[3]嘉还战一日，嘉死，军降。景驹走死梁地[4]。项梁已并秦嘉军，军胡陵，将引军而西。章邯军至栗，

正当这个时候，秦嘉已经拥立景驹作为楚王，驻军在彭城以东，准备抗拒项梁。项梁对军中的官吏们说："陈王首先起事，作战不利，如今不知道他在什么地方。现在秦嘉背叛陈王而扶立景驹，这是大逆不道。"于是就进兵攻打秦嘉。秦嘉的军队战败逃走，项梁的军队追击秦嘉到达胡陵。秦嘉回军和项梁军交战了一天，秦嘉战死，他的军队投降。景驹逃走死在了梁地。项梁兼并了秦嘉的军队以后，驻军在胡陵，

项梁使别将朱鸡石、余樊君与战。[5] 余樊君死。朱鸡石军败,亡走胡陵。项梁乃引兵入薛[6],诛鸡石。项梁前使项羽别攻襄城,襄城坚守不下。[7] 已拔,皆坑[8]之。还报项梁。

将要率军向西进攻。章邯的军队到达了栗县,项梁派遣别将朱鸡石、余樊君和秦军交战。余樊君战死,朱鸡石的军队被打败,他逃亡到胡陵。项梁于是率军进入薛县,诛杀了朱鸡石。此前项梁派遣项羽另率一路军队进攻襄城,襄城坚守而一时不能攻克。襄城被攻破以后,项羽把俘虏全部活埋了。回军来向项梁报告。

项梁闻陈王定死,召诸别将会薛计事。此时沛公亦起沛[9],往焉。

项梁听说陈王确实已死,召集诸位别将在薛县开会商计大事。这时沛公也在沛县起兵,前来参加聚会。

注释 1 秦嘉:广陵人,秦末起义将领之一。 景驹:战国末楚王同族之人。 彭城:古地名,今江苏徐州市。 距:通“拒”,抗拒。 2 倍:通“背”,背叛。 3 败走:失败而逃。走,跑。 胡陵:县名,在今山东鱼台县东南。 4 梁地:原战国时魏国之地。 5 章邯:镇压秦末农民起义的秦军主帅。 栗:古地名,在今河南夏邑县。 别将:与主力军配合作战的部队将领。 朱鸡石、余樊君:项梁的部将。 6 薛:古地名,在今山东滕州市。 7 别:另,另外。 襄城:县名,在今河南襄城县。 8 坑:活埋。 9 沛公:刘邦起事沛县,自领县令,故称沛公。 沛:古地名,在今江苏沛县。

居鄛[1]人范增,年七十,素居家,好奇计,往说项梁曰:“陈胜败固

居鄛人范增,七十岁,平素在家居住,擅长奇计,前往薛县劝导项梁说:“陈胜的失败是理所当然的事。秦

当。夫秦灭六国，楚最无罪。自怀王[2]入秦不反，楚人怜之至今，故楚南公[3]曰'楚虽三户[4]，亡秦必楚也'。今陈胜首事，不立楚后而自立，其势不长。今君起江东，楚蜂午[5]之将皆争附君者，以君世世楚将，为能复立楚之后也。"于是项梁然其言，乃求楚怀王孙心[6]民间，为人牧羊，立以为楚怀王，从民所望也。陈婴为楚上柱国，封五县，与怀王都盱台[7]。项梁自号为武信君。

国灭亡了六国，其中楚国是最没有罪过的。自从楚怀王进入秦国被扣留没有返回，楚国人直至今日还同情怀念他，因此楚南公说'楚国即使剩下三户人家，灭亡秦国的也一定是楚国人'。如今陈胜首先起事，不扶立楚王的后代而自立为王，他的势运必定不会长久。现在您起自江东，楚国各地蜂拥而起的将领都争先归附您的原因，是因为您家世世代代为楚国大将，能够重新扶立楚王的后代。"因此项梁认为他的话对，就在民间寻求到楚怀王的孙子熊心，当时熊心已落魄到为人牧羊的窘境，项梁扶立他仍称为楚怀王，这是为了顺从楚国民众的愿望。陈婴担任楚国的上柱国，得到五个县的封地，和怀王一同居住在都城盱台。项梁自己号称武信君。

注释　1 居鄛(cháo)：古地名，在今安徽安庆市西北。　2 怀王：楚怀王熊槐，公元前 329 年—前 299 年在位。　3 楚南公：楚国南方老人，善阴阳之说。　4 三户：三户人家，言其少，怨恨之强亦必定灭秦。一说指楚国昭、屈、景三大姓。　5 蜂午：《史记集解》引如淳曰："蜂午犹言蜂起也。众蜂飞起，交横若午，言其多也。"午，纵横相交。　6 心：熊心，楚怀王孙。　7 盱台(xū yí)：即盱眙，县名，在今江苏盱眙县东北。

居数月，引兵攻亢父，与齐田荣、司马龙且军救东阿，大破秦军于东阿。[1] 田荣即引兵归，逐其王假[2]。假亡走楚。假相田角亡走赵。角弟田间故齐将，居赵不敢归。田荣立田儋[3]子市为齐王。项梁已破东阿下军，遂追秦军。数使使趣齐兵[4]，欲与俱西。田荣曰："楚杀田假，赵杀田角、田间，乃发兵。"项梁曰："田假为与国之王，穷来从我，[5]不忍杀之。"赵亦不杀田角、田间以市[6]于齐。齐遂不肯发兵助楚。项梁使沛公及项羽别攻城阳，屠之。[7]西破秦军濮阳东，秦兵收入濮阳。[8]沛公、项羽乃攻定陶[9]。定陶未下，去，西略[10]地至雍丘，大破秦军，斩李由[11]。还攻外黄，外黄[12]未下。

过了几个月，项梁领兵进攻亢父，和齐国的田荣、司马龙且率领的军队援救东阿，在东阿把秦军打得大败。田荣立刻领军回到齐地，驱逐了齐王田假。齐王田假逃亡到楚国。齐王田假的国相田角逃亡到赵国。田角的弟弟田间原来是齐国将领，住在赵国不敢回国。田荣扶立田儋的儿子田市为齐王。项梁攻破了东阿城下的秦军以后，接着就追击秦军。多次派遣使者去催促齐国出兵，想和齐军一同向西进攻。田荣说："如果楚国杀死田假，赵国杀死田角和田间，齐国才能发兵。"项梁说："田假是我们盟国的国王，穷途末路来投奔我，我不忍心杀害他。"赵国也没有杀死田角和田间，而想用他们来和齐国做交易。于是齐国就不肯发兵帮助楚国。项梁派遣沛公和项羽另率一支军队攻打城阳，屠灭了城阳全城。又向西进攻，在濮阳东部地区打败了秦军，秦军收兵退入濮阳城。于是沛公、项羽就去进攻定陶。定陶没有能攻下，撤离，又向西攻取城邑到达雍丘，大破秦军，斩杀了李由。回师攻打外黄，外黄没能攻克。

注释 1 亢父(gāng fǔ):古地名,在今山东济宁市南。 田荣:与下文之假(田假)、田角、田间、田儋(dān)、市(fú,非“市”,田市)等,均为齐国王族后裔。 司马龙且(jū):即楚将龙且,时任司马(领兵武职),故名。 东阿(ē):县名,在今山东阳谷县东北。 2 逐:驱逐、赶跑。 假:即田假,原战国末年齐王田建之弟,时被齐人拥立为齐王。 3 田儋:田荣之堂兄,田市为其子。 4 数(shuò):屡次。 趣:通“促”,催促。 5 与国:友好国家,盟国。 穷:处境困迫。 6 市:交易。 7 城阳:县名,在今山东鄄城县东南。 屠:宰杀。引申为大规模残杀。 8 濮阳:县名,在今河南濮阳县西南。 收入:收兵退入。 9 定陶:县名,在今山东菏泽市定陶区西北。 10 略:侵夺。 11 李由:秦丞相李斯之子,时为三川郡守。 12 外黄:县名,在今河南兰考县东南。

项梁起东阿,西,比至定陶,再破秦军,项羽等又斩李由,益轻秦,有骄色。宋义[1]乃谏项梁曰:“战胜而将骄卒惰者败。今卒少[2]惰矣,秦兵日益,臣为君畏之。”项梁弗听。乃使宋义使于齐。道遇齐使者高陵君显[3],曰:“公将见武信君乎?”曰:“然。”曰:“臣论武信君军必败。公徐[4]行即免

项梁从东阿出发,向西进军,等到抵达定陶,再次打败秦军,项羽等人又斩杀了李由,项梁因此更加轻视秦军,出现了骄傲情绪。宋义于是劝谏项梁说:“取得了战斗的胜利而将领们骄傲、士兵们懒惰的军队必然会失败。如今士卒们有点怠惰,而秦兵一天天地增强,我替您感到害怕。”项梁不听从他的意见。于是派宋义去出使齐国。宋义在行途中遇见齐国的使者高陵君显,说:“您将要去会见武信君吗?”高陵君说:“是这样。”他又说:“我断定武信君的军队必然会大败。您若慢慢行进就可避免被杀死,如急速行进就会赶上灾祸。”秦国果然发动倾国的兵员增加章

死，疾行则及祸。”秦果悉起兵益章邯，击楚军，大破之定陶，项梁死。沛公、项羽去外黄攻陈留[5]，陈留坚守，不能下。沛公、项羽相与谋曰：“今项梁军破，士卒恐。”乃与吕臣[6]军俱引兵而东。吕臣军彭城东，项羽军彭城西，沛公军砀[7]。

邯军队的实力，进击楚军，在定陶大败楚军，项梁战死。沛公、项羽撤离外黄转攻陈留，陈留坚守不能攻下。沛公和项羽相互商议说：“如今项梁的军队被打败了，士卒们非常惊恐。”于是他们和吕臣的军队一同向东退兵。吕臣的军队驻扎在彭城的东面，项羽的军队驻扎在彭城的西面，沛公的军队驻扎在砀。

注释　1 宋义：原为楚国大臣，后从项羽军中。　2 少：稍微，逐渐。3 高陵君显：高陵君为封号，显为人名，生平不详。　4 徐：缓、慢。5 陈留：县名，在今河南开封市东南陈留城。　6 吕臣：原为陈涉侍从，后投项梁，最后归顺刘邦。　7 砀(dàng)：秦置郡名，治所在今河南夏邑县东南。

章邯已破项梁军，则以为楚地兵不足忧，乃渡河击赵，大破之。当此时，赵歇为王，陈余为将，张耳为相，皆走入钜鹿城。[1]章邯令王离、涉间围钜鹿，章邯军其南，筑甬道而输之粟[2]。陈余为将，将卒数万人而军钜鹿之北，此所谓

章邯打垮了项梁的军队以后，就认为楚国的军队不足为忧，于是渡过黄河攻打赵国，打垮了赵军。在这个时候，赵歇为赵王，陈余担任将军，张耳担任国相，他们都逃进钜鹿城中。章邯命令王离、涉间包围钜鹿城，章邯在他们的南面驻军，并修筑两边有高墙的甬道来输送军粮。陈余作为将领，统率着几万名士卒而在钜鹿的北面驻扎，这就是

河北之军也。

所谓的河北军。

楚兵已破于定陶，怀王恐，从盱台之彭城，并项羽、吕臣军自将之。以吕臣为司徒，以其父吕青为令尹[3]。以沛公为砀郡长[4]，封为武安侯，将砀郡兵。

楚军已经在定陶被攻破，怀王惊恐，从盱台来到彭城，把项羽和吕臣的军队合并起来由他亲自指挥。任命吕臣担任司徒，任命他的父亲吕青担任令尹。任命沛公担任砀郡长，并封为武安侯，统领砀郡的军队。

注释 1 赵歇：战国末赵国国君之后裔，后被张耳、陈余拥立为王。 陈余、张耳：原均为陈胜部将。 钜鹿：古地名，在今河北平乡县西南。 2 王离、涉间：均为秦将，原驻守长城。王离，秦名将王翦之孙。 甬道：两旁有墙垣保护的交通线。 3 司徒：官职名，管理民户、土地、徒役。 令尹：春秋战国时楚国最高官职，等同相国，辅佐楚王掌管全国军政事务。 4 砀郡长：相当于砀郡郡守。

初，宋义所遇齐使者高陵君显在楚军，见楚王曰："宋义论武信君之军必败，居数日，军果败。兵未战而先见败征，此可谓知兵矣。"王召宋义与计事而大说之，因置以为上将军；[1]项羽为鲁公，为次将，范增为末将，救赵。诸别将皆属

当初，宋义所遇到的那位齐国的使者高陵君显正在楚军中，见到楚王后说："宋义断定武信君的军队必然失败，过了几天，军队果真失败。军队还没有作战而能先行预见有失败的征兆，这个人可以称得上是知道用兵的人了。"楚王召见宋义和他共商大计，非常喜欢他，因而就封他为上将军；封项羽为鲁公，为次将军，范增为末将军，派他们一同率军去救援赵国。此外其他各路军队都归宋义指挥，他的

宋义，号为卿子冠军[2]。行至安阳[3]，留四十六日不进。项羽曰：“吾闻秦军围赵王钜鹿，疾引兵渡河，楚击其外，赵应其内，破秦军必矣。”宋义曰：“不然。夫搏牛之虻不可以破虮虱[4]。今秦攻赵，战胜则兵罢，我承其敝；[5]不胜，则我引兵鼓行而西，必举秦矣。[6]故不如先斗秦赵。夫被[7]坚执锐，义不如公；坐而运策，公不如义。”因下令军中曰：“猛如虎，很[8]如羊，贪如狼，强不可使者，皆斩之。”乃遣其子宋襄相齐，身送之至无盐，饮酒高会。[9]天寒大雨，士卒冻饥。项羽曰：“将戮力[10]而攻秦，久留不行。今岁饥民贫，士卒食芋菽[11]，军

称号为卿子冠军。大军行进到安阳，停留了四十六日不再前进。项羽说：“我听说秦军把赵王围困在钜鹿，应立刻率军渡过黄河，楚军在外围攻击秦军，赵军在城内响应向外攻击，一定能够打败秦军。”宋义说：“不是这样。要去进击牛的大虻虫就不可能顾及会杀死牛身上的虮虱。如今秦军攻打赵军，秦军战胜了军队就会疲惫不堪，我们的军队可以趁着它的疲惫攻击他们；假若秦军不胜，我们就可以声势浩大地率领军队向西进攻，一定能灭亡秦朝。因此不如先让秦、赵互相厮杀。若是身披坚固的铠甲，手持着锐利的武器上阵杀敌，我宋义不如你；若是坐下来运筹策划，你不如我宋义。”因此他在军中下令说：“那些凶猛如虎，狠戾如羊，贪婪如狼，强悍而不能听从差遣的人，都要把他们斩杀掉。”于是宋义派遣他的儿子宋襄到齐国去做国相，并亲自送他到无盐，设宴饮酒大会宾客。天寒冷下大雨，士卒忍饥受冻。项羽说：“正该要奋力进攻秦军的时候，却久留不行。如今遇到饥荒灾害而百姓贫困，士卒们吃的是芋头和豆子，军中没有存粮，却饮酒宴会宾客，而不率军渡过黄河依靠赵国提供的粮

无见粮，乃[12]饮酒高会，不引兵渡河因[13]赵食，与赵并力攻秦，乃曰‘承其敝’。夫以秦之强，攻新造之赵，其势必举赵。赵举而秦强，何敝之承！且国兵新破，王坐不安席，扫境内而专属于将军[14]，国家安危，在此一举。今不恤士卒而徇[15]其私，非社稷之臣。”项羽晨朝上将军宋义，即其帐中斩宋义头，出令军中曰：“宋义与齐谋反楚，楚王阴令羽诛之。”当是时，诸将皆慑服，莫敢枝梧[16]。皆曰：“首立楚者，将军家也。今将军诛乱。”乃相与共立羽为假[17]上将军。使人追宋义子，及之齐，杀之。使桓楚报命[18]于怀王。怀王因使项羽为上将军。当阳君[19]、蒲将军皆属项羽。

食，去和赵国合力攻打秦军，却说‘等秦军疲惫了再攻打’。以秦军的强大，攻打新建立的赵国，他们势必会灭掉赵国。赵国若被灭亡了，秦军反而会更强大，有什么疲乏的机会可以利用！况且我国军队刚被攻破，怀王坐立不安，倾尽国内的军队全部归将军指挥，国家的安危，在此一举。如今不抚恤士卒却徇私情，他不是安定社稷的贤良之臣。”项羽早晨拜见上将军宋义的时候，就在他的帐中斩了宋义的头，出来在军中发布命令说：“宋义和齐国人阴谋反叛楚国，楚王密令我项羽诛杀他。”在这个时候，诸位将领都畏服项羽，没有人敢抗拒，都说；“首先扶立楚王的，是将军家的人，如今将军又诛杀了叛乱之臣。”于是一同推举项羽担任代理上将军的职务。项羽派人追赶宋义的儿子，到了齐国境内才把他追上，杀死了他。又派桓楚向楚王报告。怀王因而任命项羽为上将军，当阳君和蒲将军都归属项羽指挥。

注释　1 说：通“悦”。　上将军：督军征战之主帅。　2 卿子冠军：《史记集解》引文颖曰:“卿子,时人相褒尊之辞,犹言公子也。上将,故言冠军。” 3 安阳:古地名,在今山东曹县东。 4 搏牛之虻不可以破虮虱:虻的目的是进击牛,不是为了消灭牛背上的虮虱。搏,拍,击。《史记索隐》按:“言虻之搏牛,本不拟破其上之虮虱,以言志在大不在小也。” 5 罢:通“疲”,疲劳。 敝:衰败。 6 鼓行:击鼓前进。 举:攻克。 7 被:通“披”。 8 很:通“狠”。此指两羊相斗之凶狠。 9 无盐:古地名,在今山东东平县东南。 高会:大宴会。 10 戮力:合力,并力。戮,通“勠”。 11 芋菽:芋头和豆类。 12 乃:却,居然。 13 因:依靠。 14 扫:全,都。 专属(zhǔ):尽都托付。属,通“嘱”,托付。 15 徇:曲从,谋求。 16 枝梧:抗拒。 17 假:代理。 18 报命:报告使命的执行情况。 19 当阳君:指英布,此为其封号。

项羽已杀卿子冠军,威震楚国,名闻诸侯。乃遣当阳君、蒲将军将卒二万渡河[1],救钜鹿。战少[2]利,陈余复请兵。项羽乃悉引兵渡河,皆沈船,破釜甑,[3]烧庐舍,持三日粮,以示士卒必死,无一还心。于是至则围王离,与秦军遇,九[4]战,绝其甬道,大破之,杀苏角[5],虏王离。涉间不降楚,自烧杀。当是时,楚兵冠诸侯。诸侯

项羽杀了卿子冠军宋义以后,威震楚国,名声在诸侯国传扬。于是他派遣当阳君、蒲将军率领二万士兵渡过漳河,救援钜鹿。战争稍稍取得了一些胜利,陈余再次请求增援。于是项羽就率领全部人马渡过漳河,把所有的渡船都沉入水底,把做饭的锅碗等炊具砸烂了,把住的房屋也全部烧毁,只随身带着三天的口粮,以此向士卒表明一定要死战,没有丝毫的退却之意。因此楚军到达钜鹿就把王离的军队包围了,和秦军遭遇,经过多次激战,断绝了秦军的粮道,打垮了秦军,杀死了苏角,俘获了王离。涉间不投降

军救钜鹿下者十余壁，莫敢纵兵。[6]及楚击秦，诸将皆从壁上观。楚战士无不一以当十，楚兵呼声动天，诸侯军无不人人惴[7]恐。于是已破秦军，项羽召见诸侯将，入辕门，无不膝行而前，[8]莫敢仰视。项羽由是始为诸侯上将军，诸侯皆属焉。

楚军，自焚而死。这个时候，楚国的军队在诸侯军队中最为强大。在钜鹿城下援救赵国的诸侯军队有十多路，没有人敢出兵。等到楚军攻打秦军时，诸将都在壁垒上观望。楚军战士无不以一当十，楚军士兵的呼声震天动地，诸侯的军队无不人人战栗恐惧。因此楚军攻破了秦军以后，项羽召见诸侯将领，他们进入辕门时，无不跪在地上用膝盖前行，没有人敢仰视。项羽从此开始真正成为了诸侯的上将军，各路诸侯都隶属于他。

注释 1 河：此指漳河。 2 少：稍许。 3 沈：同“沉”。 釜(fǔ)：古代用的锅。 甑(zèng)：古代做饭用的一种陶器。 4 九：泛指多次。 5 苏角：秦军将领。 6 壁：军营。 纵：发，放。这里指出动。 7 惴(zhuì)：恐惧。 8 辕门：军营门。古代军队驻扎时以车为营，将军辕相向立起为门，故名。 膝行：跪着行走。

章邯军棘原[1]，项羽军漳南，相持未战。秦军数却，二世使人让[2]章邯。章邯恐，使长史欣请事[3]。至咸阳，留司马门三日，赵高[4]不见，有不信之心。长史欣恐，还走

章邯驻军在棘原，项羽驻军在漳河南，相互对峙没有交战。秦军屡次退却，二世皇帝派人责问章邯。章邯恐惧，派长史司马欣到咸阳请求指示。司马欣来到咸阳以后，在宫外司马门滞留了三天，赵高拒不接见，有不信任的意思。长史司马欣恐惧，回归棘原军中，不敢走他来时的道路，

其军，不敢出故道。赵高果使人追之，不及。欣至军，报曰："赵高用事于中[5]，下无可为者。今战能胜，高必疾妒吾功；战不能胜，不免于死。愿将军孰[6]计之。"陈余亦遗[7]章邯书曰："白起为秦将，南征鄢郢，北坑马服，[8]攻城略地，不可胜计，而竟赐死。蒙恬为秦将，北逐戎人，开榆中地数千里，竟斩阳周。[9]何者？功多，秦不能尽封，因以法诛之。今将军为秦将三岁矣，所亡失以十万数，而诸侯并起滋益多。彼赵高素谀日久，今事急，亦恐二世诛之，故欲以法诛将军以塞责，使人更代将军以脱其祸。夫将军居外久，多内郤[10]，有功

赵高果真派人追赶他，但没有赶上。司马欣到达军中，回报说："赵高在朝中专权，下面的人不能有什么作为。如今和楚军交战能够取胜，赵高一定要嫉妒我们的功劳；假如交战不能取胜，就不能免于死罪。希望将军仔细考虑这件事。"陈余也给章邯写信说："白起是秦国的大将，南征鄢郢，在北方活埋了赵括的军队，他为秦国攻克的城邑和占领的土地，不可胜计，而最终却被赐死。蒙恬是秦国的将军，在北方驱逐了戎人，开拓了榆中地区的数千里疆土，最终在阳周被斩杀。为什么呢？因为他们功劳太多，秦国不能完全按照他们的功劳给予封地，因此就借用法律把他们诛杀了。如今将军担任秦国的将军已经三年了，士卒伤亡损失以十万计，而各地诸侯蜂拥而起的却比以前更加多了。那位赵高平素阿谀而把军情隐瞒了很久，如今事态紧急，他也害怕二世皇帝诛杀他，所以才想以法诛杀将军您来弥补他隐瞒不报的罪责，派遣别人代替您担任将军来逃脱他的祸患。将军您在朝外时间长了，和朝内的人有许多分歧和矛盾，您有功也是被杀，无功也是被杀。而且上天要灭亡秦国，无论是愚人或智者都知道这种形势。如今将军您在朝内

亦诛,无功亦诛。且天之亡秦,无[11]愚智皆知之。今将军内不能直谏,外为亡国将,孤特独立而欲常存,岂不哀哉!将军何不还兵与诸侯为从,约共攻秦,分王其地,南面称孤;[12]此孰与身伏铁质,妻子为僇乎?[13]"章邯狐疑,阴使候始成使项羽[14],欲约。约未成,项羽使蒲将军日夜引兵度三户,军漳南,[15]与秦战,再破之。项羽悉引兵击秦军汙水[16]上,大破之。

不能直言进谏,在朝外已成为亡国的将军,孤立无助而想要维持长久,这种幻想难道不值得悲哀吗?将军您何不退兵和诸侯们相联合,相约共同攻秦,分割一片土地而成为王,面向着南端坐而称孤;这样做和自身被斩,妻儿被杀哪样更好呢?"章邯开始疑惑不定,暗地里派遣军候始成出使项羽军中,想要订立和约。和约没有达成,项羽就派蒲将军日夜不停地率军渡过三户津,驻军在漳河南边,和秦军交战,再次攻破秦军。项羽率领全军在汙水上进攻秦军,把秦军打得大败。

注释 1 棘原:古地名,在今河北平乡县南。 2 让:责备。 3 长史:官名,掌顾问参谋。 欣:即司马欣。 4 赵高:秦宦官,他与李斯合谋拥立胡亥为帝,把持朝政,后为子婴所杀。 5 中:朝廷中。 6 孰:古同"熟",仔细,周密谨慎。 7 遗(wèi):给、送。 8 白起:战国末期秦国著名将领,屡立战功,后被秦昭王赐死。 鄢郢(yān yǐng):战国时楚国国都,在今湖北宜城。 马服:指战国赵将赵括,袭父爵为马服君,白起击败赵括后坑杀其军四十万。 9 蒙恬:秦朝名将,北逐匈奴,筑长城,后被赵高等假传帝命赐死。 戎人:此指匈奴。 阳周:古地名,在今陕西子长市西北。 10 内郤:在朝廷内有很多仇人。郤,通"隙(xì)",嫌隙,裂痕。 11 无:无论。 12 从:通"纵",此指联合。 南面称孤:指登帝位。南面,面向南,古代帝王临朝面南而坐。孤,古代帝王的自我谦称。

13 孰与：意为“与……相比哪个更好”。 铁(fū)质：斩刑之刑具。铁，古指铡刀或斧。质，斩人之砧板。 妻子：老婆和孩子。 僇：通“戮”，诛杀。 14 候：军中接待宾客，负责外交的官。 始成：章邯手下部将。 15 度：通“渡”，越过江湖。 三户：即三户津，漳水上的渡口，在今河北磁县西南。 漳南：应为漳北。 16 汙(yú)水：古水名，已湮，故道在今河南临漳县西南。

章邯使人见项羽，欲约。项羽召军吏谋曰：“粮少，欲听其约。”军吏皆曰：“善。”项羽乃与期洹水南殷虚上[1]。已盟，章邯见项羽而流涕，为言赵高。项羽乃立章邯为雍王，置楚军中。使长史欣为上将军，将秦军为前行。

到新安[2]。诸侯吏卒异时故繇使屯戍过秦中，秦中吏卒遇之多无状，及秦军降诸侯，诸侯吏卒乘胜多奴虏使之，轻折辱秦吏卒。[3]秦吏卒多窃[4]言曰：“章将军等诈吾属[5]降诸侯，今

章邯派人求见项羽，想要订立和约。项羽召集军中官吏商议说：“我们的军粮少，我准备接受章邯的和约。”军吏们都说：“这样做最好。”项羽和章邯约定了时间在洹水南的殷墟会晤。结盟以后，章邯见到项羽流下了眼泪，诉说赵高专权害人的事情。项羽于是就立章邯为雍王，安置在楚军之中。任命长史司马欣担任上将军，率领着秦军担当先头部队。

大军行进到新安。诸侯军中的一些军官和士卒过去曾因服徭役或屯戍而途经秦中地区，秦中地区的官兵们对待他们大多非常苛虐，等到秦军投降诸侯，诸侯军中的官兵们大多乘胜像对待奴仆俘虏一般地使唤他们，轻视折磨凌辱秦军的官兵。秦军的许多官兵私下说：“章将军等人欺骗我们向诸侯投降，如今假若能够入关攻破秦军，当然很好；假若不能取胜，诸侯们将威迫我们

能入关破秦，大善；即不能，诸侯虏吾属而东，秦必尽诛吾父母妻子。”诸将微[6]闻其计，以告项羽。项羽乃召黥布、蒲将军计曰：“秦吏卒尚众，其心不服，至关中不听，事必危，不如击杀之，而独与章邯、长史欣、都尉翳入秦[7]。”于是楚军夜击坑秦卒二十余万人新安城南。

退回关东，秦国人一定要把我们的父母妻儿全部杀死。”将领们暗中听到了一些有关他们相谋的事，就报告给项羽。项羽于是召来黥布、蒲将军商量说：“秦军官兵人数还很多，他们内心不顺服，若到达关中，秦军的这些降兵不听指挥，事情一定非常危险，不如把他们消灭掉，而只单独带章邯、长吏司马欣、都尉董翳进入秦境。”因此楚军在夜间袭击秦营，把二十余万秦军坑杀在新安城南。

注释　1 期：约期会晤。　洹(huán)水：古水名，即今河南安阳市北部的安阳河。　殷虚：亦作“殷墟”，原商都城遗址，在今安阳市西小屯村。2 新安：古地名，在今河南渑池县东。　3 异时：从前。　繇使：被派送服徭役。繇，通“徭”，徭役。　屯戍：驻守边疆。　秦中：原秦国地域，亦称关中。　无状：粗暴无礼。　轻：随便、任意。　折辱：折磨、凌辱。4 窃：私下。　5 属：辈，类。　6 微：暗中，背地里。　7 都尉：低于校尉的高级武官。　翳(yì)：即董翳，原章邯部下。

行略定秦地。函谷关[1]有兵守关，不得入。又闻沛公已破咸阳，项羽大怒，使当阳君等击关。项羽遂入，至于戏[2]西。

项羽在行进中略取、平定秦朝的本土。函谷关有军队把守，没有能够进入。又听说沛公已经攻破咸阳城，项羽大怒，派遣当阳君等人率领军队攻击函谷关。于是项羽进入关中，到达戏水西边。沛公驻军在霸上，还没沛公军霸上[3],未得与项羽相见。沛公左司马[4]曹无伤使人言于项羽曰:“沛公欲王关中,使子婴[5]为相,珍宝尽有之。”项羽大怒,曰:“旦日飨士卒[6],为击破沛公军!”当是时,项羽兵四十万,在新丰鸿门[7],沛公兵十万,在霸上。范增说项羽曰:“沛公居山东时,贪于财货,好美姬。[8]今入关,财物无所取,妇女无所幸,此其志不在小。吾令人望其气[9],皆为龙虎,成五采,此天子气也。急击勿失。”

有和项羽相见。沛公的左司马曹无伤派人对项羽说:“沛公想要在关中称王,让秦王子婴为相,秦国的所有珍宝都归他所有。”项羽大怒,他说:“明天一早用酒食好好犒劳士卒们,给我打败沛公的军队!”在这个时候,项羽拥有四十万军队,屯驻在新丰鸿门,沛公拥有十万军队,屯驻在霸上。范增开导项羽说:“沛公住在山东地区的时候,贪恋财宝,喜好美丽的妇人。如今入关以后,一点也不索取财物,没有接近妇女,这说明他的志向不小。我派人去觇望他那边的云气,总是呈现出龙虎的气象,五彩斑斓,这是天子的瑞气啊。要赶紧向他进攻而不要失掉良机。”

注释 1 函谷关:古关名,入秦或进中原之险关,在今河南灵宝东北。 2 戏:戏水,在今陕西西安市临潼区东,源出骊山,流入渭河。 3 霸上:即霸水西面的白鹿原,今陕西西安东。霸水,今作灞水,渭河一支流,流经今陕西蓝田县和西安市。 4 左司马:掌管武职之副官。 5 子婴:秦朝末代王,赵高杀秦二世后,他被立为王。一说其为始皇之弟,一说为二世之兄,一说为扶苏之子。 6 旦日:明日。 飨(xiǎng):犒赏。 7 新丰:古地名,在今陕西西安市临潼区东北。 鸿门:山坡名,在新丰东,今称项王营。 8 山东:崤山以东。 美姬:美女。 9 望其气:观察人们行止处的云气。这是古人推测吉凶的一种迷信方法。

楚左尹项伯者，项羽季父也，素善留侯张良。[1]张良是时从沛公，项伯乃夜驰之沛公军，私见张良，具[2]告以事，欲呼张良与俱去。曰："毋从俱死也。"张良曰："臣为韩王送沛公，沛公今事有急，亡去[3]不义，不可不语。"良乃入，具告沛公。沛公大惊，曰："为之柰何？"张良曰："谁为大王为此计者？"曰："鲰生说我曰'距关，毋内诸侯，秦地可尽王也'。[4]故听之。"良曰："料大王士卒足以当[5]项王乎？"沛公默然，曰："固不如也，且为之柰何？"张良曰："请往谓项伯，言沛公不敢背项王也。"沛公曰："君安与项伯有故[6]？"张良曰："秦时与臣游，项伯杀人，臣活之。今事有急，故幸来告良。"沛公曰："孰与君

楚国的左尹项伯，是项羽的叔父，平素和留侯张良友善。张良这时跟随沛公，项伯于是在当夜急驰到达沛公军中，私下见到张良，把事情详细告诉了张良，想要叫张良和他一同离去。他说："不要跟着刘邦一同去送死。"张良说："我是代表韩王来送沛公的，如今沛公有急难，我假若逃走就是不仁不义，不可不告诉他。"于是张良就进入军帐，把项伯的话全都告诉沛公。沛公非常吃惊，说："这该怎么办？"张良说："是谁替大王出主意派兵把守函谷关的？"刘邦说："是一位鄙陋小人劝我说'把守住函谷关，不让诸侯进入关中，据有秦国的土地就完全可以称王'。因此我才听信了他的计策。"张良说："大王估量自己的士卒能够敌得过项王的军队吗？"沛公沉默了一会儿，说："当然敌不过了，那么现在该怎么办呢？"张良说："请让我前去告诉项伯，说沛公您不敢背叛项王。"沛公说："您怎么会和项伯有旧交？"张良说："秦朝的时候项伯和我交游，项伯杀了人，是我救了他。如今有急难，因此就有幸能让他前来告诉我。"沛公说："他和您谁

少长[7]？”良曰：“长于臣。”沛公曰：“君为我呼入，吾得兄事之。”张良出，要[8]项伯。项伯即入见沛公。沛公奉卮酒为寿[9]，约为婚姻，曰：“吾入关，秋豪不敢有所近，籍吏民，[10]封府库，而待将军。所以遣将守关者，备他盗之出入与非常也。日夜望将军至，岂敢反乎！愿伯具言臣之不敢倍[11]德也。”项伯许诺，谓沛公曰：“旦日不可不蚤自来谢项王[12]。”沛公曰：“诺。”于是项伯复夜去，至军中，具以沛公言报项王。因言曰：“沛公不先破关中，公岂敢入乎？今人有大功而击之，不义也，不如因善遇之。”项王许诺。

年纪大？”张良说：“他比我年纪大。”沛公说：“请您替我把项伯叫进来，我要用对待兄长的礼节会见他。”张良出来，邀请项伯。项伯立刻进去见沛公。沛公捧着酒杯向项伯祝寿，又订立了儿女婚约，沛公说：“我入关以后，对于秦室的财富一点也不敢动，清查了吏民，封藏了库府，只等待项羽将军到来。派遣军队把守函谷关的原因，是防备有其他的盗贼进来和意外的事变发生。我日夜盼望着项羽将军的到来，难道还敢反叛吗！希望项伯对项羽将军详细说明我不敢背德反叛。”项伯应允，他对沛公说：“明天不可不早早亲自前来向项王认错。”沛公说：“是。”于是项伯又连夜离去，回到军中，把沛公所说的话完全无遗漏地报告了项羽。接着他说道：“假若沛公不先攻破关中，您难道敢进入关中吗？如今别人立有大功却要打击他，这是不仁义的举动，不如趁此时机善待他。”项王答应了。

注释　**1** 左尹：春秋战国时楚国军中长官，位次令尹。多以王室贵族任之，秦汉亦置。　季父：小叔父。　留侯张良：张良，字子良，祖、父相韩王,反秦起义后,张良为韩王成司徒,随刘邦西征入关。后张良为刘邦的主要谋臣,封留侯。 2 具:全部,详细。 3 亡去:逃跑,离开。 4 鲰(zōu)生:骂人语,意即鲰之所生。古代用于对小人的蔑称。 距:通“拒”,抵御。 内:古同“纳”,收容,接纳。 5 当:抵挡。 6 安:怎么。 故:旧交。 7 少长:年纪小还是大。 8 要(yāo):约请。 9 奉:捧。 卮(zhī):酒器。 为寿:向尊者敬酒祝福。 10 豪:通“毫”。 籍:登记户口。 11 倍:通“背”,背弃。 12 蚤:通“早”。 谢:谢罪,道歉。

沛公旦日从百余骑[1]来见项王,至鸿门,谢曰:“臣与将军戮力而攻秦,将军战河北,臣战河南,然不自意能先入关破秦,[2]得复见将军于此。今者有小人之言,令将军与臣有郤[3]。”项王曰:“此沛公左司马曹无伤言之;不然,籍何以至此。”项王即日因留沛公与饮。项王、项伯东向坐,亚父[4]南向坐。亚父者,范增也。沛公北向坐,张良西向侍。范增数目项王,举所佩玉

第二天清早,沛公带着百余名随从前来会见项王。到达了鸿门,沛公对项王赔罪说:“我和将军一同努力进攻秦军,将军在河北作战,我在河南作战,但是我自己也没有想到能够先进入关中摧毁秦朝,才得以在这里和将军重又相见。现在有小人传坏话,使将军和我之间产生了隔阂。”项王说:“那是沛公左司马曹无伤说的;不然,我项籍怎会如此?”项王当天就留请沛公一同饮酒。项王、项伯面东而坐,亚父面南而坐。亚父,就是范增。沛公面北而坐,张良面向西侧而陪侍。席间范增多次给项王使眼色,多次举起身上所佩饰的玉玦示意项王当机立断杀死刘邦,项王默然不应。范增起身,出来召唤项庄,对他说:“君王为人心软不忍下手,你进去上前敬酒祝寿,祝寿完毕,请求用剑起舞,趁机击刺沛公于座位上,杀死他。若不这样,将来你们这

玦[5]以示之者三，项王默然不应。范增起，出召项庄[6]，谓曰："君王为人不忍，若入前为寿，寿毕，请以剑舞，因击沛公于坐[7]，杀之。不者，若属皆且为所虏。"庄则入为寿。寿毕，曰："君王与沛公饮，军中无以为乐，请以剑舞。"项王曰："诺。"项庄拔剑起舞，项伯亦拔剑起舞，常以身翼蔽沛公，庄不得击。于是张良至军门，见樊哙[8]。樊哙曰："今日之事何如？"良曰："甚急。今者项庄拔剑舞，其意常在沛公也。"哙曰："此迫矣，臣请入，与之同命。"哙即带剑拥盾入军门。交戟之卫士欲止不内，樊哙侧其盾以撞，卫士仆地，哙遂入，披帷西向立，瞋目视项王，头发上指，目眦尽裂。[9]项王按剑而跽[10]曰："客何为者？"张良曰："沛公之参乘[11]樊

些人都要被他所俘获。"项庄就进来敬酒祝寿。祝寿完毕，他说："君王和沛公饮酒，军中没有什么可以助乐，请求拿舞剑来助兴。"项王说："好吧。"项庄拔剑起舞，项伯也拔剑起舞，常常用自己的身体掩护沛公，项庄不能击杀沛公。在这种情况下，张良来到军门，见到了樊哙。樊哙说："现在事态如何？"张良说："非常紧急。现在项庄拔剑起舞，他的用意一直放在沛公身上。"樊哙说："如此说来已经很紧迫了，请让我进去，我要和沛公共命运。"樊哙立刻带着宝剑拥着盾牌闯入军门。交戟侍立的卫士想阻止他而不让进入，樊哙侧过他手中的盾牌来撞击他们，卫士们被他撞倒在地，樊哙就进入了军门内，樊哙分开帷帐面西而立，瞪着眼睛注视着项王，头发向上直立，眼角都快要瞪裂。项王按着宝剑直起上身说："来客是干什么的？"张良说："这是为沛公做护卫的樊哙。"项王说："这是一位壮士，赐给他一杯酒。"就给了他一大杯酒。樊哙拜谢，起身站着饮了这杯酒。项王说："赐给他一只猪肘。"就给了

哙者也。”项王曰:“壮士,赐之卮酒。”则与斗卮酒。哙拜谢,起,立而饮之。项王曰:“赐之彘肩[12]。”则与一生彘肩。樊哙覆其盾于地,加彘肩上,拔剑切而啖之。[13]项王曰:“壮士,能复饮乎?”樊哙曰:“臣死且不避,卮酒安足辞!夫秦王有虎狼之心,杀人如不能举,刑人如恐不胜,[14]天下皆叛之。怀王[15]与诸将约曰‘先破秦入咸阳者王之’。今沛公先破秦入咸阳,豪[16]毛不敢有所近,封闭宫室,还军霸上,以待大王来。故遣将守关者,备他盗出入与非常也。劳苦而功高如此,未有封侯之赏,而听细说[17],欲诛有功之人。此亡秦之续耳,窃为大王不取也。”项王未有以应,曰:“坐。”樊哙从良坐。坐须臾,沛公起如[18]厕,因招樊哙出。

他一只生猪肘。樊哙把他手中的盾牌反扣在地上,把猪肘放在上面,拔出宝剑边切边吃了下去。项王说:“壮士,还能再饮酒吗?”樊哙说:“臣死尚且不回避,一杯酒何足推辞!秦王有虎狼之心,杀人唯恐不能尽,刑罚人唯恐不重,天下的人都背叛了他。怀王和诸侯相约说:‘首先攻破秦军而进入咸阳的人将被封为关中王。’现在沛公首先攻破秦军而进入咸阳,对于秦室的财富一点都不敢沾边,封藏了宫室,退出军队而驻扎在霸上,以便等待大王来临。沛公遣派将领把守函谷关的原因,是为了防备其他的盗贼进入和意外事件的发生。像沛公这样劳苦功高,没有得到封侯的奖赏,而你听信了小人的谗言,想诛杀有功的人。这样做是亡秦的继续,我个人认为大王的这种做法是不可取的。”项王竟无话可答,只是说:“请坐。”樊哙于是随张良就座。坐了一会儿,沛公起身去厕所,顺便把樊哙叫了出来。

注释 1 骑(qí,旧读 jì):骑马的人,骑兵。 2 河:指黄河。 不自意:自己没料想到。 3 郤:通“隙”,嫌隙,隔阂。 4 亚父:《史记集解》引如淳曰:“亚,次也。尊敬之次父,犹管仲为仲父。” 5 玉玦(jué):环形而有缺口的佩玉。 6 项庄:项羽之堂弟。 7 坐:同“座”,座位。 8 樊哙:汉朝著名将领,屡立战功,封舞阳侯。 9 交戟:交叉举戟。 内:同“纳”,放入,使进入。 仆:倒下。 披帷:揭开营帐。 瞋(chēn)目:发怒而睁大眼睛。 眦(zì):眼角。 10 跽(jì):长跪,挺着上身两腿跪着。 11 参乘:亦作“骖乘”,亦称陪乘,在车右侧担任警卫的甲士。 12 彘(zhì)肩:猪腿。 13 覆:翻转。 加:放上。 啖(dàn):吃。 14 举:全、尽。 胜:完、全。 15 怀王:即楚怀王熊心。 16 豪:通“毫”。 17 细说:指小人的谗言。 18 如:往,到。

沛公已出,项王使都尉陈平召沛公[1]。沛公曰:“今者出,未辞也,为之奈何?”樊哙曰:“大行不顾细谨,大礼不辞小让。[2]如今人方为刀俎[3],我为鱼肉,何辞为!”于是遂去。乃令张良留谢。良问曰:“大王来何操?”曰:“我持白璧一双,欲献项王;玉斗一双,欲与亚父。[4]会其怒,不敢献。公为我献之。”张良曰:“谨诺。”当是时,项

沛公已经出来,项王派都尉陈平去召沛公。沛公说:“现在我出来了,没有向项羽告辞,这怎么办?”樊哙说:“要办大事不应顾及细谨的小节,讲求大礼就不必在乎微小的责难。现在人家正置快刀、砧板,我们是任人家宰割的鱼肉,还告辞干什么!”于是就离去了。因而命令张良留下致歉。张良问:“大王来时带了什么礼物?”沛公说:“我带来了一双白璧,想要奉献给项王;玉斗一双,准备送给亚父。恰逢他们发怒,没敢奉献。您替我献给他们。”张良说:“谨遵王命。”在这时,项王驻军在鸿门一带,沛公驻军在霸上,

王军在鸿门下，沛公军在霸上，相去四十里。沛公则置车骑，脱身独骑，与樊哙、夏侯婴、靳强、纪信等四人持剑盾步走，从郦山下，道芷阳间行。[5]沛公谓张良曰："从此道至吾军，不过二十里耳。度我至军中，公乃入。[6]"沛公已去，间至军中。张良入谢，曰："沛公不胜杯杓[7]，不能辞。谨使臣良奉白璧一双，再拜献大王足下；玉斗一双，再拜奉大将军足下。"项王曰："沛公安在？"良曰："闻大王有意督过[8]之，脱身独去，已至军矣。"项王则受璧，置之坐上。亚父受玉斗，置之地，拔剑撞而破之，曰："唉！竖子[9]不足与谋。夺项王天下者，必沛公也，吾属今为之虏矣。"沛公至军，立诛杀曹无伤。

相距四十里。沛公就放弃了车骑，脱身逃离，一人骑马，樊哙和夏侯婴、靳强、纪信等四人手持剑、盾跟着徒步奔跑，从郦山而下，经过芷阳抄小道行进。沛公对张良说："从这条道路到达我们军中，不过二十里。估计我到达了军中以后，你再回到军帐中告辞。"沛公已经离去，从小道回到军中。张良入帐辞谢，他说："沛公不胜杯盏，不能亲自告辞。委派臣下张良谨奉白璧一双，再拜献给大王足下；玉斗一双，再拜献给大将军足下。"项王说："沛公现在在什么地方？"张良说："沛公听说大王有意责怪他的过错，脱身独自回去，已经到达军中了。"项王听后就接受了玉璧，把它放在座位上。亚父接过玉斗，把它弃置到地上，拔剑砍击打破了它，说："唉！这些无知的小子，不能够和他们共同图谋大事。夺取项王天下的人，一定是沛公。我们这些人将要被他俘虏了。"沛公到达军中，立刻诛杀了曹无伤。

注释　1 都尉：低于校尉的高级武官。　陈平：西汉初重要的谋臣，开始在项羽部下,后投奔刘邦。 2 大行:干大事。 辞:拒绝。 让:责备。 3 方为刀俎(zǔ):正在设置刀和砧板。俎,砧板。 4 璧:平而圆,中心有孔的玉。 玉斗:玉制酒器。 5 夏侯婴:刘邦手下部将,号滕公,封汝阴侯。 靳强:刘邦部将,后封汾阳侯。 纪信:刘邦部将,后为项羽烧杀。 郦山:山名,在今陕西西安市临潼区东。 道:取道。 芷(zhǐ)阳:古地名,在今西安市东北。 间行:抄小路走。 6 度(duó):估计。 乃:才、再。 7 杯杓(sháo):本指酒器,这里指代酒。杓,舀酒的勺子。 8 督过:责备。 9 竖子:骂人语,如今之“小子”。

居数日,项羽引兵西屠咸阳,杀秦降王子婴,烧秦宫室,火三月不灭;收其货宝妇女而东。人或说项王曰:“关中阻[1]山河四塞,地肥饶,可都以霸。”项王见秦宫室皆以烧残破,又心怀思欲东归,曰:“富贵不归故乡,如衣绣夜行[2],谁知之者!”说者曰:“人言楚人沐猴而冠[3]耳,果然。”项王闻之,烹[4]说者。

过了几天,项羽率领军队向西屠戮咸阳,杀死了秦降王子婴,烧毁了秦宫室,大火烧了三个月都没有熄灭;收集藏在宫中的宝货、妇女往东归去。有人劝导项王说:“关中地区倚仗山河阻塞四方,土地富饶,可以在这里建立都城而称霸天下。”项王看见秦的宫室都已经被大火烧得残破,又加上心里怀念故土而想东归,所以他说:“富贵不归故乡,如同穿着锦绣衣裳在夜间行走一样,有谁能知道我的荣华富贵呢!”那个劝说项王的人说:“人们说楚国人像是沐猴戴了人的帽子,果真是这样。”项王听说这话,就把那个人烹杀了。

注释 1 阻:倚仗。 2 如衣绣夜行:如同穿着锦绣衣服在黑夜里行走。 3 沐猴而冠:让猕猴戴上人帽,也办不成人事。沐猴,猕猴。 4 烹:古代以鼎镬煮杀人的酷刑。

项王使人致命[1]怀王。怀王曰："如约。"乃尊怀王为义帝[2]。项王欲自王，先王诸将相。谓曰："天下初发难时，假[3]立诸侯后以伐秦。然身被[4]坚执锐首事，暴露[5]于野三年，灭秦定天下者，皆将相诸君与籍之力也。义帝虽无功，故当分其地而王之。"诸将皆曰："善。"乃分天下，立诸将为侯王。项王、范增疑沛公之有天下，业已讲解，又恶负约，[6]恐诸侯叛之，乃阴谋曰："巴、蜀道险，秦之迁人皆居蜀。"乃曰："巴、蜀亦关中地也。"故立沛公为汉王，王巴、蜀、汉中，都南郑。而三分关中，王秦降将以距塞[7]汉王。项王乃立章邯为雍王，王咸阳以西，都废丘[8]。长

项王派人向怀王报告入关破秦的情况。怀王说："按照先前的盟约行事。"于是尊怀王为义帝。项王想要自立为王，先立手下的将相们为王。他对各位将相说："天下刚开始发难的时候，借助立诸侯的后代来伐灭秦国。但是亲身披挂着铠甲、手持锐利的兵器，首先起义反秦，暴露在野外作战三年，灭亡了秦朝而平定天下，都是靠诸位将相和我项籍的力量。义帝虽然没有功绩，但分给他一片土地让他做王，本来也是应该的。"各位将领们都说："好。"于是分割天下，立诸位将相为侯王。项王、范增担心沛公会据有天下，但是已经通过鸿门相会而和解，又厌恶落有负约的名声，恐怕诸侯们反叛他们，所以他们二人暗中谋划说："巴、蜀地区道路险阻，秦朝被迁贬的人都居住在蜀地。"于是他们说："巴、蜀也是属于关中地区。"因此立沛公为汉王，统辖巴、蜀、汉中地区，定都南郑。而把关中地区一分为三，立秦的降将为王来阻隔汉王。项王于是立章邯为雍王，

史欣者，故为栎阳狱掾，尝有德于项梁；都尉董翳者，本[9]劝章邯降楚。故立司马欣为塞王，王咸阳以东至河，都栎阳[10]；立董翳为翟王，王上郡，都高奴。[11]徙魏王豹为西魏王，王河东，都平阳。[12]瑕丘申阳者，张耳嬖臣也，先下河南，迎楚河上，故立申阳为河南王，都雒阳。[13]韩王成因故都，都阳翟。[14]赵将司马卬定河内，数有功，故立卬为殷王，王河内，都朝歌[15]。徙赵王歇为代[16]王。赵相张耳素贤，又从入关，故立耳为常山王，王赵地，都襄国。[17]当阳君黥布为楚将，常冠军，故立布为九江王，都六。[18]鄱君吴芮率百越佐诸侯，又从入关，故立芮为衡山王，都邾。[19]义帝柱国共敖将兵

统辖咸阳以西地区，把废丘作为都城。长史司马欣，担任过栎阳狱掾，曾经对项梁施有恩德；都尉董翳，原本是劝章邯投降楚国的人。因此立司马欣为塞王，统辖咸阳以东到黄河的地区，把栎阳作为都城；立董翳为翟王，统辖上郡地区，把高奴作为都城。迁徙魏王豹为西魏王，统辖河东地区，把平阳作为都城。瑕丘县公申阳，原是张耳的亲信部属，曾经首先攻下河南郡，在黄河岸上迎接楚国军队，因此立申阳为河南王，把雒阳作为都城。韩王成仍然把过去韩国的都城作为都城，即以阳翟为都城。赵将司马卬平定了河内地区，屡次立下战功，因此立卬为殷王，统辖河内地区，以朝歌为都城。迁徙赵王歇为代王。赵相张耳平素贤能，又随从楚军进入关中，因此立张耳为常山王，统辖赵地，以襄国为都城。当阳君黥布担任楚军大将，经常担当楚军的先锋，因此立黥布为九江王，以六县为都城。鄱君吴芮曾率百越的军队协助诸侯讨伐秦国，又随从楚军进入关中地区，因此立吴芮为衡山王，以邾城作为都城。义帝的柱国共敖，率军进攻南郡，功劳很多，因此立共敖为

击南郡[20]，功多，因立敖为临江王，都江陵。徙燕王韩广为辽东[21]王。燕将臧荼从楚救赵，因从入关，故立荼为燕王，都蓟[22]。徙齐王田市为胶东[23]王。齐将田都从共救赵，因从入关，故立都为齐王，都临菑。[24]故秦所灭齐王建孙田安，项羽方渡河救赵，田安下济北数城，引其兵降项羽，故立安为济北王，都博阳。[25]田荣者，数负项梁，又不肯将兵从楚击秦，以故不封。成安君陈余弃将印去，不从入关，然素闻其贤，有功于赵，闻其在南皮，故因环封三县。[26]番君将梅銷功多[27]，故封十万户侯。项王自立为西楚霸王，王九郡，都彭城。[28]

临江王，以江陵为都城。迁徙燕王韩广为辽东王。燕国的将领臧荼跟从楚军救援赵国，接着又率军跟从楚军进攻关中地区，因此立臧荼为燕王，以蓟城为都城。迁徙齐王田市为胶东王。齐国的将领田都随从楚军共同救援赵国，接着又随从楚军进攻关中地区，因此立田都为齐王，以临菑为都城。以前由秦所吞灭的齐国国王建的孙子田安，在项羽刚刚渡河救援赵国时，田安攻下了济北的几座城池，带领他的军队投降了项羽，因此立田安为济北王，以博阳作为都城。田荣因屡次背弃项梁，又不肯率军随从楚军进攻秦军，因此不能封他为王。成安君陈余放弃将印而离去，不跟从楚军入关攻秦，但是他平素以贤能闻名，对于赵国立有功劳，听说他居住在南皮，因此把南皮周围三个县的地方封给了他。番君的将领梅銷功劳很多，因此封他为十万户侯。项王自立为西楚霸王，统辖九个郡，以彭城作为都城。

注释　**1** 致命：报告。　**2** 义帝：名义上的皇帝，或云“假帝”。　**3** 假：暂时，临时设立。　**4** 被：通“披”。　**5** 暴(pù)露：日晒雨淋，风窄露宿。

暴,"曝"之古字,晒。 6 讲解:和解。 恶(wù):讨厌。 7 距塞:抗拒、阻碍。距,通"拒"。塞,堵塞。 8 废丘:古地名,在今陕西省兴平市东南。 9 本:原始,最早。 10 栎阳:古地名,在今陕西渭南市西北。 11 上郡:郡名,治所在今陕西榆林市东南。 高奴:古地名,在今陕西延安市东北。 12 河东:郡名,治所在今山西夏县西北。 平阳:古地名,在今山西临汾市西南。 13 瑕丘:古地名,在今山东济宁市兖州区北。 嬖(bì):宠爱。 雒(luò)阳:古地名,在今河南洛阳市东北。 14 因:沿袭。 阳翟(dí):古地名,在今河南禹州市。 15 朝歌:古地名,在今河南淇县。 16 代:代郡,治所在今河北蔚县西北。 17 常山:郡名,本名恒山,为避汉文帝刘恒讳而改,治所在今河北石家庄市西北。 襄国:本秦信都县治,项羽以赵襄子之谥改为襄国,在今河北邢台市西南。 18 冠军:勇冠三军。 九江:郡名,治所在今安徽寿县。 六:即六县,古地名,在今安徽六安市东北。 19 鄱君吴芮:吴芮,人名,曾为秦鄱阳(番阳)县令,故名鄱君。 衡山:郡名,治所在今湖北黄冈市北(古称邾、邾县)。 邾:音 zhū。 20 柱国:位在令尹、相国之下的高级官员。 南郡:郡名,治所在今湖北江陵县。立共敖为王后,改为临江国。 21 辽东:郡名,治所在今辽宁辽阳市。 22 蓟(jì):古地名,在今北京市西南。 23 胶东:郡名,治所在今山东平度市东南。 24 从共:跟着一块儿。 临菑:亦作"临淄",古地名,在今山东淄博市东北。 25 济北:济水以北地区。济水,古水名,和黄河连接,从河南荥阳市西北黄河口一直流经河南、山东两省,向东注入今山东博兴县东北入渤海。 博阳:古地名,在今山东泰安市东南。 26 南皮:古地名,在今河北南皮县北。 环封三县:《史记集解》引《汉书音义》曰:"绕南皮三县以封之。" 27 番君:即鄱君吴芮。 铜:音 xuān。 28 西楚霸王:古代楚国有东楚、南楚、西楚之分,彭城地处西楚,故项羽如此自称。霸王,意为控制天下的诸侯盟主。 彭城:古地名,在今江苏徐州市。

汉之元年四月，诸侯罢戏下，[1]各就国。项王出之国，使人徙义帝，曰："古之帝者地方千里，必居上游。"乃使使徙义帝长沙郴县[2]。趣[3]义帝行。其群臣稍稍[4]背叛之，乃阴令衡山、临江王击杀之江中。韩王成无军功，项王不使之国，与俱至彭城，废以为侯，已[5]又杀之。臧荼之国，因逐韩广之辽东，广弗听，荼击杀广无终[6]，并王其地。

汉元年四月，诸侯从戏下散去，各自到封国去就位。项王出关前往封国，派人迁徙义帝，说："古时候帝王拥有方圆千里的土地，而且一定要居于水域的上游。"于是就派人把义帝迁徙到长沙郴县。他们催促义帝启程，义帝的群臣们渐渐地背叛了他，项羽就密令衡山王和临江王把义帝杀死在大江之中。韩王成没有军功，项王不让他前往自己的封国，与他一同到彭城，把他废置成诸侯，不久又杀死了他。臧荼前往封国，接着就要把韩广驱逐到辽东，韩广不听他的摆布，臧荼就在无终把韩广杀死，兼并了辽东王的领地。

注释　1 汉之元年：即公元前 206 年，这年刘邦称汉王。　戏下：戏水之下。　2 长沙：郡名，治所在今湖南长沙市。　郴(chēn)县：古地名，在今湖南郴州市。　3 趣(cù)：催促。　4 稍稍：渐渐。　5 已：已而，随后。　6 无终：古地名，在今天津市蓟州区。

田荣闻项羽徙齐王市胶东，而立齐将田都为齐王，乃大怒，不肯遣齐王之胶东，因以齐反，迎击田都。田都走楚。齐

田荣听说项羽把齐王田市迁徙为胶东王，而将齐将田都立为齐王，于是大怒，不肯把齐王遣送到胶东，因而占据齐国的地盘反叛项羽，迎击田都。田都败逃到楚国。齐王田市畏惧项王，于是就逃亡到胶东奔

王市畏项王，乃亡之胶东就国。田荣怒，追击杀之即墨[1]。荣因自立为齐王，而西击杀济北王田安，并王三齐。荣与彭越[2]将军印，令反梁地。陈余阴使张同、夏说说齐王田荣曰[3]："项羽为天下宰[4]，不平。今尽王故王于丑地[5]，而王其群臣诸将善地，逐其故主赵王，乃北居代，余以为不可。闻大王起兵，且不听不义，愿大王资余兵，请以击常山，以复赵王，请以国为捍蔽[6]。"齐王许之，因遣兵之赵。陈余悉发三县兵，与齐并力击常山，大破之。张耳走归汉。陈余迎故赵王歇于代，反之赵。赵王因立陈余为代王。

赴封国。田荣大怒，追击齐王，并在即墨城把他杀死了。田荣因而自立为齐王，而后向西进攻并杀死了济北王田安，兼并了三齐的国土。田荣授给彭越将军的印符，命令他在梁地反击项王。陈余也暗地里派遣张同、夏说劝导齐王田荣说："项羽身为天下的主宰，处事不公平。如今把不好的贫瘠土地全都分给以前的诸侯王，而把好地封给他的群臣诸将，把原有的诸侯王赵王从封地驱逐出去，让他往北迁到代地，陈余认为这样做是不可以的。听说大王发动军队反击楚军，并且不听从项羽的不义行为，希望大王能资助我陈余一部分军队，让我去进攻常山，来恢复赵王原有的封地，我愿意用我们的国土作为齐国的屏障。"齐王答应了陈余的请求，因而派遣军队去赵国。陈余全部发动了他封地内三个县的军队，和齐国的军队合力进攻常山，打垮了常山国的守军。张耳逃归汉王。陈余从代地迎接原来的赵王歇，返回到赵地。赵王因而立陈余为代王。

注释　1 即墨：古地名，在今山东平度市东南。　2 彭越：西汉初诸侯王，楚汉战争中曾率三万人归刘邦。　3 张同、夏说(yuè)：陈余手下将领。

4 宰：主宰，统治者。 5 丑地：不好的地方。 6 捍蔽：护卫，屏障。

是时，汉还定三秦[1]。项羽闻汉王皆已并关中[2]，且东，齐、赵叛之，大怒。乃以故吴令郑昌为韩王，以距汉。[3]令萧公角[4]等击彭越。彭越败萧公角等。汉使张良徇韩，乃遗[5]项王书曰："汉王失职[6]，欲得关中，如约即止，不敢东。"又以齐、梁反书遗项王曰："齐欲与赵并灭楚。"楚以此故无西意，而北击齐。征兵九江王布。布称疾不往，使将将数千人行。项王由此怨[7]布也。

汉之二年[8]冬，项羽遂北至城阳，田荣亦将兵会战。田荣不胜，走至平原[9]，平原民杀之。遂北烧夷[10]齐城郭室屋，皆坑田荣降卒，系[11]虏其老弱妇女。徇齐至北海[12]，多

这时候，汉军回师平定三秦。项羽听说汉王已经把关中所有地区都兼并了，将要东进，齐国和赵国也反叛他，非常愤怒。于是他封原来的吴令郑昌为韩王，拿韩国来阻挡汉军。又命令萧公角等人进攻彭越。彭越打败了萧公角等人。汉王派遣张良攻取韩地，于是给项王送去书信说："汉王所得的封地本不是他应该得到的地区，他想要得到关中地区，假若能履行先入关中即为关中王的前约就立即停止进攻，不敢向东继续前进。"又因为齐国和梁国反叛，交书信给项王说："齐国想要和赵国联合起来一同灭掉楚国。"楚国因此没有向西进攻汉王的意图，而向北进攻齐国。项王向九江王黥布征集军队。黥布拿有病作借口不肯亲自前往，只派部将率领几千人前去。项王因此怨恨黥布。

汉王二年冬天，项羽就向北攻到城阳，田荣也率军前来会战。田荣的军队没有能战胜楚军，他逃到了平原，平原人杀死了他。于是楚军向北进军烧毁了齐国的屋室，夷

所残灭，齐人相聚而叛之。于是田荣弟田横收齐亡卒得数万人，反城阳。项王因留，连战未能下。

平了齐国的城池，把田荣所部降兵全部坑杀了，俘获了齐国的老弱妇女。项羽夺取齐国境地攻打到北海，残毁破坏了许多城邑，齐国人相聚在一起反叛楚军。在这个时候，田荣的弟弟田横收集了几万名齐国散亡的军卒，在城阳反抗楚国。项王因而停留在城阳，接连不断地和田横军交战而未能攻克城阳。

注释 1 三秦：即关中地区，因项羽封雍、塞、翟三王于此，故名。 2 关中：今陕西广大地区，因处于函谷关、武关、散关、萧关之中而名。 3 故吴令郑昌：秦时的吴县县令郑昌，为项羽部将。 距：通“拒”，抗拒。 4 萧公角：萧县县令，名角。《史记集解》引苏林曰：“官号也。或曰萧令也。时令皆称公。”萧，萧县，古地名，在今安徽萧县西北。 5 遗(wèi)：送。下同。 6 失职：暗指刘邦没有得到应该封的关中王，而被封为汉中王。 7 怨：仇恨。 8 汉之二年：即公元前205年。 9 平原：古地名，在今山东平原县西南。 10 夷：铲平。 11 系：拘囚。 12 北海：即指渤海，山东北部沿海地区。

春，汉王部五诸侯兵[1]，凡五十六万人，东伐楚。项王闻之，即令诸将击齐，而自以精兵三万人南从鲁出胡陵[2]。四月，汉皆已入彭城，收其货宝美人，日置酒高会。项王乃西从萧，晨

春天，汉王统帅常山王张耳、河南王申阳、韩王郑昌、魏王豹和殷王卬五路诸侯的军队，共计五十六万人，向东进军讨伐楚国。项王听到这个消息，就命令诸将继续攻打齐国，而他亲自率领三万精兵向南从鲁县穿过胡陵。四月，汉军已经攻入彭城，收取了楚国的财宝和美女，每日置酒宴会高朋。项王于是挥军向西至萧地，在早晨向东进攻汉

击汉军而东，至彭城，日中，大破汉军。汉军皆走，相随入谷、泗水[3]，杀汉卒十余万人。汉卒皆南走山，楚又追击至灵壁东睢水上[4]。汉军却，为楚所挤，多杀，汉卒十万余人皆入睢水，睢水为之不流。围汉王三匝[5]。于是大风从西北而起，折木发屋，扬沙石，窈冥昼晦，[6]逢迎楚军。楚军大乱，坏散，而汉王乃得与数十骑遁去。欲过沛，收家室而西；楚亦使人追之沛，取汉王家；家皆亡，不与汉王相见。汉王道逢得孝惠、鲁元[7]，乃载行。楚骑追汉王，汉王急，推堕孝惠、鲁元车下，滕公常下收载之。如是者三。曰："虽急不可以驱，柰何弃之？"

军，到达彭城时，已经是中午了，大破汉军。汉军都溃逃了，前后相随掉入谷水、泗水，楚军杀死汉军士兵十多万人。汉军士卒全都向南逃往山地，楚军又追杀到灵壁东面的睢水河岸。汉军后退，被楚军逼挤到河边，许多士卒被杀，十余万汉军士卒全都掉入睢水，致使睢水因此受堵塞而无法流通。楚军把汉王包围了三层。就在这个时候有大风从西北方面刮起，狂风折断了树木、掀开了房屋，扬起沙石，白天被搅得天昏地暗，大风恰巧迎面袭击楚军。楚军大乱，包围圈破散，这使汉王能够和几十名骑兵逃离包围。汉王想要经过沛县，收集家室迁往西方。楚国也派人追杀到沛县，去捉拿汉王的家人；汉王的家人都四散逃亡，没能和汉王相见。汉王在道路上遇到孝惠帝和鲁元公主，于是就把他们载入车中行走。楚国的骑兵追赶汉王，汉王危急，把孝惠帝和鲁元公主推落车下，滕公总是下车把他们二人抱起载入车中。像这样做了多次。他说："虽然情况紧急，车马也不能驱赶得更快些，怎么可以舍弃他们呢？"因此他们姐弟二人才能够幸免于被楚军俘获。汉王等人寻找太公和吕后却没有找到。审食其护从着太公和吕后走小于是遂得脱。求太公、吕后不相遇[8]。审食其[9]从太公、吕后间行，求汉王，反遇楚军。楚军遂与归，报项王，项王常置军中。

道，也在寻找汉王，反而遇到了楚军。楚军于是就把他们带回去，报告了项王，项王把他们留置在军中当人质。

注释　1 部：部勒，率领。《史记集解》引徐广曰："一作'劫'。"劫有强制义。　五诸侯：所指诸说不一，颜师古以为当谓常山、河南、韩、魏、殷，其说近是。　2 鲁：春秋时鲁国所在地，今山东曲阜一带。　胡陵：古地名，在今山东鱼台县东南。　3 谷：谷水，流经今安徽萧县一带，在江苏徐州汇入泗水。　泗水：发源今山东泗水县境内，流经今江苏徐州市，最后汇入淮河的一条古水名。　4 灵壁：古地名，在今安徽淮北市西，并非今灵璧县。　睢(suī)水：亦名睢河，从古代河南鸿沟分出，流经今安徽，至江苏睢宁县境汇入古泗水。　5 匝(zā)：周，圈。　6 发屋：掀起屋顶。发，打开，掀起。　窈冥：昏暗的样子。　7 孝惠：即刘邦嫡子，后来的惠帝刘盈。　鲁元：刘邦女儿，后来之鲁元公主。　8 太公：指刘邦父亲。古人称父或尊称别人之父常称太公。　吕后：刘邦妻吕雉，后为皇后，故名。9 审食其(yì jī)：刘邦同乡人，后宠幸，官至左丞相，封辟阳侯。

是时吕后兄周吕侯为汉将兵居下邑[1]，汉王间往从之，稍稍收其士卒。至荥阳，诸败军皆会，萧何亦发关中老弱未傅悉诣荥阳[2]，复大振。楚起于彭城，常乘胜逐北，与汉战荥阳南京、索间，[3]

这个时候，吕后的哥哥周吕侯替汉王统领着军队驻扎在下邑，汉王从小道捷径前往投奔他，渐渐地收聚起他的士卒。然后到达荥阳，各路败军都在这里聚会，萧何也发动了关中地区的老弱和未成年的男子全都到荥阳助战，汉军兵威重新大振。楚军从彭城出发，一路上乘胜追击败亡的汉军，和汉军在荥阳南面的京邑、索邑汉败楚，楚以故不能过荥阳而西。

之间展开交战，汉军打败了楚军，楚军因此不能越过荥阳再向西进攻。

项王之救彭城，追汉王至荥阳，田横亦得收齐，立田荣子广为齐王。汉王之败彭城，诸侯皆复与楚而背汉。汉军荥阳，筑甬道属之河，以取敖仓粟。[4]

项王去援救彭城，追击汉王到荥阳，这使田横也能够收复齐国的土地，并扶立田荣的儿子田广为齐王。汉王在彭城战败这件事，使诸侯又全都重新归顺楚而背叛汉。汉军驻扎在荥阳，修筑了连接到黄河岸边的甬道，用以获取敖仓的粮食。

注释 1 周吕侯：即吕泽，周吕为其封号名。 下邑：古地名，在今安徽砀山县。 2 萧何：西汉初大臣。 未傅：指未登记于服役名册者。 诣：到。 荥阳：古地名，在今河南荥阳市西北。 3 北：败退，此指败兵。 京：古地名，在今河南荥阳市东南。 索：古地名，在今河南荥阳市。又名索亭。 4 属(zhǔ)：连接。 敖仓：秦朝著名的大粮仓，在今荥阳市西北之敖山上，北临黄河。

汉之三年，项王数侵夺汉甬道，汉王食乏，恐，请和，割荥阳以西为汉。项王欲听之。历阳侯范增曰："汉易与[1]耳，今释弗取，后必悔之。"项王乃与范增急围荥阳。汉王患之，乃用陈平计间[2]项王。项王使者来，为太牢

汉王三年，项王多次侵入甬道而夺取汉军的粮食，汉王军粮困乏，感到恐惧，请求与楚国和解，划割荥阳以西地区作为汉的封土。项王想要同意这个和约。历阳侯范增说："汉军很容易对付，现在如果放手而不征服它，以后一定会后悔。"项王于是和范增立刻包围了荥阳。汉王对此感到忧虑，就采用陈平的奇计来离间范增和项王的关系。项王的使

具[3]，举欲进之。见使者，详[4]惊愕曰："吾以为亚父使者，乃反项王使者。"更持去，以恶食食项王使者[5]。使者归报项王，项王乃疑范增与汉有私，稍夺之权。范增大怒，曰："天下事大定矣，君王自为之。愿赐骸骨归卒伍[6]。"项王许之。行未至彭城，疽[7]发背而死。

者前来，汉王置办了有猪、牛、羊在内的丰盛筵席，端过来准备进献。看见了使者，假装惊愕地说："我以为是亚父的使者，怎么反而是项王的使者。"接着便端走更换，用粗劣的饭菜让项王的使者食用。使者回去后报告项王，项王于是就怀疑范增和汉王私下有联系，逐渐剥夺了他的一些权力。范增大怒，他说："天下事情的大局已定，君王您自己治理吧。希望您把我这副老骨头赏赐给我，让我回乡为民吧。"项王答应了他的请求。范增启程，还没有到达彭城，背上的毒疮发作而死。

注释　1 易与：容易对付。 2 间(jiàn)：离间。 3 太牢具：丰盛之酒席。太牢，古代祭祀牛、羊、猪俱全为太牢。具，酒肴，饭食。 4 详：通"佯"，假装。 5 以恶食(shí)食(sì)项王使者：恶食，粗茶淡饭。食(sì)，动词，让……吃。 6 赐骸骨：古代官吏请求辞官引退之代词，意即赐还朽骨，得以归葬故里。 归卒伍：到士兵中去，此实指辞官为民。 7 疽(jū)：毒疮。

汉将纪信说汉王曰："事已急矣，请为王诳[1]楚为王，王可以间出。"于是汉王夜出女子荥阳东门被[2]甲二千人，楚兵四面

汉军将领纪信劝汉王说："事态已经很危急了，请求大王允许我假扮成大王替您去诓骗楚兵，大王可以趁机逃出城去。"于是汉王在夜间从荥阳东门放出二千名披甲的女子，楚兵从四面围攻他们。纪信乘

击之。纪信乘黄屋车，傅左纛[3]，曰："城中食尽，汉王降。"楚军皆呼万岁。汉王亦与数十骑从城西门出，走成皋[4]。项王见纪信，问："汉王安在？"信曰："汉王已出矣。"项王烧杀纪信。

坐着汉王的黄屋车，车的左首上方插着用雉尾做成的装饰物。他说："城中粮食已尽，汉王请降。"楚军听到这句话都高呼万岁。汉王也和几十名骑兵从荥阳西门出城，逃到成皋。项王见到纪信，问道："汉王在哪里？"纪信说："汉王已经出城了。"项王就把纪信烧死了。

注释　1 诳(kuāng)：欺骗，迷惑。　2 被：通"披"。　3 傅左纛(dào)：车子的左边插着用牦牛尾和雉尾做成的装饰物。傅，附着，装饰。纛，古代以雉尾或旄牛尾做成的舞具，也用作帝王的车。　4 成皋：又名虎牢关，古地名，在今河南荥阳市西北之汜水镇。

汉王使御史大夫周苛、枞公、魏豹守荥阳[1]。周苛、枞公谋曰："反国之王[2]，难与守城。"乃共杀魏豹。楚下荥阳城，生得周苛。项王谓周苛曰："为我将，我以公为上将军，封三万户。"周苛骂曰："若不趣降汉[3]，汉今虏若，若非汉敌也。"项王怒，烹周苛，并杀枞公。

汉王之出荥阳，南走

汉王委派御史大夫周苛、枞公、魏豹留守荥阳。周苛和枞公谋划说："魏豹是反对汉王投降过楚国的一个封王，我们很难和他一起守城。"于是一起杀死了魏豹。楚军攻下荥阳城后，活捉了周苛。项王对周苛说："你做我的将领，我任用你为上将军，封你当三万户侯。"周苛骂道："你还不赶快投降汉王，汉王就要俘虏你，你不是汉王的敌手。"项王非常生气，就把周苛烹杀了，并且又杀了枞公。

汉王出了荥阳城，又南逃到宛

宛、叶[4],得九江王布,行收兵,复入保成皋。汉之四年,项王进兵围成皋。汉王逃,独与滕公出成皋北门,渡河走修武,从张耳、韩信军。[5]诸将稍稍得出成皋,从汉王。楚遂拔成皋,欲西。汉使兵距之巩[6],令其不得西。

县、叶县,遇到了九江王黥布,行进途中收聚散亡的汉军,重新进入成皋防守。汉王四年,项王进兵围困成皋。汉王逃出来,和滕公两个人出成皋北门,渡过黄河逃向修武,来到张耳、韩信的军中。各个将领也陆续从成皋逃出,跟从汉王。楚军于是攻克了成皋,想要向西进攻。汉王派军队在巩县阻止楚军,使他们不能向西进犯。

注释 1 御史大夫:官职名,相当于副丞相,主管监察、执法,协理全国政务。 枞:音 cōng。 魏豹:故魏诸公子。从项羽立为魏王,后属刘邦。 2 反国之王:魏豹曾被封于西魏,刘邦东出讨楚而归汉,刘邦失败,其又反汉。所以周苛等称之为"反国之王"。 3 若:你,指项王。 趣(cù):赶快。 4 宛(yuān):古地名,在今河南南阳市。 叶(shè):古地名,在今河南叶县西南。 5 逃:《汉书》作"跳"。 修武:古地名,在今河南修武县东北。 韩信:秦末汉初著名军事家,西汉大臣,曾封楚王,后封淮阴侯,最后为吕后所杀。 6 距:通"拒"。 巩:巩县,古地名,在今河南巩义市西南。

是时,彭越渡河击楚东阿,杀楚将军薛公。项王乃自东击彭越。汉王得淮阴侯兵,欲渡河南。郑忠说汉王,乃止壁河内。[1]

这个时候,彭越率军渡过黄河进攻楚国的东阿,杀死楚国将军薛公。于是项王就亲自东进攻击彭越的军队。汉王得到淮阴侯的军队,想要渡过黄河向南。郑忠劝说汉王,于是停止向南而在黄河北岸修筑壁垒使刘贾[2]将兵佐彭越，烧楚积聚。项王东击破之，走彭越。汉王则引兵渡河，复取成皋，军广武[3]，就敖仓食。项王已定东海[4]来西，与汉俱临广武而军，相守数月。

当此时，彭越数反梁地，绝楚粮食，项王患之。为高俎，置太公其上，告汉王曰："今不急下，吾烹太公。"汉王曰："吾与项羽俱北面[5]受命怀王，曰'约为兄弟'，吾翁即若翁，必欲烹而翁，[6]则幸分我一杯羹。"项王怒，欲杀之。项伯曰："天下事未可知，且为天下者不顾家，虽杀之无益，只益祸耳。"项王从之。

据守。派刘贾率军协助彭越，焚烧了楚军积聚的物资。项王向东打败了刘贾，赶跑了彭越。汉王就率军渡过黄河，重新攻取了成皋，驻军在广武，就近取得敖仓的粮食。项王平定了东海以后又向西攻打，和汉都在广武驻军，两军相持据守了好几个月。

就在这个时候，彭越多次在梁地反叛，断绝了楚国的粮食，项王对此感到忧虑。项羽制作了一个高大的案板，把太公放置在上面，告诉汉王说："现在你假若不赶快投降，我就要烹杀你的父亲太公。"汉王说："我和项羽一同作为臣子接受怀王的命令，曾说'相约结为兄弟'，我的父亲也就是你的父亲，你一定要烹杀你的父亲，那就请你分给我一杯肉汤。"项王大怒，想要杀死太公。项伯说："天下事还不可知，并且要夺取天下的人是不会顾及家人的，尽管杀了他也没有什么益处，只是增添了祸患。"项王听从了项伯的建议。

注释　1 郑忠：刘邦的将领，汉郎中。　壁：扎营。　2 刘贾：刘邦之堂兄，后封为荆王。　3 广武：古地名，在今河南荥阳市东北的广武山上。　4 东海：泛指东方。　5 北面：面向北，称臣。　6 翁：父亲。　而：通"尔"，你、你的。

楚汉久相持未决，丁壮苦军旅，老弱罢转漕[1]。项王谓汉王曰："天下匈匈[2]数岁者，徒以吾两人耳，愿与汉王挑战决雌雄，毋徒苦天下之民父子为也。"汉王笑谢曰："吾宁斗智，不能斗力。"项王令壮士出挑战。汉有善骑射者楼烦，楚挑战三合，楼烦辄射杀之[3]。项王大怒，乃自被[4]甲持戟挑战。楼烦欲射之，项王瞋目[5]叱之，楼烦目不敢视，手不敢发，遂走还入壁，不敢复出。汉王使人间问[6]之，乃项王也。汉王大惊。于是项王乃即汉王相与临广武间而语[7]。汉王数[8]之，项王怒，欲一战。汉王不听，项王伏弩[9]射中汉王。汉王伤，走入成皋。

楚、汉相持了很长时间还没有决出胜负，壮年男子苦于行军打仗，老弱疲于粮草的运输。项王对汉王说："天下连着好几年兴兵动武的原因，只是因为你我二人相争罢了，我希望能和汉王单独挑战，一决雌雄，再不要干让天下百姓父子们白白受苦的事啦。"汉王笑着推辞说："我宁愿斗智，不能斗力。"项王命令壮士出阵挑战。汉军中有一位擅长骑射的人名叫楼烦，楚军挑战过好几次，楼烦每次都把他们射杀了。项王见状大怒，就亲自披甲持戟挑战。楼烦想要射杀项王，项王就瞪着眼向他怒吼，楼烦被吓得不敢正视，手不敢发射，就转身逃回了营垒，不敢再出来。汉王派人私下打听，才知道是项王。汉王听说后大惊。于是项王就近和汉王而在广武涧东西两边相互对话。汉王列举了项王的罪过，项王听后大怒，想要决一死战。汉王不同意，项王埋伏下的弓弩射中了汉王。汉王受伤，逃进成皋城中。

注释　1 罢：通"疲"，疲劳。　转漕：泛指运输。转，车运，陆上运输。漕，船运。　2 匈匈：同"恟恟"，动乱，纷扰。　3 楼烦：本指古代北方善骑射的游牧民族，此泛指善射之士卒。　辄：总是，每每。　4 被：通“披”。　5 瞋(chēn)目：因发怒而睁大眼睛。　6 间问：暗中打听。　7 即：靠近，接近。　间：或当作“涧”。　8 数(shǔ)：数落。　9 伏弩：埋伏的弓箭手。弩，一种能射箭的机械装置。

项王闻淮阴侯已举河北，破齐、赵，且欲击楚，乃使龙且[1]往击之。淮阴侯与战，骑将灌婴[2]击之，大破楚军，杀龙且。韩信因自立为齐王。项王闻龙且军破，则恐，使盱台人武涉往说淮阴侯。淮阴侯弗听。是时，彭越复反，下梁地，绝楚粮。项王乃谓海春侯大司马曹咎等曰：“谨守成皋，则汉欲挑战，慎勿与战，毋令得东而已。我十五日必诛彭越，定梁地，复从将军。”乃东，行击陈留、外黄。

项王听说淮阴侯已经全部攻下河北地区，打败了齐国和赵国，并且准备进攻楚国，就派龙且前往迎击。淮阴侯和龙且作战，骑将灌婴进击龙且的军队，大败楚军，杀死了龙且。韩信因此自立为齐王。项王听说龙且军队被打败，就非常惊恐，派遣盱台人武涉前往游说淮阴侯。淮阴侯不听从。这时候，彭越再次反叛，攻下梁地，断绝楚军的粮道。项王就对海春侯大司马曹咎等人说：“小心谨慎地防守成皋城中，如果汉军前来挑战，千万不要和他们交战，只要不让汉军向东进发就可以了。我在十五日内一定要诛杀彭越，稳定梁地的局势，再重新来和将军们会合。”于是项王率军向东，在行进中攻击陈留和外黄。

外黄不下。数日，已降，项王怒，悉令男子年十五已[3]上诣城东，欲坑之。外黄令舍人[4]儿年

外黄城坚守不降。几天之后，终于投降了，项王愤怒，命令所有十五岁以上的男子全都到城东集合，想要把他们活埋。外黄县令舍

十三，往说项王曰："彭越强劫外黄，外黄恐，故且降，待大王。大王至，又皆坑之，百姓岂有归心？从此以东，梁地十余城皆恐，莫肯下矣。"项王然其言，乃赦外黄当坑者。东至睢阳[5]，闻之皆争下项王。

汉果数挑楚军战，楚军不出。使人辱之，五六日，大司马怒，渡兵汜水。士卒半渡，汉击之，大破楚军，尽得楚国货赂[6]。大司马咎、长史翳、塞王欣皆自刭汜水上。大司马咎者，故蕲狱掾，长史欣亦故栎阳狱吏，两人尝有德于项梁，是以项王信任之。当是时，项王在睢阳，闻海春侯军败，则引兵还。汉军方围钟离眛[7]于荥阳东，项王至，汉军畏楚，尽走险阻。

人的十三岁小儿，前去劝导项王说："彭越凭强力威迫外黄，外黄人害怕，所以才暂且投降彭越，等待大王前来。大王来临，却又把所有的丁壮都坑杀掉，百姓们怎么会真心实意地归附您？而且从这里往东，梁国地区十余座城邑中的民众都会畏惧大王，再没有人肯投降您了。"项王同意他的话，就赦免了应当被坑杀的外黄人。项王向东到达睢阳，听到这件事的人们争着归附项王。

汉军果然多次向楚军挑战，楚军不出城应战。汉王派人侮辱楚军，持续了五六日，大司马被激怒，率军渡过汜水。楚军士卒刚渡过一半，汉军向他们发起进攻，大败楚军，获得了楚国所有的宝物财货。大司马曹咎、长史董翳、塞王司马欣都在汜水岸上自杀身亡。大司马曹咎这个人，就是原先的蕲县狱掾，长史司马欣也就是原来的栎阳狱吏，两人曾经对项梁有恩德，因此项王信任他们。在这个时候，项王在睢阳，听说海春侯的军队失败，就率兵回还。汉军正在荥阳的东面围困钟离眛，项王来临，汉军畏惧楚军，全都逃到了有险要阻隔的地带。

注释 1 龙且(jū):项羽之将领。 2 灌婴:西汉初著名将领。刘邦称帝任车骑将军,封颍阴侯。 3 已:同"以"。 4 舍人:门客。 5 睢阳:古地名,在今河南商丘市西南。 6 货赂:珍宝财物。 7 钟离眜(mò):项羽手下之猛将。眜,有时写作"昧(mèi)"。

是时,汉兵盛食多,项王兵罢食绝。[1]汉遣陆贾[2]说项王,请太公,项王弗听。汉王复使侯公[3]往说项王,项王乃与汉约,中分天下,割鸿沟以西者为汉,鸿沟[4]而东者为楚。项王许之,即归汉王父母妻子。军皆呼万岁。汉王乃封侯公为平国君。匿弗肯复见。曰:"此天下辩士,所居倾国[5],故号为平国君。"项王已约,乃引兵解[6]而东归。

这时候,汉王的军队多,粮食充足,而项王的军队疲惫,粮食断绝。汉王派遣陆贾劝说项王,请求归还太公,项王不听。汉王又派遣侯公前去劝说项王,项王就和汉王定约,中分天下,割让鸿沟以西的地区划归汉,鸿沟以东的地区划归楚。项王同意了这个条件,立刻放回汉王的父母妻子。军队的士卒们都高呼万岁。于是汉王封侯公为平国君。但侯公却隐匿起来不肯再见。汉王说:"这个人是天下的辩士,他居住在哪里就可以倾动哪个国家的大政,所以才给他平国君的封号。"项王接受了盟约以后,就率军解除对汉军的威胁而回到东方去了。

汉欲西归,张良、陈平说曰:"汉有天下太半[7],而诸侯皆附之。楚兵罢食尽,此天亡楚之时也,不如因其机而遂取之。今释弗击,此所谓'养虎

汉王也准备西归,张良和陈平说:"汉已拥有大半天下,而且诸侯又都附从于汉。楚军疲惫而粮食已尽,这是上天要灭亡楚国的良好时机,不如趁此机会而消灭楚国。如今释放了楚军而不攻击它,这就是'豢养了

自遗患'也。"汉王听之。

一只老虎而给自己遗留下祸患'啊。"汉王听取了他们的意见。

注释 1 盛:指多。 多:指充足。 罢:通"疲",下亦同。 2 陆贾:刘邦之谋士,说客。 3 侯公:名成,字伯盛,刘邦之谋士。 4 鸿沟:战国时魏国开凿的沟通黄河与淮河的运河。从今河南荥阳引黄河水沟通济水,流经今开封市,连通颍水入淮河。 5 倾国:使国家倾覆。 6 解:和解。 7 太半:大半。《史记集解》引韦昭曰:"凡数三分有二为太半,一为少半。"

汉五年,汉王乃追项王至阳夏南,止军,与淮阴侯韩信、建成侯彭越期会而击楚军。[1]至固陵[2],而信、越之兵不会。楚击汉军,大破之。汉王复入壁,深堑[3]而自守。谓张子房曰:"诸侯不从约,为之柰何?"对曰:"楚兵且破,信、越未有分地,其不至固宜[4]。君王能与共分天下,今可立致也。即[5]不能,事未可知也。君王能自陈以东傅[6]海,尽与韩信;睢阳以北至穀城[7],以与彭

汉王五年,汉王于是追击项羽到阳夏南面,军队停止前行,和淮阴侯韩信、建成侯彭越约期相会联合攻击楚军。汉军到达固陵,而韩信、彭越的军队没有前来会合。楚军攻击汉军,打败汉军。汉王又再度逃回营垒,深挖壕沟自行坚守。汉王对张良说:"诸侯们不遵守盟约联合,这该怎么办?"张良回答说:"楚军将要被消灭,韩信和彭越却还没有得到分封的地盘,他们不来也是本当如此。君王您假若能和他们共分天下,现在就可以马上招徕他们。如果不能,天下的事势也就难预料了。君王假若能把从陈县以东到海滨一带的土地,全部封给韩信;从睢阳以北到穀城的土地,划给彭越;使

越：使各自为战，则楚易败也。”汉王曰：“善。”于是乃发使者告韩信、彭越曰：“并力击楚。楚破，自陈以东傅海与齐王，睢阳以北至榖城与彭相国[8]。”使者至，韩信、彭越皆报曰：“请今进兵。”韩信乃从齐往，刘贾军从寿春并行，屠城父，至垓下。[9]大司马周殷叛楚，以舒屠六[10]，举九江兵，随刘贾、彭越皆会垓下，诣项王。

他们各自对楚军作战，那么楚国就很容易被打败了。”汉王说：“很好。”于是就发遣使者通报韩信和彭越说：“如果能够合力攻打楚国，楚国被消灭以后，从陈县以东至海滨一带的土地给予齐王，从睢阳以北到榖城的土地给予彭相国。”使者到达后，韩信和彭越都回报说：“请求现在就进兵攻打楚军。”于是韩信从齐地前往，刘贾的军队从寿春也一同进兵，屠戮了城父，到达了垓下。大司马周殷反叛楚国，从舒城起兵屠戮了六地，发动九江王国的全部军队，随从刘贾、彭越都到垓下会合，进逼项王。

注释　1 阳夏(jiǎ)：古地名，在今河南省太康县。　期(qī)：约期会合。2 固陵：古地名，在今河南太康县南。　3 堑(qiàn)：挖沟。　4 固宜：本来是应该的。　5 即：如果。　6 傅：靠近，贴近。　7 榖城：古地名，在今山东东阿东南。　8 彭相国：即彭越，因其曾任魏豹相国，故名。9 寿春：古地名，在今安徽寿县。　城父：古地名，在今安徽亳州市东南。　垓下：古地名，因堤而名，在今安徽灵璧县东南。　10 舒：古地名，在今安徽舒城县。　六：六县，今安徽六安市。

项王军壁垓下，兵少食尽，汉军及诸侯兵围之数重。夜闻汉军四面皆楚

项王在垓下筑壁垒驻扎军队，士兵少军粮已尽，汉军和诸侯的军队把他们围了好几重。夜晚听到

歌,项王乃大惊曰:“汉皆已得楚乎?是何楚人之多也!”项王则夜起,饮帐中。有美人名虞,常幸从[1];骏马名骓[2],常骑之。于是项王乃悲歌慷慨,自为诗曰:“力拔山兮气盖世,时不利兮骓不逝。骓不逝兮可柰何,虞兮虞兮柰若何!”歌数阕,美人和之。[3]项王泣数行下,左右皆泣,莫能仰视。

汉军营中四面皆唱楚地的民歌,项王于是非常惊奇地说:“汉军难道把楚国都占领了?为何楚国人有这么多呢!”项王就在夜中起来,在帐中饮酒。有一位名叫虞姬的美人,一直深受项王的宠幸而随从项王;项王有一匹名叫骓的骏马,经常骑着它征战。因此项王就慷慨悲歌,自己作诗说:“力拔山兮气盖世,时不利兮骓不逝。骓不逝兮可奈何,虞兮虞兮奈若何!”项王唱了好几遍,美人作诗应和。项王哭泣,流下一行行热泪,左右人都跟着哭泣,没有人能忍心抬头仰视项王。

注释　1 幸从:因宠幸而跟随。 2 骓(zhuī):苍白杂毛马。 3 阕(què):一个曲子演奏终了为一阕。 和之:据《楚汉春秋》,虞姬所和之诗是:“汉兵已略地,四方楚歌声。大王意气尽,贱妾何聊生。”

于是项王乃上马骑,麾下壮士骑从者八百余人,直夜溃围南出,驰走。[1]平明,汉军乃觉之,令骑将灌婴以五千骑追之。项王渡淮,骑能属[2]者百余人耳。项王至阴陵,迷失道,问一田父,田父绐曰“左”。[3]左,

于是项王就跨上战马,在他帅旗的引领下跟从着八百多名壮士组成的骑兵队,趁着夜色向南突出重围,急驰逃走。天快亮的时候,汉军才发觉,汉王命令骑兵将领灌婴率领五千骑兵追击他们。项王渡过淮河,能够跟得上的骑兵只有百余人了。项王到达阴陵,迷失了道路,问一位田间老翁,这个老翁

乃陷大泽中。以故汉追及之。项王乃复引兵而东，至东城[4]，乃有二十八骑。汉骑追者数千人。项王自度不得脱。谓其骑曰："吾起兵至今八岁矣，身七十余战，所当者破，所击者服，未尝败北，遂霸有天下。然今卒困于此，此天之亡我，非战之罪也。今日固决死，愿为诸君快战，必三胜之，为诸君溃围，斩将，刈[5]旗，令诸君知天亡我，非战之罪也。"乃分其骑以为四队，四向。汉军围之数重。项王谓其骑曰："吾为公取彼一将。"令四面骑驰下，期山东[6]为三处。于是项王大呼驰下，汉军皆披靡[7]，遂斩汉一将。是时，赤泉侯为骑将，追项王，项王瞋目而叱之，赤泉侯人马俱惊，辟易数里。[8]与其

骗他说"向左"。项王向左，于是陷入大沼泽地中。因此，汉军追上了他。项王就又率军向东，到达东城，身边仅有二十八个骑兵。汉军追击的骑兵有几千人。项王自己估计不能摆脱困境。对他身边的骑兵说："我自起兵到现在已经有八年了，亲身经历过七十多次战斗，阻挡我的军队都被我攻破，我所进攻的敌人都被我征服，未曾打过败仗，于是就称霸而拥有天下。可是如今我却被困在这里，这是上天要灭亡我，不是我作战的过失造成的。如今固然非决战而死不可，我希望为各位痛快决战，一定要连胜汉军三次，让诸位能够突出重围，斩杀敌将，砍断汉军的军旗，好让各位知道是上天要灭亡我，不是我作战的过失造成的。"于是项王把他的骑兵划分成四队，分别向四个方面突围。汉军把他们包围了好几层。项王对他的骑兵说："我为你取汉军一将。"他命令骑士向四方奔驰而下，约定冲到山的东边分三个地点会合。于是项王大声呼喊着奔驰而下，汉军都被杀得散乱后退，项王便斩杀了一员汉军将领。这个时候，赤泉侯杨喜作为骑兵将领，

骑会为三处。汉军不知项王所在，乃分军为三，复围之。项王乃驰，复斩汉一都尉[9]，杀数十百人，复聚其骑，亡其两骑耳。乃谓其骑曰："何如？"骑皆伏曰："如大王言。"

追击项王，项王瞪着眼睛向他怒吼，赤泉侯连人带马都受了惊吓，倒退了好几里。项王就和他的骑士会聚成三处。汉军不知项王所在之处，于是就兵分三路，重新包围了楚军。项王就奔驰在汉军中，又斩杀了汉军的一名都尉，杀死了几十近百名汉军士卒，又重新聚集起他的骑士，仅损失了两名骑兵。于是对他的骑士们说："你们看怎么样？"骑士们都敬服地说："果真像大王说的那样。"

注释　1 骑：一人一马之合称。《史记正义》："凡单乘曰骑。"后同。　麾下：部下。麾，将帅的大旗，亦作"戏"。　直：通"值"，当，趁。　2 属：连接，此指跟随。　3 阴陵：古地名，在今安徽定远县西北。　绐(dài)：欺骗。　4 东城：古地名，在今安徽定远县东南。　5 刈(yì)：砍倒。　6 山东：此指当地一座山的东边。　7 披靡：本指草木随风偃倒，此指军队溃败。　8 赤泉侯：即杨喜，原为刘邦手下郎中骑将，后封为赤泉侯。　辟易：退避，避开。　9 都尉：低于校尉的统兵武职。

于是项王乃欲东渡乌江[1]。乌江亭长檥船待[2]，谓项王曰："江东虽小，地方千里，众数十万人，亦足王也。愿大王急渡。今独臣有船，汉军至，无以渡。"项王笑曰："天之亡我，我何渡为！

于是项王就想要向东渡过乌江。乌江亭长把船划靠到岸边等候项王，对项王说："江东地区虽然小，土地纵横有千里，民众有几十万，也够得上成为一个王国了。希望大王能够立即渡江。现在只有我有渡船，汉军到达，没有船可以渡过去。"项王大笑说道："是上且籍与江东子弟八千人渡江而西，今无一人还，纵江东父兄怜而王我[3]，我何面目见之？纵彼不言，籍独不愧于心乎？”乃谓亭长曰：“吾知公长者。吾骑此马五岁，所当[4]无敌，尝一日行千里，不忍杀之，以赐公。”乃令骑皆下马步行，持短兵接战。独籍所杀汉军数百人。项王身亦被十余创[5]。顾见汉骑司马吕马童[6]，曰：“若非吾故人乎？”马童面[7]之，指王翳曰：“此项王也。”项王乃曰：“吾闻汉购我头千金，邑万户，吾为若德。”乃自刎而死。王翳取其头，余骑相蹂践争项王，相杀者数十人。最其后，郎中骑杨喜，骑司马吕马童，郎中[8]吕胜、杨武各得其一体。五人共会其体，皆是。[9]故

天要使我灭亡，我为什么还要渡江呢！并且我项籍曾和江东八千名子弟兵渡江向西，如今没有一人能够回还，纵然江东父兄可怜我而拥立我为王，我又有什么脸面去见他们？纵使他们不说什么，难道我项籍心中不惭愧吗？”于是对亭长说：“我知道您是一位长者。我骑着这匹马有五年了，所向无敌，曾经一日驰行千里，我不忍心杀掉它，就把它送给您吧。”于是命令骑士全都下马步行，手持短小的兵器和汉军交战。光是项籍一个人杀死的汉军士卒就有几百人。项王身上也有十几处创伤。他回头看见汉军骑兵中的司马吕马童，说：“你不是我的老相识吗？”吕马童背对着他，指示给王翳说：“这个人就是项王。”项王就说：“我听说汉王为购求我的人头而出资千金，悬赏封万户侯，我把这个好处恩施给你吧。”于是项羽就自刎而死。王翳割取了项羽的头，其余的汉军骑士相互蹂躏践踏争夺项王的尸身，自相残杀的有几十人。最终的结果是，郎中骑杨喜，骑司马吕马童，郎中吕胜、杨武各自夺得项王的一部分尸身。五个人把所得的尸身合并一处，

分其地为五:封吕马童为中水侯,封王翳为杜衍侯,封杨喜为赤泉侯,封杨武为吴防侯,封吕胜为涅阳侯。[10]

正好是项羽的全身。因此把悬赏的封地划分为五份:封吕马童为中水侯,封王翳为杜衍侯,封杨喜为赤泉侯,封杨武为吴防侯,封吕胜为涅阳侯。

注释 1 乌江:指乌江浦,渡口名,在今安徽和县东北四十里长江西岸。 2 亭长:秦汉时乡以下的一种行政机构,十里为一亭,设亭长一人。 檥(yǐ):同“舣”,停船靠岸。 3 纵:即使。 怜:爱护,爱惜。 4 当:同“挡”,抵挡。 5 被:受到。 创:创伤。 6 顾:回头。 骑司马:官名,骑兵将领。或云“骑兵中主管法纪”。 7 面:通“偭”(miǎn),背,此指背向。 8 郎中:官名,掌执戟殿下,宿卫宫禁。 9 共会其体,皆是:将五人所得合并在一起,确为项羽之尸。 10 中水侯:封爵名,食邑中水,在今河北献县西北。 杜衍侯:封爵名,食邑杜衍,在今河南南阳西南。 赤泉侯:封爵名,食邑赤泉,在今河南淅川县西南,或说在河南鲁山县。 吴防侯:封爵名,食邑吴防,在今河南遂平县。 涅阳侯:封爵名,食邑涅阳,在今河南镇平县南。

项王已死,楚地皆降汉,独鲁不下。汉乃引天下兵欲屠之,为其守礼义,为主死节[1],乃持项王头视[2]鲁,鲁父兄乃降。始,楚怀王初封项籍为鲁公,及其死,鲁最后下,故以鲁公礼葬项王穀城。汉王为发哀,

项王死后,楚地全部归降汉王,只有鲁地不降。汉王于是率领天下的军队想要平灭鲁地,因为这个地区的人恪守礼义,为君王誓死守节,于是就拿来项王的头让鲁地人审视,鲁地的百姓才投降汉王。当初,楚怀王初次封项籍为鲁公,等到他死后,鲁地又是最后投降,所以用鲁公的名义和葬礼把项王

泣之而去。

埋葬在穀城。汉王为他发丧致哀，哭祭一通然后离去。

诸项氏枝属[3]，汉王皆不诛。乃封项伯为射阳侯[4]。桃侯、平皋侯、玄武侯皆项氏[5]，赐姓刘氏。

项氏宗族各支属的人，汉王都没有诛杀。于是封项伯为射阳侯。桃侯、平皋侯、玄武侯，都是项氏的族人，汉王赐他们姓刘。

注释　1 死节：愿守节义而死。 2 视：通"示"，让……看。 3 枝属：宗族。 4 射阳侯：封爵名，食邑射阳，在今江苏淮安县东南。 5 桃侯：封爵名，食邑桃，在今山东汶上县东北。 平皋侯：封爵名，食邑平皋，在今河南温县东。 玄武侯：不详。

太史公曰：吾闻之周生[1]曰"舜目盖重瞳子[2]"，又闻项羽亦重瞳子。羽岂其苗裔邪[3]？何兴之暴[4]也！夫秦失其政，陈涉首难，豪杰蜂起，相与并争，不可胜数。然羽非有尺寸[5]，乘势起陇亩之中，三年，遂将五诸侯[6]灭秦，分裂天下，而封王侯，政由羽出，号为"霸王"，位虽不终，近古以来未尝有也。及羽背关怀楚[7]，放逐义帝而自立，怨王侯

太史公说：我从周生那里听说"舜的眼睛是重瞳子"，又听说项羽也是重瞳子。难道项羽是舜的后代吗？不然为什么发迹得这样突然呢！秦朝失却了能治国的政道，陈涉首先发难，豪杰们蜂拥而起，相互之间争夺天下，数也数不清。但是项羽没有尺寸的封地，乘势兴起于田间陇亩中，经过三年的时间，结果就率领五路诸侯的军队灭亡了秦朝，分割天下，而封王封侯，一切大政由项羽制定，号称为"霸王"，他的职位虽然未能终久，但从近古以来也是未曾有过的。等到项羽离开关中而怀思楚地，放逐义帝而自立为王，又怨恨王侯们背叛自己，这样想成就大事就

叛己,难矣。自矜功伐[8],奋其私智而不师古,谓霸王之业,欲以力征经营天下,五年卒亡其国,身死东城,尚不觉寤而不自责,过矣。[9]乃引"天亡我,非用兵之罪也",岂不谬哉!

难了。他自己凭借着功劳而骄矜,竭力施展个人的智巧而不师法古人,认为霸王的功业,要靠武力征服来治理天下。最终五年后他的国家便灭亡了,他自己也身死东城,仍然不能觉悟不能自责,这实在是极大的失误。他却用"上天要灭亡我,不是我用兵的过失造成的"作为借口,难道这不是非常荒谬吗!

注释 1 周生:《史记正义》引孔文祥云:"周生,汉时儒者,姓周也。" 2 重(chóng)瞳子:眼睛里有两个瞳孔。 3 苗裔:后代。 邪:表疑问语气。 4 暴:突然。 5 尺寸:一点点(封地或基础)。 6 五诸侯:《史记集解》云:"此时山东六国,而齐、赵、韩、魏、燕五国并起,从伐秦,故云五诸侯。" 7 背关怀楚:《史记正义》引颜师古云:"背关,背约不王高祖于关中。怀楚,谓思东归而都彭城。" 8 矜:夸耀。 伐:功劳。 9 寤:通"悟",觉悟。 过:错。

史记卷八

高祖本纪第八

原文

高祖,沛丰邑中阳里人,姓刘氏,字季。[1]父曰太公,母曰刘媪。[2]其先刘媪尝息大泽之陂[3],梦与神遇。是时雷电晦冥[4],太公往视,则见蛟龙于其上。已而有身[5],遂产高祖。

译文

高祖,是沛县丰邑中阳里人,姓刘,字季。他的父亲名叫太公,母亲名叫刘媪。在高祖出生以前,刘媪曾在大泽的堤岸上休息,梦见和神相交合。当时雷鸣电闪天色阴暗,太公前来寻找,正好看见有一条蛟龙卧在刘媪身上。不久刘媪怀有身孕,就生下了高祖。

注释 1 高祖:《史记集解》引张晏曰:"礼谥法无'高',以为功最高而为汉帝之太祖,故特起名焉。"刘邦是汉的始祖,其子孙曾上尊号为高皇帝,故习惯上称他为高祖。 沛:县名,今江苏沛县。 丰邑:当时属沛县,今江苏丰县。 中阳里:基层行政单位名,属丰邑。 季:排行第三。刘邦长兄名伯,次兄名仲。 2 太公:对老年男子的尊称。 媪(ǎo):对老年女子的尊称。 3 其先:原先,起初。 陂(bēi):岸边。 4 晦冥:天色昏暗。 5 有身:怀孕。

高祖为人，隆准而龙颜，美须髯，左股有七十二黑子。[1]仁而爱人，喜施，意豁如也。[2]常有大度，不事家人生产作业。[3]及壮，试为吏，为泗水亭长，廷中吏无所不狎侮。[4]好酒及色[5]。常从王媪、武负贳酒[6]，醉卧，武负、王媪见其上常有龙，怪之。高祖每酤留饮，酒雠[7]数倍。及见怪，岁竟，此两家常折券弃责。[8]

高祖的相貌，高鼻梁而脸面有龙相，胡须很美，左腿上生有七十二颗黑痣。他的性情仁厚爱人，喜好对人施舍，心胸豁达。常常表现出大度宽宏的心志，不肯干平常人家生产和经营的事。等到他成年以后，曾试着去做官，当了泗水亭长，对官府中的官吏没有不亲近戏弄的。他喜好饮酒和女色。经常在王媪和武负二家的酒店中赊酒，他醉倒躺下以后，武负和王媪经常看见在他的上面有龙出现，他们感到奇怪。高祖每次买酒在酒店中畅饮，他们都以高出几倍的价格出售。等见到高祖醉卧出现奇怪现象以后，到年底算账的时候，这两家酒店经常折断赊账的竹简而放弃高祖所欠的酒钱。

注释 1 隆准:高鼻梁。隆，高。准，鼻子。 龙颜:有像龙一样的额头。颜，额头。 须髯(rán):胡须。须，生在嘴下。髯，两颊上的长须。 股:大腿。 黑子:黑痣。 2 施:施舍。 豁如:豁达豪放的样子。 3 家人:平常人家。 生产作业:指农业生产劳动。 4 泗水亭:在今江苏沛县东。汉沿秦法，十里一亭，十亭一乡。亭有亭长，负责治安诉讼、停留旅客等事项。 廷:县衙。 狎(xiá)侮:亲近戏弄。 5 色:指女色。 6 武负:姓武的老妇。负，通“妇”。 贳(shì):赊欠。 7 雠(chóu):售，卖出。 8 岁竟:年终。 折券弃责:折断欠据，放弃债款。《史记索隐》称:“然则古用简札书，故可折。至岁终总弃不责也。”责，同“债”。本文有对刘邦的神化语言，《史记志疑》以为“其事甚妄”，于《殷本纪》引元方回《续古今》考云:“好事之人,见刘邦起于亭长为王为帝,相与扶合附会,以诧其奇……知道君子,扫除而弗信可也。”

高祖常繇咸阳,纵观,观秦皇帝,喟然太息曰:“嗟乎,大丈夫当如此也!”[1]

单父人吕公善沛令[2],避仇从之客,因家沛焉。沛中豪桀吏闻令有重客[3],皆往贺。萧何为主吏,主进,令诸大夫曰:“进不满千钱,坐之堂下。”[4]高祖为亭长,素易诸吏,乃绐为谒曰“贺钱万”,实不持一钱。[5]谒入,吕公大惊,起,迎之门。吕公者,好相人,见高祖状貌,因重敬之,[6]引入坐。萧何曰:“刘季固多大言,少成事。”高祖因狎侮诸客,遂坐上坐,无所诎[7]。酒阑,吕公因目固留高祖。[8]高

高祖曾经到咸阳服徭役,任意观览,大开眼界,看到了秦始皇的时候,他非常感慨地叹息说:“唉,大丈夫就应当像这样!”

单父人吕公,和沛县令非常友善,他为了避开仇人而跟从沛县令到沛县来客居,因而就在沛县安家。沛县地区的豪杰和官吏们听说县令有贵客来临,全都前去祝贺。萧何作为县令的属官,负责收受贺礼,他对各位宾客说:“送贺礼不足千钱的人,在堂下就座。”高祖作为亭长,平素看不起县中官吏,于是写了一张礼单假称“贺钱一万”,实际上他没有带来一文钱。他入门拜谒,吕公见到他非常惊奇,亲自起身,在门前迎接他。吕公这个人,喜好替人相面,看到高祖的相貌,就很敬重他,引他入座。萧何说:“刘季常说大话,能够做成的事很少。”高祖因受吕公的敬重而随便轻侮其他客人,坐在上座,无所谦让。酒宴喝到尽兴时,吕公以目示意请高祖留下来。高祖喝完了酒,留到最后。吕公说:“我从小喜好给人看相,让我看相的人已有很多

祖竟酒，后。[9] 吕公曰："臣少好相人，相人多矣，无如季相，愿季自爱。臣有息女，愿为季箕帚妾。[10]"酒罢，吕媪怒吕公曰："公始常欲奇[11]此女，与贵人。沛令善公，求之不与，何自妄许与刘季？"吕公曰："此非儿女子所知也。"卒[12]与刘季。吕公女乃吕后也，生孝惠帝、鲁元公主[13]。

了，还没有人能比得上你刘季的相貌，我希望你能够好自珍爱。我有一个女儿，我愿意把她嫁给你作为你执箕持帚的妻子。"酒宴结束，吕媪对吕公发怒说："你平常总说这个女儿奇特不寻常，要把她嫁给贵人为妻。沛令和你相交友善，他来求婚你都没有把女儿许给他，为什么你胡乱地把女儿许给刘季呢？"吕公说："这件事不是你们女人家所能知道的。"最终把女儿嫁给了刘季。吕公的女儿就是吕后，她生了孝惠帝和鲁元公主。

注释 **1** 常：通"尝"，曾经。 繇：通"徭"，服徭役。 纵观：任意观瞻。秦皇帝：即秦始皇。 喟(kuì)然太息：感慨长叹。此处感叹之语表现出刘邦对帝位的赞叹仰慕之意。 **2** 单父(shàn fǔ)：秦县名，在今山东单县。 善：相友善。 **3** 桀：通"杰"，杰出的人。 重客：贵客。 **4** 主吏：即主吏掾，又称功曹掾，职责是协助县令掌管人事考核。 主进：主持收纳礼钱。进，通"赆"，收入的钱财。 大夫：此处为对宾客的尊称。 **5** 素：平素，向来。 易：轻视。 绐(dài)：欺骗。 谒(yè)：名帖。 **6** 相人：给人看相。 重敬：特别敬重。 **7** 诎：同"屈"，谦让。 **8** 酒阑：酒席上的人越来越少。阑，残，尽。 目：使眼色示意。 **9** 竟酒：到酒席结束。 后：留在最后。 **10** 息女：亲生女。 箕帚妾：从事洒扫的婢妾。此为谦辞，实际是许以为妻。 **11** 奇：特殊的高贵。 **12** 卒：最终。 **13** 鲁元公主：刘邦之长女，食邑于鲁。元，长。

高祖为亭长时,常告归之田[1]。吕后与两子居田中耨,有一老父过请饮,吕后因馆之。[2]老父相吕后曰:“夫人天下贵人。”令相两子,见孝惠,曰:“夫人所以贵者,乃此男也。”相鲁元,亦皆贵。老父已去,高祖适从旁舍来,吕后具言客有过[3],相我子母皆大贵。高祖问,曰:“未远。”乃追及,问老父。老父曰:“乡者夫人婴儿皆似君[4],君相贵不可言。”高祖乃谢曰:“诚[5]如父言,不敢忘德。”及高祖贵,遂不知老父处。

高祖在当亭长的时候,有一次请假回家处理农事。吕后和两个孩子在田中除草,有一位老父从田间路过讨口水喝,吕后顺便还给了他一些饭吃。老父给吕后相面说:“夫人是天下的贵人。”吕后让他替两个孩子相面,老父看着惠帝说:“夫人之所以能成为贵人,正是因为这个男孩子。”又为鲁元公主看相,也说是贵人相。老父走了以后,恰巧高祖从一旁的田舍走来,吕后对他详细地讲述了有一位路过的客人,为我们母子看相后认为我们都是大贵人。高祖问这个人现在在哪里,吕后回答说:“还没有走远。”于是高祖追上了这个人,向老父询问面相的说辞。老父说:“刚才我看过的夫人和孩子都和你的面相相似,你的相貌高贵得不能用语言来表达。”高祖感激他说:“若真像老父您所预言,我不会忘记您的恩德。”等到高祖成为高贵的天子以后,却不知道这位老人在什么地方。

注释 1 常:通“尝”,曾经。《汉书》正作“尝”。 告归:请假回家。2 居:在。 耨(nòu):除草。 馆(bū):给食,以食给人。 3 具:详细,一一。 客有过:有客人经过。 4 乡者:刚才。乡,通“向”。过去,从前。 皆似君:似,《汉书》作“以”。 5 诚:果真,真是。

高祖为亭长，乃以竹皮为冠，令求盗之薛治之，时时冠之，及贵常冠，所谓“刘氏冠”乃是也。[1]

高祖担任亭长，就用竹皮做成帽子戴，让担任求盗吏的人到薛地去找人制作，他时时戴着这种竹皮冠，等到后来显贵了还经常戴着，所谓的“刘氏冠”就是这种帽子。

高祖以亭长为县送徒郦山，徒多道亡。[2]自度比至皆亡之，到丰西泽中，止饮，夜乃解纵所送徒。[3]曰：“公等皆去，吾亦从此逝[4]矣！”徒中壮士愿从者十余人。

高祖以亭长的身份负责遣送本县去修郦山墓的徒隶，徒隶们有许多在途中逃亡。高祖自己估计等到了郦山这些徒隶也就全逃光了，到达丰西的大泽中，停下来饮酒，夜间就把遣送的徒隶们都放了。他说：“你们都逃走吧，我也从此会逃得无踪无影了！”徒隶中有十余位壮士愿意跟从高祖。

注释　1 求盗：亭长手下负责捉拿盗贼的吏卒。　薛：县名，在今山东滕州市南。　刘氏冠：《史记集解》引应劭曰：“以竹始生皮作冠，今鹊尾冠是也。”《史记索隐》引应劭云：“一名‘长冠’。侧竹皮裹以纵前，高七寸，广三寸，如板。”《史记正义》中语后来下诏说“爵非公乘以上不得冠刘氏冠”，指的就是这种帽子。　2 徒：刑徒。　郦山：即骊山，在今陕西西安市临潼区东南。当时正征集刑徒到此修始皇帝墓。　道亡：半途逃亡。　3 自度(duó)：暗自估量。　丰西泽中：丰邑西部的一片积水的洼地中。《汉书》后有“亭”一字。　解纵：释放。　4 逝：离去，逃走。

高祖被酒，夜径泽中，[1]令一人行前。行前者还报曰：“前有大蛇当

高祖喝了酒，夜间在草泽中的小道行走，他命令一个人在前面开道。在前面行走的人跑回来报告说：“前面有

径,愿还。”高祖醉,曰:“壮士行,何畏!”乃前,拔剑击斩蛇。蛇遂分为两,径开。行数里,醉,因卧。后人来至蛇所,有一老妪[2]夜哭。人问何哭,妪曰:“人杀吾子,故哭之。”人曰:“妪子何为见[3]杀?”妪曰:“吾子,白帝子也,化为蛇,当道,今为赤帝子斩之,故哭。[4]”人乃以妪为不诚,欲告[5]之,妪因忽不见。后人至,高祖觉[6]。后人告高祖,高祖乃心独喜,自负[7]。诸从者日益畏之。

一条大蛇挡在道路当中,请退回去。”高祖醉了,他说:“壮士前行,有什么值得害怕的!”就继续前行,拔出宝剑斩杀了这条大蛇。大蛇就被砍为两段,小路也就通畅了。又走了几里,酒醉得厉害,因而卧倒在地。后面的人来到有蛇的地方,看见有一名老妇人在深夜中哭泣。来人问她为什么要哭,老妇人说:“别人杀了我的儿子,所以我在哭他。”来人又说:“您的儿子为什么被杀?”老妇人说:“我的儿子,是白帝的儿子,变成了一条蛇,挡在道路当中,现在他被赤帝的儿子斩杀,我因此痛哭。”来人听后认为老妇人不诚实,想要向官府告发她,老妇人忽然不见了踪影。后来的人到达了高祖醉卧的地方,高祖酒醒。后来的人把这件事告诉高祖,高祖就在心中独自欢喜,自认为是赤帝的儿子。那些跟从他的壮士日益对他敬畏起来。

注释 1 被酒:带着醉意。 径:小路。此用为动词,指抄小路走。 2 老妪(yù):老妇人。 3 见:被。 4 白帝:秦居于西,主少昊之神,金德,作西畤,祠白帝。 赤帝:汉承尧运,赤帝之后,火德,位居于南。赤帝子杀白帝子,预示着火尅金,汉当代秦。这是五行的说法。 5 告:指向官府告发。 6 觉:睡醒。 7 自负:自有所恃。

秦始皇帝常曰“东南有天子气”，于是因东游以厌之。[1]高祖即自疑，亡匿，隐于芒、砀山[2]泽岩石之间。吕后与人俱求[3]，常得之。高祖怪问之。吕后曰：“季所居上常有云气，故从往常得季。”高祖心喜。沛中子弟或闻之，多欲附者矣。[4]

秦始皇帝经常说“东南地区有象征天子的云气”，因此他要向东巡视以图镇压。高祖自己怀疑始皇的行动是冲着他来的，于是逃亡隐匿起来，藏身在芒山、砀山一带的山泽岩石之间。吕后和别人一同找寻高祖，经常能够找到他。高祖很奇怪地问他们为什么能够找到。吕后说：“在刘季所居处的地方，上面经常有云气环绕，因此我追随着云气，常常能够找到刘季。”高祖听后心中欢喜。沛县地区的一些青年们听说这件事，有许多人都愿意依附他。

注释　1 天子气：即下文所说之云气。古代迷信的说法是天子将出现的地方，其上有一种云气显示预兆。　厌(yā)：以迷信的方法，镇服或驱避可能出现的灾祸，或致灾祸于人。　2 芒、砀山：两山名，在今河南永城市东北。　3 求：寻找。　4 子弟：年轻人。　附：依附，依从。本篇至此，是写刘邦的所谓“天授”。

秦二世元年秋，陈胜等起蕲，[1]至陈而王，号为“张楚”。诸郡县皆多杀其长吏[2]以应陈涉。沛令恐，欲以沛应涉。掾[3]、主吏萧何、曹参乃曰：“君为秦吏，今欲背之，率沛

秦二世元年秋天，陈胜等人在蕲县起事，行进到陈地自称为王，称号为“张楚”。有许多郡县的人全都把他们的官长杀死来响应陈涉。沛县县令非常害怕，也想在沛县反秦而响应陈涉。狱掾曹参和主吏萧何因此而对他说：“您作为秦廷的官吏，现在却想要背叛秦，率领沛县的子弟起

子弟,恐不听。愿君召诸亡在外者,可得数百人,因劫众[4],众不敢不听。”乃令樊哙召刘季[5]。刘季之众已数十百人矣。

义,恐怕沛县子弟们不会听从您的命令。希望您能召集那些逃亡在外的人,可以得到几百人,用他们来强行驱使众人,众人不敢不听从命令。”于是命令樊哙召刘季回来。这时候刘季的部众已发展到几百人了。

注释　1 秦二世元年:公元前 209 年。　蕲(qí):县名,在今安徽宿州市南。　2 长吏:重要的负责官吏。　3 掾:县令属吏。曹参曾任狱掾,掌管刑狱。　4 因劫众:凭借势力劫持民众。因,依靠、凭借。劫,胁迫、挟持。　5 樊哙:刘邦同乡,后追随刘邦,在建汉中有功。

于是樊哙从刘季来。沛令后悔,恐其有变,乃闭城城守。欲诛萧、曹。萧、曹恐,逾城保[1]刘季。刘季乃书帛射城上,谓沛父老曰:“天下苦秦[2]久矣。今父老虽为沛令守,诸侯并起,今屠沛。沛今共诛令,择子弟可立者立之,以应诸侯,则家室完[3]。不然,父子俱屠,无为[4]也。”父老乃率子弟共杀沛令,开城

于是樊哙陪同刘季前来。沛县县令后悔,恐怕刘季来了会发生变故,就关闭了城门据守城池。他想要诛杀萧何和曹参。萧何和曹参惊恐,越过城池来投降刘季。刘季于是写了一封帛书射到城上,对沛县的父老们宣告说:“天下的人受到秦统治的痛苦已经很久了。如今父老们虽然替沛县县令守城,但是诸侯们一同兴起反秦,现在就要屠戮到沛县。如果沛县的人现在共同诛杀了县令,从子弟当中选择可以扶立的人而拥立他,以此来响应诸侯,那样就可以使家室完整。不然,父子都要被屠戮,那样就很不值得了。”于是沛县父老就率领子弟们共同杀死了沛县县令,打开城门迎接刘季,想要把他选为沛县县

门迎刘季，欲以为沛令。刘季曰："天下方扰，诸侯并起，今置将不善，壹败涂地[5]。吾非敢自爱[6]，恐能薄，不能完父兄子弟。此大事，愿更相推择可者。"萧、曹等皆文吏，自爱，恐事不就，后秦种族[7]其家，尽让刘季。诸父老皆曰："平生所闻刘季诸珍怪[8]，当贵，且卜筮之，莫如刘季最吉。"于是刘季数让。众莫敢为，乃立季为沛公[9]。祠黄帝、祭蚩尤于沛庭，而衅鼓旗，[10]帜皆赤。由所杀蛇白帝子，杀者赤帝子，故上[11]赤。于是少年豪吏如萧、曹、樊哙等皆为收沛子弟二三千人，攻胡陵、方与，还守丰[12]。

令。刘季说："天下正处在大乱时候，诸侯们一同兴起反叛秦朝，如今选择首领若不妥当，将会一败涂地。我不敢爱惜自身，而是担心我的能力浅薄，不能保全沛县的父兄子弟们。这是一件大事，我希望你们重新推举能够担当这项重任的人。"萧何、曹参等人都是文官，而且他们顾惜自身，恐怕事业不成，以后会被秦国族灭全家，所以他们全都推让而推举刘季。各位父老们都说："平时我们已听说了有关刘季的一些超凡怪异之事，刘季必当显贵，而且我们占卜过，没有人能够比刘季更吉利。"这时刘季又多次推让。但是众人没有谁敢出任首领，于是就扶立刘季担任沛公。刘季在沛县公庭中祭祀了黄帝和蚩尤，而且举行了把血涂在旗上祭祀旗鼓的典礼，旗帜都做成红色。这是因为他所杀的那条蛇是白帝的儿子，而杀死这条蛇的人是赤帝的儿子，所以才崇尚赤色。于是沛公收集了如萧何、曹参、樊哙等少年豪吏在内的沛县子弟二三千人，进攻胡陵、方与等地，退回后据守在丰邑。

注释　1 保：以刘邦为保障，即投靠刘邦。　2 苦秦：受秦朝的苦害。　3 完：完整，保全。　4 无为：毫无意义。　5 壹败涂地：《史记索隐》：

"言一朝破败,便肝脑涂地。" 6 爱:吝惜。 7 种族:指绝种灭族。 8 珍怪:意指有宝贵意义的神化刘邦的稀奇怪事。 9 沛公:楚国以前的国君称王,它的县宰则称公。陈涉已称楚王,刘邦在沛县起事响应,所以称公。本篇在此以前刘邦称刘季,此以后就称沛公,不称刘季。 10 祠黄帝、祭蚩尤:古代以黄帝、蚩尤为战神,故起事当祭祀之。 衅(xìn):用祭祀时所杀牲畜的血涂抹,属祭礼的组成部分。 11 上:通"尚",崇尚。 12 胡陵:县名,在今山东鱼台县东南。 方(fáng)与(yù):县名,在今山东鱼台县西。《史记志疑》考证:据《汉书·高帝纪》及《秦楚之际月表》,"攻胡陵、方与,还守丰",事在秦二世二年十月。这里作元年,疑误。

秦二世二年,陈涉之将周章军西至戏而还[1]。燕、赵、齐、魏皆自立为王[2]。项氏[3]起吴。秦泗川监平将兵围丰,二日,出与战,破之。[4]命雍齿[5]守丰,引兵之薛。泗川守壮败于薛,走至戚,沛公左司马得泗川守壮,[6]杀之。沛公还军亢父,至方与,周市来攻方与,未战。[7]陈王使魏人周市略地[8]。周市使人谓雍齿曰:"丰,故梁徙[9]也。今魏地已定者数十城。齿今

秦二世二年,陈涉的将领周章率军向西攻到戏水后退回。燕、赵、齐、魏等地的豪杰都自立为王。项氏在吴地起兵。秦国泗川郡监名叫平的率领秦军包围了丰邑,两天后,沛公率众出城与平率领的军队交战,打败了秦军。沛公命令雍齿守卫丰邑,他率军去薛地。泗川郡守壮在薛地被沛公打败,逃到了戚县,沛公的左司马捕得泗川郡守壮并诛杀了他。沛公回师驻军亢父,到达了方与,还未交战。陈王派遣魏地人周市略取土地。周市派人对雍齿说:"丰邑,原来是梁惠王的孙子假被秦所灭后迁徙的地方。如今魏地已经有几十座城邑被平定了。你如果现在归降魏国,魏国将封你为诸侯而继续驻守在丰

下[10]魏，魏以齿为侯守丰。不下，且屠丰。”雍齿雅[11]不欲属沛公，及魏招之，即反为魏守丰。沛公引兵攻丰，不能取。沛公病，还之沛。

邑。如果你不归降魏国，我们将要屠戮丰邑。”雍齿原来就不情愿附属于沛公，等到魏国来招降他，他就立刻反叛沛公而替魏国据守丰邑。沛公率军攻打丰邑，没有能攻取。沛公生病，军队退回到沛县。

注释 1 周章：陈涉部将，也叫周文，陈县人。 戏：地名，在今西安市临潼区东。 2《汉书·高帝纪》载，二世二年八月，武臣自立为赵王，田儋自立为齐王，韩广自立为燕王，魏咎自立为魏王。 3 项氏：指项梁和他的侄子项羽。 4 泗川：即泗水，郡名。辖今长江以北安徽省北部江苏省西北部地区。治所相县，在今安徽淮北市西。 监：秦并天下，郡设守、尉、监，为监察官，临察官吏。 平：人名。 5 雍齿：刘邦同乡，建汉后封侯。 6 守：郡守，为一郡的行政首长。 壮：人名。 戚：县名，在薛、沛之间。 左司马：官名，掌管军政。《史记索隐》按：“后云‘左司马曹无伤’，自此已下更不见替易处，盖是左司马无伤得泗川守壮而杀之耳。” 得：俘获。 7 亢(gāng)父(fǔ)：县名，在今山东济宁市南。 周市来攻方与：此六字疑衍，不译。 8 陈王：指陈涉。因在攻下陈县后被推为王，故称。 周市(fú)：陈胜部将。 9 故梁徙：曾是梁国的徙都。《史记集解》引文颖曰：“梁惠王孙假为秦所灭，转东徙于丰，故曰‘丰，梁徙’。” 10 下：投降。 11 雅：向来。

沛公怨雍齿与丰子弟叛之，闻东阳甯君、秦嘉立景驹为假王，在留，乃往从之，欲请兵以攻丰。[1]是时秦将章邯从

沛公痛恨雍齿和丰邑的子弟们背叛他，他听说东阳甯君、秦嘉扶立了景驹为代理王，驻军在留城，就前往依附他们，想要请他们出军攻打丰邑。这时候秦国的将领章邯追击陈胜，他的部将司马𡰖另率一支军队向北平定楚

陈，别将司马尸将兵北定楚地，屠相，至砀。[2]东阳甯君、沛公引兵西，与战萧[3]西，不利。还收兵聚留，引兵攻砀，三日乃取砀。因收砀兵，得五六千人。攻下邑[4]，拔之。还军丰。闻项梁在薛，从骑[5]百余往见之。项梁益沛公卒五千人，五大夫将[6]十人。沛公还，引兵攻丰。

地，屠戮了在相城据守的军民，到达砀郡。东阳甯君和沛公率领军队向西进攻，和司马尸的军队在萧县的西面交战，作战不利。就退回来收兵聚集在留城，又率军攻打砀郡，经过三日激战而夺取了砀郡。因此收整了砀地的兵卒，得到五六千人。他们又进攻下邑，攻克了它。回师到达丰邑。听说项梁在薛地，就带着一百多名随从骑兵前往见项梁。项梁增拨给了沛公五千兵卒，五大夫级别的将领十名。沛公回来后，率领着军队进攻丰邑。

注释 1 东阳甯君：东阳县(今江苏金湖县西南)一个姓甯的人。 秦嘉：响应陈涉而起兵的一名将领。 景驹：旧楚国王族的后裔。 假王：代理楚王。是时陈涉已死，故景驹暂时被立为楚王。 留：县名，在今江苏沛县东南。 2 从陈：追击陈胜。 司马尸：司马，官名。尸，古“夷”字，人名。时配合主力军章邯率部在别处作战，故称为“别将”。 相：县名，泗水郡郡治。 砀：县名，砀郡郡治，在今河南夏邑县东南。 3 萧：县名，在今安徽萧县西北。 4 下邑：县名，在今安徽砀山县。 5 从骑：率领随从骑兵。 6 五大夫将：有五大夫爵位的将领。五大夫，秦爵第九级。

从项梁月余，项羽已拔襄城还。[1]项梁尽召别将居薛。闻陈王定死，因立楚后怀王孙心为楚王，

沛公归附项梁一个多月后，项羽已经攻克襄城而回军。项梁把所有在外单独统兵的将领召集到薛城。他听说陈王确实是死了，就扶

治盱台。[2]项梁号武信君。居数月，北攻亢父，救东阿，[3]破秦军。齐军归，楚独追北[4]，使沛公、项羽别攻城阳，屠之。军[5]濮阳之东，与秦军战，破之。

立楚王后代怀王的孙子熊心为楚王，把盱台作为都城。项梁号为武信君。过了几个月，向北进攻亢父，援救东阿，打败了秦军。齐国的军队回归齐地，楚军独自追击败逃的敌人，派遣沛公和项羽另外率领军队攻打城阳，屠戮了城阳的守军。驻军在濮阳的东面，和秦军交战，打败了秦军。

秦军复振，守濮阳，环水。楚军去而攻定陶，定陶未下。沛公与项羽西略地至雍丘之下，与秦军战，大破之，斩李由[6]。还攻外黄，外黄未下。

秦军又重镇军威，据守濮阳城，决开河堤放水环卫全城。楚军离开濮阳去攻取定陶，定陶没有攻下。沛公和项羽向西攻略土地到达了雍丘城下，和秦军作战，大败秦军，斩杀了李由。他们回师攻打外黄，外黄没有被攻下。

注释　1 拔：攻下。　襄城：县名，在今河南襄城县。　2 定死：确定死亡。　心：熊心，楚怀王孙。　盱台(yí)：即盱眙，县名，在今江苏盱眙县东北。　3 居数月：《史记志疑》："《月表》及《汉纪》立怀王在六月，攻亢父在七月，中间只隔数十日，安得谓居数月乎？疑'月'当作'日'。"　东阿：县名，在今山东阳谷县东北。　4 北：败逃。《史记集解》引服虔曰："师败曰北。"　5 军：驻扎。　6 李由：李斯之子，时为三川郡守。

项梁再破秦军，有骄色。宋义[1]谏，不听。秦益章邯兵，夜衔枚[2]击项

项梁再次打败了秦军，产生了骄傲的情绪。宋义劝谏说骄兵必败，项梁不听。秦国给章邯增派了军队，

梁，大破之定陶，项梁死。沛公与项羽方攻陈留，闻项梁死，引兵与吕将军俱东。[3] 吕臣军彭城东，项羽军彭城[4]西，沛公军砀。

秦军趁着夜幕，口中横衔着枚来偷袭项梁的军队，在定陶打败楚军，项梁战死。沛公和项羽正在攻打陈留，听说项梁战死，就率军和吕将军一同向东撤退。吕臣在彭城东边驻军，项羽在彭城西边驻军，沛公在砀县驻军。

章邯已破项梁军，则以为楚地兵不足忧，乃渡河，北击赵，大破之。当是之时，赵歇为王，秦将王离围之钜鹿城，[5] 此所谓河北之军也。

章邯打败了项梁的军队后，便认为楚国地区的义军不值得忧虑，就渡过了黄河，向北进击赵国，大败赵国的军队。在这个时候，赵歇为赵王，秦将王离的军队把他包围在钜鹿城中，赵歇在钜鹿的军队就是所谓的河北军。

秦二世三年，楚怀王见项梁军破，恐，徙盱台都彭城，并吕臣、项羽军自将之。以沛公为砀郡长，封为武安侯，将砀郡兵。封项羽为长安侯，号为鲁[6]公。吕臣为司徒，其父吕青为令尹。[7]

秦二世三年，楚怀王见到项梁的军队被打败，很害怕，就把都城从盱台迁到彭城，把吕臣和项羽的军队合并一处亲自统领他们。任命沛公担任砀郡长，封沛公为武安侯，统率砀郡的军队。封项羽为长安侯，封号为鲁公。吕臣担任司徒，他的父亲吕青担任令尹。

注释　1 宋义：原为楚国令尹，时为项梁部将，后为项羽所杀。　2 衔枚：《史记集解》引郑玄曰："衔枚，止言语嚣欢也。枚状如箸，横衔之，繣(huà)结于项者。"　3 陈留：县名，在今河南开封市东南。　吕将军：即吕臣，原为陈胜部将。　4 彭城：县名，在今江苏徐州市。　5 赵歇：原系赵国后裔,时被拥立为王。 王离:秦名将王翦之孙。 钜鹿:县名,在今河北平乡县西南,秦钜鹿郡郡治。 6 鲁:县名,在今山东曲阜市。秦薛郡郡治。 7 司徒:楚官名,执掌后勤事务。 令尹:楚官名,职掌如丞相。

赵数请救,怀王乃以宋义为上将军,项羽为次将,范增[1]为末将,北救赵。令沛公西略地入关[2]。与诸将约,先入定关中者王之[3]。

赵国多次请求楚军救援,怀王就任命宋义为上将军,项羽为次将军,范增为末将军,率军向北救援赵国。命令沛公向西略取土地进入关中地区。怀王和各个将领订下盟约,先进入关中的就可以成为这个地区的王。

注释 1 范增:项羽之谋臣。 2 关:指函谷关,武关。 3 关中:《史记索隐》引《三辅旧事》云:"西以散关为界,东以函谷为界,二关之中谓之关中。"实际上,关中还南有武关,北有萧关,它是处在四关之中。 王之:封为关中王。

当是时,秦兵强,常乘胜逐北,诸将莫利[1]先入关。独项羽怨秦破项梁军,奋[2],愿与沛公西入关。怀王诸老将皆曰:"项羽为人僄悍猾贼[3]。项羽尝攻襄城,襄城无

这个时候,秦国的军队很强盛,经常是乘胜追击败退的诸侯国的军队,各个将领没有人认为首先进入关中地区去攻打秦军是件有利的事情。唯独项羽痛恨秦军打败了项梁的军队,情绪激愤,要和沛公一同向西进军攻入关中。怀王的一些老将领们都对怀王说:"项羽为人急躁凶悍而好兴祸端。项羽曾经攻打襄城,攻下后襄城没有任何一个人能够活下来,全城

遗类[4],皆坑之,诸所过无不残灭。且楚数进取[5],前陈王、项梁皆败。不如更遣长者扶义而西,告谕秦父兄。[6]秦父兄苦其主久矣,今诚得长者往,毋侵暴,宜可下。今项羽僄悍,今不可遣。独沛公素宽大长者,可遣。”卒不许项羽,而遣沛公西略地,收陈王、项梁散卒。乃道砀至成阳,与杠里秦军夹壁,破魏二军。[7]楚军出兵击王离,大破之。

人都被坑杀了,他所经过的地方没有一处不受到残酷地毁灭。而且楚军多次进兵要夺取关中地区,此前陈王和项梁西进都失败了。不如改派一位宽厚的长者以仁义的方式向西进攻,来告示晓谕秦国的父老兄弟。秦国的父老兄弟因为他们的君主残暴而受苦已经很久了,如今果真能得到一位宽厚长者前往,不用侵伐残暴的手段,秦地就能够被攻下来。如今项羽暴躁凶悍,现在不能派遣他去。只有沛公是一位平素宽大的长者,可以派遣他前去。”怀王最终没允许项羽西进,而派遣沛公向西进军略取土地,并收整原属于陈王、项梁而被秦军打散的士卒。沛公领军道经砀城到达成阳,和杠里的秦军对垒,消灭了秦的两支军队。这时楚军在河北出兵攻击王离的军队,把这支秦军打得大败。

注释 1 莫利:没有谁认为有利。 2 奋:激愤。 3 僄(piào)悍猾贼:轻捷勇猛,狡诈凶残。 4 无遗类:没有留下一人,指灭绝。 5 进取:进攻。 6 长者:宽大为怀,品德服众的人。 扶义:扶持正义。 告谕:告令晓示。 7 道:经过。 成阳:即城阳。 杠里:地名,在城阳之西。 夹壁:对垒。 魏:应为“秦”字之误。译文径改。

沛公引兵西,遇彭越昌邑[1],因与俱攻秦军,战

沛公引领军队西进,在昌邑县遇到了彭越,因而和彭越的军队共同向

不利。还至栗，遇刚武侯，夺其军，可四千余人，并之。[2] 与魏将皇欣、魏申徒[3] 武蒲之军并攻昌邑，昌邑未拔。

秦军进攻，战斗没有取得胜利。他们回军到达栗县，又遇到刚武侯，夺取了刚武侯的军队，获得了大约四千多人，合并到一处。他们和魏将皇欣、魏国申徒武蒲的军队共同进攻昌邑，昌邑没有被攻下。

注释 1 彭越：反秦将领之一，汉初封王，后被刘邦所杀。 昌邑：县名，在今山东巨野县南。 2 栗：县名，在今河南夏邑县。 刚武侯：史失其名姓。 可：大约。 3 申徒：官名，即司徒。

西过高阳[1]。郦食其为监门[2]，曰："诸将过此者多，吾视沛公大人长者。"乃求见说沛公。沛公方踞床[3]，使两女子洗足。郦生不拜，长揖，[4] 曰："足下必欲诛无道秦，不宜踞见长者。"于是沛公起，摄衣谢之，延上坐。[5] 食其说沛公袭陈留，得秦积粟。乃以郦食其为广野君，郦商为将，将陈留兵，与偕攻开封，开封未拔。[6] 西与秦将

又向西路过高阳。高阳人郦食其担任把守城门的官吏，说："各个将领经过这里的很多，我看只有沛公是一位气度宏伟的宽大长者。"于是他求见并想游说沛公。沛公正坐在床边，命令两个女子替他洗脚。郦食其入见而没有行拜礼，只是作了一个揖，他说："足下若是一定想要诛伐无道的暴秦，就不应该坐着接见年长的人。"于是沛公起身，穿好衣服向他道歉，延请他坐在上座。郦食其游说沛公袭击陈留，以获得秦朝积存的粮食。攻取陈留后沛公就封郦食其为广野君，任命郦商担任将军，率领着陈留的军队，和沛公的军队一同进攻开封，开封没有被攻克。又率军向西和秦将杨熊在白马交战，又在曲遇东面交战，彻底打垮了这支秦军。杨熊逃到荥

杨熊战白马，又战曲遇东，[7]大破之。杨熊走之荥阳，二世使使者斩以徇。[8]南攻颍阳[9]，屠之。因张良遂略韩地轘辕[10]。

阳，秦二世派遣使者把战败的杨熊斩杀了示众。沛公向南进攻颍阳，屠戮了坚守不降的军队。又借助张良的力量略取了韩地轘辕。

注释 1 高阳：聚邑名，地处今河南杞县西南。 2 郦食(yì)其(jī)：说客，后为刘邦谋士。 监门：此处"为监门"《汉书》作"为里监门"，里监门，看守城门的人。 3 踞床：坐在床上。古人跪席见客为有礼，踞床见客是不礼貌的行为。床，似板凳一类的坐具。 4 拜：行敬礼。古时为下跪叩头及打躬作揖的通称。 揖：拱手为礼，自上至下。 5 摄：整理。 谢：道歉。 延：引请。 6 郦商：郦食其之弟。 偕：一同，一起。 开封：县名，在今河南开封市西南。 7 白马：县名，在今河南滑县东。 曲遇：邑名，在今河南中牟县境内。 8 荥阳：县名，在今河南荥阳市东北。 徇：示众。 9 颍阳：县名，在今河南许昌市西南。此处《汉书·高帝纪》作"颍川"，则为郡名，治所阳翟在今河南禹州市。 10 轘(huán)辕：关名，在今河南偃师市东南轘辕山中。

当是时，赵别将司马卬方欲渡河入关，沛公乃北攻平阴，绝河津。[1]南，战雒阳东，军不利，还至阳城，收军中马骑，与南阳守齮战犨东，破之。[2]略南阳郡，南阳守齮[3]走，保城守宛。沛公引兵过

在这个时候，赵国的别将司马卬正想渡过黄河进入关中，沛公就向北攻打平阴，断绝了司马卬渡河所要经过的黄河渡口。又向南进军，在雒阳东面和秦军交战，战事的进展不利，回军到达阳城，收整军中的战马车骑，和南阳郡守吕齮在犨地东面交战，打败了秦军。攻取了南阳郡，南阳太守吕齮逃跑，在宛城中坚守不

而西。张良谏曰："沛公虽欲急入关，秦兵尚众，距险[4]。今不下宛，宛从后击，强秦在前，此危道也。"于是沛公乃夜引兵从他道还，更旗帜，黎明，围宛城三匝[5]。南阳守欲自刭。其舍人[6]陈恢曰："死未晚也。"乃逾城见沛公，曰："臣闻足下约，先入咸阳者王之。今足下留守宛。宛，大郡之都也，连城数十，人民众，积蓄多，吏人自以为降必死，故皆坚守乘城[7]。今足下尽日止攻[8]，士死伤者必多；引兵去宛，宛必随足下后：足下前则失咸阳之约，后又有强宛之患。为足下计，莫若约降，封其守，因使止守[9]，引其甲卒与之西。诸城未下者，闻声争开门而待，足下通

战。沛公率军放过宛城继续向西进攻。张良进谏说："沛公您虽然急切地想要攻入关中，但是秦军还很多，而且他们又凭借着险关拒守。现在如果不攻克宛城，那么宛城的秦军从我军后方攻击，强大的秦军主力又挡在前面，这是一条危险的道路。"因此沛公就率领军队从别的道路趁着夜幕返回，变换了旗帜，在黎明时分，把宛城包围了三重。南阳郡守想要自杀。他的舍人陈恢说："现在离死还早呢。"于是他越过城墙来见沛公，说："我听说您和各个将领订立了盟约，谁先进入咸阳谁就可以在关中称王。如今足下停留下来围守着宛城。宛城，是大郡的都城，连接的城市有几十座，人民众多，积蓄的物品也很多，官吏们以为投降一定会被杀死，所以都决心据城坚守。如今足下整日停留在这里攻城，士卒死伤的人一定很多；率军离开宛城，宛城的军队一定会尾随足下身后追击：这样，足下在前面已失去了先入咸阳的履约机会，后面又有着强大的宛城军队的威胁。替足下考虑，不如订立盟约而招降宛城，封赏它的郡守，因而让他留下来守住南阳，率领他的军队一同向西进攻。那些还没有被占领的城邑，

行无所累[10]。”沛公曰:“善。”乃以宛守为殷侯,封陈恢千户。引兵西,无不下者。至丹水,高武侯鳃、襄侯王陵降西陵。[11]还攻胡阳,遇番君别将梅销,与皆,降析、郦。[12]遣魏人甯昌使秦[13],使者未来。是时章邯已以军降项羽于赵矣。

听到了足下招降的信息就会争着打开城门而等待您的军队来临,这样就会使足下畅通无阻地向咸阳行进。”沛公说:“很好。”就封宛城的南阳郡守为殷侯,封陈恢为千户侯。领兵向西进军,沿途城邑没有不归附的。到达丹水,高武侯戚鳃和襄侯王陵都在西陵投降。回师进攻胡阳,遇到番君的别将梅销,便和他联合作战,招降了析城和郦城。派遣魏人甯昌出使秦国,使者还没有回来。这个时候,章邯已经在赵地率秦军投降了项羽。

注释 1 司马卬(áng):反秦将领之一,项羽分封使为殷王,后降汉。 平阴:县名,在今河南孟津县东北。 河津:黄河渡口。 2 雒阳:三国时魏改“雒”为“洛”。县名,在今河南洛阳市东北,为三川郡郡治。 阳城:县名,在今河南方城县东。 南阳:郡名,辖今河南西南及湖北北部一带地区,郡治宛县,即今河南南阳市。南阳在秦为大郡,故下文言“宛,大郡之都也”。 3 齮(yǐ):吕齮。 4 距险:据险抗拒。距,通“拒”。 5 三匝(zā):三重。 6 舍人:侍从于左右的亲信门客。 7 乘城:登城防守。 8 止攻:停止前进,留下攻城。 9 止守:留下守城。 10 无所累:没有什么牵挂。 11 丹水:县名,在今河南淅川县西南。 高武侯鳃:《史记集解》引晋灼曰:“《功臣表》之戚鳃也。” 襄侯王陵:此非汉初封安国侯,任右丞相之王陵。 西陵:《汉书》无此二字,疑为衍文。 12 胡阳:县名,在今河南唐河县西南。 番(pó)君:即吴芮。 皆:通“偕”,一同。 析:县名,在今河南西峡县。 郦:县名,在今河南南阳市西北。 13 甯昌使秦:盖入秦与赵高通谋。

初,项羽与宋义北救赵。及项羽杀宋义,代为上将军,诸将黥布[1]皆属,破秦将王离军,降章邯,诸侯皆附。及赵高已杀二世,使人来,欲约分王关中。沛公以为诈,乃用张良计,使郦生、陆贾往说秦将,啖以利,因袭攻武关,破之。[2]又与秦军战于蓝田南,益张疑兵旗帜,诸所过毋得掠卤。[3]秦人憙,秦军解,[4]因大破之。又战其北,大破之。乘胜,遂破之。

起初,项羽和宋义向北进军援救赵国。等到项羽杀了宋义,代替他为楚军的上将军,黥布等各位将领都归属项羽指挥,打垮了秦将王离的军队,降服了章邯,诸侯都归附项羽。等到赵高杀死秦二世以后,派人前来,想要和沛公订立盟约分割关中的土地而各自称王。沛公认为这是诡诈的阴谋,就采用张良的计策,派遣郦食其、陆贾前去劝说秦国的将领,以利引诱他们,沛公趁机攻打武关,打垮了守关的秦军。又和秦军在蓝田南面交战,增设张挂了许多疑兵和旗帜,所经过的地方不准掳掠。秦国的人非常高兴,秦军瓦解,因而打垮了他们。又在蓝田北面和秦军交战,打垮了秦军。乘胜追击,就彻底打败了秦军。

注释 1 黥(qíng)布:即英布,参与反秦。 2 郦生:即郦食其。 陆贾:刘邦谋士。 啖(dàn)以利:以利引诱人。啖,引诱。 武关:关名,在今陕西商南县东南之陕西、河南二省交界线上,有丹水流经其地,为古代从东南入关的重要通道。 3 蓝田:县名,在今陕西蓝田县西南。 卤:通"掳",掠夺。 4 憙:同"喜",喜悦。 解:涣散,瓦解。

汉元年十月,沛公兵遂先诸侯至霸上。[1]秦王子婴素车白马,系

汉王元年十月,沛公的军队比诸侯们先到达霸上。秦王子婴坐着白马拉着的素车,用绳子套在脖颈上,封存

颈以组，封皇帝玺、符、节，降轵道旁。[2]诸将或言诛秦王。沛公曰："始怀王遣我，固以能宽容；且人已服降，又杀之，不祥。"乃以秦王属吏[3]，遂西入咸阳。欲止宫休舍[4]，樊哙、张良谏，乃封秦重宝财物府库，还军霸上。召诸县父老豪杰曰："父老苦秦苛法久矣，诽谤者族，偶语者弃市。[5]吾与诸侯约，先入关者王之，吾当王关中。与父老约法三章耳[6]：杀人者死，伤人及盗抵罪[7]。余悉除去秦法。诸吏人皆案堵[8]如故。凡吾所以来，为父老除害，非有所侵暴，无恐！且吾所以还军霸上，待诸侯至而定约束[9]耳。"乃使人与秦吏行县乡邑，告谕之。秦人大喜，

了皇帝的玺印符节，在轵道旁向沛公投降。各个将领中有人提出应诛杀秦王。沛公说："起初怀王派遣我向西进军入关，本来就是因为我能够宽容待人；而且人家已经屈服投降，再要杀他，这样做不吉利。"就把秦王交给官吏们看守，接着向西进入咸阳。沛公想要住进秦国的宫室中休息，由于樊哙和张良的谏阻，才封藏了秦国的重宝财物府库，退回到霸上驻军。沛公召来各县的父老豪杰们说："父老们受到暴秦苛法的痛苦已经很久了，人们若是说一些和朝廷不一致的话就会被定为诽谤之罪而遭到灭族，人们相互私语就要被诛杀于街市中示众。我和诸侯们订立了盟约，先进关的就在关中地区称王，所以我应当在关中称王。我和各位父老们订立盟约，只定下三章法律：杀人者处死刑，伤人和盗抢他人财物的人要各当其罪。其余的秦朝法律全部废除。各级官吏都要像以前一司各司其职。我之所以前来伐秦，目的是为了替父老们除去祸害，不是要对你们进行侵凌施暴，大家不要害怕！而且我退兵驻在霸上的原因，是等候诸侯们到来共同制定一个纪律规范。"就派人和秦朝官吏到各县乡城邑巡行，把他的意图告诉各地民众。

争持牛羊酒食献飨[10]军士。沛公又让不受,曰:“仓粟多,非乏,不欲费人[11]。”人又益喜,唯恐沛公不为秦王[12]。

秦国人非常高兴,争着把牛羊酒食等物拿来慰劳沛公的军士。沛公又谦让而不接受这些礼物,说:“仓库中粮食很多,我们不缺少这些东西,我不想让大家破费。”人们又更加欢喜,唯恐沛公不在关中做王。

注释 1 汉元年十月:公元前206年阴历十月。刘邦是年为汉王,故为汉纪年之始。汉承秦制,以十月为岁首,十月为每年的第一个月,亦为是年纪事之始。 霸上:地名,在今陕西西安市东南。 2 素车白马:丧服。以此表示有罪。 系颈以组:用丝带系着脖子,表示投降服罪。组,丝织成用以佩玉或佩印的宽绶带。 玺:皇帝用的玉质印章。 符:发兵的铜质虎符。 节:为竹节状,上加旄饰,用于征调,竹质。 轵道:亦作“枳道”,亭名,在今陕西西安市东北。 3 属吏:交给主管官员监护。属,交付。 4 止宫休舍:《史记正义》:“休,息也。言欲居止宫殿中而息也。” 5 诽谤:议论施政的是非,指责朝廷的过失。 族:灭族。 偶语:相对着私语。《汉书》作“耦语”。 弃市:死刑,在市上公开执行。 6 法三章耳:意思是法律简化到只有三条。说明致力减省刑罚。 7 抵罪:根据情节轻重适当判罪。《史记索隐》引韦昭云:“抵,当也。谓使各当其罪。” 8 案堵:如正常次序,安定不变。《史记集解》引应劭曰:“案,案次第;堵,墙堵也。” 9 约束:指处事规章。 10 飨:用酒肉犒劳。 11 费人:让人破费。 12 秦王:此指在秦朝的中心地区关中做王。

或[1]说沛公曰:“秦富十倍天下,地形强。今闻章邯降项羽,项羽乃号为雍王[2],王关中。

有人劝谏沛公说:“秦国比全天下富有十倍,地形又非常有利。现在听说章邯投降了项羽,项羽给他的封号是雍王,让他在关中称王。如今他们若来今则[3]来，沛公恐不得有此。可急使兵守函谷关，无内诸侯军，稍征关中兵以自益，距之。[4]”沛公然其计，从之。

到关中，恐怕您便不能拥有关中地区了。应该立刻派遣军队把守函谷关，不要让诸侯的军队进入，在关中地区逐步征集一些士卒来加强自己的军力，抗拒他们。”沛公认为这个计谋有道理，就采纳了这个意见。

十一月中，项羽果率诸侯兵西，欲入关，关门闭。闻沛公已定关中，大怒，使黥布等攻破函谷关。

十一月中旬，项羽果真率领诸侯的军队向西进军，在想要进入函谷关的时候，关门却关闭了。他听说沛公已经平定了关中地区，大怒，派遣黥布等人攻破了函谷关。

注释　1 或：代词。据《史记索隐》所引《楚汉春秋》，此人指解先生。　2 号：指传出分封时要给予的封号。　雍王：领有关中咸阳以西的地区。　3 则：如果。　4 函谷关：关中东面门户。在今河南灵宝市东北。　内：同“纳”，放入，使进入。　距：通“拒”，抗拒。

十二月中，遂至戏。沛公左司马曹无伤闻项王[1]怒，欲攻沛公，使人言项羽曰：“沛公欲王关中，令子婴为相，珍宝尽有之。”欲以求封。亚父[2]劝项羽击沛公。方飨士，旦日合战[3]。是时项羽兵四十万，号百万。沛公兵

十二月中旬，项羽到达了戏地。沛公的左司马曹无伤听说项王大怒，想要攻打沛公，就派人对项羽说：“沛公想要在关中称王，任用子婴担任丞相，秦国所有的珍宝都归他所有。”他希望以此来求得项羽封给官爵。亚父范增劝项羽攻打沛公。项羽让士卒饱餐，准备到早晨日出时和沛公军队交战。这时候项羽拥有军队四十万人，号称百万。沛公拥有

十万，号二十万，力不敌。会项伯欲活张良，夜往见良，因以文谕项羽，项羽乃止。[4]沛公从百余骑，驱之鸿门[5]，见谢项羽。项羽曰：“此沛公左司马曹无伤言之。不然，籍何以生此！”沛公以樊哙、张良故，得解归[6]。归，立诛曹无伤。

十万士兵，号称二十万人，力量敌不过项羽。恰逢项伯想要救张良一命，在夜间前往霸上见张良，因而项伯劝说，使项羽停止了向沛公的进攻。沛公带着随从的一百多名骑兵，驱马来到了鸿门，见到了项羽并向他道歉。项羽说：“这是沛公的左司马曹无伤对我说起的。不然，我项籍为什么会生此疑心呢！”沛公因为有樊哙和张良勇智相助的缘故，才能够摆脱危难而返回军中。沛公回来以后，立即诛杀了曹无伤。

项羽遂西，屠烧咸阳秦宫室，所过无不残破。秦人大失望，然恐，不敢不服耳。

项羽就向西进军，屠戮和焚烧了咸阳城内的秦宫室，所过之处没有不遭到摧残和毁灭的。秦地人大失所望，但是却因为害怕，不敢不服从项羽罢了。

注释 1 项王：此时项羽还未称王，不当称项王，当作“项羽”。 2 亚父：即范增。《史记索隐》云：“项羽得范增，号曰亚父，言尊之亚于父。犹管仲，齐谓仲父。” 3 旦日：明日。 合战：交战。 4 项伯：项羽的叔父项缠，字伯。 活：救活。 文谕：据《项纪》，项伯对项羽说，“沛公不先破关中，公岂敢入乎？今人有大功，击之不义”。并非以书面形式告知。 5 鸿门：当时项羽驻军于此。地在今陕西西安市临潼区东。 6 解归：脱身回营。

项羽使人还报怀王。怀王曰：“如约[1]。”项羽怨

项羽派人回去向怀王报告请示。怀王说：“按照原来的约定行

怀王不肯令与沛公俱西入关,而北救赵,后天下约[2]。乃曰:“怀王者,吾家项梁所立耳,非有功伐,何以得主约![3]本定天下,诸将及籍也。”乃详尊怀王为义帝,实不用其命。[4]

正月,项羽自立为西楚霸王,王梁、楚地九郡,都彭城。负约,更立沛公为汉王,王巴、蜀、汉中,都南郑。三分关中,立秦三将:章邯为雍王,都废丘;司马欣为塞王,都栎阳;董翳为翟王,都高奴。楚将瑕丘申阳为河南王,都洛阳。赵将司马卬为殷王,都朝歌。赵王歇徙王代。赵相张耳为常山王,都襄国。当阳君黥布为九江王,都六。怀王柱国共敖为临江王,都江陵。番君吴芮为衡山王,

事。”项羽怨恨怀王不肯派遣他和沛公一同向西进军入关,却让他向北进军救援赵国,所以才在天下人争取谁先进入关中谁就做关中王的盟约中落后。项羽因此说:“怀王这个人,是我家项梁所扶立的,他没有可资为王的功劳,凭什么主持订立盟约!实际上平定天下的人,是诸位将军和我项籍。”项羽就假装尊奉怀王为义帝,实际上不执行他的命令。

正月,项羽自立为西楚霸王,统辖梁、楚地区的九个郡,把彭城作为都城。他背叛了前约,另立沛公为汉王,统辖巴、蜀、汉中地区,以南郑为国都。把关中地区一分为三,立秦国的三位降将为王:章邯为雍王,以废丘为都城;司马欣为塞王,以栎阳为都城;董翳为翟王,以高奴为都城。楚国的将军瑕丘申阳被封为河南王,以洛阳为国都。赵国的将军司马卬被封为殷王,以朝歌为都城。赵王歇被迁徙为代王。赵相张耳被封为常山王,以襄国为都城。当阳君黥布被封为九江王,以六城为都城。怀王的柱国共敖被封为临江王,以江陵为都城。番君吴芮被封为衡山王,以邾为都城。燕国的将军臧荼被封为燕王,以蓟城为

都郲。燕将臧荼为燕王，都蓟。故燕王韩广徙王辽东。[5]广不听，臧荼攻杀之无终。封成安君陈余河间三县，居南皮。封梅销十万户。

都城。原燕王韩广被迁到辽东为王。韩广不听从，臧荼攻打他并在无终地区把他杀了。把河间地区的三个县分封给成安君陈余，他居住在南皮。封梅销为十万户侯。

注释 1 如约：按照原来“先入关者王之”的约定办事。 2 后天下约：在实践天下诸侯的约定上落后于刘邦。 3 项梁：《史记志疑》以为项羽不宜自称季父之名，此处当作“武信君”。《汉书》正无此二字。 功伐：功绩。伐，功劳。二字同义。《史记·高祖功臣侯者年表序》太史公曰：“古者人臣功有五品，以德立宗庙定社稷曰勋，以言曰劳，用力曰功，明其等曰伐，积日曰阅。”依此语，功与伐亦略有别。 主约：主持盟约。 4 详：通“佯”，假装，谎称。 用：执行，服从。 5 项羽分封各王，详见《项纪》注。以上诸王之外，项羽所封尚有魏王豹为魏王，韩王成为韩王，田市为胶东王，田都为齐王，田安为济北王，共十八王。

四月，兵罢戏下，诸侯各就国。[1]汉王[2]之国，项王使卒三万人从。楚与诸侯之慕从者数万人，从杜南入蚀中[3]。去辄烧绝栈道[4]，以备诸侯盗兵袭之，亦示项羽无东意。至南郑，诸将及士卒多道亡归，士卒皆歌思

四月，各路诸侯的军队在大将军项羽的旗帜下散去，诸侯们各自到封国去就位。汉王前往封国，项王分派三万士卒跟从汉王。楚军和诸侯军队中仰慕汉王而自愿跟从他的有几万人，汉王的军队道经杜县南进入名叫蚀的谷道。他们过去以后就焚烧了栈道，以此来防备诸侯军队和其他强盗袭击他们，同时也是向项羽表示汉王没有向东进攻的

东归。韩信[5]说汉王曰:"项羽王诸将之有功者,而王独居南郑,是迁[6]也。军吏士卒皆山东之人也,日夜跂而望归,及其锋而用之,[7]可以有大功。天下已定,人皆自宁,不可复用。不如决策东乡[8],争权天下。"

项羽出关[9],使人徙义帝。曰:"古之帝者地方千里,必居上游。"乃使使徙义帝长沙郴县,趣义帝行。[10]群臣稍倍叛之,乃阴令衡山王、临江王击之,杀义帝江南。[11]

意图。到达了南郑,已有许多将官及士卒在道途中逃亡回家,没有逃走的士卒都唱着想要东归回老家的歌曲。韩信劝导汉王说:"项羽分封,立有功劳的各位将军为王,而唯独大王您却被封在南郑,这是对您的迁徙贬黜。军官和士兵们都是太行山以东地区的人,他们日夜盼望着东归故乡,利用他们热烈盼望回乡的迫切心情,能够建立大功。如果是在天下安定以后,人人都乐享安宁,那时候将没有什么便利的形势可以利用。不如现在决策向东发展,争夺天下的大权。"

项羽出了函谷关,就派人迁徙义帝。他说:"古代的帝王拥有方圆千里的土地,一定要居住在江河的上游。"于是他就派遣使者把义帝迁徙到长沙郴县,催促义帝启程。义帝的群臣逐渐背叛了他。项羽就暗地里命令衡山王、临江王袭击他,在江南杀死了义帝。

注释 1 戏(huī)下:同"麾下",大将军的旗帜之下。戏,通"麾",大旗。就国:去到自己的封国。 2 汉王:本篇纪事,此后刘邦称汉王,不称沛公。 3 杜:县名,在今陕西西安市长安区西南。 蚀:谷道名,在今陕西西安市长安区南,为关中至汉中的重要通道。 4 栈道:《史记索隐》:"栈道,阁道也。崔浩云:'险绝之处,傍凿山岩,而施版梁为阁。'" 5 韩信:即淮阴侯韩信。时正追随刘邦。 6 迁:左迁,贬降。 7 跂(qǐ):《汉书》

作“企”。踮起脚跟。　锋:锐气。　8 东乡:向东进发。乡,通“向”。　9 关:指函谷关。　10 长沙:郡名,治所在临湘,即今湖南长沙市。　郴(chēn)县:县名,在今湖南郴州市。　趣:敦促。　11 倍:通“背”,背离。　阴:暗中。杀义帝事《汉书》作“项羽使九江王布杀义帝于郴”,与《黥布列传》同,盖衡山王、临江王受命而未执行。

项羽怨田荣,立齐将田都为齐王。[1]田荣怒,因自立为齐王,杀田都而反楚;予彭越将军印,令反梁地。[2]楚令萧公角[3]击彭越,彭越大破之。陈余怨项羽之弗王己也,令夏说[4]说田荣,请兵击张耳。齐予陈余兵,击破常山王张耳,张耳亡归汉。迎赵王歇于代,复立为赵王。赵王因立陈余为代王。项羽大怒,北击齐。

项羽怨恨田荣曾不出兵援助项梁,所以立齐将田都为齐王。田荣愤怒,因此自立为齐王,杀死了田都而反叛楚国;授给彭越将军印,命令他在梁地反楚。楚国命令萧公角进攻彭越,彭越打垮了他们的军队。陈余怨恨项羽没有封自己为王,就命令夏说去劝说田荣,请求他调遣军队由陈余率领进攻张耳。齐国调拨了军队给陈余,打败了常山王张耳,张耳逃亡归附了汉王。陈余从代地把赵王歇迎请回来,重新拥立他为赵王。赵王因此封陈余为代王。项羽知道这件事后大怒,向北进军攻打齐国。

注释　1 项羽怨田荣:田荣是齐王族后裔,曾得项梁之救而脱章邯之围,项梁被章邯大军围困而田荣不救,项梁战死,项羽因而怨田荣。　田都:田假部将。项羽不封田荣,而封田都为齐王,田市为胶东王,田安为济北王,使齐地一分为三。　2 田荣并三齐而自立为齐王事,详见《田儋列传》。　杀田都:据《项纪》及《田儋列传》,时田都逃归项羽,未被杀。　彭越：当时彭越在巨野，有众万余人。项羽未封彭越，彭越亦怨项羽。 3 萧公角：萧县县令，名角。楚称县令为公。 4 夏说(yuè)：曾于陈余为代王时任相国。

八月，汉王用韩信之计，从故道还，袭雍王章邯[1]。邯迎击汉陈仓[2]，雍兵败，还走；止战好畤[3]，又复败，走废丘。汉王遂定雍地。东至咸阳，引兵围雍王废丘，而遣诸将略定陇西、北地、上郡。令将军薛欧、王吸[4]出武关，因王陵兵南阳，以迎太公、吕后于沛。楚闻之，发兵距之阳夏[5]，不得前。令故吴令郑昌[6]为韩王，距汉兵。

八月，汉王采用韩信的计策，从故道县还师关中，袭击了雍王章邯。章邯在陈仓迎击汉军，雍国的军队战败，退兵逃走；在好畤县停止败逃而和汉军交战，又再一次失败，逃到了废丘。于是汉王就平定了雍地。向东进军到达了咸阳，率领军队把雍王围困在废丘，而又派遣诸位将领略取平定陇西、北地、上郡。命令将军薛欧和王吸率军出武关，借助王陵在南阳的军队，来到沛县去迎接太公和吕后。楚国听说这件事，发动军队在阳夏阻挡他们，使他们不能前行。又封原吴令郑昌为韩王，在韩地阻挡汉王的军队。

注释 1 故道：县名，在今陕西凤县西北。 2 陈仓：县名，在今陕西宝鸡市。 3 好畤：县名，在今陕西乾县东。 4 薛欧：刘邦部将，后封广平侯。 王吸：刘邦部将，后封清阳侯。 5 阳夏(jiǎ)：县名，在今河南太康县。 6 郑昌：项羽部将，曾任吴县县令。

二年[1],汉王东略地。塞王欣、翟王翳、河南王申阳皆降。韩王昌不听,使韩信击破之。于是置陇西、北地、上郡、渭南、河上、中地郡;关外置河南郡。[2]更立韩太尉信[3]为韩王。诸将以万人若[4]以一郡降者,封万户。缮治河上塞[5]。诸故秦苑囿园池,皆令人得田之。正月,虏雍王弟章平。大赦罪人。

二年,汉王向东进军攻取土地。塞王司马欣、翟王董翳、河南王申阳都投降了汉王。韩王郑昌不服从汉王,汉王派遣韩信向他进击并打垮了他。就在这时设置了陇西、北地、上郡、渭南、河上、中地等郡;在关外设置了河南郡。改立韩国太尉信为韩王。各个将领假若是率领一万军卒或以一郡的地方投降的,就封他为万户侯。修筑河套一带防御匈奴的要塞。那些原来秦国所拥有的苑囿园地,都允许人们作为田地耕种。正月,俘虏了雍王的弟弟章平。大赦天下罪犯。

汉王之出关至陕,抚[6]关外父老。还,张耳来见[7],汉王厚遇之。

汉王出函谷关而来到陕县,安抚关外的父老。回来以后,张耳前来拜见,汉王很优厚地接待了他。

二月,令除秦社稷,更立汉社稷。[8]

二月,下令除去秦朝的社稷,改立汉朝的社稷。

注释　1 二年:汉二年,为公元前205年。 2 渭南:后更曰京兆尹。 河上:后更曰左冯(píng)翊(yì)。 中地:后更曰右扶风。渭南、河上、中地即关中三辅,治所均在长安。 河南:汉置郡名,治所雒阳,辖今河南中部黄河以南自洛阳市至原阳、中牟一带地区。 3 韩太尉信:原韩国贵族,随刘邦入关,拜太尉。 4 若:或。 5 缮治:修整。 河上塞:筑在河套一带防御匈奴的要塞。 6 抚:安抚。 7 张耳来见:张耳被陈余打败,前来投靠刘邦。 8 除:废除。 社稷:此指祭祀土神和谷神的社稷坛,常用以代称国家。 更立:更旧立新。这二句表示政权更替,朝廷换代。

三月,汉王从临晋渡,魏王豹将兵从。下河内,虏殷王,置河内[1]郡。南渡平阴津[2],至雒阳。新城三老董公遮说汉王以义帝死故[3]。汉王闻之,袒[4]而大哭。遂为义帝发丧,临[5]三日。发使者告诸侯曰:“天下共立义帝,北面事之[6]。今项羽放杀义帝于江南,大逆无道。寡人亲为发丧,诸侯皆缟素[7]。悉发关内兵,收三河[8]士,南浮江汉以下,愿从诸侯王击楚之杀义帝者。”

三月,汉王从临晋县渡过黄河,魏王豹率军随从。占领了河内地区,俘获了殷王,设置了河内郡。又向南渡过平阴津,到达雒阳。因为义帝被杀的缘故,新城的三老董公拦阻汉王的车驾而向汉王叙说。汉王听说了这件事,袒露着左臂大哭。于是就为义帝发丧,哭吊三天。汉王派遣使者告诉诸侯们说:“天下人共同拥立义帝,都愿北面称臣而侍奉他。如今项羽把义帝流放到江南并杀害了他,这是大逆不道。寡人亲自为义帝治办丧事,诸侯们都应该身着素白的孝衣。将要出动关内所有的军队,会集河南、河东、河内三郡的士兵,坐着战船顺长江、汉水漂浮南下,希望和诸侯王一同征伐楚国杀害义帝的人。”

注释 **1** 河内:郡名,治所怀县,在今河南武陟县西南,西汉时辖今安阳市至新乡市以西,温县、孟州市以北,济源以东的河南西北部地区。 **2** 平阴:县名,在今河南孟津县东北,处黄河南岸。 津:渡口。 **3** 新城:县名,在今河南伊川县西南。 三老:《史记正义》引《百官公卿表》云:“十里一亭,亭有长。十亭一乡,乡有三老,三老掌教化。”皆秦制也。 董公:据《楚汉春秋》云:“董公八十二,遂封为成侯。” 遮:《史记正义》引乐产云:“横道自言曰遮。” **4** 袒(tǎn):裸露。古代丧服之轻者有袒露左臂的。

5 临(lìn):哭吊死者。 6 北面:君坐北朝南,臣对君则向着北面,故北面代指臣子。 事:侍奉。 7 缟(gǎo)素:白色的衣服,此指丧服。 8 三河:指河东、河内、河南三郡。

是时项王北击齐,田荣与战城阳。田荣败,走平原[1],平原民杀之。齐皆降楚。楚因焚烧其城郭,系虏[2]其子女。齐人叛之。田荣弟横立荣子广为齐王,齐王反楚城阳。项羽虽闻汉东,既已连齐兵,[3]欲遂破之而击汉。汉王以故得劫五诸侯兵[4],遂入彭城。项羽闻之,乃引兵去齐,从鲁出胡陵,至萧,与汉大战彭城灵壁东睢水上,大破汉军,多杀士卒,睢水为之不流。[5]乃取汉王父母妻子于沛,置之军中以为质[6]。当是时,诸侯见楚强汉败还,皆去汉复为楚。塞王欣亡入楚。

这时候项王正在向北进攻齐国,田荣和项王在城阳展开激战。田荣被打败,逃到平原,平原人杀死了田荣。齐国各地都投降了楚国。楚国因而焚烧了齐国的城邑,掳掠了他们的子女。齐国的人们又反抗楚国。田荣的弟弟田横扶立田荣的儿子田广为齐王,齐王在城阳反击楚军。项羽虽然听说汉军向东方进兵,但已经和齐国的军队交战,就打算打垮了齐军以后再去反击汉军。汉王因此能够驱使五路诸侯的军队,攻入了彭城。项羽听说这件事,就率军离开齐国,从鲁地出发而道经胡陵,到达萧县,和汉军在彭城灵壁东面的睢水岸上展开了激战,打垮了汉军,杀死了汉军许多士卒,睢水因为有众多被杀死士卒的尸首堵塞而不能畅流。而后又在沛县抓到了沛公的父母妻子,把他们安置在军中为人质。在那个时候,诸侯们看到楚国强大而汉军失败,反而都背离了汉国而重又归附楚国。塞王司马欣逃到了楚国。

注释 1 平原:县名,在今山东平原县南。汉时改郡,平原即郡治。 2 系虏:俘虏。系,拘囚。 3 汉东:汉军向东开进。 连齐兵:与齐兵连续作战。 4 劫:挟持,胁迫。 五诸侯兵:泛指天下之兵。五诸侯,所指说法不一。有言为楚、汉外的齐、燕、赵、韩、魏等诸侯,有言为常山、河南、韩、魏、殷各王。 5 鲁:县名,今山东曲阜市。 灵壁:邑名,在今安徽淮北市西,濉水流经此地,并非今灵璧县。 睢水:即濉河,鸿沟支脉之一,从今河南开封市东南下至安徽宿迁市西南流入泗水。 6 质:人质。

吕后兄周吕侯为汉将兵,居下邑。[1]汉王从之,稍收士卒,军砀。汉王乃西过梁地,至虞[2]。使谒者随何之九江王布所[3],曰:"公能令布举兵叛楚,项羽必留击之。得留数月,吾取天下必矣。"随何往说九江王布,布果背楚。楚使龙且[4]往击之。

吕后的兄长周吕侯为汉王统率军队,驻守在下邑。汉王战败后逃往这里,逐渐收整了一些溃逃的士卒,军队驻守在砀地。汉王就向西经过梁地,到达了虞县。派遣使者随何前往九江王黥布驻地,对随何说:"您假若能够让黥布举兵反叛楚国,项羽一定会留下来进攻他。项羽假若能被拖住几个月,我夺取天下的大业就一定能够成功了。"随何前往劝说九江王黥布,黥布果真背叛楚国。楚国派龙且前往攻击黥布。

注释 1 周吕侯:即吕泽。 下邑:县名,在今安徽砀山县。 2 虞:县名,在今河南虞城县北。 3 谒者:官名,为国君掌管传达。 随何:刘邦谋士。 4 龙且(jū):项羽部下之骁将,后为韩信所杀。

汉王之败彭城而西，行使人求家室，家室亦亡，不相得。[1]败后乃独得孝惠，六月，立为太子，大赦罪人。令太子守栎阳，诸侯子在关中者皆集栎阳为卫。引水灌废丘，废丘降，章邯自杀。更名废丘为槐里。于是令祠官祀天地四方上帝山川，以时祀之。兴关内卒乘塞[2]。

汉王在彭城战败以后而向西逃跑的时候，在行进途中派人寻求自己的家室，他的家室也已出逃，没有能够相互遇到。彭城战事失败后只得到了孝惠，六月，立孝惠为太子，大赦天下罪犯。命令太子守卫栎阳，凡是在关中地区的诸侯王的儿子都汇集到栎阳充当太子的侍卫。汉军决引河水灌淹废丘，废丘城中的守军投降，章邯自杀。把废丘更名叫槐里。于是下令负责祭祀的官员祭祀天地四方上帝山川，按照时令举行祭祀。发动关内地区的士卒据守要塞。

是时九江王布与龙且战，不胜，与随何间行[3]归汉。汉王稍收士卒，与诸将及关中卒益出，是以兵大振荥阳，破楚京、索[4]间。

这时候，九江王黥布和龙且作战，没有取得胜利，他就和随何抄小路归附汉王。汉王逐渐收整了一些溃散的士卒，和各路将领以及关中士卒一起出动，因此汉军的势力在荥阳大增，在京、索一带打败了楚军。

注释　1 亡：失散。　不相得：没有能找到。　2 乘塞：守塞。乘，守。　3 间行：潜行，抄小路走。　4 京：县名，在今河南郑州市西南。　索：京县境内之索亭，即今河南荥阳市。

三年，魏王豹谒归视亲疾，至即绝河津，[1]反为楚。汉王使郦生说豹，豹

三年，魏王豹向汉王请假归家探视父母的疾病，当他到达了魏地以后就立刻断绝了河津的要道，反

不听。汉王遣将军韩信击，大破之，虏豹。遂定魏地，置三郡，曰河东、太原、上党[2]。汉王乃令张耳与韩信遂东下井陉[3]击赵，斩陈余、赵王歇。其明年，立张耳为赵王。

叛汉王而归附楚国。汉王派遣郦食其去劝说魏王豹，魏豹不听从。汉王派遣将军韩信袭击他，打垮了他的军队，俘虏了魏王豹。于是就平定了魏地，在这里设置了三个郡，分别是河东郡、太原郡、上党郡。汉王于是命令张耳和韩信接着向东进军占领了井陉而进攻赵国，斩杀了陈余及赵王歇。第二年，汉王封张耳为赵王。

汉王军荥阳南，筑甬道属之河，以取敖仓。[4]与项羽相距岁余。项羽数侵夺汉甬道，汉军乏食，遂围汉王。汉王请和，割荥阳以西者为汉。项王不听。汉王患之，乃用陈平之计，予陈平金四万斤，以间疏[5]楚君臣。于是项羽乃疑亚父。亚父是时劝项羽遂下荥阳，及其见疑，乃怒，辞老，愿赐骸骨归卒伍，[6]未至彭城而死。

汉王驻军在荥阳南面，修筑了连接到黄河岸边带有围墙的甬道，以此来获取敖仓的粮食。汉王和项羽相互对峙了一年多。项羽多次侵夺汉军运粮的甬道，汉军缺乏粮食，于是楚军把汉王的军队包围了。汉王请求和解，要求把荥阳以西的地区划割给汉。项羽没有接受这个条件。汉王对此感到忧虑，就采用了陈平的计策，拨给陈平四万斤黄金，用它来离间楚国的君臣。因此项羽就开始怀疑亚父范增。亚父当时劝项羽趁势攻克荥阳，等到他被项羽猜疑后，就很愤怒，以年老为由而辞职，希望项羽能赐给他一副自由的身躯回去做平民百姓，他还没有到达彭城就病死了。

注释 **1** 谒归：告假回家。 亲：指父母。 绝河津：切断蒲津关的黄河渡口。 2 河东:汉置郡名,治所安邑,在今山西夏县西北。辖今山西西南部地区。 太原:汉置郡名,治所晋阳,在今山西太原市西南。辖今山西中部偏东地区。 上党:汉置郡名,治所长子,在今山西长子县西南。辖今山西东南部地区。 3 井陉(xíng):县名,在今河北井陉县东南。其境有井陉山。 4 甬道:两旁筑墙的运输通道。 属:连接。 敖仓:秦代所筑大粮仓。地处荥阳东北的敖山上。 5 间疏:离间,疏远。
6 辞老:以年老为借口。辞,托辞,借口。 赐骸骨:请求退休的客气语。意谓要求将许身于君的躯体还给自己。 归卒伍:即回乡为民。古代户籍以五家为伍,三百家为卒,故以卒伍指乡里。

汉军绝食,乃夜出女子东门二千余人,被[1]甲,楚因四面击之。将军纪信乃乘王驾,诈为汉王,诳楚,楚皆呼万岁,之城东观,以故汉王得与数十骑出西门遁。[2]令御史大夫[3]周苛、魏豹、枞公守荥阳。诸将卒不能从者,尽在城中。周苛、枞公相谓曰:“反国之王[4],难与守城。”因杀魏豹。

汉军的粮食断绝,于是在夜间使二千多名女子身披铠甲冒充军士而从荥阳城的东门出城,楚军因此向这支队伍四面进攻。将军纪信就乘坐着汉王的车驾,假扮成汉王,欺骗了楚军,楚国的军士误认为俘获了汉王而高兴地都喊万岁,来到东城观看俘获汉王的盛景,因此才使汉王能够带着几十名骑士出西门而逃离困境。汉王临走时下令由御史大夫周苛、魏豹、枞公守卫荥阳。那些不能随从汉王脱围的将领和士卒,都留在城中。周苛和枞公互相商议说:“魏豹是叛国的国王,很难和他一起守卫城池。”因此他们诛杀了魏豹。

注释 1 被:通“披”。 2 驾:车乘,车驾。 诳:欺骗。 遁:逃。

3 御史大夫：官名，副丞相，主管监察，为“三公”之一。 4 反国之王：魏豹先从项羽，后降汉，又叛汉，故获此称。

汉王之出荥阳，入关收兵，欲复东。袁生[1]说汉王曰：“汉与楚相距荥阳数岁，汉常困。愿君王出武关，项羽必引兵南走，王深壁，令荥阳成皋间且得休。[2]使韩信等辑[3]河北赵地，连燕齐，君王乃复走荥阳，未晚也。如此，则楚所备者多，力分，汉得休，复与之战，破楚必矣。”汉王从其计，出军宛叶[4]间，与黥布行收兵。

汉王出了荥阳城而进入关中，他收聚军队而想要重新向东方进攻。袁生劝导汉王说：“汉和楚在荥阳对峙了几年，汉军经常受困。希望您出兵武关，项羽一定会率领荥阳的楚军向南转移，您深挖濠沟、高筑壁垒来据守不战而拖住楚军，使荥阳和成皋地区的汉军得到休整。派遣韩信等人去安抚黄河以北的赵地，联合燕国和齐国，那时君王再重新进军荥阳，也不为晚。这样，就会使楚国所要防备的地区增多，力量分散，而汉军得到休整，再重新和楚军交战，一定能够打垮楚军。”汉王听从了他的计策，出动军队驻守在宛城和叶城一带地区，和黥布在行进途中收聚散亡的军队。

项羽闻汉王在宛，果引兵南。汉王坚壁不与战。是时彭越渡睢水，与项声、薛公战下邳[5]，彭越大破楚军。项羽乃引兵东击彭越。汉王亦引兵北军成皋。项羽已破

项羽听说汉王在宛城，果真率军向南进兵。汉王坚守壁垒而不和楚军交战。这时候彭越的军队渡过了睢水，和项声、薛公在下邳交战，彭越的军队大败楚军。项羽就率军向东攻击彭越。汉王也率领军队向北而驻扎在成皋。项羽打败了彭越的军队而迫使他逃走以后，又听说汉王重新驻军在成皋，于

走彭越，闻汉王复军成皋，乃复引兵西，拔荥阳，诛周苛、枞公，而虏韩王信，遂围成皋。

是重新率领军队向西进军，攻克了荥阳，诛杀了周苛、枞公，而俘虏了韩王信，趁势包围了成皋。

注释 1 袁生：《汉书》作“辕生”。 2 深壁：深沟高垒，即坚守不战。 成皋：邑名，在今河南荥阳市西北。 3 辑：收服，安抚。 4 宛(yuān)：县名，今河南南阳市。 叶(shè)：邑名，在今河南叶县南。 5 下邳(pī)：县名，在今江苏邳州市西南。

汉王跳，独与滕公共车出成皋玉门，北渡河，驰宿修武。[1]自称使者，晨驰入张耳、韩信壁，而夺之军。乃使张耳北益收兵赵地，使韩信东击齐。汉王得韩信军，则复振。引兵临河，南飨[2]军小修武南，欲复战。郎中郑忠乃说止汉王，使高垒深堑，[3]勿与战。汉王听其计，使卢绾、刘贾将卒二万人，骑数百，渡白马津[4]，入楚地，与彭越复击破楚军燕郭[5]西，遂复下梁地十余城。

汉王冲出围困而长驱远走，单独和滕公夏侯婴共乘一辆车出成皋城北边的玉门，向北渡过黄河，奔驰到夜晚而在修武住宿。汉王自称是使者，在早晨急驰进入张耳和韩信的营垒中，而夺取了他们的军队。就派遣张耳向北在赵地去大量收整士卒，派遣韩信向东攻击齐国。汉王得到了原属于韩信的军队，就又重新振作起来。领兵来到黄河边，向南进军而在小修武城的南面犒劳军队，想要重新和楚军交战。郎中郑忠劝止汉王让他高筑壁垒且深挖沟壕，不要和楚军交战。汉王听从了他的计策，派遣卢绾和刘贾率领步兵二万人、骑兵几百人，渡过白马津，进入楚地，和彭越的军队在燕县外城再度攻击并打败了楚军，结果重新收复了梁地十几座城。

注释 1 跳：轻装疾走。 滕公：即夏侯婴。刘邦同乡，后被封为汝阴侯。 成皋玉门：即成皋北门。 修武：县名，在今河南获嘉县。这是大修武，其城东有小修武，为刘邦所宿之地。 2 飨：犒劳。 3 郎中：官名，掌管宫中门户，是皇帝的近卫侍从官。 堑：护城河，壕沟。 4 白马津：黄河渡口之一，在今河南滑县东北。 5 燕：县名，在今河南延津县东北。 郭：外城。

淮阴已受命东，未渡平原。[1]汉王使郦生往说齐王田广，广叛楚，与汉和，共击项羽。韩信用蒯通[2]计，遂袭破齐。齐王烹郦生，东走高密。[3]项羽闻韩信已举河北兵破齐、赵，且欲击楚，则使龙且、周兰往击之。韩信与战，骑将灌婴[4]击，大破楚军，杀龙且。齐王广奔彭越。当此时，彭越将兵居梁地，往来苦楚兵，绝其粮食。

淮阴侯韩信已经受命向东攻打齐国，还没有渡过平原城。汉王派遣郦食其前往游说齐王田广，田广反叛楚国，和汉订立和约，共同进攻项羽。韩信采用蒯通的计策，趁机袭击而攻破了齐军。齐王烹杀了郦食其，向东逃跑到高密。项羽听说韩信已经发动黄河以北的全部军队攻破齐国和赵国，并且想要进击楚国，就派遣龙且和周兰率领军队前去攻击韩信。韩信和他们交战，他部下的骑兵将军灌婴出击，大败楚军，杀死了龙且。齐王田广投奔了彭越。在这个时候，彭越率领军队居住在梁地，往来转战使楚国的军队疲于奔命，并且断绝了项羽军队的粮食供给。

注释 1 淮阴：即淮阴侯韩信。 平原：县名，在今山东平原县南。 2 蒯通：齐地辩士。 3 烹：酷刑，用鼎煮死。 高密：县名，在今山东高密市东南。 4 灌婴：刘邦的重要将领，累建奇功。

四年，项羽乃谓海春侯大司马[1]曹咎曰："谨守成皋。若汉挑战，慎勿与战，无令得东而已。我十五日必定梁地，复从将军。"乃行击陈留、外黄、睢阳[2]，下之。汉果数挑楚军，楚军不出，使人辱之五六日，大司马怒，度兵汜水[3]。士卒半渡，汉击之，大破楚军，尽得楚国金玉货赂[4]。大司马咎、长史欣[5]皆自刭汜水上。项羽至睢阳，闻海春侯破，乃引兵还。汉军方围钟离眜[6]于荥阳东，项羽至，尽走险阻。

韩信已破齐，使人言曰："齐边楚，权轻，不为假王，[7]恐不能安齐。"汉王欲攻之。留侯曰："不如因而立之，使自为守[8]。"乃遣张良操印绶立韩信为齐王。

四年，项羽就对海春侯大司马曹咎说："你要谨慎地守住成皋。如果汉军前来挑战，千万不要和他们交战，只要不让他们向东发展就可以了。我在十五日内一定能够平定梁地，那时再来和将军会合。"于是项羽率军在行进中攻打陈留、外黄、睢阳，攻克了它们。汉军果然多次向楚军挑战，楚军坚守不出，派人羞辱他们五六日，大司马被激怒，率军渡过了汜水。当楚国士卒刚渡了一半的时候，汉军向他们发动了攻击，大败楚军，获得了楚国所有的金玉财货。大司马曹咎和长史司马欣都在汜水岸边自刭。项羽到达了睢阳，听说海春侯的军队被打败，就率军回师。汉军正在荥阳的东面围攻钟离眜，项羽来到，汉军全都逃奔到险阻地带。

韩信打垮了齐国以后，派人对汉王说："齐国是靠近楚国的边远地区，我的权力轻，假若不立为代理齐王，恐怕不能安定齐国。"汉王想要攻伐他。留侯张良对汉王说："不如顺其意而立他为王，使他能够为了自己的利益而守卫齐地。"就派遣张良拿着印绶去封立韩信为齐王。

项羽闻龙且军破，则恐，使盱台人武涉往说韩信[9]。韩信不听。

项羽听说龙且的军队被韩信消灭，很惊恐，派遣盱台人武涉前去游说韩信。韩信没有听从。

注释 1 大司马：官名，掌管军政要权。 2 睢阳：县名，在今河南商丘南。 3 度：通"渡"。 汜(sì)水：发源于今河南巩义市东南，北流注入黄河。 4 货赂：财货。 5 长史欣：即司马欣。长史，官名，丞相、大将军府中的诸吏之长。 6 钟离眛(mò)：项羽部将。项羽失败他投靠韩信，后自杀。 7 边：靠近。 假王：代理王。 8 自为守：为自己守卫。 9《淮阴侯列传》详载武涉说韩信语。

楚汉久相持未决，丁壮苦军旅，老弱罢转饷[1]。汉王、项羽相与临广武之间而语[2]。项羽欲与汉王独身挑战。汉王数[3]项羽曰："始与项羽俱受命怀王，曰先入定关中者王之，项羽负约[4]，王我于蜀汉，罪一。项羽矫杀卿子冠军[5]而自尊，罪二。项羽已救赵，当还报，而擅劫诸侯兵入关，罪三。怀王约入秦无

楚、汉相互对峙了很久而没有决出胜负，壮年男子苦于军旅兵役，老弱疲于转运军粮。汉王和项羽相互在广武涧对话。项羽想要和汉王单独挑战。汉王历数项羽的罪恶说："当初我和项羽一同接受怀王的命令，说首先进入并平定关中地区的人就被封为关中的王，项羽违背盟约，封我为蜀汉地区的王，这是第一条罪状。项羽假称诏令杀害卿子冠军宋义而提升自己为上将军，这是第二条罪状。项羽已经解救了赵国的围困，本来应当回师述职，却擅自强迫诸侯率军入关，这是第三条罪状。怀王约定进入秦地后不许施暴掳掠，项羽烧毁了秦国的宫室，挖掘了始皇帝的坟墓，把秦国的财富据为己有，这是第四

暴掠，项羽烧秦宫室，掘始皇帝冢[6]，私收其财物，罪四。又强杀秦降王子婴，罪五。诈坑秦子弟新安[7]二十万，王其将，罪六。项羽皆王诸将善地，而徙逐故主[8]，令臣下争叛逆，罪七。项羽出逐义帝彭城，自都之，夺韩王地[9]，并王梁、楚，多自予，罪八。项羽使人阴弑义帝江南，罪九。夫为人臣而弑其主，杀已降，为政不平，主约不信，天下所不容，大逆无道，罪十也。吾以义兵从诸侯诛残贼，使刑余罪人[10]击杀项羽，何苦乃与公挑战！”项羽大怒，伏弩射中汉王。汉王伤匈[11]，乃扪[12]足曰：“虏中吾指[13]！”汉王病创卧，张良强请汉王起行劳

条罪状。又逞强杀害了投降的秦王子婴，这是第五条罪状。运用欺诈的手段在新安坑杀了秦国子弟二十万人，却封他们的将领为王，这是第六条罪状。项羽把他的部将们都封在条件好的地区为王，而迁贬驱逐这些地区原有的君主，促使他们的臣下为争王位而成为叛逆的人，这是第七条罪状。项羽把义帝驱逐出彭城，把这里作为自己的都城，剥夺了韩王的国土，把梁、楚之地合并在一起而自己占有，多分给自己封土，这是第八条罪状。项羽派人在江南暗杀义帝，这是第九条罪状。你身为人臣而弑杀君主，诛杀已经投降的人，处理政事不公平，主持盟约不守信用，这是天下人所不能容忍的，是大逆不道，这是你的第十条罪状。我用扶持正义的军队而联合诸侯诛杀残暴的贼子，我派受过刑罚的罪人就可击杀项羽，何苦要和你单身挑战！”项羽听后非常愤怒，埋伏下的弓弩射中了汉王。汉王胸部受伤，却用手捂着脚，说：“贼虏射中了我的脚趾！”汉王因受创伤而卧床养病，张良坚决请求汉王起床去慰劳军队，以此来安定士卒的情绪，不要让楚军乘着胜利的威势来压倒汉军。汉王来到军中巡视，病伤更加严重了，因此急驰入

军，以安士卒，毋令楚乘胜于汉。汉王出行军[14]，病甚，因驰入成皋。

成皋城中。

病愈，西入关，至栎阳，存问父老，置酒，枭故塞王欣头栎阳市。[15]留四日，复如军，军广武。关中兵益出。

汉王的伤病痊愈了以后，向西进入函谷关，来到了栎阳，慰问父老，设酒宴款待他们，在栎阳市中砍下了原塞王司马欣的头挂在木杆上来示众。逗留了四天，又重新回到军中，驻军在广武。关中地区增派出更多军队。

注释 1 饷：粮饷。粮草给养。 2 广武：山名，在今河南荥阳市北。山上有二城，其间隔着广武涧。 间：同“涧”。 3 数（shǔ）：历数罪状。 4 负约：违背约定。 5 卿子冠军：即宋义。 6 冢：坟墓。据现代考古调查，此掘冢事，有待证实。 7 新安：县名，在今河南渑池县东南。 8 徙逐故主：《史记索隐》：“谓田市、赵歇、韩广之属。”此即徙齐王田市为胶东王，而封田都为齐王；徙赵王赵歇为代王，而封张耳为常山王；徙燕王韩广为辽东王，而封臧荼为燕王。 9 夺韩王地：项梁、项羽封韩成为韩王，项羽称霸后却不让韩成就国，却将他带到彭城杀死。 10 刑余罪人：受过刑罚的罪犯。 11 匈：同“胸”。 12 扪（mén）：捂着。 13 虏：蔑称项羽。 指：指足趾。 14 行军：意即上文的“行劳军”。 15 存问：慰问，安抚。 枭（xiāo）：悬头示众。 栎阳：原为司马欣封塞王时的都城。

当此时，彭越将兵居梁地，往来苦楚兵，绝其粮食。田横[1]往从之。项羽数击彭越等，齐王信又进击楚。项羽恐，乃与汉

正当这个时期，彭越率领着他的军队在梁地转战，使楚军饱受往返奔波的困苦，断绝了楚军的粮食供应。田横前往跟从他一起作战。项羽多次前去攻击彭越等人，齐王韩信

王约，中分天下，割鸿沟而西者为汉，鸿沟[2]而东者为楚。项王归汉王父母妻子，军中皆呼万岁，乃归而别去。

又进军攻击楚军。项羽惊恐，就和汉王订立和约，中分天下，把鸿沟以西的地区划割给汉，鸿沟以东的地区划归给楚。项王放回汉王的父母妻子，汉军的官兵们都高呼万岁，于是项王退兵而离去。

项羽解而东归。汉王欲引而西归，用留侯、陈平计，乃进兵追项羽，至阳夏南止军，与齐王信、建成侯彭越期会而击楚军。至固陵，不会。楚击汉军，大破之。汉王复入壁，深堑而守之。用张良计，于是韩信、彭越皆往。及刘贾入楚地，围寿春[3]，汉王败固陵，乃使使者召大司马周殷举九江兵而迎武王[4]，行屠城父，随刘贾、齐梁诸侯皆大会垓下。[5]立武王布为淮南王。

项羽退兵而回归东方。汉王也想要率领军队向西回归，又采用了留侯张良和陈平的计策进兵追击项羽，到达阳夏南面停止了追击，和齐王韩信及建成侯彭越约定了会合的时间而共同攻打楚军。汉军来到固陵，韩信和彭越没有按期前来会合。楚军攻击汉军，大败汉军。汉王重新进入营垒中，挖掘深沟进行据守。采用了张良的计策，因此韩信、彭越都率军前往。等到刘贾进入楚地，围攻寿春，汉王在固陵战败以后，就派遣使者召唤大司马周殷出动九江地区的全部军队迎接武王黥布，在行军途中屠戮了城父城中的守军，随刘贾及齐、梁诸侯的军队都到垓下大会师。汉王封立武王黥布为淮南王。

注释　1 田横：田荣之弟。韩信破齐，自立为齐王后，逃往海岛，又羞为汉臣而自杀。　2 鸿沟：战国时魏国所开通的沟通黄河与淮河的一条运河。主干自今河南郑州市西北接黄河,经开封市南折过通许、淮阳至沈丘入颍水而达淮河。 3 寿春:县名,在今安徽寿县。 4 武王:《史记志疑》引徐孚远《史记测议》曰:"黥布称武王,本《传》不载,当是叛楚以后未归汉以前假为此号,犹项羽自称霸王耶?" 5 城父(fǔ):县名,在今安徽亳州市东南。 垓(gāi)下:邑名,在今安徽灵璧县东南沱河北岸。

五年,高祖与诸侯兵共击楚军,与项羽决胜垓下。淮阴侯将三十万自当之,孔将军居左,费将军居右,皇帝在后,绛侯、柴将军在皇帝后。[1]项羽之卒可十万。淮阴先合[2],不利,却。孔将军、费将军纵,楚兵不利,淮阴侯复乘之,[3]大败垓下。项羽卒[4]闻汉军之楚歌,以为汉尽得楚地,项羽乃败而走,是以兵大败。使骑将灌婴追杀项羽东城[5],斩首八万,遂略定楚地。鲁为楚坚守不下。汉王引诸侯兵北,示鲁父老项羽头,鲁乃降。遂以鲁公号葬项羽穀城[6]。还至定

五年,高祖和诸侯的军队共同向楚军发动进攻,和项羽在垓下展开了胜负大决战。淮阴侯率领三十万士卒独当一面,孔将军熙在左边,费将军陈贺在右边,皇帝刘邦领兵在后,绛侯周勃和柴将军在皇帝的后面。项羽的军卒大概有十万人。淮阴侯先和楚军交战,战斗不利,军队后撤。孔将军和费将军纵兵交战,楚兵形势不利,淮阴侯再度乘势进攻,在垓下大败楚军。项羽在夜间听到汉军唱起楚地的歌谣,认为汉军已经把楚地全都占领了,项羽就败退而逃,因此楚军大败。汉王派遣骑将灌婴追到东城杀死了项羽,斩杀了敌军八万,占领并平定了楚地。鲁城为了忠于楚国而坚守不肯投降。汉王率领诸侯的军队向北进军,向鲁城的父老们展示项羽的头,鲁城人才肯投降。就用鲁公的名号把项羽葬在穀城。汉王回师到达定陶,急驰进入齐王的军

陶，驰入齐王[7]壁，夺其军。

营中，夺去了齐王所率领的军队。

注释 1 孔将军：韩信部将，蓼侯孔熙。 费将军：韩信部将，费侯陈贺。 皇帝：指刘邦。 绛侯：周勃。 柴将军：棘蒲侯柴武。 2 合：交战。 3 纵：纵兵进击。 乘：乘势进击。 4 卒：《项纪》与《汉书》均作“夜”。或可同“猝”，突然。 5 东城：县名，在今安徽定远县东南。 6 穀城：邑名。即谷城，在今山东平阴县西南，其地有谷城山。 7 齐王：即韩信。

正月，诸侯及将相相与[1]共请尊汉王为皇帝。汉王曰：“吾闻帝贤者有也，空言虚语，非所守[2]也，吾不敢当帝位。”群臣皆曰：“大王起微细[3]，诛暴逆，平定四海，有功者辄裂地而封为王侯。大王不尊号，皆疑不信。臣等以死守[4]之。”汉王三让，不得已，曰：“诸君必以为便，便国家。[5]”甲午，乃即皇帝位氾水之阳。[6]

正月，诸侯和将相们聚在一起共同请求尊奉汉王为皇帝。汉王说：“我听说皇帝的称号具有贤德的人才能拥有，没有贤德而徒具空言虚语的人，是不可以获得而守住的，我不敢担当帝位。”群臣们都说：“大王从平民起事，诛除暴逆，平定了四海，对于有功的人就分割给土地而封为王侯。大王假若不接受皇帝的尊号，那么功臣们对大王的封赏都会怀疑而不相信。我们这些大臣誓死坚持要您接受皇帝的尊号。”汉王推让再三，迫不得已，说：“诸君假若认定我做皇帝有利，为了有利于国家，我就接受这个尊号。”甲午日，汉王就在氾水的北岸登基称帝。

注释 1 相与：一起，共同。 2 守：保持。 3 起微细：指出身低微，非为世袭的王者贵族之家。 4 守：坚持。 5 以为便：认为方便、有利。 便国家:意为从有利国家考虑,我接受你们的意见。 6 甲午:此日在二月。 阳:水北为阳,即汜水北岸。

皇帝曰义帝无后,齐王韩信习楚风俗,徙为楚王,都下邳。[1] 立建成侯彭越为梁王,都定陶。故韩王信为韩王,都阳翟[2]。徙衡山王吴芮为长沙王,都临湘[3]。番君之将梅锠有功,从入武关,故德[4]番君。淮南王布、燕王臧荼、赵王敖皆如故。

天下大定。高祖都雒阳,诸侯皆臣属[5]。

故临江王驩为项羽叛汉,令卢绾、刘贾围之,不下。数月而降,杀之雒阳。

高祖说义帝没有后代子嗣,齐王韩信熟习楚地的风俗,就迁徙他为楚王,以下邳为都城。立建成侯彭越为梁王,以定陶为都城。原来的韩王信仍为韩王,以阳翟为都城。迁徙衡山王吴芮为长沙王,以临湘为都城。番君的将军梅锠立有战功,跟从我攻入武关,因此感激番君。淮南王黥布、燕王臧荼、赵王敖都仍旧为王。

天下全都平定了。高祖定都雒阳,诸侯都称臣归属于他。

原来的临江王驩,为了表示对项羽效忠而反叛汉朝,高祖命令卢绾和刘贾率军围攻他,当时没有能攻克。几个月以后他投降,高祖把他诛杀于雒阳。

注释 1 刘邦迁徙韩信找了两个借口,一是义帝没有后代,二是韩信熟习楚地风俗习惯。 2 阳翟:县名,颍川郡治,在今河南禹州市。 3 临湘:县名,长沙郡治,在今湖南长沙市。 4 德:感恩,感激。 5 臣属:称臣归属。

五月，兵皆罢归家。诸侯子在关中者复之十二岁，其归者复之六岁，食之一岁。[1]

高祖置酒雒阳南宫。高祖曰："列侯诸将无敢隐朕，皆言其情。吾所以有天下者何？项氏之所以失天下者何？"高起、王陵[2]对曰："陛下慢[3]而侮人，项羽仁而爱人。然陛下使人攻城略地，所降下者因以予之，与天下同[4]利也。项羽妒贤嫉能，有功者害之，贤者疑之，战胜而不予人功，得地而不予人利，此所以失天下也。"高祖曰："公知其一，未知其二。夫运筹策帷帐之中[5]，决胜于千里之外，吾不如子房。镇国家，抚百姓，给馈饷[6]，不绝粮道，吾不如萧何。连[7]百万之军，战必胜，攻必取，吾不如韩信。此三者，

五月，士兵们都解甲回家。诸侯王国从军的人住在关中的免除十二年的赋税徭役，回到原籍去的免除他们六年的赋税徭役，国家供养他们一年。

高祖在雒阳南宫摆酒设宴。高祖说："列侯和各位将领们不要对朕隐瞒，都要直言实情。我之所以能取得天下的原因是什么？项氏之所以失去天下的原因是什么？"高起和王陵回答说："陛下为人傲慢而好轻视戏侮别人，项羽为人仁厚而爱护别人。然而陛下派别人去攻城略地，就把所攻克降服的地区封给他们，这是陛下能和天下人共享其利。项羽妒贤嫉能，对立有功劳的人就设法加害，对有贤才的人就猜疑他们，作战取得了胜利却不给他们授功，取得了土地却不给予别人好处，这就是他失去天下的原因。"高祖说："你们只知其一，未知其二。在帷帐当中运筹谋划而能够决定千里以外的战争取得胜利这方面，我不如张子房。在镇守国家，安抚百姓，供给粮食，保证军粮运输不断绝这方面，我不如萧何。在统领百万大军，作战必胜，攻城必取这方面，我不如韩信。

皆人杰也，吾能用之，此吾所以取天下也。项羽有一范增而不能用，此其所以为我擒也。”

这三位，都是人中的俊杰，我能够任用他们，这就是我之所以能够取得天下的原因。项羽有一位范增却不能任用，这就是他项羽被我擒获的原因。”

注释 1 诸侯子：指诸侯王国之从军者。 复：免除赋税徭役。 食(sì)：供养。 2 高起：《史记集解》引瓒曰：“《汉帝年纪》：‘高帝时有信平侯臣陵、都武侯臣起。’”疑即此人。 3 慢：简慢无礼。 4 同：同享，共享。 5 运筹：出谋划策。 帷帐：指军营。 6 馈饷：粮饷。 7 连：这里意为统领指挥。

高祖欲长都雒阳，齐人刘敬说，及留侯劝上入都关中，高祖是日驾，入都关中。[1] 六月，大赦天下。

十月[2]，燕王臧荼反，攻下代地。高祖自将击之，得燕王臧荼。即立太尉[3]卢绾为燕王。使丞相哙[4]将兵攻代。

其秋，利幾反，高祖自将兵击之，利幾[5]走。利幾者，项氏之将。项氏败，利幾为陈公，不随项羽，亡降高祖，高祖侯之颍川。

高祖想要长久地把雒阳作为都城，齐人刘敬劝说高祖，等到留侯张良劝说皇上进入函谷关而在关中定都的时候，高祖就在当日起驾，进入函谷关而定都关中。六月，大赦天下。

七月，燕王臧荼造反，攻下了代地。高祖亲自率军攻击他，俘获了燕王臧荼。当即封太尉卢绾为燕王。命令丞相樊哙率领军队攻取代地。

在这一年的秋天，利幾谋反，高祖亲自率领军队讨伐他，利幾逃走。利幾这个人，是项羽的将军。项羽失败时，利幾担任陈县县令，没有追随项羽，却逃亡投降了高祖，高祖封他在颍川为侯。高祖来到雒阳，按高祖至雒阳，举通侯籍[6]召之，而利幾恐，故反。

照名册召所有的诸侯都来雒阳，而利幾担心会有不测，因此而谋反。

注释 1 刘邦都关中，事详《刘敬列传》。 2 十月：乃“七月”之误。 3 太尉：官名，全国最高军事长官，为“三公”之一。 4 丞相哙：即樊哙。樊哙随从刘邦平韩王信时乃迁左丞相，此时未为丞相，故为虚衔。 5 利幾(jī)：本为项羽部将，后降刘邦。高祖五年造反，兵败逃走。 6 举通侯籍：按照列侯名册。举，提出，拿出。通侯，即彻侯，避汉武帝讳改。

六年。高祖五日一朝[1]太公，如家人父子礼。太公家令[2]说太公曰：“天无二日，土无二王。今高祖虽子，人主也；太公虽父，人臣也。柰何令人主拜人臣！如此，则威重不行[3]。”后高祖朝，太公拥彗，迎门却行。[4]高祖大惊，下扶太公。太公曰：“帝，人主也，柰何以我乱天下法！”于是高祖乃尊太公为太上皇[5]。心善[6]家令言，赐金五百斤。

六年。高祖每五日朝见一次太公，如同一般人家那样行父子相见的礼节。太公家令劝导太公说：“天上没有两个太阳，地下也不应有两个君王。如今高祖皇帝虽然是您的儿子，但却是君主；太公您虽然为父亲，却是臣子。为何要让君主拜见臣子！若像这样，就会使皇帝的尊贵和威严得不到施行。”以后高祖再来朝见，太公抱着扫帚，在大门口迎接，倒退着行走。高祖见状大惊，忙下车扶住太公。太公说：“皇帝，是天下人的君主，为什么要因为我而乱了天下的法度！”于是高祖就尊奉太公为太上皇。高祖心中特别喜欢太公家令说的一番话，就赏赐给他五百斤黄金。

注释 1 朝：古代诸侯见天子，臣见君，子见父，均称朝。 2 家令：官名,掌管家事。 3 威重不行:天子贵重的威严不能行于天下。 4 拥彗(huì,旧读 suì):手持扫帚,表示为人清扫道路之意。彗,扫帚。 迎门却行:面向门户,倒退着走,表示不敢先行。拥篲却行,是显示对贵者的尊敬。 5 太上皇:《史记集解》:"《本纪》秦始皇追尊庄襄王为太上皇,已有故事矣。盖太上者,无上也。皇者德大于帝,欲尊其父,故号曰太上皇也。" 6 善:赞赏。《史记索隐》引颜氏按:"晋刘宝云:'善其发悟己心,因得尊崇父号也。'"

十二月,人有上变事[1]告楚王信谋反,上问左右,左右争欲击之。用陈平计,乃伪游云梦,会诸侯于陈,楚王信迎,即因执之。[2]是日,大赦天下。田肯贺,因说高祖曰:"陛下得韩信,又治秦中[3]。秦,形胜之国,带河山之险,县隔千里,持戟百万,秦得百二焉。[4]地势便利,其以下兵于诸侯,譬犹居高屋之上建瓴水也。[5]夫齐,东有琅邪、即墨之饶,南有泰山之固,西有浊河之限,北有勃海之利,

十二月,有人上书举报楚王韩信谋反,皇上询问左右,左右大臣们争着想要去讨伐韩信。高祖采用了陈平的计策,假称到云梦泽去巡游,在陈地会集诸侯,楚王韩信前来迎接,就在这时拘捕了韩信。这一天,下令大赦天下。田肯前来祝贺,因而劝导高祖说:"陛下擒得了韩信,又治理着关中秦地。秦,是一个形势便利的国家,具有由河山所形成的险阻,又和关东地区有千里长的疆界为山河所阻隔,假若关东拥有百万持戟的士卒前来攻击,秦只用两万的兵力就可抵挡住。这是因为它的地势便利,它的军队在和诸侯们作战时可以采用由山上向下进攻的形势,譬如从高屋上往下倒水一般势不可当。再如齐地,东方有琅邪、即墨的富饶,南方有泰山的险固,西方有黄河为限隔,北方有渤海的地利,土地纵横

地方二千里。持戟百万，县隔千里之外，齐得十二焉。[6]故此东西秦[7]也，非亲子弟，莫可使王齐矣。”高祖曰：“善。”赐黄金五百斤。

两千里。若有持戟百万的军队，从有着千里阻隔的疆界以外的地区前来进攻，齐国只用二十万的兵力就可以抵御。因此齐秦二地实际上是东西二秦。假若不是陛下的亲属子弟，就不能派他去做齐王。”高祖说：“很好。”赏赐给他黄金五百斤。

后十余日，封韩信为淮阴侯，分其地为二国。高祖曰将军刘贾数有功，以为荆王，王淮东[8]。弟交为楚王，王淮西[9]。子肥为齐王，王七十余城，民能齐言者皆属齐。[10]乃论功，与诸列侯剖符[11]行封。徙韩王信太原[12]。

十几天以后，高祖封韩信为淮阴侯，把他原有的王国领土分割成两个王国。高祖说将军刘贾屡立功劳，封他为荆王，统辖淮东地区。封皇弟刘交为楚王，统辖淮西地区。封皇子刘肥为齐王，统辖齐地七十多个县城，凡是讲齐地方言的百姓都归属齐国。于是就评定功绩，分封功臣为列侯并各赐予分封的信符凭证。把韩王信迁徙到太原。

注释　**1** 上变事：上书揭发图谋变乱之事。　**2** 云梦：云梦泽。在今湖北武汉市、荆州市与湖南益阳市、岳阳市之间的泽地。　执：拘捕。　**3** 秦中：当时崤山以东地区的人称关中为秦中。　**4** 形胜：地形险固，能够取胜。　县：同“悬”。　百二：意为镇守关中，两万人当百万人。　**5** 建：通“瀽(jiǎn)”，意思等于“倾”，即泼，倒。　瓴(líng)：形如瓶的盛水瓦器。《史记集解》引如淳曰：“瓴，盛水瓶也。居高屋之上而幡瓴水，言其向下之势易也。”　**6** 限：阻隔。　十二：齐兵二十万足以当诸侯百万。　**7** 东西秦：齐在东，其形势、力量足以相当在西之秦。　**8** 淮东：今安徽淮河以东、以南地区。　**9** 淮西：今安徽淮河以西、以北地区。　**10** 事详见《齐悼惠王世家》。 **11** 剖符：剖分封侯的符，以为凭证。 **12** 太原：汉郡名，治所晋阳，在今山西太原市西南，辖今山西中部地区。

七年，匈奴攻韩王信马邑，[1]信因与谋反太原。白土曼丘臣、王黄立故赵将赵利为王以反，[2]高祖自往击之。会天寒，士卒堕指者什二三，遂至平城。[3]匈奴围我平城，七日而后罢去。令樊哙止定代地。立兄刘仲为代王。

二月，高祖自平城过赵、雒阳，至长安[4]。长乐宫成，丞相已下徙治长安。[5]

七年，匈奴人进攻韩王信所辖的马邑城，韩王信因此和匈奴人勾结而在太原谋反。白土县人曼丘臣和王黄扶立原来的赵将赵利为王而谋反，高祖亲自率军前往攻伐他们。恰逢天气寒冷，士卒中有十分之二三的人的手指被冻掉，结果就只到达了平城。匈奴人把我军围困在平城，七天以后才撤军离去。高祖命令樊哙留在代地平定叛乱。立兄长刘仲为代王。

二月，高祖从平城经过赵地、雒阳，来到长安。长乐宫建成，丞相以下的官吏都迁居长安治理政务。

注释 **1** 七年：公元前200年。 马邑：县名，在今山西朔州朔城区。 **2** 白土：县名，属上郡在今陕西神木市西。 曼丘臣、王黄：二人为韩王信部将。 **3** 堕：掉落。 平城：县名，在今山西大同市东北。 **4** 长安：西汉都城，在今陕西西安市西北。 **5** 长乐宫：宫名，西汉主要宫殿之一，在长安城内东南隅。 丞相已下：指丞相下属的中央机构。已，同"以"。 徙治长安：从栎阳迁到长安治事。治，治事，处理政务。

八年，高祖东击韩王信余反寇于东垣。[1]

萧丞相营作未央宫，立东阙、北阙、前殿、武库、太仓。[2]高祖还，见宫阙壮甚，怒，谓萧何曰："天下匈匈苦战数岁，成败未可知，是何治宫室过度也？[3]"萧何曰："天下方未定，故可因遂就宫室。[4]且夫天子以四海为家，非壮丽无以重威，且无令后世有以加[5]也。"高祖乃说。

高祖之东垣，过柏人，赵相贯高等谋弑高祖，高祖心动，因不留。[6]代王刘仲弃国亡，自归雒阳，废以为合阳侯。[7]

八年，高祖率军向东在东垣攻打跟从韩王信叛乱的余党。

萧何丞相主持建造未央宫，建筑有东阙、北阙、前殿、武库和太仓。高祖回来后，看到宫阙非常壮丽，很生气地对萧何说："天下战火纷纷苦战好多年，成败还不可确知，你为什么建造如此豪华的宫室？"萧何说："就是因为现在天下还没有安定，所以才能够趁此时机建成宫室。而且天子是以四海为家，假若不建筑得壮丽些就无法显示天子地位的尊显和威严，而且这样可以不使后世再行修建时超过前代。"高祖听后才变得高兴。

高祖在率军到东垣去时，路过柏人城，赵国国相贯高等人阴谋要杀害高祖，高祖当时心有所动，因而没有在这里留宿。代王刘仲放弃了封国而逃亡，没有得到皇帝的允许就自己回到了雒阳，皇帝取消了他的王爵而贬封他为合阳侯。

注释 **1** 八年：公元前 199 年。　东垣：秦时为恒山郡治，在今河北石家庄市东北。　**2** 未央宫：宫名，西汉主要宫殿之一，在长安城内西南隅，即今陕西西安市马家寨村。此宫西南两面无门阙。　东阙(què)：名苍龙阙。阙，宫门前左右所修上有楼观的建筑物，中间是通道空缺。　北阙:名玄武阙,为宫殿正门。 太仓:京城粮仓。 3 匈匈:同“恟恟”,动乱不安的样子。 过度:超过适度。 4 方:正在,现在。 就:建,修。 5 加:超过。 6 按:谋弑之事,详见《张耳陈余列传》。柏人,县名,在今河北内丘县东北。 7 刘仲弃国亡:刘仲因匈奴攻伐不能守弃国而逃。 合阳:即郃阳。县名,在今陕西合阳县东南。

九年,赵相贯高等事发觉,夷三族。[1]废赵王敖为宣平[2]侯。是岁,徙贵族楚昭、屈、景、怀、齐田氏关中。[3]

未央宫成。高祖大朝诸侯群臣,置酒未央前殿。高祖奉玉卮[4],起为太上皇寿,曰:“始大人常以臣无赖,不能治产业,不如仲力。[5]今某之业所就孰与仲多?”殿上群臣皆呼万岁,大笑为乐。

九年,赵相贯高等人阴谋杀害高祖的事被发觉,被夷灭了三族。废除了赵王张敖的王爵而贬封他为宣平侯。这一年,把楚国的昭氏、屈氏、景氏、怀氏和齐国的田氏等贵族迁徙到了关中地区。

未央宫建成。高祖在这里召集诸侯群臣举行盛大的朝会,在未央宫前殿摆设了酒宴。高祖捧着玉杯,起身向太上皇祝酒,说:“当初大人经常认为我无所依恃,不能营治产业,不如刘仲有本事。如今我所成就的产业和刘仲相比谁多?”殿上的群臣们听后都高呼万岁,大笑取乐。

注释 1 九年:公元前198年。 三族:父族、母族、妻族。 2 宣平:封号名,非指封邑。 3 事由刘敬建议,见《刘敬列传》。 4 玉卮(zhī):玉制酒器。 5 无赖:无所取利,入之于家。《史记集解》引晋灼曰:“许慎曰‘赖,利也’。无利入于家也。或曰江淮之间谓小儿多诈狡猾为‘无赖’。” 力:有本事。

十年[1]十月，淮南王黥布、梁王彭越、燕王卢绾、荆王刘贾、楚王刘交、齐王刘肥、长沙王吴芮皆来朝长乐宫。春夏无事。

七月，太上皇崩[2]栎阳宫。楚王、梁王皆来送葬。赦栎阳囚。更命郦邑曰新丰[3]。

十年十月，淮南王黥布、梁王彭越、燕王卢绾、荆王刘贾、楚王刘交、齐王刘肥、长沙王吴芮都来到长乐宫朝见皇帝。春天、夏天国家都太平无事。

七月，太上皇在栎阳宫中逝世。楚王和梁王都前来送葬。赦免了栎阳的囚徒。把郦邑改为新丰。

注释　1 十年：公元前197年。　2 崩：古代称帝王或王后死为崩。　3 郦邑：县名，在今陕西西安市临潼区东北。

八月，赵相国陈豨反代地[1]。上曰："豨尝为吾使，甚有信。代地吾所急[2]也，故封豨为列侯，以相国守代，今乃与王黄等劫掠代地！代地吏民非有罪也，其赦代吏民。"九月，上自东往击之。至邯郸[3]，上喜曰："豨不南据邯郸而阻漳水[4]，吾知其无能为也。"闻豨将皆故贾人[5]也，上曰："吾知所以与[6]之。"乃多以金

八月，赵相国陈豨在代地造反。皇上说："陈豨曾经跟着我办事，很有信用。代地是我急需平定的地区，所以我封陈豨为侯，以相国的职位而派他守卫代地，如今他却和王黄等人劫掠代地！代地的官吏百姓没有罪责，对此应赦免代地官吏百姓。"九月，皇上亲自前去征伐他们。来到邯郸后，皇上高兴地说："陈豨不向南据守邯郸而借漳水进行阻挡，我知道他不能有什么作为了。"又听说陈豨的部将原先都是商贾之人，皇上说："我知道该用什么方法对付他们了。"就用许多黄金去引诱陈豨的部将，陈豨的部将

啖豨将，豨将多降者。

有许多人投降。

注释 1 赵相国：其时赵相国为周昌，陈豨为代相国，即下文言“以相国守代”。《汉书》正作“代相国”。 陈豨(xī)：汉初将领，其事附于《韩信卢绾列传》。 2 急：紧要之地。 3 邯郸：汉初赵国都城，在今河北邯郸市。 4 漳水：源于山西省，经邯郸南，东北流入古黄河。 5 贾(gǔ)人：商人。 6 与：对付。

十一年，高祖在邯郸诛豨等未毕，豨将侯敞将万余人游行，王黄军曲逆，张春渡河击聊城。[1]汉使将军郭蒙[2]与齐将击，大破之。太尉周勃道太原入，定代地。至马邑，马邑不下，即攻残[3]之。

十一年，高祖在邯郸诛除陈豨等人的事务尚未结束，陈豨的部将侯敞率领一万多人流窜到各地，王黄驻军在曲逆，张春渡过黄河攻打聊城。汉朝派遣将军郭蒙和齐国的将领攻击他们，把他们打得大败。太尉周勃从太原率军进入代，要去平定代地。到达马邑，马邑坚守不降，周勃就派兵将其攻破摧毁。

豨将赵利守东垣，高祖攻之，不下。月余，卒骂高祖，高祖怒。城降，令出骂者斩之，不骂者原[4]之。于是乃分赵山北，立子恒以为代王，都晋阳。[5]

陈豨的部将赵利据守东垣，高祖率军攻打他，当时没有攻克。过了一个多月，有士卒骂高祖，高祖被激怒。等到东垣城投降，高祖命令找出骂他的人斩首，没有跟着骂的人得到宽恕。这时就把赵国山北地区分割出来，立皇子刘恒为代王，定都晋阳。

春，淮阴侯韩信谋反关中[6]，夷三族。

春天，淮阴侯韩信在关中谋反，被夷灭三族。

夏，梁王彭越谋反[7]，

废迁蜀;复欲反,遂夷三族。立子恢为梁王,子友为淮阳王。

秋七月,淮南王黥布反[8],东并荆王刘贾地,北渡淮,楚王交走入薛。高祖自往击之。立子长为淮南王。

夏天,梁王彭越谋反,被废除了王爵而迁贬到蜀地;他又想再次谋反,结果被夷灭三族。立皇子刘恢为梁王,皇子刘友为淮阳王。

秋天七月,淮南王黥布反叛,向东侵并了荆王刘贾的领地,向北渡过了淮河,楚王刘交逃到薛城。高祖亲自前往征伐黥布,立皇子刘长为淮南王。

注释 1 十一年:公元前196年。 游行:指流动不定地作战。 曲逆:县名,在今河北顺平县东南。 张春:与侯敞同为陈豨部将。 聊城:县名,在今山东聊城。 2 郭蒙:汉将,后封东武侯。 3 残:摧毁。 4 原:原宥,宽赦。 5 恒:刘恒,即后来的汉文帝。 晋阳:县名,在今山西太原市西南。 6 韩信谋反关中事,详见《淮阴侯列传》。 7 彭越谋反事,详见《彭越列传》。 8 黥布反事,详见《黥布列传》。

十二年十月,高祖已击布军会甀,[1]布走,令别将追之。

高祖还归,过沛,留。置酒沛宫,悉召故人父老子弟纵酒[2],发沛中儿得百二十人,教之歌。酒酣,高祖击筑,[3]自为歌诗曰:"大风起兮云飞扬,威加海

十二年,十月,高祖在会甀攻打黥布的军队以后,黥布逃走,就命令其他的将军追击黥布。

高祖返回关中,路过沛县,停留下来。在沛宫中设置酒宴,召来所有的故人父老子弟纵情畅饮,征集到沛地一百二十个少儿,教他们唱歌。酒酣的时候,高祖亲自击筑奏乐,自己作诗歌唱道:"大风起兮云飞扬,威加海内兮归故乡,安得猛士兮守四

内兮归故乡，安得猛士兮守四方！”令儿皆和习之。高祖乃起舞，慷慨伤怀，泣数行下。谓沛父兄曰：“游子悲故乡[4]。吾虽都关中，万岁后吾魂魄犹乐思沛[5]。且朕自沛公以诛暴逆，遂有天下，其以沛为朕汤沐邑，复其民，世世无有所与。[6]”沛父兄诸母故人日乐饮极欢，道旧故[7]为笑乐。十余日，高祖欲去，沛父兄固请留高祖。高祖曰：“吾人众多，父兄不能给。”乃去。沛中空县皆之邑西献。[8]高祖复留止，张饮[9]三日。沛父兄皆顿首曰：“沛幸得复，丰未复，唯陛下哀怜之。”高祖曰：“丰吾所生长，极不忘耳，吾特为其以雍齿故反我为魏。”沛父兄固请，乃并复丰，

方！”命令那些唱歌的少儿们练习和唱这支歌。高祖就在少儿们的唱和中起舞，慷慨伤怀，洒下了行行热泪。高祖对沛地的父兄们说：“在外的游子一想到故乡就感到悲伤。我虽然定都关中，但将来死后我的魂魄还会高兴地思念沛地。而且我是以沛公的职位来诛除暴逆，才拥有了天下，因此要把沛地作为我的汤沐邑，免除沛县百姓的赋税徭役，世世代代不必交税服役。”沛县的父兄及长辈妇女和故交旧友们每日高兴痛饮极尽欢宴，讲述过去的旧事取笑作乐。十几天以后，高祖准备离去，沛县的父兄们坚决恳请高祖再留几日。高祖说：“我带的人很多，父兄们承担不起他们的供给。”于是离去。沛县人们把县中所有的东西都拿了出来到县西进献。高祖又停留下来，就在城外设置了帷帐和他们饮酒三日。沛县的父兄们都叩首向高祖请求说：“沛县有幸能免除赋税徭役，但是丰邑还没有能免除赋税徭役，请陛下可怜可怜他们吧。”高祖说：“丰邑是我所生长的地方，是我最不能忘却的，我只是因为他们随从雍齿反叛我而附归于魏的缘故才不予免除。”沛地父兄们坚决恳请，高祖才免除了丰邑的赋税

比[10]沛。于是拜沛侯刘濞为吴王[11]。

徭役，一切比照沛县。于是封沛侯刘濞为吴王。

注释 1 十二年：公元前195年。 会甀(kuài zhuì)：邑名，在今安徽宿州市东南。 2 纵酒：纵情饮酒。 3 酣：沉酣畅快。《史记集解》引应劭曰："不醒不醉曰酣。一曰酣，洽也。" 筑(zhù)：乐器名。形似筝，颈细而肩圆，有十三弦，弦下设柱，执竹尺击弦发音。 4 游子：离乡远游的人。 悲：深切思念。 5 万岁后：死后的一种避讳说法。 乐思：高兴地思念。 6 汤沐邑：天子、皇后、公主等的私邑，所收税赋供斋戒、沐浴之用。 与(yù)：参与徭役。 7 道旧故：谈论过去的故事。 8 空县：倾城出动。 献：献牛酒送行。 9 张饮：设帐聚饮。张，通"帐"，帷帐。 10 比：相同，与……一样。 11 拜沛侯刘濞为吴王：事详见《吴王刘濞列传》。

汉将别击布军洮水[1]南北，皆大破之，追得斩布鄱阳。

樊哙别将兵定代，斩陈豨当城[2]。

十一月，高祖自布军[3]至长安。十二月，高祖曰："秦始皇帝、楚隐王陈涉、魏安釐王、齐缗王、赵悼襄王皆绝无后，予守冢各十家，秦皇帝二十家，魏公子

汉将领兵在洮水南北攻击黥布军队，把黥布的军队打得大败，追到了黥布，并在鄱阳把他斩杀。

樊哙另外率领军队平定了代地，在当城斩杀了陈豨。

十一月，高祖从征伐黥布的军中回到了长安。十二月，高祖说："秦始皇帝、楚隐王陈涉、魏安釐王、齐缗王、赵悼襄王都断绝了继嗣没有后代，赐予他们各十家人负责为他们守护冢墓，其中秦皇帝增为二十家，魏公子无忌减为五家。"

无忌五家。[4]”赦代地吏民，为陈豨、赵利所劫掠者皆赦之。陈豨降将言豨反时，燕王卢绾使人之豨所，与阴谋。上使辟阳侯[5]迎绾，绾称病。辟阳侯归，具言绾反有端[6]矣。二月，使樊哙、周勃将兵击燕王绾。赦燕吏民与反者。立皇子建为燕王。

赦免代地的官吏和平民，那些被陈豨和赵利所劫持强迫跟从他们谋反的人也都被赦免。投降于汉军的陈豨部将说陈豨谋反的时候，燕王卢绾派人到陈豨的驻地，和他暗中一起谋划。皇上派遣辟阳侯审食其迎请卢绾，卢绾称病不肯前来。辟阳侯回到长安，详细地说明卢绾造反的事确有些端绪。二月，刘邦派遣樊哙和周勃率领军队攻打燕王卢绾。赦免燕国那些参与谋反的官吏和平民。立皇子刘建为燕王。

注释 1 洮水：《史记志疑》考证，“沘与洮相似而讹”。沘水，即今淮河支流淠河。源出大别山，北流入寿县西入淮河。 2 当城：县名，在今河北蔚县东北。 3 布军：指讨征黥布的大军。 4 隐：陈涉谥号。 魏安釐(xī)王：名圉，信陵君异母兄。 齐缗王：名地，后被楚将淖齿所杀。缗，亦作“湣”、“愍”或“闵”。 赵悼襄王：名偃，赵孝成王之子，幽王迁之父。 魏公子无忌：即信陵君，战国四公子之一。事详见《魏公子列传》。 5 辟阳侯：即审食其(yì jī)。 6 端：苗头。

高祖击布时，为流矢所中，行道病。病甚，吕后迎良医。医入见，高祖问医。医曰：“病可治。”于是高祖嫚骂[1]之曰：“吾

高祖在攻打黥布的时候，曾被流矢击中，在行军途中伤口发作。高祖病得很厉害，吕后请来一位良医。医生入宫进见，高祖问医生病情。医生说：“您的病能够治愈。”因此高祖辱骂医生说：“我以一个布衣平民的身

以布衣[2]提三尺剑取天下,此非天命乎?命乃在天,虽扁鹊[3]何益!”遂不使治病,赐金五十斤罢之。已而吕后问:“陛下百岁后,萧相国即[4]死,令谁代之?”上曰:“曹参可。”问其次,上曰:“王陵可。然陵少戆[5],陈平可以助之。陈平智有余,然难以独任。周勃重厚少文,然安刘氏者必勃也,可令为太尉。”吕后复问其次,上曰:“此后亦非而[6]所知也。”

卢绾与数千骑居塞下候伺,幸上病愈自入谢。[7]

份提着三尺宝剑取得了天下,难道这不是由于有天命吗?我的命运既然是上天决定的,即使是扁鹊在世对我的病情又有什么益处呢?”于是就不让他治病,赏赐了他五十斤黄金了事。事后吕后问高祖:“陛下百年之后,假使萧相国也死了,让谁代替他做相国呢?”皇上说:“曹参可以。”吕后又问曹参以后的事,皇帝说:“王陵可以,然而王陵过于耿直,陈平能够协助他。陈平的智略有余,然而他却难以单独胜任。周勃为人稳重仁厚而缺乏文化素养,但是使刘氏天下能够得到安定的人一定是周勃,可以任命他担任太尉。”吕后再问以后的事,皇上说:“这以后的事也不是你所能知道的了。”

卢绾和几千名骑士停留在塞下等候时机,希望皇上病愈以后亲自入见谢罪。

注释 1 嫚骂:同“谩骂”,辱骂。嫚,轻侮,倨傲。 2 布衣:因平民常穿粗布衣,故借以指平民。 3 扁鹊:战国时名医秦越人。事详见《扁鹊列传》。 4 即:假若,如果。 5 少:稍微。 戆(zhuàng):愚而刚直。 6 而:通“尔”,你。 7 候伺:窥伺,观察,即等待时机。 幸:希望。

四月甲辰[1]，高祖崩长乐宫。四日不发丧。吕后与审食其谋曰："诸将与帝为编户民，今北面为臣，此常怏怏，今乃事少主，非尽族是，天下不安。[2]"人或闻之，语郦将军[3]。郦将军往见审食其，曰："吾闻帝已崩，四日不发丧，欲诛诸将。诚如此，天下危矣。陈平、灌婴将十万守荥阳，樊哙、周勃将二十万定燕、代，此闻帝崩，诸将皆诛，必连兵还乡以攻关中。大臣内叛，诸侯外反，亡可翘足而待[4]也。"审食其入言之，乃以丁未[5]发丧，大赦天下。

卢绾闻高祖崩，遂亡入匈奴。

四月甲辰日，高祖在长乐宫逝世。经过了四天仍然不发丧。吕后和审食其谋划说："那些将军们曾和皇帝同为编入户籍册的平民，如今他们北面为臣，这使得他们常常怏怏不乐，如今却要奉事年少的君王，假若不把他们全部诛杀灭族，天下将不会安定无事。"有人听说这件事，就告诉了将军郦商。将军郦商前去拜见审食其，说："我听说皇帝已经崩逝，过了四天仍不发布丧事，准备诛杀各位将军。果真是这样，天下可就危险了。陈平、灌婴率领十万军队守卫荥阳，樊哙、周勃率领二十万军队平定燕、代，他们听说皇帝逝世，各个将领都被诛杀，一定会联合军队调转方向来进攻关中。那时大臣在朝内叛乱，诸侯在外造反，天下灭亡之时举足而待了。"审食其入宫向吕后述说这些事情，才在丁未日发丧，大赦天下。

卢绾听说高祖已经逝世，就逃亡到匈奴去了。

注释　1 四月甲辰：公元前195年阴历四月二十五日。《史记集解》引皇甫谧曰："高祖以秦昭王五十一年生，至汉十二年，年六十二。"　2 编户民:编入户口簿的平民百姓。 怏怏:因不满而郁郁不乐。 少主:指即将继帝位的惠帝刘盈,时年十七岁。 族是:诛杀诸将。 3 郦将军:指郦商。 4 翘(qiáo)足而待:举足的工夫就可等到,形容时间短暂。翘,举。 5 丁未:阴历四月二十八日。

丙寅[1],葬。己巳,立太子,[2]至太上皇庙。群臣皆曰:"高祖起微细,拨乱世反之正,平定天下,为汉太祖,功最高。"上尊号为高皇帝[3]。太子袭号为皇帝,孝惠帝也。令郡国诸侯各立高祖庙,以岁时祠。

及孝惠五年,思高祖之悲乐沛,以沛宫为高祖原庙。[4]高祖所教歌儿百二十人,皆令为吹乐。后有缺,辄补之。

高帝八男:长庶齐悼惠王肥[5];次孝惠,吕后子;次戚夫人子赵隐王如意;次代王恒,已立为孝文帝,薄太后子;次梁王恢,吕太后时徙为赵共王;次

丙寅日,安葬了高祖。己巳日,立太子刘盈为皇帝,前往太上皇庙。群臣们都说:"高祖出身平民,却能拨治乱世使之返归正道,平定了天下,成为汉朝的太祖,功业最高。"奉上尊号称为高皇帝。太子承袭皇帝称号,就是孝惠帝。下令在各个郡国诸侯都分别建立高祖庙,每年按照时令举行祭祀。

等到孝惠帝五年,孝惠帝想到高祖生前在沛县的悲乐情形,就把沛宫作为高祖的原庙。高祖所教歌唱相和的一百二十个少儿,都命令他们在原庙吹奏乐歌,以后假若有缺员,就补足。

高帝有八个儿子:长子为庶出,是齐悼惠王刘肥;次子孝惠帝,是吕后的儿子;第三子是戚夫人所生的儿子赵隐王刘如意;第四子是代王刘恒,后来被立为孝文帝,是薄太后所生的儿子;第五子是梁王刘恢,吕太后的时候被迁徙为赵共王;第六

淮阳王友，吕太后时徙为赵幽王；次淮南厉王长；次燕王建。

子是淮阳王刘友，吕太后的时候被迁徙为赵幽王；第七子是淮南厉王刘长；第八子是燕王刘建。

注释 1 丙寅：阴历五月十七日。 2 己巳：阴历五月二十日。 立太子：立太子刘盈为帝。 3 高皇帝：刘邦的谥号。 4 孝惠五年：公元前190年。 原庙：另立的宗庙。一说，立在原籍沛县的庙。 5 长庶：庶出之长子。非嫡妻所生之子为庶出，即庶子；虽长，然非嫡子。

太史公曰：夏之政忠[1]。忠之敝，小人以野，故殷人承之以敬。[2]敬之敝，小人以鬼，故周人承之以文。[3]文之敝，小人以僿[4]，故救僿莫若以忠。三王之道若循环，终而复始。周秦之间，可谓文敝矣。秦政不改，反酷刑法，岂不缪[5]乎？故汉兴，承敝易变，使人不倦，得天统[6]矣。朝以十月[7]。车服黄

太史公说："夏朝的政治奉行忠厚。忠厚的弊端，是使百姓粗野缺乏礼节，所以殷朝承续夏政而奉行恭敬。恭敬的弊端，是使百姓相信鬼神，所以周朝承续殷政而奉行礼仪。礼仪的弊端，是使百姓讲究文饰而情薄不诚信，所以解救不诚信的弊端莫如奉行忠厚。三王的治国之道循环往复，终而复始。在周秦交替之际，可以说是处于不诚信的弊端中了。秦国政治措施对这点不加更改，反而施行残酷的刑法，这难道不是错上加错吗？所以汉朝兴起，基于这样的政治弊端却能加以改变，使得人们毫不怠倦，这正是得到了天道循环的统纪。汉朝把十月定为朝会的岁首。规定皇帝乘坐的车驾要用黄缎子把车厢装饰成黄屋一般，并在车前横木的左上方要插上犛牛尾或野鸡尾做成的羽旗。高

屋左纛[8]。葬长陵[9]。

祖葬在长陵。

注释 1 忠:质朴忠厚。 2 敝:通“弊”,弊病。 野:少礼节。 敬:恭敬。 3 鬼:多威仪如事鬼神。 文:严格尊卑的等级差别。 4 僿(sài):缺乏诚恳之心。一作“薄”,虚伪。 5 缪:通“谬”,错误。 6 天统:正统天命。三统说以为夏得黑统,商得白统,周得赤统。三统循环,继周者又得黑统,因而“救僿莫若以忠”,此即所谓天统。 7 朝以十月:诸侯每年十月来朝见天子。 8 黄屋:帝王乘坐的用黄色丝织物作顶棚的车。 左纛(dào):插在帝王车上左边用犛(máo)牛尾做的装饰物。 9 长陵:汉高祖陵墓,又为县名,在今陕西咸阳市东北。

史记卷九

吕太后本纪第九

原文

吕太后者，高祖微时妃也，生孝惠帝、女鲁元太后。[1]及高祖为汉王，得定陶戚姬，爱幸，生赵隐王如意。[2]孝惠为人仁弱，高祖以为不类[3]我，常欲废太子，立戚姬子如意，如意类我。戚姬幸，常从上之关东[4]，日夜啼泣，欲立其子代太子。吕后年长，常留守，希见上，[5]益疏。如意立为赵王后，几代太子者数矣[6]。赖大臣争之，及留侯策，[7]太子得毋废。

译文

吕太后，是高祖还没有显贵时候的妻子，她生有孝惠帝刘盈、女儿鲁元太后。等到高祖做了汉王，又娶了定陶人戚姬，特别亲爱宠幸，生下了赵隐王刘如意。孝惠帝为人仁厚柔弱，高祖认为他的性格“不像我”，常常想要废掉太子，而立戚姬的儿子如意，认为“如意的性格像我”。戚姬受到高祖的宠幸，经常随从皇上到关东去，她日夜在高祖面前啼哭，想要立她的儿子替代太子。吕后年纪较大，经常留守在关中，很少能和皇上相见，与皇上也就更加疏远了。如意被立为赵王以后，曾经有好多次几乎要替代刘盈做太子。依靠大臣们的谏诤，再加上留侯的计谋，太子才没有被废掉。

注释 1 吕太后:名雉,字娥姁(xū)。其父单父人吕公,见《高祖本纪》。《史记集解》引徐广曰:“吕后父吕公,汉元年为临泗侯,四年卒,高后元年追谥曰吕宣王。” 微:贫贱。 妃:配偶。 孝惠帝:刘盈。 鲁元太后:鲁元公主,嫁给张耳子张敖为妻,生子张偃,偃后封鲁王,故追谥鲁元公主为鲁元太后。 2 定陶:县名,在今山东菏泽市定陶区西北。 隐:赵王如意谥号。 3 类:像。 4 关东:泛指函谷关以东的广大地区。 5 年长:年老。 希:稀少。 6 几:几乎,差不多。 数(shuò):屡次。 7 争(zhèng):通“诤”,谏诤,规劝。 留侯策:详见《留侯世家》。

吕后为人刚毅,佐高祖定天下,所诛大臣[1]多吕后力。吕后兄二人,皆为将。长兄周吕侯死事,封其子吕台为郦侯,子产为交侯。[2]次兄吕释之为建成[3]侯。

高祖十二年四月甲辰,崩长乐宫,太子袭号为帝。[4]是时高祖八子:长男肥,孝惠兄也,异母,肥为齐王;余皆孝惠弟,戚姬子如意为赵王,薄夫人子恒为代王,诸姬子子恢为梁王,子友为淮阳王,子长为淮南王,子建为燕王。高

吕后为人性格刚毅,辅佐高祖平定天下,高祖诛杀大臣也多是由吕后出力献策。吕后有两个哥哥,都做了将军。大哥周吕侯死于征战,高祖封他的儿子吕台为郦侯,儿子吕产为交侯。二哥吕释之被封为建成侯。

高祖在十二年四月甲辰日,于长乐宫逝世,太子刘盈承袭尊号做了皇帝。这个时候高祖有八个儿子:长子刘肥,是惠帝的兄长,他们是异母兄弟,刘肥被封为齐王;其余的都是惠帝的弟弟,戚姬的儿子如意被封为赵王,薄夫人的儿子刘恒被封为代王,其他姬妾所生的儿子,刘恢被封为梁王,刘友被封为淮阳王,刘长被封为淮南王,刘建被封为燕王。高祖的弟弟刘交被封为楚王,高祖

祖弟交为楚王，兄子濞为吴王。非刘氏功臣番君吴芮子臣为长沙王[5]。

兄长的儿子刘濞被封为吴王。不是刘氏而被封王的有功之臣番君吴芮的儿子吴臣被封为长沙王。

注释 1 诛大臣：详见《淮阴侯列传》《彭越列传》等。 2 周吕侯：吕泽，封侯三年而卒。《史记会注考证》引洪亮吉曰："考《高纪》，八年，高祖击韩王信余寇于东垣，则泽当以此时死。" 台：音 yí。 郦：县名，在今河南南阳市北。 交：当作"洨(xiáo)"，县名，在今安徽蚌埠市东北。 3 建成：县名，在今河南永城市东南。 4 时为公元前 195 年阴历四月二十五日。 5 番(pó)君吴芮(ruì)：秦时番阳县令，后被刘邦封为长沙王。 长沙：封国名，都城临湘，在今湖南长沙市。

吕后最怨戚夫人及其子赵王，乃令永巷[1]囚戚夫人，而召赵王。使者三反，赵相建平侯周昌[2]谓使者曰："高帝属[3]臣赵王，赵王年少。窃闻太后怨戚夫人，欲召赵王并诛之，臣不敢遣王。王且亦病，不能奉诏。"吕后大怒，乃使人召赵相。赵相征至长安，乃使人复召赵王。王来，未到。孝惠帝慈仁，知太后怒，自迎赵王霸上，与

吕后最痛恨戚夫人和她的儿子赵王，就下令把戚夫人囚禁在永巷宫，并派人去召来赵王。使者去了好几次，赵王的丞相建平侯周昌对使者说："高帝把赵王托付给我，赵王年幼。我私下听说太后怨恨戚夫人，想要把赵王召去一同诛杀他们，我不敢遣送赵王前去。而且赵王也正在生病，不能遵奉诏命。"吕后大为恼怒，就派人召来赵王的丞相。赵王的丞相被征召到长安，就又派人再去召赵王。赵王前来，还没有到达京城。孝惠帝仁慈，知道太后对赵王发怒了，就亲自到霸上把赵王迎接回来，和他一同进宫，亲

入宫，自挟与赵王起居饮食。[4]太后欲杀之，不得间[5]。孝惠元年[6]十二月，帝晨出射。赵王少，不能蚤[7]起。太后闻其独居，使人持鸩[8]饮之。犁明[9]，孝惠还，赵王已死。于是乃徙淮阳王友为赵王。夏，诏赐郦侯父[10]追谥为令武侯。太后遂断戚夫人手足，去眼，煇耳，饮瘖药，使居厕中，命曰“人彘”。[11]居数日，乃召孝惠帝观人彘。孝惠见，问，乃知其戚夫人，乃大哭，因病，岁余不能起。使人请[12]太后曰：“此非人所为。臣为太后子，终[13]不能治天下。”孝惠以此日饮为淫乐，不听政，故有病也。[14]

自守护着赵王和他一同起居饮食。太后想要杀害赵王，没有能得到机会。惠帝元年十二月，皇帝早晨出宫射猎。赵王年幼，不能早起随往。太后听说他一人独自在家，就派人拿着毒酒给他喝了。黎明时，惠帝回来，赵王已经死了。于是吕后就迁徙淮阳王刘友为赵王。这一年的夏天，下诏追谥郦侯的父亲为令武侯。太后还砍断戚夫人的手足，挖去她的双眼，熏聋她的耳朵，灌她喝下哑药，让她住在猪圈里面，把她称作“人猪”。过了几天，就召唤惠帝去观看人猪。惠帝看见以后，问是什么，才知道这是戚夫人，于是就大哭，因而病倒了，一年多都无法起床。惠帝派人告诉太后说：“这样的事不是人所能干出来的。我是太后您的儿子，终究不能治理天下了。”惠帝从此整天饮酒淫乐，不理政事，因此一直患有疾病。

注释　**1** 永巷：此为永巷宫之省，汉武帝时改为掖庭，宫中监禁宫人的牢狱。《史记会注考证》引中井积德曰：“永巷本后宫女使所居，群室排列，如街巷而长连，故名永巷。亦有狱，以治后宫有罪者，以其在永巷也，故亦称永巷耳。”　**2** 周昌：刘邦同乡，忠正耿直。为防吕后害戚夫人子，刘邦特任周昌为赵相以护卫赵王，赵王被害后三年，周昌去世。事详见《张丞相列传》。 3 属：通“嘱”，委托。 4 霸上：亦作“灞上”，地处霸水西岸的高原上，故名。在今陕西西安市东南。 自挟(xié)：亲自携同，护卫。 5 间(jiàn)：空隙，机会。 6 孝惠元年：公元前194年。 7 蚤：通“早”。 8 鸩(zhèn)：毒酒。 9 犁明：同“黎明”，天将亮未亮时。一说，犁，通“黎”，迟，比及。王念孙曰：“帝晨出射，则天将明矣，及既射而还，则在日出之后，不得言‘黎明，孝惠还’也。‘黎明，孝惠还’，当作‘犁孝惠还’，‘明’字衍，言比及孝惠还，而赵王已死也。《汉书》作‘迟帝还’，无‘明’字。” 10 郦侯父：吕泽。 11 煇：通“熏”，用火灼烧。 饮(yìn)：灌。 瘖(yīn)药：喝了使人变哑的药。瘖，哑。 彘(zhì)：猪。 12 请：告诉。 13 终：终归。 14 惠帝只是名义上在位，朝政全操持在吕后手中，以此，司马迁未立“惠帝本纪”，而仅立《吕太后本纪》，是遵从实际事势的处理方法，应予肯定。

二年，楚元王、齐悼惠王皆来朝。十月，孝惠与齐王燕饮[1]太后前，孝惠以为齐王兄，置上坐，如家人之礼。太后怒，乃令酌两卮鸩，置前，令齐王起为寿。[2]齐王起，孝惠亦起，取卮欲俱为寿。太后乃恐，自起泛[3]孝惠卮。齐王怪之，因不敢饮，详[4]醉去。问，知其鸩，齐王恐，自以为不得脱长安，忧。齐内史[5]士说王

二年，楚元王、齐悼惠王都来朝见。十月，孝惠帝和齐王在太后面前宴饮，孝惠帝认为齐王是兄长，就让他坐在上座，这是按照家人的礼节安排的。太后发怒，就令人斟两杯毒酒，摆在齐王面前，命令齐王站起来为她祝福。齐王起身，惠帝也起身，取过杯子准备和齐王一同饮酒祝寿。太后这才感到很害怕，亲自起身碰洒了惠帝的酒。齐王觉得很奇怪，因而就不敢再饮，假装酒醉而离去。一打听，才知道是毒酒，齐王很害怕，认为自己无法逃离长安，心中忧虑。齐国的内史名叫士的开导齐王说：“太后只

曰:"太后独有孝惠与鲁元公主。今王有七十余城,而公主乃食[6]数城。王诚以一郡上太后,为公主汤沐邑,太后必喜,王必无忧。"于是齐王乃上城阳之郡,尊公主为王太后[7]。吕后喜,许之。乃置酒齐邸[8],乐饮,罢,归齐王。

生有惠帝和鲁元公主。如今大王拥有七十多座城邑的封地,而公主却只有几座城邑为食邑。大王如果用一个郡的封地献给太后,作为公主的汤沐邑,太后必然高兴,您就可以免去忧虑了。"于是齐王就把城阳郡奉献给太后,并尊公主为王太后。吕后高兴,就接收了。于是太后就在齐王府邸设置酒宴,欢乐地尽情而饮,不再追究齐王的过失,放他回封国去了。

三年,方筑长安城,四年就半,五年六年城就。诸侯来会。十月朝贺。

三年,开始修筑长安城;四年,完成了一半;五年、六年,长安城修成。诸侯们前来朝会。十月,诸侯们入朝向皇帝表示祝贺。

注释 1 燕饮:家常便宴,不拘君臣礼节。燕,通"宴",宴饮。 2 卮(zhī):圆底酒器。 寿:敬酒。 3 泛(fěng):通"覂",倾覆,倒掉。 4 详:通"佯",假装。 5 内史:诸侯王国丞相之下掌管民政的官。 6 食:享,受。指享用封邑的赋税物产。 7 尊公主为王太后:齐王献地,意即愿以地封公主子张偃为王,然后公主得尊为王太后。 8 邸:当时诸侯设在京城的官邸。

七年秋八月戊寅,孝惠帝崩。[1]发丧,太后哭,泣[2]不下。留侯子张辟彊为侍中[3],年十五,谓丞

七年秋天八月戊寅日,孝惠帝逝世。发布丧事,太后只是干哭,却没有眼泪流下。留侯张良的儿子张辟彊担任侍中,当时才十五岁,对丞相

相[4]曰:“太后独有孝惠,今崩,哭不悲,君知其解[5]乎?”丞相曰:“何解?”辟彊曰:“帝毋壮子,太后畏君等。君今请拜吕台、吕产、吕禄为将,将兵居南北军,及诸吕皆入宫,居中用事,[6]如此则太后心安,君等幸得脱祸矣。”丞相乃如辟彊计。太后说,其哭乃哀。吕氏权由此起。乃大赦天下。九月辛丑,葬。[7]太子即位为帝,谒高庙。[8]

陈平说:“太后只生了一个儿子孝惠帝,如今逝世了,她虽哭但不悲痛,您知道这其中的原因吗?”丞相说:“这是什么原因?”张辟彊说:“皇帝没有成年的儿子,太后害怕你们这些大臣将军们。您现在请求拜吕台、吕产、吕禄为将军,统领南北军队,以及让那些吕家的人都进入宫廷,在朝廷里任职掌权,这样就会使太后心安,你们这些人就可以侥幸摆脱祸患了。”丞相于是就按照张辟彊的计策行事。太后非常高兴,然后才为惠帝之死流下了哀伤的眼泪。从此以后吕氏家族的人在朝廷掌权。接着就大赦天下。九月辛丑日,安葬了惠帝。太子即位做了皇帝,朝拜了高祖庙。

注释　**1** 七年秋八月戊寅:时为公元前188年阴历八月十二日。　孝惠帝崩:《史记集解》引皇甫谧曰:“帝以秦始皇三十七年生,崩时年二十三。”　**2** 泣:眼泪。　**3** 侍中:官名。自列侯下至郎中均可加官侍中,可以侍从皇帝左右,出入宫廷。　**4** 丞相:当时有右丞相王陵,左丞相陈平。据《汉书》,此指陈平。　**5** 解:缘由,奥秘。　**6** 将兵:统领军队。　南北军:戍守长乐宫、未央宫的屯卫兵。南军卫未央宫,北军卫长乐宫。吕台将北军,台死由吕禄统领。吕产将北军。　用事:当权,管事。　**7** 九月辛丑:九月五日。　葬:惠帝葬于安陵。　**8** 太子:时吕后取惠帝后宫美人子为之,史无其名。　谒高庙:皇帝登位到祖庙去举行朝拜的礼仪。谒,祭祀,朝拜。

元年，号令一出太后。[1]太后称制，议欲立诸吕为王，问右丞相王陵[2]。王陵曰："高帝刑白马盟[3]曰'非刘氏而王，天下共击之'。今王吕氏，非约也。"太后不说。问左丞相陈平、绛侯周勃[4]。勃等对曰："高帝定天下，王子弟，今太后称制，王昆弟[5]诸吕，无所不可。"太后喜。罢朝，王陵让[6]陈平、绛侯曰："始与高帝啑血[7]盟，诸君不在邪？今高帝崩，太后女主，欲王吕氏，诸君从欲阿意背约，何面目见高帝地下？"陈平、绛侯曰："于今面折廷争，臣不如君；[8]夫全社稷[9]，定刘氏之后，君亦不如臣。"王陵无以应之。

元年，朝廷所有的号令一概出自吕太后。太后行使皇帝大权处理政事，就商议打算立那些吕家子弟为王，询问右丞相王陵。王陵说："高帝曾斩杀白马订下盟誓说'不是刘氏的子弟而称王的，天下的人可以共同征伐他'。现在要封吕家的人为王，违背了高祖的盟约。"太后听了不高兴。又问左丞相陈平和绛侯周勃。周勃等人回答说："高帝平定了天下，封自己的子弟为王，如今太后行使皇帝职权治理天下，封自己的兄弟等那些吕家子弟为王，没有什么不可以的。"太后听了非常高兴。罢朝以后，王陵责怪陈平和绛侯周勃说："当初和高帝歃血订立盟约，难道你们各位不在场吗？现在高帝逝世，太后为女主，想要封那些吕氏子弟为王，你们纵容太后的私欲而迎合她的意愿违背盟约，将来还有什么脸面到地下去见高帝？"陈平、绛侯说："像今天这样能够当面抗拒，在朝廷上极力谏诤，我们不如您；至于说保全社稷，安定刘氏后代的基业，您也不如我们。"王陵听后无话对答。

注释　1 元年：吕后称制元年，为公元前 187 年。　一：一概，完全。

2 称制：代行皇帝职权。《汉书》颜师古注："天子之言，一曰制书，二曰诏书。制书者，谓为制度之命也，非皇后所得称。今吕太后临朝，行天子事，断决万机，故称制诏。" 王陵：刘邦同乡，汉将，继曹参之后任右丞相，附传《陈丞相世家》。 3 刑白马盟：杀白马盟誓立约。刑，杀。古人盟誓，杀马取血，或含或饮，或涂口旁，以示诚意，名曰"歃(shà)血"。《汉兴以来诸侯王年表序》："高祖末年，非刘氏而王者，若无功上所不置而侯者，天下共诛之。"此即盟誓内容。 4 陈平、周勃：二人均为汉初重臣，后为除诸吕的主谋。 5 昆弟：兄弟。 6 让：责备。 7 喋(shà)血：同上文注"歃血"。喋，同"歃"。 8 面折：当面驳斥。 廷争：在朝上谏诤。 君：尊称对方。此指王陵。 9 全社稷：保全国家。社稷，代称国家。

十一月，太后欲废王陵，乃拜为帝太傅[1]，夺之相权。王陵遂病免归。乃以左丞相平为右丞相，以辟阳侯审食其[2]为左丞相。左丞相不治事，令监宫中，如郎中令。[3]食其故得幸太后，常用事，公卿皆因而决事。[4]乃追尊郦侯父为悼武王，欲以王诸吕为渐[5]。

十一月，太后想要罢免王陵，就拜封他为皇帝的太傅，剥夺了他的相权。王陵就托病解职回家。于是任命左丞相陈平为右丞相，任命辟阳侯审食其为左丞相。左丞相不处理职权内的事，只监管宫中的事务，如同郎中令一样。审食其以前得到过太后的宠幸，经常参与处理政务大事，公卿们就都通过他来对某些事务做出决定。接着就追尊郦侯的父亲为悼武王，想借此逐渐封诸吕为王。

注释 1 太傅：周官三公（太师、太傅、太保）之一，辅导帝王施行政教，位尊权轻。吕后任王陵为此官，明升暗降，实夺相权。 2 审食其(yì jī)：长期服侍太后，深得宠幸。 3 监宫中：让审食其不做左丞相的事，而负责官中事务。 郎中令:汉"九卿"之一,负责护卫皇宫及管理宫中事务。 4 故:从前。 因:通过,依靠。 5 渐:事势渐进的开始。

四月,太后欲侯诸吕,乃先封高祖之功臣郎中令无择[1]为博城侯。鲁元公主薨,赐谥为鲁元太后。子偃为鲁王。鲁王父,宣平侯张敖[2]也。封齐悼惠王子章为朱虚侯[3],以吕禄女妻之。齐丞相寿[4]为平定侯。少府延为梧侯[5]。乃封吕种为沛侯,吕平为扶柳侯,张买为南宫侯。[6]

四月,太后想要封那些吕家的人为侯,就先封高祖的功臣郎中令冯无择为博城侯。鲁元公主去世,赐给谥号称鲁元太后。封她的儿子张偃为鲁王。鲁王的父亲,是宣平侯张敖。封齐悼王的儿子刘章为朱虚侯,把吕禄的女儿嫁给他为妻子。封齐王的丞相齐寿为平定侯。封少府阳城延为梧侯。接着就封吕种为沛侯,吕平为扶柳侯,张买为南宫侯。

注释 1 无择:即冯无择。楚汉战争中曾保护吕泽脱围,故被吕后封侯,后于诛诸吕中牵连被杀。 2 张敖:原袭爵为赵王,因贯高等谋反事牵连而降为侯。 3 朱虚侯:刘章,齐王刘肥次子,刘襄之弟。 4 寿:即齐寿,曾任齐王刘肥的丞相。 5 少府:官名,九卿之一,掌山海池泽之税,专门负责天子的供养。 延:即阳成延。军匠出身,以善于营建宫殿,修筑城池受封。 6 吕种:吕释之的儿子。 吕平:吕后姊长姁之子。 张买:刘邦骑将张越人的儿子,后于诛诸吕中牵连被杀。

太后欲王吕氏,先立孝惠后宫子彊为淮阳王,子不疑为常山王,子山为

太后想要封吕氏为王,先封孝惠帝后宫妃嫔所生的儿子刘彊为淮阳王,儿子刘不疑为常山王,儿子刘山为襄城侯,儿子刘朝为轵侯,儿

襄城侯,子朝为轵侯,子武为壶关侯。[1]太后风大臣,大臣请立郦侯吕台为吕王,[2]太后许之。建成康侯释之卒,嗣子有罪,废,立其弟吕禄为胡陵侯,[3]续康侯后。二年,常山王薨[4],以其弟襄城侯山为常山王,更名义。十一月,吕王台薨,谥为肃王,太子嘉代立为王。三年,无事。四年,封吕嬃[5]为临光侯,吕他为俞侯[6],吕更始为赘其侯[7],吕忿为吕城侯[8],及诸侯丞相五人[9]。

子刘武为壶关侯。太后向大臣们暗示,大臣们就请求封郦侯吕台为吕王,太后同意了大臣们的请求。建成康侯吕释之去世,他的继位儿子犯了罪,被废黜,就改封他的弟弟吕禄为胡陵侯,以延续康侯的香火。二年,常山王去世,封他的弟弟襄城侯刘山为常山王,把他的名字改为刘义。十一月,吕王吕台去世,谥号为肃王,他的太子吕嘉接续即位为王。三年,没有什么值得记述的事。四年,封吕嬃为临光侯,吕他为俞侯,吕更始为赘其侯,吕忿为吕城侯,又封了五位诸侯王的丞相为侯。

注释 1 后宫子:即宫中一般嫔妃或美人所生之子。 淮阳:都城陈县,在今河南周口市淮阳区。 常山:都城元氏县,在今河北元氏县西北。 襄城:县名,即今河南襄城县。 轵(zhǐ):县名,在今河南济源市南。 壶关:地名,即壶口关,在今山西长治市东南,壶关县的西北。 2 风:通“讽”,用委婉的语言暗示。 吕:吕都,在今山东菏泽西。 3 康:建成侯吕释之的谥号。 吕禄:吕释之的小儿子。 胡陵:县名,在今山东鱼台县东南。 4 薨(hōng):王侯去世曰薨。 5 吕嬃(xū):《史记会注考证》:“吕后女弟,樊哙妻,妇人封侯自此始。” 6 吕他:吕嬃之子。《史记索隐》:“他音陁(tuó)。” 俞:即鄃(shū)县,在今山东平原县西南。 7 赘其侯:《史记集解》引徐广曰:“《表》云,吕后昆弟子淮阳丞相吕胜为赘其侯。”吕更始亦吕后昆弟子,实为滕侯。 **8** 吕忿:吕后昆弟子。 吕城:故城在今河南南阳市西。 **9** 诸侯丞相五人:《史记志疑》:"《侯表》是年四月丙申封侯者朱通、卫无择、王恬开、徐厉、周信及越六人,非五人也。六人中卫无择是卫尉,周信是河南守,非皆诸侯相也,此误。"其他四人,吕相朱通为中邑侯,梁相王恬开为山都侯,常山丞相徐厉为松兹侯,长沙相越为醴陵侯。卫无择为乐平侯,周信为成陶侯。

宣平侯女为孝惠皇后时,无子,详为有身,取美人子名之[1],杀其母,立所名子为太子。孝惠崩,太子立为帝。帝壮[2],或闻其母死,非真皇后子,乃出言曰:"后安能杀吾母而名我?我未壮,壮即为变。"太后闻而患之,恐其为乱,乃幽之永巷中,[3]言帝病甚,左右莫得见。太后曰:"凡有天下治为万民命者,盖之如天,容之如地,上有欢心以安百姓,百姓欣然以事其上,欢欣交通而天下治。今皇帝病久不已,乃失惑惛乱,不能继嗣奉宗庙祭

宣平侯的女儿为孝惠帝皇后的时候,没有生育儿子,就假装怀有身孕,把后宫美人所生的儿子夺过来冒名充当自己的儿子,杀了他的生母,立这个冒充的生子为太子。孝惠帝逝世,太子被立为皇帝。幼小的皇帝逐渐长大,听人说他的生母已被杀死,他不是皇后真正的儿子,于是就发出怨言说:"皇后怎么能杀害我的生母而又把我冒名充当她的儿子?我还没有成年,成年以后就会报复她。"太后听到后非常担心,恐怕他作乱,就把他幽禁在永巷中,对外宣称皇帝病得很厉害,左右侍臣也不能和他相见。太后说:"凡是拥有掌握万民命运而治理天下的人,要像天一样覆盖庇护万物,要像地一样容纳保养万物,君上有欢乐之心来安定百姓,百姓就会以欣然的态度来侍奉君上,上下欢欣交融

祀，不可属天下，其代之。[4]”群臣皆顿首[5]言：“皇太后为天下齐民计所以安宗庙社稷甚深，群臣顿首奉诏。”帝废位，太后幽杀之。五月丙辰[6]，立常山王义为帝，更名曰弘。不称元年者，以太后制天下事也。以轵侯朝为常山王。置太尉官，绛侯勃为太尉[7]。五年八月，淮阳王薨，以弟壶关侯武为淮阳王。六年十月，太后曰吕王嘉居处骄恣，废之，以肃王台弟吕产为吕王。夏，赦天下。封齐悼惠王子兴居为东牟[8]侯。

才能使天下得到大治。现在皇帝病了很久而没有好转，乃会失于迷惑昏乱，不能担当继嗣为帝而奉宗庙祭祀的责任，不可以把天下交付给他，应该换人代替他。”群臣们听后都顿首说：“皇太后为天下平民百姓着想，对于安定宗庙社稷所要采取的办法考虑得很深远，我们群臣顿首尊奉诏旨。”皇帝被废除了皇位，太后就暗中把他杀害了。五月丙辰日，立常山王刘义为帝，改名叫刘弘。但不改称元年的原因，是因为太后一直在称制治理天下。封轵侯刘朝为常山王。设置太尉一职，任命绛侯周勃为太尉。五年八月，淮阳王去世，就把他的弟弟壶关侯刘武封为淮阳王。六年十月，太后说吕王嘉行为骄纵，便废除了他，把肃王吕台的弟弟吕产封为吕王。夏季，赦免天下。封齐悼王的儿子刘兴居为东牟侯。

注释　1 美人：后宫嫔妃称号之一。　名之：把他叫作孝惠皇后的儿子。2 帝壮：依所言，帝当未壮，此意为帝逐渐壮大起来；一说，“壮”字为衍文。3 患：忧虑。　幽：幽禁。　4 失惑：心态失常。　惛(hūn)乱：神智糊涂。　属：通“嘱”，托付。　其代之：还是更换他。其，副词，表商量。《汉书》作“其议代之”。　5 顿首：叩头。　6 五月丙辰：五月十一日。7 太尉：官名，掌武事，为全国最高军事长官，与丞相、御史大夫合称“三公”。　8 东牟：县名，在今山东烟台市牟平区。

七年[1]正月，太后召赵王友。友以诸吕女为后，弗爱，爱他姬，诸吕女妒，怒去，谗之于太后，诬以罪过，曰“吕氏安得王！太后百岁后，吾必击之”。太后怒，以故召赵王。赵王至，置邸不见，令卫[2]围守之，弗与食。其群臣或窃馈，辄捕论之。[3]赵王饿，乃歌曰：“诸吕用事兮刘氏危，迫胁王侯兮强授我妃。我妃既妒兮诬我以恶，谗女乱国兮上曾不寤[4]。我无忠臣兮何故弃国？自决[5]中野兮苍天举直！于嗟不可悔兮宁蚤自财[6]。为王而饿死兮谁者怜之！吕氏绝理兮托天报仇。”丁丑[7]，赵王幽死，以民礼葬之长安民冢次[8]。

七年正月，太后召赵王刘友回京。刘友的王后是吕氏的女子，他不喜爱，却喜爱其他的姬妾，那个做王后的吕氏女子嫉妒，愤怒地离去，在太后面前说赵王的坏话，诬告他犯有罪过，她说赵王曾经说过“姓吕的人怎么能够被封王呢！太后百年以后，我一定要攻伐他们”。太后发怒，因此就召赵王来京。赵王来到长安，被安置在王邸而不予接见，派遣侍卫包围王邸而困守他，不给他饭吃。他的群臣有人私下给他食物吃，就被逮捕判罪。赵王饥饿，就作歌唱道：“那些姓吕的人当权持政啊，刘氏江山有危险，威胁强迫王侯啊，强行授给我嫔妃。我的妃子已怀嫉妒啊，诬告我有罪恶，进谗言的女人祸乱国家啊，君上不曾省悟。我不是没有忠臣啊，为什么失去了封国？我在野外之中自裁啊，苍天为我判断曲直！唉呀我没有什么可以悔悟的啊，宁愿及早自裁。作为国王而被饿死啊，有谁来可怜我！吕家的人灭绝天理啊，我要托付上天来为我报仇。”丁丑日，赵王在幽禁中死去，用平民的丧礼把他埋葬在长安平民百姓的坟墓旁边。

注释 1 七年:公元前181年。 2 卫:卫卒。 3 窃馈:暗中赠送食物。 论:论罪,即处死。 4 谗女:指吕后所定王妃之诸吕女。 乱国:祸害赵国。 曾:乃,竟然。 寤:通"悟",觉悟。 5 自决:自裁,指自杀。 6 自财:自杀。财,通"裁"。 7 丁丑:正月十八。 8 次:旁。

己丑[1],日食,昼晦。太后恶之,心不乐,乃谓左右曰:"此为我也。"

二月,徙梁王恢为赵王。吕王产徙为梁王,梁王不之国,为帝太傅。[2]立皇子昌平侯太为吕王。更名梁曰吕[3],吕曰济川。太后女弟吕嬃有女为营陵侯刘泽妻,泽为大将军。[4]太后王诸吕,恐即崩后刘将军为害,乃以刘泽为琅邪王,以慰其心。

乙丑日,出现日食,白日昏暗。太后嫌恶这件事,心中不高兴,就对左右侍者说:"这是冲着我来的。"

二月,将梁王刘恢改封为赵王。吕王吕产改封为梁王,梁王没有到封国去,被任命为皇帝的太傅。封皇子昌平侯刘太为吕王。又把梁国改名叫吕国,吕国改名叫济川国。太后的妹妹吕嬃有一个女儿是营陵侯刘泽的妻子,刘泽是大将军。太后封各个吕家的人为王,恐怕她将来逝世以后刘泽将军对吕氏造成危害,就封刘泽为琅邪王,来安抚他的心。

注释 1 己丑:正月三十日。 2"吕王"句:吕产留在京师执掌朝政。 3 梁:高祖五年,改秦砀郡为梁国,都睢阳,在今河南商丘市南。 吕:高后二年割齐国济南郡为吕国,都历城,即今山东济南市。 4 营陵:县名,在今山东潍坊市西南。 大将军:将军的最高称号,统军作战。

梁王恢之徙王赵，心怀不乐。太后以吕产女为赵王后。王后从官皆诸吕，擅权，微伺赵王，赵王不得自恣。[1]王有所爱姬，王后使人鸩杀之。王乃为歌诗四章，令乐人歌之。王悲，六月即自杀。太后闻之，以为王用妇人弃宗庙礼，废其嗣。[2]

梁王刘恢被迁为赵王以后，心怀不乐。太后就把吕产的女儿嫁给他做王后。赵王后的扈从官吏都是那些吕家的人，他们在赵国把持权柄，暗地里监视赵王，赵王不能任意行动。赵王有一位受他宠爱的姬妾，王后就派人把她毒死了。赵王因此作诗歌四章，令乐工歌唱它。赵王悲伤，在六月间就自杀了。太后听说这件事，认为赵王是因妇人而舍弃宗庙礼法，废除了他后代继承王位的权利。

宣平侯张敖卒，以子偃为鲁王，敖赐谥为鲁元王。

宣平侯张敖去世，就封他的儿子张偃为鲁王，赐给张敖鲁元王的谥号。

秋，太后使使告代王，欲徙王赵。代王谢[3]，愿守代边。

秋天，太后派遣使者告知代王，说想要把他改封为赵王。代王辞谢，表示愿意继续在代国镇守边域。

太傅产、丞相平等言，武信侯吕禄上侯，位次第一，[4]请立为赵王。太后许之，追尊禄父康侯[5]为赵昭王。

太傅吕产、丞相陈平等人说武信侯吕禄在列侯中功劳之大属上等，位次排在第一，请求封他为赵王。太后允许了，追尊吕禄的父亲康侯为赵昭王。

九月，燕灵王建薨，有美人子，太后使人杀之，无后，国除[6]。

九月，燕灵王刘建去世，有个与美人所生的儿子，太后派人去杀死了他，因此燕灵王绝嗣无后，封国被废除了。

注释 1 擅权:专权。 微伺:暗中监视。 自恣:自己任意行动。 2 用:因为。 废其嗣:废除他的后代可继承为王的权利。 3 代王:刘恒。 谢:谢绝。 4 上侯:上等侯爵。吕禄初封胡陵侯,后改封武信侯。 位次第一:高祖依功排定侯爵位次,萧何第一,萧何死,吕后重排,以吕禄第一。 5 康侯:即建成侯吕释之。 6 国除:封国被取消。

八年十月,立吕肃王子东平侯吕通为燕王,封通弟吕庄为东平侯。[1]

八年十月,封吕肃王的儿子东平侯吕通为燕王,封吕通的弟弟吕庄为东平侯。

三月中,吕后祓,还过轵道,见物如苍犬,据高后掖,[2]忽弗复见。卜之,云赵王如意为祟[3]。高后遂病掖伤。

三月中旬,太后举行除灾求福的祭礼,返回途中经过轵道,看见一个如同苍犬一样的怪物,用爪按着她的腋下,忽然之间就不见了。命人占卜,说是赵王如意的鬼魂在作怪。高后因此就患了腋下伤痛之疾。

高后为外孙鲁元王偃[4]年少,蚤失父母,孤弱,乃封张敖前姬两子,侈为新都[5]侯,寿为乐昌侯,以辅鲁元王偃。及封中大谒者张释为建陵侯[6],吕荣为祝兹侯。诸中宦者令丞皆为关内侯[7],食邑五百户。

高后因为外孙鲁元王张偃年少,很早就丧失了父母,孤弱无依,就封了张敖前妻所生的两个儿子,张侈为新都侯,张寿为乐昌侯,借以辅护鲁元王张偃。接着又封中大谒者张释为建陵侯,吕荣为祝兹侯。那些在宫中担任令、丞等官职的宦官都被封为关内侯,赐给食邑五百户。

注释 1 八年:公元前180年。 东平:县名,在今山东东平县东北。 2 祓(fú):为除灾去邪而举行的仪式。通常于岁首在宗庙、社坛举行,尤以三月上巳日在水边祓除最为流行。 轵(zhǐ)道:古亭名,在今陕西西安市东北。 苍犬:黑色的狗。 掳(jǐ):以爪按拿。 3 祟(suì):神鬼害人。 4 鲁元王偃:盖承袭张敖之谥号"元"而称张偃,实属悖理,"元"当为衍文。《汉书·张耳传》无"元"字。 5 新都:"信"假借为"新",《年表》作"信都",县名,在今河北衡水市冀州区。 6 中大谒者:《汉书·百官公卿表》"谒者掌宾赞受事",即掌管为皇帝接待宾客,收发文书等事。加"中"字,多指宦官。 张释:一作张释卿,盖姓张,名释,字子卿。 7 诸中宦者令丞:宫中各种由宦官任职的令丞。 关内侯:侯爵名。常居关内京师,有封号而无封地。

七月中,高后病甚,乃令赵王吕禄为上将军,军北军;吕王产居南军。[1] 吕太后诫产、禄曰:"高帝已定天下,与大臣约,曰'非刘氏王者,天下共击之'。今吕氏王,大臣弗平。我即崩,帝年少,大臣恐为变。必据兵卫宫,慎毋送丧,毋为人所制。"辛巳[2],高后崩,遗诏赐诸侯王各千金,将相列侯郎吏皆以秩赐金。大赦天下。以吕王产为相国,以吕禄女为帝后。[3]

七月中旬,高后病势加剧,就任命赵王吕禄为上将军,统领北军;吕王吕产率领南军。吕太后告诫吕产、吕禄说:"高帝平定天下以后,和大臣们订立盟约,誓约说'不是刘氏子弟被封为王的,天下的人共同去攻伐他'。现今吕家的人被封为王,大臣们忿忿不平。我如果逝世,皇帝年少,恐怕大臣们要作乱叛变。你们一定要掌握住军队而守卫皇宫,要谨慎小心而不要轻易给我送丧,不要被他人所控制。"辛巳日,高后逝世,遗诏赏赐诸侯王每人黄金一千斤,将相列侯郎吏等人都按照品级赏赐黄金。大赦天下。又任命吕王吕产为相国,以吕禄的女儿为皇后。

高后已葬，以左丞相审食其为帝太傅[4]。

高后被安葬以后，由左丞相审食其担任皇帝的太傅。

注释 1 军北军：统领北军。军，驻扎。 居南军：与“军北军”同类句型。2 辛巳：八月一日。 3 以吕王产为相国：《史记志疑》：“产为相国当在七年七月，盖审食其免，即以产嗣相位也。” 以吕禄女为帝后：《史记志疑》：“禄女为后，当在四年少帝宏即位之时，《汉书·外戚传》可证。” 4 审食其为帝太傅：《史记志疑》：“事在七年七月，《公卿表》甚明。”

朱虚侯刘章有气力，东牟侯兴居其弟也，皆齐哀王弟，[1]居长安。当是时，诸吕用事擅权，欲为乱，畏高帝故大臣绛、灌等，未敢发。[2]朱虚侯妇，吕禄女，阴知其谋。[3]恐见诛，乃阴令人告其兄齐王，欲令发兵西，诛诸吕而立。[4]朱虚侯欲从中与大臣为应[5]。齐王欲发兵，其相弗听。八月丙午[6]，齐王欲使人诛相，相召平乃反，举兵欲围王，王因杀其相，遂发兵东，诈夺琅邪王[7]

朱虚侯刘章有气概勇力，东牟侯刘兴居是他的弟弟，他俩都是齐哀王刘襄的弟弟，居住在长安。正当这个时候，那些吕氏家族的人擅权理事，想要作乱，由于畏惧以前高帝时候的大臣绛侯周勃、灌婴等人，一直不敢发动。朱虚侯刘章的妻子，是吕禄的女儿，暗中知晓了他们的阴谋。他恐怕事败受牵连而自己也被诛杀，就暗中派人把这件事告知他的哥哥齐哀王，想要让齐王发兵向西进攻，诛杀那些吕氏家族的人自立为帝。朱虚侯准备和大臣们在朝中为内应。齐王想要发兵，他的国相不听从他的命令。八月丙午日，齐王想要派人去诛杀齐相，齐相召平因此造反，调动军队想要围困齐王，齐王因此而诛杀了他的国相，就发动军队向东进攻，诈夺了琅邪王的兵，并将之而西。语在《齐王》语中。

军队，一并统领着两国军队而向西进发。此事的详情记载于《齐悼惠王世家》中。

注释 1 气力：指气概，勇力。 齐哀王：即刘肥之子刘襄。哀，谥号。 2 绛、灌：即绛侯周勃，颍阴侯灌婴。 发：指发动叛乱。 3 妇：妻子。吕太后嫁吕禄女给刘章，是一种政治笼络手段。 阴：暗中。 4 见诛：被杀。 西：往西。 立：指让刘襄自立为帝。 5 中：朝廷中。 应：内应。 6 八月丙午：八月二十六日。 7 琅邪王：吕太后所立之刘泽。刘襄东征是为解后顾之忧。

齐王乃遗[1]诸侯王书曰："高帝平定天下，王诸子弟，悼惠王王齐。悼惠王薨，孝惠帝使留侯良立臣为齐王。孝惠崩，高后用事，春秋高，听诸吕，擅废帝更立，又比杀三赵王，灭梁、赵、燕以王诸吕，分齐为四。[2]忠臣进谏，上惑乱弗听。今高后崩，而帝春秋富，未能治天下，固恃大臣诸侯。[3]而诸吕又擅自尊官，聚兵严威，劫列侯忠臣，矫制以令天下，宗庙所以

齐哀王于是对各诸侯王下书说："高皇帝平定了天下，封自己的各个子弟为王，悼惠王被封在齐国。悼惠王去世，孝惠帝派留侯张良来立我为齐王。孝惠帝逝世，高皇后治理政务，她年纪已高，听任那些吕氏家族的人发号施令，擅自废除少帝而另立他人，又接连杀害了三任赵王，灭掉了梁、赵、燕这三个刘氏封国而改吕氏家族的人在那里为王，把齐国一分为四。忠臣们进言劝谏，君上迷惑昏乱而不听从。如今高后逝世，而皇帝又很幼小，不能治理天下，本来应该依靠大臣和诸侯。可是那些吕氏家族的人又擅自居于尊贵的官职，聚集着庞大的军队以增强威势，强迫列侯和忠臣们屈服，假冒诏令号令天下，刘

危。[4]寡人率兵入诛不当为王者[5]。”汉[6]闻之，相国吕产等乃遣颍阴侯灌婴将兵击之。灌婴至荥阳[7]，乃谋曰：“诸吕拥兵[8]关中，欲危刘氏而自立。今我破齐还报，此益吕氏之资[9]也。”乃留屯荥阳，使使谕齐王及诸侯，与连和，以待吕氏变，共诛之。齐王闻之，乃还兵西界待约。

氏宗庙社稷因此而受到危害。寡人率领军队入朝来诛杀那些不应该称王的人。”汉朝廷听说了，相国吕产等人就派遣颍阴侯灌婴率领军队去迎击齐王。灌婴到达荥阳后，就谋划说：“那些吕氏家族的人掌握着关中地区的军权，想要颠覆刘氏社稷而自立为帝。如今我如果攻破了齐军去回报，这样就会增加吕家的实力。”于是屯军在荥阳而停止向前，派遣使者告谕齐王和各个诸侯，与他们联合，以等待吕氏的变乱，然后共同诛灭他们。齐王听说后，撤回了军队驻守在齐国的西界而等待时机按照约定行事。

注释　1 遗(wèi)：致送。　2 春秋高：指年纪大。春秋，代指一年四季；高，长，指年寿很长。　比(bì)：接连。　三赵王：即赵隐王刘如意，赵幽王刘发，赵王刘恢。　灭梁、赵、燕以王诸吕：徙梁王刘恢于赵而杀之，改封吕产为梁王，连杀三赵王而封吕禄为赵王，杀燕王刘建子，而封吕通为燕王。　分齐为四：削夺齐地，分出吕(济川)、琅邪、城阳三国，合齐为四。3 春秋富：指年纪轻。富，意谓时日还非常充裕。　恃：依靠，依恃。4 擅自尊官：不经皇帝核准就任意加高自己的官职。　严威：加强威势。　矫制：假托皇帝命令。　宗庙：代指刘氏天下。　5 不当为王者：指违背刘邦刑白马而盟的约誓称王的诸吕。　6 汉：汉廷。时诸吕掌权，即指诸吕。　7 荥阳：县名，在今河南荥阳市东北，地控东西要冲。8 拥兵：原为“权兵”，中华本改为“拥兵”。权兵，意谓因掌重权而控制军队。　9 资：凭借。

吕禄、吕产欲发乱关中，内惮绛侯、朱虚等，外畏齐、楚兵，又恐灌婴畔[1]之，欲待灌婴兵与齐合[2]而发，犹豫未决。当是时，济川王太、淮阳王武、常山王朝名为少帝弟，及鲁元王吕后外孙，皆年少未之国，居长安。赵王禄、梁王产各将兵居南北军，皆吕氏之人。列侯群臣莫自坚[3]其命。

吕禄、吕产想要在关中发动叛乱，在朝内畏惧绛侯周勃、朱虚侯刘章等人，在朝外畏惧齐国、楚国的军队，又恐怕灌婴反叛他们，想要等待灌婴的军队和齐国交战以后再发动叛乱，正处于犹豫不决当中。在这个时候，名义上是少帝弟弟的济川王刘太、淮阳王刘武、常山王刘朝，以及吕后的外孙鲁元王张偃，因为年少都没有前往封国，居住在长安。赵王吕禄、梁王吕产各自在南北军中统领军队，他们都是吕氏家族的人。列侯和群臣谁都感到不能确保自己的性命安全。

注释 1 畔：通“叛”，背叛。 2 合：交战。 3 自坚：自保。坚，意谓坚信能确保。

太尉绛侯勃不得入军中主兵[1]。曲周侯郦商老病[2]，其子寄与吕禄善。绛侯乃与丞相陈平谋，使人劫郦商，令其子寄往绐[3]说吕禄曰：“高帝与吕后共定天下，刘氏所立九王，吕氏所立三王，[4]皆大臣之

太尉绛侯周勃不能够进入军营主持军务。曲周侯郦商年老有病，他的儿子郦寄和吕禄相交友善。绛侯周勃于是和丞相陈平谋划，派人劫持郦商，让他的儿子郦寄前去欺骗吕禄说：“高皇帝和吕后共同平定了天下，刘氏的人被封立了九位国王，吕氏的人被封立了三位国王，这都是经过和大臣们相商议而决定

议，事已布告诸侯，诸侯皆以为宜。今太后崩，帝少，而足下佩赵王印，不急之国守藩，[5]乃为上将，将兵留此，为大臣诸侯所疑。足下何不归将印，以兵属太尉，请梁王归相国印，与大臣盟而之国？齐兵必罢，大臣得安，足下高枕而王千里，此万世之利也。”吕禄信然[6]其计，欲归将印，以兵属太尉。使人报吕产及诸吕老人，或以为便，或曰不便，计犹豫未有所决。吕禄信郦寄，时与出游猎。过其姑吕媭，媭大怒，曰：“若为将而弃军，吕氏今无处矣。[7]”乃悉出珠玉宝器散堂下，曰：“毋为他人守也。”

左丞相食其[8]免。

的，事情已经布告诸侯，诸侯们都认为适宜妥当。现今太后逝世，皇帝年幼，而足下佩戴着赵王印，却不赶紧带人前往封国去镇守藩地，仍然做上将军，统领军队留驻长安，这就会被大臣诸侯们所猜疑。足下何不归还将军的印信，把军队交给太尉，请求梁王归还相国的印信，和大臣们订立盟约而前往封国？这样齐国的军队必然会撤回，大臣们能够心安，足下就可以高枕无忧地统治方圆千里的王国，这是子孙万世长久之利啊。”吕禄相信他的计策是对的，想要奉还将军的印信，把军队交托给太尉。他派人向吕产及那些吕氏家族的长辈们通报这事，有人认为他这样做很好，有人说他这样做不好，犹犹豫豫而无法做出最后决定。吕禄信任郦寄，时常和他一同外出游玩打猎。当他去看望姑母吕媭的时候，吕媭非常恼怒，说：“你身为将军却离开军队，吕家的人如今已经没有安身立命的地方了。”于是就把她所有的珠玉宝器散在堂下，说：“不要再替别人保存它们了。”

左丞相审食其被免官。

注释 **1** 主兵：掌管兵权。太尉为全国最高军事首领，应掌兵权。

2 曲周：县名，在今河北曲周县东北。　郦商：郦食其之弟，汉代开国功臣之一。　3 绐(dài)：欺骗。　4 九王：《史记索隐》：“吴、楚、齐、淮南、琅邪、代、常山王朝、淮阳王武、济川王太，是九也。”　三王：《史记索隐》：“梁王产、赵王禄、燕王通也。”　5 之国守藩：回到封国保守封地做藩臣。　6 信然：相信。　7 若：你。　无处：没有安身之处。　8 食其：即审食其。

八月庚申旦[1]，平阳侯窋行御史大夫事[2]，见相国产计事。郎中令贾寿使[3]从齐来，因数[4]产曰：“王不蚤之国，今虽欲行，尚可得耶？”具以灌婴与齐楚合从欲诛诸吕告产，乃趣产急入宫。[5]平阳侯颇闻其语，乃驰告丞相、太尉。太尉欲入北军，不得入。襄平侯通尚符节，乃令持节矫内太尉北军。[6]太尉复令郦寄与典客[7]刘揭先说吕禄曰：“帝使太尉守北军，欲足下之国，急归将印辞去，不然，祸且起。[8]”吕禄以为郦兄[9]不欺己，遂解印属典客，而以兵授太尉。太尉将之[10]入军门，

八月庚申日早晨，平阳侯曹窋代理御史大夫的职事，去会见相国吕产商议政务。郎中令贾寿从齐国出使回来，因而指责吕产说：“大王不早早前往封国，如今你即使想去，还有可能吗？”就把灌婴和齐、楚联合结盟想要诛杀那些吕氏家族人的事详细地告诉了吕产，催促吕产迅速进宫。平阳侯大体上听到了他们的这些谈话，就急驰告知丞相和太尉。太尉想闯入北军，但没有能够进入。襄平侯纪通主管皇帝的符节印信，就让他拿着皇帝的符节佯称奉诏要使太尉进入北军。太尉又命令郦寄和典客刘揭先去劝导吕禄说：“皇帝派遣太尉统领北军，想要足下回归封国，立刻归还将印而辞职离去，假若不这样做，大祸将要降临了。”吕禄认为郦寄不会欺骗自己，就解下将印交给典客，而把军权授给太尉。太尉佩带将印进入军

行令军中曰:“为吕氏右袒,为刘氏左袒[11]。”军中皆左袒为刘氏。太尉行至[12],将军吕禄亦已解上将印去,太尉遂将北军。

门,在军中发布命令说:“替吕氏效忠的人袒露右臂,替刘氏效忠的人袒露左臂。”军中士卒都袒露左臂表示要替刘氏效忠。太尉将要来到的时候,将军吕禄也已经解下上将军印离开了军营,太尉于是就统率了北军。

注释 1 八月庚申旦:《史记志疑》引《通鉴考异》云:“此当作‘九月’。”张文虎认为,庚申是九月十日。 2 平阳侯窋:曹参之子曹窋,袭封为平阳侯。平阳,县名,在今山西临汾市西南。 行:代行。曹窋于吕太后四年代任敖为御史大夫。 3 使:出使。 4 数:责备。 5 合从:即合纵,联合。从,通“纵”。 趣:催促。 6 襄平侯通:即纪通,因其父纪成领军定三秦时战死被封侯。襄平,《史记索隐》:“县名,属临淮。”注家以为在今江苏盱眙县西北,然查《中国历史地图集》,该地无此县,抑或失载。其所载之襄平县,属辽东郡,在今辽宁辽阳市。二者有异。 尚:掌管。 矫:假传命令。 内:同“纳”,使进入。 7 典客:官名。九卿之一,“掌诸归义蛮夷”,即国内民族事务。 8 守:主管,统领。 且:将。 9 郦兄(kuàng):郦寄字兄。兄,同“况”。 10 将之:带着将印。 11 袒:露出胳膊。 12 行至:行将到达。行,将。

然尚有南军。平阳侯闻之,以吕产谋告丞相平,丞相平乃召朱虚侯佐太尉。太尉令朱虚侯监军门。令平阳侯告卫尉[1]:“毋入相国产殿门。”吕产

但是还有南军在吕氏家族人掌控中。平阳侯曹窋听说这种情况,就把吕产的阴谋告诉了丞相陈平,丞相陈平就召朱虚侯刘章协助太尉。太尉命令朱虚侯监守军门。命令平阳侯告诉卫尉说:“不要让相国吕产

不知吕禄已去北军，乃入未央宫，欲为乱，殿门弗得入，裴回[2]往来。平阳侯恐弗胜，驰语太尉。太尉尚恐不胜诸吕，未敢讼言[3]诛之，乃遣朱虚侯谓曰："急入宫卫帝。"朱虚侯请卒，太尉予卒千余人。入未央宫门，遂见产廷中。日餔[4]时，遂击产。产走。天风大起，以故其从官乱，莫敢斗。逐产，杀之郎中府[5]吏厕中。

进入殿门。"吕产不知道吕禄已经离开北军，仍然进入未央宫，想要作乱，他不能进入殿门，在殿门前徘徊往来。平阳侯恐怕不能取胜，急驰飞报太尉。太尉还是担心不能战胜那些吕氏家族的人，未敢公开地说要诛杀吕产，就派遣朱虚侯前去，并对他说："立刻进宫去保卫皇帝。"朱虚侯请兵，太尉调给他千余名士卒。朱虚侯进入未央宫门，就在宫中遇见吕产。日落时分，就攻击吕产。吕产逃跑。这时天空中狂风大起，因此吕产的随从官吏大乱，没有人敢抵抗。朱虚侯追赶吕产，在郎中府的吏厕中把他杀死了。

注释　1 卫尉：官名。九卿之一，"掌宫门卫屯兵"，即负责防卫宫廷。2 裴(péi)回：亦作"徘徊""俳佪"，来回地行走。　3 讼言：公开声言。讼，明说。　4 日餔(bū)：傍晚。　5 郎中府：郎中令的官府。

朱虚侯已杀产，帝命谒者持节劳朱虚侯。朱虚侯欲夺节信，谒者不肯，朱虚侯则从与载，因节信驰走[1]，斩长乐卫尉吕更始。还，驰入北军，报太尉。太尉起，拜贺朱虚侯

朱虚侯已经杀死吕产，皇帝命令谒者持节慰劳朱虚侯。朱虚侯想要夺取皇帝的符节印信，谒者不肯交给他，朱虚侯就和谒者共坐一车，凭借皇帝的节信而快速奔驰，斩杀了长乐宫卫尉吕更始。回来后，又飞驰进入北军，向太尉报告。太尉起身，向朱虚侯行礼祝贺说："所担心

曰:“所患独吕产,今已诛,天下定矣。”遂遣人分部悉捕诸吕男女,无少长[2]皆斩之。辛酉,捕斩吕禄,而笞杀吕媭。[3]使人诛燕王吕通,而废鲁王偃。壬戌[4],以帝太傅食其复为左丞相。戊辰,徙济川王王梁,立赵幽王子遂为赵王。[5]遣朱虚侯章以诛诸吕氏事告齐王,令罢兵。灌婴兵亦罢荥阳而归。

的只有吕产,现在他已经被诛杀,天下就可以安定了。”于是派人分别把那些吕氏家族的男男女女都逮捕起来,无论老少都斩杀了。辛酉日,逮捕并诛杀了吕禄,而把吕媭鞭笞死。派人去诛杀了燕王吕通,并废除了鲁王偃的王爵。壬戌日,任用皇帝的太傅审食其重新做左丞相。戊辰日,迁徙济川王为梁王,立赵幽王的儿子刘遂为赵王。派遣朱虚侯刘章把诛杀吕氏家族的情况告知齐王,让他撤兵。灌婴的军队也从荥阳撤回京来。

注释 1 因:凭着。 节信:表示凭信的符节。 2 无少长:不分老少。 3 辛酉:九月十一日。 笞(chī)杀:用鞭子竹板打死。 4 壬戌:九月十二日。 5 戊辰:九月十八日。 徙:改封。 遂为赵王:据《文纪》及《年表》,刘遂立为赵王,在文帝元年。

诸大臣相与阴谋曰[1]:“少帝及梁、淮阳、常山王,皆非真孝惠子也。吕后以计诈名他人子,杀其母,养后宫,令孝惠子之,立以为后及诸王,以强吕

朝廷中请各位大臣们私下共同商议说:“少帝和梁王、淮阳王、常山王,都不是惠帝真正的儿子。吕后用欺诈的手段用别人的儿子假冒,杀害了他们的生母,在后宫中抚养他们,让孝惠帝认他们做儿子,立他们做继承人或封他们为诸侯王,借以增强吕家的势力。现在已经把吕氏家族的势力都消灭了,但留着吕家

氏。今皆已夷灭诸吕，而置所立，即长用事，吾属无类矣。[2]不如视诸王最贤者立之。”或言“齐悼惠王高帝长子，今其适子为齐王，推本言之，高帝適[3]长孙，可立也”。大臣皆曰：“吕氏以外家[4]恶而几危宗庙，乱功臣。今齐王母家驷钧，恶人也，即立齐王，则复为吕氏。”欲立淮南王，以为少，母家又恶。乃曰：“代王方今高帝见子[5]最长，仁孝宽厚。太后家薄氏谨良。且立长故顺[6]，以仁孝闻于天下，便。”乃相与共阴使人召代王。代王使人辞谢。再反，然后乘六乘传。[7]后九月晦日己酉[8]，至长安，舍代邸。大臣皆往谒，奉天子玺上代王，共尊立为天子。代王数让，群臣固请，然后听[9]。

所立的人，他们若长大成人而掌握政权，我们这些人就都会灭种亡族了。不如从各个封王中选出一位最贤明的立为皇帝。”有人说“齐悼惠王是高皇帝的长子，现在他的嫡子为齐王，从血统本源上说，他是高皇帝的嫡长孙，可以扶立他为皇帝”。大臣们都说：“吕氏以外戚身份作恶而几乎毁灭了宗庙社稷，杀尽了名将功臣。如今齐王母家是姓驷的，其中有个驷钧，是一个恶人，假若扶立齐王，就等于重新造出一个吕氏家族。”大家想要立淮南王刘长，由于刘长年少，他母家的人也是凶恶的。就说：“代王是当今健在的高帝儿子中年岁最长的，为人仁孝宽厚。太后娘家薄氏严谨善良。而且立长本来就和礼制相顺，代王又以仁孝闻名于天下，立他为帝合适。”于是共同商定暗地里派人去召来代王。代王派人推辞谢绝。使者再次去迎请，然后代王带着随从乘坐六辆传车进京。闰九月月末己酉日，抵达长安，住在代王驻京的府邸。大臣们都前去拜见，把天子的玺印奉献给代王，共同尊立他为天子。代王多次谦让，群臣坚决请求，最后才答应了。

注释 1 相与:相互,共同。 阴谋:秘密商议。 2 置:设放,留下。 即:如果。 长:长大。 无类:绝种。指被族灭。 3 適:通“嫡”,嫡长子。 4 外家:皇后的家族。 5 见子:现存的儿子。见,同“现”。 6 故顺:本来就顺当。故,本来。 7 再反:第二次去迎接。 六乘传:六辆驿站的车马。乘,四马一车。传,驿站车马。 8 后九月:闰九月。 晦日:阴历每月最后一天。 己酉:闰九月二十九。 9 听:听从。指同意大臣们的请求做天子。

东牟侯兴居曰:“诛吕氏吾无功,请得除宫[1]。”乃与太仆汝阴侯滕公入宫[2],前谓少帝曰:“足下[3]非刘氏,不当立。”乃顾麾左右执戟者掊兵罢去[4]。有数人不肯去兵,宦者令张泽谕告,亦去兵。滕公乃召乘舆车[5]载少帝出。少帝曰:“欲将我安之乎?”滕公曰:“出就舍[6]。”舍少府。乃奉天子法驾[7],迎代王于邸。报曰:“宫谨除。”代王即夕[8]入未央宫。有谒者十人持戟卫端门[9],曰:“天子在也,足下何为者而入?”代王乃谓太尉。太

东牟侯刘兴居说:“诛杀吕氏的时候我没有建立功劳,请允许我去清理皇宫。”就和太仆汝阴侯滕公夏侯婴进入皇宫,上前对少帝说:“足下不是刘氏的后代,不应当立为皇帝。”说完就挥手示意在少帝左右持戟护卫的兵士们放下兵器离去。有几个人不肯放下兵器,宦者令张泽告谕他们,他们才放下了兵器。滕公于是召来乘舆车载着少帝出了皇宫。少帝说:“你准备把我拉到哪去呢?”滕公说:“出宫到私舍去住。”少帝被安置于少府。于是以天子法驾,到代王府邸迎请代王。向代王报告说:“我们已经谨慎地清理了皇宫。”代王就在当天傍晚进入未央宫。有十位谒者手执着戟保卫端门,他们说:“天子还在,足下为什么要进宫?”代王就对太尉说了。

尉往谕,谒者十人皆掊兵而去。代王遂入而听政[10]。夜,有司[11]分部诛灭梁、淮阳、常山王及少帝于邸。

太尉前往晓谕他们,这十位谒者全都放下兵器而离去。代王就进入宫中开始执政。当夜,主管部门就分别在他们的府邸诛杀了梁王、淮阳王、常山王以及少帝。

代王立为天子。二十三年崩,谥为孝文皇帝。

代王即位为天子。二十三年以后驾崩,谥号叫孝文皇帝。

注释 1 除宫:清扫宫室。即清除少帝等吕后的残余势力。 2 太仆:官名。九卿之一,掌管皇帝的车马。 滕公:即夏侯婴,西汉开国功臣之一,封汝阴侯。汝阴,县名,在今安徽阜阳市。 3 足下:对少帝不称陛下称足下,是不承认他为皇帝。 4 麾:挥手示意。麾,通“挥”。 掊(fù)兵:放下兵器。掊,通“踣”,偃仆,放倒。 5 乘舆车:天子所乘坐的一般车驾。6 出就舍:出去到宫外安置。 7 法驾:举行典礼时天子所乘坐的车驾。8 即夕:当晚。 9 端门:宫殿正南门。 10 听政:处理政事。11 有司:有关事务的主管官员。司,主管。

太史公曰:孝惠皇帝、高后之时,黎民得离战国之苦,君臣俱欲休息乎无为,故惠帝垂拱,高后女主称制,政不出房户,天下晏然。[1]刑罚罕用,罪人是希[2]。民务稼穑,衣食滋殖。[3]

太史公说:孝惠皇帝及高后治理时期,黎民百姓得以摆脱战乱的痛苦,君臣们都希望休养生息,所以惠帝垂衣拱手,高太后女主代行皇帝权力治理天下,颁行政令不出居室门户,天下太平安然。极少施用刑罚,犯罪的人稀少。民众致力从事农耕,衣食之物丰足繁盛了。

注释 1 无为:道家一种顺应自然变化的学术思想,在汉初即为“与民休息”、发展经济的政治主张。 垂拱:垂衣拱手。指国家太平无事。 晏然:平静,安逸的样子。 2 希:少。 3 稼穑:指农业生产。稼,耕种。穑,收获。 滋殖:二字同义,繁殖。此指不断增长、丰富。

史记卷十

孝文本纪第十

原文

孝文皇帝，高祖中子也。[1]高祖十一年春，已破陈豨军，定代地，立为代王，都中都。[2]太后薄氏[3]子。即位十七年，高后八年七月，高后崩。[4]九月，诸吕[5]吕产等欲为乱，以危刘氏，大臣共诛之，谋召立代王，事在《吕后》语中。

译文

孝文皇帝，是高祖的排行居中的儿子。高祖十一年春天，已经攻破了陈豨的叛军，平定了代地，立刘恒为代王，王国的都城在中都。他是太后薄氏所生的儿子。登代王位十七年时，在高后八年七月，高后逝世。九月，吕氏家族的人以吕产为首企图发动叛乱，来夺取刘氏社稷，大臣们共同诛杀了他们，谋划召代王入长安拥立他为皇帝，这些史事记载在《吕太后本纪》中。

注释 **1**孝文皇帝：即汉文帝刘恒，公元前180年—前157年在位。 中子：排行居中的儿子。刘邦有八子，刘恒为第四子，故称中子。 **2**高祖十一年：公元前196年。 中都：县名，在今山西平遥县西南。 **3**薄氏：刘邦之嫔妃，刘恒之生母。刘恒为帝以后，尊她为皇太后。 **4**高后八年：

公元前180年。 崩：帝王去世曰崩。 5 诸吕：指被吕太后封为王、侯的吕氏宗室。

丞相陈平、太尉周勃等使人迎代王[1]。代王问左右郎中令张武等[2]。张武等议曰："汉大臣皆故高帝时大将，习兵，多谋诈，此其属[3]意非止此也，特畏高帝、吕太后威耳。今已诛诸吕，新喋血[4]京师，此以迎大王为名，实不可信。愿大王称疾毋往，以观其变。"中尉宋昌进曰[5]："群臣之议皆非也。夫秦失其政，诸侯豪桀[6]并起，人人自以为得之者以万数，然卒践天子之位者，刘氏也，天下绝望，[7]一矣。高帝封王子弟，地犬牙相制，此所谓盘石之宗[8]也，天下服其强，二矣。汉兴，除秦苛政，约法令，施德惠，人人自安，难动摇，三

丞相陈平和太尉周勃等人派人去迎请代王。代王问左右侍从的郎中令张武等人。张武等人商议说："朝廷大臣都是高帝在世时的大将，熟习军事，多有谋略，他们的意图恐怕绝不止于此，只是因为畏惧高帝和吕太后的威权罢了。如今他们已经诛杀了那些吕氏家族的人，刚刚血染了京都，现在这样做只是在名义上说迎请大王，实际的用意却不可信。希望大王称病而不要前去，以便观察事态的变化。"中尉宋昌进言说："群臣们的建议都不对。要知道秦朝政治失道，诸侯豪杰们一同起义，自认为能够得到天下的人多得可以用万来计数，然而最终登上天子位置的人，是刘氏，这使天下的诸侯豪杰们消除了幻想，这是其一。高帝分封子弟为王，使各封国和郡县的土地犬牙相错而相互制约，这就是所谓稳如磐石一般的宗族根基，天下的人都信服刘氏的强大，这是其二。汉朝兴起以后，除去了秦朝的苛政，简化法令，施行恩惠德政，使人人安

矣。夫以吕太后之严，立诸吕为三王，擅权专制，然而太尉以一节入北军，[9]一呼士皆左袒，为刘氏，叛诸吕，卒以灭之。此乃天授，非人力也。今大臣虽欲为变，百姓弗为使，其党宁能专一邪[10]？方今内有朱虚、东牟之亲[11]，外畏吴、楚、淮南、琅邪、齐、代之强。方今高帝子独淮南王与大王，大王又长，贤圣仁孝，闻于天下，故大臣因天下之心而欲迎立大王，大王勿疑也。"代王报太后计之，犹与[12]未定。卜之龟，卦兆得大横。[13]占曰："大横庚庚，余为天王，夏启以光。"[14]代王曰："寡人固已为王矣，又何王？"卜人曰："所谓天王者乃天子。"于是代王乃遣太后

定，人心很难动摇，这是其三。至于说以吕太后的威严，立那些吕氏家族的人为三王，他们把持政权，独断专行，然而太尉仅仅持一信节进入北军，一声呼唤而士卒都左袒其臂，表示为刘氏效忠，反叛吕氏家族，最终把吕氏消灭了。这是上天的授意，不是人力所能做到的。如今大臣们即使想要发动变乱，百姓们也不会被他们驱使，他们的党羽难道能自始至终地追随而不变吗？如今在朝内有朱虚侯和东牟侯这样的宗亲，在朝外他们又畏惧吴、楚、淮南、琅邪、齐、代等封国的强大。如今高帝的儿子只有淮南王和大王，大王又是长兄，为人贤德圣明仁爱孝顺，美名传天下，所以大臣们顺应天下的人心而想要迎立大王为帝，大王不要再怀疑了。"代王把这件事报告给薄太后进行计议，犹豫不能决定。于是用龟甲占卜，卦的兆象是一大条横向裂纹。卜辞说："大横裂纹意味着要变更地位，我将成为天王，像夏启一样继承父爵而光大先代的基业。"代王说："寡人本来已经是王了，还做什么王？"占卜的人说："所谓天王就是天子。"于是代王就派太后的弟弟薄昭前去会见绛侯周勃，绛侯等人详细地

弟薄昭往见绛侯，绛侯等具为昭言所以迎立王意。薄昭还报曰："信矣，毋可疑者。"代王乃笑谓宋昌曰："果如公言。"乃命宋昌参乘，张武等六人乘六乘传诣长安。[15]至高陵[16]休止，而使宋昌先驰之长安观变。

对薄昭讲述了他们迎请代王的用意。薄昭回来报告说："可以相信，没有什么可怀疑的。"代王于是就笑着对宋昌说："果真像你所说。"就命令宋昌陪他乘一辆车，张武等六人也乘坐传驿之车一同前往长安。到达了高陵后就暂停下来，派宋昌先驾快车进入长安观察事变情况。

注释　1 迎代王：迎请代王刘恒称帝，即后来的汉文帝。陈平、周勃在诛吕安刘中起关键作用，故司马迁视之为汉初勋臣。　2 左右：指左右备顾问参议之臣。　郎中令：官名。这是指代王国的郎中令。　3 属(zhǔ)意：用意，意图。　4 喋(dié)血：形容杀人很多而血流满地。　5 中尉：官名。掌管都城治安。这里是指代王国的中尉。　宋昌：秦末农民起义军宋义的孙子，后封为壮武侯。　6 桀：通"杰"。　7 绝望：断绝了当皇帝的念头。　8 盘石之宗：像磐石一样稳固的基础。盘，通"磐"，巨大的石头。　9 三王：指燕王吕通，赵王吕禄，梁王吕产。　太尉：指周勃。　节：符节。　10 党：党羽。此指大臣们。　专一：指统一百姓的意志。　11 内：指京城内。　朱虚：朱虚侯刘章。　东牟：东牟侯刘兴居。　12 犹与：亦作"犹豫"。　13 卜之龟：通过烧灼龟甲而现出的裂纹形状以判断吉凶。　大横：龟纹呈大的横形。　14 占：指卜辞。　庚庚：变更。指要更换帝位。　夏启以光：夏启代禹一样光大帝业。　15 参乘：亦作"骖乘"，指在车右陪乘的人。　传：驿站的马车。　16 高陵：高祖刘邦的坟墓，后改为县。在今陕西西安市高陵区。

昌至渭桥[1]，丞相以下皆迎。宋昌还报。代王驰至渭桥，群臣拜谒称臣。代王下车拜。太尉勃进曰："愿请间言[2]。"宋昌曰："所言公，公言之。[3]所言私，王者不受私[4]。"太尉乃跪上天子玺符[5]。代王谢曰："至代邸[6]而议之。"遂驰入代邸。群臣从至。丞相陈平、太尉周勃、大将军陈武、御史大夫张苍、宗正刘郢、朱虚侯刘章、东牟侯刘兴居、典客刘揭皆再拜言曰[7]："子弘[8]等皆非孝惠帝子，不当奉宗庙。臣谨请阴安侯列侯顷王后与琅邪王、宗室、大臣、列侯、吏二千石议曰[9]：'大王高帝长子，宜为高帝嗣。'愿大王即天子位。"代王曰："奉高帝宗庙，重事也。寡人不佞，不足以称宗庙。[10]愿请楚王计宜者，寡人不

宋昌到达了长安城西北的渭桥，自丞相以下的大臣都来迎接。宋昌回去向代王报告。代王就驾快车来到渭桥，群臣们拜见称臣。代王下车向群臣答礼。太尉周勃进言说："请求能够单独进言。"宋昌说："您要谈的是公事，您就公开说吧。假若要谈的是私事，做王的人不接受私言。"太尉就跪着奉上天子的玺印符节。代王推辞说："到了代王府邸以后再商议这件事。"就驱车驰入代王府邸。群臣们跟从着他到达王邸。丞相陈平、太尉周勃、大将军陈武、御史大夫张苍、宗正刘郢、朱虚侯刘章、东牟侯刘兴居、典客刘揭等人都再次参拜说道："皇子刘弘等人都不是孝惠帝的儿子，不应当承奉宗庙社稷。臣等已慎重地与阴安侯、列侯顷王后和琅邪王、宗室、大臣、列侯、俸禄在二千石以上的官吏们商议说：'大王是高帝的长子，最适合成为高帝的继承人。'希望大王登临天子位。"代王说："承奉高帝的宗庙社稷，是关系重大的事。寡人没有才智，不足以担当承奉宗庙的重任。希望你们另请楚王商议一个合适的人，寡人不敢承当。"群

敢当。”群臣皆伏固请。代王西乡[11]让者三,南乡让者再。丞相平等皆曰:“臣伏计[12]之,大王奉高帝宗庙最宜称,虽天下诸侯万民以为宜。臣等为宗庙社稷计,不敢忽。愿大王幸听臣等。臣谨奉天子玺符再拜上。”代王曰:“宗室将相王列侯以为莫宜寡人[13],寡人不敢辞。”遂即天子位。

臣们都跪伏在地上坚决恳请。代王面西对着群臣谦让了三次,又面南对着群臣谦让了两次。丞相陈平等人都说:“我们已经仔细考虑过这件事,由大王奉继高帝宗庙,是最合适的,即使是天下的诸侯和万民,也都认为是合适的。我们为了宗庙社稷着想,不敢有所疏忽。希望大王能够听从我们的请求。我恭谨地再次跪拜奉献上天子玺印符节。”代王说:“宗室、将、相、王、列侯都认为没有比寡人更合适的人选,寡人不敢再推辞。”于是就登上了天子位。

注释 **1** 渭桥:又名中渭桥,在今陕西咸阳市东。 **2** 间言:私下秘密进言。 **3** 所言公,公言之:前一“公”为公事,后一“公”指公开。 **4** 不受私:指不受理私事。 **5** 玺符:皇帝之印和各种传达命令的凭证。 **6** 代邸:代王设在京城的官邸。 **7** 大将军:秦汉时遇战事临时委任的高级军事统帅。 陈武:以将军将卒救东阿,至霸上,击齐历下军,被刘邦封为棘蒲侯。依清代钱大昕考证,此应为灌婴。 张苍:汉初大臣,历算家。 宗正:汉九卿之一,主管皇帝宗亲事务。 刘郢:楚元王刘交之子。《汉书》作“刘郢客”,此处脱一“客”字。 典客:九卿之一,掌管朝仪宾客事务。 **8** 弘:刘弘,即吕后所立,后又为周勃等人所杀的少帝。 **9** 阴安侯:刘邦长兄刘伯之妻的封号。阴安,县名,在今河南内黄县东北。 顷王后:刘邦的次兄刘仲之妻,顷为刘仲之谥号。 吏二千石:秩位为二千石的官员,相当于郡守级。 **10** 不佞:谦辞,没有才智。 称

(chèn):相称,配得上。 11 西乡:面向西。乡,通"向"。 12 伏计:伏着想,下对上陈述自己意见时用的敬辞。 13 莫宜寡人:没有谁比寡人更合适。

群臣以礼次侍[1]。乃使太仆婴与东牟侯兴居清宫,奉天子法驾,[2]迎于代邸。皇帝即日夕入未央宫[3]。乃夜拜宋昌为卫将军[4],镇抚南北军。以张武为郎中令[5],行殿中。还坐前殿。于是夜下诏书曰:"间者诸吕用事擅权[6],谋为大逆,欲以危刘氏宗庙,赖将相列侯宗室大臣诛之,皆伏其辜[7]。朕初即位,其赦天下,赐民爵一级,女子百户牛酒,酺五日。[8]"

群臣们按照朝廷的礼仪依次排列侍从皇帝。于是派遣太仆夏侯婴与东牟侯刘兴居前去清理皇宫,用天子乘坐的法驾,到代王府邸迎接皇帝。皇帝就在当日傍晚入居未央宫。连夜任命宋昌为卫将军,镇守抚慰南北军。任命张武为郎中令,负责宫殿内的巡行警卫。皇帝又回到前殿坐朝。就在当天夜里颁布诏书说:"近来吕氏家族的人专权执政,图谋大逆不道的事,想要动摇刘氏的宗庙社稷,全靠将相、列侯及宗室大臣们共同诛杀了他们,他们全都受到了应有的处罚。朕刚刚登上帝位,宣布大赦天下,恩赐民户户首男子每人加爵一级,赏赐给女子每百户一头牛和十石酒,允许民众聚会欢饮五日。"

注释 1 以礼次侍:依照礼仪按照职位次序侍列。 2 太仆:官名。九卿之一,掌管皇帝车马。 婴:指夏侯婴。 法驾:皇帝在举行典礼时所乘坐的车驾。 3 未央宫:宫殿名,高祖七年建,常为朝见之处。 4 卫将军:统领京城驻军的高级武官。 5 郎中令:官名。此非上文之诸侯王郎中令,为九卿之一,掌管宫廷宿卫。 6 间者:近来。 用事:

执政。 7 辜:罪。 8 赐民爵一级:赏赐平民户首男子一级爵位。 女子百户牛酒:每百户女子赏赐一头牛,十石酒。《史记索隐》引乐产云:“妇人无夫或无子不沾爵,故赐之也。” 酺(pú):聚会饮酒。汉律规定,三人以上无故聚会饮酒,罚金四两。故为庆祝皇帝登基予以特许。

孝文皇帝元年十月庚戌[1],徙立故琅邪王泽为燕王。

辛亥,皇帝即阼,[2]谒高庙。右丞相平徙为左丞相,太尉勃为右丞相,大将军灌婴为太尉。[3]诸吕所夺齐楚故地,皆复与之。

孝文皇帝元年十月庚戌日,改封原琅邪王刘泽为燕王。

辛亥日,皇帝正式即位,拜谒高帝庙。右丞相陈平迁为左丞相,太尉周勃升为右丞相,大将军灌婴升任太尉。被吕氏族人所篡夺的原属于齐国和楚国的封地,又都重新封给齐王、楚王。

注释 1 孝文皇帝元年:公元前179年。 十月庚戌:阴历十月初一。 2 辛亥:庚戌第二天,十月初二。 即阼(zuò):即位。阼,封建帝王嗣位或祭祀时所登之阶。 3 右丞相平徙为左丞相:《史记正义》“此时尚右”,而汉置左、右两相。 灌婴:汉初大将,封颍阴侯。

壬子,遣车骑将军薄昭迎皇太后于代。[1]皇帝曰:“吕产自置为相国,吕禄为上将军,擅矫遣灌将军婴将兵击齐,[2]欲代刘氏,婴留荥阳弗击,与诸侯合谋以诛吕氏。吕产欲为不善,丞相陈

壬子日,差遣车骑将军薄昭到代国迎请皇太后。皇帝说:“吕产任命他自己为相国,吕禄为上将军,他们擅自假借皇帝的诏令派遣灌婴统率军队攻打齐国,企图替代刘氏,灌婴屯留在荥阳而没有出击,反过来和诸侯们联合谋划诛杀吕氏。吕产企图作乱,丞相陈平

平与太尉周勃谋夺吕产等军。朱虚侯刘章首先捕吕产等。太尉身率襄平侯通[3]持节承诏入北军。典客刘揭身夺赵王吕禄印。益封太尉勃万户，赐金五千斤。丞相陈平、灌将军婴邑各三千户，金二千斤。朱虚侯刘章、襄平侯通、东牟侯刘兴居邑各二千户，金千斤。封典客揭为阳信侯，赐金千斤。"

和太尉周勃智取了吕产等人的军权。朱虚侯刘章首先追捕吕产等人。太尉亲自率领着襄平侯纪通持着符节承受诏令进入北军。典客刘揭亲自夺得赵王吕禄的印信。加封太尉周勃一万户，赐给黄金五千斤。丞相陈平、灌婴将军增加食邑各三千户，赏赐黄金二千斤。朱虚侯刘章、襄平侯纪通、东牟侯刘兴居增加食邑各二千户，赏赐黄金一千斤。封典客刘揭为阳信侯，赏赐黄金一千斤。"

注释　1 壬子：十月初三。　车骑将军：将军名号，汉朝重要武职，可参与朝政。　2 相国：西汉初置，职权秩位与丞相略同，礼遇稍尊。　上将军：督军征战之主帅，位极尊，省称上将。　擅矫：擅自盗用。　3 襄平侯通：襄平侯纪成之子纪通，后袭父爵。

十二月，上曰："法者，治之正也，所以禁暴而率善人也。[1]今犯法已论，而使毋罪之父母妻子同产坐之，及为收帑，[2]朕甚不取。其议之。"有司[3]皆曰："民不能自治，故为法以禁

十二月，皇上说："法令，是治理国家的准绳，是为了禁止暴乱而引导人们归向善良。现在有人触犯了法律已经被定罪受到惩罚，还要使他无罪的父母、妻子、儿女和兄弟们受牵连而坐罪，以致被收为奴婢，朕很不赞成这种做法。你们应该商议一下。"负责的官员们都说："平民百姓们不能自律，所以才制定法律来禁止他们。施行亲人

之。相坐坐收,所以累其心,[4]使重犯法,所从来远矣。如故便[5]。”上曰:“朕闻法正则民悫[6],罪当则民从。且夫牧民[7]而导之善者,吏也。其既不能导,又以不正之法罪之,是反害于民为暴者也。何以禁之?朕未见其便,其孰计之。”有司皆曰:“陛下加大惠,德甚盛,非臣等所及也。请奉诏书,除收帑诸相坐律令。”

相互连坐而被牵连治罪,目的是使想犯罪的人在心中顾及他们的亲属的命运,使他们不敢轻易犯法,这种做法是从很久以前就施行的。还是依照旧法为好。”皇帝说:“朕听说法律正那么民众就会诚实,治罪恰当那么民众就会服从法律的约束。况且治理民众而引导他们从善,这是官吏的责任。官吏们假若既不能教导民众向善,又以不正当的法律去惩罚他们,这反而是坑害了民众而让他们去行凶暴虐。又凭借什么来禁止他们犯罪呢?朕没有看到这种法令有什么便利,你们再仔细考虑一下。”负责的官吏们都说:“陛下对民众施加大恩惠,功德非常盛大,不是我们所能想到的。我们请求奉行皇帝的诏书,废除收没罪犯家人为奴隶等相连坐的律令。”

注释 1 正:通“证”,证验,依据。 率:率领,引导。 2 同产:同胞兄弟姐妹。 坐:连坐,获罪。 收帑(nú):拘捕妻子儿女,没为官奴婢。帑,通“孥”,妻子儿女。 3 有司:有关的主管官员。古设官分职,各有专司,故称“有司”。 4 相坐:互相牵连。 坐收:因犯罪而被拘囚。 累:束缚,控制。 5 便:有利,适宜。 6 悫(què):忠厚,诚实。 7 牧民:统治人民。牧,牧养。

正月,有司言曰:“蚤[1]建太子,所以尊宗庙。请

正月,负责的官吏进言说:“及早确立太子,是为了使宗庙得到尊

立太子。”上曰:“朕既不德,上帝神明未歆享,天下人民未有嗛志。[2]今纵不能博求天下贤圣有德之人而禅天下焉,而曰豫建太子,是重吾不德也。[3]谓天下何?其安之。”有司曰:“豫建太子,所以重宗庙社稷,不忘天下也。”上曰:“楚王,季父也,春秋高,阅天下之义理多矣,明于国家之大体。[4]吴王于朕,兄[5]也,惠仁以好德。淮南王,弟也,秉德以陪朕。[6]岂为不豫哉!诸侯王宗室昆弟有功臣,多贤及有德义者,若举有德以陪朕之不能终[7],是社稷之灵,天下之福也。今不选举焉,而曰必子,[8]人其以朕为忘贤有德者而专于子,非所以忧天下也。朕甚不取也。”有司皆固请曰:“古者殷

奉的重大措施。请求皇帝确立太子。”皇上说:“朕德行浅薄,上帝神明还没有接受我祭祀的歆享,天下的民众也还没有感到满意。如今我既不能广泛寻求天下贤圣有德的人而把天下禅让给他,却说要预先确立太子,这是加重我的失德。让我怎么向天下人交代?还是暂缓这件事吧。”负责的官吏说:“预先确立太子,是以宗庙社稷为重,表示不会忘记天下。”皇上说:“楚王是我的叔父,他年纪长,见识过的天下的道理多了,明晓国家的大政体要。吴王是我的兄长,他为人仁惠而且好施恩德。淮南王是我的弟弟,秉持才德来辅佐我。难道不能传给他们帝位吗?那些王侯宗室兄弟及有功之臣,其中许多人是有德义的贤人,假若能举荐有贤德的人来继承我不能完成的事业,那是社稷神明有灵,天下的福气啊。如今你们不选举他们,却说一定要传位给我的儿子,人们将会认为我忘记了贤能有德的人而专意于自己的儿子,这不是在为天下而着想。我认为这样的做法很不可取。”负责的官吏们都坚决请求说:“古时候殷、周建立了国家,统治持续了一千多年,古时候拥有天

周有国,治安皆千余岁,古之有天下者莫长焉,用此道也。[9]立嗣必子,所从来远矣。高帝亲率士大夫,始平天下,建诸侯,为帝者太祖。诸侯王及列侯始受国者皆亦为其国祖。子孙继嗣,世世弗绝,天下之大义也,故高帝设之以抚海内。今释宜建而更选于诸侯及宗室,非高帝之志也。[10]更议不宜[11]。子某[12]最长,纯厚慈仁,请建以为太子。"上乃许之。因赐天下民当代父后者[13]爵各一级。封将军薄昭为轵侯[14]。

下的没有哪一个比这两朝更长久,殷、周就是因为采用了早立太子的方法。确立继承人一定是自己的儿子,这由来已久了。高帝亲自率领士大夫们,最先平定了天下,封建诸侯,成为后世皇帝的太祖。诸侯王和列侯最初接受封国的人也都成为这个封国的始祖。子孙相继承位,代代都不断绝,这是天下的大义,所以高帝设立此种制度以便用来安定海内。如今放弃应该确立的人而改从诸侯和宗室中选取,这不是高帝的心愿。改议封立他人是不合适的。皇帝的儿子启年纪最大,为人纯厚慈仁,请求陛下确立他为太子。"皇上于是应允了他们的建议。因此恩赐全天下民众中每位应当接替他父亲做后继者的人一级爵位。封将军薄昭为轵侯。

注释 1 蚤:通"早"。早日确定皇位继承人,可以杜绝诸皇子的觊觎之心。 2 歆(xīn)享:指鬼神享受祭品。歆,祭品的香气。 嗛(qiè)志:称心如意。嗛,通"慊",满足,快意。 3 纵:即使。 豫:通"预",预先。 重:加重。 4 季父:小叔父。楚王刘交是刘邦之弟,文帝刘恒之叔。 春秋高:指年纪已经很大。 阅:经历。 大体:大局,大是大非。 5 兄:此指叔伯兄弟。吴王刘濞,是刘邦次兄刘仲之子,年长于文帝。 6 弟:淮南王刘长是刘邦的第七子,故是文帝之弟。 秉:拥有,具备。 陪:此指辅佐。

7 终:指尽职尽责。 8 选举:意谓选贤举能。 必子:一定让自己的儿子继承。 9 治安:指长治久安。 用:由,因为。 此道:指早建太子的办法。 10 释:放弃。 更:调换,改变。 志:本意,原意。 11 更议不宜:议论变更太子的事不应该再讨论了。 12 子某:此指刘启,后为景帝。某,代替不明确指出的人。 13 当代父后者:应当继承父业的人,一般均指嫡长子。 14 轵(zhǐ)侯:薄昭所封侯爵号。轵,县名,在今河南济源市东南。

三月,有司请立皇后。薄太后曰:"诸侯皆同姓[1],立太子母为皇后。"皇后姓窦氏。上为立后故,赐天下鳏寡孤独穷困及年八十已上、孤儿九岁已下布帛米肉各有数[2]。

上从代来,初即位,施德惠天下,填抚诸侯四夷皆洽欢,乃循从代来功臣。[3]上曰:"方大臣之诛诸吕迎朕,朕狐疑,皆止朕,唯中尉宋昌劝朕,朕以得保奉宗庙。已尊昌为卫将军,其封昌为壮武侯[4]。诸从朕六人,官皆至九卿[5]。"

三月,官吏请求皇帝封立皇后。薄太后说:"皇帝的儿子做诸侯王的都是同母所生,立太子的生母为皇后。"皇后姓窦。皇上因为封立了皇后,赐赏全天下的鳏寡孤独穷困的人以及年纪在八十岁以上的老人、九岁以下的孤儿们不同数额的布帛和米肉。

皇上从代国前来,刚刚即位,普施恩德,天下得到安抚,诸侯及四方部族都和洽欢乐,于是封赏随从他从代国前来的功臣。皇上说:"当大臣们诛杀吕氏家族而迎请我时,我有疑虑,臣下都劝阻我不要前来,只有中尉宋昌劝我前来,使我得以奉祀宗庙。我已经提升宋昌为将军,并封宋昌为壮武侯。另外随从我前来的六人,官职都升至九卿。"

注释 1 同姓:《史记索隐》:"谓帝之子为诸侯王,皆同姓。姓,生也。言皆同母生,故立太子母也。" 2 鳏(guān):老而无妻。 寡:老而无夫。 孤:幼而无父。 独:老而无子。 已:同"以"。 3 填:通"镇",安定。 循:抚摩。引申为安抚,慰问。 4 壮武侯:宋昌之封爵名。壮武,县名,在今山东胶州市东北。 5 九卿:官员合称。汉朝通常称太常(奉常)、光禄勋(郎中令)、太仆、廷尉、大鸿胪(典客)、宗正、大司农(治粟内史)、少府、卫尉为九卿,实即中央高级行政机构的总称。

上曰:"列侯从高帝入蜀、汉中者六十八人皆益封各三百户,故吏二千石以上从高帝颍川守尊等十人食邑六百户,淮阳守申徒嘉等十人五百户,卫尉定等十人四百户。[1]封淮南王舅父赵兼为周阳侯,齐王舅父驷钧为清郭侯。[2]"秋,封故常山丞相蔡兼为樊侯[3]。

人或说右丞相曰:"君本诛诸吕,迎代王,今又矜[4]其功,受上赏,处尊位,祸且[5]及身。"右丞相勃乃谢病[6]免罢,左丞相平专为丞相。

皇上说:"凡是跟从高皇帝进入蜀、汉中地区的六十八位列侯都再加封各三百户,以前官秩在二千石以上并跟从高皇帝的颍川郡守刘尊等十人各加封食邑六百户,淮阳郡守申徒嘉等十人各加封食邑五百户,卫尉定等十人各加封四百户。封淮南王的舅父赵兼为周阳侯,封齐王的舅父驷钧为清郭侯。"这年秋天,封原常山国丞相蔡兼为樊侯。

有人劝导右丞相周勃说:"您本来是诛杀吕氏家族、迎请代王为帝的主要策动者,如今又凭借着这份功劳,受到最高的恩赏,处于尊贵的职位,大祸将要降临到您身上了。"右丞相周勃听后就以身体有病为由请求免除职务,左丞相陈平独任丞相之职。

注释 1 颍川：郡名，治所在今河南禹州市，辖今许昌市至平顶山市周围地区。 尊：人名，时为颍川太守，生平不详。 食邑：又名“采邑”，卿大夫收取赋税以供衣食之用的封地。 淮阳：郡名，汉高祖十一年又置淮阳国。治所或都城均在今河南周口市淮阳区。 申徒嘉：亦作申屠嘉，西汉大臣，文帝时官至丞相。 定：人名，生平不详。 2 周阳侯：赵兼之封爵名。周阳，地名，在今山西绛县西南。 清郭侯：驷钧之封爵名。清郭，地名，在今山东滕州市境内。 3 常山：汉初封国，都今河北元氏县西北。 樊侯：蔡兼之封爵名。樊，县名，在今山东济宁市东。 4 矜：自我夸耀。 5 且：将。 6 谢病：托病请求辞职。

二年[1]十月，丞相平卒，复以绛侯勃为丞相。上曰：“朕闻古者诸侯建国千余，各守其地，以时入贡，民不劳苦，上下欢欣，靡有遗德[2]。今列侯多居长安，邑远，吏卒给输费苦，而列侯亦无由教驯其民。[3]其令列侯之国，为吏及诏所止者[4]，遣太子。”

二年十月，丞相陈平去世，又以绛侯周勃为丞相。皇上说：“朕听说古时候设置了一千多个诸侯国，他们各自守护封地，按照时节进贡，民众没有劳苦，上下欢欣，没有失德的地方。如今列侯多住在长安，离食邑遥远，他们国中的吏卒运送给养所需费力而劳苦，而列侯们也没有机会教导和管理他们国中的民众。应命令列侯前往封国，在朝中任官吏和有诏书命令留下的诸侯，应派遣他的太子去封国。”

注释 1 二年：文帝前元二年，即公元前178年。 2 靡：无，没有。 遗德：意即遗漏先王之德惠。 3 邑：此指食邑。 给输：供给输送物资。 无由：无从，没有机会。 驯：通“训”，教导。 4 为吏及诏所止者：以卿大夫在京师为官的，或有诏命留在京师的。

十一月晦，日有食之。[1]十二月望，日又食。[2]上曰："朕闻之，天生蒸民[3]，为之置君以养治之人主不德，布政不均[4]，则天示之以灾，以诫不治。乃十一月晦，日有食之，适见于天，灾孰大焉！[5]朕获保宗庙，以微眇之身托于兆民君王之上，天下治乱，在朕一人，唯二三执政犹吾股肱也。[6]朕下不能理育群生，上以累三光之明[7]，其不德大矣。令至，其悉思朕之过失，及知见思之所不及，丐以告朕。[8]及举贤良方正能直言极谏者，以匡朕之不逮。[9]因各饬其任职，务省繇费以便民。[10]朕既不能远德，故憪然念外人之有非，是以设备未息。[11]今纵不能罢边屯戍，而又饬兵厚

十一月晦日，有日食发生。十二月望日，又发生日食。皇上说："我听说，天生万民，为他们设置了君王来养育治理他们。君王如果缺乏德义，施行政令不公平，上天就会示之以灾异，警戒君王国家没有治理好。因此在十一月晦日，发生了日食，谴责出现在上天，灾异哪还有比这更大的呢！朕获得保全宗庙的职任，用一个微小身躯而依托在万民和诸侯之上，天下的治乱，都在朕一人身上，两三位执掌国政的大臣们犹如我的手足。我对下不能治理养育好众生，对上又损害了日、月、星辰的光辉，我的失德实在是太大了。诏令到达后，你们全都要考虑我的过失，以及我的所知、所见、所思所不及的地方，乞求你们把想法告诉我。并且举荐贤良方正和能够直言劝谏的人，来匡正我能力所达不到的地方。因此官吏们也要各自整顿你们的职事，务必减省徭役费来便利民众。我既然不能远施恩德，所以惶惶然忧虑外族人会有侵犯行为，因此国境防备未能停息。如今纵然不能撤除在边疆屯驻的军队，又怎么能命令军队来加强对我的保卫，应当把卫将军统领的军队裁撤。太仆所管现

卫[12],其罢卫将军军。太仆见马遗财足,余皆以给传置。[13]"

有的马匹留下够用就可以了,其余的马匹都交给驿站使用。"

注释 1 晦:阴历每月之最后一天。 日有食之:出现了日食。 2 望:阴历每月的十五。 日又食:按现代科学推算,半月之内不会出现两次日食。《史记集解》引徐广曰:"此云望日又食。按:《汉书》及《五行志》无此日食文也。一本作'月食',然史书不纪月食。"梁玉绳《史记志疑》以为"十二月望日又食"七字当是衍文。 3 蒸民:众民。蒸,通"烝",众,多。 4 布政不均:施行政令教化不协调、不一致。 5 适:正好。 见:同"现"。 灾孰大焉:灾难没有比这更大的。焉,兼词,"于之"。 6 微眇(miǎo):微小。眇,微少。言微眇之身,为文帝谦辞。 兆民:众民。兆,此极言众多。 二三执政:几个大臣。二三,几个。 股肱(gōng):得力助手。股,大腿。肱,手臂。 7 累:拖累,伤害。 三光:日、月、星。 8 知见:知识与见解。 思:思考。《汉书》无此字。 丐:乞求,希望。 9 贤良方正:本指有德才、端平正直之人。文帝此次下诏后,汉始设"贤良方正"(亦称"贤良文学""贤良")这一选拔人才之科目。 匡:纠正,补救。 不逮:不及,想不到的。 10 饬(chì):整治。 繇:通"徭",徭役。 11 远德:使德惠及于远方。 憪(xiàn)然:通"僩",不安的样子。 非:非分之举,指侵边的行动。 设备:设防。 12 厚卫:重重防卫。 13 见马:现有的马匹。见,同"现"。 遗:留下。 财:通"才",仅仅。 传(zhuàn)置:驿站。《史记索隐》引如淳云"律,四马高足为传置,四马中足为驰置,下足为乘置,一马二马为轺置,如置急者乘一马曰乘也"。

正月,上曰:"农,天下之本,其开籍田,朕亲率耕,以给宗庙粢盛。[1]"

正月,皇上说:"农业,是天下的根本,应当开辟籍田,我要亲自率先耕作,以供给宗庙祭祀所用的谷物。"

三月，有司请立皇子为诸侯王。上曰："赵幽王幽死，朕甚怜之，已立其长子遂为赵王。[2]遂弟辟彊及齐悼惠王[3]子朱虚侯章、东牟侯兴居有功，可王。"乃立赵幽王少子辟彊为河间王，以齐剧郡立朱虚侯为城阳王，立东牟侯为济北王，皇子武为代王，子参为太原王，子揖为梁王。[4]

三月，有关的官吏请求皇帝封立皇子为诸侯王。皇上说："赵幽王被幽禁而死，我非常怜悯他，已经封立他的长子刘遂为赵王。刘遂的弟弟刘辟彊和齐悼惠王的儿子朱虚侯刘章、东牟侯刘兴居对国家有功劳，可以封他们为王。"就封立赵幽王的小儿子刘辟彊为河间王，把齐国的几个大郡分出而封立朱虚侯为城阳王，立东牟侯为济北王，皇子刘武为代王，皇子刘参为太原王，皇子刘揖为梁王。

注释　1 本：根本，基础。　籍田：帝王亲自耕种之田。　粢盛(zī chéng)：亦作"齍盛""齐盛"，放在祭器内以供祭祀的谷物。粢，谷类总称。《史记集解》引应劭曰："黍稷曰粢，在器中曰盛。"　2 赵幽王：刘友，谥为"幽"。　赵王：赵国之王。赵国，此指汉初分封国，都今河北邯郸市。　3 齐悼惠王：指刘肥。　4 河间：汉初诸侯国，都今河北献县东南。　剧郡：大而重要的地方。　城阳：汉初诸侯国，都今山东莒县。　济北：汉初诸侯国，都今山东肥城市西北。　太原：汉初诸侯国，都今山西太原市西南。　梁：汉初诸侯国，都今河南商丘市南。

上曰："古之治天下，朝有进善之旌，诽谤之木，所以通治道而来谏者。[1]今法有诽谤妖言[2]

皇上说："古人治理天下，在朝廷设有旌旗可以使百姓站在它下面进献善言，设有可以刻写对朝政批评意见的木牌，这些设置是为了通达治道而之罪，是使众臣不敢尽情，而上无由闻过失也。将何以来远方之贤良？其除之。民或祝诅上以相约结而后相谩[3]，吏以为大逆，其[4]有他言，而吏又以为诽谤。此细民之愚无知抵死[5]，朕甚不取。自今以来，有犯此者勿听治[6]。”

九月，初与郡国守相为铜虎符、竹使符[7]。

招来劝谏的臣民。如今法律中有诽谤和妖言的罪名，这就使众臣不能尽情直言，而君上无法听到过失。将如何招徕远方的贤良？应该废除这样的法律条文。臣民中有人相约结誓诅咒君上而后又相互攻击告发，官吏们认为这是大逆不道，假若臣民还有其他怨言，而官吏们又认为是诽谤朝廷。这只是小民们由于愚笨无知而致犯下死罪，我认为很不可取。从今以后，有人假若触犯了这条法令就不要治罪。”

九月，初次发放铜虎符和竹使符给郡守国相作为调兵和使节出入的凭证。

注释　1 进善之旌：采纳善言之旗。　诽谤之木：指责、批评之木牌。诽谤，议论是非，指责过失。此含褒义。　来：招来。　2 妖言：怪诞诳惑之说。　3 祝诅：诉之鬼神，使降祸于所憎之人。　上：皇上。　约结：誓盟定约。　谩：欺骗，告发。　4 其：如果。　5 细民：小民，平民百姓。　抵死：触犯死罪。　6 勿听治：不要审理。听，判决。　7 郡国守相：即郡守、诸侯国国相。　铜虎符：铜铸虎形符印。分左右两半，右留朝廷，左与郡守、国相，合符生效。　竹使符：竹制信符，使节出入之凭证。

三年十月丁酉晦[1]，日有食之。

十一月，上曰：“前日诏遣列侯之国，或辞未行。[2]

三年十月丁酉晦日，发生了日食。

十一月，皇上说：“前些时候已下诏派遣列侯前往封国，有些人托丞相朕之所重，其为朕率[3]列侯之国。"绛侯勃免丞相就国，以太尉颍阴侯婴为丞相。罢太尉官，属丞相。[4]四月，城阳王章薨。淮南王长与从者魏敬杀辟阳侯审食其[5]。

辞还没有成行。丞相是我所尊重的大臣，请他替我做表率带领列侯们前往封国。"绛侯周勃被免去了丞相之职回到了封地，任命太尉颍阴侯灌婴为丞相。废除太尉这一官职，把它的事务交给丞相处理。四月，城阳王刘章去世。淮南王刘长和他的随从魏敬杀死了辟阳侯审食其。

注释　1 丁酉晦：丁酉这一天正是本月月末，即十月三十日。　2 前日诏：指二年十月遣列侯就封国之诏。前日，先前。　辞：托辞、借故。　3 率：做个表率。以此文帝将周勃排出朝廷。　4 罢太尉官，属丞相：撤销太尉官职，其权力部分归属丞相。文帝这样做，是为了不轻易把兵权托付他人。　5 "淮南王"句：审食其受吕后宠信，淮南王刘长之母被吕后逼杀，审食其未予营救，刘长以此怨恨而派侍从、刺客魏敬将其杀死。事详见《淮南王列传》。

五月，匈奴入北地，居河南为寇。[1]帝初幸甘泉[2]。

五月，匈奴侵入北地郡，他们滞留在黄河以南的地区为害。文帝初次临幸甘泉。

六月，帝曰："汉与匈奴约为昆弟，毋使害边境，所以输遗[3]匈奴甚厚。今右贤王离其国，将众居河南降地，非常故，往来近塞，捕杀吏卒，驱

六月，文帝说："汉朝曾经和匈奴相约为兄弟，使他们不要在边境为害，因此送赠匈奴的财物非常丰厚。如今，匈奴的右贤王离开他的国土，率领着他的部众，留居黄河以南早已归属汉家朝廷的地区，这不是正常现象，他们往来出入在靠近边塞的地区，捕杀

保塞蛮夷,令不得居其故,陵轹边吏,入盗,甚敖无道,非约也。[4]其发边吏骑八万五千诣高奴[5],遣丞相颍阴侯灌婴击匈奴。”匈奴去,发中尉材官属卫将军军长安[6]。

吏卒,驱逐保卫边塞的蛮夷部族,使这些部族不能在原地居住,恣意凌辱我边塞的官吏,侵入我境掠夺财物,非常狂傲无道,这不符合盟约。应发动边地官吏所统率的八万五千名骑士前往高奴,派遣丞相颍阴侯灌婴率领他们攻伐匈奴。”匈奴人离去,调发中尉部下精通骑射的士卒归属卫将军统领而屯驻长安。

注释 1 北地:郡名,战国时治所在义渠县,西汉时移治马领县,即今甘肃庆城县西北。 河南:指今内蒙古境内黄河以南地区。 2 幸:幸临,特指皇帝之到达。 甘泉:宫名,在今陕西淳化县西北的甘泉山上。
3 输遗(wèi):供给和赠送。 4 右贤王:匈奴官名,职位仅次于单于。匈奴单于自领本国中部,设左、右贤王分领东西部,常以太子任之。 非常故:不是正常现象。 保塞蛮夷:保卫边塞的外地人。蛮夷,本指除中原以外的少数民族,此应指从外地迁来的人。 故:故地。 陵轹(lì):欺凌。轹,碾轧,欺压。 敖:通“傲”,傲慢。 非约:指违背了原有的盟约。
5 高奴:县名,在今陕西延安市东北。 6 发:拨、配。 中尉,京城治安长官,九卿之一,兼领左右京辅兵卒,戍卫京师。 材官:秦汉时始置的一种地方预备兵兵种。

辛卯,帝自甘泉之高奴,因幸太原,[1]见故群臣,皆赐之。举功[2]行赏,诸民里赐牛酒。复晋阳中都

辛卯日,皇帝从甘泉前往高奴,因此而临幸太原,召见以前为代王时的群臣,都给予了赏赐。按照各自的功劳给予奖赏,各个民众乡里都赐给牛和酒。免除晋阳和中都地

民三岁[3]。留游太原十余日。

济北王兴居闻帝之代,欲往击胡[4],乃反,发兵欲袭荥阳。于是诏罢丞相兵,遣棘蒲侯陈武为大将军,[5]将十万往击之。祁侯贺[6]为将军,军荥阳。七月辛亥[7],帝自太原至长安,乃诏有司曰:"济北王背德反上,诖误[8]吏民,为大逆。济北吏民兵未至先自定,及以军地邑降者,[9]皆赦之,复官爵。与王兴居去来[10],亦赦之。"八月,破济北军,虏其王。赦济北诸吏民与王反者。

区的民众三年的赋税。文帝在太原逗留巡游了十几日。

济北王刘兴居听说文帝前往代地,想要前去攻击匈奴人,就反叛朝廷,发动军队打算袭击荥阳。皇帝于是下诏撤回由丞相率领去对匈奴作战的军队,派棘蒲侯陈武为大将军,率领十万士卒前去讨伐济北王。祁侯缯贺被任命为将军,驻守荥阳。七月辛亥日,皇帝从太原回到长安,下诏给有关的官吏们说:"济北王违背德义反叛皇上,连累了官吏和百姓,是大逆不道。济北国的官吏、百姓和军中的士兵们若在汉军还没有到达以前自行反正的,以及把他们率领的军队和据守的城邑投降汉军的人,全都赦免他们随从谋反的罪责,恢复他们原有的官职爵位。离开济北王刘兴居而来投降朝廷的人,也赦免他们的罪责。"八月,打垮了济北王的军队,俘虏了济北王。赦免了济北王国中那些随从济北王反叛的官吏和百姓。

注释 1 辛卯:六月二十七日。 太原:郡名。治所晋阳,在今山西太原市,亦代国旧都。 2 举功:论功,依据功劳。 3 复:免除赋税徭役。 中都:县名,在今山西平遥县西南,代国旧都之一。 4 胡:匈奴。 5 罢丞相兵:撤回丞相灌婴出击匈奴的部队。 陈武:封棘蒲侯。棘蒲,后改名平棘,县名,在今河北赵县东南。 6 贺:人名,封祁侯。祁,县名，在今山西祁县东南。 7 七月辛亥：指汉文帝前元三年阴历七月二十九。 8 诖(guà)误：连累。 9 先自定：先行自我停止反叛。 以军地邑降者：率领军队和占领地盘投降者。 10 去来：离去而又归来。指先投奔刘兴居后又反正者。

六年[1]，有司言淮南王长废先帝法，不听天子诏，居处毋度[2]，出入拟于天子，擅为法令，与棘蒲侯太子奇谋反，遣人使闽越[3]及匈奴，发其兵，欲以危宗庙社稷。群臣议，皆曰："长当弃市[4]。"帝不忍致法于王，赦其罪，废勿王。群臣请处王蜀严道、邛都[5]，帝许之。长未到处所，行病死，上怜之。后十六年，追尊淮南王长谥为厉王，立其子三人为淮南王、衡山王、庐江王。[6]

六年，有关的官吏报告说淮南王刘长废弃了先帝的成法，不听天子的诏令，居处不符合法度，出入仿效天子的礼仪，擅自颁行法令，和棘蒲侯的太子缯奇相谋反叛，派遣人出使闽越和匈奴地区，发动他们的军队，企图以此来危害宗庙社稷。群臣们商议，都说："刘长的罪应当处以弃市。"文帝不忍心用刑法惩办淮南王，赦免了他的罪责，废除了他的王位。群臣们请求把刘长安置到蜀郡严道和邛都一带，文帝同意了。刘长还没有到达处所，在行进途中病死，皇上很怜悯他。十六年后，皇帝追尊淮南王刘长谥号为厉王，封立他的三个儿子为淮南王、衡山王、庐江王。

注释 1 六年：即公元前174年。 2 居处毋度：生活起居超越法度。毋，无。 3 闽越：秦、汉时分布在今浙江南部、福建北部的一支越人。 4 弃市：在闹市中处以死刑，并暴露尸体示众。 5 处：让……居住。此实为流放。 严道：县名，在今四川荥经县。 邛(qióng)都：县名，在今四川西昌市东。 6 后十六年:指后来到文帝十六年(即前164)。 淮南王:即刘安,原封阜陵侯,都今安徽寿县。 衡山王:即刘勃,原封安阳侯,都今湖北黄冈市西北。 庐江王:即刘赐,原封周阳侯,都今安徽庐江县西南。

十三年[1]夏,上曰:"盖闻天道祸自怨起而福繇[2]德兴。百官之非,宜由朕躬。今秘祝[3]之官移过于下,以彰吾之不德,朕甚不取。其除之。"

十三年夏天,皇上说:"我听说天之大道,祸患起自怨恨,福泽兴于德义。百官的不对之处,应当由我自己负责。如今负责秘祝的官吏把这些过错推移给臣下,更加显扬出我缺乏仁德,朕非常不赞成。应当打消这种做法。"

注释 1 十三年:公元前167年。 2 繇(yóu):通"由",由、从。 3 秘祝:官名。掌管为皇帝祝祷。

五月,齐太仓令淳于公有罪当刑,诏狱逮徙系长安。[1]太仓公无男,有女五人。太仓公将行会逮,骂其女曰:"生子不生男,有缓急[2]非有益也!"其少女缇萦[3]自伤泣,乃随其父至长安,上书曰:"妾父为吏,齐中皆称其廉平[4],今坐法当刑。妾

五月,齐国太仓令淳于公犯罪应当受刑,诏令朝廷掌管牢狱的官吏把他逮捕押送到长安。太仓令没有儿子,生有五个女儿。太仓令将要被逮捕的时候,骂他的女儿们说:"生孩子如果不生男儿,一旦遇有急难就没有任何益处!"他的小女儿缇萦听了伤心地哭泣,随从她的父亲来到长安,上书说:"我的父亲作为官吏,齐中地区的人们都称赞他廉洁公允,如今犯法应当受刑。我为那些死了的人不

伤夫死者不可复生，刑者不可复属，虽复欲改过自新，其道无由也。[5]妾愿没入[6]为官婢，赎父刑罪，使得自新。”书奏天子，天子怜悲其意，乃下诏曰：“盖闻有虞氏[7]之时，画衣冠异章服以为僇[8]，而民不犯。何则？至治[9]也。今法有肉刑三[10]，而奸不止，其咎安在？非乃朕德薄而教不明欤？吾甚自愧。故夫驯道不纯[11]而愚民陷焉。《诗》曰：‘恺悌君子，民之父母。’[12]今人有过，教未施而刑加焉，或欲改行为善而道毋由也。朕甚怜之。夫刑至断支体，刻肌肤，终身不息，何其楚痛而不德也，[13]岂称为民父母之意哉！其除肉刑。”

上曰：“农，天下之

能复生，受刑罚的人不能再有完整的肢体而悲伤，即使他们想要改过自新，也没有机会了。我情愿被取消名籍而成为官府的女奴，抵赎父亲应受的罪过，使他能够有机会改过自新。”这份书上奏呈给天子后，天子悲怜她的心意，就下诏说：“我听说在有虞氏的时候，有罪的人要穿戴图画特别的花纹和颜色的衣帽，让他们感到耻辱，而民众就能不犯法。这是为什么？是因为有了最好的政治局面。如今刑法中有黥面、劓鼻、刖足三种肉刑，而奸邪仍然不能禁止，这其中的过失在哪里？难道不是因为我的德行浅薄而教化不明吗？我自己感到非常惭愧。所以训导的方法不纯正就会使民众愚昧并陷入犯罪的境地。《诗经》说：‘平易近人的君子，是保护养育人民的父母。’如今有人犯有过错，还没有进行教化却对他们施加刑罚，若有人想要改行善道也就无路可走了。我非常怜悯他们。刑罚竟断人肢体，毁人肌肤，使人终生不能复原，这是多么痛楚而不仁德的做法，这难道符合为民父母的主旨吗！应当废除肉刑。”

皇上说：“农业，是天下最根本的大业，没有什么政务比它更重要。如本,务[14]莫大焉。今勤身从事而有租税之赋,是为本末者毋以异[15],其于劝农之道未备。其除田之租税。”

今农民们勤苦地从事农业还要负担租税,这是把从事农业和从事经商的人不加区别,这对于鼓励人们务农的政策来说是不完善的举措。应当免除田地的租税。”

注释 1 太仓令:负责粮食储藏保管之官。 淳于公:名淳于意,汉初名医,因曾隐其医术而任齐国太仓令,所以又称“仓公”。事详见《扁鹊仓公列传》。 诏狱:奉诏命关押犯人的牢狱。 逮徙系:捉拿送往拘禁。 2 缓急:偏义复词,此用急义,紧急。 3 缇萦:音 tí yíng。 4 廉平:清廉公平。 5 属:连接、复原。 道无由:没有途径、机会。 6 没入:指被收进官府。 7 有虞氏:传说中以舜为首领的上古部落。 8 画衣冠:在衣帽上画出特别的标志。 异章服:穿着有不同色彩花纹的衣服。章,花纹。 僇(lù):耻辱。 9 至治:最理想的治理。 10 肉刑三:残害人肉体的三种刑法。一说指黥(脸上刺字)、劓(割鼻)、刖(断足);一说为劓、刖、宫(毁坏生殖器官)。 11 驯道不纯:教育引导的方法不对头。驯,通“训”。道,通“导”。 12 此句引自《诗经·大雅·泂酌》。 恺悌(kǎi tì):又作“岂弟”,意为和乐,平易近人。 13 支:“肢”的古字。 息:生长。 楚痛:痛苦。 14 务:事业,事情。 15 本:指农业。 末:指商业和手工业等。 异:区别。

十四年冬,匈奴谋入边为寇,攻朝那塞,杀北地都尉印。[1]上乃遣三将军[2]军陇西、北地、上郡,中尉周舍为卫将军,郎中令张武为车骑将军,军渭北,车千乘,骑

十四年冬天,匈奴人图谋侵入边地进行掳掠,攻打朝那塞,杀死了北地郡都尉孙印。皇上因此就派遣三位将军驻在陇西、北地和上郡,中尉周舍为卫将军,郎中令张武为车骑将军,驻军在渭水以北地区,聚集了千辆战车和

卒十万。帝亲自劳军，勒[3]兵申教令，赐军吏卒。帝欲自将击匈奴，群臣谏，皆不听。皇太后固要[4]帝，帝乃止。于是以东阳侯张相如[5]为大将军，成侯赤为内史[6]，栾布[7]为将军，击匈奴。匈奴遁走。

十万骑兵。文帝亲自慰劳军队，检阅军队并申明教令，赏赐了军中的官吏和士卒。文帝想要亲自率军征伐匈奴，群臣们劝谏，都不听从。皇太后坚持要求皇帝留下，文帝才没有去。于是拜任东阳侯张相如为大将军，成侯董赤为内史，栾布为将军，反击匈奴。匈奴逃走。

注释 1 十四年：公元前166年。 朝(zhū)那：县名，在今宁夏固原市东南。 卬(áng)：人名，姓孙，生平不详。 2 三将军：指驻陇西的周灶，驻北地的魏遬，驻上郡的卢卿。 3 勒：统率。 4 要：通“邀”，中途拦截。 5 张相如：封东阳侯。东阳，县名，在今山东武城县东北。 6 赤：董赤，封成侯。成，县名，在今山东宁阳县东北。 内史：临时封任的统兵作战武官。 7 栾布：汉初将领，后封为俞侯。

春，上曰：“朕获执牺牲珪币以事上帝宗庙[1]，十四年于今，历日县长[2]，以不敏不明而久抚临[3]天下，朕甚自愧。其广增诸祀墠场[4]珪币。昔先王远施不求其报，望祀[5]不祈其福，右贤左戚[6]，先民后己，至明之极也。今吾闻祠

春天，皇上说：“我登临帝位得以手持牺牲和圭帛而奉祭上帝和宗庙，到现在已经十四年了，经过漫长的时间，以我的不聪敏和不贤明而抚临天下这么长久，我感到非常惭愧。应该广泛地增设用来祭祀的坛场和圭帛。从前先王远施恩泽而不求报答，举行望祭而不祈求神灵降福，尊重贤能而不重亲戚，先考虑民众而后想到自己，英明达到了极点。

官祝釐[7],皆归福朕躬,不为百姓,朕甚愧之。夫以朕不德,而躬享独美其福,百姓不与[8]焉,是重吾不德。其令祠官致敬,毋有所祈。”

现在我听说祭祀的官吏祈求福泽,都祈求把福泽降到我一人身上,不为百姓们祈祷,我感到非常惭愧。像我这样失德的人,却独享这种美意福泽,使百姓不能和我共享,这样做是在加重我的失德。应命令负责祭祀的官吏只向神灵表达敬意,不要有所祈求。”

注释 1 牺牲:祭祀用牲畜的统称。 珪币:祭祀用的玉和帛。 2 县(xuán)长:久远,长久。县,同“悬”。 3 抚临:安抚治理。 4 墠(shàn)场:各种祭坛场所。 5 望祀:遥望而祭。 6 右贤左戚:先贤能后亲戚。时尚右,右为上,左为下。 7 祝釐(xī):祈祷祝福。釐,通“禧”,福。 8 与(yù):参与,即“在其中”。

是时北平侯张苍为丞相,方明律历。[1]鲁人公孙臣上书陈终始传五德[2]事,言方今土德时,土德应黄龙见,当改正朔服色制度。天子下其事与丞相议。丞相推以为今水德,始明正十月上黑事,[3]以为其言非是,请罢之。

这时候北平侯张苍担任丞相,他兼通律历。鲁地人公孙臣上书陈说五德相终始的运转来解释朝代兴废的事,他说当今正处于土德,土德运行将有黄龙出现作为征兆,应当改正朔,变更服色制度。天子把这件事交给丞相让群臣讨论。丞相推算认为当今是水德运行,应该明定十月为每年的正月并崇尚黑色,认为公孙臣的意见不正确,请求皇帝否决这个建议。

注释 1 张苍:封北平侯。北平,县名,在今河北保定市满城区北。 方明律历:兼通历法。方,通“旁”,广。律历,乐律和历法,此指历法。 2 终始传五德:一种以五德(金木水火土)相生,递相继承,终而复始,解释历史发展的循环理论。详见《秦始皇本纪》注释。 3 推:推演,推算。 正十月:正月为十月,即以十月为岁首。 上黑:崇尚黑色。上,通“尚”。

十五年,黄龙见成纪,天子乃复召鲁公孙臣,以为博士,申明[1]土德事。于是上乃下诏曰:“有异物之神见于成纪,无害于民,岁以有年[2]。朕亲郊祀[3]上帝诸神。礼官议,毋讳以劳朕。[4]”有司礼官皆曰:“古者天子夏躬亲礼祀上帝于郊,故曰郊。”于是天子始幸雍,郊见五帝,以孟夏四月答礼焉。[5]赵人新垣平以望气见,因说上设立渭阳五庙。[6]欲出周鼎,当有玉英见。[7]

十五年,在成纪县出现黄龙,天子就又重新召鲁人公孙臣,任用他为博士官,来申明当今土德运行的说法。于是皇上就颁下诏书说:“在成纪县出现有怪异的神物,对百姓们没有造成危害,这一年因此而得到大丰收。我要亲自举行郊祭奉祀上帝和各位神灵。礼官们去商议这件事,不要因为怕我辛劳而有所隐讳。”负责官员和礼官们都说:“古时候天子在夏天亲自到郊外举行祭祀上帝的礼仪,因此才称为郊祭。”于是天子首次临幸雍,郊祭五帝,在孟夏四月举行答谢上天恩德的祭礼。赵地人新垣平凭借着望气的方术得到皇帝的召见,趁机劝说皇上在渭阳设立五帝庙。他想要打捞出周鼎,还说将有精美的宝玉出现。

注释 1 申明:再次表明。 2 年:收成,丰收。 3 郊祀:在郊外祭祀天地。 4 礼官:指奉常(掌礼仪)及其所属官员。 毋:无,不要。 讳:隐讳。 劳:劳累。 5 雍:县名,在今陕西凤翔县南。 五帝:此指五天帝,即东方苍龙青帝,南方朱雀赤帝,西方白虎白帝,北方玄武黑帝,中央麒麟黄帝。 孟夏:夏季的第一个月。 答礼:举行祭祀以回敬。
6 新垣平:人名,生平不详。 望气:以观察天上云气的变化而推测人世之吉凶祸福。 见:被召见。 渭阳:《史记集解》引韦昭曰:“在渭城。”渭城在今陕西咸阳市东北,渭水北岸。 7 周鼎:周王朝传国的九个宝鼎。 玉英:精美之宝玉。 见:同“现”,显现,出现。

十六年,上亲郊见渭阳五帝庙,亦以夏答礼而尚赤[1]。

十七年,得玉杯,刻曰“人主延寿”。于是天子始更为元年[2],令天下大酺。其岁,新垣平事觉,夷三族。[3]

十六年,皇上亲自到渭阳五帝庙郊祭谒见,也在夏天举行答礼,并确定崇尚赤色。

十七年,文帝获得一个玉杯,上面刻有“人主延寿”四个字。因此天子才更改纪元而以这年为元年,下令允许天下民众聚会宴饮。就在这一年,新垣平欺瞒诡骗的事被发觉,被夷灭三族。

注释 1 尚赤:崇尚红色,以红色为正色。 2 更为元年:将原汉文帝十七年改为后元元年。 3 新垣平事觉:据《史记·封禅书》所载,新垣平所谓的望气、献玉杯全是欺诈。 夷:铲除、消灭。

后二年[1],上曰:“朕既不明,不能远德,是以使方外之国[2]或不宁息。夫四荒之外不安其生,封畿之内勤劳不处,[3]二者之咎,

后元二年,皇上说:“我既不英明,又不能远施恩德,因此使一些中原以外的国家不能安宁无事。四荒之外的国家不安其生,封畿以内的人勤劳不能安居,这两重失误,都是由于我的德行浅薄而不能达到远

皆自于朕之德薄而不能远达也。间者累年匈奴并暴边境[4]，多杀吏民，边臣兵吏又不能谕吾内志[5]，以重吾不德也。夫久结难连兵[6]，中外之国将何以自宁？今朕夙兴夜寐，勤劳天下，忧苦万民，为之怛惕不安，未尝一日忘于心，故遣使者冠盖相望，结轶于道，以谕朕意于单于。[7]今单于反古之道，计社稷之安，便万民之利，亲与朕俱弃细过[8]，偕之大道，结兄弟之义，以全天下元元[9]之民。和亲已定，始于今年。”

方。近几年来匈奴接连在边境施暴为害，杀死了许多官吏和民众，派到边境地区的大臣、士兵和官吏们又不能明晓我的内心的想法，因此加重了我的失德。若长时间这样兵连祸结，中外各国怎么能安宁呢？如今我早起晚睡，为天下而勤劳，为万民而忧苦，为此而心痛不安，心中未曾有一日忘记，所以派遣的使者络绎不绝，在道路上可以前后相望，道路上车辙交错，以此向单于告谕我的心意。如今单于重归过去的和亲策略，考虑社稷的安危，筹计万民的利益，亲自和我共同抛弃细微的过失不再计较，共同迈向和平大道，结成兄弟般的关系，以此保全天下淳朴的百姓。和亲已经确定，从今年开始。”

注释　**1** 后二年：即汉文帝后元二年，公元前162年。　**2** 方外之国：指外国。方，四境之内。　**3** 四荒：四方荒远之地。　封畿(jī)：京都一带地域。　处：此指安居。　**4** 间者：近来。　累年：连年。　并暴：吞并侵略。　**5** 内志：思想，意图。　**6** 难：怨仇。　连兵：连年交战。　**7** 夙兴夜寐：起早贪黑。　怛惕(dá tì)：惊恐害怕。　冠盖相望：形容派出的使者络绎不绝。冠盖，指官员之冠服和车上之伞盖。　结轶：车辙交错倾轧。轶，车辙。　单(chán)于：匈奴最高首领。　**8** 细过：小的摩擦、隔阂。　**9** 元元：善良可亲。

后六年冬,匈奴三万人入上郡,三万人入云中。[1]以中大夫令勉为车骑将军,军飞狐;[2]故楚相苏意为将军,军句注;[3]将军张武屯北地;河内守周亚夫为将军,居细柳;[4]宗正刘礼为将军,居霸上;祝兹侯军棘门:[5]以备胡。数月,胡人去,亦罢。

后元六年冬天,匈奴三万人侵入上郡,三万人侵入云中郡。任命中大夫令勉为车骑将军,驻军在飞狐要隘;原楚国丞相苏意为将军,驻军在句注;将军张武屯军在北地;河内郡守周亚夫为将军,驻军在细柳;宗正刘礼为将军,驻军在霸上;祝兹侯驻军在棘门:以此防备匈奴。几个月以后,匈奴兵离去,汉军也撤回来了。

天下旱,蝗。帝加惠:令诸侯毋入贡,弛山泽,减诸服御狗马,损郎吏员,发仓庾以振贫民,民得卖爵。[6]

天下大旱,遭遇蝗虫灾害。皇帝施加恩惠于天下:命令诸侯不要向朝廷入贡,放开对山泽的禁令以便利民众,减省皇帝的各种服饰、车驾和狗马,减少郎吏官员的名额,散发仓库的粮食来救济贫民,允许平民可以买卖爵位。

1 后六年:即汉文帝后元六年,公元前158年。 云中:郡名,治所在今内蒙古自治区托克托县东北。 2 中大夫:皇帝近官,掌议论,侍从左右。 令勉:人名,生平不详。 飞狐:即飞狐口,险要关口,亦名蜚狐。在今河北蔚县东南。 3 苏意:人名,生平不详。 句(gōu)注:亦作“勾注”。山名,在今山西代县西北一带。 4 周亚夫:汉朝名将,周勃之子,曾封条侯,升任丞相。 细柳:地名,在今陕西咸阳市西。 5 祝兹侯:封爵名。《史记集解》引徐广曰:“《表》作松兹侯,姓徐,名悍。”而《史记志疑》则认为是松兹侯徐厉之子徐悼。《汉书·文帝纪》则云:“祝兹侯徐厉为将军,次棘门。”松兹,地名,在今安徽太湖县西南。 棘门:地名,在今陕西咸阳市东北。 6 弛山泽：废除开发山泽之禁令。弛，放松，解除。 服御狗马：衣服车马和奢玩之物。狗马，指供玩好之物。 损郎吏员：减少皇帝的侍从人员。 发：打开。 庾(yǔ)：露天的谷仓。 振：同“赈”，救济。 卖爵：《史记索隐》引崔浩云：“富人欲爵，贫人欲钱，故听买卖也。”

孝文帝从代来，即位二十三年，宫室苑囿狗马服御无所增益，有不便，辄弛以利民。[1]尝欲作露台，召匠计之，直百金。[2]上曰：“百金中民[3]十家之产，吾奉先帝宫室，常恐羞之，何以台为！”上常衣绨衣，所幸慎夫人，令衣不得曳地，帏帐不得文绣，以示敦朴，为天下先。[4]治霸陵皆以瓦器，不得以金银铜锡为饰，不治坟，[5]欲为省，毋烦民。南越王尉佗[6]自立为武帝，然上召贵尉佗兄弟，以德报之，佗遂去帝称臣。与匈奴和亲，匈奴背约入盗，然令边备守，不发

孝文帝从代国前来，登临帝位二十三年，宫室、苑囿、狗马、衣服、车驾，一直没有增添什么，若遇有不便，就放开法禁来为民谋利。曾经要建筑露台，召来工匠们做预算，所需费用价值百斤黄金。皇上说：“百斤黄金相当于十家中等水准平民的家产，我奉守先帝遗留下来的宫室，常常担心玷污了它们，建筑露台做什么！”文帝经常身穿粗厚的衣服，所宠幸的慎夫人，文帝也令她不能穿拖到地面的衣服，帏帐不能用带有绣花图案的，以表示敦厚俭朴，做天下人的楷模。治办霸陵的随葬品都用瓦器，不允许用黄金、白银、铜、锡来做装饰，不修高大的墓冢，就是想节省，不要扰民。南越王尉佗自立为武帝，但是皇上却召来尉佗兄弟而使他们显贵，用恩德回报他，尉佗于是就取消帝号而称臣。与匈奴和亲，匈奴人背约而侵入盗掠，皇帝却命令边境地区的军队警备防守，不发兵深入，怕烦忧劳苦百姓。吴王刘濞假称有病

兵深入,恶[7]烦苦百姓。吴王诈病不朝,就赐几杖[8]。群臣如袁盎等称说虽切,常假借用之。[9]群臣如张武等受赂遗[10]金钱,觉,上乃发御府金钱赐之,以愧其心,弗下吏。[11]专务[12]以德化民,是以海内殷富,兴于礼义。

不入朝,皇帝就赐给他几案和手杖。群臣如袁盎等人的谏说虽然很尖锐切直,但皇帝常常能够听取他们的意见。群臣中如张武等人接受别人贿赂的钱财,事情被发觉以后,皇上就把御府的金钱拿出来赏赐给他们以此使他们内心惭愧,而不把他们交给执法的官吏去治罪。皇帝专门致力于用恩德教化民众,所以海内殷富,礼义盛行。

注释 1 苑囿:皇帝游猎的地方。 辄(zhé):总是。 2 露台:台名,供皇帝休息、赏景之用。《史记集解》引徐广曰:“露,一作‘灵’。” 直:通“值”,价值。 百金:一百斤黄金。 3 中民:指不富不贫的中等人家。 4 绨(tì)衣:粗糙厚实的丝织衣。 幸:宠爱。 曳(yè):拖地。 文:花纹。 先:表率。 5 霸陵:文帝陵墓,在今西安市东北。 瓦器:用土烧制的陶器。 不治坟:因山为冢,不垒坟堆。坟,用土堆起大土丘。 6 南越王尉佗:即赵佗,本为河北正定县人,因秦时为南海郡尉,故名尉佗,后建立南越国,高祖封其为南越王,后又改称武帝。 7 恶(wù):讨厌,不想。 8 几杖:几案和手杖。赐几杖以示关怀和敬老。 9 袁盎:西汉大臣,官至奉常。 称说虽切:谏说时言语急切。 假借:宽容,原谅。 10 赂遗(wèi):贿赂。 11 弗下吏:不交付有关部门处理。 12 专务:一心致力于。

后七年六月己亥,帝崩于未央宫。[1]遗诏曰:“朕闻盖天下万物之萌生,靡不有

后元七年六月己亥日,皇帝在未央宫逝世。留下遗诏说:“我听说凡是天下万物若有生长萌芽,

死。死者天地之理，物之自然者，奚[2]可甚哀！当今之时，世咸嘉生而恶死，厚葬以破业，重服以伤生，[3]吾甚不取。且朕既不德，无以佐百姓；今崩，又使重服久临，以离寒暑之数，[4]哀人之父子，伤长幼之志，损其饮食，绝鬼神之祭祀，以重吾不德也，谓天下何！朕获保宗庙，以眇眇之身托于天下君王之上，二十有余年矣。[5]赖天地之灵，社稷之福，方内安宁，靡有兵革。[6]朕既不敏，常畏过行，以羞先帝之遗德；维年之久长，惧于不终。[7]今乃幸以天年，得复供养于高庙，朕之不明与嘉之，[8]其奚哀悲之有！其令天下吏民，令到出临三日，皆释服。毋禁取[9]妇嫁女祠

没有哪一种最终不死亡的。死是天地间的必然道理，物质的自然属性，怎么能过度悲哀呢？当今这个时代，世人都喜欢生而厌恶死，厚葬死者以致使生者家业破亡，注重丧事而伤害生计，我很不赞成这样做。而且我既然没有施行恩德，没有什么可以用来帮助百姓的；如今逝世，又要让百姓服丧很长时间，遭受严寒酷暑的折磨，使民众父子为我而哀痛，有伤长幼的心志，减损了他们的饮食，中断了对鬼神的祭祀，因此而加重了我的失德，对天下人如何交代！我获得保奉宗庙的职责，以我这微小的身躯依托在天下诸侯之上，已经二十多年了。仰赖天地间神灵的保佑，社稷的福泽，使天下安宁，没有战争。我既不聪敏，常常害怕有过失的行为，而羞辱了先帝所遗存的美德；只是我在位的时间很长了，惧怕不能善终。如今有幸享尽天年，又能够被供养在高皇帝庙中，以我这样不英明而得到嘉善的结果，又有什么可以悲哀的呢！应当对天下官吏、平民发布命令，令到以后只用三日为我举行丧礼，而后都除去丧服。不要禁止民间娶妻嫁女、举行各种祭祀活动和饮酒食肉。凡是应当参加丧事守丧

祀饮酒食肉者。自当给丧事服临者，皆无践。[10]绖带无过三寸，毋布车及兵器，[11]毋发民男女哭临宫殿。宫殿中当临者，皆以旦夕各十五举声[12]，礼毕罢。非旦夕临时，禁毋得擅哭。已下，服大红十五日，小红十四日，纤七日，释服。[13]佗不在令中者，皆以此令比率从事。[14]布告天下，使明知朕意。霸陵山川因其故，毋有所改。归夫人以下至少使[15]。"令中尉亚夫为车骑将军，属国悍为将屯将军，郎中令武为复土将军，发近县见卒万六千人，发内史卒万五千人，藏郭穿复土属将军武。[16]

乙巳，群臣皆顿首上尊号曰孝文皇帝。[17]

太子即位于高庙。丁未[18]，袭号曰皇帝。

哭临的人，都不要赤脚踏地。服丧的麻带不要超过三寸，不要陈列车队和手持兵器的仪仗，不要动员男女百姓到宫殿去哭丧。宫中应当临丧的人，都只要在早晚各自放声哭哀十五声，礼毕就停止。不是在早晚应当致哀的时间，禁止他们擅自哭丧。安葬以后，大功只服丧十五日，小功只服丧十四日，缌麻只服丧七日，此后就除去丧服。其他没有被列在诏令中的，都根据这份诏令比照行事。布告天下，使人人都明确知晓我的心愿。霸陵一带的山水保持它的原貌，不要有所改变。后宫中把夫人以下至少使全都遣送回家。"任命中尉周亚夫为车骑将军，属国徐悍为将屯将军，郎中令张武为复土将军，调集附近各县中服现役的士兵一万六千人，调集京城的士兵一万五千人，负责护送棺椁、疏通墓穴和覆土成冢的事务的军卒，由张武将军指挥。

乙巳日，群臣都叩首奉上尊号为孝文皇帝。

太子刘启在高祖庙中即位。丁未日，承袭帝号为皇帝。

注释　1 后七年六月己亥:据张培瑜所编《三千五百年历日天象》推算,当为公元前157年六月初一。　崩:皇帝死曰崩。《史记集解》引徐广曰:"年四十七。"　2 奚:何,为什么。　3 嘉:喜欢。　业:家业、产业。　服:服丧,守丧。　4 临(lìn):哭。　离:通"罹",遭受。　数:命运,磨难。　5 眇眇(miǎo):微小。　有:通"又",置于整数与零数之间,构成词组,表示数量。　6 方内:天下。　兵革:战争。　7 维:助词,用于句首或句中。　不终:不能善终。　8 天年:自然的寿数。　高庙:此指祖庙。　朕之不明与嘉之:以我之不明却承受这样好的结果。与,语气词,用于句中,表示停顿。　9 取:通"娶"。　10 自当给丧事服临者:应当参与丧事守丧哭临者。　无践:《史记集解》引服虔曰:"践,翦也。谓无斩衰也。"又引孟康曰:"践,跣也。"即赤脚踏地。　11 绖(dié)带:系在腰间或头上的丧带。　毋布车及兵器:不要给车、兵器披上白布。　12 旦夕各十五举声:早、晚各哭十五声。　13 已下:下葬以后。　大红、小红:即大功,小功,按亲近疏远有不同的服丧期限。服大功者,服期原为九月;服小功者,服期原为五月。红,通"功",丧服名。　纤:缌麻衣,丧服用细麻布制成,服期三十六日。　释服:除去丧服。　14 佗(tuō):其他的。　比率:参照。　15 夫人以下至少使:按汉兴因秦之称号,妾皆称夫人,夫人以下有美人、良人、八子、七子、长使、少使等;武帝及元帝时有增制。　16 亚夫:指周亚夫。　属国悍:即典属国徐悍。典属国,官名,掌蛮夷降者。　将屯将军:《史记集解》引李奇曰:"以将屯将军为名,此监主诸屯也。"　武:张武。　复土将军:主持葬礼封坟之事。　见卒:现役士兵。　藏郭:埋葬棺椁。郭,通"椁"。　穿复土:即出土和填土。　17 乙巳:六月初七。　顿首:叩头。　文:《谥法》"慈惠爱民曰文"。　18 丁未:六月初九。

孝景皇帝元年[1]十月,制诏御史[2]:"盖闻古者祖有功而宗有德[3],制礼乐各有由。

孝景帝元年十月,以制书诏令御史:"听说古时候称为祖是建有功业,而称为宗是施有德泽,闻歌者，所以发德也；舞者，所以明功也。高庙酎，奏《武德》《文始》《五行》之舞。[4]孝惠[5]庙酎，奏《文始》《五行》之舞。孝文皇帝临天下，通关梁，不异远方。[6]除诽谤，去肉刑，赏赐长老，收恤孤独，以育群生。减嗜欲，不受献，[7]不私其利也。罪人不帑，不诛无罪。除肉刑，出美人，重绝人之世。[8]朕既不敏，不能识。此皆上古之所不及，而孝文皇帝亲行之。德厚侔[9]天地，利泽施四海，靡不获福焉。明象乎日月[10]，而庙乐不称[11]，朕甚惧焉。其为孝文皇帝庙为《昭德》之舞，以明休德。[12]然后祖宗之功德著于竹帛[13]，施于万世，永永无穷，朕甚嘉之。其与丞相、列侯、中二千石[14]、礼官

制作礼乐都各有缘由。我又听说歌唱是为了颂扬德行；舞蹈是为了表彰功业。在高祖庙中举行奉献醇酒的礼仪上，要进献《武德》《文始》《五行》之舞。孝惠帝庙举行奉献醇酒的礼仪时，进献《文始》《五行》之舞。孝文皇帝君临天下，疏通关隘桥梁，远近没有区别歧视。废除诽谤之罪，取消割毁肢体肌肤的肉刑，赏赐年长的老人，收养抚恤孤独，以此养育众生。他减抑自己的嗜好和私欲，不接受臣子的进献，不私自谋求利益。犯罪之人的妻子儿女不受牵连，不妄杀无罪之人。取消宫刑，放出后宫的美人，慎重地对待断绝人后代的事。朕既然不够聪敏，也就不能很好地认识到先帝的英明。这些德业都是在上古时代所不能做到的，而孝文皇帝能够亲自施行。他的恩德的厚重与天地齐等，他谋取的泽惠施之于四海，民众没有谁不获得他的福泽。他如日月一般光明，而在庙中祭祀时却没有和他的德业相称的乐舞，我非常惶恐不安。应为孝文皇帝庙制作《昭德》之舞，来显扬他的美德。然后祖宗的功德能够记载在史册上，使它们传于万世，永远无所穷尽，朕认为这样做非常好。你们和丞

具为礼仪奏。”丞相臣嘉[15]等言:“陛下永思孝道,立《昭德》之舞以明孝文皇帝之盛德,皆臣嘉等愚所不及。臣谨议:世功莫大于高皇帝,德莫盛于孝文皇帝,高皇庙宜为帝者太祖之庙,孝文皇帝庙宜为帝者太宗之庙。天子宜世世献祖宗之庙。郡国诸侯宜各为孝文皇帝立太宗之庙。诸侯王列侯使者侍祠,天子岁献祖宗之庙。[16]请著之竹帛,宣布天下。”制曰:“可。”

相、列侯、品秩超过二千石的大臣及礼官们一同制作出祭祀文帝的礼仪后上奏。”丞相申屠嘉等人进言:“陛下总是念及孝道,建立《昭德》的舞乐来昭明孝文皇帝的盛大德业,这些都是臣子申屠嘉等愚钝的人所想不到的事。臣子们谨慎地商议认为:若论万世的功业,没有人能比高皇帝所建立的更为巨大,若论德泽,没有人能比孝文皇帝所施行的更为盛大,高皇帝庙应当作为本朝帝室的太祖庙,孝文帝庙应当作为本朝帝室的太宗庙。后世的天子应当世世代代地向太祖太宗庙奉献祭祀。各郡、各诸侯国应各自为孝文皇帝建立太宗庙。诸侯王、列侯要派使者侍从祭祀,天子每年都要向太祖太宗庙献祭。请求皇帝把这些规定写进法典,向天下宣布。”皇帝颁下制书说:“可以。”

注释 **1** 孝景皇帝元年:公元前156年。 **2** 制诏:皇帝以制书诏令。秦始皇时定“命”为制,“令”为诏。 御史:官职名,由御史中丞统领,掌管符玺、制定诏命等秘书工作。 **3** 祖:古代对创业开国的帝王称“祖”。 宗:继承祖先确定治世体制者称“宗”。 **4** 酎(zhòu):《史记集解》引张晏曰:“正月旦作酒,八月成,名曰酎。酎之言纯也。”本指祭祀用的醇酒,此指祭祀祖庙的仪典。 《武德》:武舞名,高祖所作,因其人执干戚而名。 《文始》:本舜《韶舞》,高祖更名为《文始》,是舞者手执羽籥的一种文舞。《五行》:本周《武舞》,秦始皇更名为《五行》,《五行》舞冠冕、衣服法五行色。 5 孝惠:汉惠帝刘盈。 6 通关梁:使关津桥梁畅通。 不异远方:远近一样。 7 减嗜欲:减免嗜好贪欲,即避免铺张浪费。 献:献礼。 8 出美人:即指死后使嫔妃出宫归家。 重绝人之世:看重断绝人后代的事。 9 侔(móu):齐等。 10 明象乎日月:英明神圣如同日月一样。 11 称:相称,匹配。 12《昭德》:《史记集解》文颖曰:"景帝采高祖《武德舞》,作《昭德舞》,舞之于文帝庙。" 休:美善。 13 竹帛:竹简、帛书。 14 中二千石:官秩名,即高于二千石。汉制,官吏品级为二千石者,一年俸禄实为一千四百四十斛,而中二千石者,实为二千一百六十斛。中,音 zhòng,"满"的意思。 15 嘉:指申屠嘉,西汉大臣。 16 侍祠:陪祭。 献:祭祀。

太史公曰:孔子言"必世然后仁。善人之治国百年,亦可以胜残去杀"。[1] 诚哉是言!汉兴,至孝文四十有余载,德至盛也。廪廪乡改正服封禅矣,谦让未成于今。[2] 呜呼,岂不仁哉!

太史公说:孔子说过"一定要经过三十年以后仁政才能有成效。善人治理国家经过百年,才能够清除残暴,废弃刑杀"。这话真是对极了!汉朝兴起,到孝文皇帝已有四十多年,德政极盛。他非常谨慎地改正朔,易服色,行封禅,但是他谦让的德政在今天还没有最终完成。唉,这难道不正是仁吗!

注释 1 世:古代称三十年为世。 残:残暴。 杀:刑戮。此处孔子之言出于《论语·子路》。 2 廪廪(lǐn):渐进的样子。 乡:通"向",趋向。 正服:正朔历法和服色。 今:指汉武帝时期。评议寓意讥刺武帝。

史记卷十一

孝景本纪第十一

原文

孝景皇帝[1]者,孝文之中子也。母窦太后。孝文在代时,前后有三男。及窦太后得幸,前后死。及三子更[2]死,故孝景得立。

元年四月乙卯[3],赦天下。乙巳[4],赐民爵一级。五月,除田半租[5]。为孝文立太宗庙。令群臣无朝贺。匈奴入代,与约和亲。

译文

孝景皇帝,是孝文皇帝的排行居中的儿子。母亲是窦太后。孝文帝在代地为王的时候,先前的王后生有三个儿子。等到窦太后得到宠幸时,先前的王后已经死去,接着她所生的三个儿子也先后去世。所以孝景皇帝得以即位。

前元元年四月二十二日,大赦天下。乙巳日,赏赐平民每户一级爵位。五月,削减田租的一半数额。为孝文皇帝建立太宗庙。下令群臣不要上朝道贺。匈奴侵入代郡,朝廷与匈奴约定和亲。

注释 1 孝景皇帝:即汉景帝刘启,公元前157年—前141年在位。景,谥号。《史记正义》引《谥法》曰:"繇义而济曰景。" 2 更:接连,相继。

3 元年:汉景帝元年即公元前156年。 乙卯:二十二日。 4 乙巳:乙巳在乙卯前十天,依事态及记事不当在前。若在后,则乙巳在乙卯后五十天,不当在一月内。《史记志疑》以为二字衍。 5 除田半租:减除一半田租。文帝时十五税一,此则三十税一。

二年春,封故相国萧何孙系为武陵侯[1]。男子二十而得傅[2]。四月壬午,孝文太后崩。[3]广川、长沙王皆之国[4]。丞相申屠嘉卒。八月,以御史大夫开封侯陶青为丞相。彗星出东北。秋,衡山[5]雨雹,大者五寸,深者二尺。荧惑逆行,守北辰。[6]月出北辰间。岁星逆行天廷中。[7]置南陵及内史、祋祤为县[8]。

二年春天,封前相国萧何的孙子萧系为武陵侯。规定男子年满二十岁便得服兵役。四月壬午日,孝文皇帝的母亲逝世。广川王、长沙王都前往封国。丞相申屠嘉去世。八月,任命御史大夫开封侯陶青为丞相。彗星出现在东北天空。秋天,衡山地区降下冰雹,最大的雹子直径有五寸,冰雹聚积最深的有二尺。火星倒转运行,留守在北极星附近。月亮出现在北极星区间。木星在太微垣中间倒转逆行。设置了南陵县及内史、祋祤县。

注释 1 武陵侯:依《高祖功臣侯者年表》及《汉书·功臣表》《萧何传》,当作“武阳侯”。武阳,县名,在今四川眉山市彭山区东。 2 傅:列入正卒名册,服役。旧制二十三岁而傅,今改为二十岁。 3 四月壬午:四月二十六日。 孝文太后:指文帝的母亲薄太后。 4 广川:封国名。都信都,在今河北衡水市冀州区。时所封王为刘彭祖,景帝第八子。 长沙:封国名,都临湘,在今湖南长沙市。时所封王为刘发,景帝第十子。 5 衡山:封国名。 6 荧惑:即火星。 守:徘徊。 北辰:指北极星。 7 岁星:

即木星。 天廷:天庭,即太微垣。 **8**“置南陵”句:南陵已在文帝七年设置为县,此误。《史记志疑》以为当作“置左、右内史及祋祤为县”。内史,政区名,指京城附近地区。祋祤(duì xǔ),县名,在今陕西铜川市耀州区。

三年正月乙巳[1],赦天下。长星[2]出西方。天火燔雒阳东宫大殿城室[3]。吴王濞、楚王戊、赵王遂、胶西王卬、济南王辟光、菑川王贤、胶东王雄渠反,发兵西乡。[4]天子为诛晁错,遣袁盎谕告,不止,遂西围梁。[5]上乃遣大将军窦婴[6]、太尉周亚夫将兵诛之。六月乙亥,赦亡军及楚元王子蓺[7]等与谋反者。封大将军窦婴为魏其[8]侯。立楚元王子平陆侯礼为楚王。立皇子端为胶西王,子胜为中山[9]王。徙济北王志为菑川王,淮阳王余为鲁王,汝南王非为江都[10]王。齐王将庐[11]、燕王嘉皆薨。

三年正月乙巳日,大赦天下。一颗体积很大的火流星出现在西方。雒阳东宫大殿和城楼被天火烧毁。吴王刘濞、楚王刘戊、赵王刘遂、胶西王刘卬、济南王刘辟光、菑川王刘贤、胶东王刘雄渠造反,发动军队向西进攻。天子因此诛杀了晁错,派遣袁盎前去告谕,仍不能阻止,于是他们就向西进军围攻梁国都城睢阳。皇上派遣大将军窦婴、太尉周亚夫率领军队去讨伐他们。六月乙亥日,赦免被打败而逃亡的七国军队和楚元王的儿子刘蓺等参与谋反的人。封大将军窦婴为魏其侯。立楚元王的儿子平陆侯刘礼为楚王。立皇子刘端为胶西王,皇子刘胜为中山王。迁徙济北王刘志为菑川王,淮阳王刘余为鲁王,汝南王刘非为江都王。齐王刘将庐、燕王刘嘉都去世了。

注释 **1** 正月乙巳:正月二十二日。 **2** 长星:体积很大的火流星。

3 燔(fán):烧。 雒阳:《汉书》作“淮阳”。因灾,故下文有徙淮阳王于鲁事。淮阳国都陈县,在今河南周口市淮阳区。 4 吴王刘濞都广陵,在今江苏扬州市。楚王刘交之孙刘戊都彭城,在今江苏徐州市。赵王高祖六子刘友之子刘遂都邯郸,在今河北邯郸市。胶西王刘卬(áng)都高密,在今山东高密市西南。济南王刘辟光都东平陵,在今山东济南市东北。菑川王刘贤都剧,在今山东昌乐县西北。胶东王刘雄渠都即墨,在今山东平度市东南。卬、辟光、贤、雄渠,均为齐悼惠王之子。吴楚七国谋反事详见《吴王濞列传》。 5 诛晁错:晁错主张削诸侯地,激怒刘濞。刘濞为“清君侧”,以诛错为名发动叛乱。景帝企图平息叛乱,误诛晁错。事详见《袁盎晁错列传》。 梁:景帝弟刘武的封国名,都睢阳,在今河南商丘市东南。6 窦婴:窦太后侄。事详见《魏其武安侯列传》。 7 蓺:楚元王刘交之子,参与叛乱后,景帝不忍加法,仅从宗室簿上除其名。 8 魏其(jī):县名,在今山东临沂市东南。 9 中山:封国名,都卢奴,在今河北定州市。10 江都:封国名。都广陵,在今江苏扬州市西北。 11 将庐:亦作“将闾”,齐孝王刘泽之子。 按:燕康王刘嘉实卒于景帝五年。

四年夏,立太子[1]。立皇子彻[2]为胶东王。六月甲戌,[3]赦天下。后九月,更以弋阳为阳陵[4]。复置津关,用传出入。[5]冬,以赵国为邯郸郡。

四年夏天,立皇太子。立皇子刘彻为胶东王。六月甲戌日,大赦天下。闰九月,把弋阳改名叫阳陵。重新设置水陆要冲的关卡渡口,采用“传”作为凭证出入关口。冬季,把赵国改为邯郸郡。

注释 1 太子:指栗太子刘荣,栗姬所生。 2 彻:刘彻,即后来的汉武帝。 3 六月甲戌:六月二十九日。 4 弋阳:原为“易阳”,景帝更名。 阳陵:景帝预作之寿陵。在今陕西西安市北。 5 津关:水陆要道之关卡。 传(zhuàn):通行凭证。

五年三月，作阳陵、渭桥。五月，募徙阳陵，予钱二十万。江都大暴风从西方来，坏城十二丈。丁卯，封长公主子蟜为隆虑侯。[1]徙广川王为赵王。

六年春，封中尉绾为建陵侯，江都丞相嘉为建平侯，陇西太守浑邪为平曲侯，赵丞相嘉为江陵侯，故将军布为鄃侯。[2]梁、楚二王[3]皆薨。后九月，伐驰道树，殖兰池[4]。

五年三月，建造阳陵和渭水桥梁。五月，招募平民迁居阳陵，发给迁居的人共计二十万钱安家费。在江都县有大风暴从西方袭来，损坏了十二丈城墙。丁卯日，景帝封长公主的儿子陈蟜为隆虑侯。迁徙广川王为赵王。

六年春天，封中尉卫绾为建陵侯，江都国丞相程嘉为建平侯，陇西郡太守公孙浑邪为平曲侯，赵国丞相苏嘉为江陵侯，前将军栾布为鄃侯。梁、楚二王都去世。闰九月，砍伐驰道两旁的树木，填平兰池。

注释　1 丁卯：五月二十八日。　长公主：景帝姐姐刘嫖，窦太后所生。汉称皇帝的姊妹为长公主，皇帝的姑姑为大长公主，皇帝的女儿为公主。　隆虑：县名，在今河南林州市。　2 建陵：县名，在今江苏新沂市南。　嘉：程嘉。　建平：县名，在今河南永城市东南。　浑邪：姓公孙。　平曲：邑名，在今河北文安县北。　嘉：苏嘉。　江陵：县名，在今湖北荆州市沙市区。　布：栾布。　鄃：县名，在今山东平原县西南。
3 梁、楚二王：即梁孝王刘武和楚文王刘礼。刘武实薨于景帝中元六年。
4 殖：已伐之树不可殖，《史记集解》引徐广曰："殖，一作'填'。"填，填塞。　兰池：池名，在今陕西咸阳市东北。

七年冬，废栗太子为临江[1]王。十一月晦，日有食之。春，免徒隶作阳陵者。丞相青免。二月乙巳[2]，以太尉条侯周亚夫为丞相。四月乙巳，立胶东王太后为皇后。[3]丁巳[4]，立胶东王为太子，名彻。

七年冬天，把栗姬所生的太子废黜为临江王。十一月晦日，发生了日食。春天，免除和释放参加修筑阳陵的罪犯和奴隶。陶青被免除丞相的职务。二月乙巳日，任用太尉条侯周亚夫为丞相。四月乙巳日，立胶东王的母亲为皇后。丁巳日，立胶东王为太子，太子名叫彻。

注释 1 临江：县名，在今四川忠县。 2 二月乙巳：二月十六日。 3 四月乙巳：四月十七日。 胶东王太后：刘彻的母亲，景帝之妃王美人。 4 丁巳：四月二十九日。

中元年，封故御史大夫周苛孙平为绳侯，故御史大夫周昌子左车为安阳侯。[1]四月乙巳[2]，赦天下，赐爵一级。除禁锢[3]。地动。衡山、原都雨雹，大者尺八寸。

中二年二月，匈奴入燕，遂不和亲。三月，召临江王来，

中元元年，封前御史大夫周苛的孙子周平为绳侯，前御史大夫周昌的孙子周左车为安阳侯。四月乙巳日，大赦天下，赐赏平民每户一级爵位。废除原来发布的不准商人、上门女婿做官和不准犯过罪的官吏重新做官的法令。有地震发生。衡山、原都地区降下冰雹，最大的雹子直径有一尺八寸。

中元二年二月，匈奴侵入燕国，于是和匈奴断绝和亲。三月，召临江王来京受审，不久他自杀于中尉府中。夏天，立皇子刘越为广川王，皇子刘寄为胶东王。赐封四人为列侯(即封楚相张尚的儿子张当居为

即死中尉府中[4]。夏，立皇子越为广川王，子寄为胶东王。封四侯[5]。九月甲戌[6]，日食。

山阳侯，太傅赵夷吾的儿子赵周为商陵侯，赵相建德的儿子横为遽侯、内史王悍的儿子王弃为新市侯）。九月甲戌日，有日食发生。

注释　**1** 中元年：景帝中元元年为公元前149年。　平：周苛之玄孙，继位为绳侯。封为绳侯的是周平的父亲周应，乃周苛之曾孙。　绳：今地不详。　左车：周昌之孙，非子。　安阳：县名，在今河南正阳县南淮水北岸。　**2** 四月乙巳：四月十七日。　**3** 禁锢：指限制不准做官的法令。**4** 即死中尉府中：《汉书·景帝纪》："三月，临江王刘荣因坐侵太宗庙地，征诣中尉。自杀。"　**5** 四侯：张尚子当居，赵夷吾子周，建德子横，王悍子弃。《史记集解》引文颖曰："楚相张尚，太傅赵夷吾，赵相建德，内史王悍。此四人各谏其王，无使反，不听，皆杀之，故封其子。"　**6** 九月甲戌：九月三十日。

中三年冬，罢诸侯御史中丞[1]。春，匈奴王二人率其徒来降，皆封为列侯。[2]立皇子方乘为清河[3]王。三月，彗星出西北。丞相周亚夫免，以御史大夫桃侯刘舍为丞相。四月，地动。九月戊戌晦，日食。军东都门[4]外。

中元三年冬天，撤掉诸侯国中的御史中丞一职。春天，有两位匈奴王率领他们的部众前来投降，都被封为列侯。立皇子刘方乘为清河王。三月，有彗星出现在西北天空。丞相周亚夫被免职，任用御史大夫桃侯刘舍为丞相。四月，有地震发生。九月戊戌晦日，有日食发生。在京城东北外城的东都门外屯集军队。

中四年三月，置德阳

中元四年三月，建筑德阳宫。

宫[5]。大蝗。秋,赦徒作阳陵者。

遭受严重的蝗灾。秋天,赦免建筑阳陵时服劳役的囚徒。

注释 1 御史中丞:御史大夫下设二丞,其一就是中丞,即名御史中丞。在宫殿中掌图籍秘书外督部刺史,受公卿奏事,举劾按章。 2 二人:指首先来降的两个王。 列侯:秦二十级爵最高一级曰彻侯,因避武帝讳,彻侯称通侯或列侯。 3 清河:封国名。都清阳,在今河北省清河县东南。4 东都门:长安城东出北头第一门曰宣平门,外曰东都门。 5 德阳宫:就是景帝庙,因为是景帝自己下令建造的,讳不言庙,所以叫宫。

中五年夏,立皇子舜为常山[1]王。封十侯[2]。六月丁巳[3],赦天下,赐爵一级。天下大潦[4]。更命诸侯丞相曰相[5]。秋,地动。

中元五年夏天,立皇子刘舜为常山王。赐封十人为列侯。六月丁巳日,大赦天下,赏赐平民每户一级爵位。天下遭受严重涝灾。把诸侯王国的丞相改称为相。秋天,发生地震。

注释 1 常山:封国名。都元氏,在今河北元氏县西北。 2 封十侯:《惠景间侯者年表》记此年只封五侯:亚谷侯卢他之,隆卢侯陈娇、乘氏侯刘买、桓邑侯刘明、盖侯王信。 3 六月丁巳:六月二十八日。 4 潦(lào):同“涝”。雨多成灾。 5 更命诸侯丞相曰相:汉初诸侯王国的群卿大夫诸官的设置同于中央朝廷,由丞相统领众官,《汉书·百官公卿表》记:“景帝中五年令诸侯王不得复治国,天子为置吏,改丞相曰相,省御史大夫、廷尉、少府、宗正、博士官,大夫、谒者、郎诸官长丞皆损其员。”此举为削弱诸侯王在地方的实际权力。

中六年二月己卯，行幸雍[1]，郊见五帝。三月，雨雹。四月，梁孝王、城阳共王、汝南王皆薨[2]。立梁孝王子明为济川王，子彭离为济东王，子定为山阳王，子不识为济阴王。梁分为五[3]。封四侯。更命廷尉为大理，将作少府为将作大匠，主爵中尉为都尉，长信詹事为长信少府，将行为大长秋，大行为行人，奉常为太常，典客为大行，治粟内史为大农。[4]以大内[5]为二千石，置左右内官[6]，属大内。七月辛亥[7]，日食。八月，匈奴入上郡[8]。

中元六年二月己卯日，皇帝出行临幸雍地，举行郊祭谒见五帝。三月，降了冰雹。四月，梁孝王、城阳共王、汝南王都去世了。立梁孝王的儿子刘明为济川王，刘彭离为济东王，刘定为山阳王，王子刘不识为济阴王。把梁分为五个王国。又分封了四个侯国。命令将廷尉改称为大理，将作少府改称为将作大匠，主爵中尉改称为都尉，长信詹事改称为长信少府，将行改称为大长秋，大行改称为行人，奉常改称为太常，典客改称为大行令，治粟内史改称为大农令。把主管京城仓库的大内官职定为二千石的品秩，设置左右内官，隶属于大内。七月辛亥日，有日食发生。八月，匈奴侵入上郡。

注释　1 雍：县名，在今陕西凤翔县南。　2 梁孝王：刘武，景弟胞弟。　城阳共王：城阳王刘章之子刘喜。　汝南王：时汝南王刘非已徙为江都王，国除为郡。刘非实薨于武帝元朔元年。　3 梁分为五：济川、济东、山阳、济阴之外，还有梁王刘买，共为五。　4 据《汉书·百官公卿表》，景帝中六年更名之官职有：奉常，掌宗庙礼仪，更名太常；廷尉，掌刑辟，更名大理；典客，掌诸归义蛮夷，更名大行令（以上各为九卿之一）；将作少府，掌治宫室，更名将作大匠；主爵中尉，掌列侯，更名都尉；长信詹事，掌皇太后宫，更名长信少府；将行（掌皇后宫中事务，或用中人，或用士人),更名大长秋。治粟内史,九卿之一,掌谷货,更名大农令在后元年。行人为典客属官,未尝改大行为行人。还有,是年改奉常属官太祝为祠祀,此处未载。 **5** 大内:《史记集解》引韦昭曰:"大内,京师府藏。" **6** 内官:《史记索隐》:"主天子之私财物曰少内。少内属大内也。" **7** 七月辛亥:七月二十九日。 **8** 上郡:郡名。治所肤施,在今陕西榆林市。

后元年冬,更命中大夫令为卫尉。[1]三月丁酉[2],赦天下,赐爵一级。中二千石、诸侯相爵右庶长[3]。四月,大酺。五月丙戌,地动,其蚤食时复动。[4]上庸[5]地动二十二日,坏城垣。七月乙巳[6],日食。丞相刘舍免。八月壬辰,以御史大夫绾为丞相,封为建陵侯。[7]

后元元年冬天,命令将中大夫令改称卫尉。三月丁酉日,大赦天下,赏赐平民每户一级爵位。年俸已满二千石的官吏、诸侯王国相的爵位定为右庶长。四月,准许民众聚会饮酒欢宴。五月丙戌日,发生地震,在当天吃早饭时再次发生地震。上庸县地震持续了二十二天,城墙被震坏。七月乙巳日,有日食发生。丞相刘舍被罢免。八月壬辰日,任用御史大夫卫绾为丞相,封为建陵侯。

注释 **1** 后元年:景帝后元年为公元前143年。 中大夫令为卫尉:景帝初更名卫尉为中大夫令,今复更为卫尉。卫尉,掌宫门卫屯兵。 **2** 三月丁酉:三月十九日。 **3** 右庶长:秦爵二十级中的第十一级。 **4** 五月丙戌:五月初九日。 蚤:通"早"。 **5** 上庸:县名,在今湖北竹山县西南。 **6** 七月乙巳:七月二十九日。 **7** 此处《史记志疑》以为依《史》例当云"以御史大夫建陵侯绾为丞相",衍"封为"二字。绾,卫绾。

后二年正月，地一日三动。郅将军[1]击匈奴。酺五日。令内史郡不得食马粟，没入县官。[2]令徒隶衣七緵布[3]。止马舂[4]。为岁不登，禁天下食不造岁。[5]省[6]列侯遣之国。三月，匈奴入雁门。十月，租长陵田。[7]大旱。衡山国、河东、云中郡民疫。

后元二年正月，一天之内连续发生三次地震。郅都将军率领军队反击匈奴。准许民众聚会饮酒欢宴五日。下令内史和各郡不能用粮食喂马，否则就要把马匹没入官府。下令服劳役的罪犯和奴隶穿七緵布做的衣服。禁止用马来舂粟。因为收成不好，禁止天下贪食不加节约而使粮食不能供给到收获时节。为节省财力而遣送列侯前往自己的封国。三月，匈奴侵入雁门郡。十月，把长陵地区的官田出租给民众耕种。发生严重的旱灾。衡山国、河东郡和云中郡的民众遭受了瘟疫。

注释 1 郅将军：郅都。 2 食(sì)：通“饲”。喂食。 县官：此指官府。 3 七緵(zōng)布：即七升布，粗麻布。緵，八十根经线，七緵，经线五百六十根，布极粗糙。 4 止马舂：禁止用马舂粮食。言节约，不让吃精米。 5 为：因为。 不登：没有收成。 食不造岁：粮食吃不到一年。造，到。 6 省：减少。 7 十月：当作“七月”。 租：出租，租赁。

后三年十月，日月皆食，赤五日。十二月晦，雷[1]。日如紫。五星逆行守太微[2]。月贯天廷中。正月甲寅[3]，皇太子冠。甲子[4]，孝景皇帝崩。遗诏赐诸侯王以下

后元三年十月，出现了日食和月食，天空红赤五日。十二月三十日，有霹雷。太阳颜色如同紫色。金、木、水、火、土五星都逆转运行而留守太微垣。月亮贯穿太微垣。正月甲寅日，皇太子举行冠礼。甲子日，孝景皇帝逝世。留下遗诏赏

至民为父后爵一级，天下户百钱。出宫人归其家，复无所与。太子即位，是为孝武皇帝。三月，封皇太后弟蚡为武安侯，弟胜为周阳侯。[5]置阳陵[6]。

赐诸侯王以下至平民凡是应继承父业的男子每人一级爵位，赏赐天下平民每户一百钱。放出后宫宫人让她们各自回家，免除她们终身的负担和义务。太子即位，这就是孝武皇帝。三月，封皇太后的弟弟田蚡为武安侯，弟弟田胜为周阳侯。设置景帝的墓园阳陵。

注释 1 雷：同“雷”。 2 太微：即太微垣。 3 正月甲寅：正月十七日。 4 甲子：正月二十七日。 5 皇太后：武帝母亲王太后。 蚡：田蚡。事详见《魏其武安侯列传》。 武安：县名，在今河北武安市西南。 胜：田胜。 周阳：邑名，在今山西绛县西南。 5 置阳陵：建置了景帝的阳陵园。

太史公曰：汉兴，孝文施大德，天下怀安。至孝景，不复忧异姓[1]，而晁错刻削诸侯，遂使七国俱起，合从而西乡。以诸侯太盛，而错为之不以渐[2]也。及主父偃言之[3]，而诸侯以弱，卒以安。安危之机，岂不以谋哉？

太史公说：汉朝建立，孝文皇帝施行大德，使天下人感恩，安居乐业。到了孝景帝的时候，不再为异姓诸侯王的反叛而忧虑了，而晁错强行削夺诸侯王的势力，于是激起了七个王国一同起来造反，互相联合向西进攻。因为诸侯的势力还太强盛，而晁错所采取的处置办法却又不是循序渐进地逐步施行。等到主父偃提出推恩而分封王侯诸子的建议以后，才使诸侯的势力逐渐受到削弱，终于使国家获得安定。使国家安定或沦为危乱境地的关键，难道不是在于运用谋略吗？

注释 **1** 不复忧异姓:刘邦建国,逐渐扫平异姓诸侯王,至景帝时,唯一的异姓王长沙国因无后而国除。异姓王全都不存在了,故不再忧虑他们会给刘姓造成危害。 **2** 渐:逐步进行。 **3** 主父偃言之:主父偃向武帝上言天子下推恩令,使诸侯各得分其子国邑,于是诸侯国逐渐以大划小,终致削弱,因而国家平安。事详见《平津侯主父列传》。

史记卷十二

孝武本纪第十二

原文

孝武皇帝[1]者,孝景中子也。母曰王太后。孝景四年,以皇子为胶东王。孝景七年,栗太子废为临江王,以胶东王为太子。孝景十六年崩,太子即位,为孝武皇帝。孝武皇帝初即位,尤敬鬼神之祀。[2]

译文

孝武皇帝,是孝景帝排行在中间的儿子。生母是王太后。景帝四年,以皇子的身份被封为胶东王。景帝七年,栗太子被废做了临江王,就让胶东王做太子。景帝在位十六年后逝世,太子登位,就是孝武皇帝。孝武皇帝刚即位,就很注重对鬼神的祭祀。

注释 **1** 孝武皇帝:刘彻生于景帝元年,七岁为太子,为太子十岁而景帝崩,时年十六。“武”是谥号,《谥法》:“克定祸乱曰武。”《史记集解》云:“《太史公自序》曰‘作《今上本纪》’,又其述事皆云‘今上’‘今天子’,或有言“孝武帝”者,悉后人所定也。张晏曰:‘《武纪》,褚先生补作也。褚先生名少孙,汉博士也。’”褚少孙是颍川人,汉宣帝时为博士,仕于元、成间,寓居于沛,事大儒王式,称为“先生”。褚少孙是续补《史记》者之一。
2 此句《封禅书》即作“今天子初即位,尤敬鬼神之祀”。自此句以下,二篇内容基本相同,仅有小异。

元年,汉兴已六十余岁矣,天下乂安,荐绅之属皆望天子封禅改正度也。[1]而上乡儒术,招贤良,赵绾、王臧等以文学为公卿,欲议古立明堂城南,[2]以朝诸侯。草[3]巡狩封禅改历服色事未就。会窦太后治黄老言,不好儒术,使人微[4]得赵绾等奸利事,召案绾、臧,绾、臧自杀,诸所兴为者皆废。

后六年[5],窦太后崩。其明年,上征文学之士公孙弘等。[6]

武帝元年,汉朝建立已经有六十多年了,天下太平无事,在绅带间插着朝笏的官员们都盼望天子进行封禅和更改正朔和法制度,但是皇上心向儒家经术,招集贤良人士,赵绾、王臧等靠文章博学做了公卿,他们想依照古代制度在长安城南门外建立明堂,用来接受诸侯的朝拜。草拟巡行视察举行封禅典礼改变正朔和服饰颜色等事,还没有完成。正好当时窦太后奉行道家学说,不喜欢儒家学说,就派人暗中窥到赵绾等人用不正当手段谋求私利的事实,召来并处置赵绾、王臧,赵绾、王臧在监狱中自杀身亡,他们所兴办的事就都被废除了。

六年后,窦太后逝世。第二年,皇上征召贤良文学之士公孙弘等人。

注释 1 元年:汉武帝建元元年,公元前140年。刘邦建汉于公元前206年,至此已有六十七年。 乂(yì)安:亦作“艾安”,治理,安定。乂、安同义。 荐绅:插笏于绅带之间,代指官吏。荐绅,《汉书》作“缙绅”。荐,通“缙”,插。绅,绅带,腰间大带。 正度:正朔与法度。 2 乡:通“向”,倾向,提倡。 贤良:汉文帝时开始设立的选拔人才的科目,又称“贤良方正”“贤良文学”。 文学:指文章博学。 公卿:三公九卿。时赵绾任御史大夫，三公之一；王臧任郎中令，九卿之一。　明堂：古代天子宣明政教，举行朝会及大典的地方。　3 草：草拟。　4 微：暗中察访。《封禅书》作“微伺”。　5 后六年：武帝建元六年。　6 其明年：武帝元光元年，公元前 134 年。　公孙弘：西汉重要儒生，公羊学的力行者，曾任丞相，封平津侯。

明年，上初至雍，郊见五畤。[1] 后常三岁一郊。是时上求神君，舍之上林中蹏氏观。神君者，长陵女子，以子死悲哀，故见神于先后宛若[2]。宛若祠之其室，民多往祠。平原君[3]往祠，其后子孙以尊显。及武帝即位，则厚礼置祠之内中[4]，闻其言，不见其人云。

第二年，当今皇上初次到雍县，郊祭五畤。以后经常是三年一次郊祭。这个时候皇上求到了一位神君，把她安置在上林苑中的蹏氏观。神君，原是一位长陵女子，因为难产而死，在妯娌宛若面前显现她的神灵。宛若在自己的家中对她供奉祭祀，民众中很多人也前往祭祀。武帝的外祖母平原君曾去祭祀过，从那以后平原君的子孙开始尊贵显荣。等到当今皇上继承帝位，就用规格很高的礼节把神君安置在宫中供奉祭祀。人们只能听见她的话语，不能见到她的真人。

注释　1 明年：元光二年。　五畤(zhì)：即秦文公所建祭白帝的鄜畤，秦宣公所建祭青帝的密峙，秦灵公所建祭赤帝、黄帝的吴阳上畤、下畤，汉高祖所建祭黑帝的北畤。畤，古时帝王祭祀天地五帝的场所。　2 见神：意即显灵。　先后：兄弟的妻子，俗谓之妯娌。　3 平原君：武帝的外祖母。《史记集解》引蔡邕曰：“异姓妇人以恩泽封者曰君，仪比长公主。”　4 内中：皇宫之中。

是时而李少君亦以祠灶、谷道、却老方见上，上尊之。[1]少君者，故深泽侯入以主方[2]。匿其年及所生长，常自谓七十，能使物[3]，却老。其游以方遍诸侯。无妻子。人闻其能使物及不死，更馈遗之，常余金钱帛衣食。人皆以为不治产业而饶给，又不知其何所人，愈信，争事之。少君资好方，善为巧发奇中。[4]尝从武安侯[5]饮，坐中有年九十余老人，少君乃言与其大父[6]游射处，老人为儿时从其大父行，识其处，一坐尽惊。少君见上，上有故[7]铜器，问少君。少君曰："此器齐桓公十年陈于柏寝[8]。"已而案其刻，果齐桓公器。一宫尽骇，以少君为神，数百岁人也。

当时，李少君以会祭祀灶神、不吃粮食可存活、却退衰老而长生等方术被皇上接见，皇上很尊敬他。李少君，是从前深泽侯的舍人，负责方术、医药事务。他隐瞒自己的年龄、籍贯和生平经历，常常自称是七十岁，能驱逐鬼神，并能却退衰老，长生不死。他靠着会方术而游遍诸侯各国。他没有妻妾子女。人们听说他能驱逐鬼神、长生不死，就赠送给他财物，他因此有很多钱财，衣食丰足。人们都认为他是不从事生产而能富裕丰足，又不知道他究竟是个什么样的人，于是就更加相信他，争着去侍奉他。少君喜好方术，善用巧技来猜测，结果他总是奇迹般猜中。他曾经能加武安侯田蚡宴饮，宴席中有一位九十多岁的老人，他就说曾和老人的祖父在某处游玩射猎过，老人在小孩的时候跟着他的祖父，知道这个地方，整个宴座上的人全都感到吃惊。少君被皇上召见，皇上有一件古旧铜器，就拿出它问少君。少君说："这件铜器在齐桓公十年的时候曾经陈列在柏寝台。"皇上随即考察铜器上的刻字，果然是齐桓公时候的器具。整个皇宫中的人都惊讶不已，认为少君是神灵，是有几百岁的人了。

注释 1 祠灶:祭祀灶神。《史记索隐》引如淳云:“祠灶可以致福。” 谷道:不吃粮食而能生活。 却老:却退衰老。 方:方术。 2 入:请进,请入。 主方:主管方术。 3 使物:驱使鬼物。 4 资:资质。 巧发奇中:巧妙地猜中他人的心理。 5 武安侯:田蚡,汉武帝之舅。 6 大父:祖父。 7 故:古老,古旧。 8 柏寝:台名。齐桓公所筑,在今山东广饶县东北。

少君言于上曰:“祠灶则致物,致物而丹沙可化为黄金,黄金成以为饮食器则益寿,益寿而海中蓬莱仙者可见,见之以封禅则不死,黄帝是也。臣尝游海上,见安期生[1],食巨枣,大如瓜。安期生仙者,通蓬莱中,合则见人,不合则隐。”于是天子始亲祠灶,而遣方士入海求蓬莱安期生之属,而事化丹沙诸药齐[2]为黄金矣。

居久之,李少君病死。天子以为化去不死也,而使黄锤史[3]宽舒受其方。求蓬莱安期生

少君对皇上说:“祭祀灶神就会召来神异之鬼物,召来神异之鬼物而丹沙就可以熔化成黄金,黄金做成饮食器具使用就会延年益寿,延年益寿才能见到海中蓬莱的仙者,见到了蓬莱仙者而进行封禅活动就可以长生不死,黄帝就是这样的人。我曾经在海上游览,见到了安期生,安期生吃过的巨大枣子,大得像瓜。安期生是位仙人,能和蓬莱交通,如果奉行的道和他相合,他就可以见您;若不相合,他就会隐藏起来。”于是天子开始亲自祭祀灶神,派遣方士进入海域寻求蓬莱和安期生一类的仙人,并从事把丹砂和各种药剂熔化成黄金的活动了。

过了很久,李少君病死了。天子认为他羽化升天而去,灵魂却没有死,就派黄锤的小吏宽舒去研究他的方术。那些被派去寻找蓬莱、安期生的人,虽然没找到他们,但是在沿海原属

原文	译文
莫能得，而海上燕齐怪迂之方士多相效，更言神事矣。	燕国、齐国地方的一些怪诞迂阔的方士们纷纷效仿前来向皇帝谈说鬼神之类的事了。

注释 1 安期生：据《列仙传》说他是琅邪人，在东海边卖药，当时人都以为他有千岁。《史记索隐》引服虔曰："古之真人。" 2 药齐(jì)：药剂。齐，通"剂"。 3 黄锤史：黄锤县的小吏。黄锤，县名。史，官府的佐吏。

原文	译文
亳人薄诱忌奏祠泰一方[1]，曰："天神贵者泰一，泰一佐曰五帝[2]。古者天子以春秋祭泰一东南郊，用太牢具，七日，为坛开八通之鬼道。[3]"于是天子令太祝立其祠长安东南郊，常奉祠如忌方。其后人有上书，言"古者天子三年一用太牢具祠神三一：天一，地一，[4]泰一"。天子许之，令太祝领祠之忌泰一坛上，如其方。后人复有上书，言"古者天子常以春秋解祠，祠黄帝用一枭破镜；冥羊用羊；祠马行用	亳地人谬忌上奏祭祀太一神的方术，说："天神中最尊贵的是太一神，太一的辅佐是五位天帝。古时候天子在春秋季节到东南郊野祭祀太一，祭品用牛、羊、猪各一头，祭祀七天，建造祭坛的时候设有通向八方的鬼道。"于是天子命令太祝在长安东南郊建立这样的祠坛，经常按谬忌上奏的方术来祭祀。后来有人上书，说"古时候天子每三年一次用牛、羊、猪三牲祭祀神灵三一：天一、地一、太一"。天子答应了，命令太祝负责此事，在太一坛上祭祀三一，按此人上奏的方术去做。后来又有人上书，说"古时候天子常常在春季为消解祸殃并祈求福祥而举行祭祀，祭祀黄帝时祭品用一只恶鸟枭和一头恶兽破镜，冥羊神用羊祭祀，马行神用一匹青色公马，太一、泽山君、地长用牛，武夷君

一青牡马；泰一、皋山山君、地长用牛；武夷君用干鱼；[5]阴阳使者以一牛”。令祠官领之如其方，而祠于忌泰一坛旁。

用干鱼，阴阳使者用一头牛”。天子命令祠官按照上书人的方法统一办理，在太一坛近旁祭祀。

其后，天子苑有白鹿，以其皮为币，以发瑞应，造白金焉。[6]

此后，天子的上林苑中养有白鹿，用它的皮造成皮币，以引发祥瑞符应，又铸造银、锡成白金三品。

注释 1 薄诱忌：《封禅书》及《汉书·郊祀志》都作“谬忌”。《史记索隐》云：“姓谬，名忌，居亳，故下称薄忌。此文则衍‘薄’字，而‘谬’又误作‘诱’矣。” 泰一：最尊贵的天神。亦作“太一”。 2 佐：辅佐。《史记正义》：“佐者，谓配祭也。” 五帝：五方之帝，即苍帝灵威仰，赤帝赤熛怒，白帝白招拒，黑帝汁光纪，黄帝含枢纽。 3 七日：连续祭祀七日。 八通：做石阶通行八方。 鬼道：鬼神往来之道。 4 天一：天神。 地一：地神。 5 解祠：解除不祥灾祸的祭祀。 枭(xiāo)：通“鸮”，食母的恶鸟，常以喻恶人。 破镜：食父的恶兽，又名“獍”。 冥羊、马行、皋山山君、地长、阴阳使者：均是神名。 武夷君：武夷山神。 6 苑：上林苑。 瑞应：祥瑞的应验。 造白金：将银、锡合铸成三种货币，一种龙纹，一种马纹，一种龟纹，是为白金。事详见《平准书》。

其明年，郊雍，获一角兽，若麃[1]然。有司曰：“陛下肃祗郊祀，上帝报享，锡一角兽，盖麟云。[2]”于是以荐五畤，畤加一牛以燎。[3]赐诸侯白金，以风[4]符应合

第二年，皇上到雍县郊祭，捕获到只有一角的野兽，像麃一样。有司说：“陛下虔诚地去郊祀，上帝为酬报您的供享，赐给您一只角的兽，这大概就是麒麟了。”于是皇上将它进献给五畤，每畤增加一头

于天地。

于是济北王以为天子且封禅[5]，乃上书献泰山及其旁邑。天子受之，更以他县偿之。常山王有罪，迁，天子封其弟于真定，[6]以续先王祀，而以常山为郡。然后五岳皆在天子之郡。

牛的祭品，并用火焚烧。赐给诸侯们白金，示意他们官府制造白金是合乎天意的。

于是济北王认为天子将要举行封禅大典，就上书献出泰山及其附近城邑，天子把其他县的土地赏给他作为补偿。常山王犯了罪，被迁徙，天子封他的弟弟为真定王，来接续对先王的祭祀，而将常山设为郡，这样五岳都在天子直接管辖的邦国内了。

注释 1 麃(páo)：兽名。鹿属，形似獐，牛尾，一角。 2 肃祗(zhī)：恭敬。二字同义。 享：祭献，上供。 锡：赐予。 麟(lín)：即麒麟。传说中的吉祥兽，状如鹿，头上有角，尾像牛，全身生麟甲。 3 荐：祭。 燎：祭礼名。焚柴祭天。 4 风：风教，示意。 5 济北王：刘胡。泰山在其封国内，故献。 且：将。 6 常山王：刘舜。 迁：迁徙，流放。 真定：武帝所置封国，原为县名。在今河北石家庄市东北。

其明年，齐人少翁[1]以鬼神方见上。上有所幸王夫人，夫人卒，少翁以方术盖夜致王夫人及灶鬼之貌云，天子自帷中望见焉。[2]于是乃拜少翁为文成将军，赏赐甚多，以客礼礼之。文

第二年，齐地人少翁由于会鬼神的方术被皇上召见。皇上特别宠爱王夫人，她去世后，少翁用方术在夜晚招来王夫人和灶鬼的容貌，天子从帷帐中望见了王夫人。于是皇上就授予少翁为文成将军，给他的赏赐特别多，还用宾客之礼接待他。文成将军对皇上说："假如皇上想和神灵交通，住的宫室和穿戴的服饰不像神仙用的，神仙

成言曰:“上即欲与神通,宫室被服不象神,[3]神物不至。”乃作画云气车,及各以胜日驾车辟恶鬼[4]。又作甘泉宫,中为台室,画天、地、泰一诸神,而置祭具以致天神。居岁余,其方益衰,神不至。乃为帛书以饭牛,详弗知也,[5]言此牛腹中有奇。杀而视之,得书,书言甚怪,天子疑之。有识其手书,问之人[6],果为书。于是诛文成将军而隐之。

其后则又作柏梁、铜柱、承露仙人掌之属矣[7]。

就不会来到。”于是皇上派人制造出绘有图画的云气车,并分别依五行相胜之日驾着不同的车驱赶恶鬼。又建造甘泉宫,中间是台室,里面画着天、地、太一等各种鬼神,并安置些祭祀器具以便招来天神。经过一年多,文成的方术毫无成效,神灵没有来到。他就在帛上写些字让牛吞下,假装不知道,说这头牛的腹中有奇物。皇上派人杀掉牛后发现了帛书,上面写的内容非常奇怪,天子对此产生了怀疑。有人认识这帛书上的笔迹,询问执笔之人,果然是少翁假造的,于是皇上杀掉文成将军,将此事隐瞒起来。

此后还建造了柏梁台,台上有铜柱,铜柱顶上有仙人捧着铜盘承接天上的露水,等等。

注释 1 少翁:方士。《史记正义》引《汉武故事》云:“少翁年二百岁,色如童子。” 2 王夫人:武帝的宠姬,齐王刘闳之母。据说她“窈窕好容,质性嬛(yuān,柔美)佞”。 致:招来。 帷:帐幕。 3 即:如。 被服:穿戴的服饰。 4 胜日:五行相克之日。甲乙为木,青色;丙丁为火,红色;戊己为土,黄色;庚辛为金,白色;壬癸为水,黑色。水胜火,火胜金,金胜木,木胜土,土胜水。如火胜金,用丙丁日,不用庚辛。 辟:驱除。 5 饭牛:让牛吞下。 详:通“佯”,假装。 6 问之人:查问这个人。之,代词,这个。 7 柏梁:台名。《史记索隐》引《三辅故事》云:“台高二十丈,用香栢为殿，香闻十里。” 铜柱、承露仙人掌：《史记索隐》引《三辅故事》曰：“建章宫承露盘高二十丈，大七围，以铜为之。上有仙人掌承露，和玉屑饮之。”

文成死明年，天子病鼎湖[1]甚，巫医无所不致，不愈。游水发根[2]乃言曰：“上郡有巫，病而鬼下之[3]。”上召置祠之甘泉。及病，使人问神君[4]。神君言曰：“天子毋忧病。病少愈，强与我会甘泉。”于是病愈，遂幸甘泉，病良已[5]。大赦天下，置寿宫神君[6]。神君最贵者太一，其佐曰大禁、司命之属，皆从之。非可得见，闻其音，与人言等。时去时来，来则风肃然也。居室帷中。时昼言，然常以夜。天子祓[7]，然后入。因巫为主人，关[8]饮食。所欲者言行下[9]。又置寿宫、北宫，张羽旗，设供具，以礼神君。神君所

文成死后第二年，天子在鼎湖宫病得特别厉害，巫医的各种方法都用上了，仍没有治愈。游水发根说上郡有个神巫，病了却有鬼神附身。皇上召来他，把他供奉于甘泉宫。等到皇上病了，派人去问这个神君。神君说：“天子不用忧愁生病之事。病略为好转，就打起精神来和我在甘泉宫相会。”皇上病好些了，就起身前往甘泉宫，结果病果真痊愈了。于是皇上实行大赦，把神君迁到寿宫。神君中最尊贵的是太一神，太一的辅佐叫大禁、司命一类，都跟从着他。神灵不能看见，只能通过神君听到他们说话的声音，他们说话的声音和人的声音是一样的。神灵有时离去有时来临，来临的时候，有风肃肃吹动。神君居处在宫室帷幕里面。有时是白天说话，但大多还是在夜里说。天子举行了除灾求福的仪式，然后才进去。通常由一个巫师来照料他的饮食。神君所说的话，由巫师替他传达下去。又设置寿宫、北宫，张挂用羽毛装饰

言,上使人受书其言,命之曰“画法”。其所语,世俗之所知也,毋绝殊[10]者,而天子独喜。其事秘,世莫知也。

的旗帜,陈设供奉器具,来礼祭神君。神君所说的话,皇上都派人记载下来,称之为“画法”。他所说的话,都是世人知道的东西,没有什么特别的,但是天子就是爱听。他的事很保密,社会上没有人知道。

注释 1 鼎湖:顾炎武以为当作“鼎胡”,官名。地近宜春(在今陕西西安市长安区南)。 2 游水发根:姓游水,名发根。 3 病而鬼下之:因为生病就有鬼物附在他身上,成为了神巫。 4 神君:神巫。 5 良已:完全好了。 6 置寿宫神君:当作“置神君寿宫”。寿宫,奉神之官。7 祓(fú):除灾祈福的祭礼。 8 关:关照。 9 所欲者言行下:神君所说的话,下传于巫师才讲出来。 10 绝殊:特别。

其后三年,有司言元宜以天瑞命,[1]不宜以一二数。一元曰建元,二元以长星曰元光,三元以郊得[2]一角兽曰元狩云。

又过了三年,官府说纪元应该用天的祥瑞来命名,不应该只是按一二去记数。第一个纪元叫作“建元”,第二个纪元因为有长星出现叫作“元光”,第三个纪元因为郊祭时候获得过长有一只角的野兽叫作“元狩”。

注释 1 其后三年:此指武帝元狩元年,即公元前122年。 以天瑞命:由上天显示的祥瑞命名。 2 以郊得:应从《汉书·郊祀志》作“今郊得”。

其明年冬,天子郊雍,议曰:“今上帝朕亲郊,而后土毋祀,则礼不答也。[1]”有司与太史公[2]、

第二年冬天,天子到雍县郊祭,与人商议说:“现在上帝由我亲临郊祭,但是对土地神没有祭祀,那样礼制是不完备的。”有司和太史公、祠官宽

祠官宽舒等议:“天地牲角茧栗[3]。今陛下亲祀后土,后土宜于泽中圜丘为五坛,坛一黄犊太牢具,已祠尽瘗[4],而从祠衣上黄。”于是天子遂东,始立后土祠汾阴脽上[5],如宽舒等议。上亲望拜,如上帝礼。礼毕,天子遂至荥阳而还。过雒阳,下诏曰:“三代邈绝[6],远矣难存。其以三十里地封周后为周子南君,以奉先王祀焉。”是岁,天子始巡郡县,侵寻[7]于泰山矣。

舒议定:“祭祀天地的供品应用牲角小得像茧栗一样的幼小牛犊。现在陛下亲自祭祀后土,祭祀后土应该在水泽中的圆形小丘上建五个祭坛,每坛用包括一头小黄牛的太牢祭品,祭祀完毕后将祭品全都埋了,而陪祭人所穿的衣服崇尚黄色。”于是天子东行,按照宽舒等人的建议,在汾阴县黄河岸边的高丘上建筑后土神庙。皇上亲临巡望跪拜,跟祭祀上帝的礼仪完全一样。祭礼完毕,天子顺路到了荥阳,而后才回来。经过雒阳,下诏说:“三代距现在非常遥远了,年代太久远以致他们的后代难以留存。应该用纵横三十里的地方赐封周朝后裔为周子南君,来供奉他们先祖。”这一年,天子开始巡视东方郡县,以便慢慢接近泰山一带。

注释 1 后土:土地神。 不答:于礼不合。答,相等,周全。《汉书·郊祀志》颜师古曰:“答,对也。郊天而不祀地,失对偶之义。”一说,答,然也。 2 太史公:此指司马谈。 3 天地牲角茧栗:指祭祀天地要用幼畜。颜师古曰:“牛角之形或如茧,或如栗,言其小。” 4 瘗(yì):埋。 5 汾阴:县名,在今山西万荣县西南。汾水在其北与黄河汇合。 脽(shuí):高丘。 6 邈(miǎo)绝:时代很远。邈,远。 7 侵寻:渐进。

其春,乐成侯[1]上书言栾大。栾大,胶东宫人[2],故尝与文成将军同师,已而为胶东王尚方。而乐成侯姊为康王[3]后,毋子。康王死,他姬子立为王。而康后有淫行,与王不相中[4],相危以法。康后闻文成已死,而欲自媚于上,乃遣栾大因[5]乐成侯求见言方。天子既诛文成,后悔恨其早死,惜其方不尽,及见栾大,大悦。大为人长美,言多方略,而敢为大言,处之不疑。大言曰:"臣尝往来海中,见安期、羡门[6]之属。顾以为臣贱,不信臣。又以为康王诸侯耳,不足予方。臣数言康王,康王又不用臣。臣之师曰:'黄金可成,而河决可塞,不死之药可得,仙人可致也。'臣恐效文成,则方士皆掩

这年春天,乐成侯丁义上书推荐栾大。栾大,是替胶东王刘寄管理宫中日常生活事务的宫人,从前曾经和文成将军同时向一个老师学艺,不久就做了替胶东王掌管配制药物的尚方。乐成侯的姐姐是康王的王后,没有生儿子。康王死了,其他妾姬的儿子被立为王。康后有淫乱行为,和新王不合,彼此用些法术相互陷害。康后听说文成将军已经被杀死,就想对皇上献媚,于是派遣栾大通过乐成侯以方术求见皇上。天子诛杀了文成将军后,悔恨他死得太早,可惜没让人把他的方术全部学过来,所以见到栾大非常高兴。栾大长得又高又漂亮,很会说话,而且敢说大话,撒谎时毫不疑惧。他夸口说:"我常去海中,看见了安期生、羡门高一类仙人。但是因为我卑贱,他们不相信我。又认为康王只是个诸侯王,不值得给他神方。我多次对康王说起,康王又不用我。我的老师说:'黄金可以炼成,黄河的决口可以堵塞,长生不死的药物可以得到,仙人可以招来。'然而我害怕有文成将军那样的结果,那样的话,方士们都会闭上嘴巴,哪里还敢进言

口,恶[7]敢言方哉!”上曰:“文成食马肝死[8]耳。子诚能修其方,我何爱[9]乎!”大曰:“臣师非有求人,人者求之。陛下必欲致之,则贵其使者,令有亲属,以客礼待之,勿卑,使各佩其信印,乃可使通言于神人。神人尚肯邪不[10]邪?致尊[11]其使,然后可致也。”于是上使先验小方。斗旗[12],旗自相触击。

方术!”皇上说:“文成将军是吃马肝死的。你真会修炼长生不老的方术,我还吝惜什么财宝和禄位呢!”栾大说:“我的老师并不是有求于人,是人们去求他。陛下真想招来神仙,就要尊重他的使者,让他的亲属都受到宾客之礼的款待,不要卑视他,让他佩带各种印信,就可以同神人通话。如此做您说神人想不想来?只有先使神仙的使者尊贵,然后才可以招来神仙。”于是皇上先让他展示一下小的方术,进行斗棋,结果棋子自行相互撞击。

注释 1 乐成侯:丁义。后与栾大一起被诛杀。 2 胶东:景帝之于胶东王刘寄。 宫人:官名。掌管胶东王宫中日常生活事务。尚方,官名。主管方药。 3 康王:胶东王刘寄谥“康”,故称。 4 中:协调,和睦。 5 因:通过,凭借。 6 羡门:羡门高,仙人。 7 恶(wù):怎么,哪里, 8 食马肝死:汉时相传马肝吃了要毒死人。《秦本纪》载有其事。 9 爱:吝惜。 10 不(fǒu):同“否”。 11 致尊:极其尊敬。致,尽,极。 12 斗旗:即博棋。旗,《封禅书》作“棋”。《史记正义》引高诱注《淮南子》云:“取鸡血与针磨捣之,以和磁石,用涂棋头曝干之,置局上,即相拒不止也。”

是时上方忧河决,而黄金不就[1],乃拜大为五

这个时候皇上正忧虑黄河决口,而炼丹砂铅锡成黄金又不能得

利将军。居月余，得四金印，佩天士将军、地士将军、大通将军、天道将军印。制诏[2]御史："昔禹疏九江，决四渎。间者河溢皋陆，堤繇不息。[3]朕临[4]天下二十有八年，天若遗朕士而大通焉。《乾》称'蜚龙'，'鸿渐于般'，意庶几与焉。[5]其以二千户封地士将军大为乐通[6]侯。"赐列侯甲第，僮[7]千人。乘舆斥车马帷帐器物以充其家。[8]又以卫长公主[9]妻之，赍金万斤，更名其邑曰当利公主。天子亲如五利之第。使者存问所给，连属于道。自大主[10]将相以下，皆置酒其家，献遗之。于是天子又刻玉印曰天道将军，使使衣羽衣，夜立白茅上，五利将军亦衣羽衣[11]，立白茅上受印，以示弗臣也。而佩

手，就授予栾大做五利将军。过了一个多月，栾大就得到四方印信，除了五利将军外，还有天士将军、地士将军、大通将军的印信。天子下诏给御史："从前大禹疏浚九江，决通四渎。近来黄河泛滥到岸边广阔的平地，修筑堤防的劳役没有停息。我登临天下二十八年，上天好像要送给我一名贤士，而栾大正是能通天意的人。《周易·乾卦》中说'有飞龙游弋在天'，《渐卦》中说'似鸿鸟飞临高岸边'，我得到栾大差不多就是这样啊。我命令用二千户的封邑封地士将军栾大为乐通侯。"还赏赐给他列侯等级的上等住宅，奴仆一千人。又把皇帝不用的车马、帐幕、器物等统统给栾大。又把卫皇后的长女许配给他，赠送黄金万斤，把她的封号改为当利公主。天子亲自驾临五利将军的住宅。派出问候和负责供给的使臣，在道路上接连不断。从武帝姑母大长公主和将相以下，都为他在家中备设酒宴，赠送给他钱财。于是天子又刻置了叫天道将军的玉印，派遣使者穿上用羽毛缝制的衣服，夜晚站立在白茅上，五利将军也穿上羽毛缝制的衣服，夜晚站

天道者,且为天子道天神[12]也。于是五利常夜祠其家,欲以下神。神未至而百鬼集矣,然颇能使之。其后治装行,东入海,求其师云。大见数月,佩六印,贵振天下,而海上燕齐之间,莫不扼捥而自言有禁方,[13]能神仙矣。

立在白茅上接受玉印,以表示不把五利将军当臣子看待。而佩天道将军之印的意思,是将要替天子引荐天神。于是五利将军常常夜晚在家进行祭祀,想借此让神降下。神没有来到,却聚集了百鬼,但他还是很能指使它们。后来他整理行装外出,往东进入海域,寻求他的仙师去了。栾大被引见几个月,就佩六方大印,贵宠震动天下,由此沿海一带燕国、齐国等地的方士,没有谁不是握紧手腕发誓说自己也有秘方,能够引来神仙。

注释 1 黄金不就:指铢丹砂铅锡为黄金没有成功。 2 制诏:以制书诏令。 3 间者:近年来。 皋陆:《史记正义》引颜师古云:"皋,水旁地也。广平曰陆。言水大泛溢,自皋及陆,而筑作堤,徭役甚多,不暇休息。" 繇:通"徭",徭役。 4 临:统治,治理。 5 蜚龙:"飞龙在天",《乾卦》九五爻辞。蜚,通"飞"。 鸿渐于般:《渐卦》六二爻辞。渐,进。般,通"磐"。《史记会注考证》引方苞曰:"飞龙在天,利见大人,言君之得臣也;鸿渐于磐(水边高冈),饮食衎衎(kàn,喜乐的样子),言臣之得君也。武帝以栾大为天所遗士,故引此。" 庶几:差不多。 与:此指君臣相遇。
6 乐通:地名,在今江苏泗洪县东南。 7 僮:古代对奴隶的称谓。
8 乘舆:帝王乘坐的车辆。此代指帝王。 斥:《史记索隐》:"孟康云'斥,不用之车马'是也。" 9 卫长公主:卫皇后的长女。 10 大主:即大长公主。此指武帝之姑,窦太后之女。 11 羽衣:用鸟羽做成的衣服。
12 道天神:引荐天神。道,通"导"。 13 六印:五利、天士、地士、大通、天道、天道(玉印)六将军印。 振:通"震",震惊。 扼捥:亦作"扼腕",握着手腕。表示激动振奋。

其夏六月中，汾阴巫锦为民祠魏脽后土营旁，见地如钩状，掊视得鼎。[1]鼎大异于众鼎，文镂毋款识[2]，怪之，言吏。吏告河东太守胜，胜以闻[3]。天子使使验问巫锦得鼎无奸诈，乃以礼祠，迎鼎至甘泉，从行，上荐之。至中山，晏温，[4]有黄云盖焉。有麃过，上自射之，因以祭云。

至长安，公卿大夫[5]皆议请尊宝鼎。天子曰："间者河溢，岁数不登[6]，故巡祭后土，祈为百姓育谷。今年丰庑未有报[7]，鼎曷为出哉？"有司皆曰："闻昔大帝兴神鼎一[8]，一者一统，天地万物所系终也。黄帝作宝鼎三，象天地人也。禹收九牧

这年夏天六月中，汾阴有个叫锦的巫者在魏脽的后土神庙旁边替民众祈祷祭祀，看见地面突起像钩的形状，用手扒开土看，得到了一座鼎。鼎与其他鼎大不相同，上面雕刻有花纹，但没有文字说明，锦感到奇怪，告诉当地官吏。官吏报告给河东太守胜，胜上书禀知皇上。天子派遣使者去调查巫者获得鼎的情况，询问是否有奸诈，结果属实，于是用礼加以祭祀，把鼎迎接到甘泉宫，皇上亲自参与迎接活动，想将它献给上天。途中，走到中山的时候，天气晴朗温和，上空却有黄色云彩覆盖。正好有只麃经过，皇上亲自射中，就用它来祭祀。

到了长安，公卿大夫等官员都上书请求尊崇宝鼎。天子说："近年来黄河泛滥，几年都没有好收成，所以我在巡视中祭祀后土神，祈祷它替百姓们养育谷苗。今年丰收好坏还不能预知，鼎为什么会出现？"官员们都说："听说从前泰帝铸造了一座神鼎，一座神鼎的'一'表示天下一统，是天地万物都统属于此的象征。黄帝制作宝鼎三座，象征着天、地、人。大禹收集九州出产的金属，铸成九鼎。它们都曾被用来烹煮牲畜以祭祀上帝鬼神。遇到圣世这些鼎就会出现，这样它们从夏代传到了商代。周

之金，铸九鼎，皆尝鬺亯[9]上帝鬼神。遭圣则兴，迁于夏商。[10]周德衰，宋之社[11]亡，鼎乃沦伏而不见。《颂》云‘自堂徂基，自羊徂牛；鼐鼎及鼒，不虞不骜，胡考之休’。[12]今鼎至甘泉，光润龙变，承休无疆。[13]合兹中山，有黄白云降盖，若兽为符，路弓乘矢，集获坛下，报祠大飨。[14]惟受命而帝者心知其意而合德[15]焉。鼎宜见于祖祢，藏于帝廷，[16]以合明应。”制曰：“可。”

入海求蓬莱者，言蓬莱不远，而不能至者，殆不见其气。上乃遣望气佐候[17]其气云。

朝德行衰败，宋国的社庙覆亡，鼎于是沦落淹没，隐伏起来没有再出现。《诗经》的《周颂·丝衣》中说‘从庙堂到门内，有献羊的有献牛的；摆放着大鼎、中鼎和小鼎，祭祀时不喧哗、不傲慢，保佑大家都长寿’。现在宝鼎到了甘泉，发出光泽，其上有云气遮护，象征汉朝将承受无穷的福佑。这与中山降下的黄白祥云相合，和天降嘉兽以为符应一样，加上陛下用大弓四箭射获麃子，吉兆都会集坛下，以酬报天地鬼神。只有接受天命来称帝的人才能心知天意，与天相互配合。宝鼎应该进献给高祖庙，珍藏在甘泉宫天帝殿廷，以便契合上天降赐的神明符应。”皇上下诏说：“可以。”

进入大海寻找蓬莱仙岛的人，说蓬莱仙岛离岸不远，但是他们不能到达，也许是因为没有见到它放射的瑞气。皇上于是派遣望气的官员来帮助他们观测蓬莱岛的瑞气。

注释　1 锦：巫名。　魏脽：即上文之“汾阴脽”，因汾阴属魏地，故名。　营：颜师古谓为“祠之兆域”，即后土祠周围的地界。　掊(póu)：用手扒开。　2 文镂：刻有花纹。镂，刻。　毋：无，没有。　款识(zhì)：钟鼎彝器上铸刻的文字。　3 以闻：将这件事报告给汉武帝。　4 中山：

山名。在今陕西淳化县东南。 晏温:《封禅书》作“曣呾”。天气晴朗温和。晏,晴朗无云。因此有黄云出现为异。 5 大夫:官名。担任中央要职或备顾问的各种官员。 6 不登:收成不好。 7 丰庑(wú):丰茂。庑,通“芜”,草盛。 报:祭名。农事结束后为报德而祭土神与谷神。 8 大帝:即泰帝,指太昊伏羲氏。 兴:建造。 9 鬺(shāng)烹:这里特指烹煮牲牢以祭祀。鬺、烹二字同义,煮。 10 遭:逢。 兴:出现。 迁:流传。 11 社:社坛,以祭祀土地神。此代指国家。 12 堂:庙堂。 徂(cú):往,到。 基:建筑物的根脚。 鼐(nài):大鼎。 鼒(zī):小鼎。 虞:大声说话。 骜:通“傲”,轻视,傲慢。 胡考:寿考。 休:吉庆,福。 13 颜师古曰:“言鼎至甘泉之后,光润变见,若龙之神,能幽能明,能小能大,乘此休福,无穷竟也。” 14 路弓:大弓。 乘:四箭曰乘。 大飨:指酬报天地的大祭礼。 15 合德:谓与天合德。 16 祖祢(nǐ):祖先。祢,父庙。生称父,死称考,入庙称祢。 帝廷:甘泉天神之殿廷。 17 候:观测。

其秋,上幸雍,且郊。或曰“五帝,泰一之佐也,宜立泰一而上亲郊之”。上疑未定。齐人公孙卿曰:“今年得宝鼎,其冬辛巳朔旦冬至,与黄帝时等[1]。”卿有札书[2]曰:“黄帝得宝鼎宛侯,问于鬼臾区。[3]区对曰:‘黄帝得宝鼎神策,是岁己酉朔旦冬至,

这年秋天,皇上临幸雍县,将要进行郊祭。有人说“五色之帝,是太一帝的陪祭,应该建立太一坛,由皇上亲临郊祭”。皇上犹豫不决。齐地人公孙卿说:“今年得到宝鼎,而冬季辛巳朔日早晨正是冬至,和黄帝时代正好相同。”公孙卿还有进言议事的书札说:“黄帝在宛朐得到宝鼎,就问臣子鬼臾区。鬼臾区回答说:‘帝得到宝鼎和用于占卜的神蓍草,这一年己酉朔日早晨是冬至,您得到上天恩赐的历法,它将终而复始地循环不止。’于是黄帝推

得天之纪,[4]终而复始。’于是黄帝迎日推策[5],后率二十岁得朔旦冬至,凡二十推,三百八十年,黄帝仙登于天。”卿因所忠[6]欲奏之。所忠视其书不经,疑其妄书,谢曰:“宝鼎事已决矣,尚何以为!”卿因嬖人奏之。上大说,召问卿。对曰:“受此书申功[7],申功已死。”上曰:“申功何人也?”卿曰:“申功,齐人也。与安期生通,受黄帝言,无书,独有此鼎书[8]。曰‘汉兴复当黄帝之时,汉之圣者在高祖之孙且曾孙也。宝鼎出而与神通,封禅。封禅七十二王[9],唯黄帝得上泰山封’。申功曰:‘汉主亦当上封,上封则能仙登天矣。黄帝时万诸侯,而神灵之封居七

测日月朔望以推算历法,后来大约每过二十年再值朔日早晨冬至,总计推算二十次,合三百八十年,黄帝就成仙登天了。”公孙卿想通过武帝的近臣所忠上奏。所忠一看他书札中的议论不合常道,怀疑他是胡乱写成的,婉拒道:“祭宝鼎的事已经决定了,还能做什么!”公孙卿又通过武帝宠信的人上奏。皇上看了特别高兴,就召来公孙卿询问。公孙卿回答说:“从申公那里接受到这份书札,申公已经去世。”皇上说:“申公是个什么样的人?”公孙卿说:“申公,齐国人。和仙人安期生交往过,听到许多黄帝的言论,没有别的著作,唯独这份关于宝鼎的书札。上面说‘汉朝兴起,与黄帝之时相当’,又说‘汉朝帝王中的圣人在高祖的孙辈以至曾孙辈中。宝鼎出土后就可与神灵交通,举行封禅典礼。自古举行过封禅的有七十二王,只有黄帝得以到泰山举行封礼’。申公说:‘汉朝君主也应当到泰山举行封礼,到泰山举行了封礼就能成为神仙登天了。黄帝时代有万家诸侯,而能主持名山大川祭祀的有七千家。天下的名山有八座,三座在边远地区,五座在中原地区。中原地区有华山、首山、太室山、泰山、

千[10]。天下名山八,而三在蛮夷,五在中国。中国华山、首山、太室、泰山、东莱[11],此五山黄帝之所常游,与神会。黄帝且战且学仙。患百姓非其道,乃断斩非鬼神者。百余岁然后得与神通。黄帝郊雍上帝,宿三月。鬼臾区号大鸿,死葬雍,故鸿冢是也。其后黄帝接万灵明廷,明廷者,甘泉也。所谓寒门者,谷口[12]也。黄帝采首山铜,铸鼎于荆山[13]下。鼎既成,有龙垂胡髯[14]下迎黄帝。黄帝上骑,群臣后宫从上龙七十余人,龙乃上去。余小臣不得上,乃悉持龙髯,龙髯拔,堕黄帝之弓。百姓仰望黄帝既上天,乃抱其弓与龙胡髯号,故后世因名其处曰鼎湖,其弓曰乌号。'"于是天子曰:"嗟乎!吾诚得如黄帝,吾视去妻子如脱躧[15]

东莱山,这五座山是黄帝经常去游览并与神灵相会的地方。黄帝一边作战,一边学习仙道。他担心百姓中有人反对他的仙道,就处死那些诋毁鬼神的人。这样一百多年以后才能和神灵交通。黄帝到雍地郊祭上帝,住宿三个月。鬼臾区别号大鸿,死后葬在雍地,就是从前的鸿冢。这以后黄帝在明堂接见万般神灵。明廷,就是现在的甘泉宫。所谓寒门,就是现在的谷口。黄帝开采首山的铜,在荆山下面铸成鼎。鼎已经铸成,有条飞龙垂着胡须从天而降来迎接黄帝。黄帝骑在龙背上,他的群臣和后宫的一些人跟着骑上去的有七十多人,龙于是飞上天去。其余的小臣子未能骑上去,就争着去抓龙的胡须,龙的胡须被拔出来了,掉落在地,黄帝的一把弓也掉落了。百姓们望着黄帝飞上天去,就抱着他的弓和龙的胡须号哭,所以后代就把黄帝上天的地方取名叫鼎湖,把他掉落的弓取名叫乌号。'"听了公孙卿的话,天子说:"哎呀!我真能像黄帝那样上天,我丢掉人世耳。”乃拜卿为郎，东使候神于太室。

间的妻妾子女就会像扔掉鞋子一样容易。”就委任公孙卿做郎官，派他去东方太室山恭候神灵。

注释 1 等:同。 2 札书:薄小的木简书。 3 宛侯:此处当依《封禅书》作“宛朐”。县名，在今山东菏泽市西南。 鬼臾区:黄帝的大臣。 4 策:占卜用的蓍草。 纪:指历数。即推算节气之度。 5 迎日:推算未来的日月朔望。迎，预测未来。 推策:用蓍草作筹码推算。 6 所忠:武帝的侍臣。 7 申功:方士。《封禅书》作“申公”。 8 鼎书:关于宝鼎的书札。 9 七十二王:《史记正义》引《河图》云:“王者封太山，禅梁父，易姓登崇，有七十二君也。” 10 神灵之封居七千:在上万个诸侯国中，能主持封禅的有七千家。 11 华山:西岳华山。 首山:山名，在今山西永济市南。 太室:指中岳嵩山。 东莱:即莱山，在今山东龙口市东南。 12 谷口:中山之谷口，因为山北寒凉，所以称寒门。黄帝升仙之处。 13 荆山:山名。在今河南灵宝市。 14 髯(rán):颊上长须。 15 躧(xǐ):同“屣”，鞋。颜师古曰:“屣，小履。脱屣者，言其便易，无所顾也。”

上遂郊雍，至陇西，西登空桐，幸甘泉。令祠官宽舒等具泰一祠坛，坛放薄忌泰一坛，坛三垓。[1]五帝坛环居其下，各如其方，黄帝西南，除八通鬼道。泰一所用，如雍一畤物，而加

皇上于是到雍县郊祭，接着到了陇西，往西登上了崆峒山，临幸甘泉宫。命令祠官宽舒等筹建太一神的祭祀坛，祭祀坛仿照亳人谬忌所说的太一坛模式，坛筑成三层。五色帝的坛环列于太一坛的下面，分别位于东、南、西、北四个方向，黄帝坛位于西南方，并环太一坛开辟出通向八方的鬼道。太一坛的祭品，和雍县一座畤的

醴枣脯之属，杀一犛牛以为俎豆牢具[2]。而五帝独有俎豆醴进。其下四方地，为餟[3]食群神从者及北斗云。已祠，胙余皆燎之。其牛色白，鹿居其中，彘在鹿中，水而洎[4]之。祭日以牛，祭月以羊彘特[5]。泰一祝宰[6]则衣紫及绣。五帝各如其色，日赤，月白。

祭物相当，而另外加上醴酒枣脯一类，还杀一头牦牛，盛在俎豆等祭具里。而五色帝的祭品只有通常俎豆所盛的物品和醴酒进献。在祭坛下面的四方场地，是些绕着坛设置并互相连缀的给群神的随从及北斗星神供奉饮食的祭座。祭祀完毕，胙肉及各类剩余的祭品都用火焚化以奉神。祭品中牛用白色，鹿放在牛的体腔中，猪放在鹿的体腔中，然后用水浸泡。祭日神用牛，祭月神用一只羊或一头猪。祭祀太一神的主管官员穿紫色绣花的祭服。祭祀五色帝穿的祭服颜色和所祭的帝神一样，祭日神穿赤色衣，祭月神穿白色衣。

注释　1 放：通"仿"，仿照。　薄忌：姓谬，名忌，居亳，故称薄忌。　垓(gāi)：台阶的层次。　2 犛(lí)牛：即牦牛，身上长有长毛的牛。　俎豆：盛祭品的礼器。　3 餟(zhuì)：连续而祭。《史记正义》引刘伯庄云："谓绕坛设诸神祭座相连缀也。"　4 洎(jì)：浸泡。　5 特：一种牲畜。《史记索隐》："特，一牲也。言若牛若羊若彘，止一物也。"　6 祝宰：祭祀的主管官员。

十一月辛巳朔旦冬至，昧爽[1]，天子始郊拜泰一。朝朝日，夕夕月，[2]则揖；而见泰一如雍礼。其赞飨[3]曰："天始以宝

十一月辛巳朔日早晨冬至时刻到来，天刚蒙蒙亮，天子开始到郊外拜祭太一神。早晨祭日神，傍晚祭月神，采用拱手行揖礼；而参见太一神用的是雍县郊祭礼。祭祀官员宣读祝词说："上天最初把宝鼎和占卜用的

鼎神策授皇帝，朔而又朔，终而复始，皇帝敬拜见焉。”而衣上黄。其祠列火满坛，坛旁烹炊具。有司云“祠上有光焉”。公卿言“皇帝始郊见泰一云阳，有司奉瑄玉嘉牲荐飨[4]。是夜有美光，及昼，黄气上属天”。太史公、祠官宽舒等曰：“神灵之休，祐福兆祥，宜因此地光域[5]立泰畤坛以明应。令太祝领，秋及腊间祠。三岁天子一郊见。”

神蓍草授给皇帝，经过了一个朔旦又一个朔旦，终而复始地循环，皇帝在这里恭敬地拜祭参见您。”而穿的祭服崇尚黄色。这个祭祀形式是满坛列置火炬，坛的旁边摆着烹饪用的器具。有司说“祭坛上方有光彩显现”。公卿们说“皇上当初在云阳宫郊祭拜见太一神，有司手捧六寸大的玉璧并将养了五年重二千斤的牲牛进献。祭祀这天晚上天空有美丽的光芒，到了次日白天，黄气还从地面上达到天空”。太史公司马谈、祠官宽舒等说：“神灵显出的美好景象，预示着福祐吉祥，应该在这个美光出现的地方建筑太畤坛来回报上天。皇帝命令由太祝官负责太畤，在秋季和腊月间进行祭祀。每三年天子来参加一次郊祭进献。”

注释 1 昧爽：拂晓。 2 朝朝日：早晨朝拜日神。 夕夕月：傍晚祭祀月神。 3 赞飨：祭祀时的祝辞。 4 奉：捧。 瑄：大为六寸的璧。 嘉牲：美牲。《史记正义》引《汉旧仪》云：“祭天养牛五岁至二千斤。”
5 光域：美光照射所及的范围。

其秋，为伐南越，告祷泰一，以牡荆画幡日月北斗登龙，以象天一三星，为泰一锋，[1]名

这年秋天，为了攻伐南越，祷告太一神。用牡荆做旗杆，旗上画着日月、北斗和登龙，象征太一三星，作为祭祀太一神的前导旗帜，命名为灵旗。替

曰灵旗。为兵祷，则太史奉以指所伐国。而五利将军使不敢入海，之泰山祠。上使人微随验，实无所见。五利妄言见其师，其方尽，多不雠[2]。上乃诛五利。

战事祈祷时，就由太史捧着它用来指向所攻伐的国家。五利将军被派遣去求仙而他不敢进入海域，就到泰山去祭祀。皇上派出人员暗中跟随察验，发现他们实际没有见到任何神仙。五利将军却妄说见到了他的仙师，他的方术用尽了，多数不能应验。皇上于是诛杀了五利将军。

注释 1 牡荆：一种灌木，茎干坚劲，可用作旗杆。 幡(fān)：一种窄长的旗子，垂直悬挂。 登：升。 天一：星名。 锋：指最前面的旗。
2 雠：应验。

其冬，公孙卿候神河南，见仙人迹缑氏[1]城上，有物若雉，往来城上。天子亲幸缑氏城视迹。问卿："得毋效文成、五利乎？"卿曰："仙者非有求人主，人主求之。其道非少宽假[2]神不来。言神事，事如迂诞，积以岁乃可致。[3]"于是郡国各除道，缮治宫观名山神祠所，以望幸矣。

这年冬天，公孙卿在河南恭候神灵，说在缑氏城上看见了仙人的踪迹，有神物像野鸡，在城上飞来飞去。天子亲自到缑氏城视察仙人踪迹。他问公孙卿："你不是效法文成将军、五利将军进行欺诈吧？"公孙卿说："仙人不是有求于人间君主，而是人间君主在求他。如果不稍为宽限时日等待，神仙就不会来。说起求神仙之事，好像迂阔荒诞，只有积以岁月才可以招来神仙。"于是郡县封国都整修道路，修建宫观和名山大川的祠庙的屋宇，以盼望皇上临幸。

其年，既灭南越，

这年春天，已经灭亡了南越，皇上

上有嬖臣李延年以好音见[4]。上善之,下公卿议,曰:“民间祠尚有鼓舞之乐,今效祠而无乐,岂称乎?”公卿曰:“古者祀天地皆有乐,而神祇可得而礼。”或曰:“泰帝使素女鼓五十弦瑟,悲,帝禁不止,故破其瑟为二十五弦。[5]”于是塞[6]南越,祷祠泰一、后土,始用乐舞,益召歌儿,作二十五弦及箜篌[7]瑟自此起。

有个宠爱的臣子李延年由于擅长音乐被召见。皇上很欣赏他,就提出问题让公卿们商议,说:“民间祭祀的时候尚且还有击鼓舞蹈的音乐,现在进行郊野祭祀反倒没有音乐,这难道相称吗?”公卿们说:“古时候祭祀天地都有音乐,那样天地间的神灵才能够歆享祭品。”有人说:“太帝让素女弹奏有五十弦的瑟,曲调非常悲戚,太帝让她停下来,她却不能停下来,太帝就将这种瑟改制成二十五弦。”于是在庆祝伐南越的胜利和祷告祭祀太一、后土神时,首次采用音乐舞蹈,增招一些歌手,制作二十五弦的瑟以及箜篌瑟就是从这时开始的。

注释 1 缑氏:县名,在今河南偃师市东南。 2 宽假:二字同义,指放宽些时日。 3 迂诞:迂阔怪诞。 积以岁:积聚些年岁,指要好几年。 4 嬖臣:宠臣。 李延年:武帝李夫人之兄,汉代著名音乐家,曾为协律都尉,后被杀。 5 素女:神女名,擅弦歌。 破:这里指改制。 6 塞:同“赛”。酬神祭。 7 箜篌:一种拨弦乐器。《史记索隐》引应劭云:“武帝始令乐人侯调作,声坞坞然,命曰箜篌。侯,其姓也。”

其来年冬,上议曰:“古者先振兵泽旅[1],然后封禅。”乃遂北巡朔方,勒兵十余万。[2]还祭黄帝

第二年冬天,皇上提议说:“古时候先整顿兵员解散军队,然后才举行封禅典礼。”于是就去北边巡视朔方,统率兵众十多万。回程中在桥山祭

家桥山,泽兵须如[3]。上曰:“吾闻黄帝不死,今有冢,何也?”或对曰:“黄帝已仙上天,群臣葬其衣冠。”既至甘泉,为且用事泰山,先类[4]祠泰一。

奠黄帝冢,到了须如就解散了所统率的兵众。皇上问:“我听说黄帝长生不死,现在却有冢墓,是为什么?”有人回答说:“黄帝已经成仙上了天,群臣就在这里安葬了他的衣冠。”到了甘泉宫后,为了要到泰山封禅,先行用祭天的仪式祭祀太一神。

注释 1 振兵泽旅:指偃武修文,以示太平。振,整顿,收束。泽,通“释”,解散。 2 朔方:郡名,治所在今内蒙古自治区杭锦旗北。 勒:统率。 3 须如:地名,不详。 4 类:通“禷”,祭天。

自得宝鼎,上与公卿诸生议封禅。封禅用希,旷绝莫知其仪礼,而群儒采封禅《尚书》《周官》《王制》之望祀射牛事。[1]齐人丁公年九十余,曰:“封者,合不死之名也。秦皇帝不得上封。陛下必欲上,稍上即无风雨,遂上封矣。”上于是乃令诸儒习射牛,草封禅仪。数年,至且行,天子既闻公孙卿及方士

自从得了宝鼎,皇上就和公卿以及儒生们计议举行封禅大典。历史上举行过封禅大典的很少,长久以来没人做过,没有人知道它的具体礼仪,儒生们就从《尚书》《周官》《王制》中采集望祀和天子射牛的有关仪式,纳入有关封禅的祭典。齐国人丁公有九十多岁了,说:“封禅,是要和长生不死的名义结合起来的。秦始皇中途遇风雨而不能上泰山行封礼。陛下若一定要上泰山,先稍微上去一段路,如果没有风雨,就可放心上去行封礼了。”皇上于是就下令儒生们演习射牛,草拟封禅的仪式。经过几年,到了快要出发的时候,天子又听到了公孙卿和方士的言论,

之言，黄帝以上封禅，皆致怪物与神通，欲放黄帝以尝接神仙人蓬莱士，高世比德于九皇，而颇采儒术以文之。[2]群儒既以不能辩明封禅事，又牵拘于《诗》《书》古文而不敢骋[3]。上为封祠器示群儒，群儒或曰“不与古同”，徐偃又曰“太常诸生行礼不如鲁善”，周霸属图封事，于是上绌偃、霸，[4]尽罢诸儒弗用。

说黄帝以前举行封禅，都招来了精怪并和神灵交通，于是想仿效黄帝以前的所为，接待神仙的使者和蓬莱方士，以表明自己高出世俗可与上古九皇比德行，希望采取儒术来美化自己的所为。可是儒生们本就不能够辨清封禅事宜，又受到《诗》《书》古文的拘束而不能自由想象。皇上制作出封禅的祭器向儒生们展示，儒生中有人说“和古制不相同”，徐偃又说“太常祠官下属的生员们所行的礼仪不如鲁国的好”，周霸又想另搞一套，于是皇上就贬黜徐偃、周霸，并将这些儒生都罢免不用。

注释 **1** 用希：运用稀少。希，稀少。 旷绝：断绝。 射牛：祭祀仪式之一。《史记索隐》：“天子射牛，示亲杀也。” **2** 高世：超脱世俗。 九皇：传说中远古的九个帝王。 文：修饰。 **3** 骋：任情驰骋，发表意见。 **4** 属图：集合诸儒谋划事，属，会集。图，谋划。 绌：通“黜”，废免，贬退。

三月，遂东幸缑氏，礼登中岳太室[1]。从官在山下闻若有言“万岁”云[2]。问上，上不言；问下，下不言。于是以三百户封太室

三月，皇帝往东幸临缑氏县，登上中岳太室山行祭礼。随从官员在山下好像听到有喊“万岁”的声音。询问山上，山上的人说他们没有呼喊；询问山下，山下的人也说他们没有呼喊。于是将三百户封给太室山

奉祠，命曰崇高[3]邑。东上泰山，山之草木叶未生，乃令人上石立之泰山颠[4]。

用于供奉祭祀，命名为崇高邑。往东登上泰山，泰山上的草和树木的叶还未长出来，就命令人抬上石碑立在泰山顶上。

注释 1 太室：即嵩山，又称崧高山。因其上有太室、少室之山，故名。2 言“万岁”云：《史记正义》引《汉仪注》云：“有称万岁，可十万人声。” 3 崇高：意思是崇奉崧高山，故名“崇高”。 4 颠：顶峰。

上遂东巡海上，行礼祠八神[1]。齐人之上疏[2]言神怪奇方者以万数，然无验者。乃益发船，令言海中神山者数千人求蓬莱神人。公孙卿持节常先行候名山，至东莱，言夜见一人，长数丈，就之则不见，见其迹甚大，类禽兽云。群臣有言见一老父牵狗，言“吾欲见巨公[3]”，已忽不见。上既见大迹，未信，及群臣有言老父，则大[4]以为仙人也。宿留[5]海上，与方士传车[6]及间使求仙人以千数。

皇上于是往东巡视海上，举行典礼祭祀天主、地主、兵主、阴主、阳主、月主、日主、四时主八神。齐国上奏章讲神怪奇方的人数以万计，然而没有一个能应验。皇帝就派出更多船只，让那些说海中有神山的数千人去寻求蓬莱仙人。公孙卿持着符节常常是先行探求名山，到了东莱，说夜晚见到一个高大的人，有几丈高，走近他就不见了，看到他的足迹特别大，类似飞禽走兽的足迹。群臣中有人说看见一位年老的人牵条狗，说“我想见巨公”，一会儿忽然就不见了。皇上亲眼看到大人足迹，还是不相信，等到群臣中又有人说到那位老人的时候，皇上就完全认为他是仙人了。就在海上停留，让方士们使用传车，还派出数千密使去寻找仙人。

注释 1 八神:《史记索隐》:“今案《郊祀志》,一曰天主,祠天齐;二曰地主,祠太山、梁父;三曰兵主,祠蚩尤;四曰阴主,祠三山;五曰阳主,祠之罘;六曰月主,祠东莱山;七曰日主,祠盛山;八曰四时主,祠琅邪也。”另一说,八神是八方之神。 2 疏:奏章。 3 巨公:皇帝的别称。 4 大:特别,完全。 5 宿留:停留。 6 传车:古代驿站的专用车辆。

四月,还至奉高[1]。上念诸儒及方士言封禅人人殊,不经,难施行。天子至梁父,礼祠地主。乙卯,令侍中儒者皮弁荐绅[2],射牛行事。封[3]泰山下东方,如郊祠泰一之礼。封广丈二尺,高九尺,其下则有玉牒书[4],书秘。礼毕,天子独与侍中奉车子侯上泰山[5],亦有封。其事皆禁[6]。明日,下阴道[7]。丙辰,禅泰山下址东北肃然山[8],如祭后土礼。天子皆亲拜见,衣上黄而尽用乐焉。江淮间一茅三脊为神藉[9]。五色土益杂封。纵远方奇兽蜚禽及白雉诸物,颇以加

四月,返回时到达奉高县。皇上想到儒生们和方士们所说的封禅礼仪一人一个样,不合常道,难以施行。天子到达梁父山,用礼祭祀地主神。乙卯日,命令侍中和儒生戴上用白鹿皮制作的礼帽,穿着在腰带间插着笏的官服,举行射牛的礼仪。在泰山东麓筑坛举行封礼,采用郊祭太一神的礼仪。举行封礼的坛宽一丈二尺,高九尺,下面放有玉简文书,文书的内容是保密的。封礼完毕,天子单独和侍中奉车都尉霍子侯登上泰山,在山顶也举行了封礼。这件事的具体情节也是保密的。第二天,从泰山北边道路下山。丙辰日,到泰山脚下东北的肃然山举行禅祭,来用祭后土神的礼仪。天子都是亲自跪拜参见,穿的祭服崇尚黄色,并且全都用了音乐。长江、淮河间出产的三棱脊的灵茅用作祭神灵的垫席。用五种颜色的土筑成封坛。释放从边远地方捕获来的奇兽飞鸟以

祠。兕[10]旄牛犀象之属弗用。皆至泰山然后去。封禅祠，其夜若有光，昼有白云起封中。

及白色野鸡等动物，以增加礼仪的隆盛程度。但不用兕牛、牦牛、犀牛、大象一类的动物。天子一行又都回到泰山去祭祀后土神。举行封禅祭祀时，每天晚上都好像有光芒闪现，白天有白云从封坛中升起。

注释 1 奉高：县名，泰山郡治所，在今山东泰安市东。 2 皮弁：朝会时戴的白鹿皮冠。 荐绅：即“搢绅”。 3 封：堆土筑坛祭天。 4 玉牒书：写在玉制小简上的封禅文字。牒，小简。 5 奉车：即武帝设置的奉车都尉，掌管皇帝的车驾。 子侯：人名。霍去病之子霍嬗，字子侯。 6 禁：指禁止泄露。 7 阴道：山北面道路。 8 址：山脚。 肃然山：山名，在今山东济南市莱芜区西北。 9 一茅三脊：茅背上有三条棱脊，即所谓的灵茅。 藉：席垫子。 10 兕(sì)：古代犀牛一类的兽名。

天子从封禅还，坐明堂，群臣更上寿。于是制诏御史：“朕以眇眇之身承至尊，兢兢焉惧弗任。维德菲薄，不明于礼乐。修祀泰一，若有象景光，屑如有望，依依震于怪物，[1]欲止不敢，遂登封泰山，至于梁父，而后禅肃然。自新，嘉[2]与士大夫更始，赐

天子从举行禅礼的坛场回来，坐在泰山脚下东北侧的明堂上，群臣轮流祝贺。于是天子下达诏令告诉御史：“朕用卑微的身躯承续天子的至尊之位，兢兢业业地唯恐不能胜任。只因为德行菲薄，不能明习礼乐制度。祭祀太一神时，天上像是有吉祥的美光，我内心不安，仿佛望见了什么，被这奇异景象深深震撼，想要中途停下来，又不敢，就登临泰山举行封礼，到达了梁父，然后在肃然山举行禅礼。我希望自己能有一个新开始，也很高兴

民百户牛一、酒十石，加年八十孤寡布帛二匹。复博、奉高、蛇丘、历城[3]，毋出今年租税。其赦天下，如乙卯[4]赦令。行所过毋有复作[5]。事在二年前，皆勿听治。”又下诏曰：“古者天子五载一巡狩，用事泰山，诸侯有朝宿地[6]。其令诸侯各治邸泰山下。”

和你们重新开创新局面，特赐给民众每一百户一头牛、十石酒，给年纪满八十岁的老人和孤子寡妇每人加赐布帛二匹。豁免博县、奉高、蛇丘、历城四县的徭役，这四个县也不用缴纳今年的租税。我宣布大赦天下，与乙卯年的赦令相同。行幸所经过的地方不要再有监外劳役。两年前犯罪的，都不要再追究了。”又下达诏书说：“古时候天子每五年进行一次巡视，到泰山举行封禅典礼，诸侯在山下都建有参加朝拜的住所。特令诸侯各自在泰山下建筑住宿的府第。”

注释 1 屑(xié)：同“屑”，倏忽貌。 依依：本指茂盛，这里是深深的意思。 2 嘉：吉庆，幸福。 3 复：免除徭役。 博：县名，在今山东泰安市东南。 蛇(yí)丘：县名，在今山东泰安市西南。 历城：县名，在今山东省济南市， 4 乙卯：即元朔三年，公元前126年。是年三月，武帝下诏大赦天下。 5 复作：刑律名。其犯不戴刑具，不穿罪衣，仅在官府服役。 6 朝宿地：朝会时的住宿之所。《史记正义》：“诸侯各于太山朝宿地起第，准拟天子用事太山而居止。”

天子既已封禅泰山，无风雨灾，而方士更言蓬莱诸神山若将可得，于是上欣然庶几[1]遇之，乃复东至海上望，冀遇蓬莱焉。

天子已经封祭了泰山，没有遇上风雨灾害，而方士们就进一步说蓬莱岛的神仙可能将要找到，于是皇上高兴地盼望着遇到神仙，就再次东行至海上遥望，希望遇见蓬莱岛的神仙。奉车都尉霍子侯发了暴奉车子侯暴病，一日死。上乃遂去，并海上，北至碣石，巡自辽西，历北边至九原。[2]五月，返至甘泉。有司言宝鼎出为元鼎，以今年为元封元年[3]。

病，一日内就死去了。皇上于是离去，依海岸北行，往北到达碣石，巡行从辽西开始，经历北部边境到达九原县。五月，返回甘泉宫。主管官员们说宝鼎出土的那年纪元称为元鼎，那么今年封禅，也应该改称元封元年。

注释　1 庶几：也许。　2 并：通“傍”。靠着。　九原：县名，在今内蒙古自治区包头市西。　3 元封元年：公元前110年。以这年举行封禅大典而命名年号。

其秋，有星茀于东井[1]。后十余日，有星茀于三能[2]。望气王朔[3]言：“候独见其星出如瓠[4]，食顷复入焉。”有司言曰：“陛下建汉家封禅，天其报德星[5]云。”

这年秋天，有彗星出现在井宿。十几日后，又有彗星出现在三台天区。望气方士王朔说：“我在观测的时候只见填星出现时像瓜那么大，一顿饭的工夫就又隐没不见了。”主管官员们都说：“陛下创立了汉朝的封禅大典，上天为了酬报您，就出现了德星呀。”

其来年冬，郊雍五帝。还，拜祝祠泰一。赞飨曰：“德星昭衍[6]，厥维休祥。寿星仍出[7]，渊耀光明。信星[8]昭见，皇帝敬拜泰祝之飨。”

第二年冬天，在雍县郊祭五色帝。返回时，拜祭了太一神。祝祠说：“德星光明硕大，显示出美好吉祥。寿星接着出现，光明渊耀。这些星宿像符信一样显现，为此皇帝将太祝准备的祭品恭敬地献给各位神灵。”

注释 1 茀(bó):彗星,它出现时光芒四射。 东井:星宿名。有主星八颗,属双子座。 2 三能(tái):即“三台”,两两并列,共六星。能,通“台”。3 王朔:方士,主管瞻望云气以卜吉凶。 4 候:观测。 瓠(hù):葫芦瓜。5 德星:意为福庆吉祥之星,指岁星(即木星),《史记索隐》:“岁星所在有福,故曰德星也。” 6 昭:明亮。 衍:展延,硕大。 7 寿星:《史记索隐》:“寿星,南极老人星也,见则天下理安,故言之也。” 仍:接着。 8 信星:即土星。《史记索隐》:“信星,镇星也。信属土,土曰镇星,则《汉志》为德星也。”

其春,公孙卿言见神人东莱山,若云“见天子”。天子于是幸缑氏城,拜卿为中大夫。遂至东莱,宿留之数日,毋所见,见大人迹。复遣方士求神怪采芝药以千数。是岁旱。于是天子既出毋名,乃祷万里沙[1],过祠泰山。还至瓠子,自临塞决河,留二日,沉祠而去。[2]使二卿[3]将卒塞决河,河徙二渠,复禹之故迹焉。

这年春天,公孙卿说在东莱山见到了神仙,他说“想见见天子”。天子于是幸临缑氏城,任命公孙卿做中大夫。随后皇帝来到东莱,留住了好几天,没能见到神仙,据说见到了巨人的足迹。皇帝再次派遣数千方士去寻找神怪、采集灵芝仙药。这一年出现大旱。天子既已出游,但没有正当名目,于是就到万里沙的神庙中祈雨,经过泰山时祭祀了泰山。返回途中到达瓠子口,亲自部署堵塞黄河决口,停留两天,把白马和玉璧等祭品沉入河中就离开了。派汲仁、郭昌二卿带领士卒堵塞黄河决口,使黄河分为两条水道,恢复了大禹治水时的原貌。

注释 1 万里沙:神祠名,在东莱郡曲成县,即今山东莱州市东北渤海之南岸,《史记集解》引孟康曰:“沙径三百余里。”武帝以祷万里沙作为这次东巡的名目。 2 瓠子:即瓠子口,在今河南濮阳市西南。当时黄河在此决口。 沉祠:沉白马、玉璧于河中以祭神。武帝塞决河,事详见《河渠书》。 3 二卿:指汲仁、郭昌二人。

是时既灭南越,越人勇之乃言:"越人俗信鬼,而其祠皆见鬼,数有效。昔东瓯王敬鬼,寿至百六十岁。后世谩怠,故衰耗。"[1]乃令越巫立越祝祠,安台无坛,亦祠天神上帝百鬼,而以鸡卜[2]。上信之,越祠鸡卜始用焉。

这时候已经灭掉了南越、东越,越地人勇之说:"越人的习俗是相信鬼,他们祭祀的时候都能见到鬼,祈祷也往往有效。从前东瓯王敬重鬼,活到一百六十岁。后世怠慢了鬼,所以就衰败。"于是下令越地的巫师建立越式祝祷的祠庙,筑有庙台却没有坛,也用来祭祀天神上帝和百鬼,并采用鸡骨进行占卜。皇上相信这一套,越式祠庙和用鸡骨占卜就开始在京城流传。

注释 1 谩怠:即怠慢。谩,通"慢"。 衰耗:衰竭。秏,同"耗",消耗。 2 鸡卜:持鸡骨占卜。《史记正义》:"鸡卜法用鸡一,狗一,生,祝愿讫,即杀鸡狗煮熟,又祭,独取鸡两眼骨,上自有孔裂,似人物形则吉,不足则凶。今岭南犹行此法也。"

公孙卿曰:"仙人可见,而上往常遽[1],以故不见。今陛下可为观[2],如缑氏城,置脯枣,神人宜可致。且仙人好楼居。"

公孙卿说:"仙人可以见到,但是皇上前往常常很匆忙,所以没能见到。现在陛下可以在京城建造一座宫观,像缑氏城那样,摆放一些果脯枣干,神人应该可以招来。而且仙人喜好有楼台的居处。"于是皇上命于是上令长安则作蜚廉桂观[3],甘泉则作益延寿观,使卿持节设具而候神人。乃作通天台[4],置祠具其下,将招来神仙之属。于是甘泉更置前殿,始广诸宫室。夏,有芝生殿防[5]内中。天子为塞河,兴通天台,若有光云,乃下诏曰:"甘泉防生芝九茎,赦天下,毋有复作。"

令长安按照要求建造蜚廉桂观,甘泉按照要求建造益寿观,派公孙卿持着符节设置供品来恭候神仙。接着建造通天台,在下面摆放供品,以求招来神灵。于是甘泉宫重新设置了前殿,还扩建了很多宫室。夏天,有芝草生长在殿房里面。天子因为堵塞住了黄河决口,兴造了通天台,在建造过程中有人好像看见了神光,于是下诏说:"甘泉宫殿房里生长出有九茎的芝草,为此大赦天下,免除苦役犯的劳役。"

注释 1 遽:匆促。 2 观(guàn):楼台之类。 3 蜚廉桂观:观名。蜚廉,亦作"飞廉"。《史记集解》引应劭曰:"飞廉,神禽,能致风气。"又引晋灼曰:"身如鹿,头如雀,有角而蛇尾,文如豹文也。" 4 通天台:建于甘泉宫,高三十丈,据说在上面可以望见长安城。 5 防:《封禅书》《汉书·郊祀志》皆作"房"。事在元封二年,公元前 109 年。

其明年,伐朝鲜。夏,旱。公孙卿曰:"黄帝时封则天旱,干封[1]三年。"上乃下诏曰:"天旱,意干封乎?其令天下尊祠灵星[2]焉。"

第二年,攻伐朝鲜。夏季,天旱。公孙卿说:"黄帝举行封礼的时候也曾出现天旱,封坛的土曝晒了三年。"皇上于是下诏说:"天旱,是想要曝晒封坛的土吗?命令天下恭敬地祭祀主管农事的灵星。"

其明年,上郊雍,通

次年,皇上到雍县郊祭,开通了回中道,于是就巡视了回中一带。春天,回中道[3],巡之。春,至鸣泽,从西河归。[4]

到达鸣泽,从西河郡返回长安。

其明年冬,上巡南郡[5],至江陵而东。登礼潜之天柱山[6],号曰南岳。浮江,自寻阳出枞阳[7],过彭蠡,祀其名山川。北至琅邪,並海上。四月中,至奉高修封焉。

第二年冬天,皇上巡视南郡,到达江陵后再往东。登临并且以礼祭祀灊县南部的天柱山,称这座山为南岳。在长江上乘船而下,从寻阳县出发到达枞阳县,渡过彭蠡泽,以礼祭祀沿途的有名山川。往北到达琅邪郡,再沿着海岸北行。四月中旬,到达奉高县,举行了封礼。

注释 1 干封:烘干封坛之土。郑玄以为“但祭不立尸为干封”。 2 灵星:又名天田星,即龙星,主稼穑。 3 回中道:关中往西北的通道。在今陕西陇县至甘肃华亭市之间。据《汉书·武帝纪》此巡在元封四年,公元前107年。 4 鸣泽:泽名。据说在涿郡,今河北涿州市一带。 西河:郡名,治所平定,在今内蒙古自治区准格尔旗西南。 5 南郡:郡名。治所江陵,在今湖北江陵县。 6 礼:祭祀。 潜:《汉书》作“灊(qián)”,县名。在今安徽霍山县东北,天柱山在其西南。 天柱山:在今安徽潜山市西北。 7 寻阳:县名,在今湖北黄梅西南。 枞阳:县名,在今安徽枞阳县。

初,天子封泰山,泰山东北址古时有明堂处,处险不敞。上欲治明堂奉高旁,未晓其制度[1]。济南人公王带[2]上黄帝时明堂图。明堂图中有一殿,四面无壁,以茅盖,

当初,天子封祭泰山,泰山东北山脚下古时候有一处地方建有明堂,这个地方险峻,但不宽敞。皇上就想在奉高的旁边另建一座明堂,但不清楚明堂的形制规模。济南人公王带献上黄帝时代的明堂图。明堂图上在正中有一座殿,四面没有墙壁,顶上用茅草覆盖,四面水沟环绕,围绕

通水,圜[3]宫垣,为复道,上有楼,从西南入,命曰昆仑[4],天子从之入,以拜祠上帝焉。于是上令奉高作明堂汶[5]上,如带图。及五年修封,则祠泰一、五帝于明堂上坐,令高皇帝祠坐对之。[6]祠后土于下房,以二十太牢。天子从昆仑道入,始拜明堂如郊礼。礼毕,燎堂下。而上又上泰山,有秘祠其颠。而泰山下祠五帝,各如其方,黄帝并赤帝,而有司侍祠焉。泰山上举火,下悉应之。

着宫垣,筑成架空通道,上面有角楼,从西南角伸入殿堂,这条道名叫昆仑,天子从这里进入,来拜祭上帝。于是皇上下令在奉高县的汶水旁建造像公玊带所示旧图那样的明堂。等到五年后来举行封礼时,就把太一神、五色帝的祠主安置在明堂的正座,把高皇帝的灵位安置在它们对面。后土神的祠主安置在下房,用二十套齐备的牛羊猪做祭牲。天子从昆仑通道进入,采用郊祭礼拜祭明堂。祭礼完毕,在堂下烧柴祭祀。接着又登上泰山,自有一套秘密的办法在山顶上祭祀。而在泰山下祭祀五色帝,青、红、白、黑四帝各在和他们同色的方位,只有黄帝和赤帝在一起,这些都由负责的官员去祭祀。祭祀时山上举起火把,山下也举火响应。

注释 1 制度:指形制尺度。 2 公玊(sù)带:人名。公玊,复姓。带,名。 3 圜:通“环”,环绕。 4 命曰昆仑:《史记索隐》:“言其似昆仑山之五城十二楼,故名之也。” 5 汶:汶水。 6 上坐:最尊贵的座位。坐,同“座”。 祠坐:指神主灵位。

其后二岁,十一月甲子朔旦冬至,推历者以本统。[1]天子亲至泰

又过了两年,十一月甲子朔日早晨是冬至时刻,推算历法的人认为是历法起点的正统。天子亲自到泰山,用十一

山,以十一月甲子朔旦冬至日祠上帝明堂,每修封禅[2]。其赞飨曰:“天增授皇帝泰元神策[3],周而复始。皇帝敬拜泰一。”东至海上,考入海及方士求神者,莫验,然益遣,冀遇之。

月甲子朔日早晨冬至这一天在明堂祭祀上帝,没有采用封禅的礼仪。祭祀时候的祝词说:“上天增授皇帝太元神策,使世间周而复始地不停运行。皇帝恭敬拜祭太一神。”之后,皇上又向东到达海上,察问进入海域求神的人和寻求神仙的方士,但没有谁找到了神仙,然而他又派遣更多的人四处找寻,希望能够遇到神仙。

注释 1 其后二岁:指武帝元封五年南巡后的两年,应为元封七年,后改为太初元年,即公元前104年。 本统:指为推算历法起点的正统。2 每修封禅:《封禅书》“每”作“毋”,当是。因不到五年修封期,故只祭于明堂,毋修封禅。 3 泰元神策:创历之号。所创之历为《太初历》,《史记索隐》:“上黄帝得宝鼎神策,则太古上皇创历之号,故此云太元神策,周而复始也。”

十一月乙酉,柏梁灾[1]。十二月甲午朔,上亲禅高里[2],祠后土。临渤海,将以望祠蓬莱之属,冀至殊庭[3]焉。

十一月乙酉日,柏梁台发生火灾。十二月甲午朔日,皇上亲临泰山下的高里山举行禅礼,祭祀后土神。又驾临渤海,对蓬莱仙山的众神举行望祀,希望能够到达蓬莱的仙人之廷。

注释 1 柏梁:台名。以香柏为梁,故名。建于元鼎二年。在今陕西西安市长安区西北。 灾:这里指遭受火灾。 2 高里:山名。在今山东泰安市境。 3 殊庭:异域,指仙人居住之地。

上还，以柏梁灾故，朝受计[1]甘泉。公孙卿曰："黄帝就青灵台，十二日烧，黄帝乃治明庭。明庭，甘泉也。"方士多言古帝王有都甘泉者。其后天子又朝诸侯甘泉，甘泉作诸侯邸。勇之乃曰："越俗有火灾，复起屋必以大，用胜服[2]之。"于是作建章宫，度[3]为千门万户。前殿度高未央。其东则凤阙[4]，高二十余丈。其西则唐中，数十里虎圈[5]。其北治大池，渐台[6]高二十余丈，名曰泰液池。中有蓬莱、方丈、瀛洲、壶梁，象海中神山龟鱼之属。其南有玉堂、璧门、大鸟之属[7]。乃立神明台、井干楼，度五十余丈，辇道相属焉。[8]

皇上归来，由于柏梁台发生火灾的缘故，改在甘泉宫坐朝接受郡国所呈上的包括户口在内的年终会计簿册。公孙卿说："黄帝建成青灵台，十二天就被火烧掉了，他于是又建筑明廷。所谓明廷，就是甘泉宫。"方士中很多人说古代的帝王有建都在甘泉的。后来，天子又在甘泉宫接受诸侯的朝见，甘泉宫那里又建造了诸侯国的王侯府第。勇之于是说："越地的习俗是发生了火灾，重新建起的房屋一定比原先的还要大，以压服灾祸。"于是兴造建章宫，规模为千门万户。前殿的高度要超过未央宫。它的东边就是凤阙，高达二十多丈。它的西边就是唐中池，有周围几十里的虎圈。它的北边开凿有大池，大池中间建有渐台，高达二十多丈，名叫泰液池，池中还建有蓬莱、方丈、瀛洲、壶梁四座仙山，模拟海中的神山龟鱼之类。它的南边有玉堂宫、璧门、神鸟雕像一类的建筑物。还造起神明台、井干楼，高有五十丈，这些宫殿之间都由可供皇帝辇车通行的御道互相连接起来。

注释　1 受计：接受郡国呈上的包括户口在内的年终会计簿册。

2 胜服:压服,制服。 3 度:规模,计划。 4 凤阙:宫阙名。因上饰有五尺铜凤,故名。 5 虎圈:养虎的地方。 6 渐台:楼台在池中,为水所浸,故名。渐,浸。 7 玉堂:宫名。《史记索隐》引《汉武故事》:"玉堂基与未央前殿等,去地十二丈。" 大鸟:指神鸟雕像。 8 神明台:《史记索隐》引《汉宫阙疏》云:"台高五十丈,上有九宫,常置九天道士百人也。" 井干楼:《史记索隐》引《关中记》"宫北有井干台,高五十丈,积木为楼"。言筑累万木,转相交架,如井干。 辇(niǎn)道:建在楼阁间可通小车的通道。 属(zhǔ):连接。

夏,汉改历,以正月为岁首,而色上黄,官名更印章以五字[1],因为太初元年。是岁,西伐大宛[2]。蝗大起。丁夫人、雒阳虞初等以方祠诅匈奴、大宛焉[3]。

其明年,有司言雍五畤无牢熟具[4],芬芳不备。乃命祠官进畤犊牢具,五色食所胜,而以木禺马代驹焉。[5]独五帝用驹[6],行亲郊用驹。及诸名山川用驹者,悉以木禺马代。行过,乃用驹。他礼如故。

这年夏天,朝廷更改历法,把正月作为一年的首月,车马服饰崇尚黄色,凡官名印章都改用五个字,年号改为太初元年。这一年,往西去攻伐大宛。当年发生了严重的蝗灾。方士丁夫人、雒阳人虞初等都用方术通过祭祀祈求神灵加祸殃于匈奴、大宛。

第二年,主管官员上书说雍县五畤没有熟牲做祭品,芬芳的香气不充分。于是皇帝命令祠官把熟牛犊做祭品进献五畤,按五行相克的原则选择符合各畤颜色的牲畜供神灵享用,而用木偶马代替驹。只有五月用驹做尝祭,皇上亲临郊祭的时候也用驹。其他各名山名川要用驹做祭品的,都用木偶马代替。皇上经过的时候,才能用驹做祭品祭祀。其他的礼仪一概如故。

注释 1 更印章以五字：土德序数为五，故官印一律改为五字，不足五字者中加“之”字。 2 大宛(yuān)：西域国名。在今中亚费尔干纳盆地，盛产葡萄、名马。事详《大宛列传》。 3 丁夫人：人名。姓丁，名夫人。 虞初：河南人，武帝时以方士侍郎号黄车使者。著书《虞初周说》九百四十三卷，其书以《周书》为本。张衡《西京赋》有“小说九百，本自虞初”之句。《汉书·艺文志》列他为小说家。 诅：请神加殃谓之诅。4 牢熟具：煮熟的牲畜祭品。具，器具所盛的食物酒肴，这里指祭品。5 五色食所胜：以五行相克之理安排祭品。《史记集解》引孟康曰：“若火胜金，则祠赤帝以白牡。” 木禺(ǒu)：即木偶，禺，通“偶”。 驹：两岁以下的幼马或少壮马。 6 五帝用驹：五畤所祭即五帝，已用木偶马，不当又言用驹。此语似重出，《汉书·郊祀志》无此四字。

其明年，东巡海上，考神仙之属，未有验者。方士有言：“黄帝时为五城十二楼，以候神人于执期，命曰迎年。[1]”上许作之如方，名曰明年[2]。上亲礼祠上帝，衣上黄焉。

公王带曰：“黄帝时虽封泰山，然风后、封钜、岐伯令黄帝封东泰山，禅凡山，合符，[3]然后不死焉。”天子既令设祠具，至东泰山，东泰山卑小，不称其

第二年，皇上东巡到了海边，考察求访神仙一类的事，没有一点儿眉目。方士们有人说：“黄帝的时候建造了五城十二座楼，在执期来恭候神人，命名叫迎年祠。”皇帝答应建造同样的楼台，命名为明年祠。皇上亲临以礼祭祀上帝。

公王带说：“黄帝的时候虽然封祭泰山，然黄帝的臣子风后、封钜、岐伯让黄帝到东泰山去行封礼，到凡山去行禅礼，来契合神灵降赐的符瑞，然后才能长生不死。”天子下令准备祭礼，到达东泰山，东泰山矮小，和它的声誉不相称，就下令祠官以礼祭祀，而不举行封祭大典了。

声,乃令祠官礼之,而不封禅焉。其后令带奉祠候神物。夏,遂还泰山,修五年之礼如前,而加禅祠石闾。石闾者,在泰山下址南方,方士多言此仙人之闾[4]也,故上亲禅焉。

后来又命令公王带供奉祭祀来恭候神物。夏天,又回到泰山,和从前一样,举行五年一次的封禅大典,再加上一次禅祭石闾山。石闾,在泰山的南麓,很多方士说这是仙人的居住地,所以皇上亲临举行禅礼。

其后五年,复至泰山修封,还过祭常山。[5]

又过了五年,皇帝再次来到泰山举行封祭典礼。返回时又绕道去祭祀了恒山。

注释 1 执期:地名。 迎年:祠名。意为祈求丰年。 2 明年:楼名。意为明其得延年。 3 风后、封钜、岐伯:皆黄帝臣子。 东泰山:在汉之朱虚县境内,即今山东沂水县西北。 凡山:在汉之朱虚县北境,即今山东潍坊市西南。 合符:与符瑞相合。 4 仙人之闾:仙人的居住处。闾,里。 5 其后五年:即天汉三年,公元前98年。 常山:即北岳恒山,避汉文帝刘恒名讳,改恒为常。在今河北曲阳县西北。

今天子所兴祠,泰一、后土,三年亲郊祠,建汉家封禅,五年一修封。薄忌泰一及三一、冥羊、马行、赤星,五,宽舒之祠官以岁时致礼。[1]凡六祠[2],皆太祝领之。至如八神诸神,明年、凡山他名祠,行过则祀,

当今天子所定下的祭祀,太一、后土,每三年亲临郊外祭祀,创建的汉朝封禅大典,每五年一次举行祭祀。薄忌建议设立的太一祠以及三一、冥羊、马行、赤星五处神祠,并由宽舒这类祠官负责掌管,每年按时治办祭礼。以上总共六处祭祀,都由太祝官统领。至于像八神中的各种神仙,明年、凡山

去则已。方士所兴祠，各自主，其人终则已，[3]祠官弗主。他祠皆如其故。今上封禅，其后十二岁而还，遍于五岳、四渎矣。而方士之候祠神人，入海求蓬莱，终无有验。而公孙卿之候神者，犹以大人迹为解[4]，无其效。天子益怠厌方士之怪迂语矣，然终羁縻弗绝[5]，冀遇其真。自此之后，方士言祠神者弥众，然其效可睹[6]矣。

等有名的神祠，皇上出行经过时就祭祀，离开以后就停止。方士们所兴建的祠庙，由各自主管，兴建的人去世就停止，祠官不予过问。其他的祭祀都像往常一样。当今皇上举行过封禅大典，其后十二年，祭祀就已经遍及五岳、四渎了。而方士们恭候祭祀神仙，进入大海寻求蓬莱，最终还是没有灵验。而公孙卿恭候神人，还是得拿大人的足迹作借口，也没有效应。这使天子渐渐开始厌恶方士们怪诞迂阔的言论，然而受长生升天等想法驱使，皇上还是继续笼络方士，希望能遇见真正的神仙。从这以后，方士们谈论神人祭祀的愈加多了，然而其效果可想而知了。

注释 1 赤星：即上文所说主稼穑的灵星祠。《史记索隐》："灵星，龙（星名）左角，其色赤，故曰赤星。" 宽舒之祠官：即宽舒这类祠官。 2 六祠：泰一、三一、冥羊、马行、赤星，加上后土为六。 3 主：谓负责祭祀。 终：死。 4 解：解释，说法。 5 羁縻（jī mí）：束缚。指武帝受长生升天等迷信思想的束缚而不可解脱。 弗绝：指还是继续使用方士而不断绝。 6 可睹：可见。贬词。《史记集解》引徐广曰："犹今人云'其事已可知矣'，皆不信之耳。"

太史公曰：余从[1]巡祭天地诸神名山川而

太史公说：我曾跟着皇帝到处巡行祭祀天地和各种神灵及名山大川，并封禅焉。入寿宫侍祠神语，究观方士祠官之言，于是退而论次自古以来用事于鬼神者，具见其表里。[2]后有君子，得以览焉。至若俎豆珪币之详，献酬之礼，则有司存焉。[3]

参加了封禅大典。还进入寿宫旁听了祭神的祝词，考察过方士和祠官们的言论，于是我坐下来按次序论述从古以来对鬼神进行祭祀的情况，将此都记下来。这样以后的君子，就能够借此进行观察考究。至于像俎豆玉帛等祭品的详细内容，献飨酬报的各种礼仪，官府的档案中都有记载。

注释 1 从:随从。 2 退:退回，坐下。 论次:议论编次。 表里:外部情况，内中缘由。 3 至若:至于。 珪币:祭祀用的玉帛。 献酬之礼:献飨酬报的各种礼仪。 存:指有文献档案记载。